中国汽车市场年鉴

CHINA'S AUTO MARKET ALMANAC

(2002)

中国商业出版社

图书在版编目(CIP)数据

中国汽车市场年鉴.2002年/许进禄主编.—北京:
中国商业出版社,2003.3
ISBN 7-5044-4767-6

Ⅰ.中… Ⅱ.许… Ⅲ.汽车工业-中国-2002-年鉴
Ⅳ.F426.471-54

中国版本图书馆CIP数据核字(2003)第011662号

中国汽车市场年鉴

(2002)

《中国汽车市场年鉴》编辑部编

(100801 北京复兴门内大街45号 电话010-66095088)

责任编辑:唐伟荣

*

中国商业出版社出版发行

(100053 北京广安门内报国寺1号)

北京商佳广告有限责任公司广告代理

北京佳信达印务有限公司印刷

2003年3月第1版 2003年3月第1次印刷

889×1194毫米 16开 正文30.75印张 彩插5印张 1000千字

广告经营许可证:京工商广临字宣0001号 定价:200.00元

* * * *

(如有印装质量问题可更换)

协办单位：

一汽贸易总公司
一汽—大众汽车有限公司
一汽轿车销售有限公司
东风汽车公司
神龙汽车有限公司
上海汽车工业销售总公司
广州本田汽车有限公司
中国重型汽车集团有限公司
北汽福田汽车股份有限公司
天津汽车工业销售有限公司
跃进汽车集团公司销售公司
长安汽车销售有限公司
哈尔滨哈飞汽车制造有限公司
昌河飞机工业公司
广东物资集团汽车贸易公司

《中国汽车市场年鉴》编辑出版人员

主　　　编： 许进禄
副　主　编： 朱德生　沈进军
编辑部主任： 王　都
特 约 编 审： 匡　匡
编　　　辑： 张丽虹　高红军
广告设计： 北京中创企划艺术公司

《中国汽车市场年鉴》编辑委员会

沈进军　中国物流与采购联合会生产资料市场委员会主任
沈铁轩　中国汽车工业协会处长
张文义　云南省物资再生总公司总经理
张　林　丹东汽车制造厂厂长
张宝林　长安汽车（集团）有限责任公司副总裁
张伯顺　中国汽车工业协会市场贸易委员会秘书长
张培均　北京工业大学环境与工程学能源院教授
张建南　中国机电产品进出口商会副会长
张爱群　上汽集团奇瑞汽车销售有限公司总经理
杨万福　武汉理工大学汽车工程学院副院长
杨仲华　江苏众星集团有限公司董事长兼总经理
遲广义　中国第一汽车集团贸易有限公司副总经理
何世斌　中国嘉陵工业股份有限公司董事长兼总裁
宋伯祥　江苏牡丹汽车集团有限公司总经理
肖国普　上海大众汽车销售总公司总经理
苏建民　山西省机电设备总公司总经理
宋　建　清华大学汽车工程开发研究院院长
金宁运　广西物资集团总公司总经理
周永江　中国市场学会副会长
周黎明　湖南汽车城有限公司董事长兼总经理
林　逸　吉林工业大学汽车工程学院院长
郑国清　重庆市金属回收总公司总经理
姜立堂　一汽贸易总公司副总经理
姜治中　四川丰田汽车有限公司董事长
赵海峰　四川省机电设备总公司总经理
郑子先　广东物资集团汽车贸易公司总经理
姚福顺　河南中原汽车贸易集团股份有限公司总经理
侯新炽　中国兵器工业总公司经贸局局长
荣耀甫　中国航天机电集团公司经贸部部长
耿永平　浙江物产元通机电集团公司董事长
凌逸群　中国石化股份公司炼油事业部副局长
黄瑞君　成都西部汽车城股份有限公司董事长
钱珠声　中国重型汽车集团有限公司市场部经理
徐勉之　上海机动车拍卖中心常务副总裁
郭莲月　天津汽车工业华北销售有限公司董事长
童东城　东风汽车公司副总经理
程光宇　北京今日新概念汽车俱乐部董事长
董懋勋　天津汽车工业（集团）总公司副总经理
崔学文　哈尔滨飞机工业集团公司总裁
崔福信　山东重骑摩托车（集团）厂厂长
蔡家玲　中国物流与采购联合会生产资料委员会处长
温再兴　对外经济贸易合作部办公厅主任
曾　旭　北京北方车辆制造厂副厂长
阙祖杓　昌河汽车股份有限公司管理部部长
樊元生　国家环境保护总局污染控制司副司长
颜家智　中国重型汽车销售公司总经理
潘　勇　庆铃汽车销售有限公司总经理
黎　暾　广州本田汽车有限公司销售部副部长
霍义光　中国汽车工业销售总公司总经理
魏正镛　南京金城集团副总经理

《中国汽车市场年鉴》特约编辑

国务院各部委

徐　敏　经贸委贸易司副处长

尚　炜　公安部交通管理局车辆管理处处长

丛佳旭　建设部计划财务司

李　刚　交通部公路司车辆处处长

于培伟　外经贸部政策研究室

陈　烨　国家工商局市场司副处长

刘学透　海关总署综合统计司主任科员

陆桐莘　国家质量监督检验检疫局调研员

张　琪　国家统计局工交司运输邮电处处长

周振宇　中国人民银行货币政策司

姜　英　中国汽车工程学会副处长

唐光萍　机械工业农用运输车发展研究中心副主任

李　培　国家环境保护局污染控制司调研员

赵　军　中国兵器装备集团公司经济运营部处长

王京生　中国航空工业供销总公司副处长

丁佐政　中国航天机电集团公司经贸部

徐长明　国家信息中心经济预测部副局长

杨振恒　中国机电产品进出口商会汽车分会秘书长

沈　嵘　中国汽车流通协会处长

张宝生　中国石油化股份公司炼油事业部质量处

陈元智　中国国际贸易促进委员会汽车分会副处长

各汽车、摩托车生产企业

吴弋琪　一汽贸易总公司集团营销管理部

刘玉涛　一汽-大众汽车有限公司公关部

王得所　一汽轿车销售有限公司

郭连明　金杯汽车股份公司贸易总公司

陈全敏　东风汽车公司市场部副科长

雷　新　神龙汽车有限公司市场研究处处长

倪　宏　中国重型汽车(集团)有限公司市场部

任剑琼　上海通汽车有限公司公共关系部经理

方炜镖　广州本田汽车有限公司

张　力　北京汽车工业总公司办公室主任

李　峰　北汽福田汽车股份有限公司副总经理

李　林　天津汽车工业销售有限公司主任

王幼芬　跃进汽车集团贸易公司

罗志龙　长安汽车销售有限公司市场部部长

姜　萍　江西昌河汽车股份有限公司管理部主任

张学资　哈尔滨哈飞汽车制造有限公司办公室主任

司凤高　江苏牡丹汽车集团有限公司办公室副主任

李　明　江铃汽车销售总公司市场部

杜明林　辽宁黄海汽车集团公司

黄　涛　桂林大宇客车有限公司

朱建胜　江苏亚星客车集团公司办公室主任助理

王　珏　厦门金龙联合汽车工业有限公司

王德龙　安徽江淮汽车底盘股份有限公司副所长

刘守学　陕西汽车制造总厂

张静瑶　天津伊利萨尔客车制造公司销售部

龙江涛　郑州宇通客车股份有限公司办公室副主任

江　伟　内蒙古北方重型汽车股份有限公司商务部

万志江　扬州亚星客车股份公司

汪长万　武汉公用客车厂主任

余晓燕　中国嘉陵工业股份有限公司高工

刘志江　山东重骑摩托车(集团)厂办公室主任

李重海　南京金城集团文化行政部

黄德壮　南方航空动力机械公司摩托车股份有限公司经理

龚　磊　中国轻骑摩托车集团总公司经理

万炳荣　江苏众星摩托集团有限公司

全国各省、市、自治区

且小刚　北京亚运村汽车交易市场交易部经理

任志同　天津机电总公司汽车经销公司副经理

韩慧灵　河北省汽车销售总公司科长

任志国　山西省物产集团公司

薛绥兆　内蒙古汽车贸易中心经理

孟春雨　辽宁省机电设备总公司

刘　明　吉林省机电设备股份有限公司处长

田春旭　黑龙江省机电设备总公司经理

金　喆　上海物资(集团)总公司

焦　跃　上海市机电设备总公司副处长

黄白斌　江苏东吴文化信息有限公司

严　佛　浙江物产元通机电有限公司主任

陈尚礼　安徽省物资集团汽车贸易公司主任

王功成　福建省机电设备总公司副主任

何益龙　江西省物资集团公司工程师

冯宝庚　山东省汽车流通协会副秘书长

沈国明　河南省机电设备总公司副总经理

渠洪涛　湖北省物资厅

李　辽　湖南汽车城有限公司办公室主任

陈　灿　广东物资集团汽车贸易公司办公室副部长

吕维国　广西机电设备总公司副总经理

冯　彬　海南省机电设备总公司经理

张秋琳　四川省机电设备总公司

黄唯平　贵州省物资局总经理办副主任

王承明　陕西省机电设备总公司主任

陈　亮　云南省机电设备总公司总经理

杨　征　甘肃省机电设备总公司主任

杨万群　青海机电总公司汽车销售公司经理

陈晓燕　宁夏物资产业(集团)公司汽车贸易公司

熊　翔　新疆生产建设兵团机电公司总经理

杜金锁　新疆机电设备总公司副总经理

王　新　沈阳市物资局主任

张　丽　大连市汽车贸易中心统计员

曹继凤　哈尔滨市机电设备总公司经理

周　岳　哈尔滨汽车销售有限公司副研究员

陈定宪　南京市机电设备总公司秘书

汪民伟　宁波市生产资料总公司办公室副主任

吴成海　厦门市机电设备总公司副主任

刘胜华　青岛市汽车贸易总公司副总经理

王文萍　武汉市汽车贸易总公司处长

余培新　武汉市机电设备总公司汽车贸易公司经理

张真铭　广州市汽车贸易公司副经理

胡　朗　重庆市机电设备总公司汽车分公司经理

张树英　西安市物资总公司综合管理处处长

编写说明

一、《中国汽车市场年鉴》是由中国物流与采购联合会主办、中国国内贸易年鉴社承办，并有国务院15个有关部委局、各专业总公司和我国各主要汽车、摩托车生产流通企业共同参与编撰的综合性年刊，内容涉及我国汽车生产、流通、消费、行业管理的各个方面，是一部全面、系统反映我国汽车市场发展与变化的资料性工具书，具有权威史料价值和实用功能，也是业内人士研究市场、制定政策的重要依据，是国内外了解中国汽车市场的重要“窗口”，也是广大消费者的汽车消费指南。

二、《中国汽车市场年鉴》分设“专文”、“大事记”、“汽车生产”、“汽车流通”、“汽车进出口贸易”、“汽车消费与服务”、“摩托车”、“统计资料”、“政策法规”、“名录”、“汽车零部件”和“附录”等12个部类，“汽车零部件”是今年新增部类。但汽车部件品类太多太广，目前只收录部分发动机生产企业及其产品，待以后再逐步扩充。

本年鉴编排分部类、栏目、条目三个层次。条目是基本文献形式，除此之外的文献形式还有专文、大事记、统计表、图片资料、政策法规和企业名录等。

三、本年鉴的所有文稿、资料、数据都已经所属单位审核；有关全国性的数字，以国家统计局提供的数据为准；各地方和部门的数据，以各地方和部门提供的资料为准。由于各地、各部门的统计口径不同，个别数字与全国统计数字略有出入，不同的部分我们已在文稿内注明。

台湾省和港澳地区的资料暂缺。

四、本年鉴在编辑、出版过程中，得到了国务院有关部委和各专业总公司以及全国各地汽车生产流通企业的热情支持和帮助，在此表示深切谢意。

《中国汽车市场年鉴》编辑部

2002年12月

目　录

第四部类·汽车流通

第五部类·汽车进出口贸易

第六部类·汽车消费与服务

第七部类·摩托车

第八部类·统计资料

第九部类·政策法规

第十部类·名录

第十一部类·汽车零部件

第十二部类·附录

Main Contents

Section Ⅰ: Treatise

Section Ⅱ: Main Events

Section Ⅲ: Auto Production

Section Ⅳ: Circulation of Auto Industry

Section Ⅴ: Auto Imp and Exp Trade

Section Ⅵ: Auto Consumption and Service

Section Ⅶ: Motorcycle

Section Ⅷ: Statistics Data

Section Ⅸ: Policy and Statute

Section Ⅹ: Name and Address

Section Ⅺ: Auto Accessory

Section Ⅻ: Appendix

2001年5月31日，江泽民总书记视察昌河并欣然试乘昌河“北斗星”多功能汽车

2001年2月4日，中共中央政治局常委、全国人大常委会委员长李鹏亲临广州本田视察

2001年4月，中共中央政治局常委、国务院总理朱镕基视察上海大众汽车有限公司

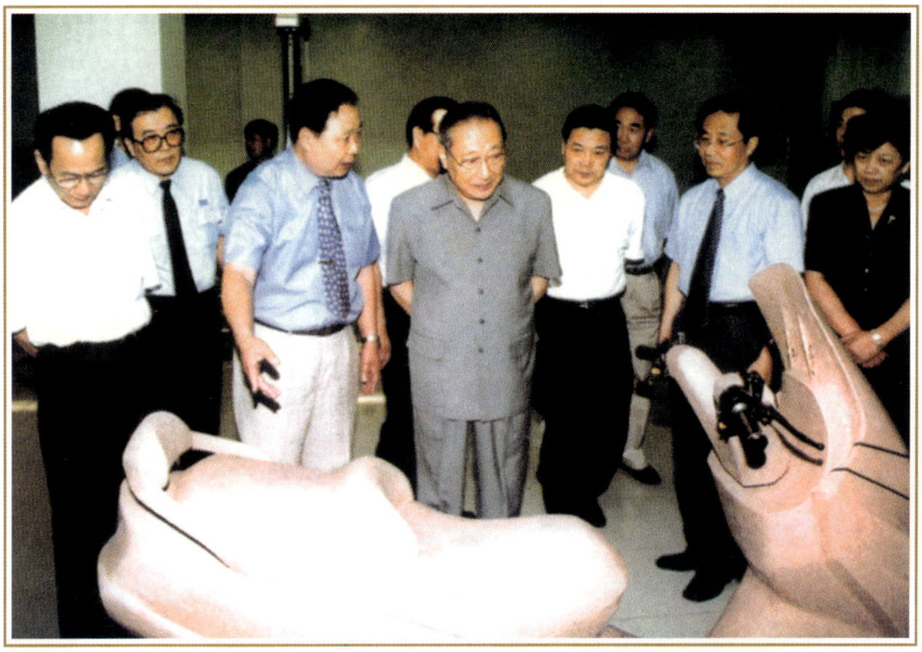

2001年6月2日，中共中央政治局常委、国务院副总理李岚清视察天津摩托车技术中心

2001年9月10日，国务院副总理吴邦国视察东南（福建）汽车工业有限公司

中国第一汽车集团公
解放
一汽贸易总公司
地址：吉林省长春市绿园区迎春路23号
电话：(0431) 5907777　5901111
热线电话：(0431) 7666666
邮编：130011
网址：www.faw.com.cn

解放皮卡环保先锋
CA1021U2E
一汽哈尔滨轻型车厂

汽贸易总公司

红塔金卡
一汽红塔云南汽车制造有限公司

CA1040D4 型底盘一汽长春轻型车厂

CA1047K26L/CA1047K26L2解放
小帅虎一汽轻卡王
一汽哈尔滨轻型车厂

XQ6110Y
一汽无锡汽车厂

CA4R0P1K2C 型平头柴油半挂牵引车底盘
一汽柳州特种汽车车厂

FXC3171 型自卸汽车
一汽锡柴改装车厂

FXC3101K2L 五吨自卸车厂
一汽锡柴改装车厂

中国第一汽车集团公司无锡汽车厂
地址：江苏省无锡市锡湖路 364 号
电话：(0510) 2402968
邮编：214011

中国第一汽车集团锡柴改装厂
地址：江苏省无锡马山市七号桥
电话：(0510) 5996349
邮编：214092

一汽柳州特种汽车厂
地址：广西柳州市祖湾路 26 号
电话：(0772) 3121243
邮编：545006

Bora

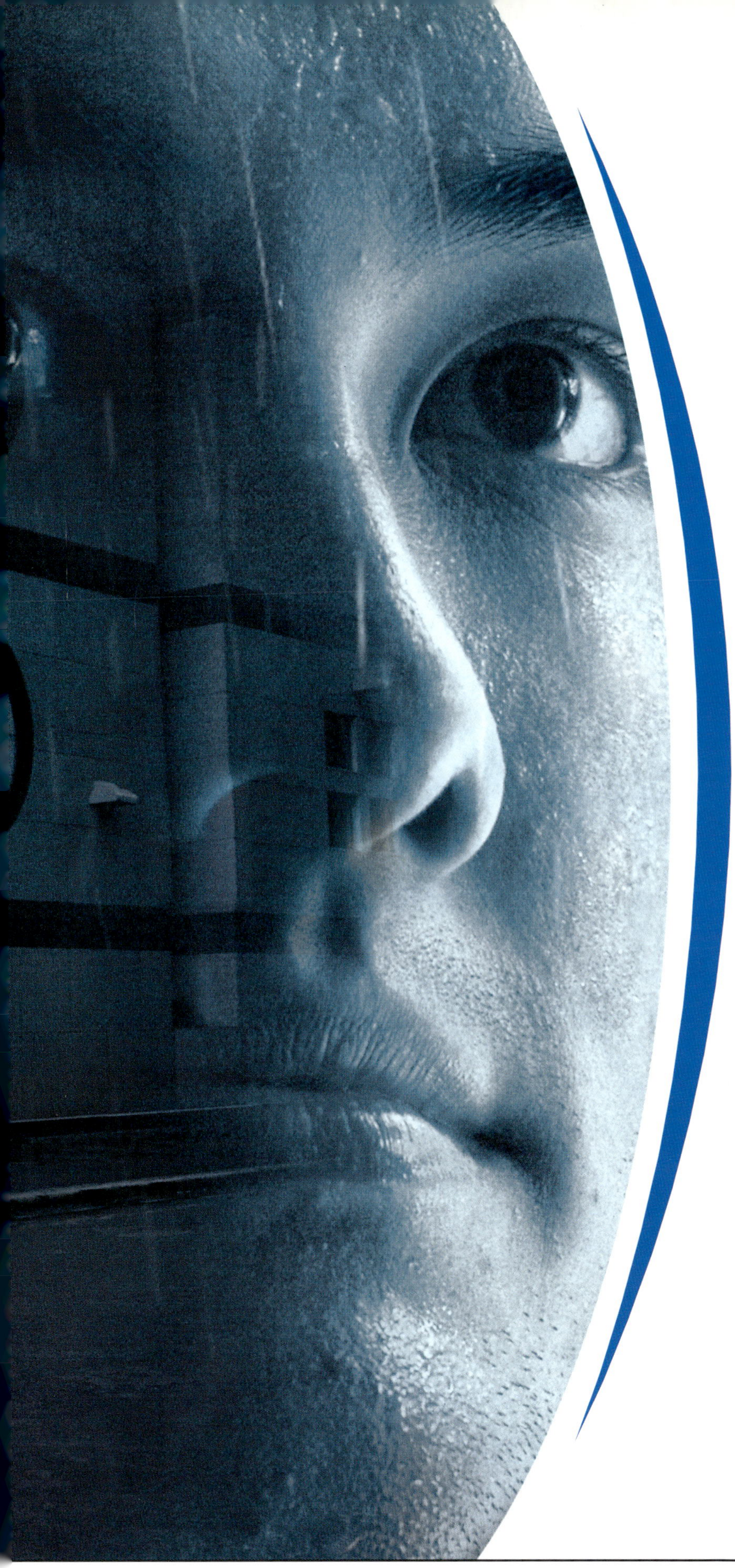

一汽轿车销售有限公司

一汽轿车销售有限公司总经理　　王法长

简介

一汽轿车销售有限公司成立于1998年5月18日，是一汽轿车股份有限公司控股子公司，主要经营红旗牌系列整车及配套的零部件，2001年销量达18000辆，销售收入40亿元。

一汽轿车销售有限公司现有员工347人，在本部设有11个职能部门，在全国省会及主要城市设有27个驻省商务代表处。在全国建有专卖店86家，代理商46家；建有服务站228家，除极边远地区外平均服务半径在100公里以内，并承诺24小时全天候服务。用户新车行驶过程中，一汽轿车提供3000公里、10500公里、18000公里和25500公里共四次免费保养。凡具有中国第一汽车集团公司产品合格证的红旗轿车，可享受从领到行车证之日起两年或行驶里程四万公里（出租车为一年十万公里）的保用期。

一汽轿车销售有限公司自成立以来，不断在公务、商务、出租、租赁、私人用车市场领域进行开拓，使“红旗”系列产品销量逐年递增，市场份额逐年扩大，不断呈上升态势。

加入WTO以后，面对严峻形势，我们坚持“红旗”品牌，努力创建适应中国国情的营销体系，为我国汽车工业的发展做出更大的贡献。

红旗 世纪星
大器、立德、行天下
红旗世纪星
一汽轿车销售有限公司 公司地址：中国长春东风大街112-1号 销售服务热线：(0431)5908888 5768888 网址：www.faw.com.cn

红旗 旗舰
凝聚经典 缔造未来
红旗旗舰
一汽轿车销售有限公司 公司地址：中国长春东风大街112-1号 销售服务热线：(0431)5908888 5768888 网址：www.faw.com.c

红旗 明仕
兴家、立业、志存高远
一汽轿车销售有限公司 公司地址：中国长春东风大街112-1号 销售服务热线：(0431)5908888 5768888 网址：www.faw.com.cn

东风汽车公司
DONGFENG MOTOR CORPORATION
DONGFENG
DONG FENG
DONG FENG
东风汽车公司

东风汽车公司始建于六十年代末，经历三十余年的不懈奋斗，相继建成了十堰、襄樊、武汉三大基地，在上海浦东和南方开辟了两个新事业生长点。现拥有全资和控股子企业40家，创立了“东风汽车”和“东风科技”两家上市公司；总资产511亿元；职工12.2万人；年生产能力约53万辆，产品覆盖重、中、轻、轿等宽系列。

2001年，东风汽车公司抓住发展机遇，乘势而上，以做强做大、提升国际竞争力为战略目标，加速战略项目实施，深化机制改革和管理创新，力求经营、改革、发展同步推进。继2000年实现整体扭亏后，主要经营指标大幅攀升，创公司建设30多年来最好记录，全面超额完成预算目标，取得了“十五”的良好开局。

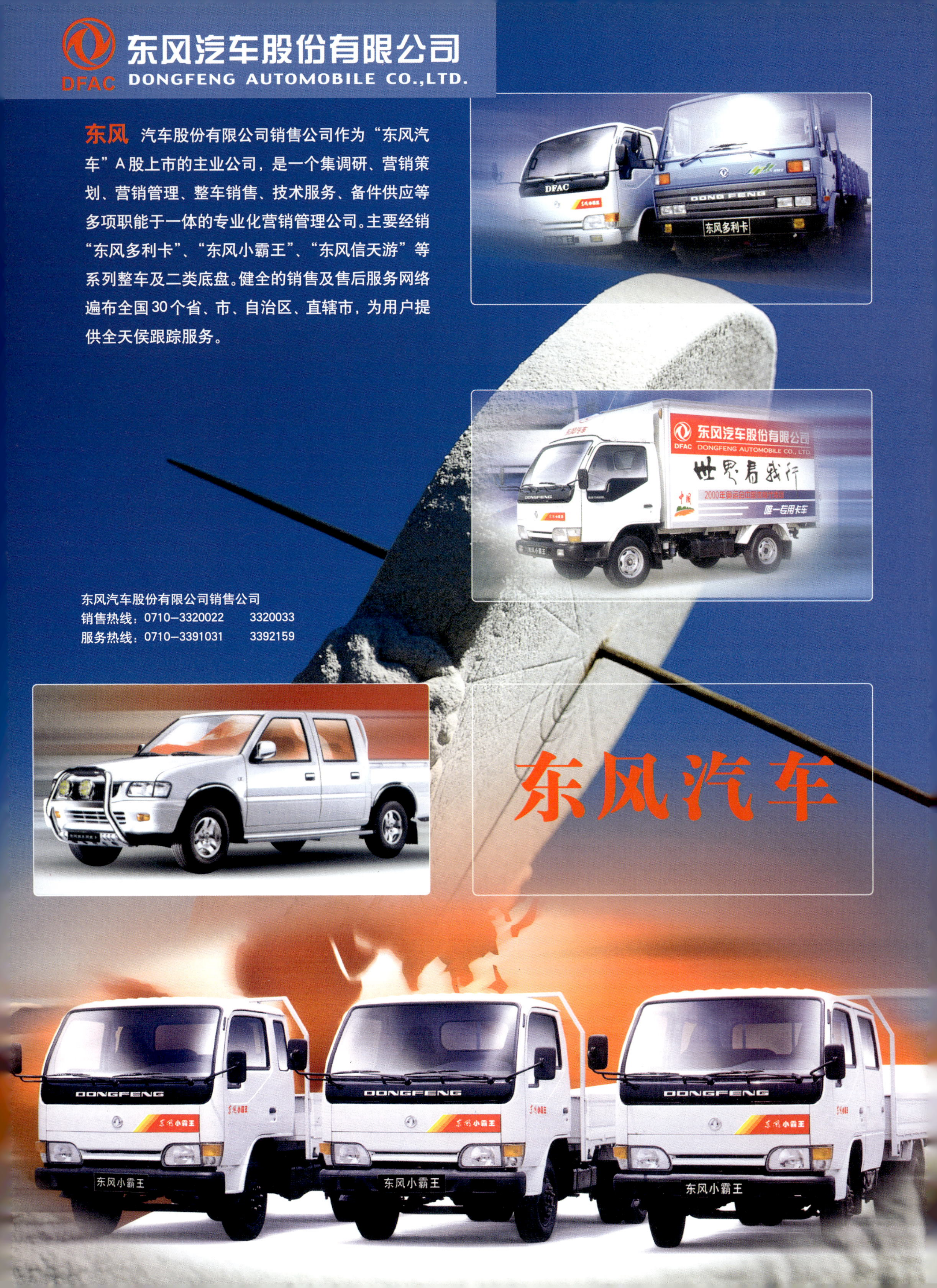
东风汽车股份有限公司
DFAC
DONGFENG AUTOMOBILE CO.,LTD.
东风汽车股份有限公司销售公司作为“东风汽车”A股上市的主业公司，是一个集调研、营销策划、营销管理、整车销售、技术服务、备件供应等多项职能于一体的专业化营销管理公司。主要经销“东风多利卡”、“东风小霸王”、“东风信天游”等系列整车及二类底盘。健全的销售及售后服务网络遍布全国30个省、市、自治区、直辖市，为用户提供全天侯跟踪服务。
东风多利卡
东风汽车股份有限公司
DONGFENG AUTOMOBILE CO., LTD.
世界看我行
东风汽车股份有限公司销售公司
销售热线：0710–3320022　3320033
服务热线：0710–3391031　3392159
东风汽车
DONGFENG
东风小霸王
东风小霸王
东风小霸王

东风雪铁龙
DONGFENG-CITROËN
萨拉毕加索 2.0L
与心共舞，随风
萨拉·毕加索
Picasso
萨拉毕加索 咨询电话：010-64880808
地址：武汉市汉阳区郭茨口
传真：027-84622163

科技与艺术的完美结合，让梦插上翅膀。飞扬速度如箭而出，澎湃激情随心释放，魅力之舞与动力之势交相辉映，如此激情之颠，尽由智能化多功能轿车——萨拉毕加索2.0L带给你！在其活力时尚的前卫外表下，更是人性化的温馨绝妙体验：划时代的科技结晶——以五台车载电脑组成的"灵性网络"，想你所想，尽你所用：通过各个数字模块之间的信息共享为你带来灵气十足的超凡功能，尽展科技智能化的神奇魅力。
无论亲友外出休闲旅游，亦或商务办公，萨拉毕加索2.0L皆能酣畅如风，凸显你的超凡品味，带来震撼全身心的极致驾驶乐趣！
灵感触手可及
驰骋！
CITROËN XSARA
Picasso
雪铁龙·萨拉·毕加索
神龙汽车有限公司荣誉出品
DONGFENG-CITROEN AUTOMOBILE CO.LTD
邮编：430051
网址：www.dcac.com

1.8T涡轮增压发动机，瞬间提升动力

压力造就强者。

有了涡轮增压，1.8升同样能爆发惊人动力！帕萨特1.8T发动机，装备先进的涡轮增压器，由电脑控制废气的流量，使进气量、进气压力、进气密度显著提高。当发动机在每分钟1750-4600转速范围内工作时，扭矩输出始终接近210牛·米的峰值，从而赋予持续的冲劲和优异的加速能力。汹涌动力，瞬间激情迸发，让您一举奠定胜局。

出色的动力表现，偕同手动/自动一体变速器的随心变换快感，ABS辅以EDS带来复杂路况操控自如的安全感，加之0.28超低风阻和优异底盘系统带来的高速稳健感，一道赋予您不同凡响的驾驭乐趣。

想体验帕萨特激情迸发的汹涌动力，

请即拨打**800 820 1111**。

*1.8T车型同时配备了手动变速器和手动/自动一体变速器供您选择。

BS防抱制动系统 •前后座燃爆式安全带 •前后门侧面防撞杆 •安全气囊系统 •电子智能防盗系统　同时备有1.8、1.8T和2.8V6等多款型号及不同配置供阁下选择

ww.passatchina.com　售后服务热线：021-95000789　上海上汽大众汽车销售有限公司　www.svwsc.com　上海大众

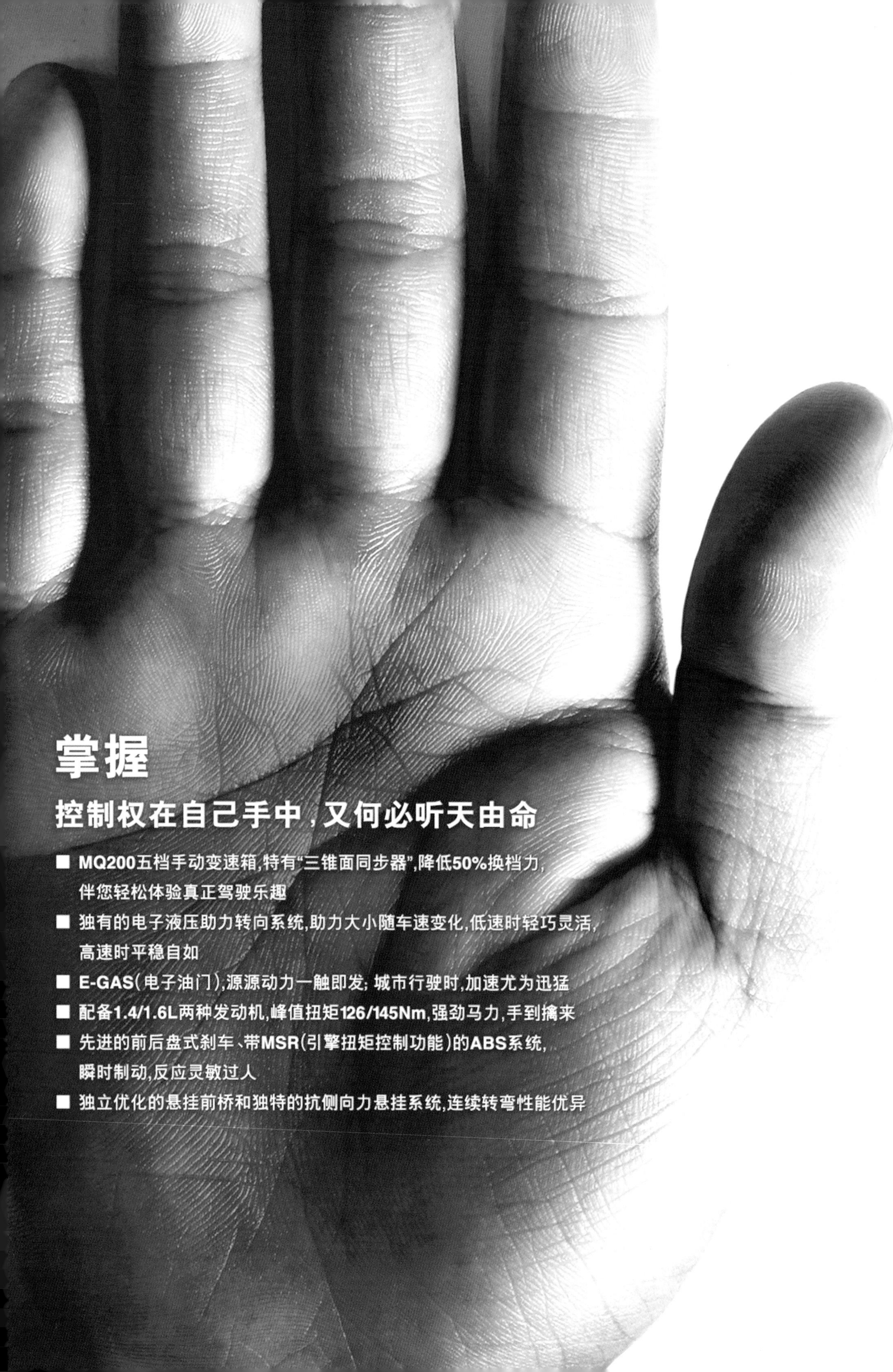

掌握

控制权在自己手中，又何必听天由命

- MQ200五档手动变速箱，特有“三锥面同步器”，降低50%换档力，伴您轻松体验真正驾驶乐趣
- 独有的电子液压助力转向系统，助力大小随车速变化，低速时轻巧灵活，高速时平稳自如
- E-GAS（电子油门），源源动力一触即发；城市行驶时，加速尤为迅猛
- 配备1.4/1.6L两种发动机，峰值扭矩126/145Nm，强劲马力，手到擒来
- 先进的前后盘式刹车、带MSR（引擎扭矩控制功能）的ABS系统，瞬时制动，反应灵敏过人
- 独立优化的悬挂前桥和独特的抗侧向力悬挂系统，连续转弯性能优异

POLO
POLO
POLO
POLO
r u Polo?
是你吗
上海大众

广州 HONDA

广州本田汽车有限公司

GUANGZHOU HONDA AUTOMOBILE CO.,LTD.

精诚合作的广州本田中日高层（由左至右）

门胁轰二　总经理

曾 庆 洪　执行副总经理

荒沢隆雄　副总经理

蒋　　平　副总经理

截止到2001年底，广州本田在广州累计建成120家集“整车销售、售后服务、零部件供应和信息反馈”四位一体的特约销售服务店；全年产销量超过51000辆，市场占有率上升到7.6%。由于质量优异和服务完善，广州雅阁系列轿车在2001年赢得了更多顾客的认可和喜爱：在上海被评选为“上海市民最喜爱的家庭轿车”；在“羊城车坛风云榜”评选活动中，荣获国产轿车类中“我最喜爱的品牌”、“购车首选品牌”、“我最喜爱的中高档轿车”和“我最喜爱的车型外观”四个奖项。同时，还被北京34家汽车媒体的100多名记者共同授予“2001年最佳车型表现奖”。

世界品质　一脉相承

按照“每年推出一款新车型，不断满足顾客需求”的经营方针，2001年4月10日，广州本田隆重推出了装载3.0升V6发动机的雅阁轿车。

1

2

1 领先科技的3.0升6缸24气门VTEC发动机，六个缸分两列呈60度V型排列，完美地平衡了惯性力，保证发动机在任何工况下均非常稳定和宁静。

2 音响系统采用全新松下6CD／磁带／收音一体式收放机和高、中、低三对扬声器，效果更臻完美。领先的前置六碟转换器功能的设置，使操作更加方便。浪漫行程，有交响乐队一路相伴之感。

广州 HONDA

拥有高质量、可靠和耐用品质的广州雅阁2.0EXi轿车，在行驶稳定性、乘坐舒适性、安全性和环保等方面均有出色表现。

广州雅阁2.3VTi以其引以为荣的4缸16气门VTEC发动机，新型五连杆双叉后悬挂系统和电子控制自动变速器，提供了安全可靠的稳定性和行驶舒适感。

广州 ACCORD 3.0V6

广州本田“四位一体”特约销售服务店，以“前店后厂”的品牌专营店模式，为顾客提供全面到位的一条龙服务。以售后服务为中心，集整车销售、售后服务、零部件供应、信息反馈于一体，让您享受优质产品的同时，体味到购买的喜悦。截止到2001年底，已在全国各大中型城市建立了120多家特约销售服务店，服务网络遍布大江南北。只要您看到“广州本田”的统一标识，就能享受到四海如一的优质服务。

世界品质　一脉相承

广州本田一直致力于向顾客提供世界一流的产品，并非常重视产品的售后服务。为进一步提高各特约销售服务店的售后服务水平，2001年3月24日～4月17日，广州本田组织全国66家广州本田汽车特约销售服务店开展了第一届售后服务技术技能竞赛。这也是国内汽车行业首次举办的与国际接轨的售后服务技术技能竞赛。

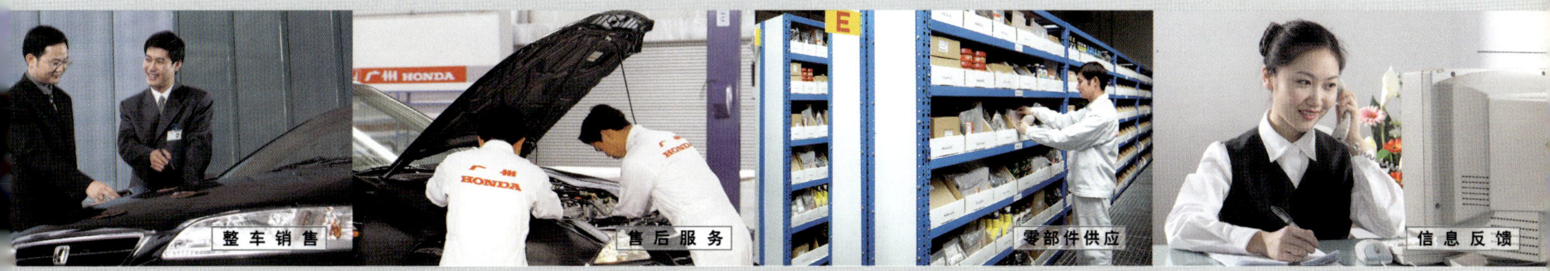

A40.12豪华商务车

IVECO

南京依维柯

FIAT
南京菲亚特
Siena
8:00am，一切就绪，把握无限商机
8:00pm，再次启动，满载休闲心情
成就的境界，不只在于拥有骄人事业，还要懂得享受情趣生活。驾驭精彩人生，从拥有菲亚特·西耶那启程！
FiatSiena
菲亚特西耶那
有成就，也有情趣
· 三厢式车身设计，“二十世纪杰出汽车设计大师”乔治亚罗先生的又一倾心力作，极富现代感的车身线条饱满和谐，端庄大方，崭新诠释意大利的经典风格。
· 车身宽度 1703 毫米，行李箱容积 515 升，在同级车中位于前列；仪表板功能齐全，易于触摸和操控，借助人体工程原理，创造舒适惬意的驾乘体验。
· ABS+EBD，副气囊可关闭的无烟式双安全气囊，FPS 防火系统，菲亚特 CODE II代电子防盗系统等多项先进装备，提供全面安全保护。
· VENICE（汽车电子整体控制网络）系统，实现灯光延时、智能清洗和后风窗除霜等功能，高新科技引领潮流。
· 以菲亚特全新技术配备的 1.3 升和 1.5 升两款多点电喷发动机，性能优越，满足对节能和驾驶乐趣的多重需求，轻松超越欧洲II号排放标准。
· 遍布全国的 4S 销售服务体系，让您驾乘无忧。

北京·福田汽车

福田公司情况介绍

北汽福田汽车股份有限公司（简称福田公司）成立于1996年8月28日，是经北京市人民政府批准成立的跨地区、跨行业、跨所有制、多产业经营的上市公司。公司现有员工14000余人，是全国520家重点企业和北京市优中优选、重点扶持行业，是首都文明单位和“双十佳”企业，荣获“全国五一劳动奖状”、“全国机械行业企业形象十佳”等称号，被誉为北京市国企改革的先进典型。

福田公司组织机构为职能事业部制，公司下设13个事业部，生产厂区跨京、鲁、辽、湘、鄂五省。公司产业经营领域为汽车、农业装备、建设、金融四大产业，其中汽车为主导产业，主要产品有重型、中型、轻型、微型全系列卡车、客车系列和发动机等。

福田公司的经营管理模式和业绩在国内汽车界引起普遍的关注，它以较为完善的法人治理结构、优质高效的企业运行机制，在短短的六年内，以资产重组为基本形式，闯出了一条低成本扩张、高效率发展的成功路子，资产从1996年成立之初的4.7亿元发展到2001年的31亿元，销售收入从7.3亿元发展到2001年的41亿元，进入汽车行业三年多，产销量已突破10万辆，创造了我国汽车工业发展最快的纪录。面对入世对国内汽车工业的挑战，福田公司利用既有优势，确定了卡车全系列化发展的战略思路，同时，福田公司充分利用自身优势，积极整合国际资源以实现跨国经营。目前，福田的技术研发和出口均在境外先期争取到了极其有利的条件。鉴于此，福田公司已被列为北京市重点建设的十大产品集团之列。2002年以来，福田主导汽车产业市场表现极其良好，1–8月份，公司经营创造了昂然的快速发展势头，实现销售89373辆，同比增长40.3%；销售收入、利润与去年同期相比分别增长67.3%和37.2%。

面向新世纪，福田公司确立了“新三步”发展战略，即经过六年的快速发展，福田公司至2006年年销售收入突破360亿元，把福田公司建成多产业经营的跨国公司。创新思维，超越自我，实现福田公司新世纪大发展。福田人正按照江泽民总书记“三个代表”的精神，层层落实“新三步”发展规划，续写规划，续写新的辉煌。可以预见，在经济全球一体化的竞争中，一个更加朝气蓬勃、生机盎然的福田公司将展现在世人面前。

北京·福田汽车

Jeeh
北京·吉虎

北京·福田汽车

风景海狮标准IIA-2M

2002款 双色车身 组合尾灯 高位刹车灯 电动后视镜
中高顶 动力转向 后照地镜 前门电动窗 可倾方向盘
中控锁 桃木内饰 分体空调 侧风道

物超所值

北京新奥玲

欧曼重卡车

风景中客车

风景大客车

松花江

哈飞集团董事长、总经理　崔学文

哈飞集团副总经理
哈飞汽车总经理　刘　涛

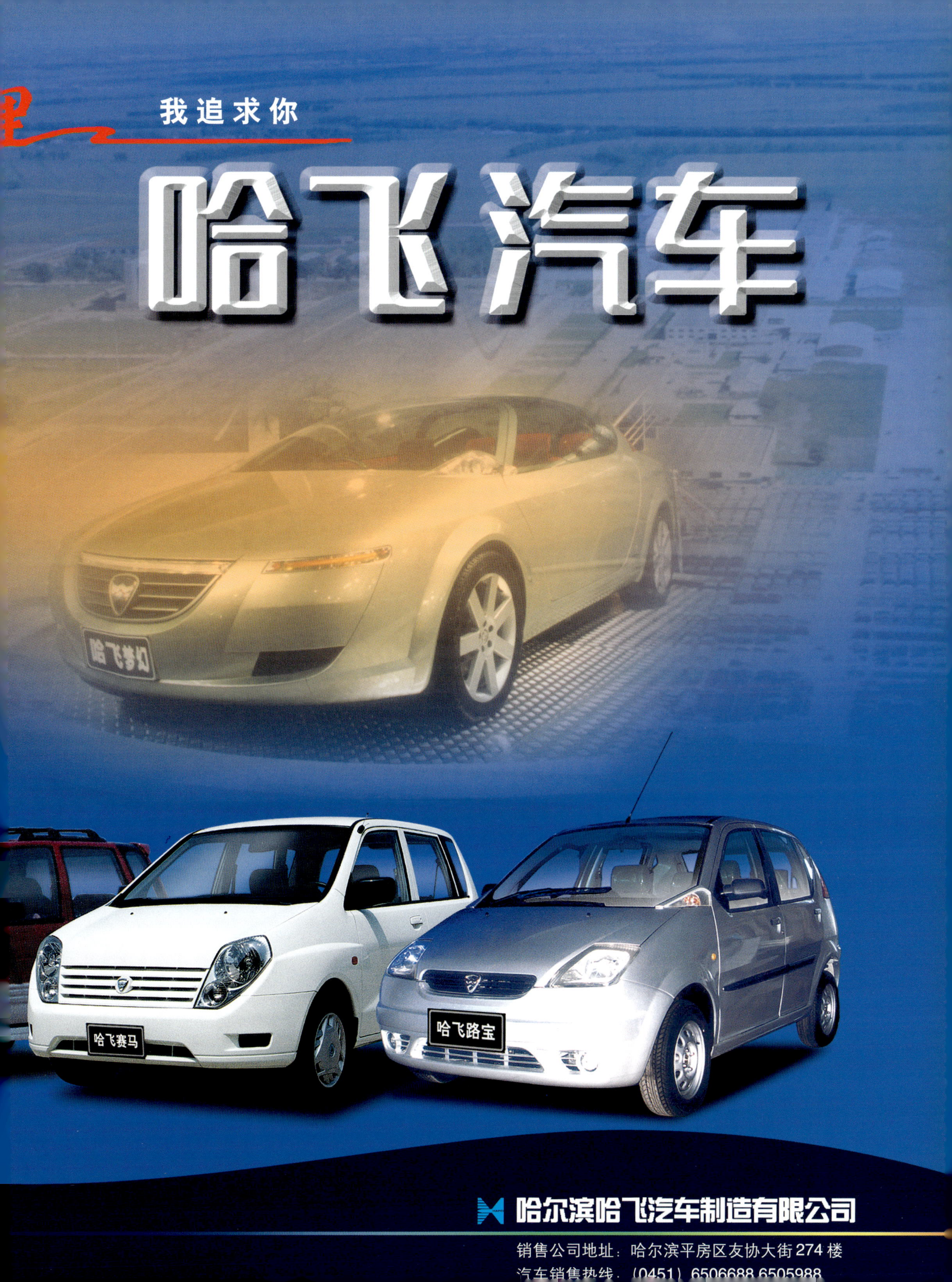

我追求你
哈飞汽车
哈飞梦幻
哈飞赛马
哈飞路宝
哈尔滨哈飞汽车制造有限公司
销售公司地址：哈尔滨平房区友协大街274楼
汽车销售热线：（0451）6506688 6505988

哈飞赛马
松花江
现代造型.路中之宝
哈尔滨哈飞汽车制造有限公司
销售公司地址：哈尔滨平房区友协大街274楼
汽车销售热线：（0451）6506688 6505988

哈飞赛马
松花江
哈飞赛马
骑士风范．哈飞赛马
哈尔滨哈飞汽车制造有限公司
销售公司地址：哈尔滨平房区友协大街274楼
汽车销售热线：（0451）6506688 6505988

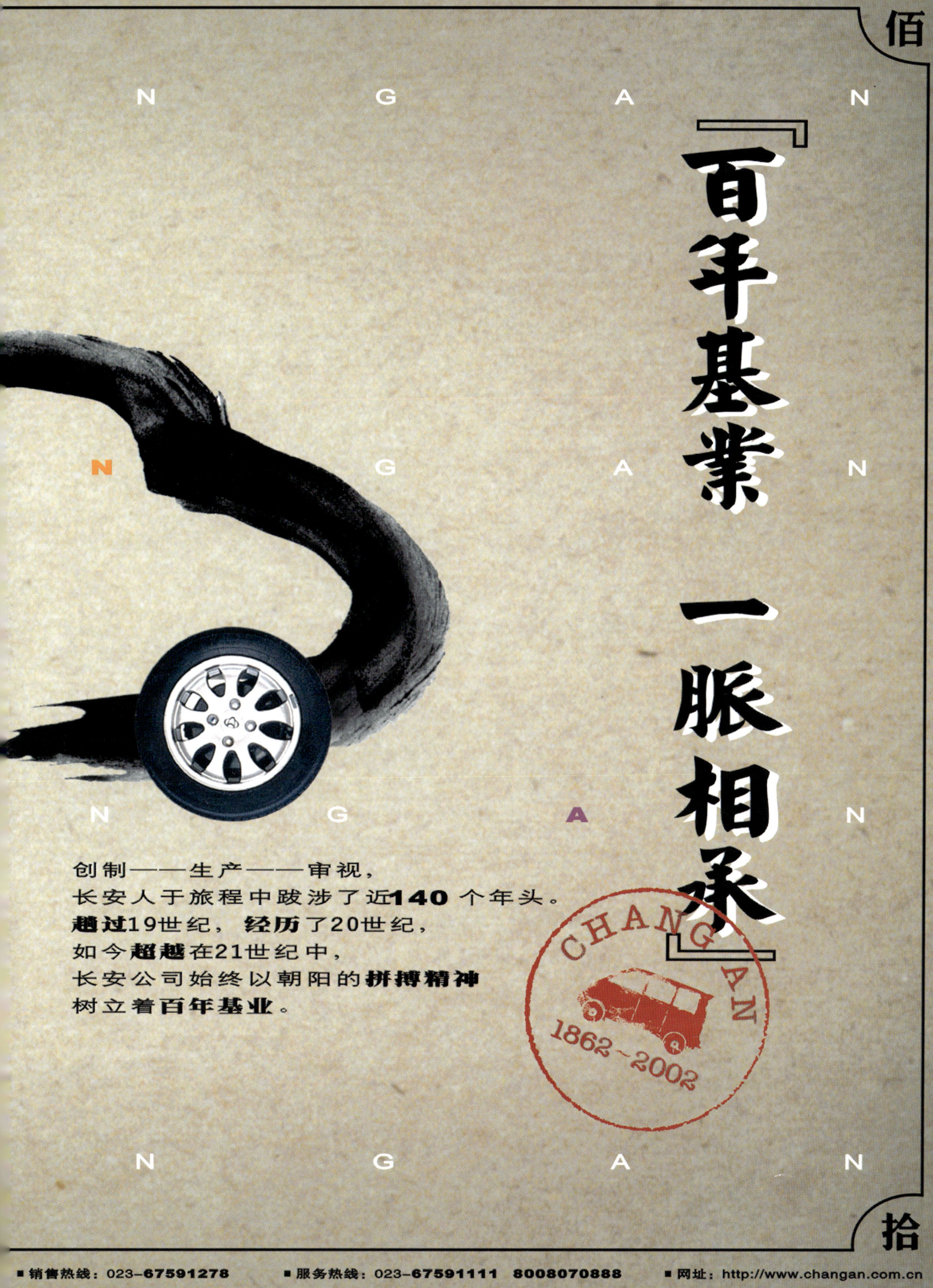
佰
『百年基业
一脉相承』
N G A N
N G A N
N G A N
N G A N
创制——生产——审视，
长安人于旅程中跋涉了近140个年头。
越过19世纪，**经历**了20世纪，
如今**超越**在21世纪中，
长安公司始终以朝阳的**拼搏精神**
树立着**百年基业**。
CHANGAN
1862~2002
拾
■销售热线：023-67591278
■服务热线：023-67591111 8008070888
■网址：http://www.changan.com.cn

长安雪虎

SC6370 FBA 多功能客车

SC6370 FBA演绎璀璨商务新概念

- 国际流行的造型风格，在国内小型客车行业中独领风骚。
- 充分体现了中国人审美倾向：圆润、流畅，是东方文化的体现。
- 前突的车头有效地吸收正面碰撞的能量，使乘员免受伤害，其安全性达到了轿车的标准。
- 宽大的内部空间非常适合中国家庭的使用。
- 圆形仿水晶大灯，晶莹剔透，光彩夺目，独具特色。
- 底盘采用多项先进技术，使您长途旅行更舒适。
- 双触发安全气囊更保证了成员在正面碰撞时的头部安全性。
- 率先在国内通过正面和追尾碰撞安全试验。
- 可全方位调节的全车座椅（选装），提供了各种附加功能，使人在驾驶中感到充分享受。

豪华运动款

Haohua yundong

长安之星

CHANGAN STAR

商务多用款

CHANGANXUEHU

SC6371 FBA——豪华运动款，领略超凡的激情驰骋

- 前后保险杠装饰总成，车身后部扰流板、车身侧护板设计，加之仿水晶大灯的设计，外型紧跟时尚潮流。
- 多点电喷系统发动机，节能环保，排放达到欧II标准。
- 符合国家安全法规。
- 中控门锁人性化呵护。
- 驾驶员座椅前后可调，适合不同体型、身高的人驾驶。
- ABS制动系统、后除霜装置、安全气囊。
- 前轮前置，轿式底盘，宽敞舒适。

长安之星

SC6371 FBA 多功能客车

昌河汽车
中国驰名商标

江西昌河

昌河股票于 2001 年 7 月 6 日在上交所隆重上市

中航二集团公司总经理张彦仲为昌和股票的上市敲响了铜锣。昌河集团公司董事长、总经理杨金槐（右一），明畅和集团党委书记、昌河股份公司董事长 吴全（左一）等出席了上市仪式。

昌河股份（沪市 600372）
名称：江西昌河汽车股份有限公司
地址：江西省景德镇市
电话：(0798)8442019(总机)
销售热线：(0798)8441411
传真：(0798)8441460
邮编：333002
网址：http//www.changhe.com
Address:JINGDEZHEN,JIANGXI
Tel:(0798)8442019(Switchbard)
Sale:hotline:(0798)8441411
Fax:(0798)8441460
Zip:333002

车股份有限公司

海象 CH6352 系列多功能乘用车

海豚 CH6370 系列多功能乘用车

微型货运 CH1012LEI/CH1011EI 系列电喷单／双排

昌河汽车
中国驰名商标
北斗星——中国第一款F–MPV

CH7100/CH7100A/CH7110/CH7110A/CH7120
江西昌河汽车股份有限公司

费导购热线：800-830-8111　　网址：www.gdqc.com.cn

车贸易公司

“广物汽贸”汽车连锁店总部广东汽车市场是华南地区经营规模最大、服务功能最齐全的汽车集散交易中心，荣获“全国创建文明行业工作先进单位”、“全国百城万店无假货活动示范市场”、“广东省文明窗口单位”等称号，是国家经贸委重点联系市场。

GDAM

广物汽

广 东

Http://ww

GUANGDONG AOTO MARKET

广东汽车市场由**广东物资集团汽车贸易公司**主办，是“广物汽贸”汽车连锁店总部。位于广州市机场路，占地10万平方米。

广东汽车市场拥有**汽车展销**、**旧车交易**、**汽车租赁**、**信贷消费**、**维修配件**、**集散配送**、**国际贸易**、**电子商务**等功能，经营规模连年位居全国前列。广州市车管所白云分所座落在市场内，各车管业务有关单位都驻场办公，顾客享受“购车上牌”一条龙服务。

市场还设有音乐喷泉客户广场、咖啡厅、网吧、车主俱乐部、网球场等设施，经常举办各种顾客联谊活动，是一个现代气息浓、文化品位高的花园式汽车文化园区。

广东汽车市场是目前华南地区最大的商品汽车流通基地，被誉为广东省乃至华南地区汽车市场的“**晴雨表**”。

贸·连锁总店

汽 车 市 场

.gdqc.com.cn

免费导购热线：800-830-8111

全国创建文明行业工作先进单位

全国百城万店无假货活动示范市场

全国青年文明号

国家推进流通现代化重点联系市场

广东省文明窗口单位

广东省诚信市场

地址：广东省广州市机场路402—420号广东汽车市场

电话：020—86329072　　传真：020-86329056

E-mail:gzgdmeec@public.guangzhou.gd.cn

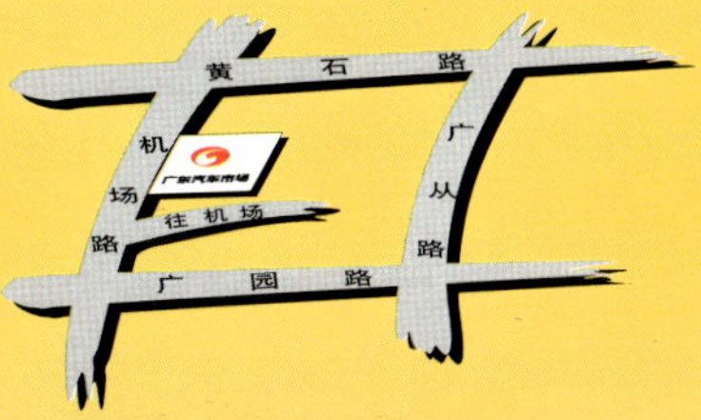

中国重型汽车集团有限公司

CHINA NATIONAL HEAVY DUTY TRUCK GROUP CO.,LTD

董事长、党委书记：马纯济

总经理：蔡东

2001年1月18日，由原中国重型汽车集团公司重组而成的中国重型汽车集团有限公司宣告正式成立。当年便实现了扭亏持平。2002年中国重汽定为管理效益年。全面提升产品质量，造名牌车，造精品车，以人品打造精品，以精品奉献社会，是中国重汽今年提出的奋斗目标。9月初，结合全国质量月和公司实际，中国重汽又开展了“质量提升工程”活动，使工作质量、产品质量得到大幅度提高。10月中旬，中国重汽质量管理体系认证工作顺利通过中国汽车产品认证委员会质量体系认证中心现场审核。为强化行业领先地位，中国重汽根据我国汽车市场的实际需求，确立了领先一步的产品开发战略，并制定了产品开发的四个平台。2002年1-10月份产销各种汽车15082辆，同比增长95.6%；产销重型汽车11328辆，同比增长98.6%；销售收入实现91.2亿元；同比增长138.7%；利税实现4.13亿元，同比增长782.8%；产销发动机81589台，同比增长100.1%。近日，代表我国当代最高水平的重型汽车——斯太尔王投放市场。中国重汽利用自己的技术优势，先后开发出8×8、10×10黄河越野汽车等国内最先进的新一代军车，满足了部队急需。

2002年11月2日斯太尔王下线

中国重汽
一步到位 步步到位
重卡至尊 王者风范
欧洲造型，尽显王者风范
以人为本，内饰全面提升
■ 驾 驶 室：全新设计，欧洲造型，雄健伟岸；内饰全面提升，
航空仪表台体现以人为本的设计理念
■ 发 动 机：中国重汽专用发动机
WD615系列：280／310／360马力
WD618系列：420马力
■ 驱 动 桥：世界级美驰单级桥；可选装斯太尔双级桥
■ 方 向 盘：可实现±25mm高度调节，前后±5° 倾角调节
■ 电器系统：采用了新型的总线结构；具备自动检测功能，故障自动显示和报警；
发动机工作时间累积、行驶里程累积、无行驶里程状态下的发动机
工作时间累积资料记录；各种元器件性能好，
可在-40℃—150℃温度范围内稳定工作
■ 增加了低音喇叭，声音穿透力强，警示距离远，增加了车辆的行驶安全性
■ 短柄变速操纵换档手柄，操作轻便，减轻驾驶者的劳动强度
■ 新型中置式空调（暖风）系统：可使驾驶室内冷暖调节轻松自如
■ 标准双卧铺配置
斯太尔王
中国重汽专利产品
亲人®
服务一线通 800-8606016
中国重型汽车集团有限公司
CHINA NATIONAL HEAVY DUTY TRUCK GROUP CO.,LTD
地址：中国济南市无影山中路53号 电话：0531-5582114 邮编：250031
销售咨询热线：0531-6958940 网址：www.jn-steyr.com.cn

JAC
江淮汽车

中国石油化工股
LUBRICANT CO

中国石油化工股份有限公司润滑油分公司（以下简称中国石化润滑油公司）是世界五百强企业——中国石油化工股份有限公司主营润滑油业务的直属分公司，集润滑油生产、研究、储运、销售于一体，在中国润滑油界拥有超强的规模和杰出的技术优势。在全国各地设有多家专业润滑油生产厂，拥有“长城”、“海牌”和“南海”三个国内著名的一流润滑油品牌，可生产内燃机油、齿轮油、液压油、压缩机油、汽轮机油、电器用油、金属加工油、导热油、润滑脂等系列产品500多个牌号，拥有稳定并不断增长的顾客群和广阔的发展前景，并知名于国际润滑油界。

成员企业

中国石油化工股份有限公司润滑油长城分公司
中国石油化工股份有限公司润滑油一坪分公司
中国石油化工股份有限公司润滑油上海分公司
中国石油化工股份有限公司润滑油茂名分公司
中国石油化工股份有限公司润滑油荆门分公司
中国石油化工股份有限公司山东环球润滑油公司

科研机构：

中国石油化工股份有限公司上海润滑油应用研究中心
中国石油化工股份有限公司长城润滑油应用研究中心
中国石油化工股份有限公司重庆一坪润滑油脂研究所

分有限公司润滑油分公司

PANY, SINOPEC CORP.

产品体系

包含了润滑油品种中几乎所有的产品，采用国内国外最优良的原料和通过严格的专业台架试验评定的高科技配方，满足国际标准化组织(ISO)、美国汽车工程师协会(SAE)、美国石油学会(API)、中国国家标准(GB)及多种特殊规格标准的要求。通过奔驰、沃尔沃、康明斯等世界著名汽车制造商的技术认证，成为中国一汽集团、一汽大众、二汽集团、神龙富康、上海通用、上海大众、风神蓝鸟、宝钢等大型集团公司首选专用油品。

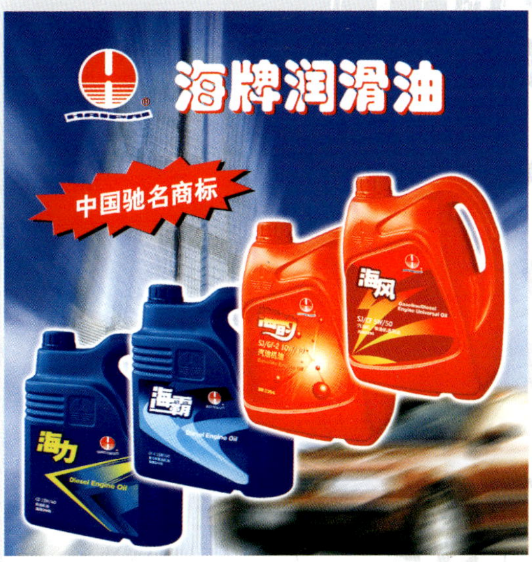

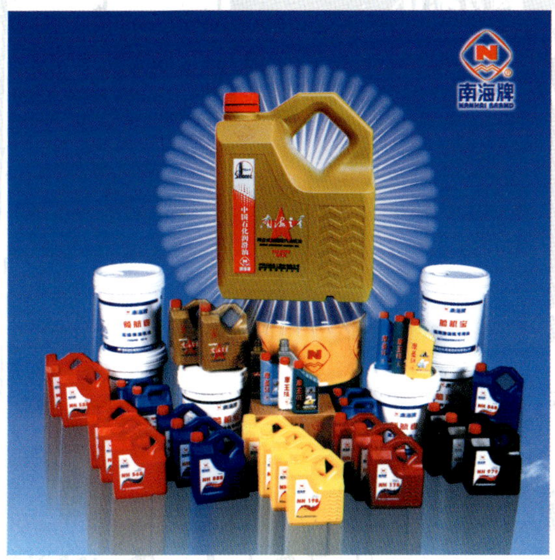

中国石油化工股份有限公司润滑油分公司
LUBRICANT COMPANY, SINOPEC CORP.

地　　址：中国·北京·海淀区安宁庄西路6号
电　　话：010-62949898
传　　真：010-62917732

车有限公司

539-8224513　8219385　传真：0539-8226316

SDL6120、SDL6120W大型豪华客车和卧铺客车、SDL6880、SDL6780R中型豪华客车，SDL6100、SDL6780型公交客车和大、中、小吨位的厢式运输车，满足了现代运输快速、舒适、安全的需求。

进入2002年，随着业务的扩展和产量的提高，现有的条件已不能适应生产，公司拟投资5000万元，在临沂工业园区新征土地300余亩，建设一个现代化的新厂区，形成年产2000台的生产能力，同时，公司正进行ISO9000质量体系认证工作，公司的管理水平和产品质量都将跃上一个新的台阶。

飞燕客车

FEIYANKECHE

奔安康大道

SDL6120 大型豪华旅游客车

飞燕牌 SDL6960W 卧铺客车

飞燕牌 SDL6110ZBFB 大型豪华旅游客车

飞燕牌 SDL6880ZBHB 客车

中国吉利 中国造

中国·吉利集团

CHINA GEELY GROUP

经过三年多的艰辛努力，中国唯一的民营汽车生产企业吉利集团终于在竞争激烈的汽车市场上争得了一席之地。以“造老百姓买得起的好车”为经营理念，以自主知识产权为企业灵魂，吉利集团现已拥有临海、宁波、上海三大生产基地和15万辆轿车的年生产能力，一个占地近3000亩、总投资49.1亿元的台州吉利汽车工业城即将脱颖而出。

第一辆吉利·豪情面世，早已表明吉利集团高举民族汽车工业大旗的决心。随后的吉利·美日、吉利·优

利欧、吉利·杰士达等系列的频频推出，以及令汽车业界广为震惊的“中国第一跑”吉利·美人豹横空出世，无不都在告诉世人：中国的民族汽车工业一定会赢！

2001年，吉利集团产销轿车2.15万辆，从国际强手如林的汽车市场上抢得了一片广阔的空间；2002年，吉利人为自己定下了年产销5万辆轿车的目标，截止到第三季度末，轿车产销量实现33000辆，为吉利人再创民族工业奇迹迎来了希望。

吉利人的奋斗，是中华民族不屈意识的精彩体现；吉利人要缔造这样一幅美景：让国人面对奔流不息的车流，自豪地说“中国吉利，中国造！”

中国农业机械华北公司

中国农业机械华北公司主要销售各种汽车、空调、农机等商品的大型流通企业，每年的营业规模为10亿元左右，是天津市最大的汽车经 销商之一。是夏利、华利、桑塔纳、帕萨特B5、江铃、全顺、庆铃、松花江、金杯汽车的天津一级代理商，是LG、上海日立、小天鹅波尔卡、松下、格力空调的天津一级代理商，是北汽福田拖拉 机的天津一级代理商，是上海电器集团、石内配总厂等配件厂家的华北及天津一级代理商。公司多次获得天津市先进企业、文明单位、“八五”、“九五”立功先进单位和全国内贸系统十大文明示范单位等荣誉称号。

公司经营的主要汽车品牌：丰田、夏利、华利、桑塔纳、帕萨特、江铃、全顺、庆 铃、金杯、松花江、赛马。

公司地址：天津和平区赤峰道10号
联系电话：23394240、23304247(传真)
邮政编码：300041

公司大楼内景

中国农业机械华北公司

桑塔纳营业大厅

夏利、华利营业大厅

中国农业机械华北公司是销售各种汽车、空调、农机等商品的国有大型流通企业，每年的营业规模为10亿多元，是天津市最大的汽车经销商之一。是夏利、华利、桑塔纳、帕萨特B5、江铃、全顺、庆铃、松花江、金怀汽车的天津一级代理商，是LG、上海日立、小天鹅波尔卡、松下、格力空调的天津一级代理商，是北汽福田拖拉机的天津一级代理商，是上海电器集团、石内配总厂等配件厂家的华北及天津一级代理商。公司多次获得天津市先进企业、文明单位、“八五”、“九五”立功先进单位和全国内贸系统十大文明示范单位等荣誉称号。

下属公司包括：

天津汽车工业华北销售有限公司

上海汽车工业华北农机销售有限公司

天津江铃汽车销售有限公司

天津华北中农庆铃汽车销售有限公司

天津华北农机有限公司

金怀汽车销售分公司

松花江汽车销售分公司

农机排灌分公司

空调分公司

配件分公司

公司大楼外景

地址：天津市和平区
赤峰道10号
邮编：300041
电话：022—23394240
传真：022—23304247
网址：http://hbnj2000.com
电邮：hbnj@hbnj2000.com

企业简介

天津华利汽车有限公司前身是天津市汽车制造厂，始建于1965年，是天津汽车工业上午摇篮。公司生产厂区分别座落于天井市西青区杨柳青和北辰区韩家墅，占地面积共36万平方米。

公司是国内生产微型汽车、轻型汽车及医用改装车的骨干企业。主要产品为华利牌TJ6320G2、TJ6330G、TJ6350B系列微型汽车；雁牌TJ1040、TJ1041系列轻型汽车和海燕牌各种医用改装车，各种类型汽车现已累计生产近70万辆。公司拥有雄厚的技术开发能力，1999年采用日本先进技术研制开发的TJ6341华利·幸福使者多功能车，以其华美的造型、优良的性能和适中的价格，在国内赢得广泛赞誉，已于2001年底开始批量生产并投放市场。

公司发扬“团结、奋进、创华夏一流”的企业精神，坚持“力创精品，精益求精；服务顾客，尽善尽美”的质量方针，积极推进TPS，不断改善，时时努力，日日创新，力争用一流的产品为顾客提供一流的服务，为中国汽车工业的发展作出自己的贡献。

HUA LI MOTOR CO.,LTD.

地址:天津市西青区李楼南　电话：022-27950901　ADD:South Li Lou,Xi Qing District Tianjin

HUANGHAI BUS

丹东黄海汽车集团有限责任公司

丹东黄海汽车有限责任公司，是由辽宁黄海汽车（集团）有限责任公司与丹东曙光车桥股份有限公司（6000303）实现强强联合，共同出资组建而成，于2002年11月22日正式挂牌成立。公司总资产5亿元，以汽车（客车和货车）的整车、底盘及其零部件的开发设计、制造和销售为主。其中“黄海”牌大中型客车是公司的主导产品。

丹东黄海汽车有限责任公司，坐落在风景优美的鸭绿江畔、我国最大的边境城市——丹东，毗邻朝鲜民主主义人民共和国。公司现有员工3000人，其中各类专业技术人员578人，占员工总数的19%企业总占地面积约50万平方米，其中生产建筑面积近20万平方米，拥有13条国内一流水平的专业生产线，主要生产设备1700台（套）。公司现有形成年产客车整车5000 量，客车底盘6000量的生产能力。其中，总面积为9212平方米的集车身焊装、涂装、内饰装配于一体的全新非六面体高档客车生产线，柔性化生产能力强，能同时满足多种不同型号的高档客车生产需要，可年产高档客车1000辆。

DD6112K17　大型集贸市场客车

DD6123K01　大型豪华旅游客车

DD6115H　大型高级旅游客车

公司地址：辽宁省丹东市黄海大街542号
销售热线：(0415) 6221318
技服热线：(0415) 6272867　6272489
传真：(0415) 6221375
进出口公司：(0415) 6223867
传真：(0415) 6224270
邮政编码：118008
网址：www.huanghaibus.com

上汽通用五菱汽车股份有限公司

上汽通用五菱汽车股份有限公司是由上汽集团、美国通用汽车公司、柳州五菱汽车有限责任公司三方合作的大型企业，其前身为柳州五菱汽车股份有限公司，占地面积79万平方米，拥有员工4200多人。

公司以"造百姓喜爱的车"作为企业经营理念，坚持简单化、低成本制造方式，打造最广泛的百姓喜爱的微型汽车，该公司拥有以冲压、车身、涂装、总装为主体的现代化生产格局，微型汽车年生产能力达18万辆，所产五菱汽车全部达到欧洲Ⅰ号排放标准，大部分达到欧洲Ⅱ号排放标准。2001年，五菱汽车产销超12万辆，产品还出口东南亚、中东、南美、西欧等19个国家和地区，深受国内外用户青睐。公司获得2000年全国维护消费者合法权益先进企业、2001年全国用户满意企业等称号。五菱牌系列微型汽车也多次获得"全国用户满意产品"称号。

公司还建成了国家级技术中心，经国家人事部批准的"企业博士后科研工作站"，聘请一批专家教授为技术顾问，实施C3P（CAD/CAE/CAM/PDM）汽车开发技术系统研究项目等，大大提高了企业技术开发创新的能力。五菱汽车开发周期，已由原来的3～4年迅速缩短1～2年。目前公司的产品包括商务用车、微型厢式客车、微型双排货车、微型单排货车四大系列共210个品种车型。

上汽通用五菱公司在上汽集团、美国通用汽车公司和柳州五菱汽车有限责任公司三方联盟的领导下，充分利用联盟的各方优势资源，引进世界上先进的经营理念和管理系统，全面推进企业业务流程重组和企业内外资源集成整合，在采购体系、生产体系、技术开发体系、营销体系、人力资源开发体系、质量保证体系等方面实施精益化管理，公司的各项管理水平大大提高，具有核心竞争力的五菱价值链正初步形成。

上汽通用五菱正在发生一场深刻的巨变，公司由自我奋斗型向学习创新型的企业转变，上汽通用五菱以"为顾客创造价值"为工作目标，努力成为在国内领先、国际上有竞争力的汽车公司！

康明斯强劲动力
创造清新未来

明斯发动机有限公司位于湖北省襄樊市，由东风汽车股份有限公司与美国康明斯公司合资兴建而成。公司主要生产康明斯B、C系列发动机，功率覆盖范围为55–330kW，可充分满足汽车、工程机械、船舶和发电机组等的动力匹配需要。公司力求以精良的制造和严格的管理，为客户提供品质优良的发动机。

部分发动机典型性能规格：

型 号	额定功率 kw@RPM	最大扭矩 N.m@RPM	干 重 kg	进气型式	排放认证
B135 20	99@2500	480@1500	343	空空中冷	欧洲Ⅱ号
B150 20	110@2700	505@1500	343	空空中冷	欧洲Ⅱ号
B180 20	132@2500	650@1500	413	空空中冷	欧洲Ⅱ号
B215 20	158@2500	700@1500	413	空空中冷	欧洲Ⅱ号
B235 20	173@2500	800@1500	413	空空中冷	欧洲Ⅱ号
C220 10	162@2400	759@1500	604	增压中冷	欧洲Ⅰ号
C240 10	176@2400	880@1500	604	增压中冷	欧洲Ⅰ号
C245 20	179@2200	1025@1400	604	空空中冷	欧洲Ⅱ号
C280 20	206@2200	1125@1400	636	空空中冷	欧洲Ⅱ号
C300 20	221@2200	1125@1400	636	空空中冷	欧洲Ⅱ号

* 设计紧凑，零部件比同类机型少约30%，故障率低，维修简单。
* 体积小，重量轻。
* 可满足欧洲Ⅰ–Ⅲ号排放标准。
* 久经考验的可靠性和耐久性，B50大修里程超过50万公里。
* 全球累计销量超过300万台。

东风康明斯发动机有限公司

DONGFENG CUMMINS ENGINE CO.,LTD

湖北.襄樊　　邮编：441004

电话：(0710)3391122　　传真：(0710)3392893

来自河南裕华汽贸的真诚服务！

河南省裕华汽车贸易有限公司是集汽车销售、汽车维修、配件供应、旧车交易、信息咨询为一体的大型有限责任公司。注册资金1800万元，拥有分公司、控股参股及代理公司14家。公司本部职工300余人，经营场所70000多平方米，主要经营一汽、东风、上汽、北汽、天汽、长安等国内主要汽车集团产品和部分进口汽车，并提供汽车维修、配件供应、旧车交易等售后服务；同时经销国内外名优机电产品，业务覆盖全省和周边地区，是河南省有规模、讲信誉、服务优的汽车经营大型企业。

公司坚持以人为本、开拓创新和使每一位顾客都满意的营销理念，充分发挥自身优势，拓展经营领域，按照“先做好、再做强、后做大”的思路稳健发展，更上新的台阶。

期待

与您的真诚合作！

河南省裕华汽车贸易有限公司
地址：河南省郑州市政七街4号
邮编：450008
电话：0731－5930289

重庆大江工业（集团）有限责任公司

重庆大江工业(集团)有限责任公司是中国兵器装备集团公司下属的大型企业集团，公司现有员工1万余人，占地4平方公里，固定资产总值近30亿元。公司现有4家全资子公司、4家控股子公司、12家参股子公司及2家控制子公司。其中有五个中外合资合作企业。

集团公司所属重庆大江信达车辆股份有限公司是专用汽车、汽车和摩托车零部件、工程机械、铁路机车零部件等产品的生产主体，建成了国内先进的专用汽车、工程机械、汽车车桥、汽车转向器、齿轮、变速箱、铸钢铸铁、锻造、工模具、热处理、表面处理、冲压、焊接生产线。工艺技术先进，装备手段完备，拥有较强的CAD/CAM设计开发能力；生产的整车产品“大江”牌高空作业车12—25米系列，“大江”牌汽车起重机8—50吨系列；汽车零部件产品“迈克”牌重型车桥；“吉诺”牌轻、中、重型汽车液压动力转向器系列；“渝齿”牌轻、中型汽车变速器系列、重型汽车桥芯齿轮和轻、重型汽车轮边减速齿轮；工程机械产品“庆江”牌自升式塔式起重机QTZ25—125系列等产品在全国享有盛誉；公司通过了GJB/Z9001和ISO9002质量体系认证。

公司地址：中国重庆巴南区鱼洞镇
邮政编码：401321
法人代表：皇甫智
电话：(023) 66283009　66283156
传真：(023) 66283832
企业网址：www.cqdjgy.com
E—mail:cqdjsa@cta.cq.cn

整体式液压动力转向器 ZY1.5

整体式液压动力转向器 ZY7

YC5—20 型轻型汽车变速器取力器

YC5—20 型轻型汽车变速器总成

带电高空作业

重型汽车车桥

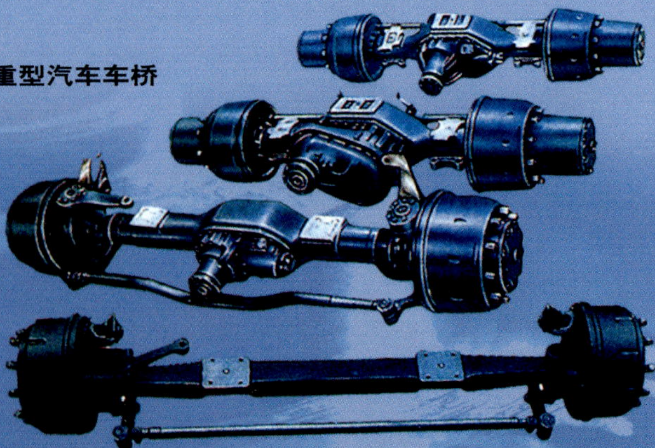

重庆机动车交易市场

公司领导班子研究发展规划

重庆机动车交易市场地处重庆南岸经济技术开发区首端，水、陆、空交通畅达，办事十分快捷。场内拥有展场面积4.5万平方米。场内除设有汽车交 易区、配件交易区及汽车维修区外，还为驻场企业集中提供工商、税务、车管、稽征、银行、保险、餐饮以及各类代办等"一条龙"服务。

市场于1992年9月创办，由重庆协信控股（集团）有限公司所属重庆机动车交易市场有限公司经营管理。该市场聚集了全国各地汽车生产"经营厂商100多户，业已形成西南地区规模最大的以经营轻重型载重汽车、专用车、客车及工程机械为主的大型专业市场，也是重庆市政府重点点扶持的十大专业市场。随着国家西部大开发战略的实 施，近三年业市场汽车销售量以每年50%的幅度增长，仅2002年1-6月份，成交量就达1.2万辆，成交额14.5亿元。

由于近年来市场超常发展，要求入场经营企业及展（停）车辆己超过市场容量。有览于此，市场公司己在南岸区四公里重新征地500余亩，准备将重庆机动车交易市场 移址扩建成西部地区以载重汽车为主导，集团内外品牌货车、轿车、摩托车销售、二手车置换、零以配件供应、技术检测、车辆改装、驾驶培训、车辆人维修、会展商务以及仓储物流于一体的多功能现代车辆商业城。

地址：重庆市南岸区南坪南路18号
邮邮编：400060
总经理：杨继雄
电话：(023)62923284
传真：(023)62818498
E-mail:yangjixiong@sinceregroup.com

载重车展场　　工程车展场

北京北方华德尼奥普兰客车股份有限公司

北京北方华德尼奥普兰客车股份有限公司是在北京北方车辆集团有限公司的全资子公司基础上经股份制改造组建而成的豪华客车专业生产企业，公司股东由北京北方车辆集团有限公司、中国华融资产管理公司、中国北方车辆公司、北方经济发展有限公司等六家组成。

自1986年引进德国尼奥普兰公司（NEOPLAN）客车技术、工艺装备至今，北方客车已发展成为含高速客运座车、豪华卧铺车、旅游客车和特种车等4大系列三十余个品种，其中十余种车型被交通部评定为大型高二级客车。北方客车市场占有率连年高居国内豪华客车榜首，其中近千辆客车单车运营己超过百万公里，充分体现北方车结构的先进性和性能的优越性；无大梁全承载式车架结构具有极强的抗冲击能力，能有效防止发生意外伤害，并具备快捷的故障修复能力。北方客车已经成为国内高速客运和旅游用车的首选品牌。

北京北方华德尼奥普兰客车股份有限公司
地址：北京市丰台区朱家坟五里五号
电话：010—83871454　83883557　83876750　83879230
传真：010—83871454

贵州汽车城

贵州汽车城是贵州省"九五"计划的重点建设项目，由贵州汽车城有限责任公司投资建设，汽车城占地113亩，总投资7280万元，总建设规模36600平方米。

几年来，市场逐步活跃，成交量与成交额都大幅度增长，交易量由1996年的1500辆增至2001年的10105辆，占全省总销量三万辆的1/3，交易额由1996年的1.5亿元到2001年达到6.28亿元。二手车2001年交易7250辆，交易额1.97亿元。占全省总销量1.5万辆的50%以上。每年交易额以1—1.5亿元幅度递增。

几年来，企业收入成倍增长，由1996年的80多万元增加到2001年的777.11万元，增长九倍。企业总资产由1996年的1389万元到2000年增加到6000多万元。

贵州汽车城为了更好的为消费者服务，市场实现了工商、税务、公安车管、保险、银行一条龙服务，在汽车城一天内即可办完购车贷款、工商验证、新车上牌、旧车评估、质量检测、旧车过户等手续，深受商家和购车者的欢迎。

贵州汽车城新车、农用车市场具有商家多、品牌多，便于消费者挑选。随着汽车城知名度的不断提高，已成为商家经营汽车的理想场所，是消费者购买各种汽车的理想去处。

地址：贵阳市中曹司　邮编：550006 电话：(0851) 3810271 3810455 3716690 传真：(0851)3810282 3810455 网址：www.gzqcc.com.cn

1

第一部类：专文

专文

ZHUAN WEN

汽车工业“十五”规划

前言

汽车工业是产业关联度高，规模效益明显，资金和技术密集的重要产业。党的十四大、八届人大作出振兴机械、汽车等产业，使之成为国民经济支柱产业的重大决策，确立了汽车工业在我国经济发展中的战略地位。通过《汽车工业产业政策》的实施和汽车行业的共同努力，我国汽车工业取得长足的进步和发展。《中华人民共和国国民经济和社会发展第十个五年计划纲要》明确要求“发展经济型轿车，提高汽车及关键零部件的制造水平，积极发展高效节能低排放车用发动机和混合动力系统”。面对加入世贸组织的形势，我国汽车工业要坚持走开放竞争与自主发展相结合的道路，大力调整产业结构，促进优强企业加快发展，提高行业整体素质，增强国际竞争力，力争到2010年成为国民经济的支柱产业。

1 现状

1.1 基本情况

改革开放以来，我国汽车工业得到了较快发展，形成了比较完整的汽车产品系列和生产布局，建成了第一汽车集团、东风汽车集团、上海汽车工业（集团）公司等大型企业，国产汽车市场占有率超过95%，载货汽车品种和产量基本满足国内市场需求，轿车市场供需矛盾突出的问题得到了缓解。我国已成为世界摩托车生产大国，形成了几家初具国际竞争规模的摩托车生产企业，品种和数量基本满足国内市场需求并有部分进入国际市场。

据统计，到1999年底，全国汽车行业共有企业2391家，其中整车企业118家，改装车企业546家，摩托车企业136家，发动机企业51家，零部件企业1540家；汽车行业拥有职工180万人，其中工程技术人员16.9万人；行业总资产5087亿元，其中固定资产原值2243亿元，净值1556亿元；国家批准的轿车建设规模为112万辆，其中国家已经验收或建成的轿车生产能力91万辆。1999年全行业实现总产值3411亿元（1990年不变价），销售收入3115亿元，工业增加值749亿元，利润总额106.5亿元。

2000年，全行业实现销售收入3911亿元，利润177亿元，比1995年分别增长80%和107%；生产汽车207万辆，其中轿车60.5万辆，比1995年分别增长43%和86%；生产摩托车1153万辆，占世界摩托车产量44%，比1995年增长45%；汽车工业出口额为25亿美元，进口额为36亿美元。

1.2　发展成就

1.2.1　生产集中度有所提高

《汽车工业产业政策》颁布以来，国家对汽车工业的扶持政策向重点骨干企业倾斜，80%以上的投资集中于前13家骨干企业，促进了我国汽车工业组织结构的优化，大企业对行业发展的主导作用不断加强。2000年，前13家骨干企业汽车生产集中度超过90%，其中一汽、东风、上汽3家企业集团汽车生产集中度达到44%，轿车生产集中度超过70%。

1.2.2　产品结构调整取得积极进展

随着市场需求的不断变化，产品更新换代步伐加快，整车及关键零部件水平明显提高，部分产品已达到国际20世纪90年代水平。轿车产品基本采用电控燃油喷射系统，在排放、节能等方面取得重大进展。产品品种增加并逐步适应市场需求，汽车行业“缺重少轻，轿车几乎空白”的问题基本得到解决，产品结构渐趋合理。1990年到2000年，轿车、客车、载货车产量占总产量的比重分别从8.3%、25.1%及66.6%调整为29.2%、33.9%及36.9%，柴油车占总产量比重从14.9%上升到29.7%。2000年重、中、轻、微型载货车产量占货车总产量的比重为10.7%、20.2%、51.1%、18.0%。

1.2.3　零部件发展步伐加快

在国家政策扶持及“一条龙”、“双加工程”等专项技改的支持下，我国汽车零部件工业加大投资力度，积极调整产品结构，不断提高技术水平，加快国产化步伐，形成了一批初具规模，能面向多种车型配套并开始进入国际市场的重要产品和骨干企业，零部件生产实力有所增强。批量生产的主导车型国产化率已达80%以上，轿车达到80%国产化率所需时间已从过去估计的6～8年减少到现在的3～4年。1990年到2000年零部件出口创汇年均递增30.2%。

1.2.4　产品开发能力建设得到重视和加强

针对长期存在的开发能力弱，严重制约我国汽车工业发展的突出问题，“九五”期间国家和企业重视开发能力的建设，给予了政策支持，加大了资金投入，取得了一定成效。部分中低档产品初步形成以我为主的开发能力，一些高档产品也从过去单纯引进生产技术，转变为同时引进产品开发技术，引导外商与中方合作建立技术开发中心并开始与国外联合开发新产品。

1.2.5　对外经济技术合作取得重要进展

到1998年底，汽车行业已与20多个国家和地区的企业建立了600多家外商投资企业。外商投资总规模210亿美元，其中注册资本为106亿美元，外资实际到位45亿美元。引进了300多项整车及零部件技术。加大了汽车工业的投资力度，促进了技术水平和管理水平的提高。

1.3　存在的主要问题

1.3.1　市场培育滞后，限制了汽车消费的增长

《汽车工业产业政策》明确提出：“国家鼓励个人购买汽车，并将根据汽车工业发展和市场消费结构变化适时制定具体政策”，但至今仍然缺乏一项完善的鼓励汽车消费的政策。一些地方采取地区保护政策，限制使用非本地企业生产的轿车或微型汽车，人为分割市场。乱收费和繁杂的购车手续抑制了个人购车的积极性，阻碍了市场需求增长。生产企业的产品品种、价格、经营机制、市场开发及售后服务等方面也不能适应个人购车的要求。

1.3.2　产品开发能力弱，制约了新产品的发展

我国汽车生产企业由于规模小、实力不强等原因，没有形成较强开发能力，与国外企业相比存在巨大差距。汽车工业产品开发投入少、手段落后，数据积累少，有经验的开发人才匮乏，尚未形成高水平的卡车产品开发体系，更不具备轿车产品自主开发能力。国外汽车企业每年的技术开发费投入约占年销售额的3%～5%，数额高达几亿甚至几十亿美元，而我国一些重点骨干企业这一比例不到1%，投入总量与国外差距更大，以致汽车产品品种少，技术水平落后，不能很好满足市场需求。

1.3.3　零部件发展仍然落后，具有国际竞争力的产品少

“八五”以来，国家加大了对汽车零部件工业的投资力度，利用外资也大幅度增长，但投资总量仍显不足，占整个汽车工业总投资的比例不到30%。地方、部门、企业自成体系，投资分散重复，没有形成有较强竞争力的大型骨干零部

件企业，也未形成按专业化分工、分层次合理配套的产业结构，难以体现规模效益。零部件工业虽有较快发展，但总体水平仍然不高，缺少具有国际竞争力的产品。

1.3.4 重复建设严重，散乱局面未得到根本改变

《汽车工业产业政策》颁布以后，汽车工业分散、重复建设有所抑制。但由于高关税和较严格的市场准入保护形成的利益驱动使一些地方、部门从局部的、眼前的利益出发，不顾客观条件，盲目新建汽车项目，目前这种势头仍有增无减，以致有限的资金、市场资源得不到有效利用。推进汽车行业的改革改组和结构调整，改变散乱局面仍然是一项艰巨任务。

2 面临的形势与环境

“十五”期间是我国汽车工业发展的关键时期，面对“入世”，我国汽车工业既面临前所未有的挑战，也面临难得的发展机遇。从发展前景看，不断增长的市场需求将足以支撑我国汽车工业实现规模经营，我国日益增强的综合国力和综合科技能力将有力支持汽车工业的自主发展，世界汽车工业发展和市场的国际化将为我们取得国外先进技术和管理经验提供有利的外部环境。因此，我国汽车工业有条件应对挑战，保持健康、稳定的发展。

2.1 国际汽车工业的发展趋势

2.1.1 汽车产业的全球性联合重组步伐加快

进入90年代以来，由于全球汽车生产能力过剩，安全、排放、节能法规日趋严格，产品开发成本、销售成本大幅度提高，促使汽车工业全球性产业结构调整步伐明显加快，汽车跨国联盟已成为世界汽车工业发展的潮流。戴姆勒与克莱斯勒合并，雷诺和日产联手，福特收购沃尔沃轿车，通用控股日本五十铃、铃木和富士重工等，基本形成了年产400万辆以上的六大汽车集团，其产量已占世界汽车产量80%以上。强强联合使汽车技术、产品和企业国际化的特征更加明显，汽车大企业更具实力和竞争力。

2.1.2 技术创新能力成为竞争取胜的关键

汽车市场竞争实质上是现代科技的较量，是技术创新的竞争。世界各大汽车公司已把主攻方向从实施精益生产、提高规模效益转向以微电子技术和信息技术等高新技术对汽车工业的开发、生产、销售、服务和回收的全过程进行提升。围绕安全、环保、节能等重点领域，采用新能源、新材料、新工艺开发研制新车型，占领技术制高点。以美国政府发起的“新一代汽车伙伴计划”（PNGV）为代表，用高新技术提升汽车产业已全面展开，并取得重大突破。电子技术的广泛应用将使汽车电子产品占整车价值的比例从现在的12%～15%提高到2005年的25%～30%。电动汽车、混合动力汽车技术取得突破性进展，正在走向实用阶段。互联网技术的应用将更加广泛，跨国汽车集团正将自己雄厚的技术实力、丰富的人力及财力资源与互联网相结合，同客户、经销商、供应商等建立一种新的业务模式。

2.1.3 采用平台战略、全球采购、模块化供货方式已成趋势

为提高产品竞争力，国际汽车工业广泛采用平台战略、零部件全球采购、系统开发、模块化供货等方式，使新产品开发费用和工作量部分地转嫁到零部件供应商，风险共担，实现在全球范围内合理配置资源，提高产品通用化程度，有效地控制产品质量，大幅度降低成本。不少汽车跨国公司正在积极研究减少平台数量，增加零部件供货商产品开发的工作量。

2.2 “入世”对我国汽车工业的影响

“入世”对改善我国汽车市场环境，调整产业结构，筹措发展资金，参与国际分工都将起到积极的推动作用。但是，“入世”以后，关税降低和非关税壁垒逐步取消，尤其是服务贸易的开放，将使我国汽车市场国际化，市场竞争将更加激烈，汽车工业发展面临前所未有的挑战。

2.2.1 降低关税和取消配额许可证的影响

“入世”以后，汽车及零部件关税大幅度降低，进口许可证逐步取消，将对各类汽车及零部件产生不同程度的影响。

从产品看，轿车和技术含量高的发动机、驱动桥及关键零部件将受到最为严重的冲击，其次是高档的重型载货汽车，对微型汽车、中型载货汽车和大中型客车的影响程度相对较小，对摩托车的影响程度就更小一些。取消配额许可证之前，由于我国已对外承诺“入世”当年起有较大的整车和零部件进口配额，进口配额的影响大于关税的影响，对汽车工业将带来巨大的压力。取消配额许可证以后，由于进口数量不受限制，轿车及零部件关税已大幅度下降，将使轿车和关键

零部件进口数量增加，冲击更加明显。

2.2.2　开放汽车服务贸易的影响

“入世”后，将对外开放汽车与零部件的国内销售、汽车进出口和分销服务、经营性运输公司、汽车分期付款和融资租赁、汽车生产性融资等汽车服务贸易领域。这些领域放开后，国外产品进入中国市场更加畅通，对服务贸易体系尚不健全的我国汽车工业将产生重大影响。

2.2.3　取消国产化政策的影响

汽车产品国产化优惠政策对吸引外商投资零部件，加快国产化，促进汽车及零部件工业的发展具有积极作用。“入世”后将取消鼓励汽车产品国产化的优惠政策，对吸引外资发展关键零部件，提高技术水平，促进产品更新换代，会有一定影响。

2.3　发展汽车工业的相关环境

2.3.1　道路交通

近十几年来，我国公路建设速度加快，尤其是中心城市间高速公路相继开通，为汽车工业发展创造了新的空间。1999 年我国公路总通车里程已达到 135 万公里（其中高速公路 1.1 万公里），每车拥有公路长度为 93 米，远高于国外的水平（如美国为 32 米/辆，韩国为 10 米/辆）。预计到 2005 年，我国公路里程将增加到 160 万公里，其中高速公路为 2.5 万公里，今后相当长一段时间内公路不会成为制约汽车工业发展的主要因素。但是，由于城市道路长度和面积的增长速度低于汽车保有量增长速度以及混合交通现象严重，道路网结构和客货运输结构不合理等原因，部分特大型城市交通状况日趋紧张。然而，加快发展城市道路建设，大力发展公共交通，提高交通管理水平，我国特大型城市的车辆仍有相当的增长空间。

2.3.2　城市停车场地

发展汽车工业离不开城市基础设施的支撑，《汽车工业产业政策》明确要求：“对于规划新建和改造的住宅区、商业区、宾馆饭店、办公楼、公共设施和文化娱乐场所等，必须考虑足够的停车场地。”但我国城市建设中对停车场地问题重视不够，城市建设中没能很好地兼顾汽车配套设施。随着汽车保有量的快速增长，部分大中城市停车难的矛盾已越来越突出。而与世界上一些大城市相比，我国大中城市的汽车保有量仍相对较少，因此，只要城市基础设施建设与汽车工业协调发展，我国大中城市停车难的问题就可以得到解决。

2.3.3　能源

目前，汽车每年约消耗我国汽油总产量的 85%，柴油总产量的 20%，从长远看，油料短缺将成为发展汽车工业必须面对的主要问题之一。面对石油短缺，发达国家没有采取限制发展汽车工业的政策，而是大力推进技术进步，引导企业降低单车油耗，开拓代用燃料，使轿车的百公里平均油耗从 20 世纪 70 年代末的 14 升下降为目前的 7 升。燃气汽车在很多国家得到应用，混合动力汽车也开始进入实用阶段。我国汽车产品的燃油经济性与国外有较大差距，提高汽车产品燃油经济性具有较大潜力，正确引导、鼓励发展和使用小排量、低油耗汽车及代用燃料汽车，将促进我国汽车工业可持续发展。

2.3.4　汽车排放与环保

汽车排放已被视为重要的污染源之一，发达国家为此加强对汽车污染的治理。在过去的 30 年间，汽车排放的一氧化碳、碳氢化合物、氮氧化合物，美国、日本单车均下降了 90% 以上。20 世纪 90 年代以来，我国汽车保有量快速增长，到 1999 年底国内民用汽车保有量达到 1453 万辆，在部分大城市汽车排放造成的环境污染已日趋明显，降低排放、减少污染已引起国家和汽车行业的高度重视，并采取措施进行治理。进一步提高汽车产品技术水平，改善燃油品质，我国汽车排放污染可以得到有效的治理和控制。

3　市场需求预测

3.1　市场前景分析

随着国民经济的持续、快速发展，人民生活水平的不断提高，国内汽车市场将保持快速增长，产品需求结构将发生较大变化，载货汽车需求量将增长，但市场份额将有所下降。轿车、客车，尤其是微型客车，需求量将有较大增长，市场份额将进一步提高。

我国个人汽车保有量从 1990 年的 81.6 万辆增加到 1999 年的 534 万辆，年均增速为 23.2%，远高于汽车保有量平均增长速度；个人汽车保有量占全国保有量的比重则从 14.8% 上升到 36.8%。1998 年以来，50% 以上的汽车为个人购买。以城镇为中心，公款购买、公务使用的第一层次市场会逐步缩小；以企事业单位公款购置商务用车的第二消费层次市场需求会保持相对稳定或略有下降；以富裕阶层为中心，私人购买和使用的第三层次市场发展势头良好，将成为吸纳汽车增长量的主体，随着国家有关鼓励私人购车政策出台，预计个人购车比例将逐年快速增长。

"十五"期间，国家实施扩大内需和西部大开发战略，为我国汽车工业的发展提供更为广阔的空间。加强西部的公路及基础设施建设，将对汽车市场起到强有力的拉动作用，尤其是对中重型客车、各种专用汽车、矿用车和大中型客车的需求将明显增加。同时西部大开发将推动西部地区的经济快速增长，缩小东西部的差距，促进西部地区汽车市场的有效增长。

农村汽车市场发展潜力巨大。20 世纪 90 年代以来，农用车市场成长迅速。根据第五次全国人口普查数据：居住在乡村有 8 亿人口，占总人口的 64%。目前乡村保有 1700 多万辆农用三轮车、四轮车和 1000 多万辆各式拖拉机、100 多万辆各种汽车。"十五"期间国家实施城镇化战略，通过转移农村人口，加快发展农村经济，不断提高农民收入，将会促进汽车，尤其是轻、微型客货车需求的较大增长。

此外，用于国防建设的交通运输、指挥通讯、后勤保障等车辆的需求将有一定增长。

3.2　市场需求预测

3.2.1　轿车

我国工业化进程的不断加快和人民生活更加富裕的发展趋势，必将不断扩大轿车的购买群体，轿车将成为汽车需求增长的主力，轿车占汽车需求量的比例将稳步上升。轿车进入家庭不太可能出现爆炸性需求，而将是依次渐进的。中高级轿车将保持较稳定的需求，但市场占有率将有一定的下降，普通级轿车，尤其是经济型轿车将成为市场主导产品，品种将趋向多样化、个性化，市场占有率将逐年提高。

3.2.2　载货汽车

交通状况的改善和消费结构的变化，将促进载货汽车需求结构的变化，载货汽车向重型和轻微型发展的趋势更加明显。随着公路，尤其是高速公路的快速发展，环保要求的不断提高，燃油税的实施，重型汽车需求将会有显著增长，中型载货汽车的总需求量将有所萎缩，轻型货车市场需求将稳定增长。随着农村经济的快速发展，轻微型货车将有较大市场需求。

3.2.3　客车

西部大开发及高等级公路的快速建设为公路客车提供了新的市场空间。大中型客车仍将是中长途客运的主力车型，需求将逐步增长。随着假日经济、旅游业的发展，中高档客车需求将稳步增长。城市建设的加快、城市道路的不断延伸，使城市公交运输愈加繁忙，大、中、轻型城市客车需求稳步增长。城镇化战略的实施将促进轻、微型客车尤其是微型客车的市场需求进一步扩大。

2005 年汽车保有量和需求量预测如下表。

2005 年汽车保有量和需求量预测

（单位：万辆）

项　目	总量	轿车	客车	货车
保有量	2465～2545	830～870	770～790	865～885
需求量	310～330	110～120	105～110	95～100

3.2.4　摩托车

摩托车国内市场将呈现持续缓慢增长态势，市场竞争仍将十分激烈，竞争的焦点将逐渐由以价格为主转向质量、价格、品种（尤以符合环保要求的绿色产品）、品牌、售后服务等方面。近年来，我国出口到东南亚、南美的摩托车数量快速增长，预示着上述市场将有一定的增长需求。到 2005 年，我国摩托车保有量将达到 9500～10000 万辆，当年需求量为 1200～1300 万辆。

4　发展目标及思路

4.1　目标

4.1.1　总量目标

2005 年，汽车产量为 320 万辆左右，其中轿车产量为 110 万辆左右，汽车工业增加值为 1300 亿元，占国内生产总值 1% 左右，汽车产品基本满足国内市场需求。汽车产品出口占销售收入的比例达到 8% 左右。2005 年摩托车产量约为 1300 万辆。摩托车出口占其销售收入比例达到 15%～20%。

4.1.2　组织结构调整目标

到 2005 年形成 2～3 家具有一定国际竞争力的大型汽车企业集团，初步建成与国际接轨的汽车销售与售后服务体系，其产品国内市场占有率超过 70%，并有部分出口。培育 5～10 家初具国际竞争力的零部件大型企业集团，关键零部件前3家国内市场占有率达到70%，零部件出口产值占其总销售额的20%。形成3～4家具有较强国际竞争力的摩托车企业集团。

4.1.3 产品结构调整目标

产品结构的调整方向是轿车占汽车总量的比重增加，载货汽车中重型车和专用车的比重增加。提高柴油载货车、轻型柴油客车的比重，中型车要全部实现柴油化。柴油轿车、柴油微型车生产开始起步，燃气公共汽车、出租汽车的产量将适当增加。到2005年轿车产量占总产量的比重从2000年的29.2%提高到35%以上；柴油车占总产量的比重从2000年的29.7%提高到35%左右；代用燃料车达到总产量的2%以上。要提高汽车零部件产品系统配套、模块化供货能力，增加高技术、高附加值零部件产品和为轿车及国际汽车市场供货的比例。“十五”期间要停止生产化油器轿车和采用CFC—12工质空调的汽车，“十五”末期争取停止生产采用化油器的汽油车。

4.1.4 技术结构调整目标

到“十五”末期，汽车及关键零部件的产品性能、质量水平要达到或接近国外同类产品水平。

产品安全性能明显提高。新型大中型客车和重型载货汽车要装备防抱死装置（ABS），轿车防抱死装置、安全气囊装备率比目前有所提高，新型轿车和轻微型客车在执行正面碰撞技术规则的基础上，实施侧面碰撞的技术规则。

汽油机普及闭环电控燃油供给系统，安装三元催化转化器，推广稀薄燃烧、可变配气相位、缸内直喷等技术；柴油机推广增压中冷、柴油机共轨等技术，并加装氧化型催化转化器。新型轿车、轻微型车、大中型客车、中重型载货汽车应达到欧洲第二阶段排放控制水平，部分中高档轿车和高档大中型客车争取达到欧洲第三阶段排放控制水平。新型四轮农用车要逐步提高排放标准，配备多缸机的四轮农用车应达到欧洲第一阶段排放控制水平。2010年前后各种汽车产品的排放控制水平逐步实现与国际接轨。

提高汽车燃油经济性，2005年力争使各种车型的百公里油耗平均降低10%，其中，轿车和轻型车降低5%～10%，中重型汽车降低10%～15%。提高代用燃料汽车所占的比例，优化我国汽车能源需求结构。

到“十五”末期，初步建成2～3个国家级整车开发中心，形成载货汽车以我为主、轿车以联合开发为主的产品开发能力，能够开发出具有一定竞争力和自主知识产权的经济型轿车等产品；初步建成6～8个国家级关键零部件开发中心，形成与整车同步的部分关键零部件开发能力。初步建成3～5个国家级摩托车开发中心。

4.2 发展思路

“十五”我国汽车工业发展的指导方针是：坚持开放与加快自主发展相结合，更好地满足不断增长的国内市场需求。以零部件为基础，以经济型轿车为重点，加快产品结构调整和升级；以大企业集团为主体，优化产业组织结构，实现规模经济；加大国家级技术中心建设力度，不断增强技术创新和产品开发能力；改善市场环境，加强法制化管理，促进公平竞争；发挥比较优势，参与国际分工，提高国际竞争力。

发展我国汽车工业，必须坚持在竞争开放中的自主发展原则。要立足于我国巨大的市场潜力及几十年发展汽车工业积累的经验和基础，正确把握我国汽车产业发展方向。国家通过制定和实施汽车产业发展战略、政策和规划，掌握发展的主动权，引导我国汽车产业向生产组织规模化、经济方式国际化和产品结构适用化方向发展，尽快提高企业技术水平，逐步形成自主开发能力。

发展我国汽车工业，必须坚持公平竞争原则。充分发挥市场机制配置资源的基础性作用，运用法律、法规等手段规范行业发展，努力形成一个有利于各类企业公平竞争、共同发展的良好市场环境。

发展我国汽车工业，必须坚持对外开放的原则。充分利用两个市场和两种资源，加快与国际汽车产业的融合与接轨，扩大与国外汽车企业的经济技术合作，努力提高我国汽车产业的国际竞争力。

4.3 重点任务

1）推进汽车行业的战略性重组，引导和推动强强联合，支持优强企业继续做大做强，优化资源配置，逐步形成汽车工业大集团格局和分层次的零部件配套体系，增强竞争能力。

2）加强产品开发能力建设，逐步提高自主开发能力，积极开发和推广新产品、新技术、新材料及新能源，推动技术进步，促进汽车产业和产品升级。

3）利用高新技术重点发展具有比较优势和发展潜力的关键汽车零部件产品，提高产品开发能力，增强竞争实力，实现与主机同步发展，参与国际分工。

4）建立和完善现代营销体系和采购网络，合理、有效地利用资源，更好地为消费者提供全方位服务。

5）突出比较优势，加强与国外企业的经济技术合作，培育我国汽车工业出口的拳头产品，积极开拓国际市场，推动我国汽车产品出口迈上一个新台阶。

5 结构调整的主要内容

5.1 以市场为导向，发展一批重点产品

汽车零部件 对于已形成一定基础、批量为引进车型配套、影响整车性能的关键总成和系统零部件产品要集中支持发展，提高竞争力；对于已有一定比较优势的劳动密集型、材料密集型产品要继续做大做强；对于国内尚属空白或开始起步，但具有潜在市场需求的高新技术产品（如防抱死装置、安全气囊、三元催化转换器等）要重点发展，以基本满足主机配套要求并参与国际分工。

轿车 重点发展排量1.3升以下，百公里油耗达到国内先进水平，售价8万元左右，符合国家安全、节能、排放法规及私人用车要求的经济型轿车。根据出租车相对集中、使用频繁的特点，发展绿色环保的出租用轿车。适度发展达到欧洲第二阶段、欧洲第三阶段排放控制水平的轿车柴油机、单燃料CNG和LPG发动机及混合动力系统。

载货汽车 重点发展适应高速公路需要的（排量9升以上、输出功率300马力以上）重型车，主要有大功率牵引车、重型专用汽车及其专用车底盘以及功率在300马力以上达到欧洲第二阶段、欧洲第三阶段排放控制水平的车用柴油机。适度发展单燃料CNG和LPG发动机（达到欧洲第二阶段、欧洲第三阶段排放控制水平）。积极利用轻型车和微型车现有生产基础和条件，开发、生产适合农村使用条件的轻、微型客货车。

客车 根据公交汽车的使用特点和要求，重点发展绿色环保的公交汽车，低地板公交客车，适应高速公路需要的大中型客车，专用客车底盘及关键总成。根据市场需求适当发展高档旅游客车。集中扶持8～10家能参与国际市场竞争的大、中型客车企业，鼓励扩大出口。

专用汽车 以专用汽车底盘和专用装置为突破口，重点发展适于高等级公路运输的重型半挂牵引车和专用半挂车、城市环卫车、市政作业车、施工工程车、机场专用车、油田专用汽车等高技术、高附加值产品。发展满足国防现代化要求的各种专用汽车。重点扶持20～30家优势企业，形成开发能力，鼓励产品出口。

摩托车 以绿色环保产品为重点，加快发展新型摩托车（如电喷车、电动车等）以及满足新的法规要求的发动机和关键零部件。同时，应加快开发和生产适合农村路况差、载荷量大、可靠性要求高、价格低、维修方便等使用条件的车型。继续引导和鼓励产品出口。

5.2 大力采用高新技术，促进产业升级

积极采用高新技术提升汽车工业，尽快缩小我国与国外的差距。“十五”期间将主要提高产品技术水平、开发能力、营销及采购水平等。

1）提高汽车产品应用电子、信息等新技术的水平。增加电子产品的比例，扩大采用高性能、轻量、节能、环保材料的比重，积极推进代用燃料汽车的应用，促进我国汽车产品在安全、环保、节能等方面迈上新台阶。

2）引导和支持优强企业采用高新技术建立、完善产品开发中心。在“九五”重点突破车身开发的基础上，加强底盘匹配技术和研究开发，引导零部件向系统开发的方向发展。推广普及CAD/CAM/CAE/CAT等技术，加快建立、完善数据库，形成网络设计平台，鼓励国内合资企业加入国际各大汽车公司的开发网络，缩短开发周期，逐步增强我国汽车工业自主开发能力。

推进电动汽车、混合动力汽车的研究和开发，加快代用燃料汽车的推广使用，促进汽车工业实现跨越式发展。加大可回收环保材料的研究与应用。

3）应用互联网技术，支持和引导优强企业建立与完善集销售、零配件供应、维修与服务及信息反馈为一体的现代营销体系。建立有利于集中管理、优化采购资源、降低采购成本的采购网络，鼓励生产企业与客户、经销商、供应商等建立新型业务关系，提高竞争力。

5.3 坚持扶优和汰劣相结合，加快组织结构调整

加大汽车工业战略性重组的力度，推动强强联合，优化资源配置。以一汽、东风、上汽集团为基础，加快行业战略性重组，培育2～3家主

业突出、核心能力强、拥有自主知识产权、具有较强国际竞争力的大型企业集团，成为在竞争、开放条件下自主发展我国汽车工业的中坚。鼓励一些有条件的零部件重点企业向系统开发、模块化供货的方向发展，培育一批具有系统开发和供货能力、能面向国内外市场、按经济规模组织生产的零部件企业（集团）；引导有条件的中小零部件企业，提高专业化水平，大力发展二、三层次零部件产品，向“专、精、特、新”的方向发展，逐步形成适应整车企业先进采购方式、按专业化分工、分层次的零部件产业结构。改变摩托车行业优强企业不突出的局面，以大集团为主体，促进行业联合重组，形成合理的摩托车产业结构。

要建立退出机制，淘汰技术落后、耗能高、污染环境的产品与技术，引导部分具有自身特点、互补性强的整车企业加入大集团，按照市场机制，建立退出通道，对在市场竞争中资不抵债、长期亏损的企业应加大依法破产的力度，多年不生产汽车产品的企业要退出汽车市场。

5.4　以提高竞争力为目标，支持一批重大项目

坚持扶优扶强，支持一批有利于增强开发能力、实现技术进步，有利于优化产品结构、促进产业升级，有利于强化营销和采购网络、建立新型的营销体系，有利于扩大出口、参与国际分工的重点项目。主要包括：

1）国家级汽车、零部件、摩托车产品技术开发中心建设项目。

2）国家产品型式认证检测机构试验设施改造、建设项目。

3）经济型轿车改造项目。

4）重型载货车改造、建设项目。

5）大、中型客车技改项目。

6）汽车用新型发动机建设、改造项目。

7）防抱死装置、安全气囊、排气净化系统、自动变速箱等汽车关键零部件改造项目。

8）摩托车出口基地改造项目。

9）售后服务、营销网络、信息系统、电子商务等建设项目。

6　主要政策措施

为实现汽车工业“十五”发展目标，根据世贸组织规则和发展的要求，抓紧修订《汽车工业产业政策》，尽快研究制定符合市场经济规律的汽车行业法制化管理办法，并采取相应措施，大力开拓市场，扩大对外开放，促进我国汽车工业持续、健康发展。

6.1　规范培育汽车市场

为扩大私人购车市场，鼓励轿车进入家庭，尽快出台全国统一的汽车消费政策。研究调整汽车消费税税率结构，降低税赋总水平。制定全国统一的涉及汽车购买、使用的各类收费项目和收费标准，取消各种不合理收费。简化手续，规范管理，方便汽车的购买、注册和使用。尽快实施燃油税政策，进一步完善汽车信贷消费办法。

研究制定降低经济型轿车的购置税、鼓励购买和使用经济型轿车的具体办法。

规范市场秩序，建立全国统一、公平竞争的市场环境。坚决取缔一些地方出台的地区保护政策等不合理规定，各地方不得以任何理由对使用符合技术法规要求的车型或排量作出限制。

加快公车制度改革，规范和培育“二手车”市场，严格执行老旧汽车报废制度，严格禁止国外二手车进入中国市场。

6.2　推进法制化管理

以我国加入“98 全球车辆法规协定”为契机，以安全、环保、节能、回收为重点，尽快健全我国汽车工业产品及行业管理的法律法规体系，推进“道路车辆法”的立法工作。充分运用适应市场经济的技术法规、规章、规范等手段引导行业发展和管理汽车产品准入。尽快制定、发布汽车产品型式认证技术法规，制定、执行日益严格的汽车排放标准，制定汽车节能的国家技术规则，逐步建立汽车节能的评价体系，力争使我国汽车法规、标准尽快与国际接轨。

加快汽车产品管理办法的改革，实施汽车产品型式认证制度。改变目前认证检测机构依附于企业、缺少权威性的状况，建立公正的第三方认证检测机构，加快认证检测机构的建设和人员培训。国家对认证检测机构实施严格的监督检查，定期审核其资质和运行状况。

制定为保证生产一致性的企业准入条件，建立规范的企业退出机制。对那些产品落后、质量低劣、长期亏损、达不到准入条件的企业实施关停并转。

6.3　引导和促进大集团形成

运用国家对重点企业的各种支持政策，集中扶持一汽、东风、上汽集团等优强企业尽快壮大

实力。鼓励和支持优强企业通过兼并重组和吸收社会资本向产权多元化发展，利用社会存量，调整产品结构，扩展产品系列。支持其剥离社会职能，减轻负担。落实国有资产授权经营制度，支持优强企业行使国家授权经营集团资产职能。对于符合汽车工业“十五”发展规划，有利于汽车行业结构调整的技术改造项目，国家将优先支持其直接融资，鼓励、支持建立现代化的开发、生产和营销体系。简化项目审批程序，大型企业集团上报的中长期发展总体规划经国家批准后，其具体项目的实施由企业自行审批，报国家备案。

6.4 加强自主开发能力建设

研究设立汽车工业产品开发援助基金，选择涉及经济型轿车的共性技术以及难点问题，组织产、学、研联合攻关。引导和鼓励基础较好的一汽、东风、上汽集团及有实力的零部件、大中型客车、专用车、摩托车企业建立国家级开发中心，并给予政策支持。

支持和鼓励重点骨干企业通过引进技术、联合开发，逐步形成自主开发能力，积极开发新产品。国家对优强企业的重大开发项目给予资金支持。严格控制不具备联合开发条件的整车引进项目。

引导企业建立完善的人才管理机制，重视人才培养，特别是学科带头人和企业高级管理人才的培养，鼓励企业广招人才。建立在职职工的培训制度和培训基地。

6.5 促进零部件工业发展

国家鼓励优强零部件企业自主发展，不断增强竞争能力。鼓励多种经济成分共同参与发展汽车零部件，引导地方、部门、外商和民间资金积极投向零部件产业。

鼓励和支持有条件的零部件企业积极开发适应主机发展要求的新产品。鼓励整车企业采取“等效替代”方式实现零部件配套。整车企业在开发新产品初期要吸纳主要零部件配套企业共同参与。对为多种车型配套、面向两个市场的汽车零部件项目继续给予财政贴息的支持。

引导、支持以零部件优强企业为主体，实现多种形式的兼并、联合和重组，形成汽车零部件工业的中坚力量；引导中小零部件企业向专业化方向发展，发挥规模效益。

根据发展要求和汽车零部件行业发展实际，适时制定并公布我国汽车工业重点发展的关键零部件产品目录，及时调整外商投资指导目录。

6.6 加强对外合作，努力扩大产品出口

扩大对外合作的深度和广度，充分利用两种资源，鼓励骨干企业与跨国汽车公司的经济技术合作。

鼓励和支持发展外向型企业，支持具有比较优势的骨干企业参与国际分工，扩大产品出口，并对出口产品及时足额退税。大力推行国际通行的质量体系认证。国家支持以优强企业为依托，建立载货汽车、微型汽车、大中型客车、专用车、摩托车及零部件出口基地。鼓励企业采取多种方式在国外建立销售渠道、生产企业及售后服务中心。支持国内有实力的企业在海外建厂，简化境外建厂及外汇使用的审批程序。

国家扶植建立国际汽车市场信息网，为企业及时提供准确的信息服务。尽快制定汽车出口管理办法，加强组织协调，发挥整体优势，避免无序竞争。

6.7 带动和促进相关产业协调发展

要促进汽车工业与相关产业、基础设施协调发展。为满足日益严格的汽车排放法规要求，石化企业应保证提供达到汽车排放控制水平要求的合格油品；原材料、装备等部门应提高产品水平与质量，降低成本，为汽车工业提供品质优良的装备与材料。各地方政府应加快道路、停车场地等基础设施建设，交通管理部门应提高交通管理水平和道路的通行能力，改善汽车使用环境，为汽车保有量快速增长创造有利条件。

对中国汽车产业政策上一些问题的思考

中国机械工业联合会名誉会长、原国家机械工业局局长 **邵奇惠**

新世纪给中国汽车产业的发展带来了前所未有的机遇，同时就现状而言中国汽车产业也正面临着重大的挑战。汽车产业作为国民经济的支柱产业，国家对其指导和管理的基本依据是产业政策。我国现有的汽车产业政策曾对汽车产业的发展发挥了重要的作用，但是作为一个政策毕竟有其时效性。

1994 年 2 月 19 日，国家计委公布了目前正在执行的《汽车工业产业政策》。这个产业政策是一个政策群。它不仅明确提出了今后汽车工业产品发展的重点和分阶段目标，而且提出了鼓励、支持、限制和约束的政策措施。应该说这个政策的许多重要思想，具有长期指导意义，但是其具体的目标主要是在 20 世纪末要打下汽车工业的坚实基础。应该说这个目标基本上实现了(例如重点解决投资分散、审批项目乱、重复引进低水平产品、国产化速度慢，等等)。在执行政策的过程中，我们感到：随着产业的发展也出现了一些新情况，基层同志们在实践的过程中也总结出了许多新鲜的经验，例如这几年广州汽车的发展就具有极大的活力。另外，产业政策对 21 世纪汽车产业的描述也不够具体。所以我们认为，应该根据形势的变化对政策作出科学、及时的调整，以使其最大程度地接近客观。

当前，我国汽车业客观环境的变化主要表现在：

中国开始进入私车消费时代

汽车长期以来仅仅被视为生产资料，现在正经历着向既是生产资料又是消费资料的方向转变。在消费方式上，正经历着由公车消费为主向私车消费为主的转变；在市场结构上，正经历着由卡车占绝对优势向乘用车为主的转变。要不要大力发展轿车，长期以来是人们争论的一个焦点，现在已有定论，国家“十五”规划提出鼓励轿车进入家庭；在北京、广州、深圳等地，私车消费群体正在形成和壮大。种种迹象告诉人们，中国已经进入家庭轿车的导入期。

严格地说，正是日渐发展的汽车消费市场推动了中国汽车业的根本变革。

中国汽车业逐渐进入市场化时代

由计划经济向社会主义市场经济转变是经济变革的主旋律。汽车产业作为传统产业和国民经济的战略性产业，汽车企业作为大中型骨干企业，都处在这种变革之中。改革开放以来，中国汽车业的市场意识逐渐提高，但是，相比较而言，微观的企业市场意识逐渐变强，宏观的管理体制相对变化较慢。虽然近期国家计委放开轿车价格，国家经贸委变目录管理制为公告制，都是改变管理方式的举措。但总体上来说，还缺乏实质性动作。

中国汽车业正在进入全球化时代

在所有产业中，汽车业的全球化程度相对更高。现在，世界汽车从研发、采购到产销的各环节，都已经实现了全球化分工。中国加入 WTO，中国汽车业必将迎接经济全球化的全面挑战。改革开放以来，中国汽车业的全球化程度逐渐提高，轿车业尤其明显。但是，从总体上来看，汽车业的开放是不全面的。入世后，中国汽车业将融入全球，成为全球汽车体系的一部分。

综上所述，由封闭的国内市场向开放的全球市场转变、由通过计划配置资源向通过市场配置资源转变、由公车消费向私车消费为主转变，是我国汽车业面临的新形势。为此，中国汽车业微观的市场主体和宏观的政策管理体制上都必须作相应改革。在微观的市场主体上，主要是要建立适应社会主义市场经济体制的现代企业制度。在宏观上主要是政策调整。两者互为依存，互相促进，互为保证。但从实际情况看产业政策调整更为紧迫。调整政策必须要统一认识。有些问题一般看来没有什么分歧，但一接触实质看法就很不一致。例如：中国如何将汽车业发展成支柱产业，要不要鼓励轿车进入家庭，发展汽车业的目的到底是什么，如何认识中国汽车业和民族汽车业的关系，如何对待非国有资本，等等。有来自于意识形态的考虑，有来自于资源和环保方面的考虑，还有来自于对后发国家劣势的一种近似本能的忧虑。

基于以上原因，在对汽车业的供给和需求两方面都存在一些问题。

在需求方面，主要是鼓励汽车业发展和抑制汽车消费政策的矛盾未能妥善解决。汽车消费政策迟迟出不了台，说明了什么？从通常意义上来说，既然轿车进入家庭是大势所趋，相应政策的出台就有了现实基础；既然将鼓励轿车进入家庭写进了“十五”规划，就需要有相应的政策配套措施。《汽车工业产业政策》第 47 条明确写出：国家鼓励个人购买汽车，并将根据汽车工业发展和市场消费结构变化适时制定具体政策。但实际上，事情似乎没有这么简单，没有这么理想。与此相似的是，燃油税的实施也是一拖再拖。作为国民经济的支柱产业，理应抑制或排除其他方面的利益欲望去支持它，绝不能把汽车当作“唐僧肉”，大家都来咬一口，各部门都来搭车收费。相关的消费政策不能如期出台，不仅影响了汽车消费，而且影响了汽车业的信心。

在供给方面，最大的问题可能是必须明确，在社会主义市场经济的条件下政府该管什么。这个问题不明确，不解决，汽车业的发展就难以进入健康、良性的轨道，同时也会影响政府行政效能的发挥。

从市场经济的本意来说，所有通过市场能够解决的问题都应该通过市场解决，只有在市场失灵和出现了外部经济效果时，政府才应该发挥作用。拿汽车业来说，谁想投资汽车业，投资多少，那是投资者的事；政府不应该干涉，汽车企业生产什么，生产多少，怎么生产，卖什么价也都是企业自己的事，政府不能干涉。政府管什么呢？汽车的安全、环保、节能、防盗；主要是这 4 大方面，因为这 4 个方面是靠市场解决不了的。在“产业政策”第二章“产品认证”中第 4 条已明确：国家依法对汽车产品的安全、污染控制和节能实施管理。可见，政府管汽车，管的不是汽车本身，而是汽车与社会相关的部分。这样的局面，才是一种完全放开的局面。完全放开是一个方面，需要逐步来解决有些问题，例如：涉及到投资的问题，项目审批的问题。比较敏感，固然要慎重研究，稳妥推进。但它们事实上已成为紧迫的现实问题，应当早日从产业政策的角度通盘研究。

过去，中国汽车业基本上就是国有资本，改革开放以后，外资虽然进入了轿车业，但是受到了严格的比例限制。现在，随着“入世”的临近，许多问题势必都得重新考虑，国外资本也面临着增资扩股的问题。外商扩大对中国汽车业的投资将会是一个不争的事实。不管将来在这方面会不会有所突破，控股权问题现在是人们争论的焦点。与此相关的问题是：如果对外资有了较为宽松的进入限制，那么我们就没有理由对国内的民营资本采取“歧视性”政策。有位民营企业家说：“外国人能在中国干汽车，我们自己人却不能干；用国家的钱干汽车，赔了可以债转股接着干，用自己的钱干汽车却不给干。我想不通这是什么道理。”事实上，民营资本想投资汽车业的还有不少，其中不乏优质资本，遗憾的是，这样的资本再优秀，也受到身份的限制，很难进入到这个行业来，这可能不仅是民营资本的损失，更是中国汽车业的损失。

与投资限制相联系的另一个问题是项目审批即目录管理的问题。现在许多地方和企业反映：项目审批不仅涉及到资本属性的问题，而且涉及到具体的车型，这就是人们通常所说的“生男生女”的问题。如果说投资限制使资本之间失去了平等竞争的权利，那么项目审批则使企业失去了基本的活力。因为生产什么本是企业决策的基本问题和首要问题，我们应该相信企业有责任也有能力妥善处理好这一点，如果企业在这方面失去了权利，也就失去了正常的功能。关于项目中生产批量的问题也是要研究的重大问题。现代科技的进步，市场需求的多样性，以及与跨国公司的合作这些因素都决定了我国汽车项目中如何确定比较合理的规模，也决定了如何去达到某种规模。我们对“经济规模”和“规模经济”这两个不同的概念要加深认识。

虽然有关方面已经开出 2003 年完全取消《目录》管理、实行型式认证制度的时间表，虽然有关部门也出台了《公告》代替《目录》的过渡性措施，但遗憾的是，对于“户口”、“生男生女”的实质性问题仍然未见有所松动。从趋势上看，将来实行型式认证，汽车只要符合安全、环保、节能的相关法规，就允许生产，企业上什么项目是企业自己的事。现在看来，在《目录》问题的突破上，不仅如何做事关大局，关键还在于什么时候做。我们注意到，不少企业表示自己再也“等不起”了。一方面市场需要企业尽快拿出适销对路的产品来；另一方面，一些企业“先行一步”投入了大量的资金上项目，如果不能及时产出，企业就有可能因此而被拖垮。在关系到企业生死存亡的情况下，有人甚至喊出“火烧目录”，其着急程度由此可见一斑。

如果我们对将来的情况有一个比较清醒的认识，可能会采取积极的措施去面对它，而不是采取静观其变的消极态度。既然全球化和市场化是一个大势所趋，既然汽车消费时代即将到来，我们就应该顺应这一潮流，促进其到来。

正确答案可能是：汽车工业要融入全球，在全球性的竞争中寻找比较优势。我们的比较优势是什么？是市场，是人力资源。我们应该在这方面强化优势，参与国际分工。

一些人担心完全放开后会失去民族汽车业，这些人的心情可以理解，但是这不能改变这样一个事实：靠保护，发展不了中国汽车业；相反，靠竞争，倒还有可能杀出一条血路。此外，何谓民族汽车业也应探讨，可能更准确的概念是中国的汽车业。

中国即将进入汽车消费时代，中国汽车市场是一块诱人的大蛋糕。只要我们因势利导，从市场需求出发，用市场经济的法则制定新的产业政策，根据新的产业政策规范汽车的管理，改善企业运行机制，中国和世界各国的汽车企业一定能从这块蛋糕中分到属于自己的一大块。

加入 WTO 后的中国汽车工业发展方向

外经贸部政策研究室　**于培伟　徐清军**

汽车工业是现代经济中的一个重要产业，它不仅收入需求弹性高、生产率上升快，而且具有很强的关联效应，所以许多国家都将其作为经济起飞过程中的支柱产业。我国经济发展已经进入了一个新的历史时期，汽车工业也会有更大的发展前景。2001 年底中国正式成为世界贸易组织（WTO）成员，加入 WTO 标志着我国改革开放进入一个新的阶段，必将对新世纪我国汽车工业的发展产生重要而深远的影响。加入 WTO 后，我国的汽车工业既有机遇，也有挑战，对于有利的一面，我国汽车工业要抓住机遇，积极加以运用；对于不利的一面，要抓紧工作，努力规避风险。从一定意义上说，加入 WTO 终结了我国汽车工业的一个时代，同时也开启了另一个时代。在终结与开启的临界点上，我国汽车工业正在发生着一场历史性的嬗变。

一、当前我国汽车工业的发展特点

汽车工业产销高速增长，集中度不断提高

2001 年国内市场继续发育和加入 WTO 产生重要影响，这两个主导因素相互作用，导致汽车市场的总体特点是车型频出，产销量上升，价格逐步下降。有资料显示，最近一年来下线的新车（轿车）品种就有 20 多种，从赛欧、夏利 2000、奇瑞、英格尔、羚羊等，到宝来、毕加索和帕里奥，各具特色的新车型纷纷横空出世，让人目不暇接。虽然产家和商家都抱怨消费者持币待购影响了汽车消费，但我国汽车工业依然得到了长足发展，全年目录管理内 103 家企业汽车总生产量约 233 万辆，同比增长 12.8%；汽车总销售量约 236 万辆，同比增长 13%。其中，全国轿车产量 70.4 万辆，销售 72.2 万辆，同比增长分别为 16%和 18%。另外，客车产量约 83 万余辆，销

量约83万辆，同比分别增长为18%和17.5%。载货车产销量同比增长分别为5%和6%。从生产企业集中度分析可以看出，三大集团（一汽、东风、上汽）生产集中度进一步提高，达到48%，比上年提高3.4个百分点；市场占有率为47.5%，比上年提高2个百分点。2001年年产量5万辆以上的企业有12家，集中度为87%，比上年提高3.98个百分点。与此同时，汽车市场的结构正在调整，轿车、客车增幅较快，重型车呈高速增长态势，增幅在80%以上。随着汽车市场竞争者的不断增多，市场促销手段花样百出，一些汽车企业眼看行业保护伞就要被撤去，难免有些心乱意迷，促使部分汽车车型价格快速下降。

加入WTO标志着汽车工业进入到以开放促改革的阶段 作为政府主导型的产业发展模式，我国汽车工业的发展向来与国家的产业政策紧密相关。我国汽车工业是受计划经济影响最深的行业之一，在向市场经济转轨的过程中，无论是在行业管理方式上，还是在企业运作方式上，以及在市场消费结构上，依然有很深的计划经济烙印。但是，当喊了多年的“狼”终于踏入中国市场时，我国汽车工业的计划经济痕迹才渐渐褪去，市场经济色彩渐浓。我们可以看到，原汽车工业主管部门国家机械工业局撤销了，汽车工业的相关管理职能划转到国家经贸委有关司局；实行了16年的目录管理结束了，取而代之的是公告制；准轿车企业的生存权一直是最近两年的行业热点，准轿车的崛起为我国汽车业的发展带来了鲶鱼效应，不仅菲亚特的第一款帕里奥上了公告，就连吉利、南亚等准轿车企业的产品也第一次上了国家经贸委的“红榜”，这是行业管理上的一个突破，标志着我国在汽车业的管理方式上更加开放，进一步与国际接轨了；在新出台的政策措施方面，最值得一提的是对提前达到欧Ⅱ标准的企业减征30%消费税，将税收与环保结合起来，引进绿色税收的操作办法，标志着政府职能主管部门在政策制定上日趋科学和灵活；新出台的《汽车工业“十五”规划》提出要重点支持2~3家大型汽车集团，以此为基础，加快整个行业的战略性重组；奇瑞、五菱加入上汽，悦达起亚加入东风，产业重组终于拉开序幕；跨国公司研究变化中的中国汽车市场，加大了进入中国市场的力度；上海大众与德国大众同步推出第4代波罗，标志着上海大众实现了从引进生产落后淘汰车型到与国外基本同步生产的转变。国际市场的需求乏力使国外汽车公司的生产能力大大过剩，迫使其大力开拓我国这个最大的潜在市场，大家熟知的法国标致汽车公司在中国汽车市场的一去一来无疑最具象征意义；汽车关税下降使进口车数量激增，给国内汽车市场带来很强的冲击波，虽然进口车主要冲击的是高档车市场，但由于比价效应，降价压力将波及所有汽车产品，也使消费者对汽车性能价格比的要求进一步提高。

加入WTO前后我国汽车市场已开始发生深刻变化 一是产品由单一型向产品密集型、多元化的转变。无论从产品的排量，还是从产品的价位，其空间几乎都被排满，产品形成了鲜明的级别与层次。二是产品开发、上市的周期大大缩短。各汽车厂家都加大了产品的开发力度和对市场的支撑力度。产品与产品间的衔接更加紧密，产品开发和上市的周期大大缩短。三是市场经营由分散式经营向品牌专营转变。以前那种粗放式、小农广告经营方式，已被体现品牌文化价值的专营所取替，从而树立了市场品牌意识。四是单纯的销售服务，向以服务为中心的四位一体的销售服务方式的迈进。以服务拉动市场，满足需求，已成为新的价值取向。商家和用户共同对服务的内涵给予了更为深刻的理解与诠释。五是定单式生产和定单式销售成为未来的趋势。定单式生产和定单式销售，很重要的一点就是为了满足个性消费。目前，个性消费已显露，人们已有意识地开始从单一的喜好，向更能体现自己文化品位、张扬自我的产品靠拢。而产品个性也已成为生产厂家的追求。六是产品向高技术迈进。单纯以产品降价的促销方式已被市场的现实否定，而在增加产品技术含量的同时，合理的市场定位，成为目前汽车生产厂家的共同走向。七是消费者从感性购买转向理性购买。消费者已挣脱从众心理，开始关注产品的性价比和二次消费，并明显表示出了对品牌店的诚信。八是消费群体的分野和市场的细划。盲目的消费已逐渐消失，人们开始根据自己的经济状况、消费能力和身份、个性来选择产品。市场也根据人们这些新的需求开始了细分。这一切都说明我国汽车市场确实正在发生着深刻变化。

加入WTO对汽车消费需求和结构产生重要影响 随着我国经济结构的战略性调整和经济增长方式的转变，汽车市场消费格局也在发生根本性变革。首先，私人购车已成为汽车市场的主

体。20世纪90年代以来，我国私人汽车年平均增长率达到23%，大大高于同期非私人汽车保有量增长率。即使在1994年至1996年汽车市场处于低谷时期，汽车销售逐年大幅度下降，但私车需求量仍保持较快的增长速度。其次，汽车消费主体的转变带来消费模式的重大变化。私人购车的资金由个人或家庭负担，因此私人购车更加关注消费环境对轿车使用造成的影响。私人购车除少数高收入阶层以外，大部分都选购经济型轿车，在需求上呈现多样化的特征。对家庭或个人而言，轿车是除住房之外最大的基本建设投资，它决定了私人轿车必须有可靠的质量保证、完善的售后服务。另外，加入WTO意味着极大程度的市场开放，必然带来激烈的市场竞争，市场竞争是全方位的，涉及销售方式、售后服务、配件供应、维修、金融、保险等多方面，激烈的市场竞争将给汽车市场带来全方位的变革。国产汽车工业要想在竞争中占据足够的市场份额，除了要大大降低生产成本，还需要有较强的产品开发能力与市场开拓能力，同时应迅速建立国际标准的、现代化的市场营销服务体系。

二、制约我国汽车工业发展的诸因素

总体上来看，我国汽车工业仍然面临诸多问题，制约着汽车工业的进一步发展，主要表现在：

以限制为主的消费政策是扩大汽车市场的重大障碍 近年来，汽车市场水平低下对我国汽车工业发展的严重影响并未引起足够的重视。《汽车工业产业政策》明确指出，国家鼓励个人购买轿车，并将根据汽车工业发展和市场消费结构的变化适时制定出具体政策。但是，在是否发展和如何发展我国汽车工业，轿车是否进入或何时进入家庭等根本问题上的争论一直十分激烈。认识模糊造成的结果是，国家鼓励汽车消费的政策迟迟难以出台，而一些地方限制汽车消费的政策却不断出现，极大地挫伤私人购车的积极性，制约了汽车市场的发展。

限制性消费政策的根源在于多年计划经济的影响。计划经济时代，私人汽车尤其是私人轿车，一直被视为奢侈品而非消费品，因而实行以限制为主的轿车消费政策。由于公款消费汽车占绝对主导地位，消费政策及消费环境所造成的过重的汽车使用成本由公款负担，因此诸多不合理的消费政策无人深究。然而，随着经济结构、市场结构与消费结构的逐步变化，私人购车逐步取代公款购车，现有的限制性的消费政策就成为消费增长的极大障碍。

在汽车进入家庭的起步阶段，限制性消费政策严重制约市场容量的扩张。市场容量上不去，生产企业达不到规模生产的水平，产品成本难以下降，反过来又进一步限制需求增长。打破这种僵局的首要措施是调整汽车消费政策，改限制为主为鼓励为主，扩大汽车需求，汽车生产企业也应逐步接近规模生产水平，促进成本下降，增加销量，使整个汽车工业进入增长的良性循环。

购买手续繁杂、税费过多、使用费用负担过重 这也是抑制汽车尤其是轿车市场需求的重要因素。我国汽车购买手续繁杂完全超越了一个普通消费品的范围，购买一辆私人汽车，从咨询、办理停车泊位证明开始到最终挂牌上路，大约要经过13道手续，每一道手续步骤都需要各种证明或证件，缺一不可。办理手续的机关又分散在不同地方，如果没有行家陪同或进行详细的咨询，普通消费者往往要跑上若干趟，许多城市的买车程序都基本相似。在汽车的购买、启动和使用3个阶段，每一个阶段的税费项目也非常繁杂。按照现行税法，涉及汽车消费的税种有增值税、消费税、车船使用税3项，经国务院及其职能部门审批的收费项目有车辆购置附加费、公路养路费、机动车辆号牌费、机动车驾驶证费、交通事故处理费、出租汽车管理费和车辆通行费。但实际上，除去国家规定的税费之外，各级地方政府和部门又以各种名目争相对汽车收费，利益均沾。从长远看，价外收费对汽车市场需求的打击是致命的。费大于税的直接后果是国家税源枯竭，税收增长速度下降。更为严重的后果是，各种名目的收费加上缺乏透明度、监督惩处机制不健全的运作体系，严重挫伤了消费者的消费心理，压制了消费者的购买欲望。

地方保护与市场分割是影响汽车消费市场增长的严重障碍 近几年来，不少地方政府以地方立法、红头文件和口头部署等多种行政干预手段，给外地生产的汽车设置政策壁垒，变相封杀。国产汽车尤其是经济型汽车、微型轿车和柴油车，在全国各地销售、使用都不同程度地受到人为的市场分割。市场分割破坏了市场机制，恶化了汽车消费环境。“改善交通环境”、“减少排放污染”、“树立城市形象”等等，都是地方保护主义为促销本地产品堂而皇之的理由。有的地方对外地产车禁行，加收城市增容费，公安部门不

予上牌照，以及公务用车财政部门不给拨款，社控部门不批指标等等，限制的手法多多。

金融服务滞后影响了汽车消费市场的启动　消费信贷服务是发达国家扩大汽车消费市场而广泛采用的金融服务手段，我国却发展缓慢。从消费贷款结构来看，个人住房贷款占绝对多数，汽车消费贷款的比例很少。消费者不愿选择信贷购车方式的主要原因：一是贷款手续复杂。由于个人消费信用制度还没有建立，银行为规避风险制定了一系列复杂的核查、担保手续，消费者申请贷款耗时费力。二是首付款太高，还贷时间过短。目前汽车消费贷款的首期付款不得低于所购车辆价格的30%，贷款人支付现金的压力较大。贷款偿还期一般为3年，时间太短。三是附加费用偏高。如按3年期还贷计算，最终的附加费用大约是一次性购车所需费用的10%。四是担保方式太少。由于保险部门缺少汽车消费贷款保险业务的政策与措施，没有履约保险，银行不愿独自承担风险，因此消费者不能用所购汽车抵押担保，只能以规定的有价证券、房产或以第三方担保方式申请贷款，一般消费者难以达到要求。同时，商业银行对个人消费信贷的重视和实施条件没有作好充分的准备，因此，贷款条件严格、程序复杂，在贷款期限、利率、范围等方面，与汽车消费者的需求还有相当距离。

二手车市场体系不完善影响了汽车市场的发展　20世纪90年代中期以来，我国二手车交易量以每年20%～30%的速度递增，目前全国已有二手车交易市场380余家。但是，政策法规体系不配套，市场行为不规范，二手车市场建设落后于汽车工业发展的要求。首先是有关政策法规尚不完善。比如二手车交易如何计税、如何折旧、手续如何简化、市场服务质量如何得到保证等问题，都急需建立一套完善的政策法规体系。其次，市场管理不规范。由于缺乏统一规范的价格评估，无可靠的售后服务保障，消费者对二手车交易缺乏信任。有些二手车交易市场只是办理过户的场所。第三，交易手续复杂，税负问题突出。调查显示，每交易1辆二手车得经过10余道关，税费占交易额的10%～15%，一些地方对二手车交易乱收费现象十分严重。交易成本高和手续繁杂，造成相当数量的二手车在私下、场外交易而不过户，扰乱了正常的市场秩序，也给社会留下隐患。二手车市场不发达、不活跃，也直接影响了新车市场的增长。

汽车工业发展与促进支持体系的问题　汽车工业与城市交通基础设施建设都是我国20世纪90年代国民经济的支柱产业，这是两个紧密相关的产业。近些年来，我国的公路建设发展很快，特别是东南沿海地区的区域交通已大大改善，一些高速公路和高等级公路的通行能力还有富余。但是，目前我国城市市内交通基础设施相对短缺，在某种程度上已制约城市交通发展，也是影响轿车进入家庭的一个重要障碍，如大型和特大型城市的交通堵塞，缺少机动车专用快速通道；市区停车的泊位严重短缺；城市道路的中长期规划与轿车进入家庭的需求结合不够，许多城市的街区布局和道路网络，以及交通安全管制设施等没有体现这些需求。另一方面，随着技术的进步和环境保护意识的增强，国外汽车制造已向安全、舒适、节能、低污染的方向发展，这对燃料生产行业提出了更高的要求。国内燃料结构和质量还不能适应汽车工业快速发展的需要。另外，由于城市机动车保有量的迅速增加，汽车质量不高，燃油质量偏低，道路制约和交通不畅等各种原因造成高排放，加剧大气污染，汽车尾气已成为城市大气污染的主要污染源，许多城市的大气环境质量远低于国家控制的环境标准。

三、我国汽车工业的未来发展方向

加入WTO后，一方面长期困扰我国汽车工业发展的制约因素和政策措施必然要取消；另一方面面对市场竞争的压力和企业发展的现状，我国的汽车企业必须进行一系列改革，加快产业结构和产品结构调整的步伐，使我国的汽车产品逐渐融入国际市场竞争的海洋。

重点调整汽车消费政策　在世界汽车工业发展历程中，发达国家市场消费政策与环境，有力支撑其汽车工业发展和对汽车市场的培育。汽车工业在我国产业结构中处于相对薄弱的地位，汽车工业发展不力的重要原因是轿车工业发展速度较慢。市场表现为一方面轿车产品卖不出去，另一方面大量需求无法满足。我国作为最大的潜在汽车消费市场，存在着需求潜力大、需求实现低的矛盾。在生产能力迅速扩大的同时，需要创造一个前所未有的汽车市场，市场目前发展状况已成为当前影响我国汽车工业发展的首要因素。

我国经济正处于高速增长的阶段，快速的经济增长必然带动汽车需求的增加。从发展阶段来看，我国也处于汽车开始进入家庭、汽车需求迅速扩张的时期。20世纪90年代以来，我国汽车年均销量增长14.5%，轿车销售年均增长31%。有学者预测我国潜在的汽车需求量2005年可望达到580万辆，到2010年可望达到1000万辆以上。巨大的潜在需求若要得以实现，还需要对目前限制汽车消费的政策作重大调整，取消对汽车消费的各种限制，改善汽车的使用环境，为汽车市场的发展创造必要条件。

汽车工业立足的根本是轿车大规模进入家庭，汽车工业的发展除了需要汽车工业自身的努力之外，很大程度上依赖于汽车工业所处的环境、相关工业的发展等因素。当前，我国经济体制和市场消费结构都处于重要的转变时期，许多以计划经济思想为指导而制定的消费政策已对汽车需求增长构成阻碍。从近年来的实际情况看，即使在限制消费环境下，私人汽车仍然有较快的发展，如果采取积极的消费鼓励政策，汽车消费将远远大于目前的规模。所以，营造良好的私人购车市场环境是汽车工业发展的当务之急。

汽车消费政策调整应着眼于促进我国汽车产业的发展。无论加入WTO后经济环境如何变化，汽车工业的基本性质、发展规律都不会改变，我国汽车工业必须在积极参与全球汽车产业分工的条件下寻求自身发展。在尽可能短的时间内跨过规模经济的门槛，在有限的保护期内有效提高国内轿车市场占有率，增强汽车工业的实力，同时也是我国汽车产业参与全球分工的必备条件。新时期汽车消费政策应当紧密结合产业政策，有效促进我国汽车产业的发展，从根本上破除限制汽车消费的思想障碍，促进汽车消费方式的变化，带动消费需求增长。

现阶段要重点保证汽车工业的发展速度。处于幼稚阶段的我国汽车工业，需要国家政策的大力扶植。为扩大汽车市场和提高供给能力制定合理的产业政策。当前，市场容量相对于汽车工业发展的要求来说，还是太小。必须在政策上采取一切可能的措施，促进汽车市场的成长，保证汽车工业的发展速度。

各级政府与部门必须以大局为重，破除地方和部门利益的政策障碍，为国产汽车市场发展创造条件。各级政府和部门新出台的措施不得对私人购车采取任何限制性、歧视性政策。在购买、启动、使用环节不得制定针对某类车型或排量的歧视性政策或导致歧视性结果的政策措施，也不允许针对具体品牌的车型制定优惠政策。

尽快形成综合配套的汽车支持体系　汽车进入部分有支付能力的家庭是一个渐进的、必然的过程，但如不解决城市交通不畅问题，将影响汽车消费市场，并影响国内轿车工业的发展，因此，应加快城市交通基础设施建设，制定科学的城市交通基础设施规划，把为汽车进入家庭提供基础设施保证作为城市规划的一项重要内容。当前要重点解决特大城市中心区交通堵塞和停车难问题。中长期要抓好城市布局与交通基础设施的统筹规划，建设辐射或贯穿与环形城市干道相结合的快捷的路网体系。把交通基础设施建设作为国家加快汽车工业发展政策的重要内容。要加大环境保护力度，解决汽车尾气造成的环境污染，主要从燃料品种结构和汽车生产两方面着手，有计划地逐步提高汽车排放控制标准，特别是燃料的生产应与汽车节能、环保技术相协调。汽车排放标准的修改和制定，应从过去以汽车行业为主转变为在环保部门的主持下会同汽车科研机构、生产企业和公安部门联合修订。实行产品认证制度，在科学划分车型的前提下，实施产品认证和质量保障体系认证，提高同类车型产品的一致性和质量水平。加速汽油高标号化和无铅化进程，推进车用燃料工业与汽车工业协调发展。下决心进行大的改革和重组，打破部门界限，形成若干个独立的融石油生产、炼制和燃油销售于一体的大型企业或集团。促进燃油质量标准、环保法规的顺利实施，使车用燃料的产品结构和生产销售组织结构适应汽车工业发展需要。

大力发展汽车服务业　汽车服务业包括汽车停放、保养、修理、加油、保险、食宿，以及公路和其他基础设施的建设和维护等。与汽车生产厂家不同的是，汽车服务业多数是区域或局部市场。如果说汽车生产不能过度重复布点，而汽车服务业则必须是遍地开花。各个地方都想上汽车工业是不合理、不明智的，但各个地方不可能不发展汽车服务业。应视汽车服务业为新的经济增长点，看到其中增加产值、利税和就业的机会。使用费用高是影响汽车进入家庭的另一大障碍。在不少地方，包括一些收入水平较高的地方，存在着汽车消费“买得起、养不起”的问题。除了清理、减免有关收费外，应鼓励提高专业化服务水平，以提高服务质量，降低成本。发展连锁经营，改进技术和管理。

积极推进汽车工业重组　伴随着经济全球化，近年来国外汽车工业巨头跨国之间的并购接二连三，加快完成汽车产业的结构调整，促使市

场结构向寡头型过渡，若干个最具实力的大跨国公司占有全球大部分汽车市场份额。在汽车工业发展的较低阶段，较多的重复布点是不可避免的，对市场竞争甚至是必要的。近年来随着市场力量的增强，我国汽车工业的重组进程已经开始，并在一些方面取得了明显成效。下一步应当加快这一进程，以提高规模经济和专业化分工水平为目标。为此，应以有市场竞争力的几大企业集团为龙头展开重组。在产业结构调整与升级的过程中，合理地运用资产重组模式，整合现有资源，提高资源利用效率，对不合理的产业结构进行调整，对不具备发展条件、产品缺乏竞争力的非核心产业，采取资产剥离、资产置换等方式，出售产权，变现资产，将活的存量资产投入汽车产业的核心业务；对亏损严重、无法生存的企业应果断进行破产重组；对仍有发展前途、债务负担较重的企业应进行债务重组；对国家重点扶持的债务负担很重的核心企业，应积极申请债转股政策；对长期未收回的债权采取以让步为特点的债务重组方式，尽可能减少损失。重组当以市场为基础，但在我国现有体制条件下，同时应发挥政府的协调作用。重视汽车工业的区域合理配置，形成若干个汽车工业增长重点区域。当前的汽车价格是过高而不是低，但在行业实行限价是不行的。应当鼓励在降低生产成本的基础上降低销售价格，并以此推动汽车工业的重组。

认真研究与跨国公司合作的有效方式　可以预见的是，在今后三五年内，若干个最具实力的大跨国公司将占有全球大部分汽车市场份额。加入WTO，我国汽车工业生产、贸易的全球化是大势所趋，必须顺势而为。作为今后相当长一个时期最具市场潜力、本国汽车工业有一定基础但总体上较为落后、经济开放度已经较高的国家，我国应当以积极参与全球分工的角度看待和处理与跨国公司的关系。我国汽车企业可以按照“优势互补、公平协作、风险共担、效益共享、共同发展”的原则，根据“有限目标、突出重点、项目起步、滚动发展”的方针，与汽车跨国公司在基础设施建设、产业项目、金融、科技、人才、信息、市场以及政策上进行卓有成效的合作、协作、联合。应鼓励具有实力的跨国公司进入中国，与之合资办厂，以及开展其他方面的合作，使跨国公司的国际竞争国内化，在与跨国公司的合作和市场竞争中，全面提高国内企业的实力，重点是自主开发能力。在有步骤开放的过程中，积极发现和培育我国具有国际竞争力的汽车产品和企业，力争在关税税率下调到位之前，使国内外汽车产品的价差大幅度缩小，使我国的某些汽车产品在国际上具有一定的竞争力。

为此，要调整吸引跨国公司来华投资汽车项目的政策，允许已经建立的项目自主追加投资和再投资，但对于再投资项目，我方有基于股权的决策参与权；通过放宽股权比例要求，鼓励外商积极地转移其先进设计与制造技术、先进的管理模式和营销体系，使其在华投资成为其全球战略的一个重要组成部分；取消不合理的国产化率要求，提高产品质量；鼓励外资进入零部件生产领域，特别是能为国内现有整车配套的发动机和总成、重要零部件生产的配套项目，要大胆鼓励外资进入，甚至成立独资企业；允许外资进入汽车融资领域，一方面可以促进汽车产品的销售，另一方面也有利于从中学习汽车融资经验，从长远来讲是有利于我们的；放宽对外资转移技术的附加要求，通过开放市场、引入竞争等经济手段，引导外商主动向我转移新技术。与开放产品市场相比较，我国的汽车生产企业应当把投资和技术领域的开放置于优先位置，通过合作改善我国汽车生产企业技术开发能力不足的现状。利用外国的先进技术和资金提高我国汽车产品的质量，形成优势，参与国际市场的竞争。逐步具备独立自主的竞争能力。

开拓国际市场以实现汽车零部件及整车的渐次出口　当代国际汽车业的发展趋势是全球化浪潮在汽车工业领域内的延伸，集中体现在国内市场国际化，国际市场国内化。在日益激烈的市场竞争过程中，谁能主动出击，谁就可能占据未来全球市场竞争的制高点。主动意味着我们将获得更大的选择余地与空间，意味着我们借船出海的资本更多。被动参与全球化背景下的分工，不仅会使我们失去很多的发展机会，更会使未来的产业出口充满了艰辛。目前我国出口的汽车产品中，摩托车、三轮农用车等产品占了很大的比重，但由于我国长期偏重汽车整车的生产，零部件生产水平较低，使这些出口产品的升级换代受到局限，阻碍了生产规模的进一步扩大。但是从世界范围来看，目前零部件工业正在由高成本的发达国家向低成本的中等发达国家和不发达国家转移，发展中国家的劳动力优势得到了较好的发挥。我国在汽车零部件领域，必须尽快形成几个零部件巨头，在资金和技术上加大投入，最终形

成模块化生产的零部件企业。加入 WTO 后，这些零部件企业一方面可以满足国内汽车整车企业需要，另一方面可以面向国际市场，为外国汽车厂商提供配套产品或模块化产品。只要我国能逐步提高零部件生产质量，通过一系列的质量认证，那么我国的一些零部件生产企业就有可能成为国外汽车整车生产厂的供货商，从而在世界市场上占有一席之地。依据竞争优势原则，在零部件出口的基础上逐步实现以整车出口为主。可先以低价格进入汽车工业不发达甚至无汽车工业的国家，这些国家进口贸易限制少，交通规则及道路状况与我国接近，如中东、非洲等地一些国家。在零部件工业比较成熟的条件下，以整车认证为突破点，以成熟的技术和营销能力将产品打入国际市场。

适时改革汽车工业的行政管理体制　过去政府习惯于事无巨细，一竿插到底，加入 WTO 后这种局面必须改变。要选准政府介入的切入点和干预深度，在客观分析国际国内形势的基础上，全面理解当代世界汽车产业发展的大趋势，从全球战略的高度来规划我国汽车工业发展的方向，特别是认清我们的现实竞争优势和潜在竞争优势，才能有的放矢。要切实转换政府职能，改变以往过多的以审批和目录管理为主要内容的行政管理手段，充分尊重市场竞争原则，让市场发挥其最大的优势。打破地方分割、地方保护主义的局面。如果在企业的经营过程中加入了行政目标，那么市场将不会按照优胜劣汰的法则正常运行，市场竞争力将得到扭曲，这样企业必然不会把投资规模定在利润最大化水平上，这时企业的均稀投资必然大于利润最大化条件下的投资，导致规模小、质量差的企业重复出现，因此政府应逐步从行业中退出，通过建立统一的全国大市场，鼓励市场竞争，以提高汽车工业的素质。当然政府的让位并不等于撒手不管，而是要在职能转换的过程中，转变管理方式，如保护知识产权，维护公平市场竞争秩序，打击假冒伪劣和走私产品，对研究与开发提供援助等等。同时，政府在汽车工业应逐步减少投资份额，以减少产权不明晰和企业缺乏预算约束的现象，政府应积极鼓励地方、个人进行投资，并在汽车企业经营状况良好的情况下，允许其在证券市场融资，以实现投资主体分散化，减少不必要的行政干预。

历史性的跨越——我国汽车工业十年发展回顾

（1991～2001）

中国汽车工程学会　**张正智**

我国从 1991 年至 2001 年的十年间，汽车工业得到长足发展。到 2001 年底已建成汽车综合生产能力 350 万辆左右，其中乘用车 150 万辆左右，基本形成较完整的汽车工业生产体系。

十年间汽车产销量快速增长，汽车工业实力明显增强；组织结构、投融资结构、产品结构、生产结构、市场结构等进一步优化；汽车产品质量大幅度提高，出口明显增长；摩托车工业已连续 9 年保持世界产销量第一；科技进步成效显著；深化改革开放、发展汽车市场是汽车工业发展的不竭动力；面对加入 WTO，我国汽车工业正逐步全面融入世界汽车工业体系之中，全行业都极其关注提高核心竞争力。巨大的汽车市场潜力正在不断释放，这必将推动我国汽车工业更快发展。

一、汽车工业实力明显增强

我国汽车工业从1991年至2001年的十年间，特别是"汽车工业产业政策"公布实施以后，我国汽车工业得到较快发展，汽车工业实力明显增强。表1是我国汽车工业十年间主要经济指标增长情况。从表1可以看出：

11年汽车工业总产值（现行价）合计达27110.8亿元，十年间增长5.3倍，年均增长率达20.2%；汽车工业增加值与总产值同步增长，十年间也增长5.3倍，年均增长率达20.1%；11年累计完成各种投资额达1918.1亿元。

2001年末汽车工业资产总计达5851.7亿元，十年间增长了8.7倍，年均增长率为25.5%，流动资产增长了11.6倍；固定资产原价增长了6.7倍，年均增长率为22.7%；固定资产净值平均余额增长7.9倍，年均增长率为24.5%；产品销售收入11年累计达26413.8亿元，十年间增长4.9倍，年均增长率为19.3%；汽车工业利税总额11年累计达2640.8亿元，是同期汽车工业投资总额的1.4倍，十年间增长5.9倍，年均增长率为21.3%。

11年累计生产各种汽车1680余万辆，2001年生产各种汽车234.2万辆，年均增长率虽然比其他指标偏低，但也是两位数增长，达到12.7%；如果按2002年上半年汽车生产的增长势头，全年汽车生产可突破300万辆，11年间的年均增长率可达14%。

相反，汽车工业从业人员，由于企业剥离社会职能、下岗分流等，有逐年下降的趋势。十年间下降了11.6%，年均下降1.2%，2001年从业人员150.6万人，比职工人数最多的1997年减少了近50万人。

十年间全员劳动生产率按产值计，增长了6.1倍，2001年达到7万多元，年均增长率为21.6%；按生产汽车产量计算，增长了2.7倍，2001年达到1.55辆，年均增长率13.9%。

摩托车生产比汽车生产增长更快，11年共生产摩托车8301万辆，2001年生产摩托车1236.7万辆，十年间增长8.4倍，年均增长25.1%，几乎比汽车生产年均增长率高1倍。

十年间由于汽车产品高新技术增多；附加值大，所以汽车工业总产值、增加值、销售收入，均比汽车产量增幅大；也说明投入产出比有所下降。

表2是1991年至2002年6月汽车产量及分类构成；表3是汽车产量及构成逐年增长率情况。从表2和表3可以看出，在各类汽车中，以微型载客汽车增长最快，十年间增长近24倍，年均增长率高达37.9%；其次增长最快的是乘用车（轿车），十年间增长7.7倍，年均增长率为24.1%。这两种汽车的快速增长，主要是由于改革开放以来，人民生活水平的提高，收入的增加，特别是微型客车适合当前购买力水平，使私人购车迅速增加。据统计，微型客车绝大部分由私人购买，乘用车目前私人购买也超过55%以上。再次增长最快的是重型载货车，由于国民经济持续稳定增长，基础建设投资力度加大，特别是国家重点开发中西部地区，使重型货车需求增长加快，十年间增长7.3倍，年均增长率23.5%；中型载货车呈逐年下降趋势，十年间年均下降率为2.9%。十年间我国汽车工业科技创新能力明显提高，科技成果显著增多，共评出汽车工业科技进步奖422项，具有自主知识产权的科研成果在生产中得到广泛应用，汽车产品的更新速度加快，以汽车工业的企业为中心的产学研相结合的汽车工业新型科研开发体系正逐渐形成。

二、组织结构进一步优化

随着合资合作的发展，我国加入WTO，市场配置资源的基础作用越来越大。企业面对国内外市场的竞争压力越来越大。为了提高竞争力，提高抵御风险能力，汽车行业组织结构进一步优化。以骨干企业为主、以龙头产品为核心、以资产为纽带的联合重组不断出现，大集团的规模不断扩大，实力不断增强。如安徽奇瑞、柳州五菱、江苏仪征并入上海汽车集团；天津夏利由一汽集团控股；江苏悦达并入东风集团；广州16家整车企业（含改装车）进一步紧密联合；重庆重型汽车集团十余家企业进一步紧密联合等；汽车零部件企业也逐渐从地区配套、部门配套、集团配套脱离出来，直接面向社会，面向国内、国际两个市场。为了扩大规模、实现专业化、提高效益，也纷纷分立重组，组建汽车零部件集团。如一汽富奥公司、上海上标汽车紧固件有限公司等一批零部件集团正稳步发展，并逐步进入世界汽车配套体系。

我国汽车生产企业目前虽然有一百余家，但前15家主要企业的生产集中度有很大提高，2001年生产集中度已达91.1%，如表4所示。

表 1　　1991～2001 年汽车工业主要经济指标增长情况

项目		1991	1992	1993	1994	1995	1996	1997	1998	1999	2000	2001	合计	2001 年比 1991 年增长	年均增长率（%）
汽车工业总产值（现行价）		704.5	1191.1	1972.0	2183.1	2216.5	2399.1	2668.7	2787.3	3122.7	3612.6	4433.2	27110.8	529.3%	20.2
汽车工业增加值		168.5	296.7	402.9	515.6	540.7	576.2	594.1	661.3	748.9	864.1	1055.6	6424.6	526.5%	20.1
全年完成投资总额		58.9	102.8	164.3	198.8	231.3	194.9	204.0	196.1	194.0	178.7	194.3	1918.1		
年末资产总计		602.9	1008.8	1520.3	2098.5	2726.6	3186.2	4458.6	5044.8	5086.7	5597.1	5851.7		870.6%	25.5
流动资产合计		247.9	548.5	918.7	1284.5	1576.6	1760.1	2341.2	2565.0	2502.5	2840.4	3138.2		1157.8%	28.9
固定资产原价合计		354.9	460.3	601.6	814.0	1150.0	1426.1	1809.0	2223.6	2243.4	2545.8	2743.1		672.9%	22.7
固定资产净值平均余额		199.7	260.4	354.8	458.1	645.4	919.4	1230.3	1418.8	1556.0	1723.9	1781.9		792.3%	24.5
产品销售收入		726.8	1187.4	1834.3	1853.5	2175.1	2330.4	2635.0	2742.5	3114.7	3560.4	4253.7	26413.8	485.3%	19.3
利税总额		73.0	133.3	178.9	135.9	226.8	211.2	232.6	226.3	318.5	402.4	502.1	2640.8	587.8%	21.3
汽车产量（辆）		708820	1061721	1296778	1353368	14522737	1474905	1582628	1627829	1831596	2068186	2341528	16800096	230.3%	12.7
摩托车产量（辆）		1317345	1982187	3351458	5227021	7836139	9295158	10039362	8793443	11269136	11533848	12366966	83012063	838.8%	25.1
汽车工业从业人员（万人）		170.4	184.9	193.3	196.9	195.3	195.1	197.8	196.3	161.7	157.2	150.6			－1.2
全员劳动生产率	元/人、年	9888	16047	20843	26186	27686	29534	30035	33688	46314	54968	70093			21.6
	汽车辆/人、年	0.42	0.57	0.67	0.69	0.74	0.76	0.80	0.83	1.13	1.32	1.55			13.9

注：1. 资料来源：根据 1991～2002 年《中国汽车工业年鉴》整理而成；

2.1991～1998 年汽车工业从业人数不计入年末职工人数；

3. 利税总额为产品销售税金及附加＋利润总额＋应交增值税之和；

4. 全年完成投资总额是企业各种投资的总和，包括国家投资（贷款），地方投资（贷款），自筹资金及其他资金来源。

表 2

1991 ~ 2001 年汽车产量及分类构成

年　份	汽车产量合计	1. 载货汽车					2. 载客汽车					3. 轿　车
		小　计	其中:				小　计	其中:				
			重型	中型	轻型	微型		重型	中型	轻型	微型	
1990	509242	378425	17788	172914	144793	42930	88408	4267	13722	69869	550	42409
1991	708820	452023	19026	203951	179327	49719	175742	3010	21417	131501	19814	81055
1992	1061721	626414	25391	259795	278526	62702	272582	4407	33013	193899	41263	162725
1993	1296778	774868	33782	334656	330685	75745	292213	4730	24367	191194	71922	229697
1994	1353368	785876	37173	313308	334706	1000689	317159	4062	19503	189272	104322	250333
1995	1452737	721822	30854	247982	331517	111469	405454	3863	22740	225310	153541	325461
1996	1474905	688614	31655	211789	303422	141748	395192	3632	18624	197549	175387	391099
1997	1582628	659318	30904	185726	297091	145597	435615	4663	15930	189723	225299	487695
1998	1627829	661701	34829	183617	297351	145904	459025	6025	16952	179410	256638	5107103
1999	1831596	756312	47127	184738	386841	137606	509179	7715	29434	184813	287217	566105
2000	2068186	751699	82146	146028	388831	134694	709042	7852	36206	254685	410299	607455
2001	2341528	803076	157405	151929	363234	130508	834927	11609	53420	278221	491677	703525
2002.1 - 6 月	1548344	591942	143086	99629	254999	94228	516413	6521	22803	148815	338274	439989

注:1. 资料来源:根据历年《中国汽车工业年鉴》整理而成;
2.2002 年 1 ~ 6 月资料来源:中国汽车工业协会《汽车统计月报》;
3. 客厢式轻型越野车统计在客车内;其他越野车统计在货车内;
4. 汽车底盘分别统计在各类车型内;
5. 载货车含自卸货车、牵引车、厢式货车、罐式车及特种专用车;
5. 载客车含客厢式专用车。

表 3　　1991～2001 年汽车产量及产量构成增长率

年　份	汽车产量合计	1. 载货汽车 小　计	其中：重型	中型	轻型	微型	2. 载重汽车 小　计	其中：重型	中型	轻型	微型
1991	39.2	19.4	7.0	17.9	23.9	15.8	98.8	－29.5	56.1	88.2	3502.5
1992	49.8	38.6	33.5	27.4	55.3	26.1	55.1	46.4	54.1	47.5	108.3
1993	22.1	23.7	33.0	28.8	18.7	20.8	7.2	7.3	－26.2	－1.4	74.3
1994	4.4	1.4	10.0	－6.4	1.2	32.9	8.5	－14.1	－20.0	－1.0	45.0
1995	7.3	－8.2	－17.0	－20.9	－1.0	10.7	27.8	－4.9	16.6	19.0	47.2
1996	1.5	－4.6	2.6	－14.6	－8.5	27.2	－2.5	－6.0	－18.1	－23.3	14.2
1997	7.3	－4.36	－2.4	－12.3	－2.1	2.7	10.2	28.4	－14.5	－4.0	28.5
1998	2.9	0.4	12.7	－1.1	0.1	0.2	5.4	29.2	6.4	－5.4	13.9
1999	12.5	14.3	35.3	0.6	3.1	－5.7	10.9	28.0	73.6	3.0	11.9
2000	12.9	－0.6	74.3	－21.0	0.5	－2.1	39.3	1.8	23.0	37.8	42.9
2001	13.2	6.8	91.6	4.0	－6.6	－3.1	17.8	47.8	47.5	9.2	19.8
2002.1～6 月	30.1	35.4	102.4	6.7	28.5	26.0	20.9	22.0	－10.3	12.8	27.9
1991～2001 平均增长率	12.7	5.9	23.5	－2.9	7.3	10.1	16.9	14.5	9.6	7.8	37.9

表 4　2001 年前 15 家主要汽车生产企业生产集中度

序号	企业	汽车产量（辆）	占汽车总产量比重（%）	累计百分比（%）
1	上汽	440245	18.8	18.8
2	一汽	419792	17.9	36.7
3	东风	262869	11.2	47.9
4	长安	225399	9.6	57.5
5	哈飞	138958	5.9	63.4
6	北汽	131421	5.7	69.1
7	昌河	121288	5.2	74.3
8	金杯	74191	3.2	77.5
9	天汽	58923	2.5	80.0
10	跃进	58923	2.5	80.0
11	广汽	55570	2.4	84.8
12	江淮	51052	2.2	87.0
13	江铃	36848	1.6	88.6
14	东南	31027	1.3	89.9
15	庆铃	28164	1.2	91.1
其余		206213	8.9	100.0
合计		2341528	100.0	100.0

资料来源：中国汽车工业协会 2001 年 12 月份汽车“产、销、存”统计月报。

注：上汽集团含安徽奇瑞公司。

有 30 余家汽车产量几乎为零。上汽集团、一汽集团、东风公司 3 家的生产集中度已达 47.9%，无论是资产构成、品牌信誉、产品开发、销售服务、经济效益、社会贡献等各方面，均占明显优势，是我国汽车行业极具发展潜力的大型企业集团。

表 5 是我国 1991～2001 年汽车产品生产企业规模构成，从 4 个方面反映了企业规模不断扩大、实力不断增长、组织结构不断优化的情况。

按企业生产汽车产量分，年产 100 辆以下的企业 2001 年达到 22 家，占当年汽车生产企业总数的 19%，比 1991 年同类企业只占 11.4% 高出 7.6 个百分点；而年产大于 5 万辆的企业却增长了 13 家。说明有相当一部分企业即将被淘汰出局，而一部分企业成长发展很快，生产规模不断扩大。

从企业汽车工业总产值看，年产值在 200 万元以下的企业，1991 年为 861 家，占当年企业总数的 32.6%；同类企业 2001 年为 489 家，只占当年企业总数的 20.4%，下降了 12.2 个百分点。年产值 1000 万元以下的企业，1991 年为 1842 家，占当年企业总数的 69.7%；同类企业 2001 年为 926 家，占当年企业总数的 38.6%，相比下降了 31.1 个百分点。而年产值 3000 万元以上的企业，1991 年只有 329 家，占当年企业总数的 12.4%；2001 年达到 978 家，占当年企业总数的 40.7%，相比上升了 28.3 个百分点。企业规模明显增大。

表 5　　1991～2001 年我国汽车生产企业规模构成

1. 按企业汽车产量分

<table>
<tr><th colspan="2">企业汽车产量</th><th>企业数合计</th><th>100 辆以下</th><th>100～500 辆以下</th><th>500～1000 辆以下</th><th>1000～2000 辆以下</th><th>2000～5000 辆以下</th><th>5000～1 万辆以下</th><th>1 万～2 万辆以下</th><th>2 万～5 万辆以下</th><th>5 万辆以上</th></tr>
<tr><td rowspan="2">企业数（个）</td><td>1991</td><td>132</td><td>15</td><td>28</td><td>14</td><td>25</td><td>25</td><td>9</td><td>7</td><td>7</td><td>2</td></tr>
<tr><td>2001</td><td>116</td><td>22</td><td>18</td><td>13</td><td>10</td><td>11</td><td>15</td><td>6</td><td>6</td><td>15</td></tr>
</table>

2. 按企业汽车工业总产值分(1990 年不变价)

<table>
<tr><th colspan="2">企业汽车工业总产值</th><th>企业数合计</th><th>100 万元以下</th><th>100～200 万元以下</th><th>200～500 万元以下</th><th>500～1000 万元以下</th><th>1000～3000 万元以下</th><th>3000～10000 万元以下</th><th>1 亿元以上</th></tr>
<tr><td rowspan="2">企业数（个）</td><td>1991</td><td>2643</td><td>527</td><td>334</td><td>555</td><td>426</td><td>472</td><td colspan="2">329</td></tr>
<tr><td>2001</td><td>2401</td><td>401</td><td>88</td><td>205</td><td>232</td><td>497</td><td>498</td><td>480</td></tr>
</table>

3. 按企业汽车工业固定资产原价分

<table>
<tr><th colspan="2">企业固定资产原价</th><th>企业数合计</th><th>100 万元以下</th><th>100～200 万元以下</th><th>200～500 万元以下</th><th>500～1000 万元以下</th><th>1000～3000 万元以下</th><th>3000～10000 万元以下</th><th>1 亿元以上</th></tr>
<tr><td rowspan="2">企业数（个）</td><td>1991</td><td>2643</td><td>775</td><td>389</td><td>566</td><td>347</td><td>358</td><td colspan="2">208</td></tr>
<tr><td>2001</td><td>2401</td><td>442</td><td>86</td><td>218</td><td>275</td><td>505</td><td>530</td><td>345</td></tr>
</table>

4. 按企业汽车工业利润总额分

<table>
<tr><th colspan="2">企业利润总额</th><th>企业数合计</th><th>10 万元以下</th><th>10～50 万元以下</th><th>50～100 万元以下</th><th>100～300 万元以下</th><th>300～500 万元以下</th><th>500～100 万元以下</th><th>1000～5000 万元以下</th><th>5000 万元以上</th></tr>
<tr><td rowspan="2">企业数（个）</td><td>1991</td><td>2643</td><td>1344</td><td>621</td><td>241</td><td>255</td><td>75</td><td>55</td><td colspan="2">52</td></tr>
<tr><td>2001</td><td>2401</td><td>1352</td><td>254</td><td>123</td><td>255</td><td>86</td><td>96</td><td>158</td><td>77</td></tr>
</table>

资料来源：根据《中国汽车工业年鉴》整理而成。

从企业汽车工业固定资产原价看，100 万元以下的企业，1991 年为 775 家，占当年企业总数的 29.3%，2001 年此类企业只占当年企业总数的 18.4%，相比下降近 11 个百分点；产值 500 万元以下的企业，1991 年为 1730 家，占当年企业总数的 65.5%，2001 年同类企业只占当年企业总数的 31.1%，相比下降 34.4 个百分点；而固定资产原价在 3000 万元以上的企业，1991 年只有 208 家，占当年企业总数的 7.9%，2001 年同类企业数达到 875 家，占当年企业总数的 36.4%，相比增加 28.5 个百分点。这充分说明企业实力增长很快。

再从企业汽车工业利润总额看，年利润总额 100 万元以下的企业，1991 年为 2206 家，占当年企业总数的 83.5%，2001 年同类企业是 1729 家，占当年企业数的 72.0%，相比下降了 11.5 个百分点；而年利润总额在 1000 万元以上的企业，1991 年只有 52 家，占当年企业总数和 2.0%，2001 年同类企业数已达 235 家，占当年企业总数的 9.8%，相比增加了 7.8 个百分点。说明经济效益好的企业明显增多。

另外，汽车工业的专业化协作不断向更高层次发展。新建汽车生产企业甚至改变了自制大量冲压件的生产流程，缩小甚至取消了冲压车间，改由社会厂家协作生产。铸造、锻造生产，集中、专业化生产的趋向更加明显。

三、投、融资结构进一步优化

汽车产品生产企业的投资，有国家投资、地方投资、企业自筹，还包括外资及民间资本。表 6 是我国从“七五”时期以来汽车工业的投资额。可以看出，汽车工业的投资额是逐年增加的，而且增长很快。但“九五”时期，虽然汽车工业的投资额有增长，但占全国投资总额的比例却明显下降，说明汽车工业的投资增长速度慢于全国投资的增长速度。在汽车工业投资额中，汽车整车的投资所占比重最大，占 50% 左右。“九五”期间汽车工业的投资是“七五”时期投资的 5.61 倍，是“八五”时期的 1.28 倍。从 1991 年至 2001 年的 11 年，汽车工业累计总投资 1918.1 亿元。

表 6　　汽车工业"七五"以来的投资额

时　期	汽车工业投资额(A)	其中					全国投资总额(B)	A/B
		汽车	改装汽车	摩托车	车用发动机	零部件		
"七五"时期(1986～1990)	172.4	89.1	22.6	7.6	13.5	39.6	20593.5	0.84
"八五"时期(1991～1995)	756.1	364.3	69.9	54.3	57.1	210.4	63808.3	1.18
"九五"时期(1996～2000)	967.7	491.0	73.1	94.7	44.4	264.5	139145.0	0.70
2001	194.3	121.1	13.4	8.6	3.2	48.1		

资料来源：根据历年《中国汽车工业年鉴》整理而成。

十年来，国家重点技术改造项目对汽车零部件工业加大了投资力度，11 年共投资 523 亿元，其中"八五"、"九五"时期共投资 474.9 亿元，占同期汽车工业总投资的 27.5%，比"七五"时期的 23.0%提高了 4.5 个百分点。可以看出，零部件的投资与整车相比，还是不足的。

汽车工业的投资，主要用于引进设备、企业技术改造等，使企业技术装备结构发生了明显的变化，人均装备率有较大提高。特别是近些年来发展的乘用车企业、合资合作的客车企业、摩托车企业、零部件企业等，有的企业设备丝毫也不亚于国外同类型产品企业的设备。

据统计，十年来国家对汽车工业的投资重点向骨干企业倾斜，有 80%的投资是投向重点骨干企业。同时也加大了对科研开发的投入力度。

在利用外资方面，据不完全统计，到 2001 年底，我国汽车行业已与世界 20 多个国家和地区的企业，建立了 650 家左右的外商投资企业，投资规模约为 235 亿美元，其中注册资金约 118 亿美元，占总投资的 50%，外商协议出资额约为 63 亿美元，约占注册资本的 53.4%，到位资金超过协议出资额的 90%。近几年来，利用外资的质量有所提高，整车引进项目注重产品水平、同步发展和环保，注重零部件项目的规模、技术含量，注重科研开发、有前景的高新技术等。

国家还实施积极的财政政策，减轻骨干企业的历史负担，将部分银行贷款改成国有股份，减少了企业支付银行的贷款利息，减轻了企业负担。

国家还批准部分企业上市融资、成立企业财务公司，吸收民营资本、私人资本等，拓宽了企业融资渠道，使企业投资来源更加充足，正在向汽车工业投资多元化的方向发展。

四、汽车产品结构进一步优化

由于国民经济的持续发展，居民收入水平的提高，在汽车市场的强力推动下，企业把汽车产品适应市场需求、及时更新换代视为企业生存与发展的重要途径，想方设法加快汽车新产品换代步伐。一些合资企业引进的乘用车新车型，基本达到与国外同步生产、同步上市。如一汽大众的奥迪 A6、宝来；上海大众的帕萨特、波罗；上海通用的赛欧；神龙公司的风神等车型。其他乘用车企业也不断推出新车型来满足市场需求。

从产品结构上看，货车产量占汽车总产量的比例逐年明显下降，从 1991 年的 63.8%下降到 2001 年的 34.3%，下降了 29.5 个百分点；客车和乘用车产量占汽车总产量的百分比呈上升趋势，同期分别上升了 10.9 和 18.6 个百分点。再从货车的产量构成上看(详见表 7)，重型货车近几年随着基础建设的发展，特别是开发中西部的进展，产量明显增长，从 1991 年占货车产量的 4.2%，上升到 2001 年的 19.6%，增长了 15.4 个百分点；中型货车明显下降，同期从 45.1% 下降到 18.9%，下降了 26.2 个百分点；轻型货车、微型货车同期均有所上升，分别上升了 5.5 和 5.3 个百分点，上升幅度不大。从客车产量的构成看，同期大型客车产量构成比例虽然没有增长，但绝对量却增长了 2.9 倍；中型客车和轻型客车都呈下降趋势，同期分别下降了 5.8 和 41.5 个百分点，但绝对量也都增长1倍以上；微型客车逐年增长迅速，同期增长了47.6个百分点，产量增长了近24倍。乘用车产量占同期汽车总产量的比重也上升了18.6个百分点，产量增长了7.7倍。柴油车产量占汽车总产量的比重，同期也从13.1%上升到31.3%，上升了18.2个百分点。专用车产量、品种也有明显增长。我国实用型摩托车品种多、更新快、产量大，完全能满足当前市场需求。

表7　　1991、2001年载货汽车、载客汽车产量构成　　%

年　份	货车					客车				
	小计	其中:				小计	其中:			
		重型	中型	轻型	微型		大型	中型	轻型	微型
1991	100.0	4.2	45.1	39.7	11.0	100.0	1.7	12.2	74.8	11.3
2001	100.0	19.6	18.9	45.2	16.3	100.0	1.4	6.4	33.3	58.9

资料来源：根据《中国汽车工业年鉴》整理而成。

我国目前能生产微型、普通级、中级、中高级及高级各种乘用车，能生产各种商用车，基本能满足私人及国民经济各方面的市场需求。

五、生产结构进一步优化

十年来，汽车工业以高效、节能、降耗、环保为主要目标进行技术改造，投资主要用于引进先进的技术装备，大量采用现代化的工艺装备、工业机器人，建成了具有国际先进水平的大型自动化冲压、机械加工、焊接、涂装、装配、检测等自动线，企业技术装备结构发生明显变化，人均装备率有很大提高。特别是近些年发展的乘用车企业、合资合作的客车企业、零部件企业、摩托车企业等，通过较大规模的设备引进、采用国内先进设备、加工中心、柔性生产设备、自动线、流水线、机械手、各种专用设备、在线检测设备、试验设备等，使我国汽车工业的装备水平有很大提高，有的企业设备水平一点也不亚于国外同类型企业的设备。

表8是1992、2001年汽车工业主要设备增长情况。从设备总数、金属切削设备、锻压设备看，增长幅度不是很大，9年间分别增长了34.4%、8.2%和24.5%；但高大精尖设备和20世纪80～90年代进口设备增长迅猛，9年间分别增长了105.7%和396.3%，即分别增长了1倍和4倍，特别是90年代设备进口量呈高速增长。

由于大量先进工艺装备的采用，保证了汽车产品的生产一致性，大幅度提高了汽车产品质量。对生产过程中的冷却液、润滑液、污水、各种排屑等采用先进的净化方式进行处理，推动了汽车产品的清洁化生产，提高了汽车生产的环保和再利用水平。

表8　　汽车工业主要设备增长情况　　台

年份	设备总数	其中1		其中2	其中3
		金切	锻压	高大精尖设备	20世纪80～90年代进口设备
1992	487013	241293	46156	20140	8396
2001	654738	261097	57459	41420	41670

资料来源：根据《中国汽车工业年鉴》整理而成。

由于生产结构的优化，引进技术的消化吸收、科研开发能力的提高等，以汽车产品国产化为中心，汽车零部件国产化配套能力大大加强。目前批量生产的主导车型国产化率都在80%以上，乘用车达到80%国产化率的周期，从前些年的7～8年，缩短到现在的3～4年，新车型的初投产国产化率就达40%以上，一般投产后一年，国产化率就可达60%。

在改革开放初期，汽车工业大部分关键工艺装备基本依赖从国外进口，通过汽车工业与相关设备生产行业的联合科研攻关，促进了汽车工业专用设备、成套设备等的快速发展，汽车工业国产化设备的使用率逐年提高，特别是国产机器人大量被汽车产品企业的自动生产线采用，带动了我国机械装备工业的发展。

六、市场结构进一步优化

十年来，主要企业的市场占有率明显提高。表9是2001年前15家主要汽车生产企业(集团)的汽车市场占有率。可以看出，其市场占有率已达91.8%，其余上百家汽车生产企业的市场占有率只有8.3%。其中上汽、一汽、东风前3家企业的市场占有率已达47.4%；包括长安、哈飞在内，前5家企业的市场占有率已达63.1%。

汽车零部件的生产专业化、规模化程度也明显提高。十年前同一种零部件由几十家企业生产的局面大有改观，特别是高新技术零部件，生产集中度和市场占有率都很高。表10是2001年部分汽车零部件（商品量）全国生产企业数、生产量、生产量最大企业及市场占有率。可以看出生产同种零部件的企业数量明显减少，其最大生产量的企业单厂生产集中度基本都达到30%以上，少量企业甚至高达80%以上，个别企业达到100%。

表9　　2001年前15家主要汽车生产企业（集团）市场占有率

序号	1	2	3	4	5	6	7	8
企业	上汽	一汽	东风	长安	哈飞	北汽	昌河	天汽
企业汽车销售量（辆）	448946	407495	265407	230241	141774	136538	121018	79957
占汽车总销售量比重（%）	19.0	17.2	11.2	9.7	6.0	5.8	5.1	3.4
累计百分比（%）	19.0	36.2	47.4	57.1	63.1	68.9	74.0	77.4

续：

9	10	11	12	13	14	15	其　余	合　计
金杯	跃进	广汽	江淮	江铃	庆铃	东南		
74865	55723	55714	51309	37307	30279	30021	197071	2363665
3.2	2.4	2.4	2.2	1.6	1.3	1.3	8.3	100.0
80.6	83.0	85.4	87.6	89.2	90.5	91.8	100	

资料来源：中国汽车工业协会2001年12月《汽车"产、销、存"统计月报》。

表10　　2001年部分汽车零部件（商品量）最大生产企业生产集中度

产品	单位	主要生产企业数（个）	总产量	年产量最大企业	年产量	单厂生产集中度（%）
气缸体	只	12	228420	一汽大众汽车有限公司	112464	49.2
凸轮轴	根	11	13.1539	重庆西源凸轮轴有限公司	412777	31.7
活塞环	万片	21	23163	安庆帝伯格茨活塞环有限公司	6653	28.7
气门挺柱	根	8	4935469	济南汽车配件厂	1840000	37.3
气门推杆	根	2	63180	南京发动机配件厂	56180	88.9
机油冷却器	只	3	833795	茌平吉星汽车零部件有限公司	606055	72.7
增压器	台	7	306290	联信涡轮增压系统（上海）有限公司	204269	66.7
机油滤清器	只	8	5072250	蚌埠滤清器有限责任公司	2094000	41.3
柴油滤清器	只	6	1159772	浙江省浩钢达汽配有限公司	700000	60.4
高压油泵	只	7	3503059	无锡威孚高科技股份有限公司	2820000	80.5
喷油器	只	7	6623911	无锡威孚高科技股份有限公司	3740000	56.5
水泵总成	只	21	5438429	华纳圣龙（宁波）有限公司	3140000	57.7
风扇	只	8	4723184	华纳圣龙（宁波）有限公司	2980000	63.1
皮带轮	只	8	5385495	浙江临海东星机械有限公司	3221290	59.8
飞轮总成	只	3	20920	青岛金环齿圈有限公司	15800	75.5

产品	单位	主要生产企业数（个）	总产量	年产量最大企业	年产量	单厂生产集中度（%）
钢板销	只	2	474319	靖江市汽车标准厂	350000	73.8
变速器壳	只	8	338636	上海乾通汽车附件有限公司	139200	41.1
分动器总成	台	7	25457	北京华纳齿轮有限公司	14200	55.8
取力器总成	台	6	58176	中国第一汽车集团公司	35600	61.2
传动轴	根	31	4207900	上海纳铁福传动轴有限公司	1131636	26.9
万向节总成	只	15	27192621	万向钱潮股份有限公司	20589700	75.7
差速器总成	只	5	92570	江西金菱差速器制造有限公司	55000	59.4
转向横直拉杆	件	18	1944038	绍兴索密克汽车配件有限公司	780000	40.1
液压制动总泵	台	25	5013500	浙江亚太机电股份有限公司	2382145	47.5
制动比例阀	只	11	859834	贵州新安航空机械有限责任公司	420000	48.9
液压制动分泵	只	16	2235357	宁波安捷制动器有限公司	1110000	49.7
空压机总成	台	12	910061	廊坊美联制动装置有限公司	346500	38.1
制动凸轮	只	2	364538	安徽省汽车制动器厂	290000	79.6
盘式制动器总成	台	8	742696	浙江亚太机电股份有限公司	487153	65.6
制动盘	只	4	5681553	莱州华汽机械有限公司	3000000	52.8
ABS 系统	套	1	260000	上海汽车制动系统有限公司	260000	100.0
独立悬架	套	3	530741	上海汇众汽车制造有限公司	457732	86.2
半轴套管	只	4	280596	河南英威东风机械制造有限公司	222975	79.5
轮胎螺栓	万套	7	4529	江苏黄海汽配服务有限公司	3462	76.4
U 型螺栓	万只	7	90	江苏华轮汽配制造有限公司	49	54.4
减速器壳	只	3	77904	安阳市汽车零部件有限公司	45000	57.8
半轴齿轮	只	5	1254204	江苏飞船股份有限公司	1170630	93.3
火花塞	万只	5	5303	南京华德火花塞有限公司	2670	50.3
蓄电池	KVAh	17	6228953	保定金风帆蓄电池有限公司	2666575	42.8
喇叭	万只	11	631	上海实业交通电器有限公司	195	30.9
灯泡	万只	3	5164	飞利浦汽车照明湖北有限公司	2536	49.1
玻璃升降器	只	20	4531271	湖北省英山县汽车配件厂	2930851	64.7
后视镜	万只	11	321	上海干巷汽车镜(集团)有限公司	149	46.4
空调装置	台	14	670118	上海德尔福汽车空调系统有限公司	43107	64.3
空调压缩机	台	8	1295563	上海易初通用机器有限公司	755200	58.3
安全带	条	6	2085326	上海天合汽车安全系统有限公司	960000	46.0
安全气囊	套	1	18116	锦州万得工业(集团)有限责任公司	18116	100.0
标准件	万只	24	48026	东风汽车紧固件有限公司	27900	58.1

资料来源:根据《中国汽车工业年鉴》整理而成。

十年间汽车市场实现由卖方市场向买方市场的转变。1994 年之前,汽车产品在我国仍是紧俏商品,往往是有钱买不到车,或先交钱后提车。特别是乘用车此种现象更为严重,完全处于卖方市场状态。1994 年之后,整个汽车市场发生了逆转,开始出现供大于求的状况,市场竞争不断加剧,汽车价格呈逐渐下降趋势,汽车服务也不断发展。

在汽车市场发展中,私人购车和拥有车逐渐成为主要力量,使单位购车、公款购车逐年呈下降趋势。1991 年私人拥有汽车 96 万辆,占当年全国汽车拥有量的 15.8%,到 2001 年,此比例已上升到 42.8%,十年间上升了 27 个百分点,详见表 11。十年间民用汽车保有量增长了近 2 倍,而私人汽车保有量却增长了 7 倍多，相比高出 5 倍多。“九五”、“十五”期间的私人汽车保有量年均增长率基本是总汽车保有量的年均增长率的 2 倍。

据统计，乘用车目前私人购买已达 55% 以上，微型客车、中型载货车 80% 以上为私人购买。另外，年产 1200 多万辆的摩托车、300 万辆左右的农用运输车，基本上为私人购买。

随着我国汽车产量的增加，产品水平的提高，汽车产品出口也逐年增多。1991 年出口总额 1.53 亿美元，2001 年出口总额达到 27.1 亿美元，十年间增长近 17 倍，年均增长率为 33.3%；其中摩托车出口量增长最快，增长 158 倍，年均增长率为 66.1%，出口额增长 138 倍，年均增长率为 63.9%；汽车配件出口额增长 16.3 倍，年均增长率为 33.0%；汽车整车出口增长不快，但也快于汽车生产的增长速度，详见表 12。

表 11　　1991～2001 年民用汽车拥有量及增长率　　万辆；%

年份	汽车保有量及增长率			私人汽车保有量及增长率			
	保有量	增长率	平均增长率	保有量	占总保有量的比例	增长率	平均增长率
1991	606.1	9.9		96.0	15.8	17.7	
1992	691.7	14.1		118.2	17.1	23.1	
1993	817.6	18.2	13.5	155.8	19.1	31.8	25.1
1994	942.0	15.2		205.4	21.8	31.9	
1995	1040.0	10.4		250.0	24.0	21.7	
1996	1100.1	5.8		290.0	26.3	15.9	
1997	1219.1	10.8		358.4	29.4	23.7	
1998	1319.3	8.2	9.1	423.7	32.1	18.2	20.1
1999	1452.9	10.1		511.3	35.0	20.7	
2000	1608.4	10.7		625.3	38.9	22.3	
2001	1801.4	12.0		770.8	42.8	23.3	

资料来源：根据《中国汽车工业年鉴》整理而成。

表 12　　1991～2001 年汽车产品出口量及出口额　　辆；万美元

年份	汽车出口		配件出口额		摩托车出口		合计出口金额
	出口量	出口金额		汽车配件	出口量	出口金额	
1991	4108	5146	10138	10138	17993	535	15819
1992	6375	8917	19502	12395	73534	2196	30615
1993	1116	14794	25108	17165	81174	2520	42422
1994	18648	11244	36103	24580	73648	4173	51520
1995	17747	15364	52093	37609	88613	4681	72138
1996	15112	14833	62519	38207	75363	4298	81650
1997	14868	19093	73507	44718	91938	6184	98184
1998	13627	15853	66007	48960	110576	6483	88343
1999	10095	10255	95738	70689	258184	12734	118727
2000	27136	18547	154598	112540	1987102	74709	247854
2001	26073	21396	175142	121516	2876991	74689	271227

注：1. 资料来源：海关总署；

2. 配件出口额中含汽车配件（包含汽车发动机、车身等）、摩托车配件；

3. 汽车出口量是含汽车挂车、半挂车、汽车成套散件；

4. 此表系海关总署根据进出口商品第 87 章（汽车产品）税则号商品统计的包括汽车配件分布在其他章中税则商品的出口统计。据初略统计，2001 年包括其他章中税则号的零部件出口金额在内，当年汽车产品出口总金额可达 40 多亿美元。

国产汽车的市场占有率不断增加。近几年汽车进口量只在几万辆左右，国产汽车市场占有率在95%以上。

十年来，随着汽车市场的发展，汽车用户对汽车产品的要求也越来越高。特别是加入WTO，使市场竞争更加激烈，生产企业、营销单位，不断增强竞争意识、质量意识和服务意识，不断改变生产管理、营销观念，不断采用新的生产、营销、服务方式。各种形式的汽车交易市场、汽车城、配件城、品牌专营、特许专营、连锁经营、网上销售等不断发展；配件供应，维修服务、救援服务不断改善，用户满意度不断增加。

为了争取市场，企业都加快了新产品更新步伐。每年都有几百种汽车新产品上市，使汽车市场的有效供给不断增加。

近几年来，我国汽车消费信贷、汽车租赁、汽车保险、二手车市场等也都有长足发展；国家不断加大整治市场力度，坚决打击假冒、伪劣、拼装汽车、汽车配件；整顿规范汽车运输市场、加油站等，加强汽车产品认证及产品公告管理，使汽车市场不断向法制化的方向发展。

七、汽车工业科技进步成效显著

我国汽车工业围绕提高技术水平和自主创新能力，以增强国际竞争力为目标，通过产、学、研联合攻关、引进技术的消化吸收和中外技术合作，在汽车电子、乘用车车身设计、安全、环保、节能、制造等技术，以及新材料应用、电动汽车开发、燃气汽车推广应用等方面，均取得显著进展，获得一大批科技成果，为我国汽车工业的持续发展奠定了良好基础。

经过几十年的发展，我国汽车工业的产品开发体系已具雏形。目前，几家大型企业集团，都拥有自己独立的产品研究开发机构，一些科研院所和高等院校在汽车产品开发上也具有一定的实力和特色，并积累了经验。掌握和应用先进开发技术的水平不断提高，通过自主开发和联合开发，使汽车产品开发水平大幅度提高，开发周期缩短，产品更新换代速度加快。

表13是我国1998年到2001年汽车工业技术开发(研发)费用投入情况。可以看出，汽车工业企业用于技术开发的总投入是偏少的，占汽车工业及产品的总产值(现行价)的比例基本都不超过2%，只有汽车零部件的技术开发投入基本达到或超过2%。所以，近几年汽车零部件研发能力增强，发展较快。

表14是一汽、东风、上汽三大汽车集团近几年技术开发费用投入情况。可以看出，一汽投入低于东风，而以上汽集团技术开发投入额及所占汽车工业产值(现行价)的比重最高。

我国汽车工业已具备适合国情的载货汽车、客车、专用车、普通摩托车及相当一批零部件的自主开发能力。如一汽的9平柴、16平柴、40吨半挂牵引车；东风8平柴、15吨自卸汽车；以及DD6112、SX6120、EQ6480、CA6480、JS6880、XMQ6112、HFF6890客车等；大型摩托车企业均可独立开发具有自主知识产权的摩托车产品；我国也具有自主知识产权的乘用车品牌，如红旗系列乘用车。我国具有比较优势的产品种类、品种、型号不断增多。

表13　　1998～2001年汽车工业技术开发(研发)投入费用　　万元；%

年份	技术开发(研发)总投入	比重	其中									
			汽车	比重	改装汽车	比重	摩托车	比重	车用发动机	比重	汽车摩托车配件	比重
1998	381838	1.37	172624	1.24	37746	1.38	46699	1.00	9455	1.00	115314	2.07
1999	574308	1.84	296500	1.86	45409	1.60	75910	1.44	24794	2.28	131695	2.16
2000	677425	1.71	377623	1.77	43082	1.30	85941	1.25	15543	1.34	155236	2.25
2001	586168	1.32	338184	1.34	43786	1.13	36359	0.65	12448	1.26	155391	1.81

注：1. 资料来源：根据《中国汽车工业年鉴》整理而成。

2.“比重”是技术开发投入占其汽车工业、产品总产值的比。

表 14　　近几年三大汽车集团技术开发费用　　万元;%

集　团	1998		1999		2000		2001	
	技术开发费用	比重	技术开发费用	比重	技术开发费用	比重	技术开发费用	比重
一汽	10777	0.32	48281	1.15	65535	1.42	70053	1.12
东风	25931	1.27	45500	1.95	61000	2.28	110390	2.49
上汽	53646	1.36	106354	2.15	175341	3.26	136961	2.14

注:1. 资料来源:根据《中国汽车工业年鉴》整理而成。

2."比重"是当年技术开发费用投入占企业汽车工业总产值(现行价)的比。

通过联合开发和适应性技术改进设计,不但培养了大批科研开发人员,也使我国主要乘用车型基本达到国外同类车型的先进水平,并保证基本同步上市。如奥迪 A6、帕萨特、波罗、宝来、夏利 2000、风神、赛欧等车型。

由于产品开发水平和制造水平的大幅度提高,使我国汽车产品的综合技术水平显著提高。据统计,汽车产品首次无故障里程、平均故障间隔里程都有成倍提高。国产乘用车的平均故障间隔里程已达 1.5 万 km,质量较高的首次无故障里程已达 2.4 万 km;载货汽车平均故障间隔里程已达 1 万 km。

通过不断武装科学试验设施,建立国家级、行业级、企业级的科学实验室;建立和完善汽车、摩托车试验场,设计、开发、模拟试验、生产、装配等手段的不断提高等,使我国汽车产品的科学试验能力显著增强。另外,国家对汽车产品在安全、排放、节能、防盗等,有关社会公众利益方面的强制性标准要求,项目越来越多,标准也越来越严。目前整车强制性标准已达 43 项。现我国具有公正地位的第三方检测机构,完全能满足国产、进口汽车检测的需要,并能作出科学的检测鉴定。

新结构、新技术、新材料等高新技术在我国汽车产品上的应用不断增多,汽车电子技术的研究与应用取得显著成效。如 ABS、安全气囊、自动变速箱、防侧滑系统、车载信息技术、汽油机电控燃油喷射技术得到应用;柴油机增压中冷技术、电控高压燃油喷射技术取得重大进展;由于高标号燃油和无铅汽油及三元催化转化装置的使用,使乘用车排放完全达到欧 I 标准要求,部分乘用车已达到欧 II、甚至欧 III 排放标准要求。燃油经济性也明显改善。

我国汽车的防污染排放限值,目前与未限值前相比,下降十分明显。轻型汽油车 CO 下降 94%,HC + NOc 下降 68%、HC 减少 69%、NOc 减少 56%、颗粒控制在 0.36g/kw.h。对乘用车要求必须满足正面安全试验标准。今后还要加快与国际先进水平接轨的步伐。

八、深化改革是汽车工业发展的动力

随着国家在经济体制等方面的深化改革,市场经济的深入发展,汽车市场呈现出蓬勃兴旺的景象。充分证明汽车市场是推动汽车工业发展的强大动力。无论是生产企业、销售领域、还是各种汽车服务行业,视客户为上帝的理念不断增强,汽车用户的满意度不断提高。企业把不断改进产品、更新产品、提高质量、提高水平、提高性价比、满足个性化需求、及时提供配件及维修服务、减少用户负担,视为企业的生命所在。把不断提高企业竞争力,不断提高市场占有率,作为企业的追求目标。没有竞争就没有进步,市场就是战场,优胜劣汰。市场经济的发展,推动了汽车工业朝着更加规范、朝着世界汽车工业普遍规律的方向发展。改革开放的深入发展,使汽车行业成为对外经济技术合作、引进技术、引进资金的重要行业之一。据统计,目前世界主要汽车生产国和公司,基本都已到中国来投资与合作。详见表 15。

随着我国改革开放力度的加大,中外合资双方更加注重合作产品的水平,更加注重双方的实力、技术领先性、市场竞争力和开拓能力,更加注重合作项目的前瞻性、长远性,更加注重技术含量、发展规模和科研开发能力的形成,更加注重适合中国国情。合资合作的领域更多、更宽。既包括技术领域,也包括销售、经营管理领域,还包括逐步放开的各种服务领域。汽车工业对外开展经济技术合作以来,各方面均取得重大进展,快速全面地提高了我国汽车工业的水平。

改革开放以来,国家对汽车工业的宏观管理不断强化和有效,引导汽车工业不断实现良性发展。1994 年国家公布了“汽车工业产业政策”，使我国汽车工业处于稳步发展时期，扼制了“散乱差”现象的发展，明显加快了引进车型国产化进程，引导了投资，使骨干企业得到较快发展，使对外的合资合作、市场发展更加规范，并向高层次发展。

表 15　　汽车中外合资合作双方及生产车型

合资合作双方			生产车型
外方		中方(公司)	
国家	公司		
德国	大众	上海大众	普通桑塔纳、桑塔纳 2000、帕萨特、波罗、乘用车
		一汽大众	捷达、宝来、奥迪乘用车
	戴 - 克	北京吉普	切诺基、大切诺基轻型越野车
		北方奔驰	奔驰重型货车
		亚星奔驰	亚星大客车
	宝马	沈阳华晨	中华牌乘用车(BMW 宝马 3 机 5 系列)
法国	雪铁龙	东风神龙公司	富康、毕加索、新自由人、新浪潮、爱舍丽乘用车
	雷诺	三江雷诺	塔菲克轻型客车
	PSA	东风公司	标志、雪铁龙乘用车(待定)
美国	通用	上海通用	别克、别克 GL8、赛欧、欧宝(待产)乘用车
		沈阳通用	开拓者、S10 轻型客货两用车
	福特	江铃	全顺轻型客车及货车
		长安福特(在建)	爱卡、嘉年华乘用车
意大利	菲亚特	南汽	依维柯轻型客车及货车
		南亚公司(南汽子公司)	英格尔、派力奥、希耶娜乘用车
日本	本田	广州本田	雅阁、奥迪赛乘用车
	丰田	天津丰田	夏利 2000、机智乘用车
		近 20 家零部件厂	汽车零部件
		天津丰田发动机公司	8A - WE 汽油机
		沈阳金杯客车	金杯系列轻型客车
		一汽丰田	中级、高级乘用车
	铃木	秦川铃木	西安奥拓、神莱尔乘用车
		长安铃木	重庆奥拓、重庆羚羊乘用车
		昌河铃木	北斗星多功能车
	五十铃	江西五十铃	五十铃轻型货车
		重庆五十铃	轻型客货两用车、竞技者运动型车

合资合作双方			生产车型
外方		中方(公司)	
国家	公司		
日本	三菱	湖南长丰	长丰猎豹轻型越野车
		哈飞	赛马乘用车
	三菱	哈飞三菱	汽油发动机
		沈阳航天三菱	汽油发动机
		东南富利卡	富利卡轻型客车
		北京吉普	(帕杰罗)轻型越野车(待产)
	马自达	广东三星	MPV 多功能车
		一汽海南公司	普利马、福美莱乘用车
		一汽轿车	(马自达 6 系)乘用车(待产)
	富士重工	贵航云雀	贵州云雀微型乘用车
	日产	风神公司	风神、蓝鸟乘用车
		郑州日产	轻型客货两用车
韩国	现代	北京现代	索娜塔、伊兰特乘用车(待产)
	起亚	江苏悦达	普瑞特、瑞奥(待产)乘用车

对汽车产品的管理,目前正在由《目录》式管理,过渡到《公告》式管理,而且有望在较短时间内,即可实现汽车产品型式的管理。

国家会在较短时间内,陆续出台或将要出台一系列的法规、案例、政策和规划。目前已基本上由过去对企业、项目、投资、产品审批式管理,过渡到法制化、市场运作及必要的政府管理相结合的阶段。国家政府有关部门改善管理职能、加强协调、加强宏观调控,尽快实现法制化管理,必将推动汽车工业的更大发展。

2001 年底,我国已正式加入世界贸易组织。关税不断下降,非关税保护措施不断削弱,直至取消。投资、生产、销售、售后服务、信贷、保险等不断放开。我国汽车工业、企业将直接面对跨国公司的激烈竞争。这是我国汽车工业、企业发展的外在压力,也是推动发展的强大动力。必须加快组织结构、产业结构、产品结构、技术结构调整步伐,合理配置资源,发展规模生产,提高专业化程度,降低成本,提高效率,加快培育市场,尽快形成科研开发能力,促进柔性生产、零部件模块化、系统化供货,尽快提升核心竞争能力,使我国在不远的将来,成为世界汽车制造大国。

2

第二部类：大事记

大事记

DA SHI JI

1月

1日 车辆购置费改车辆购置税今起实行。费改税后，国产车费用不变，进口车费用降低。购置税是按票面价格减去17%增值税后的10%计算的。故国产车征收的税款与车辆购置费一样多；进口车辆购置税的算法是减去了17%，费用比以前降低。

3日 安徽奇瑞汽车制造厂加盟上汽集团，成立上汽集团奇瑞汽车有限公司，今在安徽芜湖市经济技术开发区举行揭牌仪式。合并前奇瑞已具备年

产30万台发动机和6万台整车生产能力，奇瑞加盟上汽集团通过股权转让、资产划拨的方式实行联合重组，并纳入上汽集团统一规划。

6日 公安部针对国家经贸委等4部委《关于调整汽车报废标准若干规定的通知》（国经贸资源［2000］1202号）文件，下发了《关于实施〈关于调整汽车报废标准若干规定的通知〉有关问题的通知》（公交管［2001］2号），就达到汽车报废年限的车辆继续使用进行定期安全检查作出了规定。

8日 “中国汽车品牌发展战略与WTO”研讨会首轮会议在北京召开，拉开了为期一年的“中国汽车品牌行动”系列活动的序幕。国内汽车业界的元老、专家学者、业内有关部门的负责人以及企业的代表从各自不同的角度，共同就我国汽车品牌的发展战略问题进行理论上的探讨。

9日 福田公司与摩托罗拉中国电子有限公司签订了合作开发BJ491EQ1多点电喷发动机合同，BJ491EQ1多点电喷发动机开发项目正式启动。

12日 北京吉普汽车有限公司从戴姆勒－克莱斯勒公司引进的两款Jeep系列顶级产品大切诺基同时在北京、成都、广州三地上市。

首批投放中国市场的2001型两款大切诺基，市场售价59万元和70万元，北京吉普汽车有限公司把这两款车瞄准了中国中产阶级，希望该车能成为有车族第二用车的首选，并计划在今年下半年自行生产这一车型。

14日 上海通用、汇众、采埃孚和申雅等四家企业相继通过ISO 14000环境管理体系认证审核并获证书，至此上汽集团已有10家企业通过该项管理认证。

同日 上汽集团和VOLVO公司合资组建的上海申沃客车有限公司研制成功新概念公交客车，上海市市长徐匡迪为其起名为申豪客车。

15日 “九五”时期，我国公路基础设施实现了跨越式发展，建设的规模、速度和质量达到历史最高水平，全国新增公路24万公里，全国公路通车里程已超过140万公里。其中，高速公路新增1.3万公里，通车里程已达1.6万公里。

同日 京沪高速公路首班对开豪华长途客运汽车开通。17:30北京赵公口客运站发出“沃尔沃”

豪华大巴开往上海。1月16日由上海发出“桂宇”豪华大巴开往北京。

京沪高速公路全长1262公里，全线4车道，部分路段6车道，全封闭、全立交，途经京、津、鲁、冀、苏、沪6省市。

15－16日 由《中国汽车报》与中国汽车流通协会、中国汽车工业经济技术信息研究所共同举办的“中国汽车市场新世纪论坛”在北京召开。与会的政府、企业界人士及专家学者就新世纪我国汽车工业发展的许多问题从不同角度进行了研讨并引起了业内人士的广泛关注。

15日－20日 朝鲜劳动党总书记、国防委员会委员长金正日对中国进行非正式访问，期间在中共中央政治局常委、国务院总理朱镕基陪同下参观上海通用汽车有限公司。

18日 中国重型汽车集团有限公司成立，标志汽车工业在组织结构调整中又掀开了新的一页。

中国重型汽车集团有限公司是根据国务院关于重汽集团下放重组的决定，经山东省人民政府批准，按照建立现代企业制度的要求，由下放后的中国重型汽车集团公司改制成立的国有独资公司。

19日 福田公司与沈阳航天三菱汽车发动机制造有限公司正式签署了合作开发BJ6486豪华型客车用4G64发动机技术协议，并与意大利上海马瑞利公司签订了BJ4Y1电喷发动机匹配BJ1032及BJ1039G/GZ轻卡合作开发协议。

21日 上汽集团重奖上海易初通用机器有限公司总经理赵凤高一辆上海帕萨特轿车，赵凤高在易初通用提出并探索实施“人人成为经营者”管理模式，该模式在全国机械行业及上海市工业企业普遍推广。

2月

8日 国务院批准了国家环保总局制定的《地方机动车大气污染物排放标准审批办法》。《办法》对地方制定严于国家排放标准的地方标准的权限和程序作出了严格规定。2000年9月1日前省级政府制定的排放标准须补报审批手续，非省级政府制定的地方标准一律废止。2000年9月1日后未经国务院批准的地方排放标准一律废止。

9日 国家出入境检验检疫总局发布紧急公告：由于日本三菱汽车公司生产的帕杰罗（PAJERO）V_{31}、V_{33}越野车存在严重安全质量隐患，决定自即日起，吊销其进口商品安全质量许可证，并禁止其进口。“帕杰罗事件”成为首例被我国政府勒令禁止进口的汽车事件。

17日 北京亚飞汽车连锁总店与中联汽车交易市场、北京市商业银行联袂推出二手车贷款业务，并举行了首笔二手车贷款业务活动，同期数百款二手车在中联汽车市场闪亮登场。二手车消费贷款的引入将有利于满足不同层次消费需求，刺激汽车消费。

26日 四川丰田汽车有限公司正式公布了首批23家销售国产斯柯达的集销售、服务、零部件供应三位一体的销售店，这些销售店分布在华北、华南、西北、西南地区的省会城市、直辖市。斯柯达车原则上是只通过各认定店向客户销售。

3月

5日 由中国对外经济贸易咨询公司等13家单位共同举办的北京首届经济型家用轿车展示会在北京农展馆举行。此次展会上既有10万元以下的英格尔、优利卡、奇瑞、长安铃木、悦达起亚、夏利、松花江中意，也有10万元以上的夏利2000、海南马自达及进口的雷诺风景等。

9日 中国东风汽车工业进出口有限公司总部转移上海庆典仪式在上海市浦东新区紫金山大酒店举行。上海市对外经济贸易委员会副主任汤庆福、东风汽车公司总经理苗圩、常务副总经理顾林生等有关人士和嘉宾100余人出席了庆典仪式。

13日 国家经贸委、国家计委、公安部、国家环保总局联合发出《关于印发“农用运输车报废标准”的通知》。《标准》对农用运输车的报废标准作出了新规定。

14日 中美合资北京佩特来电器有限公司成立。这是全国惟一经国家特批成立的生产车用重型电器的外商投资企业。中美合资北京佩特来电器有限公司是由北京金虎汽车电器有限公司和美国佩特来电器公司合资组成。美国佩特来电器公司是世界上生产车用重型发电机、起动马达的三大著名企业之一。

23日 机动车新产品过渡性管理办法出台，国家经贸委以发布《车辆生产企业及其产品公告》的方式对车辆产品进行管理。与此同时，国家经贸委办公厅还向各省市经贸委发出《关于做好汽车、摩托车和农用运输车新产品申报工作有关事项的通知》，介绍了原《目录》内车辆生产企业新产品的检测、申报、核准和公布的有关事项。

同日 配装BJ491EQ单点电喷发动机的BJ1032五星小卡、BJ1039G五星轻卡在长春国家汽车质量检测中心进行了工况排放测试，测试结果表明这两种车型均已达到欧Ⅱ排放法规要求。

24日 米其林集团与上海轮胎橡胶（集团）股份有限公司在上海举行新闻发布会，正式宣布双方签署长期合资合作协议。双方将在轿车子午线轮胎、载重子午线轮胎和钢丝帘线等领域进行长期战略合作。

协议的第一步，双方组建上海米其林回力轮胎股份有限公司，生产和销售轿车子午线轮胎、钢丝及混合胶料。

28日 首批两辆广州五十铃GALA客车广州试产成功，顺利下线。中日合资广州五十铃客车有限公司开发生产的广州五十铃GALA客车项目是广州市重点扶持发展项目。

4月

6日 东风汽车有限公司宣告成立。这一新公司由东风汽车公司与华融公司、信达公司、东方公司、长城公司4家资产管理公司及国家开发银行共同出资组建。

在同日召开的东风汽车有限公司第一次股东大会暨第一届董事会上，东风汽车公司总经理苗圩被选为东风汽车有限公司董事长兼总经理。

10日 广州雅阁3.0V6轿车下线仪式在总装车间隆重举行，国家有关部委代表、广州市副市长张广宁、本田技研工业株式会社吉野浩行社长出席了下线仪式。

16日 国家环保总局和国家质量监督检验检疫总局联合发布了新的国家机动车排放标准，要求自2001年9月1日起，所有新生产装用压燃式发动机的大于3.5吨的重型车辆及车用发动机，包括柴油车和柴油与天然气混烧的客车及货车都必须满足GB17691—2001《车用压燃式发动机排气污染物排放限值及测量方法》的要求。

同日 中共中央政治局常委、国务院总理朱镕基视察上海大众汽车有限公司，中共中央政治局委员、中共上海市市委书记黄菊、市长徐匡迪陪同视察。

同日 第三届国际电动汽车、清洁燃料汽车展在北京农展馆开幕。展出面积7000多平方米，近200家厂商参展。

此次展会展出最多的展品是压缩天然气汽车，参展最多的企业是压缩天然气企业。

19日 中国汽车维修行业协会在京正式成立。该协会是由中国轻型汽车修理行业协会与中国道路运输协会汽车维修专业委员会重组而成。其任务是发挥政府和协会会员之间的桥梁和纽带作用，沟通和协调行业内多方面关系，维护行业整体利益，提高行业整体素质。

22日 中国汽车报、北京青年报、中央电视台经济半小时、中国汽车工业经济技术信息研究所、新浪网、汽车星空网联合举办2001年中国汽车高峰对话。汽车业的领军人物就“中国加入WTO在即，中国汽车业何去何从”进行了高层探讨。

出席峰会的有一汽－大众副总周勇江、风神公司董事长周文杰、上汽集团总裁沈建华、北汽集团董事长安庆衡、上海通用副总陈虹、神龙党委书记康理、华晨集团总裁苏强、柳州五菱总经理沈阳、北京吉普公司副总童志远、长安集团总裁尹家绪、吉利集团董事长李书福、广州本田副总曾庆洪、风神公司总经理任勇、哈飞集团副总卢功伟、长丰集团总经理潘惠强、南亚公司总经理茅晓鸣、四川丰田公司副总刘正、上汽奇瑞公司副总陆建辉。

25日 长安福特汽车有限公司在重庆宣告成立，从而掀开福特在华生产轿车的历史。

长安福特汽车有限公司位于重庆江北科技开发园内，厂区占地面积36万多平方米，首期年生产能力为5万辆；项目初期总投资8.13亿元，中美双方各占50%股份。

25－26日 中国机械工业联合会在北京召开成立大会暨第一届会员大会。中国机械工业联合会为经贸委直管协会，受政府委托代管机械工业49个全国性协会、学会和20多个原局属事业单位，成为此次委管国家局改革后最大的综合性行业协会。

机械工业联合会常设机构为秘书处，秘书处下设办公室、国际合作部、组织联络部、规划与发展部、人事部、资产财务部、统计与信息部、标准工作部、科技工作部、质量工作部、企业管理部和进出口办公室等12个职能机构。

26日 国内首家制造家用轿车的民营企业吉利集团，将下属的豪情、美日两家汽车制造公司进行重组，联合成立了浙江吉利汽车工业股份有限公司。重组后，公司下设两个分厂——豪情汽车厂和宁波美日汽车厂，仍各自承担以往生产任务，但两个分厂的外协、销售与售后服务、新产品开发由股份公司统一管理，以利于资源共享和市场开拓。

27日 福田公司总经理王金玉与日本MIM设计株式会社、台湾汉源技研股份有限公司就福田公司在海外联合开发中心的设立和产品合作开发等事宜正式签订了协议书。

28日-5月1日 广州本田等四家公司联合捐资的绿化植树活动在北京、河北两地举行，广州本田作为一个关爱自然，对社会负责任的企业，积极捐款参与绿化植树活动旨在支持北京及其周边地区防沙治沙，改善北京周边地区的生态环境。广州本田等四家公司这次捐款总额为300万元人民币，分3年投入，用于河北丰宁小坝子乡喇嘛山口的防沙治沙工程。

5月

1日 福建边防总队海警二支队在泉州围头海域，查获一起特大涉嫌走私轿车及零部件案件，查扣500吨级钢质货轮一艘，涉嫌走私轿车及零部件18个集装箱，涉嫌人员8人，走私涉嫌金额400余万元。

5日 首批10辆EQ1021H东风皮卡，在湖北襄樊东风汽车股份公司汽车分公司总装作业部试生产获得成功。这是该公司跨入新世纪后不同于以往平台的全新品种，它标志着该公司向产品拓宽迈了坚实的一步。

8日 美国时间5月7日，上汽集团首次在国外组织公开出口工作会议暨汽车零部件展览会在世界最大的汽车城美国底特律市举行，上汽集团15家汽车零部件企业参加并展示了一大批已出口或具备出口潜力的零部件产品。

12日 由风神汽车公司生产的风神7200-Ⅱ轿车在襄樊基地下线。风神汽车公司是由东风汽车公司、台湾裕隆汽车股份公司、广州京安云豹汽车公司共同组建，由东风汽车公司控股。

风神7200-Ⅱ轿车以日产蓝鸟’99款为原型，装备了车载电话、智能情报后视镜配合倒车雷达、HUD抬头显示器等，上市价24~25万元/辆。

14日 为贯彻落实全国整顿和规范市场经济秩序工作会议精神，严厉打击非法出售报废整车、“五大总成”和拼装车辆的违法行为，加强对报废汽车回收拆解管理，国家经贸委下发《关于加强报废汽车回收拆解管理工作的通知》。

同日 浙江中义汽车有限公司特种车辆经营公司正式成立。这是浙江省第一家专业从事特种车辆经营和服务的大型公司。

由于目前专用车市场特点是小批量、多品种、大投资，由于销售渠道不畅，许多用户不能很方便地买到适用的车辆。浙江中义汽车有限公司特种车辆经营公司的成立，并已与全国100多家专用车厂家建立了合作关系，为浙江省专用车用户以及周边各省的用户，带来极大的便利。

同日 联合国有关机构的采购负责人借北京“国际周”举办之机，带着采购单来“国际周”会场，与我国专用车生产企业及其他供应商洽谈采购项目。据悉，联合国所属各机构每年的采购金额达30亿美元以上。采购范围包括信息技术、机电、轻工、农产品、生活用品、医药及医疗设备等。主要是用于对发展中国家的援助。此次来华采购的专用车主要是救护车、运钞车、囚车、工程车以及经改装的小型客车等。

同日 上海同济同捷科技股份有限公司成立。这是我国首家在产品设计上走市场化道路，立足于全国市场，不依附于某个汽车企业的汽车设计公司。

该公司以同济大学为依托，以汽车、机械及电子产品设计开发为基础，以CAX/PDM/KBE/CPC等高新技术为主体，开发具有自主知识产权的软件及产品。

15—19日 哈尔滨国际汽车工业博览会在黑龙江省冰上基地隆重举办。博览会由哈尔滨长城国际展览有限公司和哈尔滨日报报业集团《新晚报》社联合主办。以“汽车走进家庭”为主题，吸引中外厂商200余家、140余台整车参展。

18日 哈尔滨旧机动车交易中心迁新址开业。该中心始建于1984年5月，隶属哈尔滨市物资局，新址占地3万平方米，每周二、五、六、日为交易日，年客流量达60万人次，年交易量达12万辆。

21日 国家计委自即日起决定放开国产轿车价格，由生产经营企业根据市场供求情况自主确定价格，以促进国产轿车市场竞争和国产轿车消费。过去，由于垄断生产及集团消费等原因，国产轿车与价格一直实行政府定价或政府指导价。

22日 国家经贸委发布第一批《车辆生产企业及产品公告》，从2001年1月1日开始，原国家机械工业局以发布《全国汽车、民用改装车和摩托车生产企业及产品目录》和《农用运输车生产企业及产品目录》的方式对车辆产品实施管理，改为由国家经贸委发布公告的方式对企业新产品实施管理。

31日 中共中央总书记、国家主席江泽民在中组部部长曾庆红、中央办公厅主任王刚、国家计委主任曾培炎、中国人民银行行长戴相龙、江西省省委书记孟建柱、江西省省长黄智权等陪同下视察了昌河集团公司。

同日 为进一步加强机动车管理，规范机动车登记行为，公安部印发根据《中华人民共和国机动车登记办法》制定的《机动车登记工作规范》。文件就办理注册登记、过户登记、转出登记和转入登记、变更登记、抵押登记等做了详细的规定。

同日 委内瑞拉代表团对福田农业装备分公司进行了商务访问。委内瑞拉安东尼奥会长一行首先听取了关于分公司的基本状况及主导产品的介绍，并参观了CAD设计室、拖拉机总装车间、模具车间、收割机总装车间和涂装车间。农业经济专家、富都农业发展有限公司总裁乌拜勒道饶有兴致地驾驶FT600拖拉机进行犁耕试验，对福田拖拉机优越的性能、舒适的操作、优美的外观给予了高度的评价。

6月

2日 中共中央政治局常委、国务院副总理李岚清在天津市委书记张立昌、市长李盛霖和教育部长陈至立等的陪同下，视察了天津摩托车技术中心。

3日 华晨集团发布公告：公司董事会通过决议，拟变更配股募集资金7.22亿元，以每股2.34元的价格，分别向沈阳市汽车工业资产经营有限公司和沈阳汽车工业股权投资有限公司受让其所持有的沈阳金杯汽车股份有限公司（600609）17%和11.2%的法人股股权。此次股权转让完成后，华晨集团持有金杯汽车股份占总股本的28.2%，将成为该公司新的第一大股东。

7日 由常州长江客车集团有限公司与意大利依维柯公司共同投资、合作生产的城市客车项目——常州依维柯客车有限公司，历经长达4年的努力正式挂牌开业。该项目总投资9982万美元，是意大利依维柯公司在我国投资建成的第二家客车制造企业，也是目前国内中外合资生产大客车项目中总投资额最大的项目。

8日 国际著名汽车零配件生产集团——玛涅堤蒂玛瑞利公司独资建立的马瑞利动力系统（上海）有限公司开业。该公司的投产将为我国轿车电喷技术的发展提供有力的支持。

玛涅堤蒂玛瑞利公司是一家国际性的汽车零配件生产集团，总部设在意大利。公司主要为汽车提供发动机控制、悬挂、汽车内设、电子系统等组件。

12日 北京市公安部门破获了一起北京市有史以来最大的盗车案。犯罪嫌疑人柴启龙等7人均系河南省固始县来京打工农民，自2000年以来他们共盗窃车辆143辆（经核实的），涉及金额高达1549．18万元，赃车销往河北、山东、内蒙古等地。

13日 河北中兴汽车制造有限公司全面升级换代的新型皮卡“中兴旗舰”下线。

16日 国务院令第307号颁布《报废汽车回收管理办法》。文件规定对报废汽车回收行业实行特种行业管理，同时对其企业实行资格认定制度。

18日 第九届上海国际汽车工业展览会开幕。

本届车展在上海国际展览中心、上海世贸商城和上海光大会展中心同时举行，展期一周，展出面积50000平方米，有21个国家和地区的700多家厂商参展，家用车和经济型车是本届车展的亮点。通用、福特、大众、丰田等跨国“大腕”以及国内一汽－大众、神龙等汽车公司没有参展。

同日 总投资1.5亿元的长城491QE智能化多点电喷发动机生产基地建成投产仪式在河北定兴隆重举行。

长城491QE多点发动机采用了当今世界上最先进的数控点火与燃油喷射系统相结合的智能化管理系统，采用了无分电器、双点火线圈直接点火闭环自适应、多点顺序燃油喷射系统，大大提高了燃油经济性，动力更强劲、性能更可靠，而且尾气排放达到欧Ⅱ标准，是各种轻型车、旅行车、越野车的理想动力。

19日 上海大众第6万辆帕萨特轿车下线。

22日 中国对日本的汽车、手机和车载无线电话、空调机在现行关税的基础上加征100%的特别关税，以应对日本自4月23日起对中国3种农产品实施的不公正的紧急限制进口。

同日 国家计委副主任汪洋在黑龙江省副省长王先民等陪同下视察了哈尔滨汽车销售公司，并对黑龙江汽车市场价格情况，汽车销售、落籍、使用等环节上的费用支付情况作了调研。

26—27日 摩托车发展战略国际研讨会在北京召开，政府有关部门和80多家摩托车企业负责人到会。

28日 中国物资再生协会在河北承德召开了部分城市报废汽车回收拆解企业发展问题研讨会，会议就《报废汽车回收管理办法》实施后，对报废汽车回收（拆解）企业的发展与展望以及新税收政策落实后遇到的问题进行了分析、研究和探讨。

同日 位于北京望京新城的五十铃卡车专卖店开业。这意味着中国大陆有了第一家卡车品牌专营店。该专卖店由北京北汽众运汽车贸易有限公司——日本五十铃汽车在中国东北、华北和西北地区总经销商建立，以展示、销售日本五十铃和庆铃五十铃多功能车和商用车为主业。

同日 公安部召开“深入开展集中治理严重超载违章行动”电视电话会议。会议就前一段全国集中治理严重超载违章运输情况作了总结，对下一步的治理工作做了详细的部署。

同日 “福田丰铃发动机技术发展与推广研讨会”在北京泰山饭店召开，出席会议的有国家经贸委、国家环保局、中国机械工业联合会、中国汽车工业协会、中国汽车技术中心等国家部委、行业主管部门以及18家国内知名的汽车生产企业、发动机配套厂家等30余家单位近50名代表。会议期间，福田公司向来宾介绍了发动机厂的基本情况以及发动机产品的技术状况和发展规划。

29日 举世瞩目的青藏铁路举行了隆重的开工仪式，各重型车生产厂家拿出了最好车型汇聚格尔木，争相参与青藏铁路建设。由中国铁路建设总公司第12工程局采购的第一批10台北方奔驰2631K重型自卸汽车，先期到达格尔木，参加青藏铁路建设。

30日 由节油环保奖励基金会和北京电视台《汽车俱乐部》主办的“兆牌”杯首届北京——北戴河节油大赛，在北戴河举行。大赛共两天。

7月

2日 由一汽专用车厂开发研制的14吨载货车及底盘、25吨半挂牵引车及底盘以及14吨自卸车及底盘等8种新型专用车，研制成功并推向市场。这8种新型专用车产品，是一汽专用车厂根据市场运行状况，为满足用户需求而研制开发的。

4日 从即日起，国内成品油市场再次调价，汽油、柴油的批发和零售价格同时降低。这是今年成品油市场的第七次调价，也是汽油调价幅度最大的一次。

同日 北京福田环保动力股份有限公司举行的北京丰铃发动机技术展与推广研讨会向全社会宣布：福田10万台环保发动机全线投产，并且面向国内外广大用户批量上市。

4—5日 汽车工业“十五”规划宣贯会议在天津召开。会议期间有关权威人士就“十五”期间汽车行业发展的一些热点问题进行了解释和讨论。

6日 昌河汽车股份有限公司在上海证券交易所举行上市交易仪式，昌河股份正式挂牌上市。它标志着昌河汽车股份公司正步入资本市场，进入产品经营和资本经营相结合的新格局。

9日 国家邮政局2001年第一批集中采购的邮政车签字仪式在京举行。签约采购的车辆包括2000年更新车265辆和2001年开通快速邮路新增车228辆，总计493辆，合同总金额10481.2万元。签约仪式表明，全国邮政一级干线邮路生产用车采购任务已经基本完成。

同日 座落在上海最大的物流仓储区，占地

12000平方米的上海“瑞宝重车”服务有限公司新基地正式开业。

同日 我国第一辆装有远程医疗会诊系统和GPS全球卫星定位系统的重症监护急救车，在西安研制成功。

10日 国家经贸委向全国各地下发了《2001年汽车更新实施方案》。本年度汽车更新的额度为50万辆，超过了今年汽车产量的20%，并透露“十五”期间全国汽车报废更新的总量将达到300万辆以上。这是国家经贸委首次发布汽车更新实施方案。

13日 吉利集团在北京建立的第一家“四位一体”专卖店，在亚运村汽车交易市场正式开业。这家由吉利轿车北京经销商投资建设的专卖店，占地1200平方米，经营吉利豪情、吉利美日两个品牌轿车。标志着吉利开始了品牌营销。

14日 由中国北方车辆公司投资兴建的京城首家奇瑞轿车“四位一体”专卖店，在北方车辆大世界开张。

17日 在经过德国申克公司整车测试设备严格“考核”后，第20万辆金杯海狮车款款驶下沈阳金杯客车制造有限公司的总装生产线。

同日 中国物流与采购联合会在长春主办“城市货运出租汽车与物流配送研讨会”。会议就封闭式厢式货车是城市之间货物运输和城市内物流配送的主要运输工具，高速公路及高等级公路的快速增长，公路运输方式和运输法规与国际接轨，物流配送如何进行标准化、规范化、现代化等问题进行了探讨。

19日 上汽集团与柳州五菱汽车合作协议签字仪式在广西南宁举行，通过国有资产划转方式，上汽受让柳州五菱汽车股份有限公司75.9%的股权，组建上汽集团五菱汽车股份有限公司。

20日 东风集团风神公司生产的第10000辆风神蓝鸟轿车售出。标志着风神公司成立一年多又创造新的纪录。

同日 中国物流与采购联合会在长春市召开了全国二手车流通行业联系会议。会议主要内容：(1) 交流各地二手车的经验；(2) 听取原全国旧机动车流通行业联席会议组长单位就联席会议工作所做的总结；(3) 布置二手车信息统计工作；(4) 研究讨论当前二手车存在的问题。

21日 东风汽车公司车箱厂改制更名为东风汽车专用汽车有限公司。

同日 长安汽车集团在重庆长安本部隆重举行了第100万辆长安汽车投放市场庆典仪式。长安第100万辆汽车投放市场，标志着长安已经成为中国微车行业累计产量率先突破100万辆的企业。

25日 丰田汽车公司为了对丰田车在中国国内的市场营销开展支援活动，在天津成立了丰田汽车（中国）投资有限公司（简称TMCI）。

26日 北京市环保局发出通知，自8月1日起，北京市机动车将实行环保标志管理，全市机动车（农用车和摩托车除外），没有绿标和黄标的不得上路行驶。

27—28日 吉利集团在北京亚运村汽车交易市场举办吉利新车展示系列活动。吉利集团最新开发的几款车，包括号称中国人自己设计的第一辆跑车、具有现代感的吉利美日2000、美观大方的吉利美日三厢车等几款车型都参加了展示。

28日 东风集团在沪上市公司——东风电子科技有限公司的全资子公司上海东仪汽车贸易有限公司，正式收购上海风神汽车销售有限公司。

31日 国内首座汽车博览馆——上海汽车工业展示馆正式开馆。上海汽车工业始于上个世纪20年代初的汽车零部件修理、制造业，50年代实现从零部件生产到整车制造的突破。

8月

2日 韩国现代汽车专卖店在郑州开张，这标志着韩国现代汽车正式进军我国中原市场。

6日 韩国现代汽车公司和德国戴姆勒—克莱斯勒公司在韩国正式宣布成立“戴姆勒—现代载重汽车股份公司”。这家公司由双方各投资3800万美元，法人代表由现代汽车公司总经理金东晋担任。

7日 日本日产柴油汽车工业株式会社与中国东风朝阳柴油机公司QD32柴油机技术转让合同签字仪式在北京举行。中国东风朝阳柴油机公司总经理范仲、日本日产柴油汽车工业株式会社社长仲泽洋文分别代表中日各方在合同书上签字。这次转让合同的签署，标志着QD32柴油机在双方共同努力下落户朝柴，朝柴产品从此又增添了新的一族。

8—12日 首届上海国际摩托车展览会在上海国际展览中心举行。本届展览会有70多家企业参展，展出面积7000多平方米，参展企业大多以绿色环保为主题，突出企业新产品、新技术，宣传展示全新的企业形象。

10—12日 由中国城市公共交通协会、建设部科技委城市车辆委员会主办，常州长江客车集团等单位协办的“新世纪中国城市公共交通现代化论坛”暨中国城市公共交通协会科技委员会成立大会在北京举行。

来自全国数十家公交公司的代表与生产企业进行了交流，初步勾勒出今后10年内国内公交客车发展的框架。会议提出未来10年加快城市公交发展的“五个推进工程”（智能化交通系统、企业信息化、城市客车环保化、城市客车和公交设备、城市公交行业标准化）。

15日 即日起广州市停发微型汽车牌照，并将对已领取牌照的微型车在某些路段实行禁行。

20日 申豪城市公交客车下线仪式在上海申沃公司举行。首批40辆车已正式交付用户，并很快行驶在上海主要公交路线上。

23日 500辆上海桑塔纳LPG出租车进入长春市出租汽车市场。这是长春市政府停止地方保护后首批异地国产轿车大批量进入长春市场。

同日 中国嘉陵投资人民币150万元参股天津摩托车综合试验场股份有限公司。该公司注册资本为5000万元，中国嘉陵此次出资占3%。

同日 由一汽－大众公司生产的“宝来”轿车下线。厂家称之为“驾驶者之车”。汽车产品针对特定消费者，这在中国是第一次。

24日 中国汽车与社会发展论坛第一次年会——“中国汽车与城市发展市长论坛”在吉林省长春市举行。会上对城市汽车管理政策进行了深入探讨，几个大中城市负责城管的副市长与会并发表了有卓越见解的演讲。

27日 日本日野汽车公司代表铃木先生来福田公司技术研究院参观访问，双方就业务发展进行了交流。

28日 2001年全国汽车拉力锦标赛在长春拉开战幕。此次赛事是国际汽联亚洲区赛事第四分站暨2001年全国赛事第三分站，由中国汽车运动协会和长春市人民政府联合主办，长春市体委承办，佳通轮胎中国总部冠名，一汽－大众公司提供赞助。

29日 香港首届国际汽车零件、配件、维修及检测设备展览会在香港会议展览中心开幕。展会将于9月1日闭幕。

9月

1日 国家质量监督检验检疫总局中国名牌战略推进委员会在北京人民大会堂开会，授予全国45家摩托车企业生产的57种产品“中国名牌产品”荣誉称号。这些产品是由中国名牌战略推进委员会在首批推荐的10类产品中评选出的。

6日 由天汽集团、今晚报社和天津有线电视台共同组织的由4辆最新夏利轿车组成的“夏利家族西藏行”车队顺利回到天津。该车队8月11日从天津出发，经过黄土高原、柴达木盆地，翻越昆仑山，穿越海拔5231米的唐古拉山口到拉萨，再由拉萨返程经青海、甘肃、宁夏进入内蒙古高原转河北、北京回到天津。全程1万多公里，历时25天。实践证明，夏利轿车经得住各种复杂环境和路面的严峻考验。

13—15日 21世纪燃料电池技术国际研讨会在上海举行。这是中国科技部高技术研究发展中心与上海市科委等联合举办的。100多个科研、企事业单位及大专院校的200名中外燃料电池界专家学者参加研讨。

14—18日 2001北京国际汽车、零部件及相关产品展览会（AMS’2001）在北京国际展览中心举行。该展会自1997年开始由原国家机械局、中国汽车工业总公司、中国国际贸易促进委员会、中国汽车工业协会联合举办，中汽对外经济技术合作公司、中国国际贸易促进会汽车行业分会、中国汽车工程学会、中国国际展览公司联合承办。展览会每两年举办一次。

AMS’2001展会内容丰富，有国内轿车新品牌、大中型客车及载重车、专用车，各种汽车总成及零部件，各种汽车生产、检测、试验仪器设备，计算机开发设计系统及应用技术，汽车生产新工艺、新材料、新能源技术及产品，汽车环保技术与产品，汽车维修保养设备以及汽车养护用品、添加剂、装饰件等10大类展品。

18日 东风汽车在十堰生产基地举行了商用车新品展示暨下线仪式。“贯彻法规、满足环保、提高动力、节能高效”是东风商用车新品所具有的共同品质，完全符合国家规定的43项法规要求。在新车型中，“东风天龙”重型平头牵引车造型新颖，驾驶室采用日产柴技术，底盘经过优化配置，性能优越，动力强劲，达到239/千瓦，最高时速90公里。具有“重型化、专用化、科技化、精品化”，油耗低等特点。

同日 北京吉普车有限公司宣布，开始在京生产Jeep品牌的顶级产品——大切诺基，第四季度投放市场。

北京吉普的中外合作双方已同意继续合作30年，增加投资，引进先进技术，并实施一年一个新产品的发展战略。

22 日 中国物流与采购联合会在西宁市组织召开“世界新经济与中国物流企业专家报告会”。会议邀请国务院研究室、国务院西部开发办公室、国务院发展研究中心社会发展部、外经贸部国际经济研究院等有关部门领导以及对外经贸大学、北京科技大学、中国社会科学院和华联超市股份有限公司的学者专家等就入世后中国市场竞争的变化，国家有关西部开发的政策，新世纪我国经济发展趋势与可持续发展，中国入世后的形势分析与对策，跨国公司的结构调整及对中国的发展战略，新经济模式下的物流企业等问题作专题报告。参加会议的代表共 200 余人。

同日 上海市自即日起，将原规定排量在 1 升（含 1 升）以下的机动车禁止在上午 7 时至 9 时、下午 4 时至 7 时的高峰时间驶入高架，调整为全天禁止排量 1.2 升（含 1.2 升）以下的机动车驶入高架。

24 日 上汽集团向 APEC 会议提供赞助的 348 辆别克会务用车正式交接。APEC 会议将于 10 月在上海举行，这是历届 APEC 会议中规模最大、规格最高、影响最广的一次世纪盛会。

28 日 投资 1.2 亿元的天津汽车城正式开业，已有上汽集团、一汽－大众、天津夏利、神龙富康等 60 余户汽车经销商入驻汽车城。

天津汽车城占地面积 2.6 万平方米，室内汽车卖场面积 1.5 万平方米，主要经营高中档汽车及进口汽车；露天卖场面积 8000 平方米，主要经营中低档汽车、货车和客车；还有配件交易市场面积 5000 多平方米；是目前我国北方最大的汽车城。

同日 中国质量管理协会在北京颁发 2001 年全国质量管理奖。上海大众汽车有限公司作为汽车行业惟一一家企业获此殊荣。

29 日 位于上海西部安亭地区的上海国际汽车城全面建设开工仪式由中共中央政治局委员、上海市委书记黄菊按下按钮拉开了工程建设的序幕。

东风汽车公司总经理苗圩、上汽集团公司总经理胡茂元、中国一汽集团总经理竺延风同时出现在开工仪式上，竺延风代表三大集团公司发言，表示全力支持上海国际汽车城的建设。

上海国际汽车城包括核心贸易区、整车制造区、零部件生产区、科教研发基地、特色风貌的安亭新镇、国际赛车场等 6 大功能区，首期基础设施建设投资规模为 100 亿元人民币。

同日 北汽福田车辆股份有限公司荣获 2001 年全国“抓质量，讲信誉”名优企业。

10 月

1 日 中国物流与采购联合会开始在行业推行贯彻 ISO9000 族标准及开展物流企业和生产资料流通企业管理体系的认证，并且成立了北京现代中物联企业管理体系认证中心。该中心主要承担企业管理体系认证业务，负责引导和推行物流行业和生产资料流通行业贯彻 ISO9000 族标准的工作。

同日 即日起，我国正式实施新修订的《中华人民共和国机动车登记办法》。新《办法》从方便车主出发，系统地明确了办理机动车登记的制度，对机动车登记行为进行了全面规范。其中暂住人口可在暂住地购车办理牌证，军人购车可以办理民用号牌，机动车销售企业可代机动车主注册登记等规定，大大方便了汽车消费者。

7—9 日 由中国机械联合会和中国汽车工业协会联合主办、星亚投资公司具体承办的首届国际汽车文化节在长沙举行。

本届汽车文化节主展场设在长沙世界之窗公园内，国内外众多名车展现在世界各具风格的建筑之前，游客在观赏名车的同时，还可享受着阳光下的美景，感受人类科技结晶和大自然景观的和谐氛围。“车、人和自然”的主题在这里得到很好的诠释。汽车文化节期间，组委会还组织了“中国汽车高层论坛”的专题电视节目，湖南省政府还组织了全省各级政府公务车统一采购，长沙市政府特许展场销售摩托车（允许上牌）等。这些都给汽车文化节闪出一道道亮点。

8 日 针对目前新车入户难、手续多等问题，公安部在新闻发布会上宣布首先在北京、天津、上海、重庆、沈阳、长春、南京、杭州、合肥、济南、长沙、西安、成都、宁波、深圳等 15 个城市进行新车入户当日申请当日发牌的试点工作。并将于 2002 年 1 月在全国全面实施。

11 日 福田公司与安徽全柴集团有限公司签订了《股权转让补充协议》，明确了福田公司以现金 6000 万元收购全柴集团所持有的全柴动力 1950 万股国有股的计价方法，为完成信息披露扫除了障碍。

14 日 第 50 届全国汽车配件交易会在天津落下帷幕。本次会议有审批准入制度、高层战略研讨、网上展示交易等新内容和新的活动方式，到会参观人数超过 10 万人。

16 日 中共中央政治局常委、国务院总理朱镕基在中共中央政治局委员、中共中央政治局候补委员、国务委员吴仪、国家体改办主任王岐山、在广东省委、广州市委有关领导陪同下，到广州本田公司视察。朱总理十分关心广州本田的现状和今后的发展，仔细询问了公司生产的产品性能、产品价格、国产化配套情况、经营业绩、下一步的规化和发展方向等问题，陪同的黄华华书记、林树森市长、门胁轰二总经理、曾庆洪执行副总经理详细作了汇报。

19 日 2001 年西湖博览会第二届杭州国际汽车展在杭州汽车城隆重开幕。

拥有 4 万平方米场馆的杭州汽车城里，有来自整车、零部件及相关产品方面的 200 多家中外厂商参展。国际著名的戴姆勒 – 克莱斯勒、宝马、福特、通用、现代、沃尔沃、菲亚特、绅宝、丰田、日产等 12 个品牌车参加展出。国内有上汽集团、上海大众、一汽集团、一汽 – 大众、东风集团、神龙公司、广州本田、天汽集团、南亚集团等 15 家汽车企业参展。

21 日 上海通用汽车首批 50 辆 GL10 正式出口菲律宾，菲方共订货 5000 辆，分 5 年陆续交货。

同日 中国第一摩托车专用试验场——天津摩托车综合试验场在天津市静海团泊风景区落成并正式投入使用，从此结束了年产量占世界一半的摩托车生产大国，却没有拿得出手的摩托车专用试验场的历史。

26 日 德国宝马公司宣布：宝马公司将与华晨集团合作，在中国生产宝马 3 系、5 系轿车。

29 日 上海大众荣获国内首次颁发的全国质量管理奖。

31 日 在国家经贸委公布的第 6 批《车辆生产企业及产品公告》中，吉利 JL6360 名列其中。虽然这只是以“6”字头的轻客面目出现，但却传出了一个信号：汽车工业开始向民营资本放开了。

11 月

1 日 江淮汽车有限公司引进现代汽车公司技术生产的江淮“瑞风”MPV 多功能车在长春国家汽车检测中心进行实车碰撞试验获得成功。碰撞结果比在韩国的试验数据理想，碰撞假人的受损害的程度比预想的要小。

同日 载货类汽车《目录》即日起作废。届时，《目录》内的载货类汽车产品将按照《公告》的要求申报，经重新审批后，合格的产品进入新的《公告》。载货类汽车在《目录》和《公告》内并存的管理局面将结束。

1—4 日 由中国城市车辆总公司、中国国际展览公司主办，中国旅游车船协会、北京市汽车行业协会协办，建设部科技委城市车辆专家委员会承办的 2001（第三届）北京国际公用车辆设备展览会（第一届北京国际商用汽车展览会）在北京国际展览中心举行。

6 日 第一台东风康明斯 C 系列柴油机下线，东风康明斯发动机有限公司全面建成投产。

6—9 日 中国汽车工程学会在上海成功举办了第 11 届国际太平洋地区汽车工程年会（简称 IPC – 11）。这是 1989、1994 年之后，国际汽车组织在中国举办的一次重大的国际活动，共有来自世界十几个国家的 300 多名汽车界、汽车工程界的代表汇集上海，以“21 世纪的汽车工业”为主题，就“汽车设计与制造”、“未来汽车”、“排放与安全”、“试验与检测技术”等方面进行广泛的讨论和技术交流。

7 日 根据国家经贸委、国家统计局《关于授予有关行业协会统计职能并委托有关工作的通知》和国家统计局《关于对中国物流与采购联合会统计调查项目清理结果审核意见的函》文件精神，将《全国汽车流通信息统计报表制度》正式列入国家报表。

11 日 东风汽车公司、东风汽车股份有限公司与汉普管理咨询（国际）有限公司合资的武汉东浦信息技术有限公司在北京举行成立新闻发布会。该公司主要为东风信息化建设和经营管理提供全方位服务，以信息化带动工业化，将企业信息化推向一个更高的台阶。

同日 中国签订加入世界贸易组织（WTO）议定书，并将于 12 月 11 日成为世界贸易组织的正式成员。从 2002 年 1 月 1 日起，进口汽车关税将逐年减让，到 2006 年 7 月 1 日，进口汽车关税将减到 25%。

12 日 中国汽车工业协会四届三次常务理事会议在广州召开。

李荣融、何光远、陆燕荪、张小虞以及国家计委、广州市领导出席会议并讲话，协会秘书长张书林作工作报告。国家有关部门和来自全国整车、零部件、研究院所以及相关行业 100 多家单位的 200 多名代表参加了会议。

16—20 日 第六届深圳国际汽车、摩托车展览会在深圳中国国际高新技术成果交易中心举行。

该展览会创办于1991年，由中国汽车工业总公司和深圳市人民政府主办，中汽对外经济技术合作公司等单位承办，每逢单数年在深圳举办。

18日 国家环保总局公布由于提前达到欧洲Ⅱ号排放标准，上海通用、上海大众和神龙三家汽车企业生产的有关车型将享受减征30%的消费税的待遇。这是我国首次对企业和产品提前达到下一阶段环保标准实行的财政鼓励政策。

19日 外经贸部公布了《摩托车产品出口招标实施细则》，并成立了全国摩托车产品出口招标委员会。通用摩托车产品出口无偿招标，使混乱的出口秩序得到整顿，抑制了出口价格的大幅度下滑，提高了我国摩托车产品的出口质量和售后服务质量。

27日 东风汽车公司与江苏悦达投资股份有限公司、韩国现代汽车公司、韩国起亚汽车公司，签署了“东风悦达起亚合作协议”，悦达起亚加盟东风汽车公司。

28日 神龙汽车有限公司正式推出售价在10万元以下的富康“新自由人”轿车。“新自由人”的推出率先打破了“老三样”——桑塔纳、捷达、富康10万元的价格底线。

30日 国家工商总局、国家计委发出通知，公布了2001年度轿车生产企业销售网点及50家品牌轿车销售企业。

同日 由中汽对外经济技术合作公司、中国国际贸易促进会汽车行业分会、中国汽车工程学会、中国国际展览公司、中国汽车工业协会等联合举办的2001年北京国际摩托车展览会在北京国际展览中心开幕。会期5天。该展览会逢单数年在北京举办。

12月

3日 国家经贸委下发了《关于申请库存载货类汽车产品的通知》。载货类汽车产品《目录》废止后，对企业已按《目录》生产，而由于市场需求量减少等原因，今后不再生产的库存产品采取限期销售的方式，国家经贸委决定发布《库存车辆产品公告》，作为库存载货类汽车注册的依据。

5日 一汽－大众生产的宝来轿车上市。上市的宝来共有1.8L、1.8T两款发动机，五挡手动和四挡自动变速箱，装备水平分舒适型和豪华型。市场售价在19.33～23.88万元之间。首批宝来在全国精选120家具有现代化标准展厅的经销商进行销售。

7日 根据各地区执行《中华人民共和国机动车登记办法》和《〈机动车登记工作规范〉的通知》遇到的问题，公安部交管办出台了《关于对贯彻〈机动车登记办法〉和〈机动车登记工作规范〉工作中若干操作问题的意见》。

10—16日 2001年中国上海国际汽车展览会在上海新国际展览中心举行。这是中国入世后的第一个大型国际车展，丰田、大众、奔驰、宝马、雪铁龙、菲亚特等跨国汽车厂商纷纷展出其最新车型。国内各大合资厂商上海大众、一汽－大众、神龙、广本、南亚及长安铃木等也都参展。上海大众还举办了新产品“波罗”的亮相仪式。

11日 中国正式成为世界贸易组织（WTO）的第143个成员方。中国在汽车领域入世的承诺主要有三点：一是到2006年，进口车关税由现在的70%～80%降到25%，零配件关税降至10%。非关税方面，到2005年最终取消进口配额。二是执行市场准入协议，放宽国内汽车投资政策。三是允许外资进入中国的汽车服务贸易领域。

13日 为加强旧车市场管理，规范旧机动车交易行为，保障旧机动车交易双方的合法权益，防止和杜绝拼装车、走私车、盗抢车、报废车进场交易，促进旧机动车市场健康发展，国家经贸委下发了《关于加强旧机动车市场管理工作的通知》。

21日 东风公司在北京中国大饭店举行“风行FUTURER”MPV北京投放仪式，风行MPV是一款面向公、商务的多功能汽车。以三菱最新的SpaceGearL400车型为原型，它集宽敞的室内空间和优良的功能于一身，兼顾了轿车的舒适和操纵稳定性。风行MPV的问世弥补了东风汽车公司的产品空白。

同日 东风汽车公司与台湾裕隆公司在人民大会堂举行合作签字仪式，合资组建东风裕隆汽车销售公司、东风裕隆旧车置换公司、联友科技有限公司，合作经营东风汽车工业财务公司和东裕保险代理公司。这标志着东风公司在引进先进的营销理念和营销模式上又跨出了极重要的一步。

23日 东风汽车股份公司与中国工商银行、建设银行建立资金结算网络协议签字仪式在北京中国大饭店举行。资金结算网络的建立，将促进企业销售资金快捷、安全回笼，节约了企业营销管理成本，并为银行创造中间业务收入，实现银企双赢。对代理商而言，可以因地制宜选择“买断经营”和“监控车”销售的机会，增加经营灵活性，增加营销东风汽车利润空间。

同日 国家经贸委发布第七批车辆生产企业及产品公告，江苏悦达起亚汽车有限公司的悦达牌YQZ7141轿车名列其中，获得国家认可的“准生证”，成为又一个正式轿车生产企业。

第七批公告乘用车企业和产品还有：宁波美日汽车制造有限公司生产的美日牌MR7130轿车、MR6370轻型客车；浙江豪情汽车制造有限公司生产的豪情牌HQ6360轻型客车；东风汽车公司生产的风神牌EQ7200轿车；吉林江北机械厂生产的美鹿牌JJ7130、JJ7131轿车和江苏悦达的YQZ6370轻型客车等。

26日 河北月福汽车装具有限公司在石家庄市时代广场开业。这是由河北汽车集团有限公司和天津月福汽车装具商厦有限公司共同投资兴建，集汽车装具生产、加工、销售及汽车装饰、养护、美容于一体的大型汽车装具超级市场，是天津月福汽车装具公司在石家庄的连锁经销商。

同日 福田工业园奠基仪式在山东省诸城市工业开发区隆重举行，福田公司总经理王金玉、常务副总理张夕勇、潍坊市副书记、副市长张新起，诸城市委书记张江汀及市级领导班子成员出席了奠基仪式。

30日 首辆Polo轿车在上海大众汽车一厂下线。

第三部类：汽车生产

汽车生产

QI CHE SHENG CHAN

中国汽车生产概况

2001年中国汽车工业

【综述】 2001年，国家继续实施积极的财政政策，加强宏观调控，鼓励消费，扩大内需，国民经济持续快速发展。在国家总体经济增长的带动下，汽车生产、销售呈现新气象。

103家《目录》内汽车企业总产量为233.44万辆，同比增长12.81%；总销售量为236.47万辆，同比增长13.29%；产销率为101.25%，与2000年基本持平。分月看，2001年销售高峰期在3月和4月，月销售量达到24万辆的历史最高点；7月受气候炎热等影响，产销有所回落；9月为年内的第二次销售高峰期，10月、11月和12月的产销基本处于正常水平。

全国轿车产量为70.35万辆，销售量为72.15万辆，同比分别增长16.35%、18.25%，分别比2000的增幅提高9.4个百分点和10.83个百分点。

客车产量为82.86万辆，销售量为82.38万辆，同比分别增长18.24%和17.46%，分别比2000年增幅下降19.35个百分点和19.75个百分点。

载货车产量为80.24万辆，销售量为81.84万辆，同比分别增长5.02%和5.62%，分别比2000年增幅提高3.99个百分点和2.39个百分点。

在9类车型中，除轻型车销售量下降7.13%外，其余的销售量均保持了增长。重型载货汽车销售量增长迅猛：2000年增长73.96%，2001年增长77.37%。大中型客车增长35.97%（其中，大型客车增长47.63%）。轻型客车销售量比2000年下降较多。轻型载货车、微型客车的增幅比2000年有较大的回落。

车用发动机低速增长。2001年，全国38家企业共生产汽车用发动机186.74万台/12700万千瓦，同比增长2.86%/11.09%。与2000年增幅比，生产发动机的数量下降8.7个百分点，万千瓦下降1.83个百分点。车用发动机销售（含自配置）185.69万台/12586.6万千瓦，同比增长1.97%/12.13%。与2000年增幅比，发动机销售量下降10个百分点，万千瓦基本持平。

汽油载货车持续下降，柴油汽车比重明显提高。2001年，柴油汽车增长速度高于汽油汽车9个百分点。其中，柴油货车、柴油客车、汽油客车同比分别增长18.39%、23.44%、17.35%，汽油货车同比下降22.20%。

2001年，全国柴油车产量为73.37万辆，销售量为74.17万辆，同比分别增长19.23%、17.69%，产量增幅比2000年提高5.75个百分点，销售量增幅与2000年基本持平。柴油车产销量占汽车总产销量的比例分别为31.43%、31.38%，同比分别提高1.69个百分点和1.2个百分点。其中，柴油载货车产销量同比分别增长18.39%、16.42%，柴油客车产销量同比分别增长23.44%、24.17%。

2001年，一汽、东风、上汽三大集团生产集中度为48.10%，比2000年提高3.35个百分点；三大集团市场占有率为47.46%，比2000年提高2个百分点；前7家企业（上汽、一汽、东风、长安、哈飞、北京公司、昌河）的市场占有率比2000年提高2.66个百分点。

2001年，5万辆以上的企业规模生产集中度明显提高。年产量2万辆以上的企业（集团）有15家，企业规模生产集中度为91.47%，比2000年略有提高；年产量5万辆以上的企业（集团）有12家，集中度为87.36%，比2000年提高3.98个百分点。年产量5万辆以上的企业是：上汽、一汽、东风、长安、哈飞、北京公司、昌河、金杯、天汽、跃进、广汽集团、江淮。

从贡献度角度分析，2001年轿车贡献度最为突出，其产销贡献度分别为37.3%、40.14%；其次是微型客车，其产销贡献度分别为31.45%、28.44%；重型载货车位居第三，其产销贡献度分别为28.35%、23.12%。三者产销贡献度合计为97.10%和91.70%。与2000年贡献度前三位的微型客车、轻型客车、轿车比较，2001年轻型客车让位，轿车上升为第一，重型载货车进入；轻型载货车下降突出。

综合性汽车生产企业

一汽集团公司

【概况】 2001年一汽集团公司生产各类汽车408769辆，比上年同期增长12.2%；销售400369辆，比上年同期增长15.5%。销售收入623亿元，同比增长28.3%；集团公司的利润增长15.2%。其中，重型车销售74864辆，同比增长71.4%；中型车销售87433辆，同比下降了5%；轻型车销售43294辆，同比下降了9%；客车销售50186辆，同比增长43.9%（不含金杯汽车销量）；轿车销售144593辆，同比增长12.6%。

2001年一汽集团依据国家的经济发展形势，顺应市场的峰谷变化，及时地处理了现有产品与市场新法规要求之间的矛盾，始终把握住销售的主动权，集团的经营体系对市场出现的几次大的波动沉着应对；依据市场的变化形势和现有产品竞争力状况，集团公司适时调整了销售目标，决策销售40万辆，抓住了机遇。中重型卡车、微型车在全年销售中表现突出。

在“面向客户的关系营销”理念指导下，营销质量进一步提高，销售管理日趋理性。特别是轿车和中重型卡车的销售，逐步走出了传统的叫卖式推销，走向了以用户为中心的、具有基础管理规范的营销。从粗放式的销售正向细腻化销售转化。如：中重型卡车向优势市场要增量，向均势市场要份额，结果均势市场的8个省份销量增长26.4%，优势市场的7个省份增长17.9%。从孤立的个性化销售转向网络完善的整体销售。销售与服务分离，销售商管理混乱，人情关系化资源配置的现象正逐步得到克服和控制。

结合产业结构、产品特征与市场对比，寻找产品合理的市场定位。中重型卡车，及时大量销售新开发的拉煤王；大量投放的CA1360，对抗性新产品，桨时调整了地域、销售方式与途径，抓住了市场；红旗轿车，在面临困境的情况下，适时推出了红旗18与明仕，使销售出现了可喜的局面；CA6350系列车型在微型车市场上进行了新的定位，从而保持了增量；奥迪车抓住了高档公务车和商业形象用车的市场，使市场占有率及经济效益增长显著。

2001年投放的新产品成功地导入了市场，推动了销售增量。如：为纪念“7·15”300万量解放车下线而投放的01型解放车、一汽－大众BORA车及一汽海南MPV车。

在全年销量突破40万辆的情况下，集团公司的效益也取得了历史性的突破。效益的增长，为集团改善资产结构，创造入世后的资产优势提供了保证。

【改革与管理】 2001年的改革与管理首先解决了旧的管理模式向新的管理模式过渡过程中的混乱问题。其次，通过企业内部的流程再造，进一步提高了体系运行的质量和效率。同时，经过三年的“每月经济分析”，逐步拉动并建立了财务与营销评价体系，使集团的管理工作有了很大的突破。

质量保证体系从观念上、方法上得到改进，试行项目负责制初见成效。首先，为迅速解决市场索赔数额大、用户抱怨等10项质量问题，采用了项目经理负责制，分解成91个具体质量问题，到9月末，完成了74项，完成率在80%以上。其次，建立质量适应性改进的绿色通道，生产部有权利对现有产品进行部分技术改进，缩短改进周期。采购领域重新描述采购主流程，细化分解成9项具体的子流程，不仅保证了集团公司生产需要，而且还降低了储备资金占用，全年降低采购成本7.1亿元。

强化集团的财务管理。首先，严肃债务管理责任制，实行资金管理“五统一”。对原有410个账户进行清理整顿，调回了公司年积累资金24.6亿元，筹资成本比上年同期下降了1.3亿元。其次，加强资金预算执行过程中的监督。从9月份起，各子公司将按照新的规定和要求，编制2002年预算，滚动式预算体系概念开始建立。同时每月对所属单位进行的经营运行分析及绩效评价工作，对提高整体经济效益起到了监控作用。

人事制度改革进一步深化。《岗位合同管理办法》的出台，极大地调动了员工的积极性。

开展全员培训，全年共举办各种类型的培训和专题讲座2831个，培训人员120230人次，培训总学时75084学时。通过培训,员工的观念发生了变化,能力得到了提高。培训体系从过去的形式化、学历化的模式向市场化、实用化、系统化转换。员工主动学习的积极性越来越高,自觉将“学习、创新、抗争、自强”精神转化为具体的实际行动。

(一汽集团公司　吴弋琪)

一汽-大众汽车有限公司

【概况】　一汽-大众汽车有限公司是由中国第一汽车集团公司和德国大众汽车股份公司、德国奥迪汽车股份公司合资经营的大型轿车生产企业。公司于1991年2月6日成立,1996年7月全面建成,1997年8月9日,一汽-大众15万辆轿车项目正式通过国家验收,1998年4月30日通过德国莱茵技术监督顾问有限公司(TUEV公司)和中国汽车产品认证

委员会质量体系认证中心ISO9001质量体系认证。项目总投资111.3亿元人民币,注册资本37.1亿元人民币。其中一汽集团占60%的股份,大众公司占30%的股份,奥迪公司占10%的股份。公司位于长春市西南部,占地面积116万平方米。公司第一期工程的设计能力为年产15万辆捷达及宝来轿车、3万辆奥迪轿车、27万台发动机、18万台传动器。同时,实现部分整车、总成、零部件的出口。公司含2个生产厂、12个部和3个直属科。轿车厂和发动机传动器厂是公司的两大生产厂,前者含冲压、焊装、油漆、总装、维修等5个车间和制造技术科;后者含发动机、传动器、辅助等3个车间。工厂按照高起点、大批量、专业化的要求设计,规划、建设、工艺水平、自动化程度与生产纲领相适应,可满足多品种生产的需要。冲压车间总面积3.6万平方米,由8条压机生产线和3条全自动开卷线组成。主要技术装备的技术水平居世界领先地位,其中有全自动600吨生产线和1000吨自动化生产线,有力地保证了冲压件质量和精度;2台800吨多位工位压机可自动送料、加工、出件;630吨开卷落料线实现了从开卷到清洗、校平、落料至自动堆垛的全过程,整条线全封闭,压机立柱下安装有减震弹簧垫,可以减轻运行时的噪音。该车间主要承担轿车大、中型冲压件的生产,年产能力为15万辆捷达及宝来轿车和3万辆奥迪轿车的冲压件。焊装车间总建筑面积7.4万平方米。其中捷达焊装线由21条生产线组成,年产能力为15万辆,共有焊接设备759台,机器人65台;奥迪焊装线由14条生产线组成,年产能力为3.5万辆,共有焊接设备273台,机器人11台,在顶盖和侧围的焊接中采用了激光焊接技术;宝来焊装线由16条生产线组成,目前具备年产能力7.5万辆,共有焊接设备189台,机器人32台,在后盖总成上采用了激光钎焊。在整个白车身的制造过程中引进了世界先进的制造技术,是国内最新水平的焊装线。油漆车间建筑面积6万多平方米,由9条生产线组成,是按照德国大众公司标准涂装工艺,由中德双方联合规划设计的。该涂装线采用了全浸渍低锌磷化工艺、阴极电泳涂装工艺、自动定量空腔灌蜡工艺。全线设备实现了自动控制、车身自动喷涂、油漆自动换色、设备自动报警、自动消防,可进行奥迪、捷达、宝来轿车混流生产。总装车间是国内最大的汽车生产车间,建筑面积近9万平方米,共有3条整车流水装配线、6条分装流水装配线、2条检测线,车间外部配有国际标准路谱的试用场,日生产580辆轿车。捷达/宝来线153个装配车位,奥迪线70个装配车位,新产品试制线26个装配车位。装配过程中所有的信息利用网络系统(R3)进行控制,关键零部件实行准时化供货,生产中采用了国际上汽车生产厂最先进的模块装配技术,大量采用先进的机器人、机械手、电动扳手进行装配,并利用激光、电子技术使装配质量达到国际先进水平。每辆装配后的整车采用目前国际上最先进的检测设备进行性能、相关参数的检测及调整。发动机车间建筑面积5.8万平方米,生产具有20世纪90年代世界先进水平的EA113五阀系列发动机。车间有精密进口设备129台(套)、自动线25条,国产设备46台(套)、自动线1条。装配线采用计算机控制,可实现多品种混流生产。生产线广泛采用刀具监控系统,各种检测设备对重要参数实行自动测量、自动补偿。承担缸体、缸盖、曲轴、连杆、凸轮轴等零件的加工与总成装配任务。年产能力为27万台短发动机和15万台整机。传动器车间是国内规模最大的传动器生产车间,建筑面积2.8万平方米,厂房为全封闭结构,室内采用人工采光,集中空调。车间共有设备473台(条),生产具有20世纪90年代世界先进水平的02KA五档机械式传动器,其中壳体类加工采用数

控加工单元及聚晶金刚石刀片等先进工艺；同步器类齿座加工采用筒式拉床外花键一次成型工艺，是目前国内独家采用的先进工艺。年产能力为18万台传动器。公司2000年平均员工人数为5322人，2001年平均员工人数为5933人。公司的主导产品是捷达系列轿车、奥迪系列轿车和宝来系列轿车，是我国惟一一家既能生产普通型轿车，又能生产高级轿车的厂家。2000年，公司共生产捷达轿车94147辆、奥迪轿车15859辆，销售捷达轿车95020辆、奥迪轿车16190辆，实现销售收入166.3亿元，上缴各类税金27.8亿元。2001年，公司生产捷达轿车99359辆、奥迪轿车31022辆、宝来轿车3512辆，销售捷达轿车97440辆、奥迪轿车30711辆、宝来轿车2610辆，实现销售收入217.8亿元，上缴各类税金51.9亿元。截至2001年底，一汽－大众公司累计上缴国家各类税金149.3亿元人民币。2000年3月15日至18日，中国汽车产品认证委员会质量体系认证中心和德国TUEV莱茵技术监督顾问有限公司组成的联合审查组对公司2000年度ISO质量体系认证进行了审核，认为公司体系运行正常、保持良好，一致通过公司2000年度质量体系认证监督审核。2001年，一汽－大众汽车有限公司被授予“全国机械行业企业形象十佳”单位之一。2001年，一汽－大众汽车有限公司在《财富》中文版公布的一项名为“中国最受赞赏的中外合资企业”的调查中被评为中国最受赞赏的中外合资企业。这项调查显示，一汽－大众在产品和服务质量、创新管理方式、有效的客户服务、灵活适应中国市场、可靠合作伙伴或供应商、对中国市场的长期承诺、员工满意程度、公司与当地社区的良好关系、技术转让的意愿以及健全的财务状况等诸多方面，都有着较大的优势。

【主导产品及其新技术】 捷达轿车是德国大众集团的主力车型，曾6次在欧洲、14次在德国获得年销量第一的殊荣，总销量超过1700万辆。一汽－大众公司结合我国国情对该车型进行了改进，使之更适合中国的运行环境和使用条件。自1991年投放中国市场以来，其优良的整车动力性、经济性、操作可靠性及安全性得到越来越多用户的认可。从1998年开始，一汽－大众先后向市场推出了国产A级车中率先装有ABS(刹车防抱死制动)系统、自动变速箱和安全气囊等先进装备的捷达轿车，并依靠自己的开发能力对车身作了改型。2000年1月，公司向市场推出了捷达两阀电喷轿车——捷达前卫轿车。这款轿车是在新捷达王轿车基础上全新设计的，采用德国西门子公司最先进的发动机管理系统。两阀电喷发动机采用横置设计，结构紧凑，传动率高，全电脑控制，静态分电，四缸独立点火，冷启动性能好，能在较宽的转速范围内获得135牛·米的较大扭矩，最大功率87马力，实现了小排量、低油耗，大扭矩，90公里/小时等速油耗仅为6.3升，最高时速180公里。在环保方面，加装了德国原装三元催化反应器，尾气排放可满足欧洲Ⅱ号标准，比我国现行尾气排放标准超前4年。2001年4月16～22日，一汽－大众在北京、成都、上海、珠海4城市相继举行了新内饰捷达轿车的投放活动。捷达新内饰轿车将乘坐的舒适性、自然性、实用性，操作的方便性、可视性、安全性巧妙地融为一体。全新仪表板具有赛车的风格。组合式仪表、组合式电动开关、组合式音响集中体现了现代科技的集成概念。司机座椅前后、上下可调，座椅靠背增强了对驾乘人员腰部的支撑，增大了后部人员的膝部空间。全新设计的空调系统，出风口设计更为合理，除霜效果更佳。新的操纵机械由拨杆式改为旋扭式，进一步提高了操纵性能。全新内饰捷达轿车装备了德国大众全新版本的安全气囊、ABS系统、14英寸大刹车盘、宽轮胎等安全设备，形成了捷达轿车有效的安全保障系统，对驾乘人员起到了精心的呵护。全新内饰捷达轿车的上市标志着一汽－大众已成功完成了捷达轿车从外型到内饰的改进，使捷达轿车更具有现代轿车的风范。

奥迪系列轿车是一汽－大众公司的另一主导产品。1996年，奥迪200系列轿车作为合同产品正式纳入一汽－大众公司生产。1998年，公司又在奥迪200轿车基础上开发出奥迪200 1.8T轿车，填补我国轿车发动机涡轮增压技术的空白。1999年9月6日，由一汽－大众公司和奥迪公司联合开发的奥迪A6中国型高级轿车正式在公司总装车间下线。2000年6月，装备1.8升涡轮增压发动机的奥迪A6 1.8T轿车面市。2001年10月24日，一汽－大众公司将奥迪A6“2001技术升级版”全面推向市场。在原来奥迪A6基础上，新增加的驻车加热/通风装置、氙灯、宽胎、舒适性底盘、新款边灯等都与德国技术保持同步，在国际上也只是少数高档豪华车品牌的选装配备。奥迪A6“2001技术升级版”的面市，更稳固了奥迪A6在中国高档豪华轿车市场中的领跑地位，标志着一汽－大众奥迪技术领先，与德国保持同步的技术能力跨上一个崭新的台阶。自1999年9月在一汽－大众下线以来，奥迪A6在中国一直保持着众多技术领先的纪录。它是目前国产车中第一款达到零间隙水平的汽车，是第一部装备智能全自动空调、手动/自动一体式变速箱、五气阀技术发动机、ASR牵引力控制系统、驾驶信息系统、带记忆装置的电动座椅和电动后视镜等当今国际领先技术的豪华轿车。其中，转向助力随速调节装置、带记忆的电动座椅、大灯清洗装置等仍为一汽－大众奥迪的独家技术。为了让消费者有更多个性选择，奥迪 A6“2001 技术升级版”还增加了亮银车身颜色。奥迪 A6 车系中又增加了一款亮丽的颜色。奥迪 A6 轿车有 1.8 升、2.4 升、2.8 升和 1.8T 4 种不同排量的发动机可供选择。

于 2001 年 8 月 23 日正式驶下总装线的宝来轿车根植于德国大众的 A 级车平台，经过中德技术人员的优化改进，该车充分展示了其独到的个性化设计风格，整车动力性、经济性、安全性和舒适性在国内同档车中独领风骚。宝来系列轿车虽属 A 级轿车，却具有高档轿车的风范，秉承了一汽－大众关爱生命、保护环境、促进社会进步的一贯宗旨，其功能设置集现代轿车最先进的技术于一身，从标准配置的双气囊到车辆动态稳定系统，从专用的 CAN 母线数据传输到多电脑网络一体化驾驶控制，高度的整车整体电子化表现了鲜明的时代特征，使人们对轿车使用价值得以全新认识，被誉为国内第一辆驾驶者之车。为了适应中国复杂的路况和多变的气候，一汽－大众公司还特别开发了好路底盘和坏路底盘，加装了发动机防护板等，使宝来轿车在秉承上乘的质量和最新技术的同时，质量性能更加稳定，给现代的都市生活注入了清新的活力与激情。自 2001 年 8 月 23 日宝来下线后，公司在全国各地的特约经销商收到了大量的订单。

【生产与销售】 一汽－大众公司在成立之初就积极开拓市场，在抓基本建设的同时从 CKD 起步，积极组织生产。1991 年 12 月 5 日，公司生产出第一台 CKD 捷达轿车。公司成立后的第一年，即 1991 年，生产捷达轿车 156 辆。1992 年 7 月 1 日，公司 CKD 临时总装线建成投产。1994 年 8 月 1 日，公司总装车间建成投产，开始由临时生产向正规生产过渡，走上“高起点、大规模、专业化”的生产轨道。1995 年冲压车间、焊装车间、油漆车间相继建成投产，1996 年传动器车间和发动机车间也建成投产，至此，15 万辆轿车项目全面建成投产。1997 年 8 月 19 日，一汽－大众 15 万辆轿车项目正式通过国家验收。国务院副总理邹家华来长春参加验收大会并为第 10 万辆捷达轿车下线剪彩。截至 2001 年底，一汽－大众公司累计生产捷达轿车 445625 辆，高尔夫轿车 2137 辆，奥迪轿车 62585 辆，宝来轿车 3512 辆。2000 年，公司向德国大众集团出口 7 万件缸体、3 万件缸盖、5 万件凸轮轴。2001 年，公司向德国大众集团出口 12.6 万件凸轮轴、6.7 万件曲轴、11 万件缸体、3.6 万件缸盖、2.8 万件连杆。连续几年向德国大众出口，使一汽－大众成为我国惟一能向发达国家出口发动机零部件的厂家。一汽－大众生产的发动机、变速箱在德国大众集团 20 多个厂家中排名前五名内，达到国际先进水平。公司 2001 年还为上海大众公司提供 5.8 万件凸轮轴、2.8 万件连杆、3.9 万件缸盖。根据合资合同，公司建设的前 5 年，产品由一汽集团包销，一汽－大众公司组织产品促销、售后服务和备件供应。1997 年 4 月 16 日，由一汽集团和一汽－大众公司合资组建的一汽－大众销售有限公司正式成立，负责捷达轿车的销售，在销售网络、储运等方面进行了大幅度的调整，进一步完善了销售服务体系。一汽－大众公司成立 10 年多来，利用各种方式在全国广泛进行了产品促销活动，同时积极布建售后服务网点。截至 2001 年底，公司共布建奥迪品牌 50 多家三位一体服务站，布建捷达特约服务站 340 多家。在产品投放比较集中的地区，服务半径已达到 50 公里以内。一汽－大众分别于 2000 年和 2001 年夏季在全国范围内开展了“世纪清凉”夏季服务行动，共有 200 多家一汽－大众特约服务站参加了此项活动。在服务行动期间，捷达用户享受到免空调系统检测工时费等优惠服务，对出租车提供 24 小时服务，对大宗用户实行预约服务，对特殊用户实行上门服务，并可根据客户的不同需要提供相应的特别服务。服务站还根据客户的不同需要提供相应的特别服务。自 1996 年以来，公司积极推行捷达轿车销售代理制，在全国各地的特许代理商超过 300 家，积极组织销售捷达轿车。

一汽－大众在满足市场一般需求的同时，全力支持出租、公检法司等行业的特殊需求，赢得更大的市场份额。在开拓出租车市场上，2000 年 5 月，郑州市更新出租车，捷达轿车在招标活动中获得 1260 辆的更新指标，占更新市场份额第一名。2000 年下半年，捷达轿车在南京市出租车更新中销量达 3000 多辆。2000 年 7 月，一汽－大众公司在北京人民大会堂举行 3000 辆捷达投放北京出租车市场的签字仪式。2001 年，广东省惠州市、顺德市，福建省福州市分别更新出租车，全部选用捷达轿车。捷达轿车在广东、北京、东北等区域的出租车市场中占有相当大的份额；深圳、珠海、广州等城市出租用车更新时 90% 以上选用捷达轿车。

在坚持品牌战略中，公司本着公务用车、商务用车、私家车和出租车并重的原则，不断扩大销售区域，提高品牌知名度，在一些城市的公务车选用和出租车更新中捷足先登，出现了无锡市等一些城市的警车等公务用车选用捷达车的普遍现象。在出租车市场，捷达拥有动力强劲、可靠耐用的优势，深受用户欢迎。沈阳、长沙、杭州、乌鲁木齐等一些城市也都先后批量选用捷达作为出租车，使捷达出租车超过千辆的城市达到近 30 个，成为这些城市一道靓丽的风景。捷达车的可靠性、耐用性和经济性越来越受到私人用户的青睐，北京、广东、东北等地区的私人用车多为捷达车。公司的另一品牌奥迪A6高级轿车，于2000年1月1日一投放市场，立即形成了国产高档轿车的销售热点，销售空前火爆，供不应求，订单数量远远高于产量。由于奥迪A6独特的外形和先进的技术，突破了官车的定位，成为私人高档车消费的首选。为满足用户需求，公司在原1.8升、2.4升、和2.8升3个排量的基础上，开发出了1.8T涡轮增压高级轿车，为用户提供了更多的选择机会。2001年公司共销售轿车超过13万多辆，其中捷达轿车97000多辆，奥迪30000多辆，宝来轿车2600多辆，再创公司销售的新记录，市场占有率跃升全国第二位。

一汽-大众公司还利用捷达轿车的优异性能积极参与汽车运动。1997年，刚刚问世的捷达王参加"赊店老酒北京拉力赛"，一举夺得国产车组总冠军；1998年4月、5月，捷达轿车分别荣获全国汽车拉力锦标赛河南站、北京站国产车组总冠军。公司在中国汽车赛场上取得了骄人的战绩，并成功地促进了市场的进一步拓展。经国际汽车运动联合会批准，自1999年3月1日起，捷达轿车正式注册为国际N组比赛用车，成为我国第一个跻身国际标准赛车行列的国产轿车。1999年9月10日，一汽-大众FRD赛车队正式成立，标志着一汽-大众公司参与汽车运动走向专业化道路。在2000年5月和8月举行的2000年全国汽车拉力锦标赛贵州站、福州站的比赛中，驾驶捷达轿车参赛的选手荣获2L杯组冠亚军和N2组冠军。公司获得"厂商杯优胜奖"。

【一汽-大众十年庆典】 2001年8月23日，一汽-大众在轿车厂总装车间隆重举行公司成立10周年庆典活动暨宝来轿车下线仪式，全国政协副主席万国权、国家教育部副部长吕福源、原国家机械工业部部长何光远，德国大众集团总裁皮耶希博士、奥迪公司总裁潘夫根先生等德国大众集团高层领导出席了庆典仪式。庆典仪式由一汽-大众公司总经理陆林奎主持，吉林省省长洪虎、大众集团总裁皮耶希博士、一汽集团公司总经理竺延风分别讲话。全国政协副主席万国权和德国大众集团副总裁韦斯吉勃尔按了启动按钮，一汽-大众的最新产品，我国第一辆驾驶者之王——宝来轿车徐徐驶下装配线。下线仪式后，新华社、人民日报、中央电视台、中央人民广播电台、解放日报、羊城晚报等中央和地方各大媒体的记者及德国媒体的驻华记者近200人参加了一汽-大众10周年庆典暨宝来下线记者招待会。一汽集团公司总经理竺延风、德国大众集团总裁皮耶希博士、奥迪公司总裁潘夫根先生，以及一汽-大众公司的领导就公司的发展及产品情况回答了记者的提问。当天下午，德国大众汽车股份公司、奥迪汽车股份公司为长春市社会福利院捐建医疗诊所奠基仪式在长春市社会福利院举行。德国大众集团董事长夫人皮耶希女士代表这两家公司向长春市社会福利院捐赠了22万马克，用于医疗诊所的建设及医疗卫生设施的采购。皮耶希女士与长春市社会福利院邬绍刚院长共同为医疗诊所奠基纪念牌揭幕。皮耶希夫人在捐赠仪式上致辞，并向福利院的儿童们赠送了礼物。

【内部管理与人员培训】 一汽-大众公司结合公司实际，引进国外先进管理方法，初步形成了精简、高效、具有一汽-大众特色的内部管理体制。在领导体制上实行董事会领导下的经营管理委员会集体负责制。董事会是最高权力机构，由5名正副总经理组成的经营管理委员会是执行机构。董事会委托经营管理委员会管理公司全部业务工作，但保留制定政策、财务全面控制以及对公司总的业务活动进行检查的权力。为便于各项工作的顺利开展，经管会下设有一些专门工作委员会(如产品战略委员会、国产化工作委员会)。这些专门委员会针对某项业务工作开展活动，并对经营管理委员会负责。公司各厂(部)、科(室、车间)实行经理个人负责制。有外方经理的配备一名中方副职，没有外方经理的只设一名中方经理。公司高度重视人员的培训工作，经过10年的摸索，已初步形成以自培为主、外部为辅的人员开发模式，坚持"用户导向、超前服务、立足自身、争取外援、突出重点、全面培养"的原则，实施超前委托培训、岗位技能培训、专业技术培训、管理知识培训、外语(英语、德国)培训、TTA出国培训等等。一汽-大众公司培训中心于1995年正式投入使用，建筑面积3637平方米，其中主楼2875平方米，实习车间801平方米，主要培训设备具有国内先进水平。培训中心可同时接待270名学员，年培训量超过5000人次。培训对象包括操作工人、技术工人、班组长、工段长、现场工程师、管理人员及各级领导人员。公司人员开发科在组织正常培训的同时，还积极配合生产组织培训，在公司内组织了一系列全员培训，实现了全面激励员工、全员关心宝来产品、全面增强质量意识、广泛培养市场竞争观念的目标。培训前编写了培训手册，培训过程中举办了产品知识讲座，并组织了宝来知识大赛和摄影大赛等。2000年9月16~17日，2001年9月8~9日，公司连续2年举办了为期2天的员工家属参观日活动，分别有约1.5万和2万名员工家属来公司参加了参观活动。员工家属与员工一起分享一汽-大众成功的喜悦，让员工家属亲身感受到一汽-大众公司的蓬勃发展，亲眼目睹自己亲人的工作岗位，更加理解和支持员工的工作。2000年公司完成国内培训8541次,TTA培训457人/月。2001年公司完成国内培训18051人次,TTA培训92人/月。截至2001年底,公司已累计组织国内培训58707人次,TTA培训1893人/月。

(一汽-大众汽车有限公司　刘玉涛)

一汽轿车股份有限公司

【基本情况】 截止到2001年末,公司员工总数为7318人(大专以上学历1736人),其中销售人员330人。公司设4个生产厂,8个行政部门,5个党群部门;有1个控股子公司——一汽轿车销售有限公司,3个分公司——北京分公司、特种车分公司、机械加工分公司,参股3家公司——一汽财务有限公司、大众汽车变速器(上海)有限公司、一汽轿车吉林销售服务有限公司。公司占地面积708704平方米,建筑面积269052平方米,共有设备3138台(套);固定资产原值23.6亿元,同比增长14%,净值14.2亿元、同比增长15%。

【生产经营】 2001年,红旗品牌面对多种产品的上下夹击,开始实施以市场为导向的经营决策,实现了由"以产品为中心"向"以用户为中心"的转变,从生产型企业向经营型企业的跨跃。公司紧紧抓住私车市场迅速增长的机遇,及时调整产品定位,采取"避开大道走两厢"的策略,扬长避短,成功推出了"红旗明仕"和"红旗18"两款新车,一举扭转了产销局势。在上半年产销只有6623辆和5754辆的情况下,全年实现轿车生产17106辆,销售17122辆,产销同比增幅均超过25%。又千方百计降低成本稳定了效益,在CA7180系列产品降价达3万元的情况下,全年仍实现销售收入31.6亿元,完成利润总额7783万元。但由于新车降价幅度较大,导致销售收入增幅较小;而公司为了夯实资产,按新会计制度处理不良资产1.27亿元,致使利润下降幅度较大。2001年末公司资产总额为60.9亿元,资产负债率26.1%。公司在生产能力、实物质量和管理水平明显提高的基础上,产品力、营销力均得到了提高,产品和品牌的优势得以彰显和发挥,初步具备了市场竞争能力。"红旗"轿车的品牌价值不断升值,2001年提升到44.06亿元,又一次占据了中国轿车制造业品牌价值第一的位置,在品牌和性能价格比上得到越来越多消费者的认同。

"红旗明仕"和"红旗18"两款新车型的成功投放,说明公司关于"避开大道走两厢"的决策和市场定位是正确的。并因此拉动了公司产销过程各项工作在临近入世的一年更加靠近市场。

【市场营销】 继2000年公司收购了一汽贸易轿车销售有限公司,并更名为一汽轿车销售有限公司后,公司的销售体系逐步完善。公司充分发挥轿车销售公司作为子公司的灵活性,着力进行营销体系的建设,转变营销理念,整合营销网络,及时引入客户关系管理,大力促进销售,使企业的营销力和市场形象都有了质的提高。

2001年的营销集中体现了以市场为导向的理念。面对各大合资品牌的夹击,公司扬长避短、重新调整市场定位,特别是"红旗明仕"和"红旗18"价位的确定、市场投放的策划等,都是以市场为导向进行的,因而也受到了市场的普遍认可。2001年下半年的销量与历年同期相比实现了历史性的突破,在2001年第四季度几大合资品牌都出现销量下滑的时候,红旗月销量仍然稳定在2000辆以上。

一年来,轿车销售公司的营销职能日趋完善,除销售、服务等主要功能外,还引入了客户关系管理,强化了市场信息职能,起到了为用户和企业双重服务的作用。营销职能的完善,加强了企业与用户的联系;及时拿到市场需求第一手信息,使产品改进有了确切的依据,定价有了用户基础,直接促进了产品性价比的提高;整合网络、加大开发重点区域,使销量得到了保证;宣传策划水平的提高,也起到了良好的促销作用,扩大了品牌知名度。

【资本运作】 2001年4月,公司与大众(中国)投资有限公司、上海汽车股份有限公司在上海成立大众汽车变速器(上海)有限公司。这既是投资方式的新尝试,又为公司储备总成技术和产品提供了可能。

2001年6月28日,公司通过关联交易的方式,受让一汽集团财务有限责任公司的股权1405万股,受让后公司持有财务公司股权8005万股,持有其注册资本的比例由原来的17%增加至20.7%。这样可以每年获取稳定的现金分红,既有利于提高公司的经济效益,又为公司利用资本市场实现资本扩张创造了条件。

【产品开发】 2001年,轿车公司一方面积极规划、开发新产品,另一方面充分挖掘原有产品的潜力,使公司的生存和发展有了产品上的依托。

公司突出现有产品的拓宽,及时开发了CA7180系列的"明仕"和"18"两款新车,准确切入近期市场,既保证了市场地位,又为长期的产品规划实现了有效过渡;这两款新车在短时间内完成了车型定义、产品改进、生产准备及投放等各项工作,匹配了性能稳定的4GE发动机,增加了12项配置,对用户非常关心的空调等质量问题进行了重大改进。同时,公司根据市场需求积极规划新产品,引进了同步工程理念和项目负责人制度,对开发流程进行了改造;完成了补充型新产品项目的规划、预可研；还开发了“明仕”加长车等车型，“红旗旗舰”实现了市场销售零的突破，补充了产品型谱和市场区间。

2001年，还会同集团公司完成了444种奥迪进口零部件国产化工作，摆脱了奥迪公司控制。

一年来，公司的变速箱产品继续拓宽品种系列，开发了新产品CATS5－17系列和CAS5－Q7，CATS5－32已进入试制阶段，换代产品加强型CAS5－20、加强型CAS5－25产品系列，在技术、工艺和质量上拉开了与竞争对手的产品档次，进一步增强了产品竞争力。在动力总成方面，相继开发了4G22、4G22E电喷发动机，新2.0升和2.5升多点电喷发动机在匹配、试装等方面有不同程度进展，并在积极进行双燃料动力系统、柴油发动机、QG18发动机的匹配开发。

【质量管理】 为适应入世后的新环境，迎接国际各大汽车品牌的挑战，公司积极吸取国内外先进的质量管理经验，着力建立以完善质量管理体系为中心，以两个端口质量延伸为重点(零件入口质量控制延伸到协作厂家，整车出口质量控制延伸到储运、交付)，以全员参与过程质量控制为基础，以完善质量信息、强化分析、持续改进为依托的规范的、科学的质量管理模式。

2001年公司通过高水平的质量体系年度监督审核，现有83名质量体系审核员，定期组织内审，保证了质量体系的符合性、适宜性和有效性，为生产高质量的红旗系列产品提供了有力的保证。

在实物质量的控制上，不断更新质量管理的观念和做法。突出“用户第一”的理念，集中力量解决用户抱怨和容易引起用户抱怨的问题；运用AUDIT质量评审，挑剔地查找产品的不足；不断强化质量信息管理，发挥信息中心作用等，从而实现质量信息、销售服务信息的联网，使整车质量明显提高，用户满意度和忠诚度也得到提高，红旗明仕、18两款新车推出后，用户反馈问题更是大幅度减少，市场信誉显著提高。

【公司改革】 2001年通过体制改革和机制创新，使员工的观念发生了很大变化，精简机构，提高工作效率，有效地激发了企业活力。

在总结轿车公司管理体制运行经验和充分调研论证的基础上，实施了“两收两放”的体制改革方案。对一轿厂和二轿厂2个整车生产厂上收职能，减少管理层次，实行组织机构设置扁平化；对长齿厂、二发厂2个总成厂充分放权，以提高其应对市场的灵活性和适应性。经过组织机构改革和配套的人事工资改革，公司压缩二级经理级机构33个，精简比例22.8%；压缩管理及技术岗位145个，精简比例11.26%；压缩操作服务类岗位552个，精简比例8.75%。实现减员739人，69人退出二级经理岗位，237人退出一般干部岗位；员工固定工资比例由原来的64%下降到40%。

公司还制定了有利于人才成长、发展和有利于建立内部竞争机构的各方面政策措施。构建核心人才群体，积极从集团、社会乃至全国广泛引进人才；强化员工收入凭贡献的正向激励。联合一汽培训中心、高校、相关公司等，积极开发培训资源，广开培训渠道，运用多种方式开展了大量有针对性的培训。公司人员实现持续负增长，员工工资较上年有了较大幅度的提高。

(一汽轿车股份有限公司)

东风汽车公司

【概况】 东风汽车公司始建于20世纪60年代末，经历30余年的奋斗，相继建成了十堰、襄樊、武汉三大基地，在上海浦东和南方开辟了2个新事业生长点。现拥有全资和控股子企业40家，创立了“东风汽车”和“东风科技”2家上市公司；总资产511亿元；职工12.2万人，专业技术人员占22.1%；年生产能力约53万辆，产品覆盖重、中、轻、轿等宽系列。

2001年，东风汽车公司抓住发展机遇，乘势而上，以做强做大、提升国际竞争力为战略目标，加速战略项目实施，深化机制改革和管理创新，力求经营、改革、发展同步推进。继2000年实现整体扭亏后，主要经营指标大幅攀升，创公司建设30多年来最好记录，全面超额完成预算目标，取得了“十五”发展规划的良好开局。

【生产经营与市场竞争】 2001年，东风汽车公司主要经济指标创历史最好纪录，经营规模和综合实力与行业前两强的差距逐步缩小，行业三强的地位进一步得到巩固。全公司累计生产汽车26.29万辆，同比增长24.62%；累计销售汽车26.54万辆，同比增长20.07%；发动机产量24.7万台。实现销售收入457.91亿元，同比增长28.8%；出口创汇3811万美元；实现利润25亿元，同比增长78.33%。

市场竞争的态势发生积极转变，公司产品在国内汽车市场综合占有率稳步提高，达11.24%，比2000年提高了0.65个百分点。其中，重型载货车销售增长133.40%，为行业最快，市场份额达到31.38%，同比增长7.53个百分点；大型客车销售增长123.42%，市场占有率为32.54%，同比提高了11.04个百分点，居行业第一。

【科技与研发】 2001年，东风汽车公司以“突出产品结构和技术升级”为主线，加快了对技术开发的投入。全年共完成整车开发 63 项，推荐科研成果 133 项，其中 9 项科研成果获得 2001 年度全国汽车行业科技进步奖，获奖总数再次位居行业之首。根据《汽车产品目录》转《汽车产品公告》的要求，全年申报新产品 1251 个，其中 300 多种车型成功申报了环保目录。2001 年 11 月，747 种东风系列商用车全部垂直转产，并全部达到欧Ⅰ标准，提前实现了技术升级，达到 43 项国家强制性检验标准的要求，为公司在生产经营中抢占了先机和主动权。

【机制改革与管理创新】 2001 年，以"债转股"为契机，以东风全部国有资产为主体，成立了东风汽车有限公司，建立起较规范的法人治理机构。从而机制改革和管理创新在更深层次和更大范围展开。在精密铸造厂成功进行了职工持股试点，实现了公司在产权制度改革上的突破。以电动车公司组建为契机，进行了高级管理人员的公开招聘，围绕强化激励机制，鼓励拉开分配差距，职工工资结构及相互关系得到进一步调整优化。

完善预算管理，强化了目标责任。2001 年，公司按照"业务归口、分层分类授权"的原则，对一些单位实行了财务授权管理，保证了预算目标的落实。同时，按照逐步靠近市场的原则，进一步理顺了内部价格体系，下沉了应由各二级单位承担的有关税费，使其真正面对市场，直接感受市场压力。

【"十五"发展战略取得重要进展】 2001 年，着眼全面提升国际竞争力、参与国际战略重组的前期准备工作取得重要进展；与法国 PSA 集团签署了协议，将神龙的合作层次由雪铁龙公司提升为 PSA 集团，神龙将得到产品、资金、技术和管理等更强大的支撑，从而获得加速发展的新机遇；为抢占未来发展制高点，合资组建了东风电动车辆股份有限公司；为促进企业改造，提升公司管理水平，探索向信息技术领域发展，在国内首家采用 ASP 模式组建了武汉东浦信息技术有限公司；为导入国际先进营销服务理念和模式，提升企业核心竞争力，与台湾裕隆公司合资合作，组建了汽车销售公司及若干相关水平业务公司，在国内流通领域率先实现了对外合作的突破。

【集团板块经营】 按照现代企业制度方向和集团化经营要求，公司搭建起层次清晰、责权明确的"三层次"公司型体制框架。实现了从管理一个企业到管理一个集团的转变，从产品经营到产品经营与资本经营并重的转变。生产经营职能的下沉，"板块"管理体制激活了各分公司、事业部、子公司的潜力，2001 年，各"板块"显现出强劲的发展势头。

东风载重车公司　依靠科技进步，加大新品开发，不断优化产品结构，重型车销量比例稳步提高，产销和效益水平快速增长。单车平均售价由 2000 年的 8.47 万元，提高到 11.3 万元。实现利润同比增长 256%，实现了精益经营、以产品质量和经营质量取胜的发展之路。

东风汽车股份有限公司　积极开发、拓展新产品，整合产品型谱，挖潜降成本，发展新事业，全年实现利润同比增长 52.27%。在中国所有海内外上市公司中，"东风汽车"业绩 2001 年列第 68 位。

南方事业部　坚持主业与多元化经营相结合，已初步建成以惠州、深圳、广州为中心的三大工业区，在珠江三角洲形成了东风汽车的产业带。2001 年实现利润同比增长 184.91%，成为东风新事业发展和高技术、高效益的支撑板块。其中，风神汽车公司与世界接轨的营销模式，推广"人·车·生活"的风神理念，在全国建成 4S(四位一体)销售网点 54 家，为用户提供全方位的服务。全年实现销售汽车 17620 辆，销售收入 34 亿元，中高档轿车市场占有率提升到 7.89%，成为国内轿车行业异军突起的新军。东风本田发动机有限公司合同产品生产发动机 51210 台，销售 51271 台，销售收入 37.47 亿元，提前 4 年达到 5 万辆生产目标，创造了少投入、快产出，后来居上的奇迹。

零部件事业部　突出研发体系和市场策略的调整，努力巩固集团内部市场，重点开拓外部市场，全年实现利润同比增长 52.84%。

加入 WTO 对我国经济的影响开始逐步加深，面对新的机遇和挑战，东风公司紧扣发展主题，着力推进战略重组，促进机制创新和管理进步，继续努力改善和提高经营质量与效益，做强做大，全力打造中国商用车第一品牌，打造中国家用轿车第一品牌。公司规划了未来 5～10 年的发展远景：以轿车和重型卡车为发展重点，以盘活和优化配置存量资产为手段，通过国际合作全面提升核心竞争能力。力争在 2005 年以前实现国内市场占有率不低于 20%，销售总额达到 800 亿元。以提高整体竞争能力和经济效益为目标，参与汽车行业重组和整合，通过建立自己独特品牌及价值定位，确立东风汽车在中国乃至世界汽车行业的市场地位，力争在 2010 年以前成为真正具有国际竞争力的汽车集团。

（东风汽车公司）

神龙汽车有限公司

【产销概况】 2001 年是神龙公司营销历史上至关重要的一年，伴随着中国加入 WTO，轿车市场竞争的日趋激烈，神龙公司以"打造中国家轿第一品牌"为己任，以不断推出适应市场的产品为依托，取得了来之不易的成绩：全年共生产轿车 53680 辆，销售

53194 辆，销售同比增长 2.23%，市场份额达到 7.41%。

【营销管理】 推行理性化营销，提高了经营质量。2001 年以来，神龙公司的营销管理工作更加趋于理性化，即：从提高产品性价比、实行差异化销售、进行网点整顿、加强商务培训等方面开展工作，提升神龙公司的营销数量和质量，使营销局面由被动转向主动。通过不懈的努力，公司的资产负债率和盈利水平有了实质性好转。公司基本实现了以销定产、按市场需求准时化生产；库存总量和库存结构得到了很大改善，半年以内的新车占库存总量 90% 以上；存货周转率由 2000 年平均 2.69 次，加快到目前的平均 3.03 次。

不断推出新产品，加强了市场应变能力。本着“打造中国家轿第一品牌”的经营理念，2001 年成为神龙公司成立以来推出新产品较多、较快的一年。年初推出富康 EM 加长车“世纪潮”；9 月份，萨拉－毕加索顺利下线，11 月 18 日正式投放全国 8 大中心城市，目前已经扩大投放到全国 30 个大中型城市；10～11 月，又陆续推出了富康两厢型和三厢型的浅色内饰车；11 月 28 日，根据消费者需求量身定做的定位在 10 万元以下的富康“新自由人”私家车正式投放市场。陆续投放的诸多新产品，均以其整车安全性、环保性、舒适性、经济性赢得了广大用户的青睐，并有力地支持了市场销售。特别是“新自由人”的推出，在市场上取得了非常好的反响，在冷市场掀起了热效应。

增强网点销售能力。2001 年，神龙公司在营销及服务的网络管理与发展方面取得了重大进展。通过清理、淘汰不合格网点，使经销商数量由 387 家精简到 270 家，并与现有网点签署了合作协议；网点月销售能力由 11 辆/月提升到 16 辆/月；网点发展工作的重点是开拓空白市场和促进向 3S 标准转化。与此同时，公司大力推进网点培训、网点认证工作和网点管理标准的完善工作，使神龙营销网络逐步优化，为进一步开拓市场提供了有力的支撑。

商务政策激发了经销商的积极性。神龙公司 2001 年的营销商务政策与往年相比，更为科学合理、公开透明，体现了扶优、扶大、扶强的原则，对鼓励经销商的积极性起到了良好的政策导向作用，也得到了较好执行，主要体现在：经销商自身的管理水平以及在售前、售中、售后为用户服务的理念和能力明显提升，从而使其整体盈利能力和盈利水平普遍提高；经销商投资硬件设施、广告宣传、改善营销机制的积极性提高。

【经营理念】 神龙公司倡导“打造中国家用轿车第一品牌”经营理念，具有丰富的内涵：一是产品的安全、环保、节能、舒适等质量性能，应始终处于国内家用轿车的领先水平，整车技术及外部造型，应与国际先进水平同步发展、同步改进。二是新产品开发加快，不断满足家用轿车市场品种多样化、个性化的要求，技术含量和品种选择始终处于国内家轿市场的领先水平。三是营销服务网络和性能价格始终保持国内家轿的最好水平，让用户选择神龙汽车系列品牌，物有所值，买得称心，用得放心。第一品牌家轿内涵，要求神龙公司以实际行动全心打造“四个第一”、创造“五个卓越”，即：第一的产品质量，第一的技术含量，第一的精品服务，第一的性能价格比；卓越的安全性，卓越的环保性，卓越的经济性，卓越的舒适性，卓越的用户服务。

神龙公司努力创造性能优异的产品、良好的经营业绩、扎实的营运质量和日益成熟壮大的营销服务网络，为实现“中国家轿第一品牌”这一战略目标奠定了基础。

【品牌建设】

1. 首家获得中国汽车工业环境标志产品认证证书。实施环境标志产品认证是国际上通行的重要认证形式，企业生产环保达标，实施清洁生产，是实现产品技术环保达标升级、获得环境标志产品的重要前提。2001 年，经湖北省环保局初审，中国环境标志产品认证委员会秘书处现场检查，国家财政部核检减调节税全部检测报告，技术委员会专家终审，神龙汽车最终通过了绿色环境标志产品认证，从此成为我国第一个“绿色汽车”的品牌产品。标志着神龙汽车拿到了通行世界各地的绿色环保证书。

2. 神龙富康轿车及售后服务荣获 2001 年全国用户满意产品和服务称号。2001 年 7 月，国家轿车质量监督检验中心对全国 8 家企业的国产（均以 7 字头目录在册为准）轿车产品进行了随意抽样监督检验，结果表明：神龙公司的整车质量性能再次大幅提高，其中两项重要指标高于国内同类轿车的最好水平：平均故障间隔里程大于 30000 公里，平均首次故障里程大于 15000 公里。与 1998 年 7 月 80% 国化率国家检测的平均故障间隔里程 24302 公里、平均首次故障里程 12562 公里水平有了很大提高；与此同时，神龙富康轿车的整车性能、安全环保、质量可靠性等方面，取得了与国际先进水平保持着同步发展的可喜成绩。在开展和推进“用户满意工程”中，神龙公司率先制定了以“麻烦自己、方便用户”为经营理念的营销服务细则，推进实施售前、售中、售后服务全过程的用户满意服务举措，网络体系不断完善和健全，不断提高服务质量和水平，受到用户好评。以上荣誉的取得，是经过各地区、行业质量管理协会、用户委员会及各质量跟踪站认真组织开展用户评价调查活动和推荐、中国质量管理协会、全国用户委员会讨论决定后授予的，是市场和用户对本年度的全国用户满意产品及其服务企业的最高奖赏。

【出口情况】 神龙公司于 1998 年开始启动出口业务。随着业务数量和品种的逐步增加，2001 年正式成立了出口分部，全面负责公司整车和零部件的出口业务。神龙公司通过与法国 PSA 集团的合作，开发了以神龙公司自制零部件为主的出口返销业务，并在近两年取得了良好的业绩，其中 2000 年实现出口创汇 475 万美元，2001 年达到了 786 万美元。为保证出口零部件的质量，本着以预防为主的方针，神龙公司推行了各种质量控制与管理新方法，将质量体系审核、工序质量审核、快速质量审核方式有机地结合起来，形成了闭环控制，使返销线的质量控制体系通过了法国 PSA 集团的质量体系认证。随着零部件出口返销工作的深入，神龙公司今后将积极参与国际竞争，继续加强与法国以及其他国外客户的合作，充分发挥现有生产能力，逐步实现由“零部件出口向总成出口”、“以自制件出口为主向自制件和外协件出口并举”的转变，以带动神龙公司以及供应商的共同发展。

【先进网点】

2001 年度全国销售服务 10 强：北京汽车服务公司、龙运汽车贸易发展有限公司、深圳市里程国际汽车车会有限公司、神龙汽车汉阳销售服务公司、河南中原汽车贸易集团股份有限公司、河北盛孚汽车贸易有限公司、东风汽车杭州销售技术服务联合公司、东莞市鸿燕贸易有限公司、北京航天神龙汽车销售服务有限公司、宁波联合集团股份有限公司。

2001 年度全国销售 10 强：北京市旧机动车交易市场有限公司、北京万泉寺汽车销售中心、北京神龙京津汽车销售有限公司、青岛神龙源车行有限公司、成都万友经济技术开发总公司、广东物资集团汽车贸易公司、成都千里马汽车贸易公司、昆明都市车迷汽车服务有限责任公司、东风汽车南京销售技术服务联合公司、中国汽车贸易中南公司。

2001 年度优秀服务站：神龙汽车北京清四服务站、神龙汽车温州长运服务站、神龙汽车天欣花园服务站、神龙汽车四川佳溢服务站、神龙汽车陕西华秦销售服务公司、神龙汽车深圳富康服务站、神龙汽车十堰服务站、神龙汽车天津九州销售服务公司、神龙汽车达川服务站、神龙汽车湖南东联销售服务公司。

（神龙汽车有限公司）

上海汽车工业（集团）总公司

【历史性突破】 2001 年是新世纪的第一年，也是“十五”计划的起始之年。面对日趋激烈的市场竞争，上海汽车工业（集团）总公司（下称“上汽集团”）以“用户满意工程”作为全年工作的主线，在广大员工的共同努力下，重点工作有序推进，主要经济指标均实现两位数增长。销售轿车 30.2 万辆，同比增长 20.51%，实现了历史性的突破，其中桑塔纳、帕萨特系列轿车 24.4 万辆，别克、赛欧系列轿车 5.8 万辆；国内市场占有率 43.33%，与上年同期相比上升了 3 个百分点，继续保持国内轿车市场的主导地位，为上汽集团“十五”发展和应对“入世”奠定了坚实的基础。

【重大工程】

波罗（POLO）轿车全新推出　12 月 9 日，上海大众汽车有限公司在上海国际汽车展览会上首次公开展示了新品波罗（POLO）紧凑型轿车，真正实现了与德国大众在新品开发上的同步规划、同步生产、同步推出。这款上海生产的 POLO 轿车采用了当今世界最先进的制造工艺，注重先进性、安全性、舒适性和经济性的统一。

为保证 POLO 轿车及时推出，上海大众精心组织、规划与实施了 POLO 轿车生产基地——汽车一厂的改扩建项目，改造厂房 37820 平方米，扩建厂房 83461 平方米，总投资达 39 亿元。

赛欧系列轿车批量上市　6 月 8 日，上海通用汽车有限公司生产的赛欧三厢紧凑型轿车正式上市。作为“10 万元家庭轿车”概念的首创者，上海通用提出了家庭轿车“重安全、重性能价格比”的消费理念，其卓越的动力性、舒适性和齐全的配置受到用户青睐。11 月 20 日，上海通用又快速推出兼具轿车和休闲车特点的赛欧 S－RV 二厢休闲轿车，形成了赛欧系列轿车产品，进一步满足了消费者多元化、个性化的需求。

赛欧系列轿车的迅速推出及上市，是上海通用开拓中低档轿车细分市场的积极举措，也是企业提升产品开发、整车制造、市场营销等方面核心竞争能力的综合体现。

APEC会议特供车　7月，上海申沃客车有限公司抓住APEC(亚洲及太平洋地区经济合作组织)会议在上海召开这一重要契机，精心打造了200辆VOLVO"申豪"SWB 6120KHV－3型城市客车，圆满地完成了向APEC会议供车的任务。

9月24日，上海通用汽车有限公司向APEC会议提供348辆别克系列轿车，作为礼宾用车和工作用车。由于"申豪"城市客车和别克系列轿车性能好，普遍受到各国贵宾和社会各界的好评，共同构成了一道城市流动的风景线。

上海国际汽车城项目全面启动　建设上海国际汽车城是上海市市委、市府的一项重大战略决策，也是推进上海产业结构布局调整，进一步增强城市综合竞争能力的重要举措。

5月13日，上海国际汽车城发展有限公司(筹)在嘉定区安亭镇正式揭牌，标志着上海国际汽车城项目进入实质性启动阶段。9月28日，上海国际汽车城全面开工暨中国汽车工业协会入驻仪式在安亭隆重举行，上海汽车工业质量检测研究所改扩建、上海二手车交易市场等功能性项目开始启动，拉开了上汽集团参加汽车城建设的序幕。12月10日，上汽集团牵头组织了上海国际汽车城招商信息发布会，伟世通公司、德尔福公司、通用中国公司等14家公司在会上签约入驻上海国际汽车城。

【市场开拓】

深化"用户满意工程"　上汽集团把"用户满意工程"作为2001年"一号工程"，加快了产品开发和改进的速度，产品质量与服务满意度均有明显提高。在2001年中国首届全国质量管理奖评选活动中，大众汽车有限公司是中国汽车行业惟一获此殊荣的企业。同时，上汽大众汽车销售有限公司被评为全国用户满意工程先进单位，上海通用汽车有限公司、上汽五菱汽车股份有限公司被评为全国用户满意单位。

中高级轿车出口实现"零"的突破，零部件出口增长较快　10月，上海通用汽车有限公司与菲律宾达成5年出口5000辆别克GL10商务公务旅行车的协议，年内发运150辆，这是中国制造的中高级轿车第一次批量走出国门。成功实现中高级轿车批量出口，是上汽集团迎接"入世"挑战，开拓国际整车市场，实施"走出去"发展战略的关键一步。

5月，上汽集团在北美底特律召开出口工作会议，9月在上海召开了韩国现代起亚的潜在供应商会议，2001年，座椅面套总成、铝轮毂、喷油器、传动轴、齿轮等一批零部件成为出口主导产品，实现出口创汇1.68亿美元，同比增长19.21%。

【技术进步】

超前开发　放眼未来，新能源汽车将是汽车工业发展的必然趋势，上汽集团积极参加国家863项目汽车专项，与有关方面合资成立了上海燃料电池汽车动力系统有限公司，正式启动燃料电池汽车项目，泛亚技术中心依靠合资伙伴的技术，用10个月的时间研制成功了功能齐全的电－电混合驱动车，11月在上海国际工业博览会上展出，受到社会各界瞩目。

联合开发　为不断适应市场需求，上汽集团各整车厂充分利用中外双方的技术资源，对现有车型进行改进与优化。先后推出了帕萨特1.8T、2.8V6、POLO、别克GL8新版、赛欧系列轿车等近10种新产品或改进产品。

自主开发　自主开发是上汽集团可持续发展的关键。上汽集团明确了未来自主开发产品的定位，提出了组建"上汽集团汽车工程研究院"的一揽子计划。上海幸福摩托车总厂自主研发沙滩摩托车，并开始批量出口美国市场；上海离合器总厂开发成功的轿车液力变矩器被评为中国汽车工业科学技术进步一等奖。

【改革管理】

一体化管理　这是按照精益生产原理，将核心业务以外的"非核心业务"委托外协企业专业管理的先进模式。上海通用作为上汽集团管理创新的试点单位之一，在投产伊始，就精心设计、积极推行了"一体化管理"，2001年已拓展到非整车开发、设备维修、量具刃具管理、公用动力和仓储等20个方面。依靠这种先进的"一体化管理"模式，上海通用3年节约成本1亿多元。

上汽集团将进一步推广"一体化管理"模式，分步实施第三方物流、信息平台构架、物流装备制造等非核心业务的外包，突出核心业务，创造就业岗位。

信息化建设　上汽集团通过ERP、CRM等新技术的应用推广，提高工作效率、节约生产成本；通过互联网的应用，缩短整机厂与消费者的距离，使设计、生产更加贴近消费者的需求。截止到2001年底，上汽集团77%的企业在因特网上拥有自己的网站，71%的企业建立或正在建立信息管理系统(MIS)，80%的企业在产品开发中运用三维设计工作站。

3月至6月，上汽信息产业投资有限公司与美国EDS公司开展合作，形成上汽集团关于进一步开展IT建设和电子商务的策略性方案，目前已在物流、采购及人力资源管理等课题上进入实质性操作阶段。

【资产运作】

加强与国际著名汽车企业的合作　2001年，上汽集团继续加强对外合资合作，提高利用外资的质量和水平。全年实现外资总投资31415万美元；合同利用外资7060万美元，同比增长8%。

2001年，相继成立了上海皮尔博格有色零部件有限公司、上海纽荷兰农业机械有限公司、大众变速器(上海)有限公司、上海萨克斯动力总成部件系统有限公司、上海曼胡墨尔滤清器有限公司、上海本特勒汇众汽车零部件有限公司与上海康迪汽车制动器有限公司等7家合资企业，为上汽集团的长远发展注入了新的活力。同时，正在积极加快汽车物流、租赁、销售等领域的合资进程。截止到2001年底，上汽集团与国际著名整车或零部件公司合资成立的企业已经达到55家。

稳步实施跨地区资产经营　上汽集团打“中华牌”积极参与全国汽车行业资产重组，按照“产品相关度、合作地域度和政策结合度”的要求，开展跨地区资产经营，适度扩大规模。

7月19日，上汽集团通过国有资产划转的方式，受让柳州五菱汽车股份有限公司75.9%股权，与柳州五菱汽车有限责任公司等股东将柳州五菱汽车股份有限公司改组为“上汽五菱汽车股份有限公司”。至此，上汽集团在上海大众与上海通用两大整车厂的基础上，通过控股江苏仪征、柳州五菱和参股安徽奇瑞，新增三大汽车生产平台，初步构筑了“东西南北”五大乘用车生产基地。

【人员培训】　教育培训工作紧紧围绕上汽集团核心价值观、“用户满意工程”，采取国外培训与国内培训，业内培训与业外培训相结合的方法，开设了“用户满意工程”、“管理创新与企业竞争力”、“成本管理”等20项培训课程。先后与美国通用大学、德国莱茵大学、美国密歇根州立大学等机构合作开展了22个项目培训，取得了良好的效果。2001年，上汽集团共开办各类培训班2500余期，人均每年接受培训3.32次。

12月起，为应对“入世”挑战，上汽集团举办了8次“WTO与上汽持续发展”系列讲座，同时，还编印了“中国入世和上汽发展”形势任务材料发到基层，在全体员工中加深对WTO竞争规则的理解，增强危机感和紧迫感。

【企业文化】

上海汽车工业展示馆被命名为爱国主义教育基地　6月25日，上海汽车工业(集团)总公司本部正式迁入位于威海路489号上海汽车工业大厦新址办公。上海汽车工业大厦的1～4楼裙房为上海汽车工业展示馆，由整车展示厅、汽车构造及零部件展示厅、上汽集团发展史展示厅、汽车文化展示厅等几个展区组成，着意展示汽车技术、传播汽车文化、再现汽车历史、展望汽车未来。11月28日，上海汽车工业展示馆被命名为上海市工业系统爱国主义教育基地。

“SAIC”价值理念　上汽集团在自身成长的过程中，逐步形成了与其发展历程相适应的，对企业长远发展方向具有前瞻性、指导性的企业价值理念。“SAIC”不仅仅是上汽集团名称的缩写，更是企业价值观的写照。2001年，上汽集团提出了全面抓好用户满意工程、全面创新工程、全球经营工程和人本管理工程，并以此“四大工程”构建集团价值理念管理平台。

举办第七届上汽集团职工艺术展　10月31日，上汽集团第七届职工艺术作品展开幕式在上海汽车工业大厦举行。本届职工艺术作品展以“汽车·人与自然”为主题，选录的668件书法、绘画、摄影和邮品真实再现了上海汽车工业的发展轨迹，热情讴歌了上汽集团推进“四大工程”的精神风貌，展露了上汽人丰富的内心世界和多元化的生活情趣，抒发了广大员工对上海汽车工业美好未来的憧憬。

(上海汽车工业(集团)总公司)

上海大众汽车有限公司

【经营状况】　2001年，上海大众以“生产一流的轿车、提供一流的服务”为工作目标，广泛开展“用户满意工程”；汽车一厂的技术改造工程基本建成；国内第一辆与当今国际先进水平同步的POLO轿车顺利下线；“世纪新秀”、PASSAT1.8T、PASSAT2.8V6的陆续上市，标志着上海大众在生产制造及产品技术、服务水平等方面又有新的提高。这些成绩的取得满足了广大用户不断增长的用车需求，为保持上海大众产品的市场占有率打下了扎实的基础。2001年，上海大众无论是市场占有率、知名度，还是服务网络等方面继续保持国内轿车行业的领先地位，产品形象仍居中国汽车市场的第一。2001年，上海大众共生产轿车230281辆、发动机223645台；销售轿车230050辆，占国内轿车销售份额的34%，位居中国轿车市场第一。

【实施“用户满意工程”，营造大众品牌形象】　2001年，上海大众开展了以市场为导向，以用户为中心的“用户满意工程”。

上海大众建立了一个“用户整体链”的观念，通过机制经营创新，推动公司各部门的“用户链”；以方法创新，有效拉动相关的“供货商链”；以服务创新，融入销售市场用户的“市场链”。上海大众与配套厂和销售商、服务站等携手并肩,把“用户满意工程”向全过程拓展,形成整车制造控制环、市场用户控制环和零部件供货厂商控制环三大环节,环环相扣、相互促进、相互制约。

为了更加贴近市场,上海大众成立了“大众速达服务队”。在成立的半年里,足迹遍及国内各大城市,先后对用户进行专家咨询服务、售前服务、售后服务。通过走访和服务,使用户对上海大众的产品和提供服务的满意度进一步提高。

为更好地满足日益个性化的市场需求,上海大众在汽车三厂率先采用了可实现定单式生产的FIS系统(生产信息与控制系统),此举标志着上海大众能更好地与德国大众实现信息交流与共享,由此为上海大众和德国大众在同样的信息平台上控制生产建立了一个基础。

通过开展实施“用户满意工程”,营造大众品牌形象,初步取得4个改善的实效:全公司员工用户理念的改善、公司对市场接近的改善、产品质量情况的改善、企业经营管理的改善。用户的抱怨减少,产品销售量不断上升。

2001年9月,上海大众摘取了国内质量管理的最高奖项——首届全国质量管理奖的桂冠。

全国质量管理奖是国家对企业实施卓越管理,特别是在质量、经济效益等方面取得突出绩效的一种褒奖。其全新的评审标准是在参考了美国波多里奇国家质量奖、日本戴明奖、欧洲质量奖标准,并结合中国实际而制定的,具有国际性、先进性、科学性、合理性、公正性。上海大众获此殊荣,表明上海大众经过长期不懈的努力,在企业文化、企业管理、质量保证体系、质量管理方法和质量管理技术等方面具备了坚实的基础,达到了一定的水平。为提升上海大众的形象注入了新的活力。

上海大众自1997年建立ISO14000环境管理体系以来,始终沿着有效、持续改善的轨迹,不断提高自身的环境行为。

2001年3月,上海大众对《环境方针》予以修订,提出了“充分考虑采用最佳可行技术”及“努力实现循环经济方式”的理念,表明上海大众通过污染治理、清洁生产、全过程控制等方式,开始更进一步注重环境与经济协调发展的实际效果,并战略性地将环境管理确定为上海大众在汽车行业的竞争优势因素之一。

2001年5月,上海大众一次性通过了国家环保总局华夏环境管理体系审核中心三年一度的换证审核,上海大众环境管理的有效性得到进一步肯定。

在不断提高自身环境行为的同时,上海大众更积极协助配套厂家对其环境行为予以关注。在2001年度上海大众供货商会议中,上海大众向所有配套厂家分发了“关注ISO14000”的相关资料,对环境行为良好的企业予以表彰,对配套厂家今后的环境工作提出了要求。

【依托产品平台战略,开发大众喜爱车型】 上海大众“喜新”不“厌旧”,在向市场不断加快推出新一代POLO产品的同时,更注重原有产品技术含量的提高、售后服务的完善和企业形象的塑造。无论从SANTANA到PASSAT,还是到POLO,其产品架构中新品种和改进产品的性能价格比越来越高,价格也越来越科学合理,适应了消费者不同层次的需求,使企业在竞争中掌握了主动。上海大众的产品一直保持着人性化设计与高科技发展的强大动力,经过长期不懈的努力,在市场上已建立起良好的品牌效应。SANTANA、PASSAT、POLO构筑起了上海大众新的平台战略,并正在市场上建立起新的品牌地位。

在2001年赛季中国汽车拉力锦标赛首站——上海站上,首次参加比赛的上海大众桑塔纳“世纪新秀”,与三菱、富士、丰田、高尔夫等强手正面对阵,出手不凡,旗开得胜,包揽了2升组冠军和季军。上海大众以“99新秀”为基础,采用了当今国际先进、成熟的技术而开发成功的“世纪新秀”,在安全、环保和舒适性方面独具特色,加装了ABS大大提高了驾驶安全性;采用的新型三元催化装置,使其轻松达到欧Ⅱ排放法规;改进型的舒适后座椅,将原来宽敞的空间诠释得舒适无比。在“世纪新秀”参加2001年度的3次比赛中,共取得了2升组的2次冠军、2次亚军和3次季军的骄人业绩,更是令人刮目相看,引起市场的轰动。

2000年6月正式投放市场的PASSAT轿车,以其高贵典雅的造型赢得消费者极大的购买热情。2001年9月,上海大众的新款PASSAT轿车——1.8T投入生产,它以优越的动力性能,被称为浑身是劲的PASSAT。2001年12月,PASSAT轿车的2.8升V6版又强档出势,赢得了全国各地消费者青睐,上海大众的PASSAT轿车在中高级轿车市场上的地位更加巩固。

2001年12月30日,上海大众生产的第一辆POLO轿车驶下了总装线,这是国内第一款与当今国际水平同步的轿车。她向世人发出这样一个信号:中国的轿车工业在产品、技术、质量、服务等方面正在加快与国际接轨。

上海大众的POLO轿车,代表着当今世界紧凑型轿车最新技术。它的诞生对于逐步走向家庭的中国轿车市场又增添了一个全新、世界级的选择。

从2000年的PASSAT的投放,到POLO的下线,仅隔2年,这表明了中国轿车工业的技术更新的节奏正在不断加快。如果说PASSAT推向市场时与欧洲市场有一定的间隔期的话，那么，POLO的推出，真正与国际市场同步。从另一个角度来看，这意味着上海大众的轿车生产技术已经达到一个新的水平，上海大众非常清楚地认识到中国用户对轿车的要求正在不断提高，上海大众以自己的行动表明中国的用户有权利享受最新的技术，并使新技术服务于人们的生活，令生活增添亮丽。

现在上海大众拥有三大产品平台，即SANTANA，PASSAT和POLO。它代表着三个层次，同时也表明了三代汽车跨越。它向世人表明：上海大众的产品是持续发展的，是成熟而充满活力的，是具有巨大发展潜力的。

【携手共进，挑战未来】 上海大众通过10多年的发展，已逐步建立起中国最具竞争力、最完善的零部件配套体系。在中国进入WTO、进口汽车零部件关税大幅下降的严峻形势下，上海大众积极采取措施与各供应商携手共进，以应对来自国内外的激烈竞争。

面对全球经济一体化、市场竞争日益激烈的局面，上海大众加快了供应链管理的工作，引入高效的供应链管理系统和先进的供应链管理技术。上海大众建立了EDI－WEB系统，在原有SAP的基础上，将SAP中最后得出的供货计划通过电子系统方式发布在WEB网站上，各供货商可以在第一时间上网查询并得到详尽的需求，EDI－WEB系统改变了以前人工发布和确认供货计划的烦琐方式，提高了信息的周转速度，减少了中间环节和错误率，降低了费用和成本。在市场需求日益多样化、个性化的今天，上海大众针对不同的市场需求，建立起相应的反应机制。通过加快零部件定点流程，使新产品、技术改进产品以最快的速度应用到上海大众系列轿车上。上海大众还对现有供应商的供货零部件价格、质量、国产化贡献、经济运行情况、商务活动信誉等多方面因素进行综合评定，并在全球范围内开发潜在供应商，促进上海大众的供应商之间的良性竞争，以进一步提高上海大众产品的竞争力。

【建立国际化资源，实施人力发展战略】 上海大众以企业发展战略为依据，建立了国际化人力资源发展战略，围绕提升汽车开发人才队伍、全球经营管理人才队伍、技术人才队伍等3支核心队伍的素质，积极开展知识管理和人才培养。

为保证POLO轿车的顺利投产，共派出了由汽车一厂、发动机厂、产品工程部、生产规划部、质量保证部、计划和物流控制部、供应部、财务部、组织系统部和培训部组成的67个培训团组，在德国大众和其设在西班牙和斯洛伐克的分厂进行了POLO轿车生产线规划、POLO轿车油漆、总装、车身、冲压等生产新工艺，质量管理与分析，现场质量控制，新设备的维护保养和故障排除，1.4升、1.6升发动机生产工艺，零部件开发和国产化等多方面共220个人/月的培训。

为了更好地创造并营造一个人人争创新、岗岗求创新的意识和企业氛围，以激励企业的全体员工投身于创新的工程中，2001年8月，上海大众启动了创新论坛。创新论坛的成立和运作，将给工程技术人员更大的活动空间，拓展最新的管理思路、展示最新的科研成果，显露个人才华，培养科技精英，并对提升公司创新能力产生积极的推动作用。目前已形成了发动机俱乐部、车身俱乐部、底盘俱乐部、电器俱乐部、青年俱乐部等5个俱乐部，共有300多名工程技术人员加入到了各类俱乐部的活动中。

数字技术的发展和上海大众IS系统的全面引入要求所有员工掌握信息技术。为此，共有1193名学员参加IT5级培训。其中2223名职工参加IT5级考核考试合格。此外，共有154名工程技术人员参加了Pro/E入门、工程图纸、行为建模、钣金设计等CAD及Unix共19期培训课程。

为深入推进用户满意工程，上海大众通过培训培训师的方式，使9041名职工通过了“用户满意工程全员培训”，提高了全员用户意识和服务意识。为充实和提高技术工人素质，上海大众对新进的46名大中专毕业生进行为期一年的工业自动化和汽车专业的高级培训。另有60名三年期技校学生，完成学业后赴汽车三厂、汽车一厂工作。为配合公司生产人员结构调整，263名职工参加了转岗培训。289名员工经培训获得初级、中级或高级技术等级证书。

为了充分利用信息技术，更有效地传递知识，从而降低企业培训成本，并使员工能通过Internet网络实现个人发展计划，实施知识共享，上海大众已启动了E－learning平台和专家黄页系统，它们将在未来的几年中对公司人才培养和知识管理发挥重要的作用。

（上海大众汽车有限公司）

广州本田汽车有限公司

【产销概况】 广州本田雅阁轿车自1999年3月上市以来，深受顾客的欢迎和喜爱，在国内汽车市场获得了很高的评价。在上市当年就生产、销售了10008辆；2000年实现生产、销售32228辆，市场占有率为5.4%；2001年又更上一层楼，产销量增长到了51000辆，市场占有率上升到7.6%。2001年1～12月，广州本田雅阁轿车在中高档轿车市场的占有率达到29.9%。

广州本田雅阁汽车不仅产销量不断迈上新的台阶，而且产品质量和服务质量也得到不断巩固和提高；1999年，经本田质量专家评比，广州本田的产品质量位居本田海外工厂第一；2000年，广州本田获本田公司授予的最佳质量奖。广州本田在向顾客提供高品质产品的同时，也向顾客提供优质服务，不断建设和拓展销售服务网络，到目前为止广州本田公司已在全国各地建立了120家特约销售服务店，集“整车销售、售后服务、零部件供应、信息反馈”四位一体。由于其优异的质量和完善的服务，广州雅阁系列轿车得到广大顾客的认可和喜爱：2000年和2001年，连续两年在上海《解放日报》报业集团组织的评选活动中被评选为“上海市民最喜爱轿车”；2001年，广州雅阁轿车在《羊城晚报》报业集团与广州市汽车销售行业协会举办的评选活动中，荣获国产轿车类中“我最喜爱的轿车”、“购车首选品牌”、“我最喜爱的中高档轿车”四个奖项；获得媒体评选出的最佳表现奖。

广州本田公司除产销量一年上一个台阶外，而且实现了一年推出一个新车型的承诺，不断向顾客带来新的喜悦和驾乘享受：1999年3月26日，第一辆广州雅阁2.3VTi驶下生产线；2000年3月20日，广州本田推出了广州雅阁2.0EXi；2001年4月10日，广州本田推出了广州雅阁3.0V6；2002年，广州本田计划于4月推出多功能奥德赛轿车。

【公司发展与环境保护】 广州本田公司从成立起，即确立了以市场为导向滚动发展的策略。三年多来，广州本田按照这一策略边生产边改造，逐步提高工厂的生产能力。在新的涂装车间建成之前，广州本田都是在原广州标致的旧车间基础上进行改造满足生产的需要。随着生产的发展，设计能力为年产30000辆的原涂装车间成为产量提高的瓶颈。为此，广州本田公司建设了新的涂装车间，新涂装车间占地面积为12000平方米，生产能力按年产24万辆来规划，分期建设，目前首期年产5万辆的生产线和新厂房已完成。广州本田公司还将继续对车间进行改造，争取2003年生产能力达到12万辆。新涂装车间的设备和生产工艺水平均处于国内先进水平，同时在设计上充分考虑环保因素，确保在生产过程中将废气、废水、废物控制在最低水平。

新建排放试验室是广州本田为确保对产品质量和环境保护的严格要求而投资兴建。排放试验室能对产品进行欧Ⅱ和欧Ⅲ排放试验，是目前国内汽车企业中最先进的排放试验室。随着社会的进步与发展，汽车为越来越多的人所拥有，而汽车废气排放造成的环境污染问题越来越为社会所关注。作为一家以国际企业为目标，通过向顾客提供世界最高水平的商品，贡献社会为宗旨的企业，广州本田积极引进低污染排放技术和产品，将环保理念贯穿在整个生产环节中，确保向顾客提供高质量、环保的产品。

（广州本田汽车有限公司）

上汽集团奇瑞汽车有限公司

【概况】 上汽集团奇瑞汽车有限公司是上海汽车工业(集团)公司与安徽汽车零部件有限公司共同持股的股份制企业。2001年1月8日正式成立。上汽集团奇瑞汽车有限公司的前身是安徽汽车零配件有限公司，座落在安徽芜湖经济技术开发区内，占地面积80万平方米，一期工程建筑面积20万平方米。奇瑞公司始建于1997年3月，经过3年多的艰苦创业，先后建成了发动机生产厂、轿车四大工艺生产厂，现已具备年产30万台发动机、6万台整车的生产能力。

奇瑞SQR7160三厢轿车于1999年12月18日正式下线，是一款具有自主知识产权、由名师设计、新颖别致、具有欧洲20世纪90年代动感风格外形的普及型家庭轿车。

该厂于1996年引进福特生产线。融合福特技术自行生产的CAC480M系列电喷发动机，排量1.6升，最大功率62千瓦(84马力)，最大扭矩128牛·米；百公里油耗6.9升，排放指标达欧Ⅱ标准。奇瑞轿车装配5档手动变速器，最高时速168公里，油箱容积55升，后行李箱容积为550升，后排座椅折叠后可达1360升，该车可选装ABS和安全气囊以及电动后视镜、电动升降玻璃，6碟CD高保真音响。根据选装配置的不同，市场售价8～10万元。奇瑞轿车在动力性、经济性、可靠性、舒适性上均属上乘。奇瑞轿车拥有整车外型等10项专利技术，安全、环保指标均符合国家标准，已试投放市场2000辆，反映良好。

2000年初在天津国家轿车质量检测中心碰撞试验中，奇瑞一次性通过轿车碰撞试验，多项数据优于国家标准。奇瑞轿车以较好的性能价格比赢得了业内人士较高评价。

2001年1月3日，奇瑞公司加盟上汽集团，3月奇瑞轿车被列入国家生产目录，获得了国家和市场的双重认可。从此奇瑞汽车的产销开始高速增长，每周销量都在600辆以上，到2001年底，销售3万辆，销售收入超30亿元。

【造老百姓买得起的车】 奇瑞的目标就是物美价廉，造让老百姓买得起的汽车。为此，奇瑞把成本控制贯穿于企业的全过程：

在工厂设计上 坚持“立足自身，以我为主”的

原则，除了少数专业性极强的项目委托专业机构设计外，其他项目由公司自行设计，这就使得整个工厂的设计费用远远低于外委的设计费用。

在工艺设计上　坚持“总体规划，分步实施”的原则，在确保设备质量和工艺需要的前提下，设备的采购做到随产量的增加而有序增加。实行滚动投资的方式，既节约了一次性固定资产的投资，又节约了设备空运行的费用和折旧损耗等。

在物资采购上　坚持“货比三家，质优价廉”的原则。在零部件的配套上，采用AB制供货原则；在工程建设和设备采购上，公司成立了由技术、法律、财务、审计及采购部门主要负责人组成的招投标小组；在付款上，按照实际完成的质量、进度和技术要求，对照合同要求，经招标小组成员依次审核签字后方可支付，避免了暗箱操作，保证了项目的透明度和纯洁度。既节省了投资，又保证了项目的健康发展。

在产品开发上　尽可能采取平台战略，采取交钥匙工程的方法，充分利用先进的计算机技术和测量技术，开发出完全拥有自己知识产权的产品。此外，还充分利用国内外研究所和科研机构以及一些留学归来的博士的技术优势，“借鸡下蛋”。

在投资控制上　就是“永远不盲目地使用世行贷款”。奇瑞公司的建设投资为17.52亿元，全部是资本金，目的就是为了节约成本，不承担利息的支付。在奇瑞，除发动机生产线30万台的产能不能选择而整套购买外，其余设备均是采用柔性生产，分步实施，滚动发展。据有关资料介绍，在国外的汽车生产企业，财务费用与销售收入的比例一般均在25%左右，而奇瑞只有1.5%。

作为一个生产制造型的企业，其最大的竞争优势应该体现在其产品的竞争优势上。全过程的成本控制，使奇瑞公司产品的最大竞争优势体现在性能价格比上。目前，不同款式的奇瑞车的市场售价在8~10万元，为国内同档次产品售价12~16万元的63%~67%。据调查，国外与奇瑞轿车同档次的产品在其本国市场的售价为1.6~1.9万美元，剔除国外有关税费外，其进口到岸价为1.1~1.3万美元，按现行关税税率计算，在中国市场的销售价格应为23.9~28.4万元人民币。如到2006年关税降到25%，同档次的进口产品在国内销售，售价也应在13.3~15.8万元人民币左右。因此，奇瑞车与国内外同档次产品相比，无论是现在、还是将来与国际接轨，在性价比上都具有一定的竞争优势，而这一竞争优势则是产品开发、投资控制及成本控制等各方面的综合体现。

（常虹）

天津汽车工业(集团)有限公司

【产销概况】　天津汽车工业(集团)有限公司(以下简称天汽集团)是在改革开放中迅速崛起的国有特大型汽车企业集团。主要产品有夏利牌系列轿车、华利牌系列微型汽车、三峰牌系列旅行客车、雁牌系列轻型载货汽车以及各类专用汽车、铁牛牌大中型轮式系列拖拉机和汽车发动机等各种汽车、拖拉机零部件。具备23万辆汽车综合生产能力，其中15万辆轿车、27万台发动机和1万台大中型轮式拖拉机生产能力。1999年1月，“夏利”商标被国家工商总局商标局认定为中国驰名商标。

2001年生产汽车58908辆，其中夏利轿车51019辆，华利微型车7889辆；生产拖拉机3678台；完成工业总产值79亿元，实现销售收入71.6亿元，出口创汇3680万美元；销售汽车86100万辆，其中夏利轿车78000万辆，华利微型车8100辆；销售拖拉机3650台。

【新产品开发】　作为经济型轿车，夏利轿车一直是在高强度运营、长时间使用，表现出了良好的质量品质。天汽集团不断根据消费者的需求加快技术创新，对夏利车进行多项改造，不断推出新产品以赢得市场竞争的主动权。相继开发出夏利局部改进型、加长型、搭载自动变速器(AT)的夏利轿车。2001年天汽集团秉承个性化的设计思路，在不断改进原夏利车环保、高速、舒适和经济等方面性能的同时，又通过7项技术改进，推出了全新的“静雅”型新型浅内饰夏利轿车；同时还着手进行华利微型汽车的换型改造，新一代华利微型车“华利幸福使者”下线；夏利2000型轿车第二批国产化48种零部件完成切换，国产化率达到50.94%，进行了加装宽胎、CD机、助力转向等改进，增加了颜色品种。

天汽集团作为国内最早并始终坚持生产经济型轿车的特大国有企业加速与国际轿车制造观念接轨，确立经济型轿车不是低档车的设计思路，全力推进夏利轿车内饰高档化，同时进一步对夏利轿车的外观质量进行大幅度改进。2002年，天汽将为广大私人购车者量身打造的两款最新经济型轿车车型“俊雅”和“绅雅”系列、TJ7136UZ世纪广场自动档“景致”及世纪广场出租型“迪美乐”将强劲登场。

【结构调整、对外开放】　近几年，天汽集团通过内引外联，加快对外合资合作，已引进外资3.2亿美元。特别是在整车、整机的合作上取得了实质性的突破，在成功地实现了与丰田公司发动机项目合资的基础上，2000年5月，天津丰田汽车有限公司正式成立，并开始了工厂建设。该合资公司将生产丰田21世纪小型车战略产品NBCV型轿车，计划2002年投产，形成年产3万辆的生产规模。2000年8月，天拖公司与美国迪尔公司合资成立的约翰·迪尔天拖有限公司也已开始运行。整车、整机按照“有所为，有所不为”的原则实施生产布局的调整，初步形成了轿车、微型车、拖拉机为主导的产品格局，华利微型车初步实现了厢式车、微型卡车专项生产。通过资产结构的调整和资源的优化配置，天汽集团已由过去比较单一的资产结构发展为国有独资、上市股份公司、国集联营、合资合作、集体所有制等多种形式并存的资产格局。2001年通过实施债转股，使天汽集团进一步实现了投资主体多元化。

【质量体系管理】 天汽集团在引进丰田技术的同时，注重先进管理模式的同步引进，全面导入丰田管理，推进TPS工作，重点抓住龙头企业，着眼于质量和成本两大指标，从改善物流、拉动式生产、标准化作业、财务成本管理等方面入手，全面提高企业产品整体质量水平。在质量管理的过程中，天汽集团抓住3个切入点：其一，员工素质大大提高，特别是“夏利2000—世纪广场”轿车生产线上的员工，在厂内选拔后进行职业化培训，再送中德培训中心强化技能培训，最后在日本丰田公司专家指导下进行“一对一”的技法传授。其二，质量监督环环相扣，在全体员工中强制推行“质量无缺陷”理念，按日本丰田标准制定并实行“品质向上方案”。其三，严把产品出厂关，从严自检、点检、班检做起，实行质量追溯，每天由主管质量的副总经理主持抽车例会，使产品从投入到产出完全处于受控状态。整车总装后按奥迪特评审程序统一验收，交付用户前再由经销商进行售前质检，确保交给用户的是放心车。其四，在配套件的选定上，天汽集团建立了一套完整的国际标准属地化外协配套管理体系，在中日双方组成的“零部件追踪考察小组”的直接监控下，按照国际标准，面向全国招标定点，长期实行质量跟踪。凡定点配套企业，合资或外资企业必须有外方母体地产品认证，所有配套厂家都必须是取得质量认证的名优产品厂家。目前，在“世纪广场”的配套厂家中，日系或日系支援的企业占57.1%，欧美系独资、合资的企业占19%，其他名优产品占23.9%。可以说，是先进的制造技术确保了“世纪广场”的整体质量的稳定。因此从某种意义上说，天汽引进“世纪广场”的意义不在于产品本身，而是由此推动了企业的整体管理水平向更高层次的跨越。

（天津汽车工业(集团)有限公司　李维新）

跃进汽车集团公司

【概况】 由于中国申请入世、国家对汽车政策的调整以及各种信息的影响，消费者对入世后汽车价格下调抱有很大的期望值，不少人持币观望；同时又由于各厂家不断下调价格和新型车投放市场等多因素作用下，市场竞争十分激烈。跃进集团公司全体员工在相对困难的市场环境中积极拼搏进取，全年共实现汽车销售55714辆，同比下降18.57%，其中：依维柯系列13511辆，跃进轻型车36010辆，南亚英格尔、优尼柯系列6193辆。销售收入共计39.35亿元，同比下降19.73%。

面对严峻的市场形势，集团公司加大了南亚派力奥、依维柯和轻汽MPV新产品的开发力度，全体职工的市场观念和竞争意识正在不断增强，“卧薪尝胆，励精图治”。

【改造销售体系】 2001年起，各品牌的销售服务正式纳入三大公司(跃进轻型汽车股份有限公司，南京依维柯汽车有限公司，江苏南亚自动车有限公司)的管理运作中，形成了从产品设计、改进、生产、销售、服务、配件到市场信息反馈的闭合环路。

三大公司严格控制产品价格，整顿市场秩序，进一步完善销售网点、维修服务和配件供应网络；与此同时，三大公司加大市场开发，强化品牌宣传，结合集团公司的专用车整体发展规划，积极开拓各品牌专用车市场。

【调整产品结构，加快产品开发】 面对日趋激烈的市场竞争，集团各企业根据自身品牌特点，加大技术开发投入，三大系列品牌在整车延伸品种开发、技术改进以及适应国家《目录》转《公告》和环保排放工作等方面都取得了显著成效。

其中：

轻汽公司产品：高速环保车完成了外观改进以及气制动、双燃料和前盘制动等技术的开发；多功能车系列样车通过可靠性试验，并提前批量投产；底盘系列产品完成了宽桥底盘、低底盘、8米底盘和气制动客车底盘等产品的开发，排放达标。

南京依维柯产品：新产品系列完成项目可行性报告，正抓紧进行包括车身结构和生产工艺等的产品分析和设计工作；A59.12完成了整车改进和前后桥的国产化，并具备了批量试装能力；NJ2045军车完成了变速箱、轮胎、传动轴、减振器、保险杠等主要总成的军方生产准备评审以及前后桥总成性能和可靠性试验的军方验收评审，并通过了60%国产化率鉴定；NJ2046军用越野车完成基本型设计和整车定型试验，通过了军方NJ2046加长轴距整车方案评审;完成了A30装电喷汽油机整车试验、鉴定和生产准备,并开始批量生产。

南亚公司产品:英格尔完成新仪表板、内饰、前散热器罩、一体化前照灯、动力转向的改型设计;新产品PALIO完成了生产准备,该产品排放达欧Ⅱ标准。

针对国家《目录》转《公告》,三大公司及时组织申报新产品81种,载货车223种,保证了销售工作的顺利开展。另外,PALIO正式列入轿车目录,为2002年投放市场打下了基础。

【确保质量体系的有效运行】 2001年,跃进公司、跃进轻汽以及大全公司通过质量体系年度监审。依维柯公司通过了GB/T1900－2000标准转换复评认证,并着手ISO4001、1996环境体系宣贯工作。南亚公司通过了GB/T1900－2000标准的现场认证审核。南京汽车仪表厂、南泰铸铝公司及宁波跃进汽车前桥有限公司分别通过了QS9000标准认证。

2001年质量工作的主题是抓产品的可靠性,经实际抽查7辆整车15000公里试验,有3辆车达到首次故障里程≥3000公里的要求,有4辆试验车的综合扣分数达到≯1050分的企业合格标准。

集团公司"零缺陷交付"工程完成情况良好:考核10家安全件单位,有7家达到了99.7%的考核指标要求;考核21家重要件单位,有18家达到99.7%的考核指标;考核20家一般件单位,有17家单位达标。

南京依维柯公司完成改进项目11项;重大问题成立攻关小组并注重过程质量的改进;完成各类军车验收近千台,并进行了AUDIT检查;对29家分承包商实施质量体系评审;对28家分承包商的产品进行实物质量"飞行"检查。轻汽公司采取招标、公开竞争等形式,继续开展比质比价采购,与167家分承包商签订了产品质量协议;完成专项整改22个。南亚公司根据FIAT的检查标准,对ICP、TOC、VLO三项质量目标进行逐月分解提升,落实责任单位、责任人。

【加快改制、改组,焕发企业活力】 结合国家债转股方案,集团公司进行了公司制改造,与华融、信达组建的"南京汽车集团有限公司"将于2002年1月1日开始运行。

集团公司还积极推进零部件企业改制、改造和改组的进程。2001年零部件厂已完成改制8家。如与万向钱潮股份有限公司合资成立了南京万向汽车传动系统有限公司;与意大利布兰伯公司合资成立南京跃进汽车制动系统有限公司等。其他一些零部件厂也有了明确的改制方向,如新迪公司的可行性报告研究,设备厂、模具装备公司等也在积极地与外方商谈合资合作。

(跃进汽车集团公司)

中通车辆机械集团

【产销概况】 中通车辆机械集团(简称中通集团)成立于1993年,主要生产客车、汽车挂车、专用车及客挂车配套件,为公路运输提供服务。其成员企业绝大多数为原交通部系统的公路客车、汽车挂车、专用车企业及与之联系紧密的配套件生产企业。2001年,中通集团客车、挂车、专用车生产企业和我国汽车工业保持同步发展态势,产品产销量逐年攀升,经济效益稳步增长。

客车　据统计,中通集团35家客车生产企业2001年共生产大、中、轻型客车39371辆,比上年增加1055辆,增长2.75%。其中大型客车3049辆,比上年增加988辆,增长47.94%;中型客车26701辆,比上年增加665辆,增长2.55%;轻型客车9621辆,比上年减少598辆,降低5.85%。大、中、轻型客车产量之比约为1:9:3,分别占生产总量的7.74%、67.82%和24.44%。

全年共销售客车39705辆,比上年增加1304辆,增长3.40%。其中大型客车2883辆,比上年增加836辆,增长40.84%;中型客车26933辆,比上年增加959辆,增长3.69%;轻型客车9889辆,比上年减少491辆,降低4.73%。大、中、轻型客车销量分别占销售总量的7.26%、67.83%和24.91%。全年产销量见表1。

全年客车总产销率为100.85%。其中大型客车为94.56%,中型客车为100.87%,轻型客车为102.79%。年末库存2944辆,同比降低10.16%。其中大型客车276辆,同比增长176%;中型客车1668辆,同比降低12.49%;轻型客车1000辆,同比降低13.94%。

中通集团35家客车生产企业2001年1～12月份客车产销存情况见表2。

2001年,中通集团客车生产企业经济效益普遍有所提高。客车生产企业资产总计为1033437.62万元,同比增长4.1%;负债总计为561936.22万元,同比增长1.1%;总资产负债率为54.38%。产品销售收入为733137.22万元,同比增长15%;利润总额为34722.14万元,同比增长9.1%。有6家企业实现利润超过1000万元:郑州宇通集团有限责任公司(12131万元)、桂林客车工业集团公司(10131万元)、江苏亚星客车集团有限公司(6000万元)、中通客车控股股份有限公司(4003万元)、合肥客车制造有限责任公司(2507万元)、盐城中威客车

表 1　　2001 年大、中、轻型客车产销构成情况

车型	产量(辆)	占总产量比重(%)	销量(辆)	占总销量比重(%)
大型客车	3049	7.74	2883	7.26
中型客车	26701	67.82	26933	67.83
轻型客车	9621	24.44	9889	24.91

表 2　　2001 年 1~12 月份分月客车产销存情况　　(单位:辆)

月份	1月	2月	3月	4月	5月	6月	7月	8月	9月	10月	11月	12月
产量	3121	1688	2883	3416	2962	3397	3436	4194	4282	3072	3061	4039
销量	3278	1426	2674	3527	3222	3570	3392	3924	4376	3763	3276	4426
库存	3157	3419	3661	3556	3225	3007	3045	3315	3221	3530	3316	2944

(注:表中个别数字做过调整。)

表 3　　2001 年专用车主要产品的产销情况

	箱式车	自卸车	运油车	长轴距载货车	散装水泥车	集装箱半挂车	清障车	路面养护车和环卫车
产量(辆)	615	2333	101	686	162	536	31	106
比重(%)	13.64	51.05	2.21	15.01	3.54	11.73	0.68	2.32
销量(辆)	609	2299	111	739	162	541	27	112
比重(%)	13.24	49.98	2.41	16.07	3.52	11.76	0.59	2.43

有限公司(2074 万元)。

挂车、专用车　中通集团生产的汽车挂车产品包括全挂车和半挂车,专用车产品包括箱式车、自卸车、集装箱车、散装水泥车、运油车、路面养护车等等。2001 年挂车、专用车生产企业产销量继续增长,企业经济效益好转。

2001 年,列入中通集团统计的 20 家挂车、专用车生产企业累计生产挂车、专用车 12514 辆,比上年增加 2207 辆,增长 21.41%。其中全挂车 711 辆,比上年增加 134 辆,增长 23.22%;半挂车 7233 辆,比上年增加 1023 辆,增长 16.47%;专用车 4570 辆,比上年增加 1052 辆,增长 29.83%。全挂车、半挂车和专用车产量分别占生产总量的 5.68%、57.80% 和 36.52%。

全年累计销售 12590 辆,比上年增加 2370 辆,增长 23.19%。其中全挂车 712 辆,比上年增加 131 辆,增长 22.55%;半挂车 7278 辆,比上年增加 1142 辆,增长 18.61%;专用车 4600 辆,比上年增加 1097 辆,增长 31.32%。全挂车、半挂车和专用车销量分别占销售总量的 5.66%、57.81% 和 36.54%。专用车主要产品产销情况见表 3。

2001 年,挂车、专用车总产销率为 100.61%,其中全挂车为 100.14%,半挂车为 100.62%,专用车为 100.66%。月末库存 506 辆,同比降低 32.17%。

2001 年,挂车、专用车生产企业产品销售收入为 120408.77 万元,比上年增长 29.12%,利润总额为 -982 万元,总体仍为亏损局面。利润总额超过 100 万元的生产企业有 2 家:滁州市汽车改装厂(1406.3 万元),淮阴专用汽车制造厂(222.1 万元)。

【发展特点】　1. 客车产销量持续增长,专用车也有较好表现。从市场需求来看,公路建设力度加大,公路客运高速发展,车辆更新速度加快,市场对车辆需求大幅增长。从生产企业自身来看,生产能力和技术水平提高很快,客车生产企业出现了像郑州宇通、扬州亚星、中通客车、桂林客车等一批具有较大规模的企业,挂车、专用车生产企业通过技术改造,改组改制,加强了企业"软件"、"硬件"的建设,涌现出像滁州市汽车改装厂、淮阴市汽车改装厂、山东泰安交通车辆厂等在专用车行业中具有较强实力的企业,使新产品不断推出,满足和适应市场的产品越来越多,产量逐年增长。

2. 车辆档次提升较快。客运车辆是发展道路

客运的基本条件，道路客运的发展与客车生产的发展有着密切的关系。近年来，我国高等级公路发展迅猛，用户对车辆的需求档次不断提高。目前，全国范围正在实施交通部对道路客运企业进行经营资质等级评定，并在资质等级评定后按照企业的经营资质等级进行经营分工，对客车生产企业的发展与提高产生很大的影响，促进客车生产总量的增长，促进中、高级客车生产数量的增长，促进营运客车的及时更新，促进客车生产企业生产技术、产品结构的提高与更新。

随着公路建设的发展和车辆生产企业研发能力的提高，专用车的档次也有了较大幅度的提高。如山东泰安交通车辆厂生产的大型清障车、多功能冰雪融化喷洒车等，均具有较高的技术和工艺水平。滁州市扬天专用汽车有限公司生产的拉幕式厢式半挂车，引进德国技术，配备空气悬挂、ARS 和电子控制技术，整车性能达到国际先进水平。

3. 车辆产销集中度不断提高。由于汽车市场竞争的加剧，客车产销量进一步向少数企业集中。2001 年产品产销量列中通集团客车生产企业前 5 位的是：郑州宇通集团有限责任公司、江苏亚星客车集团有限公司、桂林客车工业集团公司、中通客车控股股份有限公司、合肥客车制造有限责任公司。

表 4　2001 年客车生产企业前 5 名的产销情况

序号	企业名称	生产量(辆)	销售量(辆)	产销率(%)
1	郑州宇通集团有限责任公司	10094	10057	99.63
2	江苏亚星客车集团有限公司	9433	9504	100.75
3	桂林客车工业集团公司	3953	3835	97.01
4	中通客车控股股份有限公司	2649	2717	102.57
5	合肥客车制造有限责任公司	1979	1938	97.93

这 5 家企业产销量之和分别为 28108 辆和 28051 辆，占总量的 71.31% 和 70.65%。

产销量列挂车、专用车生产企业前 5 位的是：淮阴专用汽车制造厂、滁州市汽车改装厂、山东泰安交通车辆厂、扬州江扬船舶集团公司特种车辆厂和天津环亚特种挂车制造公司，产量分别为 3390 辆、3040 辆、1334 辆、1050 辆和 636 辆；销量分别为 3405 辆、3027 辆、1350 辆、1050 辆和 642 辆。这 5 家企业产销量之和分别为 9450 辆和 9474 辆，占总量的 75.52% 和 75.25%。

（中国公路车辆机械总公司　甘金元）

微型车、轻型车生产企业

华晨集团

【概况】 1991 年，华晨以金融模式进入汽车业。10 年来，华晨在汽车业的投资已超过 50 亿元人民币，在国内已建成十几家整车、发动机、零部件企业组成的汽车制造体系。

目前，华晨的汽车产业主要包括：

金杯汽车股份有限公司。其整车主要产品是金杯海狮轻型客车系列和金杯轻型卡车系列。其中，金杯海狮轻型客车销量已连续 4 年位居国内轻客市场首位。

2001 年，金杯海狮销量稳步提高，目前市场占有率达到 65%，比上年提高 2 个百分点；轻型卡车年生产能力为 5 万辆。刚刚上市的金杯通用越野车，年生产能力为 5 万辆；正在国家有关部门进行项目审批中的中华轿车，设计生产能力为 10 万辆，如果项目进展顺利，将于 2002 年投产。

河北中兴汽车制造有限公司。其主要产品是中兴皮卡系列车，年生产能力 5 万辆。这家公司拥有冲压、焊装、涂装、总装四大工艺和一套国内最完整的进口皮卡车身模具，关键工位采用智能机械手操作，整套生产线采用自动化流水线作业。

中国航天华晨汽车有限责任公司。目前,这家公司正在对原中国航天下属的汽车业务进行全面重组。重组中的整车制造企业包括原三江雷诺公司及贵州的航天汽车制造企业,其中贵州航天汽车企业生产的皮卡、轻卡和轻型客车,年生产能力1万辆。

发动机企业主要有绵阳新晨动力机械有限公司、沈阳新光华晨汽车发动机有限公司、沈阳航天三菱汽车发动机制造有限公司。2001年,这3家企业产量近12万台。

10年来,华晨从汽车业的被动投资者,成长为一个以汽车制造为主体业务的大型企业集团。2001年,华晨汽车产业实现利润位居全行业第三位,排名仅次于上汽、一汽。华晨汽车业独特的发展模式为传统汽车产业提供了"新思维"。

华晨旗下的金杯客车制造有限公司被业内喻为"金客奇迹"。1995年,华晨接管金客管理权后,树立了以市场为导向、生产紧跟市场的经营理念,并明确提出,实现盈利性增长是企业生存、发展的基础。于是,从生产管理、技术改造、产品开发、销售策略上,金客公司进行了全方位改革。短短5年,金杯海狮车的销售从1995年的3000台,增长到2001年的6万多台,增长幅度达20倍;产品从单一品种,扩展到十多个系列、70多种产品。据国际权威机构研究报告显示,近几年,金客公司投资回报率高达30%,不但是中国之最,在世界汽车制造企业中也是不多见的。

华晨汽车业的迅速成长,离不开决策层对"自主发展"的深刻理解。华晨认为,跟产业资本合作,技术上有帮助,但"自主"上会很受限制。中国企业要发展,决策的主动权就要牢牢掌握在中国人自己手中,根据中国市场的特点,调整产品,从而提高企业在市场上的竞争能力。华晨提出,以资本为纽带,以全球化的眼光和操作方式,充分利用国际分工合作,实现民族汽车产业超常规发展的理想,概括起来就是:"中华"在我心中,世界为我所用。

1997年,华晨自筹5亿美元,利用全球化资源,自主开发出拥有百分之百知识产权的"中华"轿车。这款车在世界范围选择设计人才,选择先进的工艺设备供应商,开发采购零部件,并与国际惯例接轨,采用向零部件商支付开发费和开装模具费的办法降低零部件的成本。据测算,中华车成本与价格只有同类车型的1/2~2/3,从而保障了中华轿车在市场上的竞争力。

2001年,华晨还加大发动机研究开发力度,力争通过掌握关键技术,提高产品竞争力。

汽车业是资金密集型产业,用金融模式进入汽车业的华晨,在壮大其汽车产业上因其灵活的融资手段而具有其他企业难以匹敌的充足的资本支持。目前,华晨旗下以汽车业为主营业务的上市公司包括华晨中国汽车控股有限公司(纽约、香港两地上市)、金杯汽车股份有限公司、上海华晨集团股份有限公司。这3家企业为华晨汽车业架构了海外、香港、内地多元化的融资通道。

未来几年,华晨将采取"自主发展"与全球合作并举的战略,进一步扩大投资,利用其多元的融资手段,扎扎实实做好汽车产业,塑造一个汽车业独特发展的典范。

【拥有自己知识产权的中华轿车】 华晨是国内新兴的大型汽车制造企业集团。目前,华晨在汽车业的投资累计超过50亿元人民币,正逐步形成从高档轿车、中档轿车,到越野车、轻客、轻卡、皮卡等多品种产业格局。

华晨汽车销售公司有关负责人表示,2002年将上市的中华和阁瑞斯是华晨进入高档乘用车、高档商务车市场的两个"里程碑式产品"。未来,华晨汽车业将在细分消费市场的基础上,通过多品种、宽系列的一贯优势赢得发展空间。

中华轿车是华晨自主开发的一款高档轿车,其开发理念可以概括为:以资本为纽带,广泛开展全球合作,利用世界先进的技术、优秀的人才资源,开发适合中国国情,拥有国际一流车型、性能的高品质轿车产品。

中华轿车的开发设计是由世界顶级设计大师乔治·亚诺先生主持,整车性能验证由国际权威机构——英国MIRA公司试验鉴定。四大工艺设备供应商全部选定世界著名的德国汽车设备制造公司。配套件委托国际著名汽车零部件公司专门开发,并在全球进行采购,保证获得高质量零配件供应。

中华轿车的技术性能综合指标与世界先进产品同步,采用2.0到2.4升16气门多点喷射发动机,车身长4.88米,动力强劲、转向灵活、制动平稳、空间宽敞。

在安全性方面,其特有的断油保护开关、双安全气囊、侧门防撞杆以及电动防夹玻璃等为驾乘者提供全面保护;全独立悬挂系统、多维八角度座椅调节、前后座独立空调出风口等,令驾乘者更加舒适。

另外,这款车还采用双燃料原始设计,令排放更加环保。

中华轿车预计2002年下半年上市销售。目前,德国宝马汽车公司的技术人员正在线为中华轿车生产提供支持。

阁瑞斯是华晨引进日本丰田同步技术推出的一款全新高档商务车,车身采用半凸头式结构,驾驶室采用丰田研发的世界顶级水准的GOA设计,全方位保证驾乘安全。车体具备最新的正面、侧面防撞性能,高强度座舱的车侧、底盘及车门中柱,均采用结构强化材料,加上四门防撞 3RZ - FE2.7 升顶置双凸轮轴发动机,最大功率 105 千瓦,拥有惊人的载重爬坡续航能力,并且在节油性、宁静性方面表现出超凡的优势。

(李研)

长安汽车(集团)有限责任公司

【概况】 长安诞生于 1862 年,是中国历史最为悠久的工业企业。

跨越三个世纪,历经百年沧桑,长安一如既往地追逐着人类文明前进的步伐。1957 年,中国第一辆吉普车在长安诞生,1983 年,中国最有价值的小型车品牌"长安"诞生。

长安与汽车结缘,这是长安对社会进步的选择,是历史对长安发展的选择。如今,长安已经建设成为中国产销量最大的汽车及发动机一体化知名企业,拥有员工 2 万余人,资产总额 113 亿元,形成年产汽车 30 万辆、发动机 36 万台的生产能力,已累计向市场投放各型长安汽车 100 余万辆。

2001 年,长安产值、收入双双突破百亿元大关,成为重庆市及至整个国防系统第一家"双百亿"企业。工业总产值由 1996 年的 29.24 亿元增长到 2001 年的 118.44 亿元;销售收入由 1996 年的 32.11 亿元增长到 2001 年的 102.83 亿元;汽车产量由 1996 年的 78728 辆增长到 2001 年的 225399 辆;汽车销量由 1996 年的 78872 辆增加到 2001 年的 230220 辆;总资产由 1996 年的 58.92 亿元增长到 2001 年的 111.29 亿元。进入 21 世纪,长安继续保持着较强的发展势头,步入了一个飞速发展的时期。

目前,长安拥有六大汽车制造企业:"长安汽车股份有限公司"、"长安福特汽车有限公司"、"长安铃木汽车有限公司"、"南京长安汽车有限公司"、"河北长安胜利有限公司"和"长安跨越车辆有限公司"。据国际汽车协会按产销量排序,2001 年"长安"在全球汽车工业品牌中位居第 22 位。

长安从 19 世纪 1862 年的清末洋务运动中走来,在 20 世纪新中国改革开放的大潮中成长,在 21 世纪交汇的波涛中壮大,长安汽车,正开创着中国汽车文明发展的新纪元。

【长安福特汽车公司】 长安福特汽车有限公司成立于 2001 年 4 月 25 日,由长安汽车(集团)有限责任公司、长安汽车股份公司、福特汽车公司和福特汽车(中国)有限公司合资建立。

合资公司采用全资经营方式,通过合作经营和联合开发,不断提高合营公司的经营管理水平和技术水平。合营公司制造、销售家用轿车等及其零部件,提供售后服务与配件,并设立技术中心从事与汽车有关的研究开发工作。

长安福特公司初期投资总额为 81340 万元人民币,折合 9800 万美元。其中:长安汽车(集团)有限责任公司出资 19522 万人民币,占注册资本的 24%;长安汽车股份有限公司出资 21148 万元人民币,占注册资本的 26%;福特汽车公司出资 20335 万元人民币,占注册资本的 25%;福特汽车(中国)有限公司出资 20335 万元人民币,占注册资本的 25%。合营公司预计两年内建成投产,将首先生产适应中国家庭需求的轿车。

长安福特汽车有限公司坐落于重庆市渝北区,厂区包括车身车间、涂装车间、总装车间、技术开发中心以及行政大楼等主体建筑。

长安福特汽车有限公司采用了世界一流的产品生产、开发、测试设备和技术,建立了遍布全国的福特品牌经销商网络,让中国消费者享受到世界级的产品与服务。

(长安汽车(集团)有限责任公司)

哈尔滨哈飞汽车制造有限公司

【概况】 哈尔滨哈飞汽车制造有限公司成立于 1994 年 9 月 20 日,是哈尔滨飞机工业(集团)有限责任公司控股的子公司,是经国家批准成立的中外合资企业。公司占地面积 105 万平方米,建筑面积 35 万平方米,建有年产 20 万辆汽车的生产线,总资产 40 亿元人民币。公司有员工 5000 余人,其中高、中级技术管理人员 600 余人。公司目前的主要产品有:哈飞赛马、哈飞路宝轿车,松花江微型客车,厢式货车,微型单、双排货车共五大系列 70 多个品种。

2001 年,公司围绕"产品开发要出新成果,管理要有新突破,质量要上新台阶,技术进步要走出新路子,销售要实现新目标"的任务目标,狠抓落实,使新车型开发和技术改造工作取得突破性进展,企业整体管理水平进一步提高。全年生产汽车 138958 辆,销售 141774 辆,实现销售收入 36.57 亿元,同比分别增长了 13.89%、14.4%和 9.69%。

【新产品开发】 2001 年,公司坚持走"松花江中意"的开发道路,高标准、高起点、国际化,相继开发了哈飞赛马、哈飞路宝、哈飞民意和哈飞锐意 4 个新车型,使企业的产品结构发生了重大变化,形成了由微车生产向家用轿车生产过渡的梯次发展结构。

哈飞赛马是一款多功能家用轿车,是 2000 年批准同日本三菱公司的合作项目,该车型技术先进,科技含量较高,突出了以人为本,安全、环保的特点,拟于2002年投放市场。

路宝车是哈飞与意大利宾尼法瑞那公司第二次合作联合开发的另一款家用轿车。该车吸收了国际同类车型的优点,集中体现了欧洲风格与东方气质,经济灵便,满足国家排放和安全标准,非常适合家庭使用。公司还专门聘请英国莲花公司对该车底盘进行了操稳、噪声和平顺性等项目的优化设计,计划2002年下半年可小批投入生产。

除此之外,公司还根据中国不同消费者的需要,在松花江中意微型客车的基础上,自行开发出了哈飞锐意单排货车。为了进一步开发微车市场,公司自主开发设计了另一款满足国家安全和排放标准的全新客车——哈飞民意。

以上开发的几款新车型,2002年都将陆续投放市场。

【技术改造】 产品开发与技术改造是企业技术进步的重要内容。多年来,哈飞始终坚持产品开发和技术改造两个轮子一起转,用产品开发带动技术改造,通过技术改造促进企业技术进步,使企业规模不断扩大,技术水平不断提高。

为了适应和满足新车型开发、生产的需要,2001年,公司对生产线进行了新一轮较大规模的技术改造。新建面积15万平方米,设计能力为年产10万辆。生产线改造保持了国内同行业先进水平,并做到与国际先进技术接轨。同原生产线相比,技术含量与自动化程度明显提高,工人的劳动强度大大降低,产品质量也有了更加可靠的保证。

新改造的生产线主要用于哈飞赛马和哈飞路宝等新开发的轿车生产,并预留了进一步发展的空间。这次技术改造,还修建了近2公里长,由搓板路、重比利时路、扭曲路、波峰路和鹅卵石路5种路段组成的试车跑道,使公司的试验设施和手段更趋完善。

【改革与管理】 2001年,公司突出深化改革、细化管理的工作思路,以缩编减员、降低成本为重点,以强化"5S"管理为动力,使企业的综合管理水平有了明显提高,质量管理工作也跃上了一个新的台阶。年初,公司实施"缩编减员"举措,将原来12个处(办)的管理单位压缩为5部、一办和一个中心,使机构基本实现扁平化。在机构调整的同时,本着竞争上岗,末位淘汰的原则,通过考核筛选,有78人被充实到生产一线。为了解决国企长期存在的"脑体倒挂"矛盾,公司率先在设计人员中实行了每月从数百元至几千元的岗位特殊津贴,对稳定队伍和促进新产品开发起到了积极作用。

随着国内汽车市场竞争的日益加剧,降价往往成为各厂家首选的竞争手段。既要赢得市场,又要赢得利润,就必须把各项成本降下来。公司从人员、生产和采购三方面制定了一系列控制成本措施,使汽车成本得到有效控制,对全面完成全年的生产经营计划起到了至关重要的作用。

2001年,全公司开展了内容为"整理、整顿、清扫、清理、素养"的5S管理活动,使公司的现场管理工作发生了根本性的变化。所到之处,箱架、物品摆放井然有序,设备清洁,地面干净,玻璃明亮,随时随地都能够看到有人在清理和打扫,真正做到了物物有人管,处处有人管,同时也为质量管理工作上台阶打下了良好的基础。公司计划在2002年重新修订5S管理标准,并结合德国莱茵技术监督顾问有限公司的质量管理体系升级版(ISO9001:2000)认证,把5S管理工作提升到更高的水平。

(哈尔滨哈飞汽车制造有限公司　张学资)

江西昌河汽车股份有限公司

【概况】 2001年昌河汽车产销双双超过12万辆,不仅创造了公司年度销售量的新高,稳固了国内汽车行业10强及微车行业4强的地位,而且公司还以良好的业绩和形象于6月20日在上海证券交易所成功发行1.1亿股"昌河股份"A股股票,7月6日上市流通。3月份,"昌河"商标在中国国际商标知识大赛公众问卷调查中获得"中国最高认知率商标";9月份,公司被中国质量协会、全国用户委员会认定为"全国用户满意服务"企业。两大目标的胜利完成,实现了公司在新世纪的良好开局,奠定了公司稳步、快速发展的基础。

为保证在产品大批量生产的同时又能为用户提供充分彰显个性的产品,满足用户的个性化需求,公司面向市场,创新生产组织方式,确立了"满足市场、满足用户、服务销售"的生产方针和"订单市场化、组织及时化、成本最优化"的生产原则,构建了"规模定制生产"的管理模式——把零星的单件或小批量定制,集合成为有序的大规模生产组合。在新的管理模式驱动下,公司重新再造了生产管理流程,建立了快速响应用户需求的保障系统,实施了"混线生产、及时交付"生产过程柔性化的管理方式。新的管理模式实施后,合肥生产基地2001年订单生产的比重已占总产量的97.75%,海尔、海信、TCL、汇源、金六福等诸多享誉全国乃至世界的大型企业集团的售后服务用车以及全国许多地区的警务车、司法专用车都由该基地定制生产。而以"三化"为核心理念所形成的"微型汽车规模定制生产经营管理"的管理成果还以其突出的成效荣获"2001年度国家创新成果二等奖"。

【新产品开发】 公司本着“技术服务产品，设计创造需求”的开发理念，依托优化设计、联合开发的技术开发体制，进一步创新了研发机制，加快开发适应国家安全、环保要求的前突车和电喷车以及出口车等诸多新产品。截至2001年底，公司重点研制的两款前突车（CH6370、CH6352）按零级网络节点进展顺利，CH6370完成了工程详细设计和两台手工样车的制作，利用低熔点模具已投入模压样件的试制，第一批样件已完成。主要外协件的试制协议已签订，试制进度已经落实。CH6352完成了第一轮样车试制及碰撞，改动件已基本扩散出去。两车的生产线适应性改造方案已初步拟定，部分设备、工程开始招标和订货。符合国家环保要求的电喷车完成了现有系列车型21个型号的认证扩展和单、双排电喷车的开发试制，并上了国家公告目录。为开拓印度尼西亚、尼泊尔等国际市场，公司研制开发了符合当地驾驶习惯的右置方向盘微车，现已进入评审阶段。公司在本年度推出的两款颇具个性色彩的“昌河骏马”、“昌铃王”也以其靓丽的外观赢得了市场的不同凡响，拓宽了昌河汽车产品的市场和用户群体。

“北斗星”车改进改型和国产化是公司全年新品开发的另一项重点。截至2001年年底，CH6350（进口发动机）的国产化率已达61%，CH6350A（国产发动机）的国产化率达到85%。减配置型、半豪华型、豪华型等不同系列的“北斗星”已开发成功，装K12A发动机的CH6350B也进行了技术确认和认证试验，并开始了小批量生产。至此，“北斗星”已形成了从豪华型到减配置型的5个“星”级系列。

【质量管理】 为进一步强化质量管理，促进产品质量不断提高，公司抓住产品质量管理的两个关键环节：对外抓原材料、零部件供应的质量管理，制定了《昌河汽车零部件质量评级管理办法》、《昌河原材料、外购标准件、零部件合格供应商名录》等一系列质量规章，并在此基础上进行滚动考核，实施“优质优量、优胜劣汰”的动态管理办法；对内则加强全员质量教育，“我就是用户”、“上道工序为下道工序服务”的质量意识已深入人心。“质量一票否决权”、“三不放过”的质量考核制度，有效保证了工序质量和产品质量。内外质量的齐抓共管，进一步夯实了产品质量的根基，支撑了品牌架构，维护了“昌河”作为“中国驰名商标”的至高荣誉，赢得了广大用户的充分信任。2001年，公司还大力宣贯2000版GB/T19000族标准，围绕产品的实现过程——设计开发、采购、生产安装、检验试验、交付顾客、为顾客服务，全面开展了汽车产品质量管理体系认证工作，这预示着公司的质量管理工作将在更高标准、更为严格的起点上展开，产品品质也将日臻完善。

【基础管理】 2001年，公司在搞好主营产品产销工作的同时，以降本增效为主线的各项基础管理工作也在扎实、有效地深入推进。针对景德镇、合肥两地的生产平台和九江大型覆盖件的生产能力，加强产、供、销三方之间的计划、信息管理，每月一次的产供销协调会认真分析市场，制定计划，沟通信息，处理问题，切实杜绝因计划不实、信息不畅而造成的资源浪费；进一步加强募集资金和技术改造项目管理，编制了《募集资金投向零级网络图》，确保项目的实施、督促、检查按节点进行，向“昌河股份”的股东负责；严把日常技改项目的立项关、实施关及资金的预决算关，确保项目的必要、可行及资金节省；改变采购资金结算方式，对原材料资金实行“零”库存管理，以公司当月原材料消耗作为与厂商的结算依据，明晰管理关系，避免流动资金积压，减少公司损失。

2002年，公司将乘江泽民总书记视察昌河的东风，按照“十五”规划目标，以整车与发动机一体化建设为主攻方向，以“昌河股份”募集资金为支持，以技术、营销、管理的全面创新为动力，励精图治，奋力进取，全面提高公司综合竞争能力，创造新的辉煌。

（江西昌河汽车股份有限公司）

东南（福建）汽车工业有限公司

【概况】 东南（福建）汽车工业有限公司是在江泽民总书记等党和国家领导人的亲自关怀下于1995年11月23日注册成立，是迄今为止海峡两岸最大的汽车合资企业。秉承以两岸优势互补形式发展中华民族自己的汽车工业的理念，凭借海峡两岸一衣带水、同文同宗的人文地理优势，由台湾技术先进、资金充裕的最大汽车企业——裕隆企业集团所属的中华汽车公司与福建省汽车工业集团公司福州汽车厂合资组建而成。按照“总体规划、分期实施、滚动发展、稳健扩张”的经营模式，一期总投资9982万美元（闽台双方各持50%的股份），占地760000平方米，建筑面积88272平方米，拥有完整的冲压、焊装、涂装、总装四大工艺。自1996年正式投产以来，销售量年平均增长率84%，营业收入年平均增长率65%，利润年平均增长率101%，实现了投资少、成长快、效益高，在短短几年内取得快速成长的预期。2001年在轻客市场的占有率达到11%。

东南汽车在创立的同时，就带动了30家技术先进、具有国际竞争力的中华汽车公司配套厂同步投入设厂以建立完整的上、下游产业，形成占地面积2900多亩的现代化汽车城。东南汽车城是以成为中国模范汽车生产基地为目标规划，主要项目包含整车装配、钣金、化工、机电及相关汽车专业零件，一期年产能力双班可达 6 万辆,未来可逐步发展到 15 万辆至 30 万的规模。东南汽车城透过整车厂与配套厂地理位置上的紧密结合,可充分发挥库存省、交期快、式样改修快速等多重优势。

2001 年是东南汽车进一步快速发展、成绩卓越的一年。2001 年 6 月东南汽车成为国内首家通过 ISO9001:2000 版的质量管理体系认证的整车生产厂,并在一期工程竣工投产后短短两年内全面实现一期工程的生产纲领,2001 年 9 月顺利通过国家验收;2001 年 10 月份成功举办“携手共迎入世挑战——首届闽台汽车合作发展”论坛。2001 年全年产销量突破 3 万辆,全年总产值首次突破 50 亿元大关,在全国中外合资企业 500 强中名列第 100 位;汽车产销量在全国同行的排名进一步大幅提升,已跃居全国 60 多家轻客企业的第 2 位,全国 110 多家汽车整车生产企业的第 14 位,并在上海市蝉联了两届“最受上海市民欢迎的家庭休闲车”称号等,继续保持了快速稳健的成长势头,为未来持续的发展迈出坚实的一步。

【生产经营】 经济效益:东南汽车自新厂投产以来,营业收入及效益皆大幅增长。2001 年营业收入达 376198 万元,比上年增长 39%,生产汽车 31079 台,销售 30022 台,分别增长 60%、67%;实现利税 47434 万元,增长 53%;缴纳税金 27400 万元,增长 140%。

质量:为确保每一成车的品质,东南汽车在生产过程中皆以不将不良品流入下道工序为前提,建立完整的品管制度,以落实品质是做出来而非检验出来的原则。同时加强生产资讯即时化,生产线管理电脑化。在全国轻客质量统检 6 万里可靠性检验中名列前茅。由于东南汽车极为重视质量管理工作,对生产流程各道工序的产品质量进行了严格把关,2001 年的成车品质得到进一步提高,DE、DEⅡ平均减点数均为 15.2 点/台,达到了 18 点/台之公司目标;进料不良率为 476PPM,亦达到 495PPM 之公司目标。

提升国产化率:在建立高国产化率产品优势的指导思想下,2001 年东南汽车在国内大力寻找技术力量较雄厚、产品质量比较过硬的汽车零部件厂商为东南汽车进行配套,目前已和国内 86 家具有优良品质管理能力的总成零部件厂建立配套关系,其中台资企业 56 家,东南汽车城内即有 30 家。至此,车体钣金、发动机、变速器、传动轴、转向器、座椅及内装饰件等主要总成均已完成国产化工作,DE 国产化率已达到 85.84%,DEⅡ达到 85.46%,两种车型的国产化率均超过 85%的年度目标。

营运管理:东南汽车公司有一套完善科学的管理制度,基本上满足了公司经营管理全过程营运工作的需求,各项工作均有作业标准,整个营运工作得到了有效管理,确保了公司的营运工作朝规范化轨道迈进。同时强化了资讯系统的开发运用工作。目前,在生产规划、营销、财务、行政等方面共开发软件系统 13 种之多,软件系统开发的完成,逐步地取代了原有人工作业,大幅度地提升公司管理的效率。

主要车型:根据国家批复文件,东南汽车公司的起步车型为“得利卡”11 座轻型客车。由于轻型客车在国内的运用范围极为广泛,为满足市场多样化的需求,使得利卡轻型车达到有需求便有车型供应之行销目标,东南汽车公司从成立开始即推出各式系列车型及专用车。目前公司累计已推出“得利卡”及“富利卡”系列 45 款各式轻型客车及专用车。其中“得利卡”系列自 1996 年 7 月第一台下线,目前已发展出单价从 10.28 万元到 27.1 万元,共 26 款车型。“富利卡”系列自 2000 年 3 月第一台下线,目前已发展出单价从 12.9 万元到 23.9 万元,共 19 款车型。

新产品开发:为进一步完善产品结构,使东南汽车在全国轻客市场占有更大份额,2001 年公司在原有生产车型的基础上,又开发出配备国产发动机的 DE 精明者和 DEⅡ生活家等适销的中低价位车型。东南汽车再次引领国内轻客行业的新潮流,受到广大消费者的热烈欢迎。新车型满足了国家环保规定及广大用户的需求,使东南汽车的绝大部分产品提前达到欧Ⅱ排放标准,为东南汽车迅速占据市场奠定了坚实基础。

【销售及服务体系】 东南汽车起步即确认销售、服务、零件及信息反馈四位一体同时到位的高品质销售策略,期望以严谨的成车品质及完善的售后服务工作,争取市场及广大用户的认同。同时为配合现有车型特性,东南汽车以由点而面、沿海沿江、自经济发达地区向其周边地区逐步拓展的策略,布建经销网络。2001 年对原有营销网点进行了全面的评估、筛选、重新布建,新增了部分优秀厂商。至 2001

年底，全国的销售网点已达395家、维修站网点258家、7家车辆中转站。在北京、上海、武汉、广州建立了四大零件中转库，并率先推动品牌专营展厅管理，开展4S展厅建设，增强经销队伍战斗力。

【发展规划】 2001年我国加入世贸组织，企业面临新的机遇和挑战，东南汽车在闽台合作的基础上，积极寻求更高的发展，应对未来竞争，拓展生存空间。以“十五”期间我国轿车工业发展之大好契机，东南汽车将抓住机遇，进一步拓展产品线，“深耕”轻客市场，开拓轿车市场，使东南汽车进一步介入更广泛的领域，扩大产品批量和市场影响，不断培育新的经济增长点。从而推动生产能力快速跃上双班12～16万台的规模，成为国内重要的汽车生产基地。

（东南福建汽车工业有限公司　郭海鹰）

长丰（集团）有限责任公司

【概况】 长丰（集团）有限责任公司是由中国人民解放军第7319工厂改制而成，作为长丰集团控股的湖南长丰汽车制造股份有限公司，是以生产轻型越野汽车为主导产品的国营大型企业，是在军队和地方政府关心支持下，经中国人民解放军总后勤部批准，由长丰集团公司、日本三菱自动车工业株式会社等9家单位为股东发起人，于1996年12月创立，长丰集团拥有47%股份。目前公司拥有大型冲压、组焊、净装、总装、检测五条生产流水线，形成了年产3万辆猎豹牌轻型越野车生产能力，已成为我国主要的轻型越野车生产基地。

猎豹汽车是湖南、军队汽车工业“九五”期间发展的重点，引进日本“三菱”汽车技术并与其合资，生产规模在全国中高档轻型越野车中位居第一，市场占有率30%。2001年生产轻型越野车10447辆，实现工业产值24.5亿元，利税2.6亿元，与2000年相比，产值增长21.9%，利税增长91%。

2001年长丰汽车（集团）有限责任公司与长沙汽车制造厂、长沙市经济技术进步投资公司共同投资组建了长沙长丰汽车制造有限责任公司，建成猎豹V6—3000整车装配、检测生产线。这标志着长丰集团开始由边远山区向省会长沙的战略转移。长丰集团计划把全部融资投向长沙星沙开发区和长沙长丰，使其向国际化、集团化、规模化、高度信息化的方向发展。

【发展前景】 “十五”期间，地方将投资30亿元集中扶持长丰越野车上规模、上水平，使之成为湖南汽车工业的航空母舰，即“十五”期末，长丰越野车产量将达5万辆以上，整车年产值100亿元，利税25亿元；此举还将带动零部件工业每年增加产值40亿元，利税8亿元。

近年来，长丰汽车在市场经济条件下发展很快，长丰汽车集团现有资产17亿元，设有长沙、广东、衡阳、永州4个基地和6个子公司、分公司，主要产品有4大系列60多个品种的6缸高档，4缸中档和大众型越野车产品。2001年，长丰集团在全国汽车行业产量排第25位，在轻客行业排第5位，在越野车生产企业中综合经济指标排第1位。

目前发展长丰猎豹的有利条件和机遇：

一是有较好的发展基础，在全国越野车市场中，长丰占有1/4以上的份额；二是全省推进工业化和扶持长丰的机遇；三是车型符合中国的国情，全国123万的公务车中，三级以上已经不足1/3，低等级公务车近2/5；四是越野车符合国际汽车消费的时尚趋势。世界越野车的发展经验是，在发展初期主要是集团购买，在发展成熟期则以私人消费为主。目前我国越野车市场正处在发育期，主要还是集团购买。近几年来，发达国家驾乘越野车日益成为一种消费时尚，它既可以作为休闲用车，又可以享受驾驶的惬意和快意。可以肯定这种消费观念将很快在我国形成；另外还有世界汽车业并购带来的机遇。2001年3月，戴克公司购买了三菱公司30%的股份，从而成功控股三菱，这意味着长丰猎豹已与北京切诺基、福建东南汽车成为一个大家庭。据悉，戴克高层有意对同在中国的上述公司进行整合和分工，由长丰集团重点生产越野车。

一汽集团吉林轻型车厂

【概况】 一汽集团吉林轻型车厂（以下简称吉轻厂）是中国第一汽车集团公司直属厂，中国汽车工业理事会成员厂，专业生产“解放”牌轻型、微型汽车系列产品和“吉林”牌农用车产品的国有大型企业。1981年3月，中国第一辆微型汽车在这里试制成功。1982年相继通过省级、国家级产品技术鉴定；1983年国家批准定点投入批量生产，当年成立吉林市汽车工业总公司；1987年加入解放汽车联营公司；1991年6月28日经国家国有资产管理局正式批准被兼并为一汽直属企业。

吉轻厂在国家“七五”、“八五”和“九五”计划期间，按照一汽集团公司的总体规划，完成了轻型车的开发、引进，建成了一汽集团公司轻型车生产基地。企业现占地面积85万平方米，建筑面积42.5万平方米（厂房面积24万平方米）；固定资产原值75529万元，拥有主要生产设备3364台，其中高、大数控设备151台。拥有以引进设备为主的7条大、中型冲压线，3条较为先进的车身焊装线，1条采用日本先进技术的油漆线，3 条整车装配线及 2 条由国外引进的全套整车性能检测线，具备汽车生产的四大工艺。2001 年，全厂共有职工 7224 人，各类专业技术人员 1419 人(其中具有高、中级职称人员 460 人)。

【主要产品】 现生产主要产品为"解放"牌 CA6440、CA6460/80、CA6471 轻型客车，货车及各类专用车，"解放"牌"佳宝"微型客车及专用车，以及轻型车系列驾驶室。现有年综合生产能力 8 万辆，其中整车生产能力 6 万辆，轻型货车驾驶室生产能力 2 万辆份。从而形成了三大系列近百种车型的多品种、宽系列的生产格局，成为一汽集团轻型车、微型车生产的主要阵地。截止到 2001 年 12 月底，吉轻厂累计生产、销售整车 25.7 万辆，完成工业总产值 183 亿元。

CA6440 轻型客车(11 人座)系 CA1020/26 系列引进日本技术而生产的轻型货车，其发动机为一汽引进美国技术生产的 CA488 机型，该车为一汽集团公司自行开发设计的国产车型。CA6350"解放"牌"佳宝"微型客车为自主开发产品，与国外联合设计，采用 DA465 发动机。上述两种车为吉林轻型车厂开发的国产车型。

目前，为迎接 WTO 的挑战及适应国际安全、环保、节能等法规的要求，完成了微型车闭环电子控制、燃料喷射的控制系统，轻型车正在进行匹配电喷发动机的控制系统。在提高产品水平的同时，吉轻厂严格贯彻 ISO9000 的质量控制标准，使产品从设计开发、生产、销售、服务均实施全过程"受控"，以不断提高产品在国外市场上的竞争能力。

【生产与销售】 为扩大产品在市场上的销售，吉轻厂先后在全国一些省市设立了 25 个销售驻外办事处。并从销售、配件供应、服务、信息四位一体上下功夫，做到以市场为导向，促进产品的不断发展。从 1999 年到 2001 年，吉轻厂的产销量 3 年迈了三大步。1999 年生产各类汽车 18227 辆，销售 18124 辆；2000 年生产各类汽车 37393 辆，销售 36275 辆，创下建厂以来最高纪录；2001 年，吉轻厂形势继续看好，生产各类汽车 48213 辆，销售 46038 辆，特别是"解放"牌"佳宝"微型客车增长势头强劲，增长率已跃居全国八大微型汽车生产厂家第二位。

【营销管理】 1. 用户需要——企业的产品取向。企业的产品只有得到用户的认可，才能实现其自身价值，这是决定产品取向的根本原则。一汽吉轻厂自主开发的 CA6350 微型车，根据用户需求，产品系列向两头延伸，开发出多品种的高中低档次的微型车，形成了从普通型向豪华型过渡的产品格局，将产品价格定位从 4～6 万元调整到 3～5 万元。一方面，为满足环保法规要求，开发出多点顺序燃油喷射、闭环控制电喷车，排放指标达到欧洲Ⅱ号标准要求；另一方面，为满足防碰撞要求，吉轻厂开发了 CA6360 微型车。此外，还推出了 CA6440E5、CA6471E1 以及经济型卡车等适应不同用户群体的产品。由于产品得到了用户的认可，"一汽佳宝"成为国产微型车的"五大知名品牌"之一，市场份额由 8%提升到 12%。

2. 用户满意——企业的质量目标。质量是产品的保障，也是企业取信于用户的根本。因此，吉轻厂在实际工作中，强调以强化质量保障体系为重点，严格贯彻落实 ISO9001 标准，坚持奥迪特评审，并在全厂建立了各级一把手抓质量、负全责的管理考核机制，将其列为业绩考核的重要内容，促进了产品水平的进一步提高，先后多次荣获国家、省、市颁发的产品优质奖、开发奖、用户满意奖。CA6440、CA6350 轻、微型客车，CA1026 轻型货车被中国质量万里行促进会授予"信誉产品"称号。中央电视台还在众多同类产品中选择该厂的产品作为大型纪录片《祖国》巨片摄制组的工作专用车。

3. 用户接受——企业的价格定位。产品的价格不是取决于企业，而是来源于市场，来源于用户。为使价格符合市场要求，从 1999 年起，一汽吉轻厂不断降成本，取得了明显的成效。1999 年降成本 1 亿元，2000 年降成本 4800 万元，2001 年实现单车降成本 5897.29 元，总计降成本 1.89 亿元。

为确保完成降成本的工作目标，吉轻厂提出了"引进一只狼，激活一群羊"的竞争机制，取消了独家供货，使所有配套单位全部参与市场竞争，迫使它们适应市场价格。对内实行养干分开，对外实行"比质比价"采购，使降成本降到了实处，产品价格定位满足了用户的要求，被不同阶层的用户群体所认可。

4. 用户方便——企业的营销理念。方便用户一直是吉轻厂的营销理念，特别是着重抓的 5 项工作是：信息渠道建设；营销网络及网络终端功能建设；强化服务、备品工作；再造基础流程；加强销售队伍建设，把全厂最优秀的人才充实到销售队伍，人员素质明显提高。"四位一体"的销售网络已经初步形成；服务窗口 24 小时为用户敞开，人员服务于展场，市场细分化，缩小服务半径为 80 公里左右，建立备品中心等，用户满意率大幅提高。"一汽佳宝送温情"活动辐射全国十几个省市和地区，得到用户广泛好评。在全厂员工中形成了一种人人为用户负责的氛围，"客户是全厂的用户"的理念已深入人心。

上海万丰客车制造有限公司

【概况】 上海万丰客车制造有限公司是万丰奥特集

团投资兴建的民营股份制企业，于2000年6月正式成立。公司成立之初便瞄准了国内快速成长的皮卡市场，在面临全国近30家皮卡生产企业激烈的竞争环境下，凭借万丰奥特集团的资本、技术实力及多年从事汽车零部件生产经营的成功经验，通过引进国际流行的日本五十铃皮卡车身技术，先后开发成功SHK1020单双排皮卡、SHK5020厢式货车等四大系列十多个品种的汽车产品。

作为上海汽车行业里惟一涉足皮卡生产的企业，上海万丰客车制造有限公司在2001年实现了惊人的一跃，目前已在国内同行中创出了产销率、回款率、增长速度以及综合实力居于领先的业绩，市场网络涵盖22个省、自治区、直辖市，市场占有率在沿海和经济发达地区高达30%以上。

【新品求精】 万丰皮卡的优势是从小处着眼，在设计上突出“精”字，在技术配置上突出了产品的个性化。如，普通型配有动力转向系统、电动门窗、中央遥控门锁等；新款改进车型，以俊朗、流畅的外形设计，色彩亮丽的套色油漆吸引了不少人的目光。其中配置491Q－ME型多点电喷发动机的各车型的排放均达到欧Ⅱ标准的要求。SHK1021M单排皮卡，是上海万丰公司出口中东、泰国的主导车型，加长型货厢，可承载875公斤，适合中、短途物流周转，是理想的“城乡货的”。SHK1021M汽油双排皮卡，外形是典型的五十铃款型，配有491Q系列电喷发动机，加上轿车化豪华舒适配置，可5人同行，“乘人载货两相宜”，特别适合中、小型企业及私营业主的多功能选择。SHK1021M柴油双排皮卡，配以五十铃技术4JBI发动机，经济油耗为百公里6.3升，动力十分强劲。

【发展靠实力】 上海万丰公司的快速发展，得益于万丰奥特集团强大的资本和技术实力的支撑，得益于坚持不懈地靠科学管理创效益。公司自正式推行具有国际水准的MPPⅡ、ERP管理系统以来，大大降低了在制品库存成本，科学的物流管理，提高了生产物料供应的及时性和准确性，特别是强化“以销定产”经营机制，大大提高了资金运行效率。2001年，集团顺利通过了ISO9001认证，标志着万丰公司在质量控制体系管理上质的飞跃。目前万丰公司已拥有现代化的技术研究中心和两大整车生产基地，二期工程建成后将具备5万辆车的生产能力。

【市场靠诚信】 企业的综合实力是企业生存和持续发展的保证，市场拓展则依靠诚信来维护。万丰公司把2002年作为“营销服务提升年”，对目标市场进行系统的服务，以保证客户的利益。目前，企业在全国20多个省、自治区、直辖市已拥有汽车销售、服务网点126家，在市场拓展方面，万丰公司已形成快速市场应变的能力，除向网点提供全面的技术支持外，公司还增设了更多的800免费服务热线，建立用户详细档案和回访制度，在主要目标区域市场设立备件中心库，降低配件价格，以及结合区域市场特点开展形式多样的服务优惠活动，从而巩固和提升了上海万丰汽车的品牌忠诚度。

（张淑雯　陈学柳）

安徽江淮汽车集团

【概况】 安徽江淮汽车集团是安徽省最早确定的15家重点企业集团之一。2001年汽车产销量51300辆，在全国汽车企业（集团）中排名第11位，实现销售收入24亿元，产品远销欧洲、南美、中东等地区，创下连续12年平均增长50%的业绩。江淮底盘连续5年占据国产客车近40%的市场份额。江淮集团现已发展成为一个跨地区的大型企业联合体，共有成员企业60多家，2001年7月23日集团获准发行股票，8月24日正式开锣交易。

江淮集团主导产品有：1～4吨轻型载货汽车、6～12米客车及客车专用底盘、6～12座瑞风商务车以及相配套的汽车驱动桥和变速箱与零部件总成。其中瑞风商务车是新开发的主导产品，是引进韩国现代汽车技术生产的多功能车。该车为三排座椅，具有较高的舒适性、安全性、环保性和经济性，广泛用于公务、商务和家庭休闲于2001年投放市场。

江淮汽车在全国设有120多家一级经销点，200多家二级经销点，产品通销全国。

【江淮集团技术中心】 技术中心成立于1994年11月，是安徽省第一批11家企业技术中心之一，主要职能是新产品、新工艺、新技术的研究与开发；开展重大技术成果精华及消化吸收国内外先进技术，进行二次创新；制定技术进步和创新的中长期规划；对重大创新项目进行论证和实施；对多家公司的技术创新工作提供系统指导、咨询、评价和服务。

技术中心现有工程技术人员650人，其中高级工程师82人，工程师245人，中高级职称占技术人员50.3%，博士后1人，博士研究生1人，硕士研究生56人，享受政府津贴的青年专家1人，进入省厅级专家网7人。

技术中心成立以来，新产品开发方面取得较好成绩，仅2000年就开发新产品60多种，平均不到一周就开发出一个新产品，还成功地实施了CIMS应用示范工程。该项目列入国家863高技术发展计划，成为安徽省进入“863”技术发展计划的两家企业之一，先后跟韩国现代公司、清华大学、同济大学、合肥工业大学等国内外科研机构进行多种形式的技术合作和联合研究。

大、中型客车生产企业

2001 年我国客车业的新发展

【概况】 2001 年我国客车业的状况：一是客车（包括大、中、轻、微）产销量第一次超过载货车，排到了三大车种的第一位；二是大型客车的年产量第一次超过 1 万辆。我国客车和载货车的这种发展格局，符合世界客运大于货运的总的发展趋势。

载货车是我国的传统产品，在三大车种中曾占到 60%以上。2001 年我国三大车种的产销量虽然都有增长，而且重型载货车的增速是最快的，但载货车总的增长幅度仅为 6%～7%，总量约 80 万辆，而客车的增长幅度则接近 20%，总量达 82 万辆左右，载货车在汽车产品中的比重只占到了 30%左右，其长期的“霸主”地位不得不让位于客车。

客车的增量虽然很大，但各种车型表现不一。最抢眼的是高档大型客车，增幅在 40%以上，总产量第一次超过 1 万辆；中型客车的表现也不俗，增幅达到 30%以上；轻型客车的增幅在 12%左右；微型客车的增幅虽然在 20%左右，但由于其基数大，所以 2001 年的产销量达到了 50 万辆左右，为历史上最高的，也是客车增长的主力军。我国客车业近几年来之所以快速发展，主要原因是由于我国公路运输事业、旅游事业的发展和道路条件的不断改善，以及城市客车的快速增加和更新，为客车业带来越来越大的发展空间。

2001 年我国的客车产品不论在水平上、质量上，还是在档次上，都有不同程度的提高。合资企业瞄准国际水平不断提高自身的加工质量和工艺水平，并把一些先进技术用于国产客车的生产与开发，从而提高了国产客车的质量和排放标准，使得一些客车产品重新进入到北京等对排放要求严格的大城市。其中厦门金龙的发展模式值得客车企业借鉴。厦门金龙客车使用的是东风杭汽的底盘，厦门金龙集中力量做好上装，东风杭汽集中力量搞好底盘，两者很好地结合，保证了金龙客车的质量和市场份额的扩大，使厦门金龙成为客车行业的排头兵。虽然客车企业都在市场竞争，但由于生产能力与产量增幅是一致的，利润空间还很大，所以并没有真正感觉到竞争的压力和残酷性，以致新的客车企业还在不时出现。当这些企业发展起来，使市场空间变小的时候，才是关系企业生死存亡的真正实力较量的时刻。

我国轻型客车的发展状况是保持了上一年 20%左右的增幅，但产销量前三位的排序发生了变化。1998 年排在第一的南京依维柯落到第三，沈阳金杯上升到第一，而刚起步的东南得利卡后来居上，居第二位。其中沈阳金杯瞄准了 5 万辆的目标，东南得利卡瞄准了 3 万辆目标。依维柯使用柴油，省油、可靠性好，从十几座到几十座系列产品较多，很适合高速公路运输，企业只要紧跟市场要求，不断改进产品，还是可以赶上去。

微型客车增幅一直保持在 20%以上，仍然是客车中增长高的。微型客车适合购买力较低的群体，适合中小城镇城市化的发展，仍有较大的市场。

【营运、客车结构调整】 客运运力结构存在的问题和调整任务：

1. 客车运力结构存在的问题：当前我国营运客车客运运力结构和布局不尽合理，车辆总体水平不能适应公路特别是高等公路发展的需要。客运车辆大多技术性能较为落后，经济性、舒适性较差；老旧车辆多，安全性能差；运力布局不合理，农村线路上运力相对缺少，缺乏适合农民出行需要的车辆。

2. 客运运力结构调整的主要任务：以提高乘坐舒适性、运行可靠性和确保运输安全为目标调整车型结构。城市间高速公路和国省干线客运以及旅游客运，要由采用承载式专用客车底盘改装并且配备了 ABS 制动装置、储能弹簧制动器、空气悬架、冷暖空调、下置行李舱、卫生间以及电视、音响、饮料机等设施设备的高一级以上的客车为主来经营。城乡客运和农村客运则要由目前以普通客车为主调整为以中级客车为主经营；同时，要加大适合农民携带农副产品出行的客车开发研制及推广力度，做到人货分离，确保运输安全。短途客运引导使用高级中型客车；长途客运引导使用具备下置行李舱的大型客车；对山区和路面等级低的地区加快开发特色客车。

针对运力分布中存在的争热线、弃冷线和农村山区支线问题，综合运用行政的、经济的调控手段，制定相关政策措施，引导运力合理布局，更好地满足经济和社会发展对运输的需求。同时，要严格运输车辆市场准入，尽快建立以车辆综合技术性能状况为衡量标准的营运进入和退出运输市场的制度。

【结构调整效果明显】 1. 结构调整使客车档次快速提高。到 2001 年底，营运客车中高级客车已达 71482 辆，占营运客车总量的 5%左右（2000 年约 3%），2001 年新增高级客车 8000 余辆，极大地改善了乘坐舒适性，提高了营运客车运行安全。

2. 运力结构调整，促进了高等级客车需求量的增长。结构调整政策鼓励引导城市间高速公路和国省干线客运以及旅游客运，采用高级客车为主来经营。一批能耗高、性能差的老旧车辆被淘汰，一些技术先进、性能良好、高效低耗的高中级客车得到快速发展。

3. 客车档次提高，增强了客运时效性，提高了客货运输组织管理水平和服务能力；减少了交通事故，提高运行安全性，也促进高等级公路客车的发展。道路状况改善了，车速提高了，不可想像高速公路上突然转向失效或制动失灵的后果，也不能忍受因为交通事故或车辆抛锚堵塞交通的现象经常发生。为此，就要求在高速公路运行的道路客运车辆必须是具备较高的安全性能和可靠性的高等级客车。

【结构调整的管理措施】 1. 客运企业资质评定。2001年，全国范围内实施了对道路客运企业进行经营资质等级的评定，并在资质等级评定后按照企业的经营资质等级进行经营分工。这一举措的实施，除了能够推进道路客运业自身改变经营主体多、小、散、弱的现状，维护客运市场的正常秩序，调控客运市场运力与运量平衡，促进客运企业合理分工，优化运力资源配置，引导道路客运规模化经营和规范化服务以外，对客车生产企业的发展与提高产生了很大影响。客运企业资质条件对每一级企业拥有客车总数、中高级客车的数量、车辆座位数量配置、车辆平均新度系数都有严格的规定，从而促进了客车生产总量和中、高级客车的数量增长，促进了大、中、小车型比例的调整。加快了营运客车的及时更新，促进了客车销售对象集中度的提高，促进了客车生产企业生产技术、产品结构的提高与更新。

2. 营运客车类型划分及等级评定。从客车性能、配置上规范了营运客车的市场准入条件，使客车生产企业及运输企业有章可循，有力地推动了客车的技术进步和运输企业服务质量的提高。营运客车类型划分及等级评定结果将作为今后交通部门对客运企业资质评定、客运班线审批、客运定价的重要依据。2001年，结合道路客运企业资质评定工作，客车类型划分及等级评定工作进展顺利，再加上交通部统一《评定表》的发布实施，有效规范和加快了营运客车类型划分及等级评定工作。

3. 建立完善道路运输车辆进退运输市场管理制度。GB18565《营运车辆综合性能要求和检验方法》国家强制性标准的发布实施，为建立该项制度提供了技术标准依据。今后凡不符合该标准的车辆不得进入道路运输市场，已经进入而不符合该标准的要强制退出运输市场。

【宣传贯彻《营运客车类型划分及等级评定》新标准】 这是交通部在总结实施1997《营运客车类型划分及等级评定》的基础上，结合道路客运运力结构调整需要，重新修订的新标准，将于2002年7月1日正式实施。

新标准的特点：(1)更加注重乘客的舒适性指标，对悬架、座椅参数、座间距、空气调节、行李舱、车间噪声等提出了更加严格和合理的要求。(2)更加注重客车的安全性能，增加对部分等级客车无内胎子午线轮胎、制动器及蹄片自动调隙装置和底盘自动润滑系统和动力转向的要求。(3)解决了原325标准评定中出现的高级车不高的问题，突出了对高级客车装备及性能的要求，尤其是对ABS及悬架类型提出具体的技术性能要求。(4)结合我国实际并逐步和国际标准接轨。新标准许多参数采用了国际标准，吸收先进技术，操作性和技术性强。对原标准不合理的地方进行了调整，比如对行李舱容积提出按人均要求的具体指标，更加合理化；对比功率、最高设计车速、车内匀速行驶噪声和座椅间距作了适当调整。

交通部将加大新标准宣传和贯彻工作，并委托标准起草单位中国公路学会客车学会进行培训，包括客车生产企业和省级道路运政管理机构。要求各地交通主管部门切实加强标准宣传、贯彻和实施工作，并渗透到各级道路运政管理机构车辆技术管理人员、道路客运企业车辆技术管理人员和汽车综合性能检测站检测人员。

【进一步完善实施客车类型划分及等级评定制度】 1. 客车类型划分及等级评定对加强道路运输客车技术管理，提高旅客乘坐舒适性和安全性，优化车型结构具有积极意义。新标准为道路运政管理机构正确划分营运客车类型、合理评定营运客车等级提供了技术依据和方法。各级道路运政管理机构将以新标准实施为契机，进一步加强这项工作，真正将营运客车类型及等级和运输线路审批及核定运输价格挂起钩来。

2. 交通部要求各级道路运政管理机构要按照《关于印发关于进一步加强道路运输车辆管理的若干意见的通知》(交公路发[2002]57号)文件要求，按照文件规定的职责权限进一步加强对新进入道路运输市场的客车等级评定工作，并对在用营运客车等级进行年度复核。营运客车等级是道路运输客车年审的重要内容，等级评定和年度复核结果记录在道路运输证备注栏内。

3. 强化典型客车类型划分及等级评定制度。交通部典型客车类型划分及等级评定表目前已发布7批，这7批评定表的发布，对规范和完善营运客车类型划分及等级评定内容和工作程序，加快评定进程，方便地方道路运政管理机构进行客车等级评定工作，规范道路客运企业车型需求，引导客车生产企业积极开发适应道路客运市场需要的车型，起到了积极作用。在实施新标准的过程中，要求各级交通主管部门维护部典型客车类型划分及等级评定表的权威性和严肃性，严格按部评定表开展评定工作，对部未发布的客车车型，各地交通主管部门可按照标准或部评定表中的相关车型进行评定，严禁地方交通主管部门再对客车生产厂家的具体车型另行发布评定表或评定目录。

【规范典型客车类型划分及等级评定工作】 1．强化对典型客车类型划分及等级评定的动态管理。对车型落后、技术含量不足、不符合相关标准和国家政策(国家环保总局发布的环发[2001]136 号文件“停产车型目录”)、已经停止生产或有重大投诉的相关车型，在《典型客车类型划分及等级评定表》(1～7批)中予以剔除，对于新生产的已剔除的车型一律不予评定等级；对在用车型在 2004 年 6 月 30 日前仍可按《原评定表》的要求评定等级。

2．提高典型客车类型划分及等级评定工作对客车生产企业做大做强的引导力度，增强道路客运企业选购车型的集中度。加强所发布客车生产厂家及车型的代表性，逐步减少典型车型生产厂家数量，对生产量小、质量不稳定的客车生产企业，将取消其典型客车申请资格。新评定的典型车型必须适应营运客车市场需求和发展方向，必须采用客车行业的先进技术，必须符合国家的相关技术政策和生产许可，生产厂家必须拥有一定的规模和新产品开发实力，客车车型设计合理、美观，尽可能采用环保材料；该客车车型生产企业 2 年内没有因客车制造质量引起的人员伤亡事故和质量及售后服务投诉；等级必须是中级(含中级)以上。

3．对客车生产企业典型车型数量实行总量控制原则。总量控制指标为：《原评定表》已经发布的典型车型生产厂家，维持总量不变；对于《原评定表》中少于 5 个典型车型的客车生产厂家，可根据其生产销售情况和客车技术水平，适当增加典型车型数量，但增加数量应控制在 3 个以内；对于《原评定表》中没有车型的客车生产企业，典型车型原则上控制在 5 个以内。对保有量大、质量可靠、售后服务良好的客车车型的生产厂家可适当增加其典型车型的数量。对于原评定表删除的典型客车对应企业可申请新增同等数量的典型客车车型；在 2004 年 6 月 30 日以后，若客车生产企业自愿将《原评定表》中的相关车型删除，也可同样新增同等数量的典型车型。

4．规范典型客车申请和评定程序。交通部《典型客车类型划分及等级评定》技术支持委托中国公路学会客车学会，客车生产厂家自新标准实施之日起可直接向中国公路学会客车学会提出典型客车评级申请，申请表格式样文件已经发布，表格可在交通部网站或中通客车网上直接下载。《程序》对客车学会的受理时间、部发布周期等提出了具体要求，充分考虑了客车生产厂家的要求，体现了服务意识。发布周期大致按每 4 个月发布一次。

(交通部公路司　蔡团结)

附：

已申报营运客车评级的客车企业 2001 年销售量及车型汇总

项目 企业名称	全年销售额(亿元)	全年销售车数(辆)												已评级车型数
		总计	客车				卧铺车			公交车				
			合计	大型	中型	小型	合计	大型	中型	合计	大型	中型	小型	
98 个公司(厂)总计	283.75	154094	128553	14237	58725	55591	5059	4568	491	20482	10289	9730	463	999
厦门金龙联合汽车有限公司	31.28	10896	10557	2582	7975	/	/	/	/	339	289	50	/	38
南京依维柯汽车有限公司	18.70	10644	10644	/	1204	9440	/	/	/	/	/	/	/	14
郑州宇通客车股份有限公司	15.79	9387	8066	487	7499	89	1218	1095	123	103	14	89	/	94
牡丹汽车股份有限公司	14.20	13658	13413	128	2479	10806	/	/	/	245	165	80	/	38
江铃汽车股份有限公司	12.55	6911	6911	/	/	6911	/	/	/	/	/	/	/	6
厦门金龙旅行车有限公司	12.30	5119	5119	521	2626	1972	/	/	/	/	/	/	/	24
扬州亚星客车股份有限公司	10	7080	5018	93	4899	26	59	9	50	2003	897	1106	/	53
常州长江客车集团有限公司	9.6	6426	76	63	13	/	/	/	/	6350	3774	2576	/	4

项目 企业名称	全年销售额(亿元)	全年销售车数(辆)												已评级车型数
		总计	客车				卧铺车			公交车				
			合计	大型	中型	小型	合计	大型	中型	合计	大型	中型	小型	
安徽安凯汽车集团有限公司	8.145	2262(859)*	495	181	314	/	284	284	/	80	51	29	/	42
辽宁黄海汽车集团有限责任公司	7.40	3183	1528	1408	120	/	31	31	/	1624	1622	2	/	17
西安西沃客车有限公司	6.70	354	354	354	/	/	/	/	/	/	/	/	/	11
四川丰田汽车有限公司	6.60	2007	2007	/	2007	/	/	/	/	/	/	/	/	4
桂林大宇客车有限公司	6.58	1881	675	327	348	/	1206	1206	/	/	/	/	/	29
亚星－奔驰有限公司	5.05	2430	2253	1513	740	/	177	170	7	/	/	/	/	42
金华北方客车制造有限公司	4.35	294	254	254	/	/	40	40	/	/	/	/	/	13
江苏友谊汽车有限公司	4.02	4643	4176	18	1099	3059	/	/	/	467	/	467	/	18
湖南省三湘客车有限公司	3.88	1925	1538	196	763	580	107	82	25	235	32	172	75	31
贵州万达客车股份有限公司	3.69	3208	3208	69	698	2441	/	/	/	/	/	/	/	6
合肥客车制造有限责任公司	3.37	1938	1253	16	799	438	11	11	/	674	/	674	/	13
中通客车控股股份有限公司	3.26	2717	2259	115	1715	429	43	43	415	/	99	316	/	26
河南少林汽车股份有限公司	3.21	4298	4287	/	3135	1152	11	5	6	/	/	/	/	44
四川旅行车制造厂	2.89	3506	3506	/	582	2924	/	/	/	/	/	/	/	14
中国一汽无锡制造厂	2.88	1067	965	695	/	/	/	/	/	102	102	/	/	9
北京北方华德尼奥普兰股份有限公司	2.67	199	31	31	/	/	168	168	/	1	/	/	/	7
河北长安胜利	2.8	3847	3764	/	1045	2719	/	/	83	/	83		6	
广州骏威客车有限公司	2.54	1259	452	290	162	/	9	9	/	798	587	211	/	12
广东省佛山市飞驰汽车制修厂	2.50	432	428	398	30	/	4	4	/	/	/	/	/	/
沈阳沈飞日野汽车制造有限公司	2.256	651	546	476	70	/	16	16	/	89	89	/	/	3
扬州江淮宏运客车有限公司	2.22	956	956	/	956	/	/	/	/	/	/	/	/	/
盐城中威客车有限公司	2.20	726	63	22	41	/	663	662	1	/	/	/	/	12
江西新鑫上饶客车厂	2.17	1104	1074	734	203	137	/	/	/	30	30	/	/	5
海门市客车厂	2.10	1985	1632	/	1350	282	/	/	/	353	/	353	/	22
宁波神马汽车制造有限公司	1.98	1067	1046	110	153	783	21	21	/	/	/	/	/	15
桂林客车发展有限责任公司	1.82	1481	1440	36	1209	195	41	41	/	/	/	/	/	27
萍乡客车厂	1.80	1137	111	83	22	6	8	8	/	1018	430	563	25	4

项目 企业名称	全年销售额(亿元)	全年销售车数(辆)												已评级车型数
		总计	客车				卧铺车			公交车				
			合计	大型	中型	小型	合计	大型	中型	合计	大型	中型	小型	
中国扬子集团滁州客车公司	1.80	1894	645	58	587	/	/	/	/	1249	240	1009	/	11
天津伊利萨尔客车制造有限公司	1.72	176	176	176	/	/	/	/	/	/	/	/	/	4
成都客车股份有限公司	1.72	1510	116	2	42	72	2	2	/	1392	917	475	/	5
东风杭州汽车有限公司客车厂	1.70	1530	1089	168	44	877	20	20	/	421	216	205	/	5
重庆市客车总厂	1.50	1035	54	7	47	/	1	1	/	980	557	368	55	3
广东云山汽车厂	1.46	450	450	35	400	15	/	/	/	/	/	/	/	/
成都安达特种车辆有限责任公司	1.39	1648	1648	/	929	719	/	/	/	/	/	/	/	/
四川汽车工业集团公司	1.38	1308	1308	/	1308	/	/	/	/	/	/	/	/	/
东风特种汽车有限公司	1.34	1200	1200	/	1011	189	/	/	/	/	/	/	/	12
宁波吉江汽车制造有限责任公司	1.298	1238	1238	45	172	1021	/	/	/	/	/	/	/	2
广东富达企业集团客车有限公司	1.30	173	116	116	/	/	33	33	/	24	24	/	/	1
国营四达机械制造公司	1.30	780	371	80	135	156	97	97	/	312	/	142	170	/
重庆市川江车辆制造有限公司	1.20	684	684	16	303	365	/	/	/	/	/	/	/	3
高碑店中客华北汽车有限责任公司	1.20	810	810	/	810	/	/	/	/	/	/	/	/	3
北京交通客车制造厂	1.17	400	280	266	14	/	/	/	/	120	120	/	/	9
洛阳宇通汽车有限公司	1.16	1224	1224	/	1002	222	/	/	/	/	/	/	/	3
桂林桂联客车工业有限公司	1.10	386	366	55	311	/	20	20	/	/	/	/	/	33
中信机电制造公司	1.06	835	501	43	273	185	/	/	/	334	/	212	122	4
衡山专用汽车制造厂	1.04	938	938	615	323	/	/	/	/	/	/	/	/	
杭州江淮信腾旅行车有限公司	1.01	696	696	/	266	430	/	/	/	/	/	/	10	
烟台舒驰客车有限责任公司	0.995	629	592	74	518	/	37	37	/	/	/	/	/	23
成都强力山川客车制造有限公司	0.985	550	550	/	540	10	/	/	/	/	/	/	/	/
浙江飞蝶客车制造有限公司	0.95	1302	1302	/	60	1242	/	/	/	/	/	/	/	3
东风襄樊旅行车有限公司	0.92	600	600	25	49	526	/	/	/	/	/	/	/	/
张家港东鸥客车有限公司	0.90	1156	1156	/	478	678	/	/	/	/	/	/	/	/
长沙四星客车厂	0.89	852	852	/	378	474	/	/	/	/	/	/	/	4
四川客车制造有限责任公司	0.87	481	339	33	306	/	142	142	/	/	/	/	/	3

项目 企业名称	全年销售额(亿元)	全年销售车数(辆)												已评级车型数
		总计	客车				卧铺车			公交车				
			合计	大型	中型	小型	合计	大型	中型	合计	大型	中型	小型	
重庆专用汽车制造总厂	0.86	1145	1145	/	355	790	/	/	/	/	/	/	/	8
芜湖一汽扬子汽车制造有限公司	0.85	1200	1200	/	200	1000	/	/	/	/	/	/	/	12
宁波客车厂	0.80	805	805	/	510	295	/	/	/	/	/	/	/	/
长沙中汽梅花客车有限公司	0.78	482	482	/	349	133	/	/	/	/	/	/	/	9
昆明乾元汽车制造有限公司	0.75	171	171	53	118	/	/	/	/	/	/	/	/	2
东风汽车(惠州)有限公司	0.71	508	508	/	508	/	/	/	/	/	/	/	/	7
上海旅游客车厂	0.71	250	31	31	/	/	219	219	/	/	/	/	/	4
沈阳飞龙巴士制造有限公司	0.67	144	126	126	/	/	18	18	/	/	/	/	/	8
长沙汽车制造总厂	0.65	895	895	/	236	659	/	/	/	/	/	/	/	2
上海泸陵(集团)有限公司	0.61	485	73	2	/	71	/	/	/	412	/	396	16	10
云南航天神州汽车有限公司	0.55	461	461	/	143	318	/	/	/	/	/	/	/	4
贵州兴黔汽车厂	0.50	302	252	20	170	62	/	/	/	50	/	50	/	5
陕西汉中客车有限公司	0.50	363	329	17	130	182	34	/	34	/	/	/	/	2
新疆客车厂	0.49	266	84	79	5	/	182	182	/	/	/	/	/	/
广州五十铃客车有限公司	0.47	39	39	30	9	/	/	/	/	/	/	/	/	3
广州穗景客车制造有限公司	0.42	219	109	109	/	/	/	/	/	110	110	/	/	1
一汽大连客车厂	0.40	302	219	92	127	/	1	1	/	82	82	/	/	4
湖南省社会福利专用车辆厂	0.40	510	510	/	230	280	/	/	/	/	/	/	/	3
郑州轻型汽车制造厂	0.39	350	350	/	165	185	/	/	/	/	/	/	/	3
湖南省商用汽车厂	0.38	404	404	/	121	283	/	/	/	/	/	/	/	5
湖南汽车车桥厂	0.34	302	302	/	90	212	/	/	/	/	/	/	/	/
河北燕兴机械厂	0.31	402	402	/	52	350	/	/	/	/	/	/	/	/
河北客车厂	0.31	234	234	21	33	180	/	/	/	/	/	/	/	4
青岛太平洋客车有限公司	0.30	25	1	1	/	/	24	24	/	/	/	/	/	3
沈阳天菱汽车有限公司	0.29	279	279	/	225	54	/	/	/	/	/	/	/	5
上海汇众飞羚轻型客车厂	0.276	291	174	/	174	/	/	/	/	117	/	117	/	7
一汽延边现通汽车有限责任公司	0.25	119	119	/	/	/	/	/	/	/	/	/	/	2
贵州云马飞机制造厂	0.24	134	125	104	21	/	9	9	/	/	/	/	/	3
云南客车厂	0.20	103	47	16	24	7	50	50	/	6	/	6	/	4
武汉客车厂	0.19	125	125	47	78	/	/	/	/	/	/	/	/	5

企业名称＼项目	全年销售额(亿元)	全年销售车数(辆) 总计	客车 合计	客车 大型	客车 中型	客车 小型	卧铺车 合计	卧铺车 大型	卧铺车 中型	公交车 合计	公交车 大型	公交车 中型	公交车 小型	已评级车型数
甘肃驼铃客车厂	0.18	202	200	6	145	49	2	2	/	/	/	/	/	/
南宁汽车改装厂	0.159	287	287	/	118	169	/	/	/	/	/	/	/	/
永州客车厂	0.10	34	8	6	2	/	26	26	/	/	/	/	/	2
南京金龙客车制造有限公司	0.07	44	44	/	44	/	/	/	/	/	/	/	/	1
武汉富诚汽车有限公司	0.044	38	38	/	/	38	/	/	/	/	/	/	/	2
江铃金徽客车制造有限公司	0.038	10	10	/	10	/	/	/	/	/	/	/	/	1
江苏常隆客车有限公司	0.02	8	8	/	8	/	/	/	/	/	/	/	/	2

附： 已申报营运客车评级的客车企业

2001 年销售量及车型汇总分析

一、概况

2001 年 98 个客车企业全年销售金额约 284 亿元，共销售了约 15.4 万辆客车，其中客车(座位车) 12.8 万辆；卧铺车 0.5 万辆；公交客车约 2 万余辆，(详见调查汇总表)。

二、调查内容分类统计与分析

按 2001 年客车企业年销售金额分类

表 1 **单位：亿元**

年销售额	10 以上	5～10	3～5	2～3	1～2	0.5～1	0.5 以下	总计
企业个数	7	7	7	10	23	20	24	98
所占比例%	7.1	7.1	7.1	10.2	23.5	20.4	24.5	100

年销售金额在 3 亿元以上的企业约为企业总数的 1/5 强。

年销售金额在 1～3 亿元的企业约为企业总数的 1/3。

年销售金额在 0.5 亿以下的企业约为企业总数的 1/4。

按企业销售客车类型分类

表 2 **单位：辆**

销售车型	企业数	企业名称
客车、卧铺车、公交车	18	中通控股，陕西四达，广州骏威，广东富达，东风杭客，郑州宇通，云南客车，沈飞日野，成都客车，一汽大连，合肥客车，扬州亚星，辽宁黄海，安徽安凯，江西萍乡，湖南三湘，重庆客总，北京北方。
客车、卧铺车	19	宁波神马，桂林桂联，河南少林，广东佛山，沈阳飞龙，上海旅游，金华北方，陕西汉中，亚星奔驰，湖南永州，甘肃驼铃，烟台舒驰，贵州云马，桂林大宇，盐城中威，桂林发展，青岛太平洋，新疆客车，四川客车。
客车、公交车	15	贵州兴黔，一汽无锡，扬子滁州，厦门金龙，中信机电，牡丹汽车，江西上饶，江苏海门，东风汽车，常州长江，广州穗景，江苏友谊，上海沪陵，北京交通，上海飞羚。
客车	46	略

按销售客车类型分类(按 JT/T325—2002 标准分类)

表 3 **单位:辆**

类型 项目	总计	客车				卧铺车			公交车			
车型分类	/	合计	大型	中型	小型	合计	大型	中型	合计	大型	中型	小型
车辆数	154094	128553	14237	58725	55591	5059	4568	491	20482	10289	9730	463
比例%	100	83.4	9.2	38.1	36.1	3.28	2.96	0.31	13.29	6.67	6.31	0.3

说明:大、中、小型车型分类:大型 12m≥L>9m;中型 9m≥L>6m;小型 L≤6m。

按客车(座位车)销售量企业排序(年销 1000 辆以上)

表 4 **单位:辆**

序号	1	2	3	4	5	6	7	8	9	10	11	12	13	14	15	16
企业名称	牡丹汽车	南京依维柯	厦门金龙	郑州宇通	江铃汽车	厦门金旅	扬州亚星	河南少林	江苏友谊	四川旅行	贵州万达	中通控股	亚星奔驰	四川丰田	成都安达	江苏海门
销售车数	13413	10644	10557	8066	6911	5119	5018	4287	4176	3506	3208	2259	2253	2007	1648	1632
序号	17	18	19	20	21	22	23	24	25	26	27	28	29	30	31	总计
企业名称	湖南三湘	辽宁黄海	桂林发展	四川汽车	浙江飞碟	合肥客车	宁波吉江	洛阳宇通	东风特种	芜湖扬子	东鸥客车	重庆专用	东风杭客	江西上饶	宁波神马	
销售车数	1538	1528	1440	1308	1302	1253	1238	1224	1220	1200	1156	1145	1089	1074	1046	103445

2001 年销售客车 1000 辆以上的企业有 31 个,共销售 103445 辆,分别占企业及销售车总数的 31.6%及 67.1%。

2001 年客车(座位车)销售按车型分类

表 5 **单位:辆**

车型类别	大型				中型			小型	总计
合　计	14237 辆　11.07%				58725 辆　45.72%			43.2%	128553
车长 L(m)	L=12	11≤L<12	10≤L<11	9≤L<10	8≤L<9	7≤L<8	6≤L<7	L<6	
销售车数	1265	4495	3726	4751	9615	32902	16248	55591	128553
比例%	0.98	3.49	2.901	3.70	7.48	25.60	12.64	43.20	100%

2001 年高级客车销售量(按车长)分类

表 6 **(高级客车仅按销售参考价分类)单位:辆**

车身长度	12m	11~12m	10~11m	9~10m	8~9m	7~8m	6~7m	6m 以下	总计
销售车数	1490	5140	3330	1560	5660	9800	3320	18350	48650
比例%	3.06	10.6	6.8	3.20	11.63	20.1	6.82	37.7	100

高级客车销售量占全年销售量(154094 辆)的 31.6%,约占 1/3。
高级客车销售量中:7~9m 高级客车占 31.7%,约占 1/3。
11~12m(含 12m)高级客车占 13.6%,约占 1/7。
高级客车销售量中:大型高级客车(9~12m)占 23.6%,约占 1/4。
中型高级客车(6~9m)占 38.5%,约 2/5。
小型高级客车(6m 以下)占 37.7%。

(中国公路学会客车学会)

北京北方华德尼奥普兰客车股份有限公司

【概况】 北京北方华德尼奥普兰客车股份有限公司是在北京北方车辆集团有限公司的全资子公司基础上经股份制改造组建而成的豪华客车专业生产企业，总资产2.6亿元，设计生产能力为年产豪华客车500辆、中档客车1000辆。公司股东由北京北方车辆集团有限公司、中国华融资产管理公司、中国北方车辆公司、北方经济发展有限公司等6家股东组成。2001年6月25日正式成立"北京北方华德尼奥普兰客车股份有限公司"。公司董事长张忠，总经理杨一平。

自1986年引进德国尼奥普兰(NEOPLAN)公司客车技术、工艺装备至今，"北方－尼奥普兰"客车已经发展成为含高速客运座车、豪华卧铺车、旅游客车和特种车等共计4大系列30余个品种。其中10余种车型被交通部评定为大型高二级客车。公司研制的BFC6120型豪华大客车获1992年消费者信得过国产车金奖产品称号。BFC6122、BFC6120SD/2获1993年度国家级新产品、BFC6120—1、BFC120—1D、BFC6120—2M、BFC6120K等车型荣获中国旅游客车豪华高档五星级推荐产品。北方客车还先后荣获用户满意客车品牌奖、客车行业十佳品牌、世界客车博览亚洲展览会年度最佳旅行车制造商。

1990年9月，华德公司自行开发的电视转播车交付第十一届亚运会使用；1991年6月，华德公司被国家旅游局正式指定为首批4家"豪华旅游客车定点厂"之一。1997年，9辆北方客车满载中国人民解放军驻港部队官兵进驻香港；1999年，北方客车又随驻澳部队进驻澳门。"北方－尼奥普兰"客车为祖国统一作出了贡献。1997年12月24日，国家主席江泽民同志视察北方客车，并亲笔题词："发扬老兵工传统，开创北方车未来"。对华德公司全体员工给予了极大的鼓舞和鞭策。

北京北方华德尼奥普兰客车股份有限公司经过十几年的开拓进取，在不断的努力中发展壮大，北方客车市场占有率多年来稳居国内豪华客车前列。其中已有近千辆客车单车运营超过百万公里，充分体现了北方客车结构的先进性和性能的优越性；无大梁全承载式车架结构具有较强的抗冲击能力，能有效防止乘客发生意外伤害，并具备快捷的故障修复能力。北方客车已经成为国内高速客运和旅游用车的优选产品。

【新开发产品】 公司在十几年的发展过程中，时刻本着"诚、实、稳、新"的经营理念，不断研制开发适合国内市场的新产品，深受业内人士的青睐。BFC6110FG、BFC6890G就是针对国内旅游业的飞速发展，旅游行业对客车的迫切要求而开发研制的。BFC6110FG客车长度为10660mm，座位数为40个，适合多种人数的旅游团。因为底盘使用了"北方－尼奥普兰"高档客车的底盘总成配件，此车型也可作为长途客运车，其性能可以满足长途客运的需要。

BFC6890G中型客车采用尼奥普兰传统的无大梁全承载车架，ZF前后桥，空气弹簧悬挂，前悬为独立式，后悬采用"H"臂，四气囊结构，座位数33～37＋1＋1，可调式方向盘，电动后视镜，极大地方便驾驶员的操纵。该车有基准型，也可按用户要求生产适合不同使用条件的变型车，如经常行驶在山区坡路的车可增加缓速器。

此外，公司研制开发的超豪华水平的BFC6123、BFC6120—2D，是充分体现德国尼奥普兰研制技术的高档豪华旅游客车。BFC6123车型采用高地板、双层前风档的形式，可以根据用户的需要配装座椅、会议室、卧铺等多种型式，是目前国内市场超豪华客车的佼佼者。

2001年，该车作为交通部指定用车，用于新国线、京沪高速公路开通典礼上的指挥车，深受业内人士的好评。舒适的真皮沙发、电动按摩椅、宽敞的会议室、大屏幕液晶电视，使其优越性充分显示出来。"北方－尼奥普兰"领导中国高档豪华客车的新潮流。随着2008年的临近，华德公司全体员工将以饱满的工作热情，高昂的工作干劲，为打造高档豪华环保清洁的奥运专用车、城市公交车而努力奋斗。

上海申沃客车有限公司

【概况】 上海申沃客车有限公司(SUNWIN)由上海汽车工业(集团)总公司(SAIC)、沃尔沃(中国)投资有限公司(VIC)、瑞典沃尔沃客车公司(VBC)三方投资组成的合资企业，总投资9700万美元，注册资本5422万美元，中外双方各占50%。公司现有员工1200余名，其中工程技术人员190余名。厂区面积14万多平方米，建筑面积6万多平方米。具有年产2500辆城市客车、500辆城郊客车及底盘的生产能力。

上海申沃客车有限公司秉承VOLVO的核心理念"质量、安全、环保"和上汽集团"满足用户要求，提高创新能力，集成全球资源，崇尚人本管理"的核心价值理念。为了满足新世纪对中高档城市客车的需要，自2000年申沃客车成立以来，先后研制成功了采用国际先进的VOLVO B7R客车底盘的12米新概念城市客车、城郊客车以及低入口城市客车等新产品，并以动力经济性好、排放低、安全可靠、乘坐舒适、造型靓丽而受到欢迎。

2001年上海APEC会议期间，上海申沃客车有限公司精心打造的200辆VOLVO SWB 6120 KHV—3城市客车投放于上海公交市场，取得了良好的经济效益和社会效益，成为申城一道靓丽的流动风景线。该车荣获2001年度上海市级优秀新产品奖。一批VOLVO SWB6122城郊客车已销往上海和外地市场。根据世界人口老龄化趋势，申沃公司又开发、研制成功SWB6125LE低入口城市客车，并将在第二届世界客车博览会亚洲客车展会上展出。

为适应国家“西气东输”工程实施后能源结构的变化和响应上海市政府提出的加快调整上海能源结构、实施“空气净化工程——清洁汽车行动”的号召，在上海市府和上海市科委等部门的支持下，2001年4月，上海申沃客车有限公司研制成功了SWB6115KQ—3压缩天然气城市客车。35辆该型客车经过上海二汽公交公司一年多时间的试运行，单车平均行驶里程5万公里以上，因动力性好、排放低而受到公交企业和广大市民的欢迎。该型车荣获上海市优秀新产品三等奖。

申沃客车公司的产品在上海巴士股份、大众交通和外地公交公司的招标中屡屡中标；上海城市公交的龙头企业——上海巴士实业(集团)股份有限公司甩出了具有战略眼光的大手笔，向上海申沃客车订购1000辆VOLVO豪华城市客车，以更新主要景观路线的营运车辆，为提升上海城市公交形象再添新彩。

面对竞争激烈的客车市场，上海申沃客车有限公司(SUNWIN)对外打品牌、对内练硬功，以“质量、安全和环保”(Quality、Safety and Environmental care)为价值核心，遵循用户导向法则，奉行“顾客至上，服务社会”的经营理念，逐步建立完善的设计、生产和质量控制体系以及销售、售后服务系统，并以“精益高效、诚实守信”作为企业和员工的行为规范。

上海申沃客车有限公司(SUNWIN)的目标是以高质量、安全、环保的产品和热忱、健全、高效的服务投入市场，通过为用户创造价值，从而为股东、为员工、为社会创造价值，成为中国解决公共交通方案、客车制造和服务的首选企业，成为VOLVO客车集团中最好的企业之一。

【主要车型简介】

SWB6120KHV－3型城市客车 SWB6120KHV－3型城市客车是上海申沃客车有限公司成立后，利用合资企业优势，为满足新世纪对高档城市客车的需求，采用具有国际先进水平的VOLVOB7R客车专用底盘设计、制造的第一个车型。车辆长12m，额定载客量90人，最高车速≥78km/h，尾气排放可轻松满足欧洲Ⅱ号标准，进一步改进可达到欧洲Ⅲ号标准。主要特点：

1．采用先进的客车专用底盘B7R底盘，提升整车性能。装有VOLVO D7B型增压中冷柴油机、客车专用前后桥、ZF变速器、前后空气悬架、转向减振器等装置，可选装电涡流缓速器和ABS制动防抱死系统。底盘各系统选用国际著名汽车配件供应商的产品，各系统匹配合理成熟，车辆的操纵性、动力性、安全性、可靠性及平顺性与国产底盘相比有明显提高。底盘配置达到了国家建设部超级城市客车的要求。

2．配套动力采用VOLVO D7B型增压中冷柴油机，其最大功率为169kW(可选装191kW)，整车比功率高，可满足超级城市客车对动力性和安装非独立空调的要求。发动机的最低燃油消耗率为194～198g/kW·h，比同类国产柴油机低约5%～10%，因此，车辆在运营中的经济性良好。除了排气污染物可满足欧Ⅱ标准外，VOLVO D7B型增压中冷柴油机还具有噪声低的优点，整车的加速噪声仅为82～83dB(A)，优于同类城市客车。

3．将欧洲城市客车的风格与我国的民族文化艺术传统相结合，以大圆弧为基调，小圆弧过渡的造型设计，外形美观大方、线条流畅，加上明快的色彩相配合，已成为城市靓丽的流动风景线。

4．车内装饰和设施高档。宽大的德国“博的”双内摆门，方便了乘客的上下车。高大的粘接车窗和风窗使车内宽敞、明亮，并提高了车辆的防雨、防尘密封性。1600m^3/h的新风装置使车内保持空气新鲜。车内噪声低于72dB(A)，达到了国内同类城市客车的先进水平，使乘坐更舒适。地板革采用粘接焊接工艺，取消了接缝间的压条，整个车厢密封性更佳，地板更平整，清洗也更方便，充分体现了以人为本的设计理念。

SWB6120KHV－3型城市客车以其卓越的综合性能和精细的制造工艺已成为国内高档次城市客

车，并于2001年11月被国家建设部科学技术委员会评为超Ⅰ级城市客车；12月，被上海市科委评为2001年度上海市级新产品。

SWB6122(Ⅵ)型新概念城郊客车是专为城郊短途客运设计的客车，其特点是比普通城市客车车身较长、较高，地板离地高，最高时速可达113公里。

辽宁黄海汽车(集团)有限责任公司

【概况】 辽宁黄海汽车(集团)有限责任公司始建于1951年，1999年经批准由原丹东汽车制造厂改制为集团有限责任公司(国有独资公司)。下设11个子公司、3个分公司、4个直属分厂。截至2001年末，集团公司职工5521人，占地面积110万平方米，资产总额99586万元。

集团公司是国家重点发展的大中型客车制造企业之一，是国家定点客车及底盘的主要科研基地。1985年经中国汽车工业总公司批准，在公司设立了客车研究所，承担新产品开发和全国客车技术标准化行业管理工作。1996年经机械工业部批准，建立了客车质量监督检验鉴定实验所，承担客车质量检验和新产品鉴定实验工作。1998年公司技术中心被命名为"省级技术开发中心"。

集团公司一直以"构思一代、研制一代、生产一代"为原则，紧跟市场不断研制开发新产品。现有客车产品28个系列，29个品种，184个型号；专用改装车产品3个系列，13个品种，25个型号。形成了多品种、宽系列、大中轻、高中普并存，能满足公交、长途、旅游、团体等各种用途的系列化产品体系。部分产品填补了国内空白，并先后荣获"飞龙杯"、"中华杯"等40多项国家科技成果及优质产品奖。

集团公司拥有主要设备1730台(套)，其中包括4000吨汽车纵梁油压机、门式自动喷涂机等进口关键设备31台。拥有客车制造六面体生产线、漆前处理线等13条客车专业生产线，推行精益、柔性生产方式，实现了节拍流水作业。工艺装备和技术实力在数量、质量和规模效益上达到国内领先水平，部分接近或达到国际同行业先进水平。形成了年产客车整车4000辆，客车底盘2000辆，专用车及改装车2000辆的生产能力。

【经营与管理】 2001年集团公司以"创新、发展"为主题，以改革和科技进步为动力，以机制与管理、产品与市场、成本与效益为主线，以提高职工队伍素质作为保障，全面推进企业的制度、技术和管理创新，取得了较大的突破。

产销情况 2001年集团公司生产各类汽车产品3572辆，比上年3089辆增长16%。产品销量

3276辆，比上年3087辆增长6%。实现销售收入90071万元，比上年75139万元增长20%。

2001年产品出口，摩洛哥6980QS 13辆，马里5110GYY 4辆，巴拿马6102HSA 1辆，朝鲜6103HSC 1辆。累计出口交货值近400万元人民币。

制度创新 2001年集团公司按照《公司法》和《基本规范》的规定，以建立健全法人治理结构和完善落实"三会一层"条例为重点，规范了母子公司体系，建立了各负其责、协调运转、有效制衡的运行机制，集团公司的运行走上了法制化、规范化的轨道。

集团公司采取内部职工持股、社会法人参股等多种方式，进行子公司股权多元化改造，发展投资主体多元化的股份制或有限责任公司，改变了子公司股权过于集中、结构单一的现状。通过产权改革加快了子公司汽车零部件产品专业化和独立走向市场的步伐。2001年子公司及辅线单位外销收入达到3148万元，比上年2044万元增长54%，初步形成了面向市场，自主经营，自负盈亏，有较强竞争力的子公司群体。

集团公司进行"三项制度"改革，初步建立起了能进能出、能上能下、竞争上岗的用工机制。在分配制度上建立了对工程技术人员实行岗薪工资和项目承包制，对子公司和销售公司领导实行年薪制，对中层干部实行岗薪制，对销售人员实行费用大包干制，对生产工人实行全额计件工资制等适应市场竞争、推进改革激励机制，调动了职工的积极性。

产品技术创新 2001年集团公司以市场为导向，制定了集团公司"十五"技术创新规划。设立了产品开发基金，加大投入，提升开发的软硬件设备与手段。2001年自筹资金600万元对原"六五"老生产线进行了"非六面体中高档客车生产线"改造，形成了年产500辆的生产能力。一期工程2001年6月完工，当年共生产186辆，实现产值6536万元。

2001年集团公司全年开发新产品27项、34个型号，完成新产品试制车30辆。新产品产值42051万元；新产品销售收入42980万元，占总销售收入的

近50%。DD6100QS、DD6121HS3C等新产品均实现了当年开发、当年销售、当年见效。经过两年来产品结构调整工作，基本改变了原有客车造型老、功能低的形象，产品的性能、价格呈现出比较强的市场竞争力。

管理创新　为克服增支减利因素逐年增加给生产经营造成的压力，保证效益目标的实现，增强产品价格的市场竞争优势，集团公司确定了年降成本2500万元的目标。将目标分解落实到具体责任部门和人员，把控制采购成本作为降成本工作的重点，制定了招标采购规章制度和严格的奖罚措施，从制度、手段上规范和约束采购行为，2001年实现降成本增效益2530万元。

集团公司以贯彻ISO9001质量保证体系标准为主线，2001年集团公司所属车桥公司、座椅公司、零部件公司也分别顺利通过了2000版的ISO9001认证，提高了子公司产品质量保证能力和参与外部市场能力。集团公司质量管理工作进入了规范化、程序化、制度化的阶段，产品出厂合格率达100%，一次交检合格率达88.85%。

集团公司初步实现了企业管理信息化和客车生产制造系统的计算机排产，由原来的按车型整台分投入向按零部件排产与管理过渡，大大压缩了生产周期，降低了成本，提高了劳动生产率。

市场开拓　2001年集团公司把提高国内市场占有率、产品销售利润率、货款回收率和出口创汇率作为营销工作目标。制定出了巩固东北、恢复京沪、开发中西部的营销战略和多元化的区域营销策略。成功地开辟了南昌、贵阳、桂林、西安、银川等市场，并抓住客运企业资质等级评定的机会，加大促销力度。集团公司建立了一支近百人的技术过硬的专职服务队伍，在全国建立了65个特约技术服务站和19个配件供应网站。在售前、售中、售后服务各环节全面树立起“用户是上帝”的服务理念，提高了售后服务水平，全年无用户投诉。黄海客车以其过硬的质量、优质的服务成为国内客车行业知名的品牌，在用户中享有很高的信誉度。销售收入连续三年保持1个亿的增量，利润增长率连续两年突破100%。

（辽宁黄海汽车集团有限责任公司）

牡丹汽车集团公司

【概况】　牡丹汽车集团公司（以下简称牡丹集团）是目前国内最大的大中型客车生产基地之一，现有1家上市公司，2家小巴、轻卡专营公司及2家汽车附件、配件公司。主要经营6～12米车身的高速客运、旅游、公交及商务类客车。2001年，素有“中巴之王”美称的牡丹客车在以孙敏彪为首的新一届领导人带领下，务实高效、开拓创新，进一步理顺了公司体制，实现了股票的成功上市，抢抓市场机遇，推出两款新车型，充分发挥了中巴车传统优势，又营造了牡丹客车发展的新优势。2001年，牡丹集团销售收入25.21亿元；牡丹汽车股份有限公司销售15亿元，其中，中、大型客车销售额达1.97亿元，比上年增长52.27%。

【牡丹汽车股份有限公司】　牡丹汽车股份有限公司由江苏牡丹汽车集团有限公司等6家法人于1998年发起设立，因其规范的法人治理、良好的经营业绩、发展迅速的美好前景，符合中国证券监督管理委员会及香港联合交易所有限公司的各项上市规定，于2001年12月18日在香港联交所创业板成功上市，成为国内在香港上市的4家汽车厂家之一。

牡丹汽车股份有限公司经过近3年的拼搏，以先进的车身技术、优良的质保能力、健全的营销服务网络、明确的经营理念在全国同行业中树立起明显的比较优势，曾被誉为“中巴之王”的“牡丹”客车精益求精，一步一个脚印，发展成了国内中大型客车行业中的一朵奇葩。

【新品介绍】　2001年，牡丹集团凭借自身的科研开发实力，根据国内广大用户的需求，强势推出了三款新车型，以“高速、豪华、环保、安全、舒适”深深打动了广大用户的心，成为2001年桂林新品推介会上一道亮丽的风景线。

远程大型高速豪华客车　大圆弧外形、小圆角流线，给人耳目一新的全新感受。车型采用鸟笼式骨架，全承载车身，采用曼原装底盘、桁架式后置发动机。配有ABS防抱死制动、ASR防侧滑系统、GPS卫星定位导航和移动通讯系统、倒车监视器等。空气悬挂式车身、冷暖空调、可旋转式液压减震乘客椅、可调式驾驶椅、内饰全部经软化处理、可翻转式液晶显示器、车用冰箱和饮水器、电动除霜功能的倒车镜、电子组合式仪表、助力转向装置等人性化的设计，使驾驶更轻便，乘坐更舒适。

中短程豪华高速客车　车身外形优美，技术成熟，装有ABS防抱死装置和动力转向系统，配备后置式发动机，排放达欧洲Ⅰ级标准。配置了倒车监视器，大功率顶帽式空调、多碟VCD、除霜暖风机等，在每个座位顶部配有阅读灯及空调出风口。

低地板城市客车　按照人性化、舒适化、现代化的需求理念设计的低地板城市客车，新颖别致、经济便捷，具有大圆弧方基调、大采光、大容量的特点，已有豪华型、经济型两种配置。MD6851型低地板公交客车为豪华型，装有GPS卫星定位系统、流动字牌、乘客上下门自动切换监视器、IS无人售票系统和投币机，大宽度双内摆门、低地板，方便乘客上下。大视野前风窗、电动倒车镜使驾驶更加舒适自如。MD6102型城市客车为经济型，在确保安全、舒适、环保性能的基础上，采用气动折叠门，防锈钢板，内饰配置适当简化、简洁，在求新、求美的同时，兼顾了经济型公交的低成本需求。

【营销服务】 2001年是牡丹集团的“营销服务年”，公司上下齐心协力，将营销服务水平提高到一个新的水平：

确立品牌经营理念 自20世纪90年代以来，牡丹汽车先后荣获中国名牌产品、江苏著名商标、全国工业企业500强、全国消费者信得过先进集体等荣誉称号。牡丹集团全体员工视品牌为生命，遵循“系统思考、团队学习、用户导向、追求卓越”的牡丹理念，将“争取每一个用户，避免每一项遗憾”作为工作宗旨，将“抓可靠性、抓及时性、抓特殊性”作为服务的战略重点，珍惜每一次为用户服务的机会，以热情务实、创新高效的务实态度，给全体牡丹用户交上一份满意的答卷。

完善营销服务网络 目前，牡丹汽车已经在全国29个省、自治区、直辖市设立了销售办事处、直销公司和特约维修网点。并设立了海外市场部。牡丹轻型客车和货车已在南亚、中东、非洲、南美的20多个国家和地区实现批量销售。实行分销代理制，在有条件的地区有选择地设立总代理和销售分公司，营销服务实行一体化管理；在批量用户地区可及时加设牡丹服务站，分片设立总配件库和配件供应点，可随时协调各主要配套商的服务到位，为用户提供及时、满意的指导服务。

公示服务承诺内容 为进一步提高用户满意度，牡丹集团公开承诺：质量可靠——整车质量性能达到设计检测标准，产品出厂合格率100%，制作质量零缺陷。分档配置——整车基本配置符合行业标准，尊重用户选择，明码标价，货真价实，让用户高高兴兴选择，明明白白消费。规范指导——随车提供产品合格证、说明书、服务卡、随车工具，指导用户定期走合保养，明确三包项目、期限和定点服务联系方式。配件保证——分区域设点提供易损件。服务总部设立配件总库，各办事处、特约服务站设立配件供应点，按成本价向直接用户提供所需的各种配件。协调到位——公司售后服务部负责对各生产分厂、办事处、分销商、配套商、服务商售后服务工作的协调、考核和管理，协商各主机服务网点兑现服务承诺。重点倾斜——对重点市场、重点用户的服务需求，实行售后的重点倾斜，在网络调整、上门服务、配件投入和费用结算上实施特殊倾斜政策。新品跟踪——对于推向市场的新车型，建立跟踪服务制度，实行新产品跟踪服务，根据需要公司将派技术人员到用户单位现场指导服务，及时解决可能出现的问题，可根据实际需要增加服务费用、扩大服务项目，以消除用户的后顾之忧。监督考核——虚心接受用户的监督，售后服务卡公示的服务热线电话为监督举报电话，广大用户可以对各服务点、配套商及服务人员的工作态度、服务价格实行公开监督。

一汽无锡汽车厂

【概况】 中国第一汽车集团无锡汽车厂是国家定点生产高档旅游客车的专业生产厂，为中国一汽集团全资子公司，2001年生产大、中型客车总量为1057辆，轻型客车150辆。

贴近市场需求，大力研发新产品

1. 精心开发新型公交车。鉴于城市公交车呈现出低地板、低排放、加空调的需要趋势，并根据上海市客车管理处出台的安装大型电子路牌和车内通道顶灯的新规定和新要求，一汽无锡汽车厂组织技术骨干，三赴上海，三改方案，终于成功地开发出XQ6990SH6型新型公交客车。该产品不仅车身造型展现出公交市场流行的风采，而且具有底盘成熟、排放达标、空调效果良好等优点。新品投放市场不久，就得到了用户的广泛认可，成为一汽无锡汽车厂新的经济增长点。

2. 快速开发支线运营客车。8米长客车在城郊支线中具有良好的运营效益。根据上海城郊支线需要这种车型的信息，一汽无锡汽车厂自行开发底盘，用4个月的时间，成功地试制出XQ6892SH系列客车。为了抢得时间，利用春节假日，对该车进行30000公里道路试验。2001年3月，该产品在上海巴士公司举行的公开招标会上一举中标。

以上两种城市客车新品的诞生，为一汽无锡汽车厂巩固上海市场，继而打进其他城市的公交专线创造了条件。

3. 研发旅游客车新品，增强产品性能价格优势。同一产品比性能，同一性能比价格——产品的性能价格比是用户购车的主要标准。曾有一段时间，一汽无锡汽车厂旅游客车产品受到来自国内许多厂家强大冲击，厂方自觉增强“用户第一”的观念，成功地开发出XQ6990Y6－4型旅游客车。该产品采用大行李箱，中段架式结构，选购大马力国产发动机，既有较好的实用性，又有良好的经济性，性能价格比在价位50万元以下的中档旅游客车中具有相当明显的优势。XQ6990Y6－4在2001年下半年投产以来，销量逐月增加，现已成为攻打市场的拳头产品。

2001年，一汽无锡汽车厂获悉北京空军后勤需求机场餐车的信息。为了抓住这一市场机遇，他们在制定餐车设计方案中突出“用户第一”，派遣技术人员6上北京，9次修改方案直到用户满意为止，这一行动得到部队首长的高度赞扬，因而击败了同时参与竞争的其他3家，拿到了军事后勤装备部承制资格。目前，一汽无锡汽车厂研制的6990ZH型机场餐车已经顺利通过“二成一力”（成建制，成系统，形成综合保障能力）试验。2002年，将为空军机场批量供货。

树立精品意识，实施“精品工程” “用户第一”的理念，其核心就是要“以第一的质量造名牌汽车”。基于此认识，一汽无锡汽车厂制定了实施“精品工程”方案，明确了“三提高、两改造、一推动”的具体目标。所谓“三提高”，即提高全员质量观念，提高设计质量、工艺纪律，提高关键工艺、工序、岗位工艺装备水平。“两改造”，即对成熟产品和新产品进行改造。“一推动”即推动贯标工作。经过全厂上下的努力，实施“精品工程”取得阶段性的成果，尤其在“两改造”方面，取得显著成绩。

1. 提升旅游车成熟产品品位。XQ6990Y2-1旅游车经过“改头换面”之后，面貌焕然一新，内饰水平上了一个新台阶，被评为江苏省名牌产品。该产品首批20辆进入北京城乡后，获得良好的反映，起到了积极的市场效应。首汽公司一年中相继在一汽无锡汽车厂购车3批，成交80辆份，供车数量之多，在首汽名列第二。

2. 旅游车新品攻关见成效。XQ6110Y是一汽无锡汽车厂开发的技术含量较高的新一代旅游客车。为使新产品迅速成为商品，一汽无锡汽车厂专门成立攻关指挥部，在攻关过程中，开展“评审、整改、上能力”三项工作。XQ6110Y在第三届北京国际公用车辆展览会上被评为三星级产品。有了产品品位，便有了市场地位。最近中央警卫局向一汽无锡汽车厂订购10辆，XQ6110Y进入中南海的大门。

坚持诚信为本，提升服务质量 “把第一的服务送广大用户”，这是实行“用户第一”的理念。一汽无锡汽车厂在贯彻“把第一的服务送广大用户”的过程中，坚持诚信为本。围绕一个“诚”字，一汽无锡汽车厂不断完善，扩大服务网络，并制定优惠政策，确保销到各地的太湖车得到及时维修保养；成立备件分公司，保障备件供应；开展优质服务月活动，做到重点服务和巡回服务相结合，上门服务和走访保养相结合。

围绕一个“信”字，按照三包条例和赔偿规定，兑现赔偿金额，不让用户受损失。

心诚则灵。良好的服务工作换来了用户的回头率。在上海市场，一汽无锡汽车厂每年的销售量占销售总量的40%；在军队市场，总装备部的订单比上年增长70%；在华东市场，许多老用户再次光顾一汽无锡汽车厂。

一汽客车底盘厂

【概况】 2001年，一汽客车底盘厂深入贯彻“真诚合作共进双赢”的经营理念，通过改革内部运行机制，全面实施营销流程再造，构建“互动、共赢”的新型客户关系，市场竞争力得以全面提高。全年累计销售客车底盘7029辆，同比增长24%；装配汽车15179辆，同比增长10%；实现利润4800万元，同比增长127%。一举突破了销量近10年徘徊在6000辆的局面，创造了产量、销量、利润、人均收入4个超历史的新记录。

搭建信息平台，构筑信息网络，满足用户多元化、个性化的需求。在供求关系由“我生产什么，你买什么”转变为“用户需要什么我就生产什么”。一汽客车底盘厂将信息工程作为营销工作的先导，坚持以用户需求为导向，各项工作贯彻从用户中来，到用户中去的原则，设专人对用户信息进行微机管理和分析，并在此基础上编制《营销月报》，通过大量的信息集成——归纳——反馈，提高了信息利用的时效率和有效率，做到信息渠道通畅、传递及时，使信息工作在营销工作中的地位和作用凸现出来。

紧贴用户，加大信息量，不仅收集、研究行业发展动态、区域个性化需求，更要准确掌握竞争对手及客户在产品配置、价格方面的信息，通过区分——识别——互动——定制的方法，为产品研发和生产准备准确的市场依据。

2001年初，一汽客车底盘厂得知厦门金龙客车厂欲上高档旅游客车，并在广州、深圳等地进行城间客运的消息，一汽客车底盘厂主动上门洽谈。按其产品的市场定位，底盘厂设计人员夜以继日，边设计、边试制，选用日野柴油发动机和变速器、北方奔驰前后桥、美国进口动力转向、无内胎子午线轮胎、ABS等，快速开发出CA6100D122型高二级大型客车专用底盘，该型底盘以高动力性、高可靠性、高安全性、高舒适性和高性价比赢得了用户的肯定。全年用户共选用CA6100D122等产品359辆，比2000年增长68%。

积极迎合用户“口味”，使一汽客车底盘厂2001年新产品开发创记录达到了11个系列34个品种，改车型11个，使解放客车底盘谱系不断扩大。

突出品牌建设，提升解放客车底盘的市场知名度。一汽客车底盘厂奉行“以最好的底盘加最好的车身乘以最佳的配合系数等于用户满意”，努力建设由客车底盘厂、客车整车厂和用户为一体的共赢链。2001年，一汽客车底盘厂启动市场形象工程，销售不再是简单的售出产品，更重要的是经营“解放”客车底盘的品牌，并为此精心策划了一系列活动。

3月5日，在无锡成功举办了解放客车底盘2001年营销年会。会上，一汽客车底盘厂对客车底盘发展前景作了前瞻性的预测，以及据此推出的新的商务政策、新的产品以及高品位的企业形象展示，给与会53个厂家的100多名代表留下了深刻的印象。随后，厂领导带队相继走访了上海、西安、武汉等地的公交公司，并参加了北京客车总厂的用户座谈会、沈飞汽车厂的配套会议、广东骏威客车公司的用户座谈会以及桂林大宇的销售会议等，进一步增进了同用户之间的联系。

平衡好二级市场和终端用户的关系，加大走访力度，促进用户的潜在需求形成真正的有效需求。在中国城市客车协会举办的学术年会上、在交通部中通车辆总公司举行的客、挂车年会上，一汽客车底盘厂把握机会，充分利用行业会议向更多的用户进行宣传，让更多的用户了解和接触“解放”品牌。2001年全年与一汽客车底盘厂发生业务往来的客车厂达到80家，占全国大中型客车厂家的78%。

【整合营销体系，强化区域功能】 经过对全国客车市场的缜密研究和分析，一汽客车底盘厂按保有量、地域、产品特点和行业情况重新细化了市场。将市场划分为六大区域，配备了区域经理和服务人员，将信息、服务、备品、计划等功能分配给区域，使区域人员有了更大的自主权利。为了培养一支素质高、业务精、廉洁自律的销售队伍，一汽客车底盘厂每年4次组织销售人员集中学习产品结构、营销政策、市场形势和新产品研发动态，同时制定出销售人员考核办法，将销量与个人资金和岗位工资挂钩，更增强了销售人员的积极性。

坚持以大带小的方针，根据已经搭建的产品平台和市场信息，找出最有价值的用户和最有增长潜力的用户，有针对性地加大销售力度。2001年北京申奥成功后，北京市场提出“新北京、新奥运”的口号。一汽客车底盘厂及时抓住这一商机，派出人员加强对北京公交市场的调研，并同北京客车总厂的技术人员密切配合，适应客车底盘低地板、低排放的要求和发展趋势，以及遵循减轻驾驶员劳动强度和方便乘客上下车的原则，快速开发出CA6800D87、CA6121DK17、CA6121DK8等新型客车底盘。产品一经推出，即受市场认可，仅北京客车总厂一家全年要货就达1418辆，比上年增长了114%，成为客车底盘厂的最大用户。而且北京公交的强大辐射作用，又吸引了延安银川、新疆等地区公交公司的目光，纷纷到客车底盘厂选购合适的产品。

西南地区客车厂家分散，产量低，市场开拓困难重重，一直是一汽产品的空白区。为了打开这个市场，销售人员长期驻扎在当地，上门介绍该厂适应当地山区道路开发的产品，邀请用户到厂参观，以真诚打动用户。2001年10月，邀请了四川旅行车厂的技术处长一行来到客车底盘厂，他们看到强大的研发实力、整洁的生产环境和高质量的产品，当场选定了7.8米的CA6121D106客车底盘，回厂后专门为该底盘新建了一条客车生产线。在销售人员的努力下，成都客车厂、重庆客车厂也相继订购了这个厂的产品，2001年西南地区的销量增长了23%。

【转变服务观念，加大服务力度】 随着“解放”客车底盘市场保有量的增加，优质服务已成为客车底盘厂营销体系的重要组成部分，更是这个厂巩固和扩大用户的优势手段。

加大对最终用户的服务力度。2001年，一汽客车底盘厂改变以往以“驻厂服务”为主的方针，将服务工作的重点转向最终用户。采用“1+1”服务模式，充分利用各客车厂家的服务技术和力量，与之联合对最终用户进行服务，先后与北京交通客车厂、长沙客车厂、厦门金龙客车厂等厂家合作，分别对深圳运输公司、内蒙古运输公司、内江运输公司等30多个影响较大的最终用户进行了服务，受到了用户的肯定。

加大对大用户的服务力度。各地公交公司是客车底盘厂的主要客户群，2001年，销售给公交客车的底盘占一汽客车底盘厂总销量的52%。公交公司使用车辆数量大、车辆集中、对服务时间要求严格，一汽客车底盘厂投入大量的人力、物力，先后派出多名技术人员驻沈阳、哈尔滨、武汉、西安、北京、深圳、济南等全国20多个省市公交公司进行服务，以诚恳、快捷、高质量的服务赢得了公交公司的认可。

2001年4月，针对武汉公交总公司在全国公交系统影响大、且多年来一直使用“解放”客车底盘的情况，一汽客车底盘厂、一汽贸易总公司、一汽发动机厂、一汽武昌服务站、武汉公用客车厂等多家单位，在武汉公交总公司组织了一次“解放客车底盘服务日”活动，对该公司使用的车辆进行现场服务，并与下属分公司人员进行了座谈，听取用户对解放客车底盘的意见和建议。期间，还对该公司2名使用“解放”客车底盘创造30万公里和20万公里无大修的用户赠送了发动机。

加大对新产品的服务力度。为使投放市场的新产品尽快度过磨合期，一汽客车底盘厂坚持对新产品进行跟踪服务。CA6781D106 投放市场后，分别被四川旅行车厂、桂林桂联等厂家打制成客车，集中在成都地区使用。为此，该厂在车辆出线时，派出 2 名技术人员在成都地区专为这批车辆服务近 3 个月，在解决问题的同时，也将新产品的使用信息反馈给设计部门，使新产品得到不断完善。2001 年，一汽客车底盘厂共派出服务人员 157 人次，累计外出服务 2984 天，共为 100 多家客车厂、公交公司服务车辆 7396 辆，拉近了与用户之间的距离，为销售工作提供了有力支撑。

金龙联合汽车工业有限公司

【概况】 金龙联合汽车工业有限公司于 1988 年 12 月成立，由东风汽车公司、北京华能综合利用开发公司、厦门汽车股份有限公司和创新国际有限公司四方合股。公司总占地面积约 50 万平方米，包括厦门本部和苏州、武汉、绍兴 4 个生产基地以及 1 个集销售、售后服务和广告策划为一体的销售总公司。现有员工 1990 人，其中：各类工程技术人员近 400 人，占员工总数的 20%；博士生 1 人，硕士生 36 人，分别在产品开发、信息技术、生产管理、质量控制、财务、销售及售后技术服务等岗位担任骨干工作。

自公司创立，就一直以产品开发和市场开拓的经营方针，注重吸收消化世界先进技术，培养独立自主开发产品的能力，在技术上一直与国际知名零部件品牌如德国 ZF、MAN、美国康明斯、德纳、纽威、日本尼桑、三菱、日野等保持深层合作，并联合开发了一系列适应中国道路状况的高技术含量的产品，特别是在环保产品的开发上一直保持与世界先进水平同步。

XMQ6115

除厦门总部外，从 1997 年下半年开始，公司实行低成本快速扩张，又先后建立了武汉、苏州、绍兴 3 个生产基地，充分利用当地资源，就地配套、就近销售，不仅使生产能力得以大幅提高，生产成本也得以降低。这样，产品能够以更有竞争力的价格全面进入市场，而 4 地生产的单一化、系列化、专业化，也使产品品质稳步提高。

“品种齐全，性能价格比高，更新换代快”的产品策略使金龙公司跻身国内客车制造业的领先行列，目前金龙客车已形成五大系列共 50 多个品牌，涵盖从 6 米到 12 米的各型客车及公交车产品，年产能力 14400 台。产品销往全国各省大中城市，在旅游、客运、公交市场深具知名度，并外销亚洲、非洲、美洲和中东地区，市场保有量近 30000 台。

【2001 年业绩】 2001 年，金龙客车年产销量已达到 10200 台，销售额突破 31 亿元，分别占全国客车销售量和销售额的近 1/6 和 1/3，其销售额在全国 160 多家客车企业中排名第一。从 1990 年销售量 5 台、销售额 126 万元，到 2001 年，在十几年的时间里，金龙客车的销售量和销售额分别增长了 2475 倍和 2039 倍，其产销量平均每年以超过 90% 的高速增长。

2001 年，金龙客车成为第一个服务于北京“世界大运会”、上海“亚太经合会”和南京“世界华商会”等大型国际会议的国产客车品牌，向世人证明了国产客车的技术实力。公司还在全国各省建立了 200 多个维修服务网点，并进行计算机联网，为用户提供最快捷、及时、便利的服务。

2001 年，金龙客车在海外市场更是实现了批量化销售，伊拉克一次性就订购了 30 台大巴。同样，由于金龙公司产品质量好，管理水平高，英国一家历史悠久的客车制造公司——亚历山大公司经过多方比较，最终确认与金龙公司合作，为香港机场生产双层巴士，从 1999 年至今双方共生产了 200 多台双层巴士，这些巴士全部用于香港机场到市区的营运。

【新品开发】 为满足不同地区、不同行业、不同层次用户的要求，公司经过多年的努力，开发了 6 米至 12 米共 50 多个品种的各型豪华客车和公交车。各系列车型除了有标准型的“产品菜单”，还有推荐型产品菜单，包括不同动力配置的选型、冷暖气选装、座椅色彩面料的选配，以及卫生间、立体音响、闭路电视、VCD、上推拉窗等，供用户选择。对于特殊用户的“点菜要求”（例如采血车、牙医车、广播转播车、公安专用车），尽管数量少、功能配置特殊、制作难度大，但只要是用户要求，金龙公司都千方百计地满足。为满足用户对车辆外饰的装饰要求，公司还设计了几十种外饰色彩图案供用户选择。2001 年，公司开发了 6 个型谱系列客车：豪华客车 6115 型、6112 型、6791 型、6113E2 型，豪华城市公交客车 6890G 型、6103G 型。2001 年公司获得“世界客车博览亚洲展览会最佳外观油漆装饰奖”、“厦门市十佳工业企业”等奖项。

【信息服务】 为了让用户买得称心,用得放心,2001年金龙公司在全国各大中城市相继建立了近200个售后服务站点,并派出100多名售后服务人员常驻当地,检查车辆的使用情况,督促保养工作,及时消除隐患。公司早在1996年就率先在行业内开通了24小时服务热线,随时处理各种突发事件,并作出“72小时内服务人员到达国内任何现场”的承诺。为了确保维修备件供应,公司在全国建立了17个备件中心库,并在服务站设有相当储量的备配件。公司还不惜代价,实行航空邮寄紧急配件。为了更及时准确地掌握每辆车的使用和保养情况,金龙公司实行了车辆档案计算机化管理,并与全国各地的维修站联网。这样无论车辆在多么遥远的地区行驶,都能随时得到金龙公司最精心的呵护。

桂林大宇客车有限公司

【概况】 桂林大宇客车有限公司创建于1994年8月,合资前还是管理落后、产品单一的企业,而今一跃成为广西壮族自治区和桂林市的利税大户。工业总产值由合资前的1.3亿元上升到2000年的10亿元,年产达2000多辆,累计完成工业产值49亿元。而且就在其韩国母公司大宇面临破产被收购的严峻处境时,桂宇却未受到丝毫影响,在全国客车行业,桂宇的收益继续位居前列。

【用领先技术满足市场需求】 桂宇公司的迅速成长,最重要的原因是推出技术过硬、适销对路的产品。20世纪90年代,我国加大交通基础设施建设,在预测到豪华、高速的大宇客车将成为今后客车市场的新宠之后,桂宇公司果断地从韩国引进了BH120、BH115和BH116高速公路豪华大客车。在引进先进技术的同时,公司又在人员、设备、资金等方面加大投入,先后成立了CAD室和技术研究所。

产品技术领先,产品类型也随着丰富起来。桂宇公司一直关注提高产品的开发成功率。桂宇公司采用对同一产品进行设计招标的机制,充分调动技术人员的积极性,使产品开发速度由合资前的一年时间缩短到现在的几个月。7年间,桂宇公司已累计开发车型100余种,新产品的销量已占总销量的50%。

扎根西南、面向全国,一直是桂宇人的眼光,为了扩大在东北、华北、西北、西南、华东和华南等地区的市场占有率,桂宇采取了“请进来,走出去”的办法,如邀请使用桂林大宇客车的新老用户到公司参观,派业务负责人走访用户,征求意见。到2001年末,桂林大宇的客车产品已行销到全国31个省、自治区、直辖市,以及缅甸、越南等海外市场。

【个性化发展,突出性价比优势】 根据用户反映,桂宇产品的个性是马力大,底盘稳固,性价比高。桂宇公司十分重视保持产品的长期竞争优势。同时,产品必须在保证性能的前提下,才能进行更有力的价格竞争。而产品竞争单靠质量性能或单靠价格都难于取胜,最能说服用户的还是性能价格比。

要实现较高的性价比,就必须有效地缩减成本,要坚决杜绝浪费。在这方面,桂宇采取了很多管理办法,比如对公司的耗材进行公开招标,对各部门的开支进行严格的审批等。

桂宇的个性化不仅体现在产品上,而且体现在企业的发展理念上。如在市场占有率和利润的选择上的思路则与众不同。较高的市场占有率,并不等于较高的利润。企业要追求的是利润和附加值。不盲目拓展产品型谱和大幅面降价来占有市场。对企业来讲,市场占有率和利润都很重要。轰轰烈烈的外部形象重要,踏踏实实地务实,增强企业的内在实力也重要。为此,桂宇不惜将没有利润但有一定市场的车型果断砍掉。

桂宇选择了利润,从而保证企业始终具有旺盛的生命力,据有关资料显示,桂宇公司的产值在业内排名并不靠前,但桂宇公司创造的利润总值却名列前茅。

【大宇重组不影响桂宇发展】 在国际汽车行业全球一体化的快速演变过程中,中国市场比以往任何时候都显得脆弱。国际汽车行业的风吹草动已不再是“窗外事”,很可能给国内市场造成重大冲击。两年前,韩国大宇汽车集团宣布破产,此后的一段时间里,种种利空消息和不明朗的事态让桂宇经受了严峻的考验。

2001年9月21日,美国通用与韩国大宇债权人正式签订有关收购谅解备忘录。

通用汽车公司的主营业务是轿车,大宇客车将何去何从?2001年二季度利润下降74%的通用公司会不会将自己的产品策略应用到大宇客车?桂林大宇将受到哪些影响?

据公司负责人解释:美国通用公司收购的是大宇的轿车部分的意向,客车不包括在内。通用也没有收购客车部门的意向。大宇客车,包括境外的合资客车厂,继续走自己独立发展的道路是完全可以的,“独立”是产品策略、企业发展战略等方面的“独立”,而不是技术上的独立。

在大宇的海外合资公司中,桂宇是运转最好的企业。

(陶晓喆　刘小勇)

中、重型汽车生产企业

中国重型汽车集团有限公司

【概况】 中国重汽曾经有过辉煌的历史，然而，近几年由于种种原因，重汽集团在市场经济的激烈竞争中，经受了严重的挫折。2000 年中共中央、国务院站在发展我国重型汽车工业的战略高度，作出中国重汽改革重组的重大决策。2001 年新重汽的领导班子带领广大职工坚持解放思想，改革创新，使中国重汽实现了起死回生的重大转折，做到了一月好于一月，一季好于一季，一年好于一年。2001 年中国重汽共实现销售收入 62 亿元，销售各种汽车 10539 辆，出口创汇 4200 万美元，各项指标均比上年增长 90%以上。中国重汽的发展不仅仅是指标的增长，更重要的是核心竞争力的提高和机制的转换。经过一年多的工作，中国重汽的市场形象发生了变化，恢复了在重型汽车市场上的应有地位；产品开发进程加快，一大批受用户欢迎的新产品投放市场，成为中国重汽新的营销亮点；整顿和规范了基本管理制度，建立了内部竞争和激励机制，职工精神面貌焕然一新。新的中国重汽之所以出现如此可喜的局面，最重要的是新重汽的领导班子认真总结重汽的历史教训，树立了正确的发展观，坚持解放思想，科学决策，应当说这是坚持科学精神和全体员工共同奋斗的结果。

【认识市场，挖掘潜力】 随着我国高速公路和基本建设的发展需要，重型车正在向大功率、高标准排放过渡，中国重汽在重型汽车技术方面占有领先地位，产品性价比与进口车相比有相对优势，较为适应中国国内的消费水平，这正是中国重汽的发展优势。同时，与国外企业相比，我们更熟悉国内市场，熟悉用户消费习惯和消费心理，更容易贴近用户。经过十几年的市场运作，中国重汽拥有了一个比较完善的销售服务网络，在全国各大城市和用户集中的地区设立了 160 多家维修服务站，率先推出并注册了“亲人”服务商标；在中心城市设立了 12 个营销分公司，在全国范围内发展了 200 多家经销商和改装厂，形成了遍及全国的营销服务网络。各地分公司可以根据不同地区、不同用户的个性需求，提供与之相适应的产品和服务。“一切服从于市场、一切服务于用户”是中国重汽始终不渝的宗旨。目前重汽集团在分析市场形势的基础上，科学地提出了市场营销工作要实现“三个转变”：从适应市场转变为经营市场；从直销为主转变为经销商和改装厂联手销售为主；营销人员从以销售为主转变为以营销管理、监督服务为主。在全国范围内大力开展“5116”工程，即与具有一定规模的 50 家改装厂和 100 家经销商联手合作，形成经销体系和改装体系，树立 11 个示范服务中心，聘请 60 个信息员。并且具体地制定了营销政策，整顿和建立营销及售后服务网络体系，从而进一步拓宽了市场，挖掘了市场潜力，市场销售形势迅速发生了变化。不仅超额完成了 2001 年产销任务，而且预计 2002 年上半年即可达到 2001 年全年的产销量。

【创新技术，发展企业】 创新是一个民族进步的灵魂，经过一年多的努力，中国重汽在技术创新方面做了大量工作。2001 年共开发新产品 62 种，是重汽历年开发产品最多的一年。中国重汽开发的飞龙系列车型批量投入市场后，反应良好。正在着手研制的我国第二代 8×8 军用越野车顺利通过了评审鉴定，专家们一致评价：该车达到当代国际先进水平。10×10 军用越野车样车已通过道路可靠性试验，将为国防建设提供重要装备。中国重汽在技术开发上制定了完整的体系和明确的措施：一是坚持“三个坚定不移”，建立“四个平台”已经不是梦。“三个坚定不移”：即坚定不移地提升斯太尔技术，确保斯太尔汽车成为国内最好的重型汽车；坚定不移地抓好产品向上向下延伸，拓宽产品市场领域，实现产品结构调整；坚定不移地抓好对外合作，占领技术制高点。“整车的四个平台”：即通过合资合作，形成有当代国际先进水平的重型汽车平台、斯太尔技术提升后的中高档重型汽车平台以及斯太尔基本型平台和斯太尔飞龙系列中重型汽车平台。预计 2002 年底，四个平台样车可以全部形成，并且根据市场需求逐步形成批量。二是以科学有效的投资确保产品工艺和产品质量的提高。中国重汽经过反复调研和论证，已确立了“十五”期间产品发展的总体思路，制定了“两期工程，三步实施”的规划发展思路，2002 年将完成桥箱厂技改工程、车架线、焊装线、涂装线、总装线改造，以及欧Ⅱ车用发动机形成能力，欧Ⅲ发动机的引进研制开发等 15 个重点项目，建设国内最先进的车桥生产线、涂装线，采用数控冲孔、机器人焊装等先进工艺。通过改造，2002 年底形成整车 2 万辆的生产能力，重点工艺达到国际先进水平。三是坚持技术创新，最重要的是大力抓好人才和队伍建设。首先要提高现有干部队伍的整体素质，通过建立和完善人才管理和竞争机制，调动各级各类人员的积极性，为企业长远发展奠定人才基础。四是技术创新最关键是机制。通过深化企业内部改革，建立和完善了内部机制，2001 年重汽在实行聘任制和竞争上岗的基础上，2002 年将组织实施 20%管理岗位竞争上岗和5%的人员分流，进一步优化组织结构和人员结构，改革分配制度，逐步建立起上岗靠竞争、收入靠贡献的激励机制和约束机制。

【运用信息，提升管理】 重组以来，初步整顿和规范了基本的管理制度，实行了资金的集中管理和控制，建立了企业内部考核体系，使企业的运行走上了健康的轨道。今后将重点运用现代化信息手段，提高现代化管理水平，通过建立计算机信息平台，实现三个目标：一是优化购销存物流体系，建立物流配送中心。实现全部按订单装车，供应商选送件装配，解密零库存的神话。二是全过程实行资金监控，建立结算中心，实行收支两条线管理，彻底堵塞各种资金漏洞，加快资金周转，实现效益最大化。三是对市场信息、合同执行、用户档案、售后服务全部纳入计算机管理，逐步推行网上售车业务，实现销售服务与国际水平接轨。通过上述途径全面提升企业管理水平。

（马纯济）

重庆重型汽车集团有限公司

【概况】 重庆重型汽车集团有限责任公司（原四川汽车制造厂）是中国重型汽车的重要生产基地之一，是国家大型一档企业和全国100家最大交通运输设备制造企业之一，列全国500家最大工业企业第227位。公司在重型汽车行业率先通过ISO9001质量体系认证，被中国消费者协会评为全国52家用户满意企业之一，被原国家机械工业局授予“管理进步示范企业”。公司连续5年盈利，连续9年获“重庆市工业企业50强”称号。

公司位于重庆市，占地面积120余万平方米，现有固定资产原值55297万元，主要生产设备2000余台。在册职工近4000人，其中专业技术管理人员近1000人，具有高级专业技术职务人员近100人。公司生产的重型汽车由单一的军品发展成为拥有红岩、斯太尔两大品牌12个系列近600个品种、总重11～41吨、装载质量吨位涵盖5～25吨（牵引车可达60吨）的重型汽车家族，形成了10000辆重型汽车、20000根驱动桥、20000台转向器的年生产能力，不断形成新的经济增长点，满足了不同用户需求。

【主要产品产销状况】 2001年，公司的生产经营呈现持续上升、快速发展的态势。全年生产重型汽车7505辆，同比增长49.86%。销售重型汽车7568辆，同比增长50.82%，净增2550辆（相当于1999年全年的销售量，1999年销售2504辆），其中：红岩汽车销售5858辆，同比增长47.56%，净增1888辆；斯太尔汽车销售1710辆，同比增长63.17%，净增662辆。实现工业总产值（不变价）15.8亿元，同比增长

58.71%。实现销售收入13.4亿元，同比增长33.10%，净增3.23亿元，其中现款回收12.36亿元，同比增长74%，净增5.26亿元。全年出口汽车69辆，同比增长72.5%；出口创汇224万美元，同比增长75%。实现利润1621万元，同比增长4倍多。

【新产品开发】 2001年，重庆重型汽车集团有限责任公司以市场为先导，加快技术创新和产品开发研制进程，产品开发能力稳步提高。

公司快速研制和开发01军车项目，并实现向军方批量供货；成功开发了红岩6×6、6×4油田专用车、高原车和红岩8×4系列CQ1302BM426、CQ1382BM426、CQ1302BM366、CQ1382BM366车型和单级减速10吨级双联桥等，进一步贴近了市场；成功开发了红岩CQ8111、CQ8110、CQ8108三大系列14个品种的转阀式转向器，并形成批量生产，前景广阔。目前公司生产的重型汽车产品品种已达到500多个，根据国家经贸委《目录》转《公告》的要求，公司有577个车型已上《公告》，其中新开发的产品有168个。红岩CQ16T6系列汽车荣获重庆市人民政府2000年度重庆市科学技术进步二等奖，红岩CQ1191C56T载货汽车2000年被评为国家级优秀新产品。

（重庆重型汽车集团有限责任公司）

北汽福田汽车股份有限公司

【概况】 北汽福田汽车股份有限公司（简称福田公司）成立于1996年8月28日，是经北京市人民政府批准成立的跨地区、跨行业、跨所有制、多产业经营的上市公司。公司资产总额达31亿元，现有员工14000余人，是全国520家重点企业之一和北京市优中选优、重点扶持的企业，是首都文明单位和“双十佳”企业，荣获“全国五一劳动奖状”、“全国机械行业企业形象十佳”等称号，被誉为北京市国企改革的先进典型。

福田公司组织机构为职能事业部制，公司下设13个事业部，生产厂区跨京、鲁、辽、湘、鄂5省。公司产业经营领域为汽车、农业装备、建设、金融四大产

业，其中汽车为主导产业，主要产品有重型、轻型、微型全系列卡车、客车和发动机等。

福田公司自成立以来，以改革为动力，以发展为主题，按市场经济规律运作，4年迈出了三大步：

第一步，成立股份公司，建立现代企业制度。1996年8月28日，由北汽摩、江苏常柴集团等国内100家法人企业，按现代企业制度发起成立福田公司。100家股东分布于全国13个省、自治区、直辖市。福田公司成立一步到位建立起了现代企业制度，具备了高效完善的法人治理结构，实现投资主体多元化，真正做到了政企分开、权责明确、产权清晰、管理科学。

第二步，打通融资通道，实现产业和金融对接。1998年6月2日，“福田股份”在上交所开盘交易。此次股票上市发行流通股5000万股，从一级市场融资3.23亿元。转为上市公司，打通了资本运营通道，实现了商品生产资源与资本资源的对接，提高了企业金融能力，也使福田公司投资主体更加多元化，法人治理结构更加完善。

第三步，实施战略调整，营造新的竞争优势。自1998年下半年起，福田公司在保持快速发展的同时，开始了产业结构、产品结构、产业区位和管理区位的战略性调整。公司总部于2000年8月全部迁至北京沙河厂区，在北京形成了经营决策中心和战略管理中心。

福田公司成立6年来，通过不断加大技术、质量、管理升级力度，致力于提升企业及产品品牌形象，使企业及产品都获得了广大消费者的认可和喜爱，实现了高速发展。主要产品有欧曼重卡、风景海狮、北京奥铃、时代轻卡、奥铃皮卡等汽车产品，福田欧豹拖拉机、谷神虎、谷神豹等农业装备产品，福田雅阁门窗、型材和塑料挤出机械等建筑、建材产品。作为主导产业，公司目前已形成了年产20余万辆汽车的生产能力，在进入汽车行业的第三年——2001年，产销汽车突破10万辆，主营业务收入41亿元，资产总额由最初的1.44亿元增长到33.2亿元，创造了我国汽车企业发展最快的佳绩。初步形成了以汽车产业为主导，农业装备产业、建设产业、金融产业多产业共同发展的产业经营格局，为实现公司2001～2006年“新三步”发展战略目标奠定了基础。福田公司“新三步”发展战略，即经过6年的快速发展，福田公司至2006年，年销售收入突破360亿元，把福田公司建成多产业经营的跨国公司。

【产品开发，市场开拓】 福田历来重视产品竞争力的提高，始终坚持技术创新和产品创新，目的就是迎合大众的消费心理，追求超人一等的性能价格比。在福田公司，有一个多达700余名员工的技术研究院，为其产品创新提供源源不断的动力。同时，福田公司还在日本和台湾建立了自己的海外研发中心，在产品研发上，实现与国际接轨。仅在2001年，福田技术研究院完成各类汽车产品的设计开发项目43项，97%的新产品直接转化为经济效益。如今福田公司已形成5大类产品17个系列，共有300多个品种。

福田公司以“造福亿万百姓”为理念，为社会提供的产品与服务，有明确的指向——为中国汽车中的大众群体服务。在短短的几年里，福田公司凭借自身的经营能力和市场开拓能力，不断开创新的局面：其市场主力轻型卡车在投入市场后的第一年，年销量即达6.4万辆，一举登上全国轻卡销量第一的顶峰；第二年，福田轻卡又将销量提升到8.2万辆；到2001年，福田公司不仅连续3年稳居榜首，其市场占有率更是达到了70%绝对优势。不仅如此，福田公司是以跳跃的速度进入汽车起步与发展的“新干线”，在其他车型领域也是如此。当同行竞争对手研究福田轻卡跃进时，福田公司的“阳光轿卡”悄然上市，随即又生产出“风景海狮”，同行无不惊诧！2001年下半年，福田公司又在重卡业开辟战场，以欧曼重卡批量生产为标志，一个全系列卡车的战略发展框架已具雏形。

一汽集团柳州特种汽车厂

【概况】 一汽柳州特种汽车厂1994年3月29日经国家资产局批准，全部资产并入中国第一汽车集团公司，成为一汽全资子公司。全厂占地面积15.47万平方米，其中生产区占地面积11.41万平方米，2001年全厂职工475人，其中管理人员52人。固定资产11048万元，已安装设备450多台。

2001年汽车产销量首次突破5000辆，全员劳动生产率突破100万元人/年大关。完成工业总产值5700万元，汽车销量5616辆；销售收入71236万元；实现利税2611万元，其中利润1029万元。

【产品开发】 2001年，一汽柳州特种车厂加强与无锡柴油机厂的合作，率先推出160马力四缸中冷增压机，230、260、280马力水空中冷增压机。变速箱越配越大，在哈尔滨齿轮厂75公斤米箱基础上，又推出80、85公斤米箱，杭齿90公斤米箱，陕齿100公斤米箱七档富勒箱，八档带同步器箱，美国伊顿150公斤米箱，与此配套的Φ380、Φ400、Φ430M/M离合器相继采用。这些大总成的使用，为大吨位汽车的开发奠定了坚实的基础。针对不同地区、不同用户开发不同的产品，如针对北方市场，推出435桥系列及长头双桥自卸车；针对南方市场，推出260马力自卸车；针对贵州市场，开发了当时国内最大的长头10吨自卸车。

不断创新是一汽柳州特种车厂2001年新产品开发的又一特点。在首创双槽梁的基础上，又大规模推出了局部三层梁的技术。同时在大梁第三层加强板上采用了压坑技术，使之既美观又增加了强度。在广泛使用过渡框的基础上，取消了“鸭掌梁”，从而实现了纵梁上下翼面无铆钉的超强结构。在10吨双桥车上采用了反装梁与变速箱及变速箱软托架合一的结构，取消了又笨又大的驼背梁。

【营销管理】 2001年初，柳特厂与一汽贸易总公司签订了“协助柳特销车”的协议，销车纳入了一汽的销售大网，缓解了内部的矛盾。至年末，一汽贸易总公司共为柳特销车1619辆，占该厂2001年销售总量的28%。

调整营销政策。2001年出台了自卸车分档嘉奖、设中转库(针对运距较长的地区)、订金送车、汇票传真送车、月头提车月尾付款(对有信誉的长期合作经销商)、样车不买断等9个政策。这些政策有利地促进了汽车销售。

由点菜制逐步过渡到订货制，使原来无计划的生产做到有计划生产，大大减少了生产的盲目性，减少工人的无效劳动，大大减少了库存。由点菜制到订货制，使该厂的生产经营主线发生变化，其最大的好处是以销定产，交给用户的都是新车，用户满意。

为提高加工能力，大胆创新，大力改进工艺，推出了冲孔代镗孔的生产工艺。自卸汽车附梁、液压油缸、手气阀等关键件自己生产加工，其他的零部件逐步实行地产外委加工。自卸车配套加工件由月250台套提高到400台套，大梁生产由月产不足500条提高到800条。

一汽锡柴改装车厂

【概况】 一汽锡柴改装车厂是一汽无锡柴油机厂生产各类专用车的专业化分厂，是中国第一汽车集团公司在华东最大的改装车生产厂之一。工厂位于风光秀丽的无锡市马山高新技术开发区，东临太湖，南临国家级无锡太湖旅游度假区。厂区占地面积12万平方米，主厂房面积13000平方米，拥有一条长120米、设计能力为年产1万辆的专用汽车生产线和一条公安部和中国机动车辆安全鉴定检测中心核准的汽车检测线。2001年工厂通过了ISO9001质量认证。

目前生产经营自卸(5T、8T长头、平头自卸车)、厢式(仓栅车、硬顶、软顶、翼开式、压缩垃圾车等)、半挂(单桥、双桥、集装箱、自卸、油罐式)三大系列100多个品种的专用汽车，年产、销能力1万多辆。一汽锡柴改装车厂的产品具有“解放”底盘的品牌优势、锡柴6110的动力优势，以及锡柴厂改装车的“专用”优势，能最大限度地满足用户的各种特殊要求，顺应商品个性化的大潮，不断开发用户急需的新产品。科学的管理和一流的技术，保证了一汽锡柴改装车厂产品技术、质量始终处于领先的地位。目前，一汽锡柴改装厂正按照中国第一汽车集团公司的规划，继续提高已有产品的性能和质量，不断开拓推出新型品种，以先进的技术、严格的管理、优质的产品和高效的服务适应市场需要。一汽锡柴改装车厂的宗旨：“创用户心目中的名牌，造中国最好的改装车”。

一汽锡柴改装车厂产品的服务网络：依托一汽在全国各地近400个服务站，锡柴驻全国各地30多个办事处，以及锡柴厂派驻外地的10多个服务点，确保用户无后顾之忧。

南京春兰汽车有限公司

【概况】 春兰集团是国内制造家电产品的著名企业集团，3年前瞄准了汽车制造，而且仅3年多时间就制造出国内空档的高档豪华中重型卡车。年初一次订货就达20亿元，掀起一股“春兰旋风”，实现了春兰集团从家电产品到汽车产品的大跨越。

目前，春兰集团在中国500强中已排名第87位。下设有春兰电器、春兰电子、春兰自动车、春兰商务、春兰海外等5大公司，产品年销售额已达200多亿元。但要跻身国际大集团行列，单靠家电、摩托车等产品还不行，必须进一步扩大规模，向其他领域扩张。因此春兰把眼光瞄向了快速发展的汽车工业。

1997年11月，这个当时还以家电生产为重点的著名企业收购了南京东风汽车厂，成立了春兰自动车有限公司下属的南京春兰汽车有限公司。并把眼光瞄向国内空白的中重型豪华卡车市场，理由有三：其一，目前国内正逢一窝蜂上家轿的浪潮，激烈的竞争，残酷的价格战，使得家轿生产利润趋薄。对于刚刚进入汽车领域的春兰而言，这不是一个好时机。其二，随着我国高速公路的全面铺开，为卡车生产厂家提供了一个极好的机遇。其三，市场调研表明，国内高档卡车近年有走“红”的趋势，在东南部经济发达地区格外俏销，并逐渐向中部地区扩张。高档卡车的走俏全赖于它的高品质以及国人观念的转变。

【工欲善其事必先利其器】 在两年的时间里，春兰汽车公司利用原南京东风汽车厂原有的技术力量和技术基础，引进先进的春兰集团管理机制，加大了对高档卡车的研发力度，并投资4.5亿元对总装生产线、冲压生产线、车身焊接线、车身油漆线及车辆检测设备进行了全面的技术改造。改造完成后，公司已拥有各类设备近千台，拥有20台大型压机的冲压生产线，配合全套引进的车身模具、检具和焊装夹具使车身制造质量达到了国内先进水平；新建的车身涂装线采用先进的阴极电泳底漆，法国磁悬浮高压静电高速旋杯和自动仿型喷涂面漆技术，使车身油漆的耐腐性和外观都达到了轿车水平；增添了大量的关键零部件检测设备和按国家A级线的标准更新整车检测线，引进达到欧Ⅱ环保标准检测要求的尾气检测设备，全自动多功能灯光检测仪和底盘测试装置，强有力地保证了进厂零部件和整车的质量。

技改完成后，南京春兰汽车公司形成了年产2万辆中重型豪华卡车、底盘及专用车能力，并使产品达到了国内先进水平。

春兰公司除了在硬件上投入，在软件上也很下功夫。产品开发全部利用CAD辅助设计和数据库管理系统，运用最新设计开发工程分析法，在汽车整车布置设计、动力和传动系统、转向和承载系统、制动系统、电气系统、车身系统的设计方面均取得了重大突破。

目前公司又在和重庆汽车所联合开发卡车空气动力悬架系统，将使产品上一个更高的层次，那时，南京春兰汽车公司恐怕又会在国内同行中再创新高。

【春兰成功跻身汽车行业】 2001年2月，经过3年精心准备，春兰系列高档豪华卡车开始正式进军国内市场。来自全国各地的600多位汽车经销商聚集在春兰的大本营——江苏泰州，亲眼目睹了5～10吨4大系列16个品种春兰卡车的风采：宽敞舒适的驾驶舱，豪华先进的设施装备，首次实现了国产卡车的“轿车化”；在涂装方面，采用轿车涂装工艺，内饰基本是软包装，车内有冷暖空调，方向盘带助力转向，离合器带助力变挡等等，而在价格上比进口产品便宜得多。此外，发动机选用的是东风康明斯、锡柴机和玉柴机等国内名牌产品，不仅动力大、油耗低，而且舒适性强、环保达欧Ⅰ和欧Ⅱ标准。

在西方，大量新技术的应用使卡车制造水平达到前所未有的高度，轿车拥有的卡车基本上都已拥有。驾驶舱舒适宜人，开着大卡车就像驾着一个“家”在跑。而在中国，由于实际的国情，对卡车的要求曾经停留在经济实用上。随着当代中国经济的飞速发展，过去那种经济耐用型的卡车越来越不能满足司机的驾乘需求，豪华卡车的市场需求逐渐抬头。但这类产品的生产一直都是国外大型汽车公司的“专利”，中国汽车工业还是空白。春兰卡车的面世，在这片空白上添上了一抹亮点。

春兰卡车的销售方式采用了春兰集团在全国的销售网络平台。在全国建立售后服务网点，2001年末已达到300个。在全国加强优质服务的同时，重点做好陕西、甘肃、新疆等西北用户的服务，让豪华卡车与优质服务同行。

此外，根据市场需求信息，2001年春兰还成功研发了5吨以下的轻型豪华卡车，不久将推向市场。接下来，将发展10吨以上的重型豪华卡车，打破卡车生产“五十年一贯制”的束缚，让高性能、高车速的豪华大卡车驶上中国的高速公路。

2001年，一些世界知名汽车制造商派遣代表专程来到春兰考察，与春兰自动车有限公司就有关合作事宜进行准备。据他们的市场调研认为，重型卡车在中国市场的销售前景非常广阔，而春兰又是一家有着雄厚实力的企业，双方通力合作，一定会创造出奇迹。

（范增军　刘小勇）

农用车生产

【产量继续下降生产集中度提高】 据中国农机工业协会农用运输车分会统计，2001年全国共生产农用运输车2804088辆，其中三轮农用运输车2441949辆，四轮农用运输车362139辆，分别比上年增长－5.82%、－1.32%和－27.95%。这是农用运输车产量自2000年首次出现负增长后的继续下滑，其中尤以四轮农用运输车下降幅度为大。2001年三轮与四轮农用运输车分月产量见表1。

表1　三轮、四轮农用运输车分月产量　（辆）

月份	四轮农用运输车	三轮农用运输车
1	20113	142172
2	38015	202111
3	50977	252847
4	39834	226864
5	30144	254812
6	25106	191075
7	21950	138128
8	24760	201085
9	26445	257768
10	28488	189636
11	30212	193072
12	26095	192379
合计	362139	2441949

2001年农用运输车产量继续下降的主要原因，一是农民收入增长缓慢，购买力低下；二是农用运输车特别是四轮农用运输车的消费环境进一步恶化，突出表现在使用税费与载货汽车相当（部分地区农用运输车的养路费甚至高于汽车），但通行路线不及汽车广泛。2001年三轮农用运输车与四轮农用运输车产量排名前10位企业的产量见表2、表3。其中三轮农用运输车前10名企业的生产集中度为92.57%，

四轮农用运输车前10名企业的生产集中度为59.14%，分别比上年提高了1.95和13.09个百分点。2001年200余家目录内企业正常生产经营农用运输车的不及1/3，相当部分企业已停产、转产甚至破产，但与此形成鲜明对比的是，农用运输车行业的部分骨干企业，如时风、巨力、飞彩、五征等却产销两旺，与上年相比产量增幅都在10%～30%，其中时风、巨力两家企业的三轮农用运输车产量之和已超过全国总产量的50%，占据了半壁江山。四轮农用运输车前10名企业的生产集中度虽比上年有较大提高，但总体上仍未改变较为散、乱的局面，与上年相比，前10家企业已有30%易主，谁主沉浮尚难见分晓。

表2　2001年三轮农用运输车前10名企业产量　（辆）

序号	企业名称	产量
1	山东时风(集团)有限责任公司	760905
2	山东巨力股份有限公司	473625
3	南京金蛙集团有限公司	320715
4	山东聊城双力农用运输车集团公司	232725
5	安徽飞彩(集团)有限公司	218470
6	山东五征农用运输车制造有限公司	92945
7	河南奔马集团股份有限公司	55600
8	沈阳天菱机械有限责任公司	51612
9	兰州手扶拖拉机厂	30990
10	山东华源光明机器制造有限公司	22993

表3　2001年四轮农用运输车前10名企业产量　（辆）

序号	企业名称	产量
1	山东时风(集团)有限责任公司	40108
2	安徽飞彩(集团)有限公司	35111
3	北汽福田车辆股份有限公司	28937
4	山东华源凯马车辆有限公司	27076
5	淄博汽车制造厂	18008
6	河北宇康农用机械股份有限公司	17105
7	山东黑豹集团公司	13559
8	四川公路机械厂	11878
9	成都王牌车辆股份有限公司	11231
10	杭州市挂车总厂	11164

【生产的区域优势突出】　2001年三轮农用运输车和四轮农用运输车按省份的生产分布情况见表4、表5。山东省继续成为全国农用运输车生产的第一大省，其三轮农用运输车和四轮农用运输车产量分别占到全国总产量的66.96%和32.35%，比上年又提高了3.37和3.41个百分点。

三轮农用运输车产量
表4　前10位省份占全国总产量的比例(%)

省市	山东	江苏	安徽	河南	辽宁	甘肃	山西	北京	河北	黑龙江	其他
比例(%)	66.96	13.35	9.30	4.81	2.11	1.27	0.71	0.68	0.30	0.20	0.58

四轮农用运输车产量
表5　前10位省份占全国总产量的比例(%)

省市	山东	四川	安徽	北京	浙江	河南	河北	广西	江苏	黑龙江	其他
比例(%)	32.35	15.10	10.06	7.97	5.92	4.34	4.08	4.05	3.46	2.82	9.85

【产品结构特点】

1. 三轮农用运输车往大、小两极发展。2001年装配190、185、180等小功率单缸柴油机的三轮农用运输车的比例占三轮农用运输车总产量的20%，比上年提高了近11%；同时，装配1100以上较大功率的单缸柴油机的三轮农用运输车已占总产量的68.59%，比上年又有所增加。有的企业还少量生产了装配380等多缸柴油机的三轮农用运输车。

2. 四轮农用运输车继续往高、低两个档次发展。部分高档车在产品配置、外观及价位等方面与轻型载货汽车越来越接近。另一部分四轮农用运输车则回归为装配单缸或双缸柴油机，甚至采用三轮农用运输车传动形式的“三改四”、“运输机”等简易、廉价车型。此外，自卸式四轮农用运输车在2001年一枝独秀，产量比上年上升了6.9%，已占到四轮农用运输车总产量的35%。

（机械工业农用运输车发展研究中心　唐光萍）

汽车行业上市公司

江铃汽车（深市000550/200550）

单位名称：江铃汽车股份有限公司
地　　址：江西省南昌市迎宾北大道509号
邮　　编：330001
电　　话：0791－5232893

2001年经营概况：
总资产366663.55万元
每股净资产1.87元，调整后1.51元
净利润10084.78万元
总股本86321.4万股
流通A股11753.05万股

万向钱潮（深市 000559）
单位名称:万向钱潮股份有限公司
地　　址:浙江省萧山市万向路
邮　　编:311215
电　　话:0571－82832999
2001 年经营概况:
总资产 206879.98 万元
每股净资产 3.46 元,调整后 3.46 元
净利润 12118.38 万元
总股本 36628.12 万股
流通 A 股 13580.77 万股

苏常柴 A（深市 000570/200570）
单位名称:常柴股份有限公司
地　　址:江苏省常州市怀德中路 123 号
邮　　编:213002
电　　话:0519－6600448
2001 年经营概况:
总资产 292650.42 万元
每股净资产 3.31 元,调整后 3.19 元
净利润－38142.86 万元
总股本 37424.96 万股
流通 A 股 1102.56 万股

新大洲 A（深市 000571）
单位名称:海南新大洲摩托车股份有限公司
地　　址:海南省琼山市桂林洋经济开发区
邮　　编:570125
电　　话:0898－68583966－333
2001 年经营概况:
总资产 130915.68 万元
每股净资产 1.14 元,调整后 1.11 元
净利润－15030.47 万元
总股本 73606.4 万股
流通 A 股 33716.48 万股

黔轮胎 A（深市 000589）
单位名称:贵州轮胎股份有限公司
地　　址:贵州省贵阳市百花大道 41 号
邮　　编:550008
电　　话:0851－4843651
2001 年经营概况:
总资产 240736.17 万元
每股净资产 3.185 元,调整后 2.868 元
净利润－7525.52 万元
总股本 25432.71 万股
流通 A 股 12453.62 万股

石油济柴（深市 000617）
单位名称:济南柴油机股份有限公司
地　　址:山东省济南市文化西路 14 号
邮　　编:250063
电　　话:0531－2965971－2716
2001 年经营概况:
总资产 45623.59 万元
每股净资产 1.661 元,调整后 1.6196 元
净利润 2012.12 万元
总股本 10400 万股
流通 A 股 3250 万股

长安汽车（深市 000625/200625）
单位名称:重庆长安汽车股份有限公司
地　　址:重庆市南岸区南城大道 309 号
邮　　编:400023
电　　话:023－67591249
2001 年经营概况:
总资产 663674.97 万元
每股净资产 2.1 元,调整后 2.08 元
净利润 16021.55 万元
总股本 122666.6 万股
流通 A 股 16797.18 万股

天兴仪表（深市 00710）
单位名称:成都天兴仪表股份有限公司
地　　址:四川省成都市高新技术产业开发区
邮　　编:610041
电　　话:028－4600583
2001 年经营概况:
总资产 33238.82 万元
每股净资产 1.884 元,调整后 1.874 元
净利润 160.89 万元
总股本 10800 万股
流通 A 股 3150 万股

南方摩托（深市 000738）
单位名称:南方摩托股份有限公司
地　　址:湖南省株洲高新技术产业开发区
　　　　　天台西路 1 号
邮　　编:412002
电　　话:0733－8559515
2001 年经营概况:
总资产 135042.65 万元
每股净资产 1.66 元,调整后 1.5 元
净利润－16223.16 万元
总股本 39780 万股
流通 A 股 13600 万股

湖北车桥（深市 000760）
单位名称：湖北车桥股份有限公司
地　　址：湖北省公安县城关荆江大道 178 号
邮　　编：434300
电　　话：0716－5225749
2001 年经营概况：
总资产 43700.58 万元
每股净资产 3.22 元，调整后 3.19 元
净利润 834.21 万元
总股本 10932.23 万股
流通 A 股 5181.23 万股

一汽轿车（深市 000800）
单位名称：一汽轿车股份有限公司
地　　址：长春市高新开发区汽车研究开发园区
邮　　编：130011
电　　话：0431－5976447
2001 年经营概况：
总资产 609260.1 万元
每股净资产 2.77 元，调整后 2.67 元
净利润 2425.44 万元
总股本 162750 万股
流通 A 股 54600 万股

江淮动力（深市 000816）
单位名称：江苏江淮动力股份有限公司
地　　址：江苏省盐城市环城西路 213 号
邮　　编：224001
电　　话：0515－8222889
2001 年经营概况：
总资产 198375.93 万元
每股净资产 4.217 元，调整后 4.142 元
净利润 8047.01 万元
总股本 30620 万股
流通 A 股 11440 万股

安凯客车（深市 000868）
单位名称：安徽安凯汽车股份有限公司
地　　址：安徽省合肥市葛淝路 1 号
邮　　编：230051
电　　话：0551－4844712
2001 年经营概况：
总资产 101423.93 万元
每股净资产 2.98 元，调整后 2.7 元
净利润 1024.2 万元
总股本 22100 万股
流通 A 股 10140 万股

山东巨力（深市 000880）
单位名称：山东巨力股份有限公司
地　　址：山东省潍坊市长松路 69 号
邮　　编：261021
电　　话：0536－8555878－8979
2001 年经营概况：
总资产 114374.64 万元
每股净资产 2.33 元，调整后 2.32 元
净利润 5071.76 万元
总股本 27610.05 万股
流通 A 股 13213.5 万股

飞彩股份（深市 000887）
单位名称：安徽飞彩车辆股份有限公司
地　　址：安徽省宣州市宣南路口
邮　　编：242000
电　　话：0563－2612718
2001 年经营概况：
总资产 161563.76 万元
每股净资产 2.55 元，调整后 2.52 元
净利润 3378.47 万元
总股本 30100 万股
流通 A 股 9100 万股

航天科技（深市 000901）
单位名称：哈尔滨航天风华科技股份有限公司
地　　址：哈尔滨市南岗区西大直街 118 号
邮　　编：150040
电　　话：0451－2624810
2001 年经营概况：
总资产 55935.27 万元
每股净资产 3.31 元，调整后 3.3 元
净利润 2556.63 万元
总股本 9900 万股
流通 A 股 3000 万股

钱江摩托（深市 000913）
单位名称：浙江钱江摩托股份有限公司
地　　址：浙江省温岭市太平镇万昌路
邮　　编：317500
电　　话：0576－6139077
2001 年经营概况：
总资产 188059.51 万元
每股净资产 4.16 元，调整后 4.11 元
净利润 7561.52 万元
总股本 28346 万股
流通 A 股 8450 万股

天津汽车（深市 000927）
单位名称:天津汽车夏利股份有限公司
地　　址:天津市南开区南京路 355 号
邮　　编:300380
电　　话:022－23506020
2001 年经营概况:
总资产 734899.66 万元
每股净资产 2.2 元,调整后 2.19 元
净利润－8705.28 万元
总股本 145015.82 万股
流通 A 股 21800 万股

中通控股（深市 000957）
单位名称:中通客车控股股份有限公司
地　　址:山东省聊城市建设东路 10 号
邮　　编:252000
电　　话:0635－8322765
2001 年经营概况:
总资产 70913.56 万元
每股净资产 1.87 元,调整后 1.87 元
净利润 3350.97 万元
总股本 23850.49 万股
流通 A 股 8100 万股

ST 摩 B（深市 200054）
单位名称:深圳北方建设摩托车股份有限公司
地　　址:深圳市福田区深南中路 2072 号电子大厦 416 室
邮　　编:400050
电　　话:0755－3780750
2001 年经营概况:
总资产 155294.7 万元
每股净资产 0.63 元,调整后 0.18 元
净利润－19287.1 万元
总股本 47750 万股

东风汽车（沪市 600006）
单位名称:东风汽车股份有限公司
地　　址:湖北省襄樊市高新技术产业开发区春园西路 4 号
邮　　编:441004
电　　话:0710－3396805
2001 年经营概况:
总资产 494838.24 万元
每股净资产 2.9579 元,调整后 2.8373 元
净利润 53737.02 万元
总股本 100000 万股
流通 A 股 30000 万股

哈飞股份（沪市 600038）
单位名称:哈飞航空工业股份有限公司
地　　址:哈尔滨市高新技术开发区集中开发区 34 号楼
邮　　编:150066
电　　话:0451－6528350
2001 年经营概况:
总资产 92347.06 万元
每股净资产 4.47 元,调整后 4.47 元
净利润 5451.82 万元
总股本 15000 万股
流通 A 股 6000 万股

宇通客车（沪市 600066）
单位名称:郑州宇通客车股份有限公司
地　　址:河南省郑州市凤凰路 7 号
邮　　编:450061
电　　话:0371－6806288
2001 年经营概况:
总资产 140397.17 万元
每股净资产 6.243 元,调整后 6.236 元
净利润 9842.51 万元
总股本 13672.37 万股
流通 A 股 9372.31 万股

东风科技（沪市 600081）
单位名称:东风电子科技股份有限公司
地　　址:上海市浦东新区新金桥路 828 号
邮　　编:200063
电　　话:021－62033003－21
2001 年经营概况:
总资产 87739.91 万元
每股净资产 1.9227 元,调整后 1.9075 元
净利润 5044.82 万元
总股本 20100 万股
流通 A 股 5025 万股

林海股份（沪市 600099）
单位名称:林海股份有限公司
地　　址:江苏省泰州市泰九路 14 号
邮　　编:225300
电　　话:0523－6551888－2228
2001 年经营概况:
总资产 53409.56 万元
每股净资产 2.1 元,调整后 2.06 元
净利润 664.97 万元
总股本 21912 万股
流通 A 股 9120 万股

上海汽车（沪市 600104）
单位名称：上海汽车股份有限公司
地　　址：上海市浦东新区张江高科技园区
邮　　编：200020
电　　话：021－64158999
2001 年经营概况：
总资产 1005432.56 万元
每股净资产 3.226 元，调整后 3.207 元
净利润 78722.24 万元
总股本 251999.93 万股
流通 A 股 42000 万股

离合器（沪市 600148）
单位名称：长春一东离合器股份有限公司
地　　址：吉林省长春市繁荣路 17－1 号
邮　　编：130012
电　　话：0431－5173591－6224
2001 年经营概况：
总资产 35650.6 万元
每股净资产 1.78 元，调整后 1.67 元
净利润 830.24 万元
总股本 14151.65 万股
流通 A 股 4200 万股

航天机电（沪市 600151）
单位名称：上海航天汽车机电股份有限公司
地　　址：上海市浦东新区榕桥路 661 号
邮　　编：200235
电　　话：021－64827176
2001 年经营概况：
总资产 218230.48 万元
每股净资产 2.527 元，调整后 2.397 元
净利润 9949.5 万元
总股本 46784 万股
流通 A 股 14144 万股

福田汽车（沪市 600166）
单位名称：北汽福田车辆股份有限公司
地　　址：北京市昌平区沙河镇沙河路老牛湾村北
邮　　编：102206
电　　话：010－80717181
2001 年经营概况：
总资产 307943.52 万元
每股净资产 3.58 元，调整后 3.5 元
净利润 10284.04 万元
总股本 28046.6 万股
流通 A 股 8000 万股

东安动力（沪市 600178）
单位名称：哈尔滨东安汽车动力股份有限公司
地　　址：黑龙江省哈尔滨市南岗区高新技术产业开发区 36 号楼
邮　　编：150066
电　　话：0451－6528172
2001 年经营概况：
总资产 211821.9 万元
每股净资产 3.0928 元，调整后 3.0874 元
净利润 9098.06 万元
总股本 46208 万股
流通 A 股 13858 万股

桦林轮胎（沪市 600182）
单位名称：桦林轮胎股份有限公司
地　　址：黑龙江省牡丹江市桦林镇
邮　　编：157032
电　　话：0453－6304301
2001 年经营概况：
总资产 194847.19 万元
每股净资产 1.783 元，调整后 1.629 元
净利润－16462.56 万元
总股本 34000 万股
流通 A 股 12000 万股

亚星客车（沪市 600213）
单位名称：扬州亚星客车股份有限公司
地　　址：江苏省扬州市经济开发区扬子江中路 188 号
邮　　编：225009
电　　话：0514－7850400
2001 年经营概况：
总资产 128660.86 万元
每股净资产 3.32 元，调整后 3.28 元
净利润 5326.49 万元
总股本 19000 万股
流通 A 股 6000 万股
2001 年分配情况：预案 10 派 1.5

全柴动力（沪市 600218）
单位名称：安徽全柴动力股份有限公司
地　　址：安徽省全椒县襄河镇建设东路 70 号
邮　　编：239500
电　　话：0550－5018888－2289
2001 年经营概况：
总资产 119331.9 万元
每股净资产 3.022 元，调整后 3.006 元
净利润 3121.91 万元

总股本 28340 万股
流通 A 股 10140 万股

北方股份（沪市 600262）
单位名称:内蒙古北方重型汽车股份有限公司
地　　址:内蒙古自治区包头稀土高新技术产业开发区
邮　　编:014030
电　　话:0472－3331144
2001 年经营概况:
总资产 84434.75 万元
每股净资产 3.36 元,调整后 3.322 元
净利润 1894.49 万元
总股本 17000 万股
流通 A 股 5500 万股

曙光股份（沪市 600303）
单位名称:丹东曙光车桥股份有限公司
地　　址:辽宁省丹东市振安区曙光路 50 号
邮　　编:118001
电　　话:0415－4146825
2001 年经营概况:
总资产 92238.76 万元
每股净资产 2.68 元,调整后 2.67 元
净利润 3472.8 万元
总股本 16200 万股
流通 A 股 7200 万股

珠峰摩托（沪市 600338）
单位名称:西藏珠峰工业股份有限公司
地　　址:西藏自治区拉萨市北京中路 194 号
邮　　编:610072
电　　话:028－87030618－222
2001 年经营概况:
总资产 101585.98 万元
每股净资产 3.86 元,调整后 3.83 元
净利润 3087.23 万元
总股本 15833.3 万股
流通 A 股 5000 万股

昌河股份（沪市 600372）
单位名称:江西昌河汽车股份有限公司
地　　址:江西省景德镇市东郊
邮　　编:333002
电　　话:0798－8448974
2001 年经营概况:
总资产 328880 万元
每股净资产 3.14 元,调整后 3.14 元
净利润 8693.87 万元
总股本 41000 万股
流通 A 股 11000 万股

鑫新股份（沪市 600373）
单位名称:江西鑫新实业股份有限公司
地　　址:江西省上饶市南环路 2 号
邮　　编:334000
电　　话:0793－8222649－6178
2001 年经营概况:
总资产 41297.09 万元
每股净资产 1.63 元,调整后 1.63 元
净利润 1068.36 万元
总股本 12500 万股
流通 A 股 4500 万股

北京巴士（沪市 600386）
单位名称:北京巴士股份有限公司
地　　址:北京市海淀区紫竹院路 32 号
邮　　编:100044
电　　话:010－68477383
2001 年经营概况:
总资产 222288.56 万元
每股净资产 4.45 元,调整后 4.38 元
净利润 7076.2 万元
总股本 25200 万股
流通 A 股 8000 万股

江汽股份（沪市 600418）
单位名称:安徽江淮汽车底盘股份有限公司
地　　址:安徽省合肥市东流路 176 号
邮　　编:230022
电　　话:0551－3415133－6835
2001 年经营概况:
总资产 137137.1 万元
每股净资产 4.48 元,调整后 4.46 元
净利润 8896.24 万元
总股本 23000 万股
流通 A 股 8800 万股

金杯汽车（沪市 600609）
单位名称:金杯汽车股份有限公司
地　　址:沈阳市沈河区万柳塘路 38 号
邮　　编:110179
电　　话:024－24133535
2001 年经营概况:
总资产 486674.88 万元
每股净资产 1.4193 元,调整后 1.252 元

净利润 – 82503.87 万元
总股本 109266.71 万股
流通 A 股 36400 万股

轮胎橡胶（沪市 600623/900909）
单位名称：上海轮胎橡胶(集团)股份有限公司
地　　址：上海市四川中路 63 号
邮　　编：200025
电　　话：021 – 64735921
2001 年经营概况：
总资产 593529.45 万元
每股净资产 1.217 元，调整后 1.166 元
净利润 1660.18 万元
总股本 88946.77 万股
流通 A 股 2288 万股

申华控股（沪市 600653）
单位名称：上海深华控股股份有限公司
地　　址：上海市宁波路 1 号
邮　　编：200002
电　　话：021 – 63372010
2001 年经营概况：
总资产 484038.35 万元
每股净资产 2.495 元，调整后 2.414 元
净利润 13551.68 万元
总股本 80850.94 万股

福耀玻璃（沪市 600660）
单位名称：福耀玻璃工业集团股份有限公司
地　　址：福建省福清市融桥经济技术开发区
邮　　编：350301
电　　话：0591 – 5383777
2001 年经营概况：
总资产 168873.19 万元
每股净资产 1.37 元，调整后 1.26 元
净利润 15215.35 万元
总股本 40756.08 万股
流通 A 股 13016.94 万股

强生控股（沪市 600622）
单位名称：上海强生控股股份有限公司
地　　址：上海市浦东新区浦建路 145 号
邮　　编：200041
电　　话：021 – 62151181
2001 年经营概况：
总资产 173469.31 万元
每股净资产 3.03 元，调整后 2.94 元
净利润 10353.36 万元
总股本 30903.44 万股
流通 A 股 16536.96 万股

交运股份（沪市 600676）
单位名称：上海交运股份有限公司
地　　址：上海市浦东新区浦东南路 2304 号
邮　　编：200052
电　　话：021 – 62520140 – 8027
2001 年经营概况：
总资产 133115.03 万元
每股净资产 5.541 元，调整后 5.496 元
净利润 5079.87 万元
总股本 16896.19 万股
流通 A 股 7340 万股

凤凰股份（沪市 600679/900916）
单位名称：凤凰股份有限公司
地　　址：上海市浦东塘南路 20 号
邮　　编：200080
电　　话：021 – 65952565
2001 年经营概况：
总资产 192394.13 万元
每股净资产 1.8663 元，调整后 1.7922 元
净利润 1826.48 万元
总股本 46432.28 万股
流通 A 股 2640 万股

厦门汽车（沪市 600686）
单位名称：厦门汽车股份有限公司
地　　址：厦门市厦禾路 820 号帝豪大厦 27、28 层
邮　　编：361004
电　　话：0592 – 2962988
2001 年经营概况：
总资产 98833.49 万元
每股净资产 2.046 元，调整后 2.008 元
净利润 4438.75 万元
总股本 15151.76 万股
流通 A 股 5760 万股

ST 轻骑（沪市 600698/900946）
单位名称：济南轻骑摩托车股份有限公司
地　　址：山东省济南市历下区和平路 34 号
邮　　编：250014
电　　话：0531 – 6953325 – 5574
2001 年经营概况：
总资产 346462.82 万元
每股净资产 1.84 元，调整后 1.84 元

净利润 - 69978.27 万元
总股本 97181.74 万股
流通 A 股 30671 万股

ST 松辽（沪市 600715）
单位名称：松辽汽车股份有限公司
地　　址：沈阳市苏家屯区白松路 22 号
邮　　编：110101
电　　话：024 - 23985558
2001 年经营概况：
总资产 59877.49 万元
每股净资产 0.86 元，调整后 0.82 元
净利润 - 6271.02 万元
总股本 22425.6 万股
流通 A 股 10137.6 万股

一汽四环（沪市 600742）
单位名称：长春一汽四环汽车股份有限公司
地　　址：长春市普阳街 99 号
邮　　编：130011
电　　话：0431 - 7629115
2001 年经营概况：
总资产 136134.14 万元
每股净资产 4.95 元，调整后 4.7 元
净利润 14256.49 万元
总股本 21152.34 万股
流通 A 股 10319.4 万股

山东黑豹（沪市 600760）
单位名称：山东黑豹股份有限公司
地　　址：山东省文登市龙山路 107 号
邮　　编：264400
电　　话：0631 - 8352228
2001 年经营概况：
总资产 95899.6 万元
每股净资产 2.74 元，调整后 2.64 元
净利润 - 5198.78 万元
总股本 27300 万股
流通 A 股 13158.6 万股

悦达投资（沪市 600805）
单位名称：江苏悦达投资股份有限公司
地　　址：江苏省盐城市通榆中路 36 号三层
邮　　编：224002
电　　话：0515 - 8202599
2001 年经营概况：
总资产 537727.04 万元
每股净资产 3.12 元，调整后 3.1 元
净利润 2035.58 万元
总股本 54544.52 万股
流通 A 股 30949.05 万股

上柴股份（沪市 600841/900920）
单位名称：上海柴油机股份有限公司
地　　址：上海市浦东大道 2748 号
邮　　编：200432
电　　话：021 - 65740047
2001 年经营概况：
总资产 213542.39 万元
每股净资产 3.3 元，调整后 3.3 元
净利润 44447.78 万元
总股本 48030.93 万股
流通 A 股 2160 万股

中国嘉陵（沪市 600877）
单位名称：中国嘉陵工业股份有限公司（集团）
地　　址：重庆市沙坪坝区双碑
邮　　编：400032
电　　话：023 - 65194095
2001 年经营概况：
总资产 399431.34 万元
每股净资产 2.80 元，调整后 2.72 元
净利润 975.29 万元
总股本 47387.08 万股
流通 A 股 21960 万股

长春长铃（沪市 600890）
单位名称：长春长铃实业股份有限公司
地　　址：长春市经济技术开发区临河街 230 号
邮　　编：130031
电　　话：0431 - 4647632
2001 年经营概况：
总资产 121003.7 万元
每股净资产 1.52 元，调整后 1.51 元
净利润 3844.96 万元
总股本 48485.1 万股
流通 A 股 20509.55 万股

新车展台

红旗明仕

生产厂家:中国第一汽车集团公司
长×宽×高(mm):4792×1814×1422
整车参数:车型　明仕Ⅱ代
座位数　5
汽车自重(kg)　1300
发 动 机:排量(L)　1.8
额定功率(kw)(r/min)　76(5200)
最大扭距(N·m)(r/min)　157
性能参数:最高车速(km/h)　170
百公里油耗(L)　7
最小转弯直径(m)　11.6
底　　盘:前悬架型式　麦弗逊滑柱型独立悬架
后悬架型式　纵置单臂非独立悬架
制动系统型式　盘式、鼓式、ABS

帕萨特

生产厂家:上海大众汽车有限公司
长×宽×高(mm):4780×1740×1470
整车参数:轴距(mm)　2803
轮距(前、后)(mm)　1498、1500
汽车自重(kg)　1475
发 动 机:排量(L)　1.781
额定功率(kw)(r/min)　110(5700)
最大扭距(N·m)(r/min)　210(1750～4600)
性能参数:最高车速(km/h)　205
百公里油耗(L)　7.4
最小转弯直径(m)　11.2
底　　盘:前悬架型式　四连杆式独立悬架
后悬架型式　复合扭转梁式半独立悬架
制动系统型式　前后盘式

宝　来

生产厂家：一汽－大众汽车有限公司
长×宽×高（mm）：4376×1735×1446
整车参数：轴距（mm）　2513
轮距（前、后）（mm）　1513、1494
汽车自重（kg）　1350
发 动 机：排量（L）　1.781
额定功率（kw）（r/min）　110（5700）
最大扭距（N·m）（r/min）　210（1750～4600）
性能参数：最高车速（km/h）　206
百公里油耗（L）　6.4
最小转弯直径（m）　10.5
底　　盘：前悬架型式　麦弗逊式独立悬架
后悬架型式　纵向拖臂式
制动系统型式　真空助力

波　罗

生产厂家：上海大众汽车有限公司
长×宽×高（mm）：3897×1650×1465
整车参数：轴距（mm）　2460
轮距（前、后）（mm）　1435、1425
汽车自重（kg）　1100
发 动 机：排量（L）　1.39
额定功率（kw）（r/min）　55（5000）
最大扭距（N·m）（r/min）　126（3800）
性能参数：最高车速（km/h）　170
百公里油耗（L）　5.8
最小转弯直径（m）　10.6
其　　他：前悬架型式　麦弗逊式独立悬架
后悬架型式　半独立式
变速型式　5MT

奇　　瑞

生产厂家:上汽集团奇瑞汽车有限公司
长×宽×高(mm):4335×1688×1449
整车参数:整备质量(kg)　1100
满载质量(kg)　1475
发 动 机:额定功率(kw/r/min)　68/5500
最大扭距(N·m/r/min)　132/3000～3500
性能参数:最高车速(km/h)　168
百公里油耗(L)　6.6
其　　他:布置型式　前置前驱
行李箱容积(L)　550/1360(后排座椅放倒)

萨拉·毕加索

生产厂家:神龙汽车有限公司
长×宽×高(mm):4276×1751×1637
整车参数:轴距(mm)　2760
轮距(前、后)(mm)　1434、1452
汽车自重(kg)　1315
发 动 机:排量(L)　1.587
额定功率(kw)(r/min)　65(5600)
最大扭距(N·m)(r/min)　135(3000)
性能参数:最高车速(km/h)　190
百公里油耗(L)　7.8
最小转弯直径(m)　11.4
底　　盘:前悬架型式　麦弗逊式独立悬架
后悬架型式　拖臂式独立悬架
制动系统型式　前盘后鼓,ABS

华利幸福使者

生产厂家: 华利汽车有限公司
长×宽×高(mm): 3395×1475×1695
整车参数: 轴距(mm) 2360
轮距(前、后)(mm) 1300、1280
汽车自重(kg) 860
发 动 机: 排量(L) 0.993
额定功率(kw)(r/min) 39 (6000)
最大扭距(N·m)(r/min) 77 (3600)
性能参数: 最高车速(km/h) 130
百公里油耗(L) 4.5
最小转弯直径(m) 9.8
底 盘: 前悬架型式 麦弗逊式独立悬架
后悬架型式 单纵臂式非独立悬架
制动系统型式 前盘后鼓

富康新自由人

生产厂家: 神龙汽车有限公司
长×宽×高(mm): 4071×1702×1425
整车参数: 轴距(mm) 2540
轮距(前、后)(mm) 1423、1424
汽车自重(kg) 1050
发 动 机: 排量(L) 1.6
额定功率(kw)(r/min) 55 (5600)
最大扭距(N·m)(r/min) 110 (3000)
性能参数: 最高车速(km/h) 170
百公里油耗(L) 5.9
最小转弯直径(m) 10.5
底 盘: 前悬架型式 独立悬架
后悬架型式 独立悬架
制动系统型式 前盘后鼓

派力奥 1.5EL

生产厂家:南亚自动车有限公司
长×宽×高(mm):3763×1615×1440
整车参数:轴距(mm) 2373
车辆总质量(kg) 1620
汽车自重(kg) 1320
发 动 机:排量(L) 1.461
额定功率(kw)(r/min) 62.5(6000)
最大扭距(N·m)(r/min) 122(4500)
性能参数:最高车速(km/h) 175
百公里油耗(L) 5.5
最小转弯直径(m) 10.4
底 盘:前悬架型式 麦弗逊式独立悬架
后悬架型式 复合式独立悬架
制动系统型式 前盘后鼓,ABS

奥德赛

生产厂家:广州本田汽车有限公司
长×宽×高(mm):4854×1800×1630
整车参数:轴距(mm) 2830
轮距(前、后)(mm) 1560、1555
汽车自重(kg) 1633
发 动 机:排量(L) 2.254
额定功率(kw)(r/min) 110(5800)
最大扭距(N·m)(r/min) 206(5000)
性能参数:最高车速(km/h) 180
油箱容积(L) 65
驱动形式 FF
底 盘:前悬架型式 独立悬架
后悬架型式 独立悬架
制动系统型式 前后盘式

普莱特

生产厂家:江苏悦达起亚汽车有限公司
长×宽×高(mm):3935×1605×1455
整车参数:轴距(mm) 2345
轮距(前、后)(mm) 1405、1385
汽车自重(kg) 855
发动机:排量(L) 1.4
额定功率(kw)(r/min) 55.4(5500)
最大扭距(N·m)(r/min) 120(3500)
性能参数:最高车速(km/h) 140
百公里油耗(L) 6
最小转弯直径(m) 9.1
底盘:前悬架型式 麦弗逊式独立悬架
后悬架型式 整体复合式悬架
制动系统型式 前盘后鼓

福莱尔

生产厂家:西安秦川汽车有限责任公司
长×宽×高(mm):3500×1455×1470
整车参数:轴距(mm) 2300
轮距(前、后)(mm) 1215、1200
汽车自重(kg) 695
发动机:排量(L) 0.796
额定功率(kw)(r/min) 29.5(5500)
最大扭距(N·m)(r/min) 62(4500)
性能参数:最高车速(km/h) 120
百公里油耗(L) 4
驱动形式 FF
底盘:前悬架型式 滑柱摆臂式独立悬架
后悬架型式 螺旋弹簧式非独立悬架
制动系统型式 前盘后鼓

吉利豪情

生产厂家:吉利集团
长×宽×高(mm):3655×1635×1410
整车参数:轴距(mm) 2340
轮距(前、后)(mm) 1385/1365
整车质量(kg) 830
发 动 机:排量(L) 0.993
额定功率(kw/rpm) 39/6000
最大扭距(N·m/rpm) 77/6000
性能参数:最高车速(km/h) 135
百公里油耗(L) 5.2
其 他:悬架系统 四轮独立悬架
制动系统型式 前盘后鼓

爱丽舍

生产厂家:神龙汽车有限公司
长×宽×高(mm):4305×1707×1413
整车参数:轴距(mm) 2540
满载总质量(kg) 1490
汽车自重(kg) 1115
发 动 机:排量(L) 1.6
额定功率(kw)(r/min) 65/5600
最大扭距(N·m)(r/min)135/3000
性能参数:最高车速(km/h) 175
百公里油耗(L) 6.8
其 他:0－100km/h 起步加速时间(s) 15.5
行李厢容积(dm^3) 437

昌河北斗星

生产厂家:江西昌河汽车股份有限公司
长×宽×高(mm):3400×1575×1670
（1705 装行李架）
整车参数:轴距(mm) 2335
轮距(前、后)(mm) 1360、1355
汽车自重(kg) 900
发 动 机:排量(L) 0.996
额定功率(kw)(r/min) 48（6500）
最大扭距(N·m)(r/min) 81（3500）
性能参数:最高车速(km/h) 120～140
百公里油耗(L) 4.5
最小转弯直径(m) 9.6
底　　盘:前悬架型式 独立麦弗逊支柱式
后悬架型式 非独立单纵摆臂式
制动系统型式 盘式,自调隙鼓式

大切诺基

生产厂家:北京吉普汽车有限公司
长×宽×高(mm):4610×1836×1763
整车参数:轴距(mm) 2690
车辆总质量(kg) 2315
汽车自重(kg) 1793
发 动 机:排量(L) 4
额定功率(kw)(r/min) 145（4600）
最大扭距(N·m)(r/min) 311（3000）
性能参数:最高车速(km/h) 181
百公里油耗(L) 14.7
驱动形式 4WD
底　　盘:前悬架型式 螺旋弹簧
后悬架型式 螺旋弹簧
制动系统型式 四轮盘式,ABS

西部先锋

生产厂家:山东荣成华泰汽车有限公司

长×宽×高(mm):4680×1785×1900

整车参数:轴距(mm)　2695

轮距(前、后)(mm)　1435、1450

空车质量(kg)　1963

发 动 机:排量(CC)　2972

额定功率(kw)(r/min)　161/5000

最大扭距(N·m)(r/min)　24.5/2500

性能参数:最高车速(km/h)　175

百公里油耗(L)　12

发动机型式　G6AT

底　　盘:前悬架型式　D/W T-BAR

后悬架型式　3 LINK COIL

变速箱型式　M/T (A/T)

普力马

生产厂家:海南马自达汽车公司

长×宽×高(mm):4295×1705×1570

整车参数:轴距(mm)　2670

轮距(前、后)(mm)　1465、1470

汽车自重(kg)　1320

发 动 机:排量(L)　1.84

额定功率(kw)(r/min)　90(6000)

最大扭距(N·m)(r/min)　160(4000)

性能参数:最高车速(km/h)　188

百公里油耗(L)　5.5

最小转弯直径(m)　10.8

底　　盘:前悬架型式　麦弗逊式独立悬架

后悬架型式　四连杆式独立悬架

制动系统型式　前盘后鼓

阳光轿卡

生产厂家:北汽福田汽车股份有限公司

长×宽×高(mm):1960×1690×1615

整车参数:轴距(mm) 3025

轮距(前、后)(mm) 1410、1390

额定载质量(kg) 475

最高车速(km/h) ≥100

发 动 机:排量(L) 2.164

额定功率(kw/rpm) 76/4300~4600

最大扭距(N·m/rpm) 193/2000~2600

其　　他:货厢栏板内尺寸(mm) 1480×1470×450

江淮瑞风

生产厂家:安徽江淮汽车底盘股份有限公司商务车分公司

长×宽×高(mm):2835×1605×1240

整车参数:轴距(mm) 2180

发 动 机:排量(L) 2.351

最大功率(kw/rpm) 100.7/5500

最大扭距(N·m/r/min) 193/2500

底　　盘:前悬架型式 双叉杆式独立悬架,扭杆弹簧

后悬架型式 5连杆螺旋弹簧

其　　他:发动机型号 G4JS

座位数 六、七座载客车

长城赛弗 SUV

生产厂家:保定长城汽车股份有限公司
长×宽×高(mm):4470×1725×1720
(CC6450 型)
整车参数:轴距(mm) 2615
轮距(前、后)(mm) 1480、1470
整备自重(kg) 1580
发 动 机:排量(L) 2.3
额定功率(kw) 75
发动机型号(型式) 491QE 多点电喷
性能参数:最高车速(km/h) 140
百公里油耗(L) 7.2
其 他:轮胎型号 235/75R15
座位数 5

中兴旗帜

生产厂家:河北中兴汽车制造有限公司
长×宽×高(mm):1400×1465×400
(BQ1020Y1 型)
整车参数:轴距(mm) 2850
轮距(前、后)(mm) 1395、1410
车辆自重(kg) 1360
发 动 机:排量(L) 2.237
最大功率(kw/rpm) 70/(4200~4600)
最大扭距(N·m/rpm) 178/(2800~3200)
性能参数:最高车速(km/h) 150
百公里油耗(L) 8
最小转弯直径(m) 12
底 盘:前悬架型式 不等长双横臂式独立悬架、扭杆弹簧筒式减震器
后悬架型式 非独立、筒式减震器
制动系统型式 前盘后鼓

亚星客车 JS6820T1

生产厂家:扬州亚星客车股份有限公司
长×宽×高(mm):8350×2420×3050
整车参数:轴距(mm) 4100
轮距(前、后)(mm) 1900、1800
最大总质量(kg) 11000
发 动 机:发动机型号 EQB210-10
最大功率(kw/rpm) 155/2500
最大扭距(N·m/r/min) 658/1500
性能参数:最高车速(km/h) ≥115
百公里油耗(L) 18
最小转弯直径(m) 18
其　　他:座椅布置方式 2+2
乘员人数(人) 24~39
行李仓容积(m^3) 3.4

金龙客车 XMQ6127

生产厂家:厦门金龙联合汽车工业有限公司
长×宽×高(mm):12000×2500×3755
整车参数:轴距(mm) 6000
轮距(前、后)(mm) 2064、1825
汽车自重(kg) 12500
发 动 机:排量(L) 11.97
额定功率[kw(ps)rpm]
228(310)/1900
最大扭距(N·m/prm)
1400/1000~1300
性能参数:最高车速(km/h) 125
最小转弯直径(m) 24
其　　他:座椅布置方式 2+2
乘员人数(人) 33+1+1

三湘客车 CK6790H

生产厂家:湖南省三湘客车集团有限公司

长×宽×高(mm):7985×2320×2970

整车参数:轴距(mm)　3800
轮距(前、后)(mm)　1830、1650
最大总质量(kg)　8000

发 动 机:发动机型号　YC4110ZQ,FD46T
最大功率(kw/r/min)
100/300,107/3100
最大扭距(N·m/r/min)
380/1900～2000,407/1800

性能参数:最高车速(km/h)　115
百公里油耗(L)　14.5

其　　他:座椅布置方式　2+2
乘员人数(人)　29+1+1

北方·尼奥普兰

生产厂家:北京北方华德尼奥普兰客车股份有限公司

长×宽×高(mm):10660×2500×3560
(BFC6110F 型)

整车参数:轴距(mm)　5050
空车质量(kg)　10000

发 动 机:额定功率(kw)　195
最大扭距(N·m)　954

性能参数:最高车速(km/h)　≥123
最小转弯直径(m)　22

其　　他:发动机型号　BF6M1013ECP
制动系统型式　双回路储能弹簧制动

第四部类：汽车流通

汽车流通

QI CHE LIU TONG

中国汽车市场综述

2001 年中国汽车市场

【市场概况】 2001 年汽车生产和销售的增长幅度与 2000 年相比有所减慢，全年汽车生产 233.44 万辆，同比增长 12.81%；汽车销售 236.37 万辆，同比增长 13.29%；年末库存 13.44 万辆，同比下降 16.65%。汽车销售的增长幅度略大于汽车的生产量。

2001 年汽车销售结构：

载货车　全年销售 80.23 万辆，同比增长了 5.02%，其中重型货车的销售增长幅度最大，全年增长 91.67%。中、轻、微货车销售与上年相比继续下降，中型货车全年销售 15.19 万辆，同比下降 1.17%；轻型货车全年销售 36.28 万辆，同比下降 7.10%；微型货车全年销售 13.19 万辆，同比下降 5.26%。

客车　全年销售 82.85 万辆，同比增长了 18.24%。其中大型客车销售增长幅度最大，全年销售 1.15 万辆，同比增长 44.55%。其次是中、微、轻型客车，中型客车全年销售 4.82 万辆，同比增长 34.03%；微型客车全年销售 49.16 万辆，同比增长 20.41%；轻型客车全年销售 27.72 万辆，同比增长 11.56%。

轿车　全年销售 70.35 万辆，同比增长了 16.35%。其中普通级轿车销售增长幅度最快，全年销售 13.5 万辆，同比增长 115.91%。其次是中高级轿车，全年销售 6.95 万辆，同比增长 14%。微型轿车销售量上年下降后，2001 年继续下降，全年销售 7.89 万辆，同比下降 38%。客车、轿车销量的比重与上年相比高于全国增长幅度，而载货车中的重型载货车和轿车中的普通轿车的增长幅度特别突出，分别增长 91.67%和 115.91%。

据 57 家汽车生产企业销售部门提供的统计数字，2001 年汽车销量 229.44 万辆，占全国汽车销售量的 97.1%。其中：载货车 78.25 万辆，占销量的 34.1%；客车 79.65 万辆，占销量的 34.71%；轿车 71.54 万辆，占销量的 31.18%。

从生产企业的销售情况看：中国一汽 40.2 万辆、东风汽车 26.54 万辆、跃进集团 5.57 万辆、长安汽车 27.33 万辆、上海大众 30.09 万辆、天津汽车 7.99 万辆、江铃汽车 3.7 万辆、庆铃 3 万辆。

分品种车型结构看：

载货车　重型载货车 65.3%为 8～15 吨车，中型载货车 89%为 5～6 吨车，轻型载货车 54%为 1～2 吨车。

客车　大型客车 46%为 45 座及以上，54%为 45 座以下；中型客车 46%为 27～30 座；轻型客车 25.9%为 12～14 座，21%为 8 座及以下，17%为 18～20 座。

轿车　中高级、中级、普通级、微型轿车分别占轿车总量 8.9%、45%、31.6%、14.4%。其中别克、奥迪分别占中高级轿车市场的 47.6%和 44%，桑塔纳和奥拓分别占中级轿车市场的 57.6%和 34.9%。

从各类车型的区域流向看：载货车主要流向华东、中南、华北地区，分别占载货车总流量的 33.9%、25%、16.06%；客车主要流向华东、中南、华北地区，分别占客车流量的 30.33%、27.57%、18.35%；轿车主要流向华东、中南、华北，分别占轿车流量的 33.77%、21.33%、21.17%。

从车型流向看，我国华东地区是汽车消费的重点地区。从轿车的消费结构看：39.39%为公务、商务车,18.38%为出租车,42.22%为私人用车。在中高级轿车中60%以上为公务、商务用车,在普通级轿车中64.06%是私人用车。

2001年汽车销量排行前10名的流通企业是:广东物资集团汽车贸易公司45261辆、浙江物产元通机电(集团)有限公司32849辆、南京朗驰集团有限公司21271辆、开封机电设备(集团)股份有限公司15236辆、中国北方车辆公司13534辆、天津汽车工业华北销售有限公司12283辆、广东新协力集团有限公司11238辆、成都万友经济技术开发总公司10859辆、湖南省机电设备总公司10474辆、江苏省苏舜工贸集团有限公司7995辆。

汽车价格走势:2001年汽车价格总指数比上年下降2.75%,其中载货车同比下降0.55%,小轿车同比下降4.03%,其他同比下降4.09%。从品种价格看:解放、东风载货车价格指数同比分别下降1.62%和2.85%;特别是轿车下降的幅度较大,有的品牌轿车下降的幅度在15%~20%。

汽车产品的进出口:2001年进口汽车(含底盘)7.20万辆,与上年相比增长70%,其中轿车4.66万辆,同比增长115.7%。2001年出口汽车(含底盘)2.48万辆,与上年相比增长18.18%,其中轿车出口763辆,同比增长45.9%。

影响2001年汽车市场的重要因素:一是国家相继出台一系列有关汽车方面的政策,起到了宏观调控,搞活经济,引导消费,净化环境,整顿市场,促进汽车流通的作用。二是我国公路建设,城市建设,基础设施建设以及物流和旅游事业的快速发展,特别是西部的大开发战略,刺激了消费,拉动了内需,从而扩大了市场的需求。三是由于入世进口关税的调整和配额的逐步放开,导致进口汽车增长较快,进口、国产车价格下降幅度较大。

各类汽车市场销售

轿车市场

【综述】 为便于市场分析,根据2001年我国轿车市场上各品牌、各车型国产车的价格状况,按价位暂且划分如下:20万元以上价位的列为中高档次轿车,10~20万元价位的称做中档次轿车,10万元(不含10万元)以下的视为中低档及低档次轿车。2001年中高档次、中档次和中低档次、低档次的市场销售态势各有特点,市场竞争有新的亮点,市场行情在价格上各有表现。

中高档次轿车的销售——保持高速增长

中高档次轿车市场销售保持高速增长势头,其中奥迪A6与雅阁是稳定快速增长;帕萨特B5与风神是超速高增长,因为风神在2000年为试销、2001年正式批量销售,帕萨特B5是在2000年下半年入市的,2001年为全年销售,与上年没有可比性(见表1)。

表1　2001年中高档次轿车的生产销售情况

品牌与车型	生产量/辆	同比增长率(%)	销售量/辆	同比增长率(%)	销售率(%)
红旗世纪星	6576	51.70	6428	58.69	97.75
帕萨特B5	64593	114.73	54677	108.92	84.65
别克	28625	4.66	30200	1.12	105.50
奥迪A6	31022	95.61	28064	75.07	90.46
雅阁	51131	58.65	51052	58.38	99.85
风神	18501	–	17415	–	94.13
合计	200448	64.56	187836	55.86	93.71

中档次轿车的销售——销量稳中有升

中档次轿车在我国市场经营时间长、经营资格老、用户认知度高、销售服务网络全、消费层次宽、适应面大,这是在国产车市场中保持龙头老大地位的基础和有利因素。桑塔纳及桑塔纳2000在销售中消化了2000年2万余辆库存车。拉动2001年市场销量继续增大的另一特别明显的动力是改型车多:明仕、18等红旗车型和桑塔纳世纪新秀、新改型车俏销热销,有时还在局部市场脱销:夏利2000和赛欧等新车型拓宽了紧凑型家庭车新理念,一入市就有上乘的表现,一度出现资源紧缺供不应求的紧俏场面;捷达与富康正越来越成为广大私车用户选择的主要车型(见表2)。

表2　　2001年中档次轿车生产销售情况

品牌与车型	生产量/辆	同比增长率(%)	销售量/辆	同比增长率(%)	销售率(%)
红旗明仕、18等	10458	—	10865	—	103.89
桑塔纳	95414	-13.23	105070	-8.24	110.12
桑塔纳2000	70274	-86.24	46578	-41.3	66.28
赛欧	29918	—	28128	—	94.02
捷达	99359	5.54	95008	0.00	95.62
夏利2000	10590	—	10282	—	97.09
富康	52850	-1.95	52882	1.63	100.06
合计	368863	8.65	348813	2.31	94.56

中低档、低档次轿车的销售——“叫好难叫座”

低价位的中低档及低档轿车,在2001年“鼓励轿车进入家庭”浓郁的氛围中,销量还不如高价位的中高档轿车,有人谓之“叫好不叫座”。为何出现如此状况?价格低固然诱人,但诱人的因素不仅仅是价低,还有舒适性、安全性、技术性等综合因素。因此,低价位的中低档及低档轿车制造商必须在低价位优势的基础上提高性能与舒适性。还有一个因素,是广大普通工薪阶层还未全面进入这个市场,因而销量有限。低档车的“叫好不叫座”,同低档小车的使用环境始终不宽松密切相关,个别地区限购、限使用地段,而有关部门不分车辆大小,一律计收同等额度的养路费,真正鼓励使用小车的实质性举措始终不见。假定目前中档轿车中的低端产品卖低档轿车中的高端价位,将会有部分潜在的消费者转化为现实购买力。如被人称为黑马的奇瑞,外观上是中档次的车型,售价为中低档次的价位,因而颇受消费者的欢迎,成为2001年销售的亮点(见表3)。

表3　　2001年中低档及低档次轿车生产销售情况

品牌与车型	生产量/辆	同比增长率(%)	销售量/辆	同比增长率(%)	销售率(%)
夏利	40429	-50.64	60044	-33.23	148.52
奥拓	33857	-31.16	36183	-24.79	106.87
羚羊	10795	—	9869	—	91.42
福莱尔	4339	—	3008	—	69.32
云雀	1253	46.54	1594	8.44	127.21
奇瑞	30070	—	28851	—	95.95
英格尔	5425	—	5214	—	96.11
悦达普莱特	7579	—	6244	—	82.39
吉利豪情、美日	21171	—	21636	—	102.20
合计	154918	—	172643	—	111.44

各档次的市场份额结构——呈橄榄形

数据显示,国产车市场呈现中档车份额最大,中高档、中低及低档两头尖的橄榄形结构(见表4)。这是目前我国轿车市场消费结构特点的反映,为什么没有出现世界各国通常中低及低档车需求最大、中档车需求适中、中高档车需求略小这样的金字塔式需求结构呢?分析原因:一是公家购车比例逐年有所下降,而私人买车呈上升趋势;二是私人购车族中绝大多数是先富裕起来的人士，这个层次的消费者多数选购中档次价位的轿车；三是公车消费中，除部局级和相当部分县团级购买中高档轿车外，其他几乎清一色相中普桑及桑塔纳 2000；四是中档轿车中的桑塔纳（含桑塔纳 2000）、捷达和富康等毕竟是国产车中的“老运动员”，消费者对它们无论是生产、销售、还是服务都有共识。

此外，上海通用和上汽奇瑞轿车出口，成为我国中高档轿车与经济型轿车出口零的突破。别克 GL10 公务商务旅行车向菲律宾将出口 5000 辆，2001 年年内计划出口 150 辆，以后每月出口 80～100 辆。奇瑞轿车出口中东叙利亚，有 40 辆车年内陆续运出。

表 4　2001 年不同档次轿车市场份额构成

档次	中高档	中档	中低及低档	合计
销售量/辆	187836	348813	172643	709292
份额（%）	26.48	49.18	24.34	100.0

新车、改型车频频入市——竞争新亮点

市场销售的实践证明，产品创新是巩固市场和拓展市场的主要手段之一，也是竞争中取胜的重要手段。2001 年轿车几乎每月都有一个新车型或一款改进型轿车进入市场。频频推出的新车型和改型车，创历史新车、改型车数量之最。据不完全统计有 22 种之多。现择其主要车型列于表 5。

表 5　2001 年入市新车型（或改进型）车及主要特点

入市时间	入市的新车型或改进型	入市车型的主要特点
1 月	夏利 2000 1.3L 世纪广场	引进丰田 NBC2 车型，原型车 1999 年 8 月下线
3 月	普桑“俊秀”1.6L	采用帕萨特技术，加装 ABS，无氟空调
4 月	雅阁 3.0L	V6 发动机
5 月	富康 AXC“新浪潮”1.6L	液压助力转向、ABS
6 月	赛欧 1.6L	被人誉为经济型中的高档豪华车
7 月	风神Ⅱ EQ7200 2.0L	日产蓝鸟 99 款、E 功能
7 月	富康 EMC“世纪潮”1.6L	988 基础上加长车身、液助转向、ABS
7 月	红旗明仕和 18 1.8L	吉星基础上的改进型，较吉星低 4 万元
8 月	捷达“海风之旅”1.6L	两阀自动变速箱
8 月	新版别克 GL/G	一体化前大灯、高速巡航制造系统/桃木内饰
9 月	SC7130 羚羊 1.3L	四缸 16 气门多点电喷、三厢 5 人座
9 月	帕萨特 B5 1.8T	涡轮增压
9 月	福莱尔	电控多点喷射、达欧Ⅱ标准
10 月	红旗世纪星 2.0L	搭载日产发动机，排放达欧Ⅲ标准
11 月	东风雪铁龙萨拉毕加索	多功能单厢轿车，排放达欧Ⅲ标准
11 月	赛欧 S－RV 休闲轿车	—
12 月	红旗明仕加长型	—

此外，一汽大众宝来于 8 月下线，宝来有 1.6L、1.8L、1.8T 和 1.9L 等几个排量的车型；9 月北京吉普引进大切诺基下线，这是一款 60 万元左右的豪华切诺基；神龙公司的东风·萨拉·毕加索于 9 月下线；随后上海大众推出的被称为“神秘小子”的 POLO，排量为 1.4～1.6L，排放可达欧Ⅳ标准。还有上海通用的赛欧两厢车、南京菲亚特的派力奥、一汽红旗“旗舰”和广州本田的奥德赛多用途车等亦将在 2001 年年底或 2002 年有所动作。

夏利 2000 和赛欧在 2000 年下线，并作了较多先声夺人的市场导入，订单不少，入市后市场表现不俗，不少地区曾出现过加价销售。“福莱尔”于 2001 年 4 月亮相西安的中西部经贸洽谈会，随后西安、北京和南京等地订单在上升。新型夏利独特的内饰、典雅的色调,10月份上市出现了难得的热销场面。

新车型与改型车推向市场的速度加快,是2001年新车入市的又一主要特点。富康AXC“新浪潮”5月上市,6月下旬EMC的“世纪潮”紧接入市。帕萨特B5在2000年下半年进入市场,9个月后1.8T又上市了,而且在此期间,上海大众先后将1.6L的普桑“俊秀”和桑塔纳2000AT车“俊杰”上市销售,“神秘小子”又在2001年年底“分娩”。

如今各轿车制造商都在拓宽产品系列,中高档的别克,有了小型车赛欧;中档车的捷达,添了宝来,其中有向上延伸的20万元以上的宝来;桑塔纳和桑塔纳2000,上有了帕萨特,下延伸了1.6L的普桑“俊秀”;1.0L及其以下的夏利和奥拓,分别向上推出1.3L夏利2000世纪广场和羚羊;红旗在吉星基础上拿出了明仕与18,使其产品更贴近平民私车市场需求。不仅中高档和中档车在装备和功能上有手动和自动档的区分,就是中低档车也有了自动档的。中高档、中档和中低档车中均有不同品种,不同配置的车中也有高、中、低等各个层面的品种,进一步满足多个消费层面的不同需求。

价格——市场行情反映的晴雨表

2001年各轿车制造商及其产品,市场价格趋势表现不一,少有上升,部分平稳,不少10万元以下的中低档轿车下降频率较高,下降幅度也不小。

有的价格持续坚挺,如雅阁与奥迪A6,这主要得益于资源紧,而需求大。

有的价格反而上调,如别克G型车,因装备提升。

有的价格一度坚挺,但随后市场平销,为维持市场份额,价格下调,如夏利2000世纪广场,8月份前13万元,8月起11.998万元,降价1万余元。

有的在原车型基础上改进后,吸取原车型难销的教训,重新进行价格定位,明显调低售价,如红旗明仕由吉星公商务型19.69万元下降至16.98万元,红旗18 1.8L由吉星基本型18.30万元调低为15.8万元,这在2001年内是降幅最大的两款车型。

有的虽然做了改进,并增加了功能,售价非但不提,反而较车型改进前的车价还要略低,如捷达新内饰的GTX为16.8万元、AT为18.3万元,同原老内饰车相比,车价下跌了3.2%。

有的出了改进型,技术含量明显提高了,而售价却维持未改型车的价格,如桑塔纳2000AT,售价18.5万元至19万元;而原桑塔纳2000时代超人的售价则调低为17.5万元;富康1.4L的RPC、RLC两厢车于2001年3月下降近万元,1.6LEXC和EXC1三厢车下降5000元。厂家称此举是调整部分产品系列的性价比。10万元以下的一些低价位车纷纷参与降价行动,奥拓6月份全线降价,平均降价5000元;连羚羊也降,降幅8%,降了7000元。英格尔自2月中旬起全面降价,平均降价1.02万元。悦达普莱特8月又降7000元。2001年中降价次数频繁,降了一次二次甚至三次,吉利豪情(三缸多点电喷)在卡塔尔多哈会议同意我国“入世”当天(11月11日)又降5000元,从4.39万元降至3.89万元,作为电喷轿车首次跌破4万元。富康新款“新自由人”在11月28日(售价9.78万元)推向市场,该款车型去掉绿色降温玻璃和尾翼,增加助力转向等,较10.47万元的RPC跌了0.69万元,比11.49万元的RLC降了1.7万元。神龙公司此举目的,一是表明率先以10万元以下价位打造家轿的明确态度,二是为了迎合持币待购者,给他们以希望,争夺市场,争取完成年内销售目标。各个厂家的促销优惠活动频频举行,其中不乏暗的降价举动,你送保险,我赠内饰,你全面上市之际,我全线降价之时。

价格竞争是市场份额争夺的反映之一,市场上商品的价格变动,自有其市场规律可循。红旗明仕和18,出了个火爆的价格,使其从中高档价位调至中档价位,再加上明仕与18两款车的1000多种常用备件价格下调,平均降幅5%。此举在争市场份额中收效很大,据一汽轿车公司比较,明仕与18未推出前,红旗与桑塔纳2000的市场销量之比为1:3.6,至2001年9月份,这一差距迅速降到1:1.7,有人称之谓新一代红旗占了一个新的市场制高点。供不应求的商品价格坚挺是必然的,供远大于求的商品掉价也是必然的,若不调整,市场会给你颜色看。随着时间、政策、条件等诸因素的变化,供与求关系可以相互转化,价格亦会发生变化。2001年轿车市场竞争中,价格竞争还是比较激烈的,中高档轿车与中档次轿车之间的竞争,中档次轿车之间的促销竞争,没有停止过。低档次轿车各车型的价格战此起彼伏,更是精彩。持币待购现象在2001年下半年里逐月增加,导致月销量减少,市场随冬季的到来而变凉。持币待购现象的缓解,预计要到2002年春节前后,因为我国“入世”后的2002年面临进口轿车关税税率下调幅度特别大的压力,3L以上的由80%降到50.7%,3L以下的由70%降到43.85%。对中档次尤其是中高档次国产轿车的冲击不能说不小,对此必须有清醒的认识。持币待购者中还有部分是等待新车型、好车型、更理想车型的(尽管2001年新车型、改进型不少),更多的是等待从地方到中央的私人汽车消费政策宽松的环境,鼓励私人买车的政策举措真正出台,尤其是鼓励紧凑型经济型车的政策如同甘露那样降到人间。这样才能不仅使名义车价下来,而且实际车价真正有较大幅度的下降。

2002 年轿车市场需求——预计 80 余万辆

2001 年国产轿车仅就前面文章中涉及的各品牌各车型的累计销量 70.9 万辆，如果包括北京吉普公司的切诺基、一汽大众的宝来、南京菲亚特的优尼柯等，则全年累计销量为 72 万余辆。

通常第四季度是购车的旺季，因为原先的轿车市场有一大块是集团消费，一般在年终会出现集团集中购车，由于 2001 年国家已取消控购，集团集中性消费购车热潮不可能出现。私人购车正在成为轿车消费的主流。

3～9 月是 2001 年轿车销售比较好的几个月，月销量最低 6 万余辆，最高达 7 万余辆，进入第四季度的第 1 个月，销量锐减 1 万辆。主要因素是“入世”在即，持币待购现象加剧。“入世”后，如何缓解持币待购问题，有人总结“桑、捷、富”老三样与新生代几个车型的市场走势后提出：新生代的价格与老三样的产品的有机结合，可能是引爆市场的突破口。

2002 年 3 月 1 日起，我国汽车分类将实施新标准，新标准分乘用车与商用车两大类。新标准无“轿车”的分类，考虑到“轿车”这个名词在我国广泛使用，将人们普遍认为的那些“轿车”车型归入乘用车类别，乘用车中的普通乘用车、活顶乘用车、高级乘用车、小型乘用车、敞篷车和仓背乘用车等 6 小类乘用车可俗称轿车。

2002 年轿车市场的大背景：一是正式“入世”；二是鼓励轿车进入家庭消费扩大内需；三是购车环境与使用环境有望好转，特别是 2001 年 10 月 1 日起实施的《机动车登记办法》，在 2002 年对我国轿车的消费、二手车市场的形成和租赁业的发展等整个市场的活跃会起到较为积极的作用。据国家有关部门提供的信息，以 2000 年为界限，我国城镇居民中应有 3800 万户有能力承受 10 万元左右的汽车消费，3800 万户只占城镇居民总户数的 24.8%，占全国城乡居民总户数的 10.5%，可见汽车消费有可能在近几年中发展成为居民的最大消费热点。1996 年以来，民用汽车拥有量的增量中，私车比重均高于 57.7%，并且还呈不断上升趋势，表明私人已是汽车市场消费的主体。同时我国国民经济的发展既为汽车消费的快速增长提供基础，又在客观上需要汽车工业发展的支持。“入世”后头一年关税下降特别大，促使国产车价也必然有一定的下降，因此充分利用非价格因素，尽可能减小进口车对国产车的冲击力，促进国产车市场的发展，汽车消费信贷的门槛有可能进一步降低，以支持汽车私人消费的扩大。

2002 年，为适应经济发展需要，国家会出台一些促进轿车私人消费的实质性政策，如鼓励轿车进入家庭、鼓励扩大经济型轿车消费等。实证显示，如果 2002 年国产轿车需求在 2001 年基础上增长 15% 左右，预期目标底限 82～83 万辆。

（中汽协会市场贸易委员会秘书长　张伯顺）

微型汽车市场

【2001 年微型汽车市场表现】

1. 产销继续走强，产销率创历史新高。经“九五”期间的持续增长，2001 年微型汽车共生产 723413 辆，共销售 749621 辆，同比增长分别为 5.94%、9.30%；产销率高达 101.23%，达到历史最高水平（1998 年 95.09%、1999 年 103.31%、2000 年 100.44%）。

2. 增势有所变缓，不及汽车行业整体增长水平。2001 年微型汽车产销增长率同 1999 年、2000 年相比有所下降，1999 年产销增长率分别为 6.06%、13.0%，2000 年产销增长率分别为 17.87%、16.85%。

2001 年我国汽车行业产销增长率分别为 12.81%、13.29%，同近两年相比也出现不同程度的下跌。但该水平较之微型汽车的增长水平分别高出 6.87、3.99 个百分点。

3. 微型汽车，三分天下有其一。2001 年微型汽车产量占汽车行业产量的 33.00%，销量占汽车行业销量的 32.87%，从而保持了近几年来所创造的“三分天下有其一”的市场地位。

4. 微货、微客、微轿表现不一。2001 年微型货车产销量分别为 130502 辆、140015 辆，同比增长分别为 -5.26%、6.14%，遏制住了自 1998 年以来的连续下滑势头。2001 年微型客车产销量分别为 491656 辆、488550 辆，同比增长分别为 20.41%、19.25%，继续表现出强劲的势头，但与 1999 年和 2000 年相比增长速度有所放慢（1999 年销售同比增长率 25.19%，2000 年销售同比增长率 39.8%）。2001 年微型轿车产销量分别为 101255 辆、121056 辆，同比增长分别为 -25.96%、-16.08%，下滑的速度明显高于 2000 年（2000 年销售同比增长率 -8.19%）。

5. 各车型的销售贡献各有千秋。微型货车销量占整个载货车的 17.11%，出现历史最低点。微型客车销量占整个客车的 69.66%，创历史新高。微型轿车销量占整个轿车的 19.84%，继续出现下滑。

【2001 年微型汽车市场地位】 2001 年汽车行业前十位中（见表一），微型汽车厂家就有四大家（长安汽车集团、哈尔滨哈飞汽车有限公司、昌河飞机工业公司、天津汽车工业（集团）公司）。

表一　　2001 年汽车行业前十位排名

企业简称	生产量(辆)				销售量(辆)				市场占有率	
	数量	排序	同期	同比增长(%)	数量	排序	同期	同比增长(%)	本期	同期
上海汽车工业(集团)公司	440245	1	365028	20.61%	448946	1	364223	23.26%	18.99%	17.46%
第一汽车集团	419792	2	350186	19.88%	407495	2	362887	12.29%	17.24%	17.39%
东风汽车集团	262869	3	210938	24.62%	265407	3	221036	20.07%	11.23%	10.59%
长安汽车集团	225399	4	203127	10.96%	230241	4	197305	16.69%	9.74%	9.46%
哈尔滨哈飞汽车有限公司	138958	5	122007	13.89%	141774	5	123927	14.40%	6.00%	5.94%
北京汽车工业(集团)公司	134121	6	124824	7.45%	136538	6	120870	12.96%	5.78%	5.79%
昌河飞机工业公司	121288	7	103233	17.49%	121018	7	100168	20.82%	5.12%	4.80%
金杯汽车股份公司	74191	8	76497	-3.01%	74865	9	73766	1.49%	3.17%	3.54%
天津汽车工业(集团)公司	58923	9	101763	-42.10%	79957	8	113984	-29.85%	3.38%	5.46%
跃进汽车(集团)公司	56868	10	67902	-16.25%	55714	11	68421	-18.57%	2.36%	3.28%
汽车合计	2334440		2000000	12.81%	2363665		2000000	13.29%	100.00%	100.00%

注:上汽(集团)公司销量含柳州五菱汽车有限公司的数据。

2001 年微型汽车行业中长安汽车集团率先突破 20 万辆大关,以 230241 辆的销量位居整个汽车行业第四位,哈尔滨哈飞汽车有限公司紧随其后,销量为 141774 辆。昌河飞机工业公司和天津汽车工业(集团)公司分别为第七位、第九位。

同 2000 年相比,除天津汽车工业(集团)公司有较大幅度的下滑外(同比增长率为 -29.85%),其余几家均有不同程度的增长,市场份额也有所提高。

【微型汽车市场竞争状况】 2001 年微型汽车各主要品牌产销:长安以 29.79% 的市场占有率再次领跑同行,哈飞赢得了 18.91% 的市场份额,昌河、五菱、天津分居三、四、五(见表二)。

微车"新秀"一汽佳宝,在 2001 年有不俗的表现,产销大幅上涨,市场份额也有所扩大。昌河、哈飞均得以不同程度的提升,天津却以 -30.43% 的销量增长率下滑。

在不考虑微型轿车的前提下,市场格局基本同整体一致,长安依旧为"领头羊",天津降幅较大,市场份额萎缩为 1.33%(见表三)。

2001 年微型货车虽产量有所下滑,但销量却有 6.80% 的增长。老牌微货柳微、长安虽仍占据一、二位,但都出现了下滑,其份额被昌河所占有(见表四)。

2001 年微型客车市场再创佳绩,出现了大面积的增长。长安以 27.91% 位居第一,哈飞、昌河紧随其后,柳微排名第四。一汽佳宝以 8.12% 的份额成为一道亮点(见表五)。

2001 年微型轿车业绩不够理想,老牌劲旅天津夏利、长安奥拓的变化,拉动整体的下滑。天津夏利下降幅度明显高于长安奥拓,其市场也被长安奥拓所攻击(见表六)。

表二　2001年微型汽车各品牌产销情况

品　牌	生产量(辆)			销售量(辆)			市场占有率	
	2001年	2000年	同比增长	2001年	2000年	同比增长	2001年	2000年
天津	58908	101436	-41.93%	78665	113074	-30.43%	10.49	16.49
柳微	120128	111908	7.35%	120143	111968	7.30%	16.03	16.33
长安	217980	197544	10.35%	223295	192000	16.30%	29.79	28
哈飞	138958	122007	10.39%	141774	123927	14.40%	18.91	18.07
昌河	121288	103233	17.49%	121018	100168	20.82%	16.14	14.61
北汽福田	7788	0		7857	0		1.05	0
陕飞	8168	10166	-19.65%	9410	10549	-10.80%	1.26	1.54
一汽	42941	26887	59.71%	39691	24996	58.79%	5.29	3.64
浙江豪情	55	455	-87.91%	66	457	-85.56%	0.01	0.07

注:长安数据含南京长安。

表三　2001年微型汽车各品牌产销情况(不含微轿)

品　牌	生产量(辆)			销售量(辆)			市场占有率	
	2001年	2000年	同比增长	2001年	2000年	同比增长	2001年	2000年
天津	7889	19485	-59.51%	8339	23046	-63.82%	1.33	4.26
柳微	120128	111908	7.35%	120143	111968	7.30%	19.11	20.67
长安	174857	149309	17.11%	180184	144999	24.27%	28.66	26.78
哈飞	138958	122007	13.89%	141774	123927	14.40%	22.56	22.88
昌河	121288	103233	17.49%	121018	100168	20.82%	19.25	18.5
北汽福田	7788	0		7857	0		1.25	0
陕飞	8168	10166	-19.65%	9410	10549	-10.80%	1.5	1.95
一汽	42941	26887	59.71%	39691	24996	58.79%	6.31	4.62
浙江豪情	55	455	-87.91%	66	457	-85.56%	0.01	0.08

注:长安数据含南京长安。

表四　2001年微型货车产销情况表

品　牌	生产量(辆)			销售量(辆)			市场占有率	
	2001年	2000年	同比增长	2001年	2000年	同比增长	2001年	2000年
天津	1923	7620	-74.76%	2859	4232	-32.44%	2.04	3.21
柳微	52102	53574	-2.75%	53135	55057	-3.49%	37.95	41.74
长安	40013	46205	-13.40%	43837	42789	2.45%	31.3	32.44
哈飞	7763	11737	-33.86%	9152	12105	-24.39%	6.54	9.18
昌河	16483	12920	27.58%	18675	11957	56.18%	13.34	9.06
北汽福田	7788	0		7857	0		5.61	0
陕飞	4289	3623	18.38%	4351	4423	-1.63%	3.11	3.35
浙江豪情	55	455	-87.91%	66	457	-85.56%	0.05	0.35

注:长安数据含南京长安。

表五　　2001 年微型客车各品牌产销情况表

品　牌	生产量(辆)			销售量(辆)			市场占有率	
	2001 年	2000 年	同比增长	2001 年	2000 年	同比增长	2001 年	2000 年
天津	5966	11865	-49.72%	5480	18814	-70.87%	1.12	4.59
柳微	68026	58334	16.61%	67008	56911	17.74%	13.72	13.89
长安	134844	103104	30.78%	136347	102210	33.40%	27.91	24.95
哈飞	131195	110270	18.98%	132622	111822	18.60%	27.15	27.3
昌河	104805	90313	16.05%	102343	88211	16.02%	20.95	21.53
陕飞	3879	6543	-40.72%	5059	6126	-17.42%	1.04	1.5
一汽	42941	26887	59.71%	39691	24996	58.79%	8.12	6.1

注：长安数据含南京长安。

表六　　2001 年微型轿车各品牌产销情况表

品　牌	生产量(辆)			销售量(辆)			市场占有率	
	2001 年	2000 年	同比增长	2001 年	2000 年	同比增长	2001 年	2000 年
天津夏利	51019	81951	-37.74%	70326	90028	-21.88%	58.09	62.41
长安奥拓	43123	48235	-10.60%	43111	47001	-8.28%	35.61	32.58
江南奥拓	258	343	-24.78%	270	379	-28.76%	0.22	0.26
江北奥拓	0	0		53	146	-63.70%	0.04	0.10
秦川奥拓	5602	5380	4.13%	5686	5227	8.78%	4.70	3.62
贵州云雀	1253	855	46.55%	1610	1470	9.52%	1.33	1.02

【2001 年微型汽车市场运作】

1. 降价促销，仍是各品牌参战的一大武器。2001 年微型汽车价格总体呈下降走势，各厂都不同程度对相应的车型进行了价格调整。最高幅度高达 22.29%，最低也在 8.16%，平均降幅为 14.22%。时机的选择，主要集中在 1 月、4 月、9 月，旨在激活市场，扩大份额。

2. 内并外联，建线扩能。在市场竞争如火如荼的情况下，无论在技术还是品牌、营销、网络都烽烟渐起，2001 年长安与福特的成功合作，长安福特汽车有限公司的正式挂牌成立，成为本年度汽车行业的一大热点。五菱在“中中外”的模式下，变成了上汽五菱股份公司，掀起了不小波澜。

2001 年长安公司投资 1.26 亿元，新建成一条 8 万辆“长安之星”生产线。6 月长安公司又与世界上最大的电子商务供应商 Oracle 公司携手，共同打造中国最大的小型车电子商务。同时，长安公司所控股的南京长安，以产销量达 2 万辆的业绩，实现了历史性的飞跃与突破。

秦川汽车公司，2001 年投入 7.2 亿元，完成了对四大工艺生产线的建设和改选，已形成 5 万辆的生产能力。2001 年 4 月又推出“福莱尔”，11 月份双燃料“福莱尔”车也顺利通过了鉴定。

3. 新品不断，商机无限。2001 年在政策法规的引导下，各微车厂不断推陈出新，一批新品精品亮相市场，增大了用户选择余地，拓宽了企业生存空间，加剧了市场竞争。

2001 年 1 月夏利 2000 型上市，5 月天津公司的“幸福使者”下线。2001 年 9 月长安公司推出“羚羊 1300”系列新车，排量提高到 1.3 升，并换装了 3AT 自动变速器总成。10 月长安公司又推出全新力作“长安雪虎”，并于 11 月 13 日成功实现了正面和追尾碰撞试验，开启了微车安全新纪元。同时，长安 SC6371 运动款与 SC1020 的上市，丰富了产品结构，增大了用户选择的空间。

2001 年 5 月 22 日昌河“北斗星”上市。10 月五菱汽车 60 多种电喷车已全部达到欧Ⅰ标准，大部分已达欧Ⅱ标准。同时，LZW6370A“都市清风”也粉墨登场。

长安汽车(集团)有限责任公司

轻型车市场

【轻型载货车市场】 概况　新世纪第一年，汽车行业受整个宏观经济良好环境的影响，保持了较快的增长态势。全年共实现产销23.34万辆和23.64万辆，为历史最高水平，同比增幅13%。重型载货车和大中型客车仍处高速增长阶段，轿车的需求也不断释放。而轻型载货车市场则与整个汽车市场逆向而驰，出现了与众不同的走势。

轻型载货车成为汽车行业中惟一下降车型。除中型载货车有0.25%的略微降幅外，轻型载货车是行业中惟一负增长的车型。全年共销售36.87万辆，同比下降了7个百分点。下降主要受到两个方面影响：一是4月份国家出台了“严格治理超限运输”的政策，各地都不同程度地加大了对超限行驶的打击，这对目前轻卡中比较“流行”的以大标小的车型产生了很大冲击；二是11月份，国家开始实行的目录转公告制，产品目录的重新审定有一滞后期，对卡车的销售也产生了一定制约；另外，一些城市颁布的轻卡微卡排放法规及一些中小型城市实行的卡车限行规定，对小吨位的轻卡产生了负面影响。

2001年轻型载货车逐月销售量

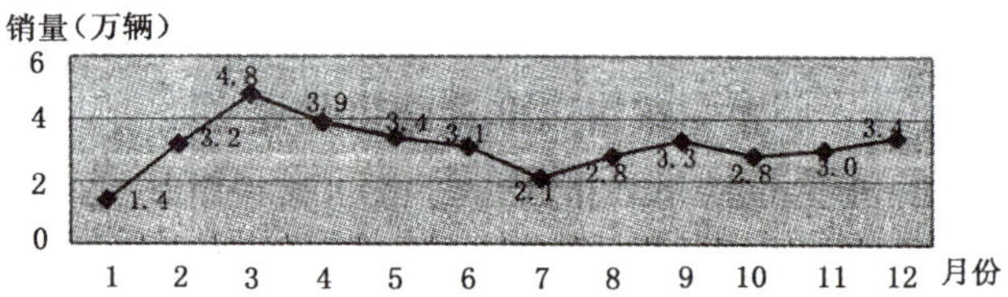

2001年轻型载货车逐月销售量同比增幅

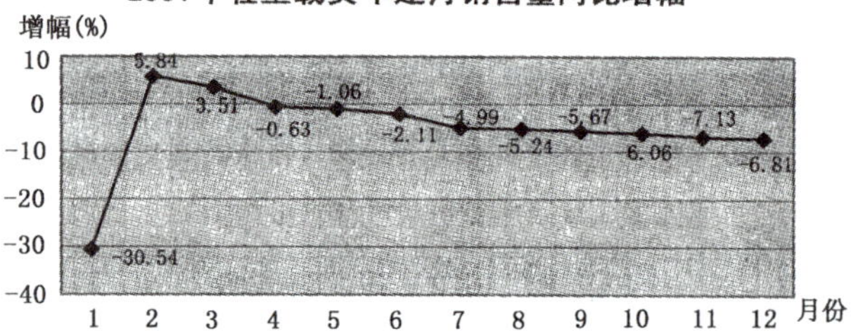

月销售旺季不旺，同比增长逐月下滑。轻型载货车的销售旺季往年都在春节过后的3、4、5月份及夏季后的9、10月份，而今年轻型载货车则出现了旺季不旺的销售局面。一季度走势正常，3月份达到销售高峰，而随着4月份国家限载政策的出台，轻型载货车销售急剧回落，每月以3～5千辆的数量在下降，提前步入淡季；在8、9月份有所缓和后，9月份国家加大了限行政策的执行力度，致使10月份的销售又受到抑制，销售回落；尽管各厂家在11月和12月都加强了销售力度，但仍然不能改变全年下滑的势头。

从逐月销售对比看，从4月份开始，月销售增幅已出现负增长，且月月下滑。

三大销售方阵形成，第三方阵竞争激烈。

轻型载货车主要厂家销量对比

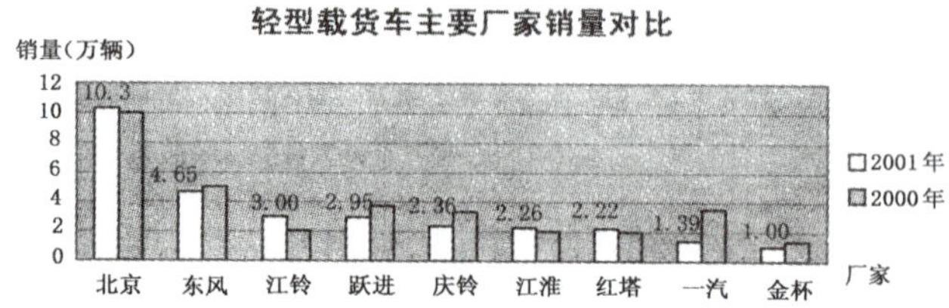

北京集团以福田产品为主力，销量越过了10万辆，遥遥居于第一方阵，比第二方阵的东风股份公司多出60%的销量；东风股份公司进入轻载市场七年，销量稳步上升，2000年起已位于轻载第二；第三方阵中，有江铃、跃进、庆铃、江淮、一汽红塔等五家企业，产销量接近，甚至仅有百辆的差距，竞争激烈，明年的排名随时可能变化。

主要轻型载货车厂家集中度

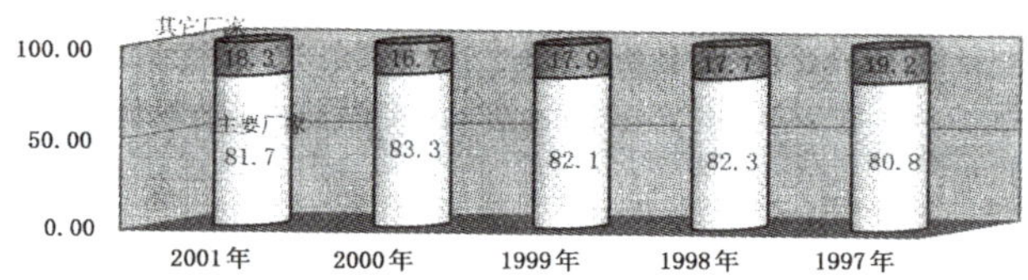

集中度趋散。轻型载货车的生产厂家是汽车行业之最，销售离散度较大。五年来，九个主要厂家的市场集中度涨涨落落，说明轻型载货车的市场竞争还不完全，虽然大部分主要厂家表现出良好的增长态势，但传统的厂家，如跃进、金杯、一汽等也已落到了后面。

【市场竞争形势】 1t车表现出强劲的增长势头。自1999年福田的1t级经济型轻卡计入轻型载货车范畴后，为轻型载货车市场注入了新的活力，为轻型载货车厂家找到了新的增长点。2001年，福田、东风、江淮、一汽红塔等厂家的1T车销量均达到了30%以上的骄人涨幅，其中福田9万辆，一汽红塔2.22万辆，东风、江淮以及跃进都在万辆左右。再加上江铃及庆铃，这样粗算下来，1T车已占到轻型载货车的70%。

2～3t车走势疲软。受限行政策及目录转公告的影响，轻型载货车中以大标小的中型车的异化品种——2～3t车的销售与1t车形成鲜明反差。东风公司1050系列与同期基本持平，超过万辆；江淮下降3个点，销量1.3万辆；跃进则下降了18%；一汽的2t加强型更是大降了37%。价位两极分化，中高档车降价显出强势。在3～4万元内经济型车大行其道的今年，中高档次的车也走上了中价线路，成为

2001年轻型载货车中的亮点。新年伊始，江铃的JMC系列降价1.1万元，降幅超过10%，全线车型降到10万元以内，主要车型在7～8万元，全年销售一花独放，全年总销量首次进入轻型载货车前三甲，销量增幅高达47%。江铃的降价也促使庆铃在下半年采取了应对措施，调低价格。降价后的中高档次车全面进入中档市场，显现出了强劲的渗透扩充能力，充分挖掘了市场潜力。

低价位竞争，企业利润低，新产品开始散化。在目前中低档轻型载货车主导市场的情况下，经济型轻型载货车的竞争已完全站在了价格底线上，企业的利润极其微薄，迫使企业只有再从生产和销售成本上挤压、从管理上挖潜力。一些企业已开始跳出轻型载货车的框框，一方面向日益发展的重型车、皮卡车突破，另一方面进军利润率更高的轻型客车甚至轿车市场。

【2002年预测】 2～3t重新归位。明年国家将严查车辆的超限，在目录转公告的时候也会对车辆的吨位进行重新核定，这将有利于轻载市场的重新疏理，让以大标小的车辆重新归位。预计明年这一市场将向好的方向发展，随着国家加快基础设施建设、加大西部开发力度以及公路条件的改善，2～3t车将扭转近几年来不正常的竞争及疲软走势。

WTO影响甚微。明年是我国入世第一年，进口车关税猛降37%，但对于已处于低价位上的轻型载货车，受到的价格冲击影响则微乎其微。

日益严格排放要求的影响。明年政府将出台安全、环保等方面的强制性法规，日益严格的排放标准使快速柴油化的载货车受到严重考验，新技术、安全、环保、节能的产品将受到市场青睐。另一方面，在广大的农村市场，经济型轻卡仍将受到欢迎。

纵观明年市场，考虑到固定资产投资的加大对轻型载货车市场的直接拉动作用不是很大，微观经济不活跃仍难以支撑轻卡需求的快速放大。消除今年不利因素，预计明年轻型载货车的产销量会达到42万辆，比今年增长15%左右。

【轻型客车市场】

概况　1995年至1999年五年间，轻客市场一直徘徊不前，在汽车总量开始大幅增长的1999年，轻型客车也只是象征性地增长了1300辆。落后于整个汽车市场的总体走势。

在停滞不前的五年间，轻客处于产品调整期。从产品结构上看，低档次低价位的改装轻客市场逐步萎缩，取而代之的是中高档次的新产品，如金杯海狮、东南得利卡、南京依维柯、江铃全顺等，公商务用的轻型客车蓬勃发展；从轻客的种类上看，现在的轻客统计范围除了原有的轻型客车（包括改装轻客）和轻客底盘外，又增添了越野车、多功能MPV车、吉普车，甚至轿车等，轻客的外延已大大扩容。产品结构的调整及外延的扩大，为轻客的高速发展奠定了基础，经过五年的震荡，2000年和2001年，轻型客车终于迎来了35%的大幅增长。

轻客历年销售量

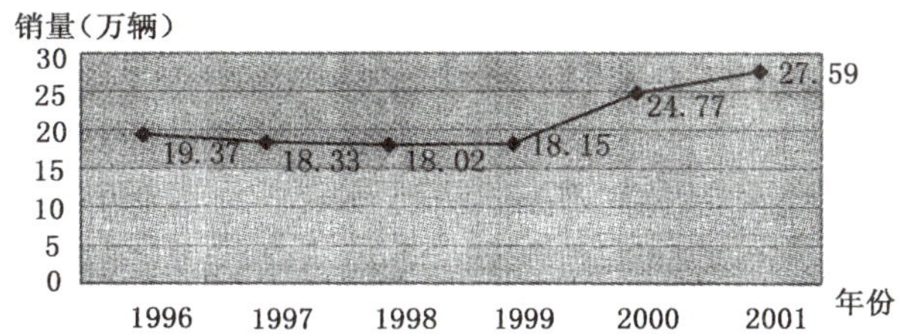

计入轻客统计范畴的各品种比例构成　轻客品种细分为四类：一类是从车身到底盘（或全承载式车身）都是一个厂家自己生产的轻客；一类是用其他厂家的底盘改装成的轻客，称改装轻客；第三类是厂家只生产轻客底盘的；最后一类是因国家对轿车目录的控制而使得一些不能上轿车目录的，只能归于轻客类的轿车（称准轿车）。

从下列三年销量图可以看出，轻客总量的增加主要依靠2000年开始争相发展的准轿车，以及中高档次的轻客，而低档次的改装轻客则下降较快。

轻客：生产厂家以金杯、东南、依维柯、江铃、庆铃等为代表共有12家，其中年产销量超万辆的只有前三家和北京集团；江铃、庆铃、湖南长丰达到5000辆，其中庆铃、湖南长丰的车型以越野车和SUV车为主。此类轻客是轻客市场的主导产品，已绝大部分地取代了低档次的改装轻客，销售稳步增长。

改装轻客：在2001年计入轻客范围统计的58个厂家中有近40家属改装轻客厂家，但其销售量所占比例却很小，只有三家超过千辆，其中最多的长安集团也才达到3000辆。这一类车在轻客市场中的份额更是急剧下降。随着道路条件的改善、城市交通的发展、强制性的排放政策等制约，这类中巴车现只能局限在乡村间客运，大大缩小了使用范围。

底盘：轻客底盘的生产厂家主要有7个，其中江淮、东风、跃进底盘超过万辆。由于中低档次的改装轻客扩容不畅，底盘生产厂家已开始开发生产适用于改装20座以上的中型客车底盘（因统计原因，轻客厂家生产的底盘仍统计在轻客类）；轻客底盘中高速环保的中高档底盘将成为发展方向。

准轿车：准轿车的大量增加是拉动轻客总量提升的最重要力量。1999年，只有吉利开始做轿车的生产准备；2000年，跃进和悦达加入了这一行列；2001年，宁波美日以9000辆的销量加入了这一行列，当年跃进、悦达仍只有6000辆，目前这一市场仍以吉利集团为第一，年销 1.26 万辆。

轻客各品种三年销量表

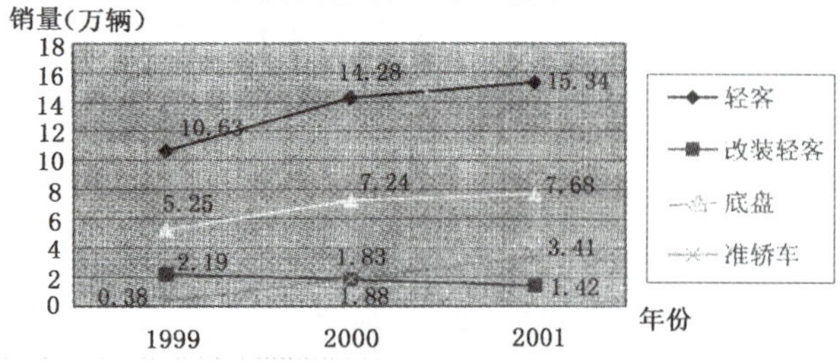

轻客分类别比例构成图

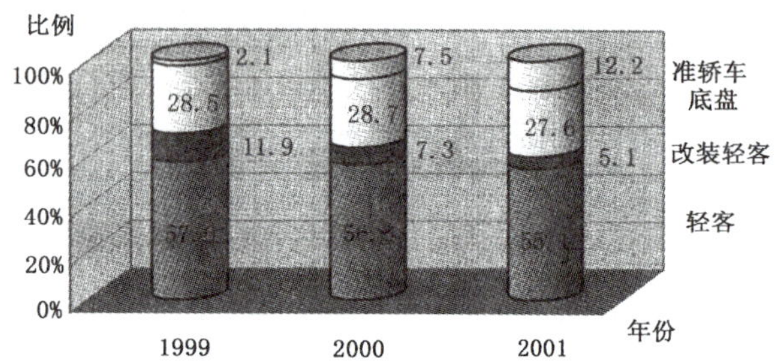

轻客产品在细分市场的表现

客运市场：在 30 座左右的各种价位的中型客车进入之后，曾在高速客运市场风靡的 12～20 座的轻型客车已不再有优势。

公务车市场：由于国有企业及乡镇企业效益没有根本性好转，使得这一类车辆需求不振。商务车市场：7～9 座以商务车为主要市场的中高档车型是轻客中的主要品种，20 世纪 90 年代末以来曾呈高速增长态势。今年，由于轿车厂家也引进开发了类似这一大小的、舒适性更好的 MPV 多功能车，从而分流了一部分经济条件好的用户群，所以此类轻客目前增长减缓，面临严峻挑战。

专用车市场：专用型客车近年增长迅速，各厂家都很重视专用车的开发与市场开拓，预计这一市场还将保持旺盛的需求。

多用型市场：城市交通的紧张使得货车和微车在城市限行，这就促使用户购买轻客用作客货两用。这一市场以经济型轻客为代表，现是各轻客厂家重点关注和竞争的焦点所在，也是产销量的重要增长点。金杯海狮是这一市场的佼佼者，2001 年，经济型已占其总销量的 70%以上。

【2002 年预测】 轻型客车向两头发展。厂家将开发一些更高档次的新产品与轿车类的 MPV 争夺高档公商务车市场；现在的中档车将降低配置向经济型多用途发展。预计明年经济型车将会大幅增长，市场进一步扩大，在市区内取代微客或皮卡运送货物。

准轿车会放慢增长。现国家已对轿车目录的管理有所放开，不再用政府的强制措施来制约企业，而是让市场竞争来自然淘汰，这样，吉利、美日、跃进、悦达等厂家都将获得轿车生产的权利。现轻客中的准轿车只是企业生产真正轿车的一个过渡产品，明年开始企业将转向生产真正的轿车，因此预测轻客中的准轿车不会再保持如此高的增幅。

改装轻客继续萎缩，底盘向中客甚至大客底盘发展。总体预测明年的轻客市场，产销量将达到 32 万辆左右，保持 15%的增幅，其中经济型轻客将会大放光彩。

（跃进汽车集团公司贸易公司）

SUV（运动型多用途车）

【SUV 车型特点和市场销售】 SUV（运动型多用途车）是一种具有在各种路面和气候条件下行驶能力的车型。由于具备卓越的野外行驶能力，人们称之为越野车。但随着人们生活的富裕和对运动热情的增长，汽车生产商生产了具备与轿车同样舒适，同时具备越野能力的 SUV，其用户也从农村和山村转入了大城市，其名称也从越野车转变为运动型多用途车。

SUV 与一般轿车的区别在于具备较高强度的车身，能够承受颠簸路面给予车身的较大冲击力；具备较高的离地间隙，能够通过凸凹不平的路面和坡地，在各种路面上行驶；具备四轮驱动装备，在滑的路面上（雨水造成的湿滑路面，冰雪路面，沙土地等）能够正常通过，保持良好的操纵和行驶能力，具备良好的爬坡能力。所以，SUV 一般是四轮驱动车（一般称之为 4×4）。近年来，出现了两轮驱动的 SUV（一般称之为 4×2），这是一种介于 SUV 和轿车之间的车型。由于 SUV 的越野行驶能力，也致使比相同尺寸的轿车具有较大的重量和较高的油耗。

SUV 在 1995 年达到历史最高销售量约 14 万辆以来，并没有随着国内乘用车市场的迅速增长而增长，销售量反而迅速下降（见图 1）。其原因在于：

第一，新车型的出现，如皮卡（微型载货车）和微型面包车。新车型以其低廉的价格，经济的油耗，更好的舒适性，使用上更为优良的载货能力和乘坐能力，在市场上取代了低价位的 SUV。

第二，原有的 SUV 生产企业缺乏对市场的研究，缺乏对新产品的开发投入，未能紧跟用户需求的变化和市场的发展，及时推出有竞争力的产品。

第三，国内公路建设的迅速发展，使得人们对乘用车越野性能的依赖程度下降，使运动型乘用车的用户群体增长不足。

第四，SUV 车属于高排量高油耗车型。即将出

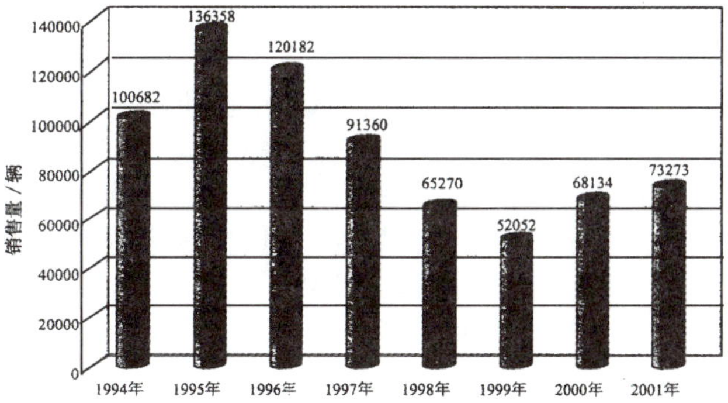

图 1　历年 SUV 销售量

台的费改税政策，将直接影响该类车用户的费用支出。

【SUV 车型的市场结构变化】 1999 年 SUV 销售量达到最低点，之后销售量开始恢复增长（见图 2）。增长最为强劲的是 4×2SUV 车型。SUV 市场的恢复性增长，主要归功于东南汽车公司推出的富利卡车型。有些人认为该车型不属于 SUV，它是介 SUV 和 MPV（多功能车）之间的一种车，采用的是客车底盘。该车型的内饰布置和最小离地间隙更接近 SUV 车型，故在分析中将其作为 SUV 车型。

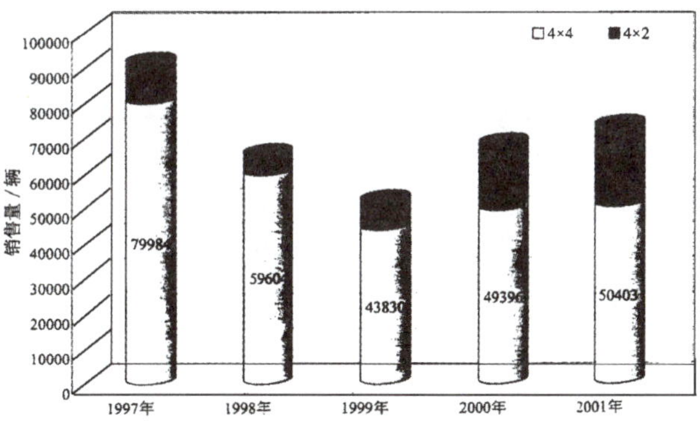

图 2　4×4 驱动和 4×2 驱动 SUV 销售量的变化

1．不同价位 SUV 的市场变化

多年来，SUV 市场的下降主要源于低价位的 SUV；而 1999 年以后，SUV 市场的主要增长则来源于 16～30 万元价位的车型（见图 3）。

到 2000 年，16～30 万元价位的 SUV 已经占到 SUV 市场的 39%，略高于 10 万元以下的 SUV 市场份额（见图 4）。

特别值得注意的是，30 万元以上价位的 SUV 车在 2001 年市场份额增长最快（见图 5），销售量增长率达到 65%。16～30 万元价位的 SUV 车的销售量比 2000 年增长了 47%。

2.SUV 市场的企业构成

在国内 SUV 市场上，北京汽车集团、东南汽车公司、湖南长丰汽车公司和庆铃汽车公司为 4 家主导企业，4 家公司的市场份额占整个 SUV 市场的

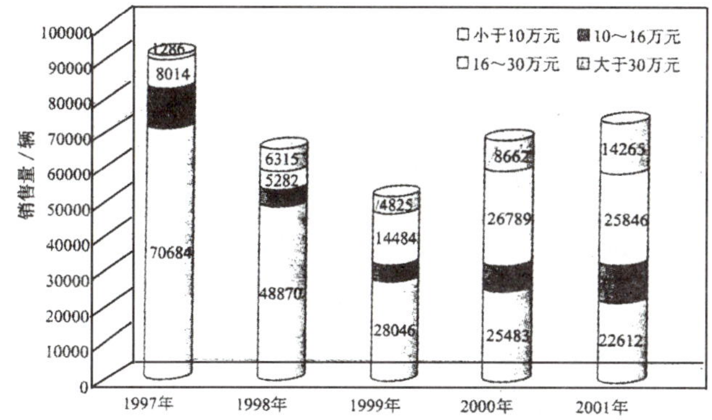

图 3　不同价位 SUV 的市场销售状况

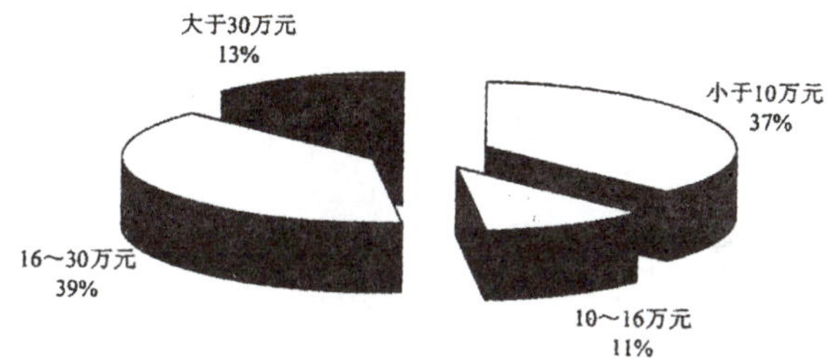

图 4　2000 年不同价位的 SUV 车的市场份额

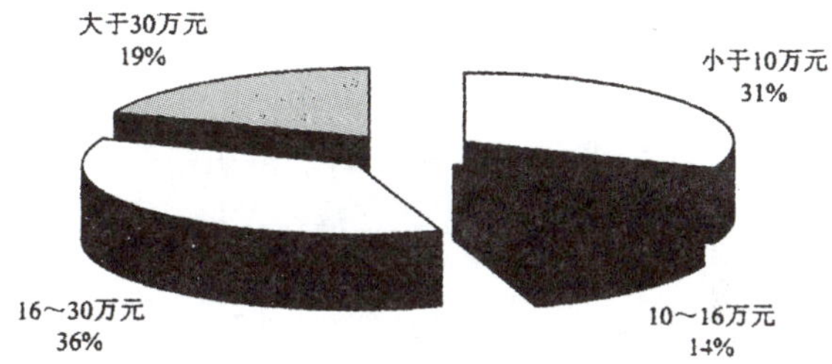

图 5　2001 年不同价位的 SUV 车的市场份额

73%（见图 6、图 7）。

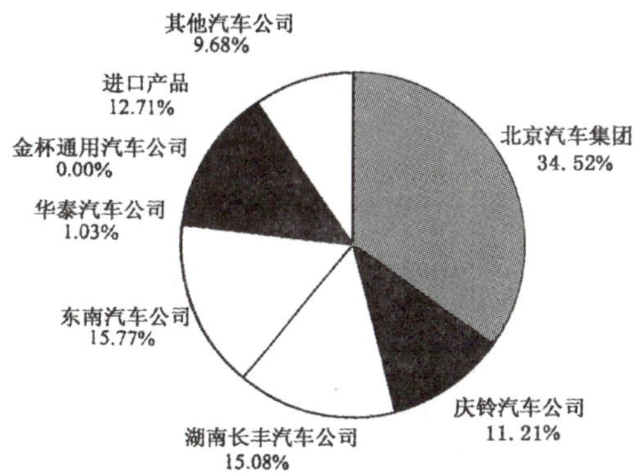

图 6　2000 年 SUV 市场厂家竞争格局

其中，北京汽车集团的产品主要是 10 万元以下的 4×4 驱动的 SUV，东南汽车公司的产品主要是 4×2 驱动的 SUV，湖南长丰汽车公司、金杯通用汽车公司、华泰汽车公司和进口的产品主要集中在 4×4 驱动的 SUV。其中进口产品主要集中在日本的三菱汽车公司和丰田汽车公司。

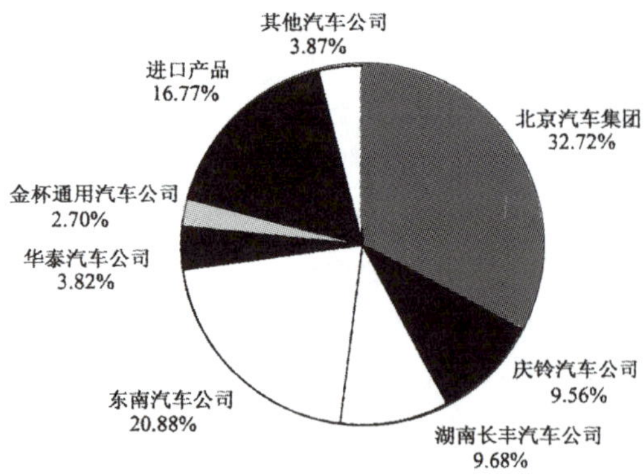

图 7　2001 年 SUV 市场厂家竞争格局

2001 年，东南汽车公司和进口 SUV 的市场份额取得了长足的增长。同时，金杯通用汽车公司生产的开拓者和华泰汽车公司生产的吉田汽车成功地进入了 SUV 市场。

3. 近几年中国 SUV 市场的特点

第一，SUV 车在中国汽车市场上的份额还很小。2000 年，在中国乘用车销售 135 万辆之中 SUV 只有 6.8 万辆，只占乘用车市场的 5%。

第二，SUV 的生产厂家多，经过近几年的市场竞争，很多小厂家都被淘汰了。但总的来讲，每个厂家的规模都不大，无法与轿车厂家相比。

第三，产品更新慢。主要原因是市场规模小，生产厂家多，每个厂家国产化和产品开发的投资回收期较长。

第四，不断有新的厂家以新的产品投入市场。如庆铃汽车公司、东南汽车公司、荣成华泰汽车公司、金杯通用汽车公司等。

第五，中国大陆以外的汽车公司投资 SUV 的不多，主要是美国的通用汽车公司(金杯通用汽车有限公司)、戴姆勒－克莱斯勒公司(北京吉普汽车有限公司)和中国台湾的裕隆汽车公司(东南汽车公司)。

第六，市场的总体规模小，分布区域广阔，给销售和维修的布局带来很多困难。

第七，SUV 的使用条件和环境条件比轿车要恶劣得多，维修价格和备件成本较高。

【2002 年 SUV 市场展望】 第一，预计 2002 年中国经济的增长速度会在 7.0%～7.5%之间，这会对汽车的整体市场增长造成影响。

第二，由于国家继续施行西部开发的战略，西部经济将继续保持良好的增长态势。由于 SUV 的主要市场在西部地区，预计 SUV 市场将继续保持增长，增长幅度将低于 2001 年。

第三，由于关税的大幅度降低，直接进口的 SUV 将大幅度增长。

第四，受 2002 年轿车降价的影响，SUV 的价格也会有不同程度的下降。但绝对不会有轿车市场那样的降价幅度，因为国内 SUV 车的价位与国际市场的价位差距不像轿车那么大。

第五，会有更多的车型进入 SUV 市场。像郑州日产的 ZN6481，广东宝隆、江西富奇的丰田 2700 和丰田 3400，荣成华泰的现代桑塔菲等。北京汽车集团 2001 年推出的大切诺基将延伸出适合越野和单位工作用的价格较低的 6 缸大切诺基。

第六，国内现有的 SUV 厂家，会进一步改进产品，推出价值功能比更高的车型，加强竞争地位。

第七，由于国家环保局禁止生产化油器的 SUV，这会造成 10 万元以下的 SUV 市场份额加速下降。

第八，20 万元以内 SUV 的销售不会受进口 SUV 价格下降的影响。

第九，随着中高收入阶层生活方式的改变，对 SUV 的偏好人群将有所增加。

2002 年 SUV 市场需求的预测见图 8、图 9、图 10。

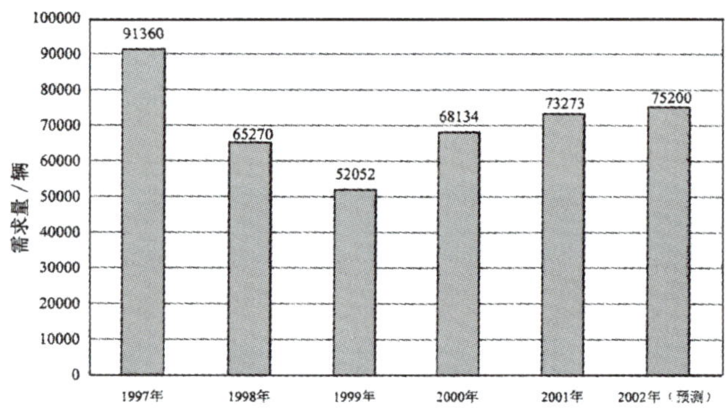

图 8　2002 年 SUV 市场需求变动态势

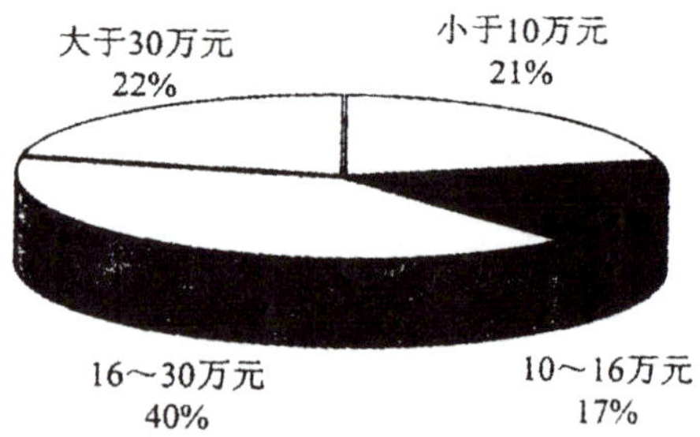

图 9　2002 年不同价位 SUV 市场需求分布预测

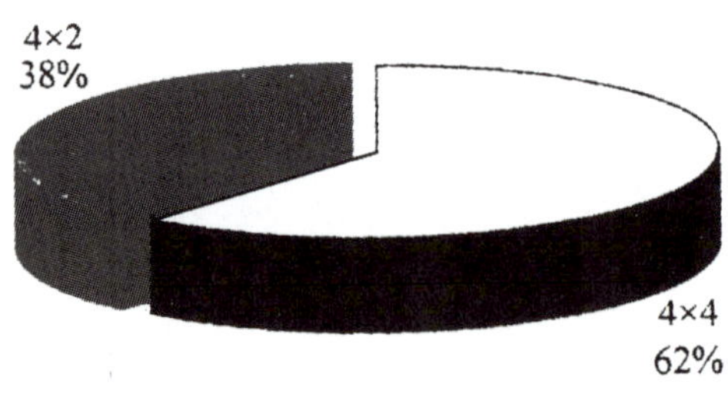

图 10　2002 年不同驱动方式 SUV
市场需求量分布预测

注：由于有关 SUV 没有准确的统计，很多数量是估计的，各企业 2001 年的销售数量是根据 2001

年1~9月份的统计数字推测的。

综合对上述市场情况的判断和分析，预计2002年SUV市场只会有小幅增长或者持平，预计市场结构的调整仍会继续下去。

（马　冬）

皮卡市场

【发展概况】 20世纪90年代初，国际上流行的皮卡车传入我国，但在我国，皮卡一出世就遭到了“上打下压”。向上走，皮卡被当成客货车而受到大中城市限行的歧视；向下走，又遭到2万~3万元农用车、微货的排挤。然而皮卡的性能、用途及价位，注定了它广阔的发展前景，从1998年开始，皮卡逐渐被广大用户所认识和接受。1999年以后国内皮卡市场和皮卡厂家都得到了迅猛发展。

1998年，全国皮卡产销量不足3万辆，是汽车工业中产销量最小的一个行业。从1998年底开始，皮卡行业出现了出人意料的增长。1999年，销量最大的长城皮卡当年第1万辆下线，将皮卡热销推向了高潮。同年底，在整个汽车行业低速增长的情况下，皮卡异军突起，销量首次达5万辆，同比增长近1倍，大大超过了当年汽车销量总体增长14.2%的水平。尤其是中档皮卡增长速度更快，同比增长了近1.2倍。2000年，据全国皮卡车市场不完全统计，全国主要9家皮卡厂家销售皮卡约6.5万辆，加上其他品牌皮卡，全年达到8万辆，比上年增长40%以上。其中，长城皮卡年销量达2.86万辆。增长最高的仍是中档皮卡，全年销量约达5万辆，同比增长80%以上。2001年，我国皮卡总销量达到了8.1万辆。

在产量、质量提高的同时，皮卡车型品种也不断增加。据调查，国内皮卡品牌已达30余种，仅河北省就有5家(长城、田野、新凯、长胜、双环)。从价格上说，下至3万元上至13万元参差不齐；从技术上分有丰田系列、五十铃系列、日产系列、马自达系列、通用系列；从企业性质上说有国有、民营、合资，还有农用车生产企业。2001年，东风、上汽、南汽等大企业也相继加入皮卡行业，大有“村村点火，处处冒烟”之势。

目前国产皮卡可分为三大类：一是合资引进型，如日产、江铃、庆铃、福达及金通等，价格在10万元以上，称为高档皮卡；二是自主开发型，形成一定规模的主要有长城、一汽哈轻、扬子、中兴等，价格在5万~8万元，称为中档皮卡；三是近年来刚刚进入皮卡行业，规模和产销量较小的品牌，如阳光、黑豹、曙光、新凯、万丰、东风、文龙、南燕、宏远、海胜、长胜、洛阳一拖等等，价格大都为5万~7万元之间。另外，还有一些3万~4万元左右的低档皮卡。

【国产皮卡车型】 目前，国产皮卡主要有以下几种车型：

标准双排座皮卡　这种车型是我国目前市场上销售最多的。它的驾驶室乘坐5人，载货大于500公斤，后厢长、宽分别为1.405米和1.465米，乘用载货两相宜，整体美观协调。双排皮卡自20世纪90年代引进我国以来，一直畅销不衰。近年来，双排皮卡款式越来越多，配置年年更新，科技含量越来越高，已全部匹配了智能化多点电喷发动机。双排皮卡经过了长期的市场检验和改进，具备了成熟的技术，受到了用户的青睐，是我国皮卡市场中保有量最大的一种车型。

轴距、货厢加长的双排座大皮卡　大皮卡驾驶室为双排座，在乘坐5人的同时，载货容量更大。其容量和体积虽然大，但时速、油耗却与普通皮卡相同。大皮卡是从双排座皮卡成功款式发展而来，外观明显不同的是车厢和轴距比普通皮卡分别加长了46厘米和53厘米，更加平稳舒适、安全可靠。后货厢采用内挂钩结构，造型威猛、高雅庄重，具有整体感和现代感。其特点是，经济性、实用性强。

一排半座皮卡　这种皮卡在国际市场比较畅销，其最大特点是：整车设计结构更合理，新潮时尚，外观俊美，独具特色。与现有普通双排座相比，一排半座在货厢加长的同时，底盘的轴距相应加长。轴距的加长可使货物装载的重心移到后桥中心位置，这样就大大加强了平稳性。而驾驶室内一排半座设计空间也更精巧合理，后排座既可乘坐2人，又能满足多种多样的储物要求。精简化后的驾驶室把多余的空间让位给后面的货厢，又扩大了货厢载货空间。在乘坐5人的同时，载货容量比标准双排座更大。这种时尚的车型在欧美市场非常流行。

中双排座皮卡　中双排座皮卡是最近国内一些厂家推出的最新成员，是在双排座皮卡的基础上改进而来的。在外形上，中双排皮卡独具特色，其轴距、货厢略长于市场上的标准双排座皮卡，而又短于现在的加长大皮卡，整体更加协调美观，安全平顺，给人以全新的感觉。这一车型目前在国内虽然很少，但发展势头很快。

后货厢封闭式的厢式皮卡　其外观最大的特点是后货厢与驾驶室分开，为全封闭，以同样的高度自然延伸，使整车浑然一体，客货比例协调合理，个性化的两个侧窗注重装饰性。它防雨、防晒、防潮，装载货物安全可靠，是多功能商务车、旅行车的完美结合。与其他厢式车不同的是，厢式皮卡品种不仅有双排座的，而且还有单排座和一排半座的。

以载货为主的大单排座和小单排座皮卡　单排座皮卡又分为大单排座和小单排座两种，均以载货为主，乘坐2人。其特点是价位低、实用性强，颇受运输个体户的喜欢。与同类价位的轻卡、微货相比，在品味上，单排座皮卡与其他皮卡一样配置高档，亦轿亦卡，舒适豪华，比轻卡微货明显高出了一个档次；在性能上，单排座皮卡动力、时速、排量及越野性能等大大优于轻卡微货；在载货功能上，皮卡底盘低，行驶安全，装卸方便，容积和载重大于微货车。单排座皮卡被誉为“超级轻卡”，具有优越的性价比和很强的竞争力。

【国产皮卡三大竞争优势】　产品技术不逊色　我国30余家皮卡厂家经过激烈的市场竞争，产品技术趋于成熟。这其中出现了年产销达3万余辆的皮卡生产企业。排行前几位的皮卡生产企业如长城、庆铃、江铃、中兴、扬子等瞄准国际市场，经过学习创新、消化吸收，已经具备了国外车业的管理模式、营销理念、产品技术和开发能力。国产皮卡新品不断，装备越来越高档，其配置完全可以与轿车相媲美。过去，国产皮卡大多是双排座单一车型，如今已发展到一排半座、单排座，货厢大小、轴距长短不同的4×2、4×2，厢式车等多个品种，国际上知名的几种车型，如丰田型、五十铃型、日产型、通用型等在国产皮卡中应有尽有，与发达国家的差距越来越小。

价格占绝对优势　国产皮卡综合性价比优于进口皮卡。以目前出口国际市场的长城皮卡为例，在国内售价为5.58万元的标准双排皮卡，出口到中东FOB(出口销售价)价格为6100美元，折合人民币5.8万多元，出口车每辆比国内还要高出2200元以上。中东地区进口关税较低，国外皮卡品牌大批涌入，丰田皮卡按同样进口关税在中东市场销售价为14000美元。国产皮卡的价格不足它们的1/2，综合的性价比受到了国外普通用户的青睐。仅2001年，长城皮卡出口就达1200余辆，其他品牌均有不同程度的增长。即使进口关税下降到25%以后，国产皮卡价格也只有国外同类皮卡的1/3。

具备了宽阔的市场通道　任何一种产品要销到消费者手中，必须依赖强大的营销服务网络。经过几年的培育发展，国产皮卡厂家在全国营销网点和售后服务中心已形成了规模。据了解，几个较大的品牌，其销售服务站均在420家以上，除港、澳、台外遍布全国各个角落，建立起了宽阔的市场通道。不少皮卡厂家还建立起了自己“三位一体”或“四位一体”的品牌专卖店，培育出了一大批高素质的营销队伍，皮卡营销网络的市场覆盖率达90%以上。

【皮卡市场前景】　由于皮卡具有轿车和货车的双重功能，既有轿车的舒适性、安全性，又有货车的实用性、经济性，因此在国外汽车市场上是最畅销的车型之一，50年兴盛不衰。据资料介绍，美国十大畅销车型中皮卡占2席；在日本，皮卡不仅是一般家庭的生活工具车，而且是日本出口车的主力车型，主要销往非洲、拉丁美洲和亚洲。在泰国，皮卡年销量占汽车销量的72%，菲律宾占34%。印度、巴基斯坦、印度西尼亚和巴西等国的皮卡销量占汽车总销量的1/3以上。由此可见，皮卡不仅适用于美、日等经济发达国家，同时也适用发展中国家。近几年，我国国民经济持续发展，人民生活水平不断提高，特别是经济较发达地区城乡居民生活消费水平逐年上升，才有了皮卡现在的市场基础。预计未来的发展趋势是：

宏观经济促进皮卡市场发展　2002年国民经济仍保持7%的增速，这为皮卡市场发展提供了强劲动力。我国西部大开发也对皮卡销售产生很大影响。中国加入WTO后，一大批持币待购的消费者有可能在2002年购买皮卡。

用户消费观念的变化促进皮卡的销售　国内一些大中城市的消费水平与一些发达国家相比已经没有多大差距，在生活方式、消费观念上也逐渐拉近了距离。在这种情况下，汽车产品已不再是一种身份、地位的象征，而成为人们生活中的日常用品，因此，皮卡的实用功能也就越来越显示出来。

城乡三产、农业结构调整为皮卡发展带来新契机　由于皮卡具有乘坐和载货双重功能，加上机动灵活，适合小型企事业单位、商店、服务业使用，也适于农村花木、水果、蔬菜等种养殖场使用，随着城乡三产结构调整，皮卡市场将会有较大发展。

行业用车将会拓展皮卡市场　近几年全国各地公安、公路、工商、电讯、质量等部门采购皮卡车呈上升趋势。据长城公司统计，2001年集团采购长城皮卡达2700余辆，占整个销售量的10%。如果各皮卡厂家能够按照特殊行业需求，有针对性地开发不同功能、不同配置的新型皮卡，将会有力地拓展这一市场。

出口国际市场将是一个新亮点　中档皮卡是我国一大特色。它的价位一般在5～6万元/辆，目前发达国家不生产这类价格的皮卡，而发展中国家生产的同类皮卡，批量和性能质量远不及我国。在中东、北非、西亚等地区，皮卡需求量大，这就为我国出口带来广阔市场空间。而且加入WTO后，许多外国汽车零部件价格可以降下来，我们的产品还可以更多地走出国门去占领更多国际市场。

（商玉贵）

大、中型客车市场

【概况】 2001年中国大中型客车(7米＜L≤12米)市场继续保持强劲的上升势头。自1997年以来,大中型客车市场已经进入第5个连续增长的年份。从全国销售数据(见图1)分析,大中型客车市场状况呈现多年产销两旺的状态。1997年到2001年10月份的5年中,全国大中型客车市场始终保持了高速发展的状态。值得注意的是,2001年1~10月份销售量已经超过2000年全年的销售量,到年末将突破60000辆,比上年增长37.5%,创中国客车工业历史的最高水平。其中大型客车全年超过10000辆,比上年增长29.1%;中型客车达到50000辆,比上年增长39.3%。全年大中型客车销售额可达150亿元。

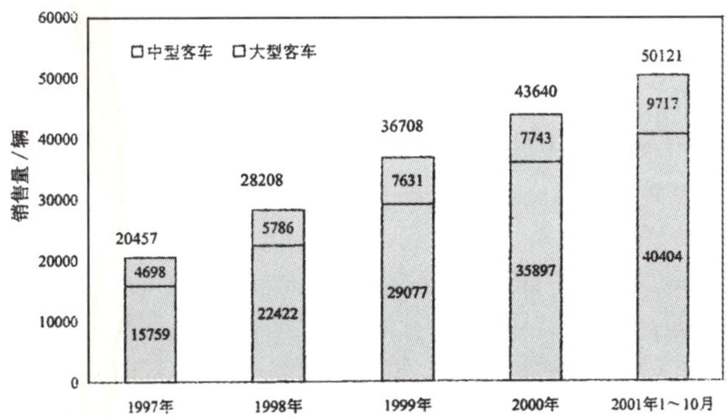

图1 1997~2001年10月国产大中型客车销售量对比

大中型客车市场的持续增长主要依靠我国持续稳定的经济发展环境,不断改善的道路交通条件和迅速发展的客运、城市公共交通及旅游业。这样,随着国内社会经济活动的增加,客流量的不断增长,企业更新车辆的资金能力明显加强,进而使国内客车需求量不断上升,客车市场容量进一步扩大,同时也孕育了许多新兴的细分市场。另外,2001年客运企业资质评定对促进大中型客车特别是高等级客车的销售起到了较大的推动作用。我国大中型客车市场的繁荣发展,展示了中国客车工业已经进入了良性的发展阶段。

【国内主要大中型客车市场】 在国内大中型客车市场上,2001年1~9月份销售量居前四位的依次是郑州宇通、厦门金龙(不含厦门金龙旅行车有限公司销售量)、亚星集团和常州长江,这4家的销售量占2001年1~9月全国大中型客车销售量的54.5%,处于国内大中型客车市场的主导地位(见图2)。

图2反映的另一个特点是,国内各主要客车厂家的销售量在2001年1~9月份都呈正增长(聊城中通在上半年为负增长,但进入第三季度后销售状况明显好转),国内大中型客车市场还继续处于上升状态。

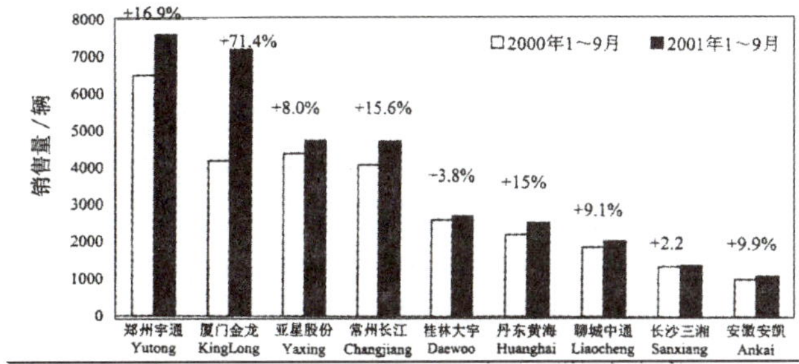

	郑州宇通 Yutong	厦门金龙 KingLong	亚星股份 Yaxing	常州长江 Changjiang	桂林大宇 Daewoo	丹东黄海 Huanghai	聊城中通 Liaocheng	长沙三湘 Sanxiang	安徽安凯 Ankai
□2000年1~9月	6500	4200	4400	4100	2600	2200	1870	1350	1010
■2001年1~9月	7600	7200	4750	4740	2700	2530	2040	1380	1110

图2 2001年1~9月份国内主要大中型客车制造商销售量及同期对比统计图

通过对比看出,国内大中型客车厂商中,销售量增速最快的当属厦门金龙。该公司2001年1~9月份销售量同比增长达71.4%,灵活的经营机制和大量的人才引进是金龙取得优良的销售业绩的主要原因。郑州宇通虽然在销售量上仍然处于第一位,但增长速度已落后于厦门金龙。

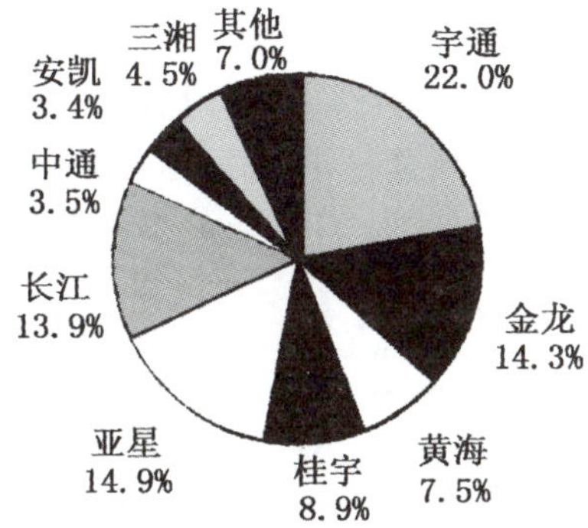

图3 2000年1~9月份的国内主要大中型客车制造商市场占有率

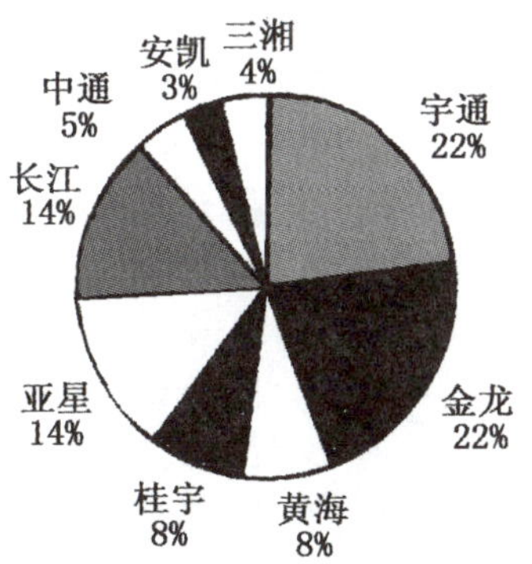

图4 2001年1~9月份的国内主要大中型客车制造商市场占有率

从图4显示的2001年1~9月份市场占有率来

看，除厦门金龙外，其他主要大中型客车制造商的市场占有率都比上年同期(图3)有不同程度的下降。由此来看，虽然2001年主要制造商的销售量都有所增加，但还是小于大中型客车市场整体增长的幅度。从图4看出，这部分市场由其他中小制造商分割占有了。图3统计的9家制造商2000年1~9月份销售量占全国大中型客车销售总量的93.2%，而到2001年1~9月份，9家的销售量只占总量的76.3%，同比下降16.9%，市场销售集中度明显下降。一批新兴的中小客车制造商开始活跃于大中型客车市场上，在这一集团中的代表企业有合客现代、郑州少林、厦门小金龙、江苏友谊、江苏牡丹、无锡太湖、江西上饶、盐城中威、贵州万达、桂林佳利安、横店神马、四川野马、安徽扬子、广州高登等。除无锡太湖和江西上饶外，这些企业过去大都以生产7米以下轻型客车为主，而近几年均涉足大中型客车产品，开始对原有市场格局构成冲击。目前这些企业的产品主要集中在7~9米规格大中型客车上。随着客车需求逐步向大型、高级、环保型客车的转移，这些企业的产品也在向大中型客车发展，开发速度也明显加快，可以预计中小型客车在2002年市场占有率会继续上升。

近几年国内大中型客车市场的高速发展，使得原有的市场格局发生了明显变化，一些新的大中型客车制造商脱颖而出，而一些老牌企业却呈现疲软状态，市场占有率逐年减少，在销售量、销售额、生产成本和新产品开发速度诸方面都显得力不从心。

由此来看，目前大中型客车市场的竞争还在加剧，厂商竞争格局尚未达到平衡状态，并且，这种市场竞争促成的分化在2002年还会加速。

【高中档客车市场分析】 高中档车是客车市场中的重要细分市场。自从1996年高档客车大批进入客运市场以来，已经基本形成了以西沃、大宇、北方(包括金华北方)、奔驰、安凯为主的市场格局，5家销售量约占国内相应产品总量的91%。其中，销售量最大的是西沃，约占高档客车市场的23%。桂林大宇，虽然受韩国大宇公司经营不善的负面影响，高档客车销售量2001年预计下降30%左右，但仍居第二位。广州五十铃、天津伊莉莎尔、上海飞翼也是高档客车的专业生产厂家，金龙和宇通也利用MAN底盘和NISSAN底盘生产销售高档客车，目前这些厂家的高档客车销售量不大，约占国内高档客车市场的9%。

由于高档客车价格较高，用车单位一次性投入较大，投资回收期也相对较长，因此产品的需求重点地区主要集中在东部和南部等经济较为发达的城市。另外，一旦中档客车大批量进入市场后，高档客车在上述地区的市场渗透速度就会明显放慢。预计到2001年末全国高档客车销售量约为1300辆(不包括直接进口大中型客车)，将比2000年(1200辆)增长8.3%，销售额预计为18亿元，约占大中型客车的12%左右。

国产中档客车长度一般在8.5~11米，后置发动机，客车等级大都为高一级，少部分为高二级，价格约在45万~90万元。国产中档客车基本代表当前采用国产底盘的客车最新技术水平，由于其价位适应国内大部分地区的消费水平，近几年发展非常迅速，成为近几年国内客车市场上异军突起的车型，目前已经在高速客运、旅游等方面得到广泛运用。国产中档客车中，销售量较大的有金龙11米XMQ6112/6113/6115系列旅游客车，XMQ6892豪华客车；亚星-奔驰公司YBL6920H和YBL6100H高速豪华长途客车；安凯HFF6853K系列豪华客车；合客HK6900豪华客车；桂林GL6900豪华客车；太湖XQ6110Y豪华旅游客车；黄海DD6112H6A豪华客车等。2000年国内市场全年销售国产中档客车约4200辆，2001年销售可达到6000辆，增长42.9%；销售额约为35亿元，约占全部大中型客车销售金额的23%。

【2002年大中型客车市场预测】 2001年，汽车市场的迅速扩大对所有大中型客车厂商来说都有不同程度的收获。预计2002年国内大中型客车市场将继续处于上升状态，但增长速度比2001年有所减缓，约为15%，销售量达到6.8~7.0万辆。

2001年对大中型客车市场来说也是更新换代的一年：第一，国家环保局强制停产了60家企业897种不符合环保要求的大中型客车；第二，国家经贸委、公安部联合发文规范交通部卧铺客车管理，强制实行“1+1+1”铺位，取消顶行李架；第三，国家交通部对客运企业施行资质评定，使得市场对高等级客车的需求迅速增加。这些措施的实行使得一大批不符合要求的客车产品被迫退出市场，同时也明显加快了企业开发新车产品的速度，以填补淘汰产品退出市场造成的市场空缺。预计2002年将有大批新型客车上市，车型主要集中在8~8.5米后置发动机高一级座位客车、10~11米后置发动机大型高一级/中级座位客车、10~11米后置发动机大型高一级/中级卧铺客车(大行李仓)、11~12米后置发动机大型高二级卧铺客车(大行李舱)几类产品上。新车型的排放都将达到欧Ⅰ标准，部分将达到欧Ⅱ标准，在未来2~3年内，这些车型将成为国内大中型客车市场上的主流车型。

城市建设的发展和城市人口的迅速增加，将使城市客车的销售量迅速上升，成为大中型客车市场中的一个重要的细分市场，常州长江和福莱西宝仍旧是这一市场中的领军企业。

随着北京市申奥成功，预计2002年国产高档低底盘低排放的城市客车进入公交市场的速度将会加快。但从总体上看，城市客车市场的主流产品仍将是中低档客车，但排放、噪声和外观造型方面会有明显改进。

2002年客车市场的竞争将更加激烈。随着专业底盘厂的产品换代越来越快，大规模专业化生产的技术、工艺、质量、成本和售后服务优势已经在市场上逐渐得到用户的认同。丰富的底盘和总成供应，以及专业底盘厂的售后服务网为中小客车制造商参与大中型客车市场竞争创造了基本条件。目前解放、东风、江淮和杭汽已经基本形成了国产底盘的竞争格局。面对这些变化，有底盘制造能力的传统厂商的优势正在逐渐减弱，专业开发力量和降低成本已经成为这些企业的生存之本，专业化的分工及协作配套成为这些企业的成功之道。随着竞争程度的加剧，技术水平的逐渐接近，产品售后服务已经成为2002年关注的焦点。

（周　毅）

中型载货车汽车市场

【概况】 2001年，全国载货车市场平稳低速增长，而中型载货车呈低走趋势，累计生产151955辆，同比下降1.17%；销售162747辆，同比下降0.25%。虽然在9类车型中，只有中型和轻型载货车销售是下降的，但中型载货车下降幅度比2000年的10.19%有所改善，市场需求得到稳定。

随着汽车市场需求多元化，中型载货车在汽车产品需求结构中的比例呈现出大幅下滑的趋势，市场份额从1993年的25.8%下降到2001年的6.89%，下降幅度近19个百分点。而且，随着中重型载货车向重型化发展，中型载货车在载货车类产品中所占份额也呈现出逐年下滑的趋势，如下表所示：

	1996年	1997年	1998年	1999年	2000年	2001年
中型载货车销量(辆)	209375	187926	187661	181579	163157	162747
中型载货车 占载货车市场份额%	30.78	27.78	28.52	24.19	21.05	19.8

与中型载货车相反，2001年，重型载货车全年产销增长分别为91.67%、773.37%，销量从2000年只及中型车载货车销量的一半，增长到2001年只相差1万多辆。特别的是，从6月起，重型载货车月产销量开始超过中型载货车，载货车市场的产品结构发生了重大变化。

竞争格局 2001年，在所有车型中，中型载货车企业生产集中度最高，生产规模前5名企业的生产集中度达到98.99%。其中，东风、一汽两家的市场份额之和为92.43%，比2000年下降了1.64个百分点，仍保持对市场的绝对主导地位，而且这种寡头竞争格局在一两年内难以打破。但是，三环集团十通专用汽车有限公司、南京春兰汽车制造有限公司销售增长迅猛，销售增长分别达到98.09%和917.09%，市场份额达到3.82%和1.74%，分别比2001年增长1.9%、1.5%。新的竞争者利用快速的市场反应机制，“灵活机动”的产品开发和市场营销策略占领细分市场，而“春兰”以高起点挤进市场，以“轿车化”为卖点，适应了经济发达地区讲究舒适驾驶的口味，向市场注入了活动，进一步蚕食了“东风”、“解放”的传统优势市场。

2000年中型载货车主要企业市场份额

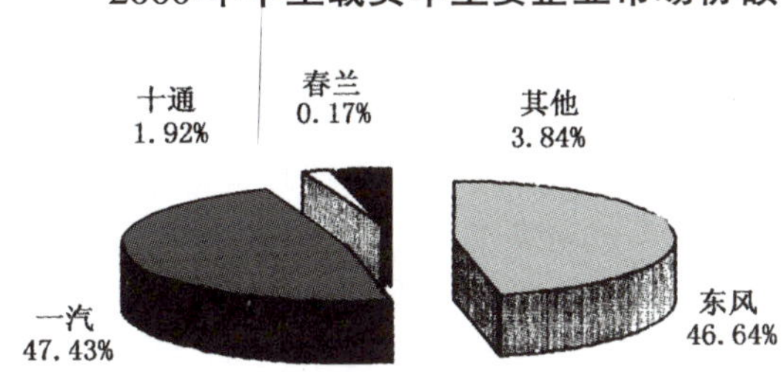

2001年中型载货车主要企业市场份额

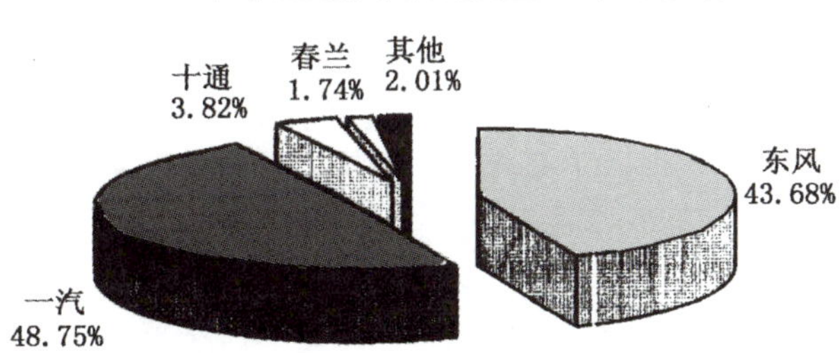

市场发展态势及影响因素 2001年，全国中型载货车呈现高开低走的态势，2月份，市场出现提前起动的迹象，销售比上年同期增长高达82.23%，3、4月份达到销售高峰，比去年同期分别增长29.08%、21.13%，5月份市场需求出现大幅下滑，

月销量开始低于上年同期水平，直接导致了全年销售量略低于2000年水平。与2000年中型载货车销售增长大幅下滑不同，2001年中型载货车的市场需求保持了稳定，其主要影响因素在于：

（1）经济发展的推动。2001年国家继续实施积极的财政政策和稳健的货币政策，进一步积极启动非国有投资，重视农民收入增长缓慢的问题，努力增加农村居民收入等措施逐步实施，这些都保证了2001年宏观经济形势继续向好的方向发展，有力刺激了中型载货汽车市场需求稳定。2001年，中国加入世贸组织，这是我国改革开放进程中具有历史意义的一件大事，也是进一步推进全方位、多层次、宽领域对外开放的重要契机，对经济发展具有深远的影响，对我国汽车市场及中型载货车市场的今后发展也会起到积极作用。

（2）西部大开发。国家提出西部大开发，通过西部大开发来调整西部产业结构与生产力布局，通过一定的投入来进行基础设施建设、生态环境保护建设。2001年，各地的公路、铁路、粮库、码头、通信设施建设加快，诸如“西气东输”、“西电东送”、“南水北调”、青藏铁路及国内几条高速公路建设等大型项目启动，直接拉动了重型载货车需求增长、扩大了中型载货汽车市场的需求量，促使中型载货汽车生产品种结构的调整，带动了自卸汽车市场需求，对中型载货汽车市场稳定产生了积极影响。

（3）政策法规。国家出台并实施了机动车登记、报废车辆回收、消除地方保护等方面的政策法规，接下来政府还将出台新的汽车消费政策，并对汽车消费各个环节中的税费进行清理整治，这些政策法规的实施将使我国中型载货车消费环境逐步得到改善，拉动了汽车市场的需求。2001年年初，北京周边地区开始严格限载，全国5月份对超限超载行动加大了打击力度，由于政府有关部门加大了对行驶中超载车辆执法的力度，而且从源头对载货车辆的生产及吨位标定进行了规定，公路运输市场趋于规范，车辆严重超载现象得到遏制，载货车销售受到了影响，中型载货车市场需求出现大幅下滑。从长远来看，限载加速了载货车产品结构的调整，对载货车市场长期健康发展起到积极作用，最终促进汽车消费需求的扩大和汽车工业的技术进步。

（4）新产品推出加快。面对市场需求变化，各生产厂家纷纷采取战略性开发与适应性开发相结合的策略，不断向市场推出新产品。东风汽车公司在2000年推出市场适应性强的应变产品及全新产品的基础上，2001年继续以“产品是企业立身之本”的思想，进行适应性产品开发与战略性产品开发，在全年销售的产品中，90%以上的产品为近几年开发的新品，成为带动产销增长的重要因素。一汽针对不同的细分市场，开发不同产品适应不同市场的竞争需要，如针对中短途的城市间、城乡间的物资交流和集散的需要，开发出4吨平头柴油载货汽车，其优越的性能与价格比在同类车型中独占鳌头；根据市场对专用运煤车的强烈需求，在原“运煤王”基础上又推出了整车的动力性和经济性好、环境适应能力显著增强的“新运煤王”等。

随着公路尤其是高等级公路的快速发展，公路运输条件不断的改善，使大吨位重型汽车的技术性能得到发挥，大吨位汽车经济效益显著，吸引了用户。而轻型车具有价位低、灵活、方便等优点，能满足运程短、货运批量小、时间性强、出车频率高的用户需求，适用于社会各类单位、乡镇企业、商业服务部门等。随着国内经济的发展，特别是第三产业的兴起以及私人购车比例的增加，其总需求量将继续保持增长势头。用于长、短途运输的中型车将分别被重型车、轻型车取代，货运方式由粗放式向集约式发展，并且国家集中治理超载使中型汽车的经济效益大打折扣，其需求量逐步减少。因此，载货车市场向两极分化，专用化发展趋势将更加明显。

随着传统中型载货汽车在汽车需求结构中份额的继续萎缩，中型载货车应向着提高其产品的技术含量、燃油经济性、环保性能发展，开发出各种用途的改装车、专用车，以满足用户的多层次需求；凭借其性能价格优势，开拓国际市场，努力成为中国汽车进入世界汽车市场的突破口，以促进其市场需求的进一步稳定和增长。

专用汽车市场

【产销增速，市场份额进一步提高】 2001年，专用车市场稳中有升，其产销量已占领了整个载货汽车市场的半壁江山。据初步估计，2001年全国载货汽车产销量同比增长了7%左右，与2000年增速基本持平，但专用车的增速则可达到10%以上，特别是重型专用汽车，其产销量同比增长达20%左右。

2001年，由于国家加大了对基础设施建设的投入，特别是加大了对中西部基础设施建设的投资，加上诸如“西气东输”、“西电东送”、“南水北调”、青藏铁路及国内几条高速公路建设等大型项目的启动，给专用车市场特别是重型专用车市场注入了极大活力。据统计，2001年前3个季度，重型自卸汽车同比增长了84.5%，如果把销售火爆的第四季度结合起来，同比增长比例还会进一步提高。运输业的高速发展和运输市场的进一步规范，也给专用车企业带来了不少商机。

比如，不少地区对油品运输市场进行了规范，禁止自行或非法改装的油罐车上路营运，也取消了背罐式的运油方式，使全国的油罐车市场出现了异常火爆的情形，以致9月至10月东风汽车公司生产的用于改装油罐车的底盘，特别是载重量为8～12吨的油罐车底盘形成了供不应求的局面。高速公路的发展使公路货运进一步专业化、集约化，从而使各类厢式运输车、半挂牵引车和专用运输车的社会需求量得到了很大的提高。仅就半挂牵引车而言，2001年度其产销量较2000年度同比增长达90%左右，成为专用车行业的一匹黑马。各类厢式汽车的产销量也业绩不菲，在城市内的货物周转运输及干线公路的长途货运中，厢式货车(包括硬顶厢式货车和软顶厢式货车)已占整个货运用车的70%。国家交通部曾明确指出：要“加快货运车辆的厢式化进程，力争用5～8年时间逐步淘汰现有普通敞篷货车，实现货物无裸露运输”，这更为各类厢式车特别是重型及半挂厢式车的发展给予了强大的政策支持。在2001年度新增的长途干线货运用车中，各类厢式车的比重达到了70%以上，实现了高于普通货车增速的超速发展。其他诸如水泥搅拌车、散装水泥运输车、公路养护用车及油田用车2001年也得到相应的发展。由于专用车的淘汰速度远远跟不上其新添置的速度，从而使专用车的社会保有量逐年提高。

【专用车向专业化和高技术含量发展】 2001年度专用车市场的一个显著特点就是专用车的“专用性”进一步增强，那种样样都能干的标准型载货车越来越少了。

随着专用车市场需求向专业化发展，用户对专用车技术含量的要求也越来越高并越来越迫切。撇开各类专用车普遍需求的动力性、经济性、安全性、环保化、人性化以及驾驶舒适性等要求不说，仅专用功能这一个方面，其技术含量和专用化水平都得到了进一步的提高。高技术含量、专业化强的专用车社会保有量有了较高的增长。敞开式垃圾运输车正在被逐步淘汰，其销售量一落千丈，取而代之的则是全封闭、压缩式的垃圾运输车。有些企业对这种车进行改进，使之在垃圾装运过程中进一步减轻环卫工人的劳动强度，并减少装运过程的二次污染，受到了环卫部门的欢迎。2001年，有的城市环卫部门一次就购买了上百辆压缩式垃圾车。

在公路运输车辆中，一些具有特殊功能的专用车应运而生。如运输花卉、树苗的运输车，能满足温度、湿度、气流、通风、光照等特殊要求。再如轿运车，对装卸、装载密度、运输平稳性都提出了相应的要求。专用车厂家根据市场的要求进行设计和改进，很快得到了用户的认可，成为专用车市场中新的亮点。风神蓝鸟、广州雅阁、上海大众、一汽捷达等中高档国产轿车的中、长途转运，几乎都是由轿运车完成的，轿运车成为国内干线公路货运中一道亮丽的风景。

【市场竞争趋向两极】 2001年，我国的专用车产销量得到了一定的提高，市场化也得到了长足的发展，但在市场平稳增长的平静水面之下，却隐藏着激烈的市场竞争。

2000年上半年，由于市场尚未进一步规范，大吨小标、汽车挂农用车牌等现象还比较严重，一时间，加厚、加长、加宽、加高成了载货汽车和一些专用车产品开发、改进的目标。一辆专用载货车甚至可以将单车做到13米长，却堂而皇之与普通货车一样上路营运，一车标定为4吨的双后桥自卸车，其常规装载量却达到了20吨。分明是5吨的自卸汽车，甚至局部比普通自卸车豪华、高档、强度更高，可产品标牌却标明此乃农用车。正是在这种不正常的竞争环境中，有的专用车生产企业采取了“灵活机动”的产品开发和市场营销策略，使其产品顺利地走向市场。

自2001年6月份起，国家加大了对超载车的打击力度，努力使汽车市场和公路货运市场恢复其本来面目。这样一来，2000年上半年的那种竞争态势戛然而止，汽车市场也一下跌入低谷，使本来就冷清的三季度汽车市场更加冷清。直到2000年9月份，汽车市场才逐步升温至正常状态。9月下旬以后，汽车市场特别是专用车市场又重新红火起来。

在打击超载超限及后来的《目录》转《公告》过程中，专用车的市场竞争一刻都没有停止过。专用车行业是集技术密集、劳动密集和资金密集于一体的产业，它不仅需要高水平的技术工程师，还需要大量有一定技术水平的劳动力，更需要有大量的资金注入。一个企业要赶好这三套马车就必须有高效有力的管理。所以在专用车市场逐渐规范之后，专用车企业的竞争就主要是技术开发能力与反应速度的竞争，是劳动力素质及设备能力的竞争和资金量、资金运作质量及管理水平的竞争。

2001年下半年，一些开发能力强、技术装备好、资金充裕和管理水平高的专用车生产企业牢牢抓住市场机遇，从而得到长足的发展。如扬州通华有限责任公司，其半挂车产品几乎占了国内市场的半壁江山，特别是其轿运车，市场占有率更是超过了60%。少数技术开发能力不足甚至无开发能力，不具备专用车生产条件的企业，或者资金严重不足，管理水平低下的企业则举步维艰，其产销量大幅下降，有的甚至已经走向关停并转之路。

激烈的市场竞争使专用车企业逐步向两极分

化。强者愈强，弱者愈弱，竞争是残酷的，但也只有接受市场竞争的洗礼，专用车行业才能得到进一步的健康发展。

（李召文）

主要汽车销售系统

一汽贸易总公司

【概况】 2001年是一汽贸易总公司(以下简称贸易公司)在连续三年取得骄人业绩的基础上再次创造辉煌的一年。这一年，贸易公司提出“强化效益、强化管理、强化网络、强化队伍、强化服务”的五强化的方针，紧紧围绕市场，以用户为中心，努力工作，勇于创新，以全新的理念和工作热情使销售突破了140000辆的大关。

2001年，一汽贸易总公司共销售卡车147499辆，比上年同期增长18%，其中重型车销售73790辆，增长73%，市场占有率为51.18%；中型车销售73709辆，比上下降了10%，市场占有率为52.53%。

【营销理念】 “建立21世纪新型的客户关系”是一汽迎接新世纪提出的全新的营销理念，并将2001年定为“客户关系年”。整个一年的解放营销服务工作都贯穿着“用户第一”的营销理念，“用户第一”成为衡量营销服务工作优劣的惟一标准，并产生出一系列造福用户、感动用户的营销决策，推动着由“市场营销”向“关系营销”的转变，“主动服务”向“感动服务”的转变，“企业效益第一”向“用户价值第一”的转变，从而促使整个解放营销服务工作发生了根本性的变革。在新的营销理念的指导下，公司加强对大用户、大系统的特别服务，组织小分队深入全国各地，通过对大用户的现场维修和产品培训，赢得了用户对一汽解放品牌的信赖和支持。特别是“年初的大拜年”、“年中送及时雨”、“年末盘点送温情”等大型系列服务活动在全国展开后，更加深了用户对解放车的亲情、友情，一汽在努力构建新型客户关系体系的深层服务中，传递着每一个信念和希望。

推行共赢理念：整合营销运用到解放汽车营销实践中还是最早的一个。解放的整合营销分为3个层面：一是用同一个声音说话，也就是解放CI标准的推出；二是营销全接触，即解放同终端客户、同经销商、同服务商等，只要是暴露给客户的每一个部分、每一个点，都必须信息整合；三是建立一种关系，即解放同经销商的关系、解放同服务商的关系、解放同终端客户的关系，这些错综复杂的关系都归入解放事业进行管理。这3个层面都离不开经销商。经销商不再是一种只沟通解放和用户的润滑剂，而是一个同解放、同用户共同经营解放的战略同盟体。说到同盟体，人们一定会联想到利益和利润这两个近意词。解放对这两个词的共同解释就是共同经营，创造更大的共赢空间。共赢就是解放营销工作的新理念。

【营销策略】 1. 构筑共赢渠道：2001年，解放成立了专门的网络小组，邀请一些网络专家对解放原有网络进行剖析，重新制定了代理商选建标准，根据解放的产能情况、市场状况，运用数学模型进行运算，设定出能让解放代理商保持较高利润水平的不同区域的代理商数量及代理商分布位置，同时，完善网络管理制度，使解放营销网络逐步同国际接轨，基本上形成了布局合理、机制灵活的营销服务网络体系，为解放同经销商共赢提供了可靠的保证。

2. 建立共赢机制：2001年，解放的市场运作是在全面考虑经销商利润的前提下制定价格政策和销售方式的。首先，在制定价格时，给经销商留足了一定的利润空间。即根据用户对解放的实际需求价位和解放的成本情况，制定出一整套高于解放成本、低于用户需求价位的经销价格，以保证经销商应获得的最基本的利润。其次，为了鼓励解放经销商的销车积极性，解放拿出自身利润中的一部分作为奖励基金，根据经销商全年的销售绩效进行年终返利，以保证经销商的超额利润。第三，引导经销商使用新营销手段，赚取更多利润。2001年解放90%的经销商通过各种途径开展了消费信贷业务，70%的经销商加入了建行金融网络。

3. 设置共赢流程：精益营销是解放2001年营销工作的新亮点。如何做到既不延误市场时机，又不造成库存资金占用，解放真是动了不少脑筋。从营销流程源——信息、预测开始，到计划、生产、入库、分配、发运直到用户手中，每一个环节都贯穿着科学与实践的交融。无数次的理论模拟，无数次的市场运作，终于打造出一个科学的数字：销存比接近1:1。

4. 实行共赢管理：利润是创造出来的，更是管理出来的。统一解放市场价格，规范解放市场秩序，禁止经销商异地销售，是解放共赢的新触点。通过统一解放市场价格，既保护了解放用户利益，又保证了经销商的利益，同时，也保证了解放自身的利益。通过规范解放市场秩序，禁止经销商异地销售，既保证了不同地区经销商的基本利润，又激发了经销商开拓本地市场的积极性。2001年解放销售额突破历史最高纪录，解放经销商多拿返利1.24亿元。

5. 提供适销产品：用户最大的满足莫过于对产

品需求的满足。一汽集团以此为第一着眼点，从集团公司领导到研发、生产、销售、服务部门以及28个解放驻省公司，常年深入市场，研究各个地区、各行业不同用户的产品需求，并组建产品研发快速反应分队，实行贸易公司快速反应每日例会制。会同研发、生产、销售、服务部门以最快的速度开发出用户最满意的产品。先后推出解放拉煤王、工程王、巨能王、牵引王、环保工程王等10余种适销对路的新产品以及适应各种需求的多品种、宽系列的专用车底盘，并不断改进已被用户认可的老产品，最大限度地满足用户的需求。这些新产品得到了用户的认可，市场走势看好。整体解放系列产品按照用户需求规律朝着专用化、个性化、节油化、大吨位化方向发展，这些新产品销量占销售总量70%以上。以此为用户提供了挣钱机器，也为代理商提供了挣钱资源，创造了共赢的空间。

【网络管理】 营销服务网络是连接用户的桥梁和纽带。网络优劣影响着企业及产品诚信程度。为此，2001年解放品牌本着"整顿、提高、发展"的六字方针，对营销服务网络进行优化整顿。从而解决了代理商地域分布不均，销售服务功能不全，品牌专营度不够，形象标识不统一等不适应用户要求的网络症结。按照用户要求，一汽通过达标考核，从中挑选出161家销售代理商，450家服务站，形成了"布局合理、功能齐全、吕牌专营、形象统一"的优质营销网络。2001年销售代理商完成的销售量占全年销售总量的73.59%。

市场的需求是企业永远也研究不尽的一个课题。而支撑这个多元化需求的背后，则是一个大的科学化的网络。尤其是在市场竞争趋于国际化的今天，产品的竞争引发的将是网络的竞争。而解放正是在这种网络的大竞争中先行了一步。

【真诚服务】 用户不仅需要满意的产品，同时也需要满意的服务。在"用户第一"的指导下，解放制定了"亲切、快速、有效、合理"的服务标准，设立了"客户关系中心"，建立了公司本部、省公司、代理商、服务站"四级回访体系"，开展"指导性回访"、"跟踪性回访"、"抽查性回访"、"监督性回访"。回访客户54022位，建立客户档案128313份，解答咨询52160次，现场服务5216次。公司本部先后派出6支服务小分队到各地巡回服务，全国450家服务站均设立"特快服务手机"，24小时随时待命，无论多远，12小时之内服务到位。贸易总公司总经理赵忠信、副总经理姜立堂曾多次前往青藏高原、西部铁路、石化等施工现场上门走访、服务，令一些大用户深为感动："没想到"，"冲你们这种真诚劲，下几批车还买解放车。"中石化就是在这种感召下上千辆的选购解放车。

【营销政策】 从一定意义上讲，方便经销商就是方便直接用户，优惠经销商就是优惠直接用户。一汽贸易总公司把经销商作为企业最大的用户，想方设法为经销商创造利润。无论是在佣金返利、信贷支持、周转车、备品价格上，还是形象建设、广告宣传等方面，都把经销商的利益同一汽的利益有机地结合起来，在共赢的前提下向经销商提供最大限度的倾斜政策。由于加大了佣金返利，直接用户也得到了让利，由于消费信贷的推广，3万多直接用户用明天的钱圆了今天的梦。

【品牌文化】 解放品牌作为中国第一个卡车品牌，由开国领袖毛泽东亲自命名，发展为今天的中国卡车第一品牌，被我国社会各界普遍认可。从"解放卡车、挣钱机器"为核心的品牌文化内涵，进一步延伸到"用户第一"的核心理念，给解放品牌带来质的飞跃。集团公司总经理竺延风提出的"让使用解放卡车的用户富裕起来；让使用解放卡车的企业发展起来；让使用解放卡车的地区繁荣起来"的企业宗旨得到用户的充分验证。2001年解放品牌价值评估为60.59个亿，荣列中国汽车品牌之首，标志着用户对解放的认同价值已达到了相当高度。正是这股用户赋予的强势品牌的内在价值，产生着强势品牌效应，带来共赢的优势。

附1 一汽集团创新品牌管理

一汽集团销售组织的演变

有"中国汽车工业摇篮"之称的中国第一汽车集团公司创建于1951年，1956年7月15日生产出我国第一辆国产解放牌卡车，1958年又试制出我国第一辆"东风"牌小轿车，1966年自行设计并生产出"红旗"牌高级轿车。改革开放以来，经过二次创业，一汽集团的生产能力已由最初的3万辆提高到45万辆，产品覆盖了重、中、轻、微、轿、客6个系列550多个品种。

随着企业的发展，一汽集团的销售机构也已发生转变，由最初的运销科，主要负责按国家计划向指定部门或单位分配汽车产品，逐渐演变为单一负责解放卡车的销售处。从1993年开始组建一汽贸易总公司，负责整个一汽集团所有重、中、轻型汽车和轿车产品的全部市场与销售工作。

随着一汽集团各类产品产销量的不断提高，产品多元化程度的不断提升，影响汽车市场的各方面环境也在逐渐变化。

由于经济的发展，社会商品不断丰富，市场已不再停留于商品短缺阶段，开始从卖方市场转入买方市场。进而，顾客对商品的不断挑剔开始督促企业根据自己的产品和服务等多种要素进行市场细分，以求得准确的市场定位。随着经济全球化的发展，市场竞争日趋激烈，企业需要调整组织机构，建立一支具有高竞争力的专业化队伍。同时，公司内部环境也在变化。从计划经济转变成市场经济后，仍然由一家销售公司与多个生产不同类型产品的生产企业对接，就会常常出现一些差错与混乱。一是产销衔接差。一个销售公司对应多个生产厂，会导致各种信息缺乏必要的分类整理与使用，对信息的快速反应状态较差，从而也就难以及时准确地把握市场机会。二是重、中、轻型汽车和轿车产品之间有很多不同，无论在产品营销规划、目标用户群、市场定位、市场细分等方面都存在着很大差异。把所有产品统一归入一个销售公司销售，严重制约了营销专业化程度的提高，导致了整个营销工作的被动。

为了改变这种被动局面，一汽集团开始对企业的营销战略进行深入分析思考，意识到以品牌为核心的营销管理模式的重要性，因为这种模式已经在全球范围内被汽车业广泛接受。同时，国外大型的汽车集团还正在推行品牌特征的专营分销渠道建设，倡导并重视品牌管理和客户关系管理。在国内市场上，目前单一的汽车品牌分销模式正成为业内营销人士探讨的重点问题。结合这一实际情况，一汽集团决定从品牌入手进行营销管理模式创新。

“品牌管理”理念的推出

品牌并不是一个完全的营销概念。品牌竞争的制胜根本是强势的品牌权应。它包括五大元素：品牌忠诚度、品牌知名度、品牌认知质量、品牌联想和品牌独有资产。在商品交易中，消费者购买的不仅是商品品牌，也是企业有形和无形的综合实力凝聚而成的品牌产品。品牌的价值在于它能够持续不断地创造新价值，同时又能维持产品稳定的市场价格。

一汽集团通过认真的市场调研和论证，确定了自己的品牌结构、价值和定位，即一汽集团的品牌应当是“中国最有价值的大众汽车品牌”，它像一把品牌伞，伞状分支主要包括解放、红旗、捷达、奥迪4个汽车整车品牌和富奥一个汽车零部件品牌。它们整体构成一汽集团的企业形象，同时各个品牌又可以灵活调整其产品个性定位。如解放——快捷可靠的挣钱机器，红旗——自豪自强民族情感的表征，捷达——品质和安全的代表，奥迪——豪华品牌的技术领先者，富奥——一流零部件供应商等等，逐步形成了具有一汽集团的品牌管理特色(见图1)。

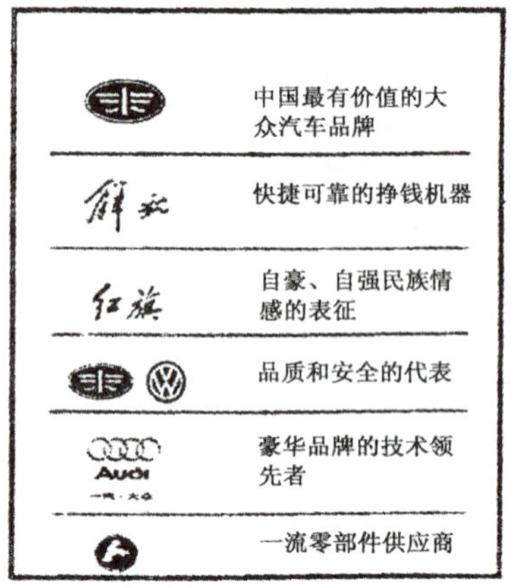

图1　一汽集团品牌管理

在营销组织设计方面，依照品牌管理的框架，对一汽集团的销售机构进行了重新设计，开始以产品线品牌为基础，划分小销售单元，使销售机构成为面向单一产品品牌的专业化销售机构，能够专一地面向特定用户群体，在深度的用户细分的基础上，结合品牌的市场策略，实现对目标市场的定位。1997年成立了捷达轿车的销售组织——一汽-大众销售公司，由一汽-大众汽车有限公司的副总经理负责，单独负责捷达轿车的营销，具体包括渠道规划和建设、销售人员管理、市场策划和商品车储运工作。一汽-大众销售公司的设立，加强了产销之间的沟通和衔接，改善了销售机构与生产厂之间的信息沟通，提高了反应速度。实践证明，这一举措收到了良好的效果，验证了品牌营销策略的正确性，从而也坚定了一汽集团推行品牌营销的决心和信念。1998年一汽集团成立了一汽轿车销售公司，专门负责红旗轿车的销售和服务工作。其后，逐步将轻型车的销售业务从一汽贸易总公司分离出去，使一汽贸易总公司形成以解放中重型卡车销售为主要核心业务的销售公司，同时兼有对品牌公司的管理职能。

这样，一汽集团的各品牌公司开始实行相对独立的营销管理职能。而一汽集团仍然保持营销控制职能，成为一个控制中心，以保证对单一产品的销售公司进行宏观控制，使它们不致偏离集团利益最大化原则。1999年3月，一汽贸易总公司开始组织机构改革。一汽集团公司为了加大对各品牌营销工作的宏观管理，确保集团利益最大化，有效地整合和调配集团的营销资源，平衡集团和品牌公司之间的利益冲突，依托一汽贸易总公司成立了集团营销管理部，加强对品牌公司的管理控制，从而统一了认识，提高了集团凝聚力，促进了企业的健康发展。

世纪之交，在一汽集团2000年营销年会上，集团确立了“走品牌营销道路，铸一汽集团辉煌”的品牌营销管理策略，在确保集团利益最大化的前提下，突出品牌的个性化管理。这时，一汽集团已经按产品品牌形成了以解放、红旗、大众、奥迪四大主力品牌为主体的销售体系。这种管理体系可以使营销责任清楚,产销衔接紧密,业务流程优化。为保证集团利益的最大化,集团还给上述销售体系制定了严格的考核评价体系,对它们的营销目标、营销计划、营销过程、营销结果进行全面评价,在保证完成营销目标的前提下,给各品牌销售体系足够的独立运营空间。品牌公司可以根据自己的目标顾客群的需求,进行市场调研,制定符合其品牌特点的产品开发、市场投放的具体措施,形成较合理的产品线系列(见图2)。从而形成了一汽集团品牌管理原则:(1)集团利益最大化原则;(2)正确处理企业品牌与产品品牌关系原则;(3)集团获得控制权利益原则。

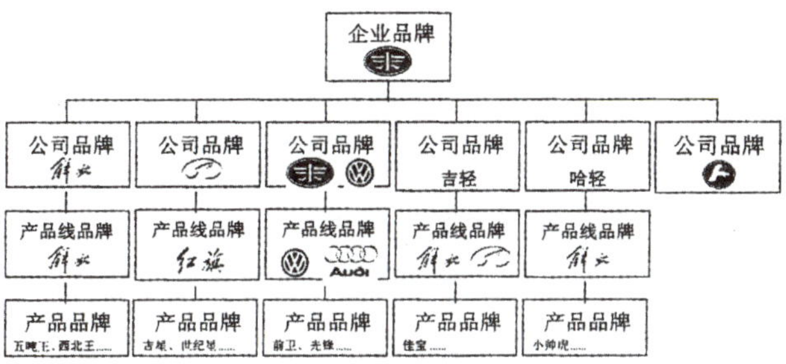

一汽集团品牌线

图2　一汽集团品牌线

几年来,一汽集团实行品牌管理的效果十分明显,产销量逐年攀升,品牌形象及用户满意度有所提升,品牌优势得到进一步发挥,企业综合竞争能力得到进一步提高(见图3、图4)。其中一汽－大众被《财富》杂志评为最受赞誉的外资企业第一名。从实施之后的初步成果可以看出:

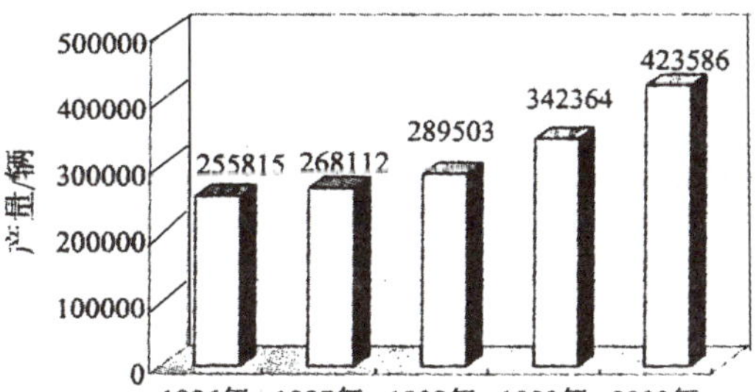

图3　一汽集团历年产量

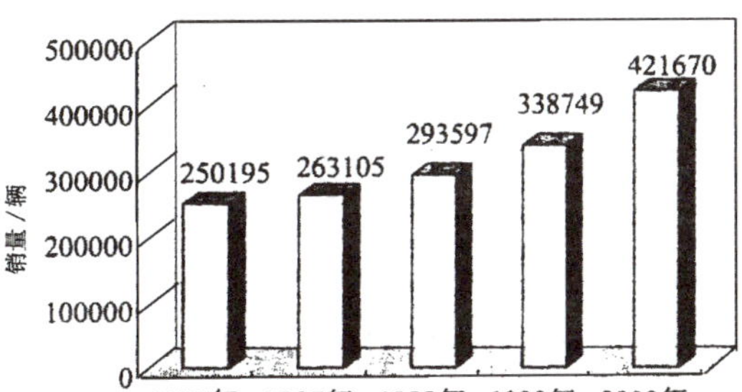

图4　一汽集团历年销量

1.产品价格以及营销政策的制定和调整方面具有针对性和灵活性。

2.广告宣传、产品促销方面效果明显。品牌公司可以利用各自品牌的属性为汽车做广告,并将其转化成功能性或情感性的利益。品牌公司能够有针对性地制定促销措施,专业化程度高,更贴近产品特性,减小了投入产出比,效果比较明显。如:

解放——解放卡车,挣钱机器;

红旗——世纪星跨越接轨与世纪同行,红旗轿车王者之风;

捷达——享受科技体现激情,质量为本服务先行;

奥迪——以科技领先与世界同步,远见未来奥迪A6等等。

3.分销方面取得了长足的进步。一汽集团依据品牌专营原则,按产品品牌形成了解放、红旗、捷达、奥迪、吉轻、哈轻等多个营销网络,每个网络都体现了各自品牌的特色,在网络投资、建设、布局、商务政策制定方面取得了长足的进步,业务流程更趋合理,有效地提高了经销商的工作效率和赢利能力,网络控制及评审工作得到明显加强。

4.集团营销管理方面效率明显提高。管理思路更加清晰,管理考核更有的放矢。这样,品牌公司的工作效率和工作动力都得到有效提高,可以最快捷地了解市场信息,对各自产品在不同区域的销售问题制定整改措施,比如捷达的区域市场"3+7+9"分级开拓原则,奥迪的秘密采购和飞行检查等,这些措施都取得了良好的效果。

总之,一汽集团在品牌管理上的艰苦摸索,取得了一定的成功,但在这个过程中还存在着一些问题,首先是品牌层次和品牌延伸问题,企业品牌、公司品牌和产品线品牌的概念界定得不是十分清晰,管理水平仍然停留在粗放型上,企业品牌不够突出,这个问题在合资产品的品牌管理中显得尤为突出。品牌形象设计缺乏统一性,没有明确表达出企业文化和愿望的真正内涵,品牌及其核心价值的定位不准确。其次,有些品牌产品的生产还不具备经济规模,在这样的情况下实行独立的品牌管理,在某种程度上造成了流通成本的增加,无形中增加了企业的负担等。这些都有待今后进一步提高品牌管理水平,将各品牌独立的市场行为加以整合,建立科学化、专业化的品牌管理制度,共同努力保证集团利益的最大化。

(董海洋　王立竹)

附 2　一汽解放载货汽车网络销售

统一网络销售，调整网络布局

一汽解放双桥重型卡车在投放市场初期，没有纳入营销网络统一销售，而是由生产厂自产自销。由于生产厂在销售业务上人单力薄，市场销量小，无法拉动厂里实现大批量生产，因而难以降低成本提高效益。1999 年，一汽集团公司决定将这种重型卡车纳入一汽解放营销网络统一销售，让一汽遍布全国 30 个省、自治区、直辖市的驻外销售机构和数百家经销商，共同开拓重型卡车市场，销售量直线攀升。从 1999 年至 2001 年，一汽解放重型卡车年销售从 1 万辆增长到 6 万多辆。

过去由于种种原因，一汽解放卡车的营销网络曾一度出现畸形分布的状况。总计 200 多家经销商，仅在一汽总部所在地长春市就占了 100 多家。一方面，造成大量外地用户自带现金，经过长途跋涉，涌入长春购车，给用户造成极大不便；另一方面，抑制了营销网络在全国各地的均衡发展。同时，由于长春的经销商过多，不可避免地出现恶性竞争，产生负面影响。针对这种现象，一汽集团公司提出重整网络布局，将长春的经销商从原来的 100 多家削减到 5 家。经销商的销量和效益都增加了，市场竞争实力也增强了。

提高素质，提升营销网络形象

近两年，一汽加速营销网络的新陈代谢。仅 2001 年就撤销 58 家不合格的经销商和服务站，同时，选建经营机制灵、商业信誉好、资金实力强的经销商入网，提高网络成员素质，并按照国际惯例，成立专门的商务培训机构，对营销网络成员进行营销观念、客户关系管理、销售业务管理、新产品技术课程等培训。

为了强化解放品牌的市场影响力度，适应汽车市场国际化的竞争形势，一汽通过建立和规范全国统一的解放商用汽车营销网络形象建设标准，给代理商新建汽车营业及维修场所等，提供建筑设计与内部功能、品牌标识、广告宣传等指导，并通过培训考核手段，帮助经销商树立现代营销理念，共同推进营销网络的品牌形象建设工程。

一汽轿车股份有限公司

【营销 4 个突破】 2001 年红旗轿车在前堵后截、铁臂合围的残酷竞争下，实现了 4 个重大突破。

1．销量突破了计划。全年实现销售 17212 辆，比全年销售计划 16000 辆多了 1212 辆，计划完成率达到 107.6%，比上一年的 15535 辆多了 1677 辆，同比增长 11%；抑制了销售下滑趋势，重新上升。

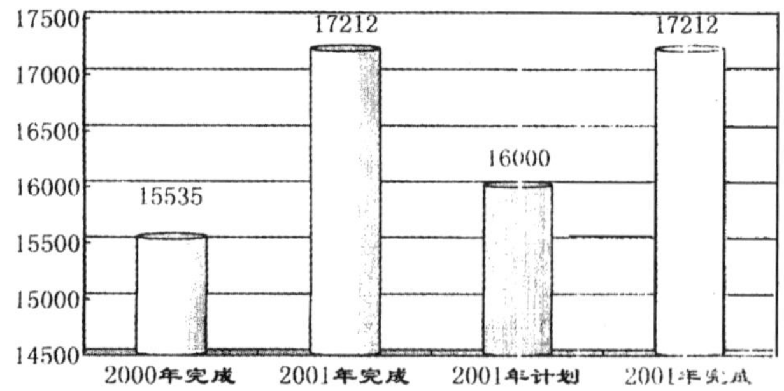

2．销量连续 4 个月突破 2000 辆。从 8 月份开始，红旗轿车销量急速攀升，9、10、11、12 月分别销售了 2609 辆、2003 辆、2206 车、2036 辆，创造了历史最高水平。

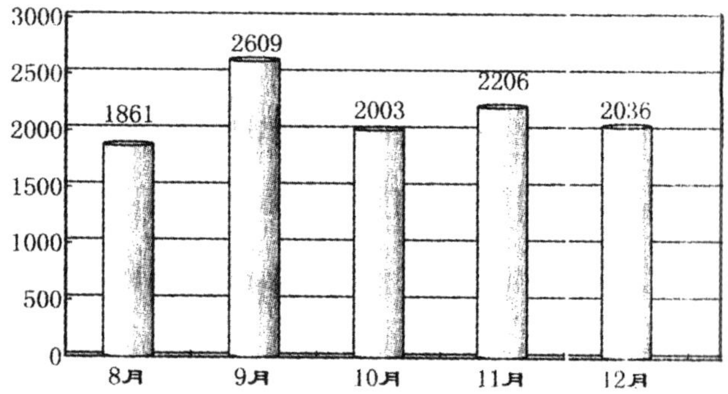

这一销量是在入世前用户对降价心理预期强烈，纷纷持币待购的情况下实现的，可以说是红旗轿车销售史上的里程碑。

3．私人、私企购车突破了 50%。2001 年拓宽了红旗轿车的市场定位，私人、私企购车比例逐渐加大，到 2001 年底，所占比例已达到了 53%。而 2000 年私人、私企购车的比例仅为 20%，同比增加了 33 个百分点。私人、私企购车是我国轿车市场新的增长点，也是潜力最大的市场。

4．综合回款率突破了 100%。2001 年红旗轿车销售当期回款率为 100%，全年累计回款 32.2 亿元，降发余 1370 万元。包括降发余在内综合回款率达到了 110%。回款结构趋向合理，营销质量是红旗投放市场以来最好的一年。

【营销举措】 1．根据用户需求和市场发展的新趋势，适时推出新产品。过去是研发部门设计什么产品，就销售什么产品。2001 年轿股公司根据销售部门的市场调查，全面准确了解用户需求后分别打造出了“新品质、低价位、高享受”的名仕、18 产品和“价格最接轨、乘坐最舒适、外形最气派、整车最安全”的名仕、18 加长车。由于这几款车型的价格提前与国际接轨，在同档次车中，性能价格比是最高的，更能满足不同层次用户的需求，创造了新的卖点，提升了全年的销量。

2. 根据产品的卖点，采取市场组合推广策略，加大产品宣传力度。在广告方面，围绕世纪星、名仕、18 系列产品，通过报刊、广播、户外、电视、网络等媒体发布广告 4600 多次；在销售促进方面，开展名仕、18 市场投放试乘试驾和世纪星试乘试驾活动 80 余次；参加长春国际汽车博览会以及各地区举办的展览会 20 余次。红旗明仕高空跌落安全性试验极具轰动效应，被评为汽车行业十大新闻之一，开创了国内实车高空跌落试验之先河，使用户对红旗的安全性有了更深的了解。抓住卖点的宣传和策划有影响的活动，使明仕和 18 迅速地扩大了市场知名度和认可度，是销量持续增长的主要因素。

3. 规范市场，调整营销政策，提高市场竞争力。名仕、18 投放市场后，在价格提前与国际接轨的情况下，在厂家已经很小利润空间下，仍然给经销商较高的返利支持；通过"银企贸"合作办理周转车的专卖店、代理商多给 0.4%的支持，既解决了资金不足又促进了销售。

4. 加快网络管理升级，强化网络功能。销售网络成员共 180 家，已建成专卖店 82 家，具有服务功能的专卖店有 38 家，已全面树立起红旗品牌的形象，其销售量占全年总销量的 85%。另外在长春举办了红旗品牌全国营销技能比武大赛，推动了营销网络对营销技巧的学习和整车卖点的宣传；全年共举办培训班 60 期，培训 1100 人次，网络的业务人员素质得到了很大提升。

5. 加强区域市场开拓，向重点市场要销量。针对红旗轿车市场发展不平衡，制定了区域市场开拓战略。提出了"八龙四虎"的开拓计划。所谓"八龙"指的是北京、辽宁、津冀、山东、河南、江苏、浙江、吉林，所谓"四虎"指的是山西、陕西、新疆、黑龙江。对"八龙四虎"这一重点市场在政策上、资源上、人力上等方面给予了重点支持，再加上网络成员的深入市场、积极促销，起到了很好的效果。

6. 积极拓展大系统、大用户的市场。抓住北京申奥成功，北京等各大城市提高城市出租车档次的契机，开展了"中国人办奥运、用国车迎嘉宾"等系列宣传促销活动。首汽、北汽、景山、拓展等出租车公司相继购买了红旗车；对公检法司、部队用车也做了很多工作，巩固大用户市场。

7. 积极推进新型客户关系管理工作。成立了客户关系部，设立了客户服务中心，拉近了厂家与客户的距离；在代理商、专卖店、服务站的积极协助下，建立客户档案 27665 个，掌握了红旗轿车的销售流向；建立了快速反应机制，对新购车客户、来访客户实行台台跟踪，及时了解和解决客户所反映的问题，提高了客户的满意度，为构建新型客户关系体系打下了基础。例如：湖南长沙的一个客户在网上贴一贴子，说了自己的红旗明仕质量问题，客户关系部看到后及时与当地服务站联系、沟通解决的办法，从客户在网上贴贴子到找到客户解决问题仅用了 4 个小时。该用户对一汽红旗轿车的售后服务工作非常感动，十分满意。再如江苏，在当地代理商、服务站的支持下，成立了"红旗用户俱乐部"，在服务、维修、保养、备件等方面给予相应的优惠政策。俱乐部成员定期组织联谊活动，在当地初步形成了红旗轿车的核心客户群。

8. 对售后服务工作实行月考核、季评比，将评比结果与备品价格奖励挂钩，促进和提高了售后服务工作的管理水平。针对服务部人员流动多，产品的新技术含量增加快的实际，在各服务站开展了全国性的首次岗位技术比武竞赛活动，共有 2 万多人参加。北京汽车修理一厂等 10 个服务站荣获"优胜单位"，北京汽车修理一厂的李涛荣获"服务状元"，评出"服务标兵"10 个。在"3·15"和"八一"期间，分别开展了"新世纪红旗真情献用户"和"一汽红旗拥军服务月"优质服务活动。通过上门走访、免费技术咨询、检查、优惠维修等，增进了与客户的感情沟通，提升了用户对红旗的信任度和忠诚度。

9. 降低成本、让利用户，备品由经营型向服务型转变。备品供应向降低成本、方便用户迈进了一步，全面下调备品价格，使其更加贴近市场。备品采购与销售采取了"双拉直"的办法，缩短了供货周期，全国各服务站 310 常用易损备件基本齐全。备品工作为售后服务工作提供了强有力的支持。

东风汽车贸易公司

【营销概况】 东风汽车贸易公司是国内最大的商用车销售公司之一，负责东风载重车公司重、中、轻宽系列整车、底盘及配件的销售，储运，技术服务，市场开拓，经销网络及服务网络的协调、管理和考核等工作。公司总部设有 10 部 1 室 1 公司：在全国设有 10 个大区(下设 26 个经理部)、4 个直属分部和 1 个直销公司，共有职工 1278 人。

2001 年，在激烈的市场竞争中，东风汽车贸易公司以"高科技含量、高附加值"的双高产品赢得用户青睐，以"无网不胜，网乱不胜"、"卖产品更要卖服务"的营销理念，推广"特许经营"模式，大力发展二级网络，加快经销企业和服务站"四位一体"建设。全年累计实现汽车销售 103695 辆，同比上升 25.6%，其中重型车累计销售 42737 辆，同比上升 141.63%；完成资金回笼 131.77 亿元，同比增长 51%；汽车库存同比下降 14.2%，达到历年最低水平，销量和经营质量取得了历史最好水平。

2001年，东风载重车公司有计划地实施产品结构调整和技术升级。构架起两级产品开发体系，适应性新品开发和战略性产品开发“双管齐下”，形成了全系列、多品种、高质量的新品格局，产品结构进一步优化。重型车销售比例稳步提高，带动了汽车的平均销售单价的提升。新品销售占总销量的90%以上，成为支撑载重车公司产销和效益水平增长的中坚力量。

东风系列重型车畅销大江南北。其中，B系列10吨双桥实现销售23725辆，同比增长853.58%，成为带动销量增长的主导车型；C系列产品虽然增长率较高，但由于基数小，销量上没有形成规模，但极具市场潜力和战略意义，有待进一步推广。

东风“红色铁马”在原“东风运煤王”基础上加浮动桥，增强了承载能力，在2000年东风运煤王成功占领华北煤炭运输市场的基础上，2001年始走向全国，热销中南、西南地区。“东风牵引王”重型半挂牵引汽车专为集装箱运输设计制造，它装备256马力的C系列发动机，同比省油15%～20%，美观气派，成为长江、珠江及京津地区港口、码头等用户的首选。

【营销管理】 2001年，东风汽车贸易公司快速发展东风营销网络，大力发展二级网络，消灭市场空白点，积极开拓区域市场，并不断优化东风经销网络，加快经销企业和服务站的“四位一体”建设，提升营销网络的市场竞争能力。

实施“公开、公平、公正”的商务政策和“限定区域、限定价格”的双限管理，明确规定合同价加运费为当地市场的最低限价，使限价销售有据可依。进一步加强了对市场的监察力度，规范市场秩序，着力推进属地销售，属地销售已经达到80%以上。

2001年，东风贸易公司加强市场分析。市场开拓围绕“固守三南，收复华东，决战华北，防御西北，进击东北”的重点市场争夺战略，突出西部防御、华北决战和华东收复，取得良好的效果。2001年，西部、华北、华东市场销售分别增长61.4%，55.26%，81.66%。

【售后服务】 2001年是东风公司的“用户服务年”，本着“优质服务先行，优质服务为本，优质服务保障”的原则，东风贸易公司积极推进“优质服务工程”。落实四项制度：“4个24小时”服务承诺制度，建立用户档案落实用户回访制度，新车交用户前的整备制度，汽车维修竣工出厂合格证制度。实施“四个免费”：免费新车准备，康明斯C系列发动机免费新机检查，免费走合保养，重型车全员免费走合保养。落实全国服务站的“六统一”。

推行“首问负责制”，以用户满意为目标，采取业务下沉、管理下移，派驻服务经理，充分发挥经理部和服务站的服务主动性和创造性，使服务贴近了市场，贴近了用户，减少了环节，提高服务的及时有效性。

坚持“备件保服务，服务保市场”的原则，为服务站做好全方位的后勤保障工作。首先在机构上进行改革，将技术服务部和配件部合并，成立服务保障部，使配件和服务融为一体；在全国建立新品配件急救库，大大提升了配件的利用率和周转率，提高了服务效率。在备件经营上，采取全新的“统订分交”模式，代理服务站采购备件，采用价格平移、零差价销售，减少服务站的采购成本，让服务站把精力集中在销售服务上。同时，进货渠道的统一，打击假冒伪劣产品，对维护东风产品形象也起到了积极的作用。

启动客户管理中心，建立了新型的客户关系。客户管理中心成立以来，已为6万多用户建立档案，对建档用户实施分级回访，并开展了用户满意度评价活动。体现了“以客户为中心”的先进经营理念，为营销提供了丰富的客户资源信息和市场分析的一手资料，提高了服务质量和营销管理水平。通过对用户回访，巩固、密切了与用户的关系，赢得了用户的满意和信赖。

【改革与创新】 东风汽车贸易公司积极推进机制、体制改革，通过整合业务流程，对职能部门进行改组，形成扁平化的组织结构，驻外机构得到下沉和扩张。改革激励机制，逐步建立起风险共担、责任清晰、多销多得、奖罚分明的分配体系。

2001年5月，东贸信息网投入使用。对外，它是东风贸易公司的门户网站，宣传东风汽车贸易公司和其产品，介绍商务政策和营销服务网络，是公司与用户沟通的另一方便渠道；对内，它覆盖公司的信息交换和业务处理平台，提高了信息反馈速度，加快了业务处理。东贸信息网的建成，为公司实现电子商务创造了条件。

东风汽车股份有限公司销售公司

【概况】 东风汽车股份有限公司销售公司作为“东风汽车”A股上市的主业公司，是一个集调研、营销策划、营销管理、整车销售、技术服务、备件供应等多项职能于一体的专业化营销管理公司。目前，销售公司业务网点遍布全国30个省、自治区、直辖市，主要经销“东风多利卡”、“东风小霸王”、“东风信天游”等系列整车及二类底盘。根据业务需要，销售公司下设营销部、市场部、直销中心、客户服务部、备件部、综合部、海外集团客户部、检查储运部等8个部门。

【主要产品及市场销售】 东风小霸王,EQ1030系列车型是东风汽车股份有限公司自主开发的高水平、高质量全新车型,在车型开发中充分考虑到了用户的使用条件和要求,实现了标准化、通用化、系列化设计。东风小霸王采用日本日产驾驶室外型,内部按照人机工程学的要求精心布置,操纵方便,乘坐舒适性好。具备从豪华型、基本型到经济型不同档次;多种货厢长度。共100多种车型,适应不同层次用户的多种需求。东风小霸王靓丽的外型、卓越的性能,获得广大用户的喜爱,市场销量稳步提升。尤其在华东、华南、中南等地占有相当大的市场份额。

东风多利卡,是东风汽车股份有限公司根据市场需求研制开发的两吨级轻型柴油载货汽车。多利卡系列车型,运量适中、节省燃油、轻便灵活、经济实惠、美观大方、乘坐舒适、安全可靠、动力强劲、维修保养方便。其三类底盘还可供改装企业改装30座以下的客车,也可以改制成厢式车、冷藏车、翻斗车等特种车辆。多利卡驾驶室采用全金属、平头、全景曲面玻璃,驾驶员的视野开阔;采用扭杆助力装置,驾驶室可向前翻转,使汽车的维修保养更加方便。东风多利卡由于其强承载性、低油耗性得到全国消费者信赖,主销区域为华东、华南、京津等地。

2001年,汽车工业由于受宏观环境影响,先后出现《目录》转《公告》、加入WTO、严格环保排放标准等情况,轻型车市场继续萎缩,行业同比增长为-7.13%。而东风汽车股份有限公司以新产品开发为主导,不断推出新品以适应市场需求。自2000年小霸王经济型成功投放市场以来,2001年先后推出小霸王加强型、多利卡加长型、多利卡大马力型皮卡和EQ1045等新品,并不断对原有产品加强改进。全年销量28130辆,同比增长27.1%,市场占有率从2000年的5.59%上升到2001年的7.65%,位于同行业前列。产品在国内市场热销的同时,还实现了向缅甸、孟加拉、尼泊尔等7个国家批量出口,东风小霸王出口创历史新高。

【营销管理】 2001年,东风汽车股份有限公司销售公司以建设“四位一体”营销网络为发展目标,以“品牌销售、区域代理、突出重点、控制风险”为营销方针,通过严格市场管理、规范经营行为、提高服务能力,推进代理销售体制的健康运行。

2001年加强了营销网络的建设,对营销网络进行了整合,根据2001年新的营销网络标准对营销网点进行评价,优胜劣汰,同时在部分区域引进了新的经销网点,提高了网络的活力。

东风汽车股份有限公司与全国30个省、自治区、直辖市的100多家代理商签订了协议,凡与销售公司签订协议的代理商,在指定区域内按照销售公司所规定的代理品牌及价格进行销售,并对区域内的市场管理、销量、市场占有率的提升负责。一年来,销售公司按“统一协调,分层管理,目标明确,量化考核”的原则对所有网点进行管理考核,为区域代理商营造了一个良好的市场环境,加之商务政策的相对稳定,有效地调动了代理商的积极性,营销网络得以健康发展。

2001年加强市场营销工作:派驻商务代表,加强区域管理;通过加大临控车投放力度,加强有形市场的建设;加大市场管理力度,严格执行“双限”政策,有效保护了经销商的销售积极性;灵活开展阶段性促销活动、开展区域巡展活动和有效的广告宣传,促进了各阶段产品的区域销售工作,对提升东风股份有限公司企业及产品形象也起到了积极的作用。2001年底,与中国工商银行、中国建设银行签署协议,共同组建资金结算网络。这不仅使企业节约了营销管理成本,降低了企业销售风险,保证了资金快捷、安全回笼,提高了资金的运转,而且也使代理商节约了买断资金,降低了财务费用,实现了工贸双赢。

售后服务体现在东风汽车股份有限公司“为用户负责”的理念上。目前公司服务网络遍及30多个省、自治区、自辖市,有400多家特约服务(快修)站。可满足沿海东、中部省市80~100公里服务半径的要求,西部省区也已初步建成服务半径200公里的服务网络,为用户提供24小时全天候的服务。增设服务热线,开展用户回访及顾客满意度调查,使之对市场信息、产品服务实施有效监控。

东风汽车股份有限公司向用户提出“4个24小时”承诺:

1. 公司客户服务部及在全国的特约服务站24小时全天候为用户服务;

2. 用户的来人、来函、来电在24小时内能够得到处理和反馈;

3. 用户的质量保修要求及紧急调件在24小时内得到落实;

4. 用户的故障救援,就近的特约服务站从接到信息开始24小时内到达现场(边远地区除外)。

同时,为保证及时有效的为用户提供满意的服务,东风汽车股份有限公司销售公司客户服务部和备件部提出了“5个中心”的概念:

1. 客户服务部在襄樊设立了服务调度中心;

2. 客户服务部在全国建成7大区域性的培训中心,通过培训、提供培训资料等手段,对服务站提供技术等方面的支持;

3. 客户服务部协同股份公司高级技术人员、配

套厂家技术人员构建救援服务中心;

4. 备件部在襄樊设立备件保障中心;

5. 在全国各省中心城市以合作的方式成立区域备件供应中心。

由于客户服务部、备件部在技术上、备件储备上对服务站大力支持,从而使东风汽车股份有限公司下属服务站的服务质量得到了大幅提高,用户对东风汽车股份有限公司的售后服务工作更为认可。

2001年客户服务部加大对基础资料库的建设力度,结合计算机网络技术的应用,集中力量建成涵盖质量保修、用户档案、用户评价等各个环节的管理系统,并在基础资料库的基础上建立了信息反馈机制,为产品质量改进提供了重要的依据。

2001年东风汽车股份有限公司在庆祝中国共产党成立80周年之际,向延安老区捐赠百万物资;2001年世界杯亚洲十强赛期间,公司对国足鼎力相助,东风小霸王成为中国足球队惟一专用车。在一次次的义举中,东风赢得了广泛的声誉,提升了品牌的知名度,创造了良好的商机。

(东风汽车贸易公司)

上海上汽大众汽车销售有限公司

【销售业绩】 2001年是新世纪的第一年,是我国“十五”计划开局的第一年,是中国轿车工业快速发展的关键一年,是上汽大众销售有限公司合资改制后进入新一轮发展的关键一年。

这一年上汽大众通过奋力拼搏,销售工作取得了历史上的最好成绩,全年共销售整车24.2万辆,同比增长10%,库存同比下降了20%,在激烈的市场竞争中,市场份额保持35%。用户满意度达到82%,增长了3个百分点,并荣获全国用户满意单位。

【营销管理】 *创新服务理念推广服务营销,加强售后服务管理,开展“用户满意工程”* 2001年,上汽大众提出了“服务营销”的基本工作理念,并确立了以“基于忠诚的服务营销”为核心的企业服务文化。

建立了售后服务系统的“用户满意工程”管理体系,把售后服务“用户满意工程”的实施纳入到ISO 9000(2000版)的管理,通过大区售后服务会议,发布了一系列服务标准指导性文件,重点建立和推广了《用户满意服务标准》。

加强了售后服务的力度,主要分两个层面:一是针对最终用户开展一系列服务促销活动,其中针对全国9000余辆99新秀出租车的服务活动,减少了事故隐患,对确保产品畅销起到了重要的保障作用;二是加强对特约维修站的技术支持,对服务质量提出了更高的要求。售后服务系统中推行标准化制度,并根据标准加强了考核的力度。同时,在全国24个销售服务中心设立服务经理和售后服务现场代表,加强对维修站的技术支持。建立了中央仓库——分中心——特约维修站的三级管理模式,加快了对维修站的配件供应速度,配件的供货率从年初的80%提高到年底的92%。

加强产销配合、信息沟通、物流规划,保证服务渠道畅通 2001年,在与生产厂密切配合的基础上,重点加强了物流管理,在物流规划上做到“三个控制”,即控制收购计划,控制要货计划,控制运输计划。有效保证对全国24个销售服务中心的资源供应。

设立24小时用户呼叫中心,提升用户满意度 上汽大众客户关系管理系统(CRM)从2000年开始立项启动,目的是要形成与经销商、维修站和用户的沟通平台,达到整合各资源间数据,形成系统性的数据库,促进和提高上汽大众服务营销工作的水平。其中用户呼叫中心(CALL CENTER)已于年内初步建成,通过24小时受理客户咨询和投诉,加快了对最终用户反映意见的反应速度,提升了用户满意度。

巩固市场份额,拓展新兴市场 2001年,上汽大众在竞争对手纷纷以新车型或降价手段抢夺市场份额的严峻形势下,不仅保持住了原有的市场份额,而且还成功地拓展了许多新兴市场,如上汽大众汽车首次进入长春市场,在兰州市出租车年度更新中取得优异成绩,并在确保出租车市场的基础上,在军警务车市场、公务政府采购市场的开拓上也多有成绩。

抓住西部开发的契机,力拓西部市场。一汽大众不仅在新疆地区实现3万辆以上的保有量,而且及时协助开发出1.8升CNG双燃料出租专用车,成功地打入了四川等西南市场。

强化品牌宣传,实施多品牌营销战略 2001年初,上汽大众利用在上海举办中国汽车拉力赛的契机,将新款桑塔纳“世纪新秀”轿车的上市活动同赛事相结合,“世纪新秀”首次出征便赢得满堂红,在接下来的昆明、长春、韶关赛事中大获全胜。共计夺得了“厂商杯”、“联合会杯”和2L杯年度总冠军。与此同时,对普桑和帕萨特B5的品牌宣传策略进行了重新定位,结合上海及长春国际车展推出新车型。针对北京、兰州的出租车市场,集中广告宣传和媒体公关活动,使品牌宣传取得成功。

做好新产品上市销售 2001年,上汽大众加快整个体系从“产品营销”向“市场营销”的转变。

2001年是上海大众新产品推出最多的一年,协同上海大众先后推出桑塔纳“世纪新秀”、1.6L“俊秀”、2000型“自由沸点”——出租车型、2000型自动档车型“俊杰”以及GP改进型、帕萨特、B5车1.8T AT车、1.8AT基本型和1.8T手动档、B5的旗舰产品2.8V6。一系列新产品和改进型产品的推出,大大地拓展了产品宽度,延长了产品长度,使产品组合能够满足市场的多元化需求,有效地推动了销量的增长。

调整营销网络　在2001年初召开的全国经销商年会上,上汽大众把2001年网络发展的工作重点放在发展与经销商之间“平等、互动、共赢、俱荣”的战略伙伴关系上。遵循这一原则,对营销网络进行了优化和调整,按照网络梳理原则对网络结构进行调整,经销商数量从2000年底的947家下降到2001年底的602家,其中进入整车销售网络的维修站数量从原来的52家增加到139家,一般经销商从710家下降到228家。同时,与著名咨询公司合作,完成了对全国首批185家特许经销商的调研评估,找出问题,及时调整。通过梳理,网络销售能力有了较大的提高。

建立健全营销网络的“新形象、新标准、新的激励机制”　在规范服务方面,上汽大众制定了一系列规章制度和操作规程,加强对现有网络成员的管理力度。完成了《上汽大众网络形象手册》、《特许经销商硬件建设标准》、《特许经销商合同》、《一般经销商协议及售后服务合同》、《特许经销商的工作标准》等一系列标准的制定,并在特许经销商中推行销售流向管理,监督特许经销商销售流向的真实性和完整性,维护销售秩序。并在总结经验的基础上,完善了原先的“三毛利”政策,确立营销网络新的激励机制,有效提高了营销网络成员的利润水平,促进了网络的健康发展。

【2002年工作目标】　面对充满机遇和挑战的市场,上汽大众确立2002年度工作指导思想是:继续深入推进以“服务营销”为核心理念的企业文化建设,以“忠诚营销”为工作主线,根据上汽集团“四大工程”建设要求,做好各项工作,重点加强网络建设,提高网络成员获利性,提升用户满意度,让获得满意的顾客成为上汽大众及其服务营销网络持续发展的源泉,树立品牌服务竞争优势。

年内,上汽大众将根据上汽集团和公司董事会的要求,完成更艰巨、更有挑战性的营销任务。“确保完成全年25.5万辆整车销售任务,并力争更多。”

【2002年工作规划】　要完成年度营销目标,上汽大众要求营销服务网络成员继续加快自身形象工程建设,继续加强下属网络均匀布点建设,维护市场价格稳定,促进销售与服务紧密结合;开展消费信贷业务、以旧换新置换业务和一条龙服务等后继增值业务;加强客户关系管理建设。全面提升销售力,全面提高员工及企业素质,上汽大众的网络成员做到懂营销、懂技术、懂宣传、懂金融和保险、能熟练运用客户关系管理系统并秉持“用户第一”的观念。

不断研究创新营销策略　公司管理层从新年开始就积极研究应对挑战的策略,1月底公布“重新核定市场最低价格”政策后,产品日销量大大超过颁布前一段时期的日销量水平,有效地促进了销量增长。此外,公司配合POLO上市,调整了部分产品的毛利率。目的也正是希望能够提高网络成员的获利性,以增强网络的服务竞争优势。

重点加强售后服务的功能建设　售后服务工作是实施“用户满意工程”的重要途径。“拥有桑塔纳,走遍天下都不怕”,曾是上海大众一句响亮的口号,大众维修站经历了十几年的风风雨雨,功劳卓著,然而随着竞争对手的不断壮大、新的竞争者不断涌现,有些大众特约维修站已显出老态,跟不上现代营销发展的要求。因此,不仅要在售后服务的形象和功能建设方面加大力度,同时还要求维修站努力提高维修服务水平,降低并统一规范维修站的维修价格,通过升级索赔结算系统,加快结算速度。在维修站系统中进一步广泛开展各类劳动竞赛、技术比武活动,不断整合维修站的各项服务功能,提升维修站的整体技术服务水平。在全面改进维修站的各项服务的同时,对维修站加强严格的监督和考评。做好全国维修站每年2次的形象调查,并落实售后服务的标准认证工作。

加快客户关系管理系统(CRM)的实施　产品有质量问题并不可怕,可怕的是消费者的权益受到漠视。及时了解顾客的需求,并通过富有意义的交流沟通,理解并影响客户的行为,实现客户获得、客户保留、客户忠诚和客户多创利的目的,实现与客户的“双赢”。重点建设并全面启动CRM项目,到2002年底,所有特许经销商运行CRM系统,将客户信息转化为积极的客户关系管理这一循环过程。

营销网络发展优化,真正实现“两网并一网”　经销商和维修站是广大用户享受上汽大众销售服务和售后服务的第一接触点,也是用户获得满意体验的第一场所。推进经销商和维修站服务功能的整合,实现“两网并一网”,对于提高用户享受服务便利性和提升用户满意度意义重大。

全权委托各地的销售服务中心处理日常售后服务工作,努力实现服务功能支持的属地化。继续发展与网络成员之间的“平等、互动、共赢、俱荣”的战略伙伴合作关系,保持、提高网络成员的服务质量。到年底,预计上汽大众将拥有350家特许经销商,540家维修站,总计网络成员720家(其中300家三位一体)，力争做到各地区大城市和周边县市网点布局疏密得当。

做好POLO上市及后继销售工作 经过精心的准备和筹划，全新上海大众POLO轿车已于4月正式上市，标志着中国首款与全球同步推出的紧凑型轿车终于面市。从市场已产生的热烈反响来看，POLO将毫无疑问会成为中国车市的新一轮亮点，并作为该级市场最有力的竞争者走入千家万户。

加强品牌服务形象树立工作 上汽大众也将重塑PASSAT等车型的品牌形象，一方面，将在全国范围内广泛地开展“试乘试驾”活动，通过消费者的亲身体验，突出上海大众的产品优势；另一方面，改进内部广告工作，提高媒体宣传效果，开发以因特网为主的新媒体。

制定新标准，进一步改善PASSAT车的PDI售前检查，提高产品服务质量，并加强对于新车型如POLO等的技术资料编译和人员技术培训，为销售服务以及售后服务做好充分的准备。

为了让用户确实得到实惠，提高他们的满意度，创新上汽大众服务承诺，在原基础上，对用户推行新的“2年6万公里”的服务承诺。

合理规划物流，加强库存管理

(1)在整车物流规划方面。2002年，上汽大众将加强与SVW生产厂的协调工作，进一步提高要货及配货计划管理力度，引进先进的管理软件，提高要货计划执行率。根据新的《整车物流服务合同》，加强物流控制。加强外地仓库的现场管理和运输中的质损控制。

(2)在零部件物流规划方面。上汽大众维修站发展迅速，而零部件仓库投入相对滞后，往往存在着库位不足、装备落后问题。零部件仓库主要处于东部地区，远离中西部维修站。要改革改进物流配送体系，逐步做到向维修站24小时内送货上门，并与国外先进物流公司合作，引进先进的配件管理系统，进一步提高配件供货率，提高顾客售后服务满意率。下放一定量的周转配件并奖励给优秀的维修站一定百分比的配件。更新各个分中心计算机管理系统，实施网络化订购，进一步降低经销采购成本。对于零件物流采用全程条形码管理。

天津汽车工业销售有限公司

【概况】 天津汽车工业销售有限公司(以下简称销售公司)是天津汽车工业(集团)有限公司的销售企业，是国家计委和国家工商局核准的全国小轿车经销单位，承担全部地产车的国内总经销。销售公司在全国拥有近300家特许经销商和300余家特约维修站。

【营销网络的管理】 2001年初，销售公司以夏利2000世纪广场上市为契机，进一步规范销售网络，拓展销售渠道。按要求达到4S(销售、维修、配件、信息反馈)标准，从全国300多家天津汽车经销商中首批考察认定了73家销售商经销夏利2000型轿车，提升了夏利品牌专卖的形象，同时促进了其他经销商向此方向转变。为了适应市场的需要，8月份又发展了经考察合格的36家经销商，允许其经销夏利2000轿车。这100余家经销商榜样的力量已带动其他经销商向要求的新标准靠拢，短时间内使全国各地经销商在店堂布置、完善功能、提高服务等方面有了很大提高。同时为进一步整顿市场秩序，维护销售公司和各经销商的利益，销售公司要求各地经销商遵守“最低限价和限地区经营”规定。为保证该规定的顺利执行，销售公司要求各地一级经销商缴纳保证金，一旦发现跨区域或低价销售的则处以重罚，并安排专人负责此项工作，不定期不定地区地进行抽查，确保全国销售秩序，维护广大经销商的利益。

【实施立体感性宣传，提升品牌形象】 转变以往以平面广告为主的宣传模式，实施立体感性宣传策略。2001年销售公司以“夏利家族西藏万里行”和“世纪广场万里拉力赛”活动为主线，全力突出夏利系列轿车卓越的性能和出众的品质，力争提高夏利品牌的市场美誉度。“夏利家族西藏万里行”和“世纪广场万里拉力赛”等活动所涉及到的地区组织大规模的相关宣传、展示、驾乘和推介活动，并联合当地媒体扩大这些活动的宣传影响力和覆盖面，使消费者对夏利系列轿车的综合性能有一个更全面、更感性的认识，从而增加夏利系列轿车的潜在消费群体。此外销售公司还要求各经销单位开展多样的门市活动，吸引用户到店中来，通过演示、驾乘、有奖答题等激发购买欲，达到良好的销售、宣传效果。

【产品流向】 2001年，夏利轿车的用户结构正在发生根本性的转变。2001年以前，出租车需求在夏利总销量中所占的比例一般都在85%以上，而私人购车所占的比例还不足10%。随着经济的发展和市场条件的变化，经济发达地区出租行业对经济型轿车的需求出现了急剧萎缩的趋势。在变化的市场面前，一方面销售公司将重心由出租市场逐渐转向出租市场与私人购车市场并重的市场开拓战略；另一方面，还在产品多元化、满足不同层次消费需求等方面作出了努力。2001年向市场推出了面向家庭用户的家庭款、自动档型，在普通夏利基础上经过7项重大技术改进的夏利“静雅”型轿车等多种改进产品，以及在技术、价格上均与国际接轨的夏利2000

世纪广场轿车，为夏利轿车增添了新的市场热点。据统计，2001年夏利轿车从用户结构来看，全国各地私人购买率达到了55%，比2000年的33%有了显著的增加，其中北京、深圳等私人购车活跃的地区，夏利的私人购买率甚至超过了90%。从地区流向来看，北京、云南、天津、广东、浙江、山东、河北、四川、浙江、湖南等地仍是夏利轿车的传统市场，占到总销量的一半以上。

【服务营销】 在未来市场竞争中，服务竞争将会上升到新的高度，优质的服务是塑造品牌、提升企业形象的重要手段，销售公司深谙其道。在服务方面推出“金牌服务‘四个一’、雷锋精神伴您行”的真情承诺。通过“客户至上、永无止境”的一贯服务宗旨，“全心全意为您服务”的一条服务标准，热情、真情、亲情式的服务，达到使用户感到春天般的温暖的服务结果。推出的“金牌服务‘四个一’”承诺，使购买夏利轿车的用户得到一系列看得见、摸得着的实惠：夏利2000世纪广场与“金夏利”质量保证期延至两年或5万公里，TJ7130系列轿车质量保证期为两年或3万公里，其他车型质量保证期为1年或2万公里；所有车型提供首次免费强制保养和保修期内的多次优惠定期保养；遍布全国的270家特约维修站24小时为用户提供各种服务；开通用户全天候投诉电话，投诉本地8小时内解决，远程处理时间不超过24小时，投诉处理率达到100%等。这一系列举措，提高了夏利品牌及产品的含金量，进一步促进了夏利轿车的销售。

（天津汽车工业销售有限公司　李维新）

附：　　天汽金牌服务工程承诺

在当前全国汽车市场激烈竞争中，“以服务，促销售”已成为天汽营销工作中的主旋律。为了贯彻天汽公司“质量第一、信誉第一、用户第一”的服务宗旨，让广大用户既能买到一辆满意的汽车，更能享受到真诚的售后服务，天汽公司向社会隆重推出“金牌服务工程”，以满足日益发展的用户需求。天汽公司的金牌服务工程内容如下：

一、优越的保修期限

夏利2000（TJ7136系列）、金夏利（TJ7131系列）轿车质量保证期：两年或5万公里；TJ7130系列轿车质量保证期：两年或3万公里；其他车型质量保证期：一年或2万公里。

二、免费的车辆保养

天汽公司提供所有车型的首次免费强制保养和保修期内的多次优惠定期保养。

三、完善的保修体系

站点众多，布局合理：在全国所有的省、自治区、直辖市设立天汽特约维修服务站270家。

近距服务，方便及时：用户可获得半径200公里的最近距离的及时服务。

一卡在手，全国通用：天汽公司的保修IC卡在全国所有维修站均可使用。

技术精湛，配件纯正：维修站的业务人员和修理人员经过天汽公司的正规培训，并使用天汽公司提供的正宗纯正配件。

四、温馨的“的哥”俱乐部

享受会员制的待遇，体会“一家人”的感觉。

免费提供技术咨询。

专业化汽车医院，优惠的定点定期服务。

享受天汽提供的优质服务。

获得价廉的纯正配件。

交流本地区的行业信息。

接受用户对天汽的意见和批评。

五、规范的五优服务

优越的接待环境。

优雅的外表礼仪。

优美的语言规范。

优良的维修技术。

优质的正宗配件。

六、连续的全天服务

全国维修站提供24小时不间断服务。

各站的热线电话，24小时有人值班。

七、可靠的车辆救援

维修专用车实现任何地点的抢修。

免费的拖车服务。

送修上门，服务到家。

八、畅通的投诉网络

天汽公司设立服务经理电子信箱，直接受理用户投诉。

天汽公司用户服务部门设立热线电话，和用户保持紧密联系。

各维修站设立热线电话，以解用户燃眉之急。

投诉的回应时间，远程不超过48小时，本地不超过8小时。

投诉的处理达到100%。

九、贴心的用户回访

保修期内，用户将获得天汽公司5次回访。

天汽的用户档案成为相互沟通的桥梁。

回访的形式多种多样、丰富多彩。

天汽公司对用户回访进行程序管理。

跃进汽车集团公司

【调整营销机构】 2001年,跃进汽车集团公司对集团的营销机制进行了重大调整,跃进汽车集团贸易公司(以下简称“跃进汽贸”)承担的整车、配件销售以及售后服务网络管理、营销策划等功能及有关人员,按品牌转移到三大公司:跃进轻型汽车股份有限公司,南京依维柯汽车有限公司和江苏南亚自动车有限公司。三大公司根据自身产品和资源状况,各自成立了商务部(或销售分公司),独立开展营销业务。

【跃进汽车集团贸易公司】 集团营销体制调整后,跃进汽贸与集团公司市场部合并,除保留组织、协调三大公司商品车的仓储、发运、计算机信息系统管理等职能外,另外增加了宏观政策研究、汽车市场情报分析、汽车信息数据分析、市场调研等职责。职能的转变,促使汽贸员工改变观念,调整角色,选准市场定位,增强服务和创新意识;同时,公司规范服务标准,加强绩效考核,完善经济责任制度,全体员工的积极性和创造性被充分调动起来,以主人翁的热情投入到企业的建设与发展当中。另外,跃进汽贸还不断拓展跃进公司主导产品及竞争对手产品以外的市场空间,寻求新的国内外合作伙伴,以便更好地适应市场经济的需求。

仓储管理 跃进汽贸制订了严格的车辆出入库管理制度及中转库管理制度,进一步完善库房产品车的凭证、台账及报表记录的建档工作。对入库车辆实行条形码管理,进行动态全程跟踪;理顺内部信息渠道,及时反馈产品车质量信息,适时向三大公司通报滞库车及病车记录;另外,仓储部门还定期检查、维护库用设备,积极改善服务质量,拓宽服务范畴。

发运管理 2001年,跃进汽贸与东大阿尔派科技信息公司共同开发了“跃进公司商品车发运管理系统”,对商品车发运过程实行计算机动态监控,加强对商品车提车、离市、到达三个重要环节的控制力度,积极有效地调整车辆在途事故处理程序,有力地维护了集团公司产品形象。

2001年共发运跃进商品车43408辆,其中:南京依维柯12136辆,轻汽19869辆,农用车2012辆,底盘3177辆,南亚产品5927辆。

计算机信息系统管理 2001年,跃进汽贸顺利完成了新、老销售信息系统的切换工作,一次性通过权威认证机构的验收。信息部门在承担繁重的日常维护工作的同时,积极配合三大销售分公司进行售后服务信息系统搬迁工作,并成功实现了与三大公司的局域网互联。目前,跃进汽贸、三大销售分公司、集团总部之间已经形成了高效、快捷、畅通的业务传递路径。

【南亚公司商务部】 2001年,南亚公司商务部共销售英格尔、优尼柯乘用车6193辆,同比增长18%。除大力拓展传统的个人消费市场外,商务部还积极开发公安、邮政、电力、电信、金融等特种行业市场,并取得了可观的市场绩效。

从年初开始,商务部就将工作重心放在“形象工程”的建设上。首先,按照全新的服务理念,全面提升服务质量。制定规范的客户服务标准,为客户提供优质服务;同时,开展用户满意度调查,了解用户对服务的期望,把握用户的服务期望与公司对用户期望的感知两者间的差距,认真负责起应对用户的投诉请求,注重关键事件研究,监测和追踪整个服务工作,评估服务传递中变化的有效性,对用户的未来需求进行科学预测。

加强售后服务品牌化建设,力求服务更加具体化、专业化,并将原先阶段性、季节性的服务活动延伸至长期性、标准化,逐步迈入“主动关怀”的新时代。

其次,将营销网络的建设提升到战略性高度,按照网络总体规划,合理设置经销网点和维修网点数量,建立了一批高素质的4S店(销售、服务、配件、信息反馈)和专业汽车维修服务站。对所有网点的营销人员及维修员工开展业务培训,针对目前新产品推出周期短、技术含量高的特点,邀请外国专家及国内知名汽车培训机构相关人员,确保在第一时间给用户提供满意的服务。

建立网络评审体系,根据拟定的评审标准,组织有关部门开展科学、严谨的评审工作,以确保整个网络高效、合理、规范的运作。据统计,全年约40%的网点通过了ISO9000贯标认证。

另外,商务部在汲取菲亚特汽车文化精髓的基础上,突出市场策划研究工作,组织一定的人力专门进行市场研究、预测和分析,及时掌握竞争企业的产销变化、价格变动、配置调整、促销活动等等,并根据竞争企业的商务政策变动进行跟踪分析,及时提出应对策略与营销措施。经过研究人员对营销状况的周期性分析,使商务部对销售形势的预测更趋于科学、准确、及时;其日常广告宣传、促销活动更贴近品牌文化的主题,产品融入社会的节拍更合乎时代潮流。

【跃进轻型汽车股份有限公司销售分公司】 2001年,国内轻汽市场群雄逐鹿、竞争惨烈,轻汽销售分公司在营销体制的调整中遇到了一些困难,并最终影响到整个公司的销售业绩。全年实现汽车销售

36010辆，较上年度有小幅下滑。

从2002年起，公司根据自身产品系列宽、品种多的特点，未雨绸缪——开展了大量的售前准备工作，提前预测销售开始后可能出现的问题，事先设定可选择的解决方案。如：在产品技术方面，编制了NJ1062DD、NJ1028C、NJ1053等产品说明书；为上海、北京等特殊地区编写相应的环保资料；编制跃进产品的《产品知识汇编》、《产品目录汇编》等，以便支持一线销售；向公司决策层提出经济型2041越野车、5043邮政车等新品开发建设。在广告宣传方面，完成《企业Ⅵ应用手册》设计、印制工作；完成五大系列车型的图片、招贴画设计制作等等。

网络管理　为建立起一个分布合理、渠道畅通、高效运作的市场营销网络，轻汽销售分公司在加强对现有网络梳理的同时，积极探索、设计新的网络发展规划，逐步将网络的边缘延伸到广大的县市、乡镇及农村，有效地满足了市场需求。

销售工作　面对2002年国内轻型车市场的特殊情况，跃进轻汽人知难而上，开拓进取。首先，根据营销网络建设的总体规划，为保证经销网点顺利向下延伸，选拔一批经过实践锤炼的新生力量补充到销售第一线，全面协助新增网点开展业务。与此同时，加强责任考核，严格执行承包制度——销售业绩与个人收入挂钩，奖优惩劣，充分调动了业务人员的积极性和创造性。

从下半年开始，公司成立了大用户开发组，主动走访食品酿造、物流配送、家政服务、特种改装等行业，做好客户的“参谋”，帮助客户实现其自身期望。另外，组织全国范围的巡展，举办试车试驾活动等，参加公益活动，系列的促销活动有力地提升了跃进轻汽的品牌形象，加深了用户对跃进产品的认知。

轻汽公司的底盘销售虽然没有取得预期的增长，但在专用客车底盘市场上的拼搏精神值得称颂。他们深入区域市场，走访用户，长期调研；技术部门根据他们收集的第一手信息，积极组织技术开发，先后研制成功6M气刹底盘、7.8M气刹公交底盘，“急用户所急，想用户所想”，主动压缩生产周期，抢时间，保证按时交货。

售后服务部门除认真协助相关部门开展服务网络建设工作以外，在用户档案管理、用户满意度调查、处理用户投诉等方面加大了力度，提出了“把用户当亲人”的口号，主动电话回访，严格规范服务行为，向用户承诺“24小时紧急救援服务”，真诚为用户服务。

【南京依维柯汽车有限公司销售公司】　南京依维柯汽车有限公司销售公司(以下简称“销售公司”)在成立之初，迅速按质量体系程序文件的要求规范和加强内部管理，建立并开通销售公司计算机网络系统和OA网，完成新旧网络系统的整合，有效保证了销售业务及结算工作的顺利进行。

面对严峻的销售形势和市场环境，销售公司一方面抓销售队伍的建设，把销售业务人员的工资、奖金、差旅费与销售业绩紧密挂钩，把销售指标层层分解，落实到人，强化责任，促进销售；另一方面抓营销网络的建设，制定年度的商务政策，建立健全依维柯经销商和特约维修单位的管理档案，制定出适用的特种改装企业管理和评审办法。同时，精心组织市场调查，分析主要竞争对手的产品特点、市场份额和产品价格信息，建立信息库和主要竞争对手档案；以“南京依维柯，与天地同宽”为理念和广告语，加强产品的广告宣传，组织新品展示、有奖销售等多种形式的促销活动，不断提升NAVECO公司和南京依维柯品牌的形象。

销售公司致力于开拓大用户、特种车市场，如国家计生委和地方计生委用车，移动通信用车、电力工程车等。经过不懈的努力，2001年累计销售专用车、特种车达4000多辆，创历史最好水平。另外，虽然依维柯客车在国内客运市场受到不同程度的冲击，但为了适应该市场的变化节奏，销售公司仍然开发了适应客运市场需要的高一级、高二级客运车辆，并组织力量研制A59客车底盘。

为强化服务、促进销售，销售公司在年初组建了客户服务中心，主动电话回访，接待投诉，开展优质服务月活动，重点对计生车、军车、警车等大用户进行上门服务，服务人员先后奔赴沈阳、鞍山、铁岭、昆明等地，面对面的服务与沟通，体现出南京依维柯人对用户真挚的情谊与持久的关怀。

(跃进汽车集团公司)

哈飞汽车制造有限公司

【调整布局】　2001年哈飞汽车坚持“以质量取胜，靠服务竞争，新产品拓市，多品种突破”的销售战略，较好地把握了销售的主动权，全年实现生产整车13.8万辆，销售14万辆，同比分别增长13.89%和14.4%，在全行业排名第五。

为加大市场开发力度，2001年公司对原销售网络进行了重新调整，使驻外销售站由2000年的70个增加到90余个，同时与400多家经销单位建立了较稳定的业务关系，为哈飞汽车的销售提供了坚实的“硬件”基础。

【提升基础管理】　2001年，哈飞的销售工作已全面实现微机化管理。公司领导可随时通过网络掌握各地的销售、服务及回款情况，极大地提高了工作效率。并在管理上形成完整的闭环,不但减轻了工作强度,而且提高了工作的准确性。

同时,公司借助"5S"管理方法,强化销售的基础管理,激发员工自身的潜力和热情,充分发挥员工在实际工作中的主观能动性,对设置不合理的岗位实行合并或撤销,因事设人,精简机构,使分工和职责更加明确,从根本上杜绝了人浮于事的现象。有效地提高了工作质量和工作效率。

为及时了解各地方的有关政策规定和市场信息,以及同行业厂家的最新动态和各车型的市场占有情况,2001年,公司加强了对市场的调查研究,使计划与生产做到更有针对性,使决策与销售更具准确性。

【以服务促销售】 公司本着"一流服务,诚信为先"的服务宗旨,为用户提供及时、周到的服务。

1. 实行"首问责任制"。第一个接到用户投诉信息的人,就自动成为解决该问题的主要责任人,负责对整个事件的处理进行全程跟踪、监督,直到问题圆满解决。在事件的处理过程中,所有人员必须接受第一责任人的监督,不得以任何理由推托。同时还把零投诉作为对售后服务人员的考核目标。

2. 扩充一线服务队伍。2001年,公司通过扩充售后服务人员,强化技术培训和增加技术实践等方法加强售后服务队伍建设,选派责任心强、素质好、技术水平高的技术人员到一线服务,实地解决维修站和用户所遇到的疑难故障问题。

3. 增设零配件库和特约维修站。2000年,公司在全国各重点地区相继建立了16个售后服务配件中转库,2001年扩充至19个,使售后服务配件供应更加充分及时。与此同时,公司已在全国设立了580余家特约维修站,24小时电话服务,既有效地解决了用户的后顾之忧,又促进了汽车销售。

【加强仓储和运输管理】 公司在加强本部仓储软、硬件建设的同时,还增加了在各地所设中心库的数量。中心库作为供应周边经销单位车辆的集散地,具有调剂余缺、保证供应、总体平衡车源的作用。目前,公司在全国各地设立中心库90余家,完整地支撑起全国各销售点的车源供应网络。

公司重视储运管理,确保整车良好性能。首先哈飞汽车在本部仓储入库前,公司质量保证部对配套、冲压、焊接、喷漆、总装等过程要实行全面质量检验,车辆达到销售标准后,方交付给销售部门;随后,销售部门从用户的角度对车辆再一次进行检验,合格后,转入销售总库;出库时,有关人员与"营运公司代表"对车辆逐台再行检验,双方认定检验结果后,由营运公司将商品车运送到各地。各中心库管理人员对车辆进行登记、检验、核对,并通过微机系统将有关数据传送回销售总部。道道"关卡",都是质量和信誉的延续,加上多年来实行"零公里运输",商品车通过公路或铁路专列运输的方式运送到全国各地,从根本上保证了用户的切身利益和哈飞汽车的品质。

(哈尔滨哈飞汽车制造有限公司)

江西昌河汽车股份有限公司

【营销概况】 2001年,市场环境和政策环境的变化使公司的产品营销面临着诸多问题和困难。首先是微车市场竞争进一步加剧。"价格战"、"广告战"、"服务战"、"新品战"接连不断,国内几家大的汽车生产企业及民营企业纷纷介入经济型汽车领域,竞相发展小型车,挤压和争夺微车市场。其次,2001年7月国家环保总局出台了环保法规限制装用化油器发动机的微型汽车生产和销售,而装用电喷发动机的微型汽车成本增幅要高于轿车和轻型车,使其在市场竞争中的优势受到了一定冲击,同时部分大中城市也以各种理由、各种方式对微型车加以限制,使微车市场开拓难度进一步加大。此外,2001年中国正处于加入WTO的前夕,消费者普遍存在持币待购心理,出现了销售旺季不旺的情况,直接影响了微车市场。

面对这些困难,公司加大了新品开发和市场开拓力度,狠抓质量管理,力推优质服务,严控生产成本,立足于"品牌取胜、质量取胜、服务取胜",来巩固和提高昌河车的信誉度,以优异的性价比吸引广大消费者,拓展昌河车的市场空间。经过这些努力,使公司在2001年产品营销上还是取得了较为满意的成绩:全年共销售微型车121018辆,实现主营业务收入33.28亿元,分别比上年增长21%和17.7%,均创历史最好水平。其中,单排座微型货车(CH1011系列)和双排座微型货车(CH1012系列)分别销售9692辆和9118辆,微型客车(包括CH1018系列及CH6350"北斗星"系列)销售102189辆。根据《中国汽车工业综合分析》(2001第十二卷)中的数据,2001年公司微车产品市场占有率为19.3%,在微车行业中排名第三。

【营销管理】 公司在营销管理上不断创新,针对2001年市场环境和政策环境的变化,采取了更有效的管理手段和独特的营销策略,有力地支持了公司的发展。

以加强市场预测、完善市场和政策信息快速反应机制为基础,跟踪市场和政策要求,准确把握市场不同需求和消费品味,加大新车型的开发力度,完善产品储备和形成宽谱化的产品结构,以适应日益细化的市场需要。2001年,公司严格按照国家对汽车各项技术标准、法规的要求，加紧电喷车的开发生产，使电喷发动机车型形成系列，同时做好电喷车的广告宣传，积极引导条件成熟的市场、商家适时转移主销车型。对存在有限制性规定的地方市场，公司以环保、排量等达标的新车型上市为契机，集中力量，重点出击，把握住区域销售的主动权，积极拓展。

适时推出 CH6350“北斗星”多功能车，培育和发展经济型家用多功能汽车市场，形成新的销售亮点。在“北斗星”的市场推介过程中，公司展开全方位、大范围的宣传，配合各驻外销售处分阶段、有针对性地开展各种形式的展示及试驾活动。2001 年 11 月 17 日至 12 月 27 日，在全国 21 个城市同步进行的“北斗星光耀神州”百城巡展暨试驾特别活动，历时 40 天，取得了显著的效果。展示了我国首款小型多功能车的特性，综合了微型客车与微型轿车的共性，体现了安全、环保、舒适、经济，集代步、休闲、运输为一体，小巧玲珑，人见人爱；也显示了昌河汽车的实力和魅力。与此同时公司努力提高整车和零部件质量及国产化率，尽快降低市场价格，充分释放“北斗星”的市场潜能。“北斗星”的推出以及市场推广活动的开展，不仅形成昌河汽车新的销售增长点，而且进一步提升了公司的市场形象和市场影响力。

以降低成本和提高质量为目标强化内部管理。2001 年公司坚持实行区域销售“一省一策”的战略，保持昌河汽车价格的相对稳定，不盲目参与价格战。同时，从生产和销售环节入手，强化人员管理和基础管理，分单位落实成本指标，建立激励机制，人人参与成本管理，采取切实措施压缩单台车成本、降低销售费用，在此基础上，对价格进行适当调整，缩小与竞争对手的价格差距，增强产品的市场竞争力。在质量方面，坚持并细化行之有效的质量控制手段，保持产品一贯的优质水准，同时按 ISO9001－2000 质量体系要求，不断完善产品质量体系。此外，加强资金统筹管理，提高资金利用率，加大对化油器车库存及时有效的处理以及严格实行订单制和销售责任制、避免新的积压等手段，对实现销售目标也起了重要作用。

【销售系统建设】 公司的汽车销售主要依靠销售商进行，这使公司在信息反馈以及开拓和巩固市场方面处于被动，已逐渐不适应公司产品产销日益扩大的要求，因此尽快完善自己的营销网络建设是当务之急，也是为公司上市募集资金投向的一个重点项目。2001 年公司全面启动该项目运作，目标在北京、上海、杭州、南京等 10 个中心城市建立和完善 10 个集汽车销售、售后服务、备件供应、信息反馈四位一体的营销中心网站。2001 年做了基础工作，主要进行了规范市场、统一价格、调研选址，对现有的各销售网点集中调整。

与此同时，公司着力改革经销商代理模式。在“北斗星”车的销售中，公司在已经确认并投入运作的首批 40 家“北斗星”特许经销商的基础上，加快对第二、第三批特许经销商的考查与审定，建立布局合理、运行有效、形象全新的营销网络体系。

【售后服务】 提高售后服务管理的科学性和规范性，更好地为用户提供服务并切实保障用户利益；也为了堵塞售后服务管理中的漏洞，控制和降低售后服务中的维修费用，2001 年，公司投入上百万的资金，与专业的计算机软件系统设计公司合作，开发一套具有自己特色的“昌河汽车售后服务 IC 卡管理系统”。系统利用 CPU 智能 IC 卡存储车辆、用户的基本信息，车辆维修时须持卡进行，每次的维修信息都会在卡中存储，而所有的信息均可直接利用计算机和网络进行分析处理及传输。

通过利用计算机信息化管理手段，简化了管理流程，减少了售后维修过程中的人工干预和造假行为，从而使“三包”费用大大降低，也提高了维修信息处理的准确性和工作效率，给产品质量分析提供了可靠的数据，给公司带来了直接明显的效益。

（江西昌河汽车股份有限公司）

重庆重汽集团有限公司

【销售业绩与市场分析】 2001 年重庆重汽集团销售公司全年销售整车 7568 辆，同比增长 50.82%，其中红岩汽车销售 5858 辆，同比增长 47.56%；斯太尔汽车销售 1710 辆，同比增长 63.17%。全年出口汽车 69 辆，同比增长 72.5%；出口创汇 224 万美元，同比增长 75%。实现销售收入 13.4 亿元，同比增长 32.02%。从公司的发展历史来看，2001 年取得了历史性的突破，巩固和提升了市场份额。但是，从整个重型汽车行业来看，公司的产品销售增长幅度低于重型汽车行业 77%的增幅。

从车辆类型销售情况看：载货车及底盘销售 3390 辆，占总销量的 44.79%，同比增长 49%，与总销量增长 50.82% 的增幅相当，产品主要适用于个体专业运输市场及煤矿运输；牵引车销量为 2965 辆，占总销量的 39.18%，同比增长 43%，主要适用于高等级公路及发达地区的港口、货运市场；自卸车及底盘销量为 1213 辆，占总销量的 16.03%，同比增长 64.37%，是所有类型中增幅最高的。预计随着国家重点工程和城镇建设速度的加快，自卸车还将有大幅度提高。

从市场销售发展特点来看：(1)个体运输专业户约占运输市场 70%以上。随着交通运输业的日益发达,个体运输专业户成为公路运输业的主力军,而公司生产的重型汽车可广泛适用于各种类型的运输需求,对个体运输户具有较大优势。(2)重车市场销售范围不断扩大。重型车的重点用户分布于油田、港口、矿山、铁路、水利等各个系统。2001年公司产品进入军车市场,使用反映良好。公司产品还成为青藏线高原开发建设系列车型,也为公司扩大产销量奠定了基础。

汽车出口情况:重庆重型汽车从1988年至2001年,已连续14年有产品出口,批量虽不大,但也呈上升趋势,详见下表。

年份	汽车类型	出口数量(辆)	出口国家	创汇额(万美元)
1988	自卸车	23	中标	92.51
1989	自卸车、载货车、牵引车	72	菲律宾、中标、南也门	116.03
1990	自卸车、越野车底盘	36	朝鲜、肯尼亚、乌干达、巴基斯坦	116.37
1991	自卸车、载货车	59	尼泊尔、朝鲜、印尼、巴布亚新几内亚、秘鲁、泰国、孟加拉	209.22
1992	牵引车、载货车底盘	95	沙特、朝鲜	396.76
1993	牵引车、载货车	124	朝鲜、俄罗斯、中标	569.16
1994	自卸车、牵引车、载货车底盘	133	缅甸、菲律宾、印尼、中标	408.8
1995	自卸车、载货车	179	印尼、朝鲜、马来西亚、菲律宾、中标	762.4
1996	自卸车底盘、载货车底盘	15	中标	40.82
1997	自卸车、载货车底盘、牵引车	87	老挝、印尼、菲律宾、赤道几内亚、中标	305.39
1998	载货车、自卸车、牵引车	29	印尼、中标、老挝	105.91
1999	牵引车和挂车	10	约旦	26.77
2000	自卸车、牵引车、载货车	40	伊拉克、几内亚、中标	127.97
2001	自卸车、牵引车、载货车	69	伊拉克、缅甸、柬埔寨、厄瓜多尔、中标	224.03
合计		971		3502.14

【市场营销策略】 1.密织营销服务网络。目前销售总公司下设有18个二级销售公司,2001年新增三级公司21个,使三级公司(经销部、办事处)总数达65个;发展经销、代理商50个,使经销、代理商总数达158个;新建特约维修服务站63家,特约维修服务站总数达143家。网络遍布全国各地及重点用户所在地区,为广大用户买车和服务都提供了方便。

公司通过网络及时搜集市场信息,掌握市场变化,同时还通过实地走访和调查,推广宣传适销对路的系列车型。特别对一些特需工程市场,加大工程车和集装箱牵引车的销售力度。

2.加大宣传力度,突出集团整体形象和品牌知名度。2001年公司在央视《榜上有名》栏目进行的系统宣传,起到了良好的效果;同年7月中旬至8月底开展了大规模的南巡、北巡展示交流活动,行程近万公里。让广大用户现场了解了重庆重汽集团形象和红岩、斯太尔汽车品牌,为市场销售起到了推波助澜的作用。

3.加强售后服务,全面提升营销能力。重庆重汽集团坚持"以顾客为中心",把服务作为一种品牌来培育、经营。及时处理用户信息,提高用户对企业和品牌的依赖度;加强对用户及服务人员的培训,提高用户使用红岩车的效率,提高服务人员的个人素质,急用户所急,想用户所想,通过各种方式为用户提供及时有效的服务。公司还对服务效果进行及时跟踪和验证,全面推进服务"四化"建设:用专业化的服务提供强有力的保障,用网络化的服务提供最快捷的支持,用规范化的服务树立高素质的队伍形象,用精细化的服务满足顾客的潜在需求。

(重庆重汽集团有限公司)

各地汽车流通

北京市汽车流通概况

【综述】 2001年1~11月份,北京市机动车新增总量150859辆,轿车为103169辆,与上年同期相比增长30%。私人购车86391辆,所占比例为57.27%,

集团购买比例为43.73%。(亚运村汽车市场2001年1~11月份总交易量为3.3万辆,占全市机动车销量22%,占全市轿车销量30%)。

北京汽车市场的基本特点:

第一,2001年有关汽车的政策出台比较多,共计20余项。其中比较重要的政策有国家计委《关于轿车价格放开的通知》、国家环保总局《关于停止生产和销售化油器轿车的规定》、国家"十五"计划《关于汽车产业的政策》、《关于延长机动车报废年限的通知》、国家有关《汽车生产目录》改为《公告》的决定、公安部《关于机动车登记证管理办法》(56号令)、《有关调整车辆购置附加税的通知》等。所有这些政策的出台,对2001年汽车消费都产生不同程度的影响。

第二,汽车销售量前高后低。2001年9月份以前销售情况比较好,9月份以后销售量开始出现下降。呈现出淡季不淡,旺季不旺的局面。

第三,受政策、价格、消费者对降低车价的高期望值、媒体炒作等多方面因素的影响,汽车市场出现了严重的持币待购现象。随着年终临近,中国加入世贸将降低关税的影响,持币待购现象更为严重。

第四,进口车销售也呈现出前高后低的局面。2001年1~9月份进口车交易比较活跃,价格稳定、坚挺,进口和销售都比较活跃,而且交易量也比较大。10月以后,由于中国入世在即,2002年1月1日起降低关税的信息影响,进口车销量从10月份开始持续下滑。

第五,汽车营销模式争论激烈。发展四位一体专卖店的呼声较为强烈,北京拟定在城东、南、西、北各建一个大型汽车服务贸易园区,从而使集中交易方式得到进一步发展。在北京亦庄经济技术开发区集中了一批国内外汽车品牌的专卖店;在闵庄路出现了"汽车大道"。

第六,投放市场的国内外汽车品种比较多。2001年是新品牌经济型轿车投放市场最多的一年,这对车市起到了重大的推动作用。从这个意义上讲,用新品牌来提高竞争力并活跃市场是厂家重要的战略之一。

第七,热销的品牌发生变化。广州本田、奥迪、别克等热点品牌,在2000年时可以加价好几万元销售,而2001年初已变为仅加价一两万元,到年底之前上述品牌的加价销售金额已降至几千元,有的甚至平价销售。可见,热销品牌的畅销周期在缩短。

第八,2001年6月22日对日本汽车实行特别关税措施后,本来旺销的日本车陷入了无车可卖的停滞状态,欧美车乘机抢占市场。年前一大批日本车滞留在海关内,无人报关。

第九,2001年以来,汽车市场出现过几次明显的降价、价格调整及优惠政策,从多数厂家来看大多不愿直言降价,而是以价格优惠调整为藉口进行实际的降价。

综上所述,目前的北京汽车市场一方面被"政策因素、价格因素、消费者持币待购心理"所困扰,其中尤以"政策因素"影响最甚;另一方面,"众多新品牌的推出、北京申奥成功、公安部56号令"三大利好消息也在不同程度上活跃了北京的汽车消费市场。此外,还有一个市场变数,就是汽车消费政策的出台,它将是未来一定时期内影响我国汽车市场最为重要的一个变数。

【汽车市场变化趋势】 *三大主力品牌市场占有率被分流,市场份额减少* 据统计,2000年桑塔纳、捷达、富康三大品牌在北京市场的占有率共占45%,2001年为32%,同比下降了13个百分点。三大品牌市场份额的减少是市场竞争的必然结果,众多新品牌的推出赢得了部分消费者。

经济型汽车纷纷登场 随着汽车进入家庭进程的加快,一大批经济型汽车如雨后春笋般出现。经济型轿车具有价格低、品种款式多、适合广大工薪阶层等特点,能够满足多数群体的购车愿望,可极大地活跃消费市场。正是一大批经济型轿车投放市场才确保了2001年汽车行业产销总量的增长。此外,商务车、多功能车也有极大发展。而且随着公务、商务的需求范围不断扩大,前景良好。

持币待购现象有增无减 在对未来市场难以判断的情况下,很多消费者最终还是选择了观望,期待着价格下调的信息。一旦持币待购现象缓解则将意味着新一轮汽车消费的高潮开始。2001年5月国家计委公布的关于国产汽车价格放开的政策,8月国家环保总局关于停止生产和销售化油器汽车的政策,9月国家税务总局关于调整整车购置附加税的政策,以及中国加入世贸后关税降低等等,几乎每一条消息都被炒得沸沸扬扬,引得汽车市场动荡不安,消费者持币待购也是必然的。

信贷销售、购车发展非常迅猛 信贷销售由原来的不到10%发展到今天的20%以上;咨询人数由原来的30%发展到目前的40%以上,信贷消费已然成为汽车行业重要的销售方式。近期信贷消费又出现了几个新变化:大多数银行、保险公司已经参与了信贷消费业务;国产及进口车都开展了信贷消费业务,以国产车为主;不同价位的车都可以做信贷。

价格问题仍然是最关键的问题之一 政策是影响汽车价格最主要的因素,厂家不敢直言降价,消费者却把价格当做重要因素。在调查中发现,73%的消费者最关心价格问题。神龙公司推出的一款

9.78万元富康车,之所以能在市场中热销,甚至出现预定,这充分说明了价格因素在消费者心中的地位。汽车价格对消费者来说是由三部分组成的:汽车车价、汽车购买过程中各种税费和汽车使用过程中的各种税费。目前市场只注意了第一方面的问题,而后两项费用如果不降低,也将影响当前和今后的汽车消费。

【2002年汽车市场判断】 第一,拉动经济需求,扩大内需,将使得政府出台更多的有利于汽车消费的政策,因为政策还是左右车市的一个重要因素。预计2002年国家会出台如《汽车消费政策》,同时取消一些限制汽车消费的规定。

第二,随着加入WTO,对外开放会进一步扩大,为了活跃国内市场,对内开放也会有一个明显的转变。同时打破地方保护主义,为改善汽车使用环境创造条件。

第三,国产车市场竞争更加激烈。所有国产各档次汽车的竞争比以往都更加激烈,对手来自国内、国外的同行。尤其是国内已经有了相当生产规模的制造企业,一定会努力为市场提供更多的新型汽车,他们会以质、以量、以服务在全方位展开争夺。

第四,2002年将是经济型轿车、二手车交易最火爆、最活跃的一年。广大消费者在看不清未来的情况下,会首先考虑买价格便宜的车作为过渡性用车。

第五,消费者对汽车市场和汽车消费会有新认识。在多种因素作用下,2002年某一时期或几个阶段,汽车潜在需求会有所增加,因为看车展、逛车市、关心汽车消息及议论汽车话题的人正在明显增加。

第六,汽车信贷消费稳步上升。采用信贷方式购买汽车的比例会继续上升,增长的部分更多地会集中在家庭私人购车和经营性用车的消费者之中。但前提必须建立在国内金融机构这项业务继续降低门槛、国外金融机构在华业务的开展进程以及消费观念和行为改变等。预计这将以中青年、文化程度较高、收入相对稳定的群体为主。

第七,新品牌将发展较快,进口车品种也会增加,使得市场上出现更多的品牌,以满足消费者个性化的需求。

第八,汽车服务业长足发展,主要是国外对国内的影响和带动所致。多种新的全套汽车服务方式和服务理念以新的内容和手段一定会让消费者满意。享受服务的过程也是消费的过程,承认服务和接受服务的人将随着观念的改变而增多。

第九,有关汽车市场的税费改革及价格调整会有更大的动作。

第十,2002年是真正的汽车价格大战的一年。通过汽车价格的竞争促进市场的发展,同时,进口车价格也会因关税的调整而降低。国产车如何应对这种变化,将是影响未来车市的重要变数。

第十一,从国家出现7万亿元的居民储蓄表明居民目前消费倾向偏低。另外居民收入增长缓慢也是制约汽车消费的重要因素。购买力决定着整个市场的走向,从目前看来,庞大的中国汽车市场的启动仍遥遥无期,短时间内仍难以形成庞大的汽车消费市场。

第十二,随着新品牌的增多,消费者对品牌的忠实度将会降低,厂家在提升自己品牌的认知度方面须费很大的力气。

第十三,汽车销售进入薄利或微利时期。这是汽车品牌之间竞争的必然结果。随着品牌的丰富,消费者可选择性加大,那种加价销售的不正常现象会越来越少,直至没有。拼品牌、拼实力、拼服务将贯穿于整个汽车销售之中。

第十四,厂、商之间的关系面临重大考验。竞争使得厂、商要么结合得更紧,要么互相之间进行新的组合。厂、商之间都有一个相互选择、重新确立关系及合作方式的过程。

(北京亚运村汽车交易市场　苏晖)

上海市汽车流通概况

【综述】 1. 2001年上海轿车市场更加呈现多样化的态势。长期以来,上海轿车市场因地方保护而不断成为各地厂家、媒体的指责目标。近些年,上海市政府在购车、上牌和使用环境等方面不断推出新的措施,已在上海形成一个公正、公平的竞争环境。由于市场环境的不断转变,上海市场正呈现一个多样化的态势。在2001年中,上海地产车比例呈下降趋势,国内其他轿车厂家的产品进入上海市场的比率不断增长(见图1)。

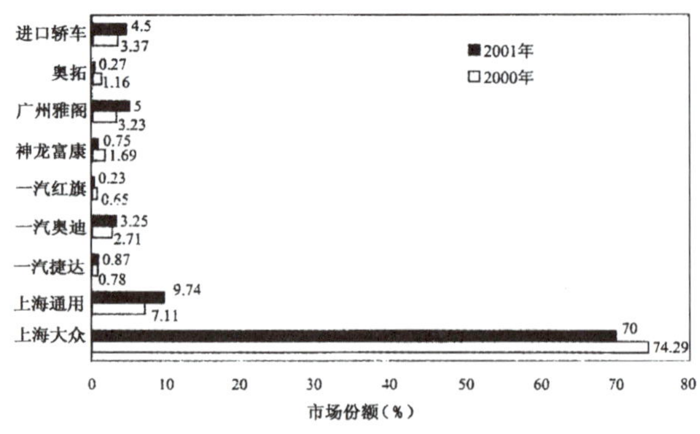

图1　2000~2001年各品牌轿车的上海市场份额

根据上海市2001年1~10月份的轿车上牌数分析,上海大众和上海通用的地产车所占份额为

79%，比2000年的81%下降2个百分点(而2000年之前，仅上海大众在上海的销量就占上海市轿车上牌数的74%以上，在2001年这种状况得到改变，上海大众的市场份额变为71%)。

外地车辆，以广州本田雅阁轿车为例，2001年1~10月份在上海的上牌数已经超过2000辆，大大超过上年的1300辆，年末将达2400辆左右；再看奥迪轿车，2001年前10个月在上海的销量为1400辆，也有40%左右的增长。此外，一些新品轿车，如风神Ⅱ、上海通用的赛欧等在上海市场都有良好表现。

2. 进口车保持较大幅度增长。2001年下半年以来，上海外高桥保税区汽车进口呈大幅下降趋势。据有关资料显示，上海外高桥保税区在7~11月份共进口各类小汽车897辆，比上半年的前5个月下降48.9%，其中11月份仅进口104辆，较10月份下浮24%。上海关口的汽车进口量下降主要是由于2001年6月22日起我国对原产日本汽车进口加征100%的特别关税，从而使日本产车辆在中国市场受到严重挫折，导致日本产车辆进口量大幅度下降。尽管在7~11月份欧美产车辆进口量有所上升，但由于上海市场比较偏爱日本产轿车(这一点与国内其他市场基本一致)，因此进口总量与上半年相比呈大幅度下降趋势。尽管从上海口岸进口的汽车数量有所下降，但上海进口车销售数量却比上年有较大幅度增长。在2001年1~10月间，上海地区进口车的上牌数量达到1880辆，比上年同期的1341辆高出近450辆。预计全年销售2000辆以上，同比增长超过50%。

在购买时间上，进口轿车主要集中在3~9月份。从3月份开始，每月上牌的进口车数量都比2000年各月有较大幅度的增长(见图2)。

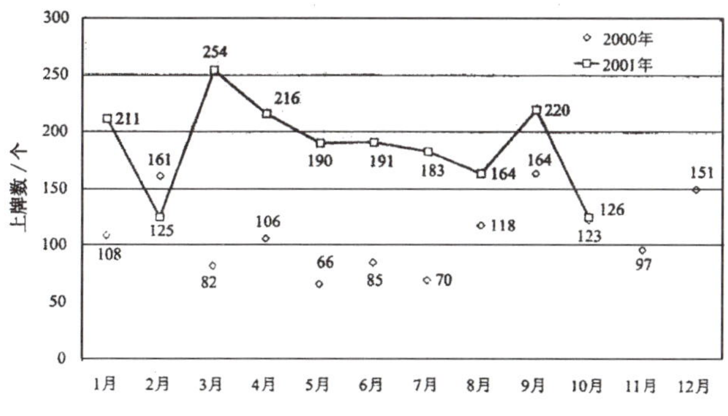

图2　2000~2001年各月上海进口车上牌数比较

3. 优惠政策使二手车市场开始启动。2000年年底，上海市对二手车的销售、上牌等政策进行了调整。推出了允许带牌公车转售给私人，允许企事业单位获得控购额度以及私人用户通过拍卖获得牌照后买二手车，允许本市二手车在上"沪C"牌照后继续在环线外使用，允许非沪籍二手车在使用条件允许的条件下落籍上海，允许驻场企业新车经营权通过收旧供新销售新车等几大措施。尽管，在二手车销售环节还存在评估不透明、交易过程复杂、各种税费过高等种种问题，但总体来说，上海市二手车新措施的推出极大地刺激了上海市二手车市场的发展。由此，2001年上海市二手车交易与上年相比实现了较大增长，前10个月二手车交易量达到65223辆，交易额22.66亿元，比上年同期增长22.6%(见图3)。

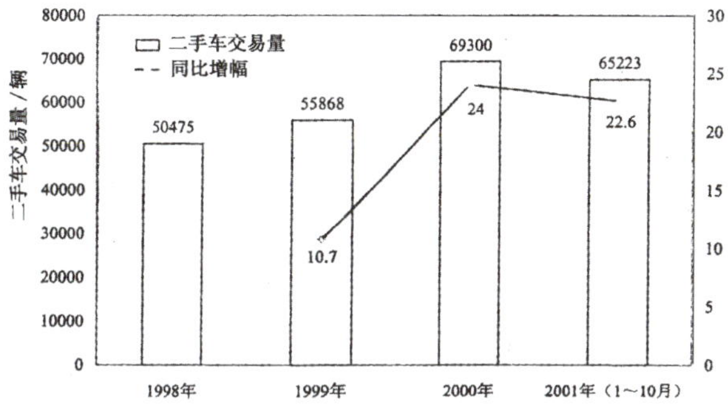

图3　1998~2001年上海市二手车交易量及同比增幅

在二手车的购买者中，拥有驾驶执照的年轻人成为购买二手车的主流。

4. 私家车市场支撑了上海轿车市场的稳定增长。长期以来，上海都是采取总量严格控制的政策，即使这样，2001年上海市轿车新增数量也比上年有较大增长。2001年1~10月轿车新增数量同比增长30%左右，增加近1万辆。增量构成分析显示，上海私车市场的快速发展已经成为支撑2001年上海汽车市场发展的主要原因。

一方面，在2001年前10个月中，通过拍卖牌照上海市已有12200个私车用户购买了轿车，另外每月还有近400个消费者通过车房组合提供的牌照实现了私家车的购买愿望(比上年也有大幅度增长)。同时，还有一部分企业集团的员工在2001年中通过公司的公车改革实现了私家车的购买。总之，在2001年前10个月中，上海市民通过各种方式共实现20000辆左右的私车购买，此数约占上海轿车新增量的50%。

5. 入世的消息影响了年底上海轿车市场需求的增长。2001年第四季度，随着中国入世消息的明朗，上海市轿车销售形势发生转变，进而影响了上海轿车市场的发展，第四季度轿车销售量大幅下挫。一般来说，年底是轿车消费的旺季，但是由于入世已见明朗，各轿车经销商和用户均处于持币待购状况。尽管一汽大众、神龙公司和上汽大众等企业都采取了一定的降价或优惠促销措施，但均没有真正起到启动市场的作用。

同时，随着中国的入世，上海轿车市场也出现大幅度的价格“倒挂”现象。一些经销商为了降低风险，开始抛售手中的大量库存，从而导致价格大幅度“倒挂”。

【2001 年上海轿车市场消费环境】

1. 宏观经济环境。2000 年，上海市人均国内生产总值达 4180 美元，成为我国内地第一个跨入世界中等收入地区行列的城市。2001 年继续保持了良好的增长态势，年人均 GDP 增长幅度超过 10%。由于上海经济的稳定发展，上海已成为国内人均收入最高的地区之一。根据年中的一项调查发现，2001 年 9 月份上海市人均收入为 1300 元左右。而且由于上海多年来经济的稳定增长，上海居民手中积累了大量的财富，上海户均拥有各种储蓄、有价证券等超过 6 万元。

2. 交通环境。长期以来上海的道路交通规划是大力发展公共交通，实现“公交先行”的政策，对于小轿车采取适度发展的政策。

在上海的旧城区交通总体是处于饱和状态，目前旧城区的道路改造主要是伴随城区改造来进行的。城区形成后，路网格局不可能有较大幅度的变化。目前上海城区的道路规划，主要是以适当增加路幅、在条件合适的地区有控制地规划建设高架道路来加以调整。从城市道路规划看，今后上海的道路系统基本形式是内环线以内以“三横三纵”为主干道的方格网型道路框架，内环线以外主要干线为环形放射型配合方格网络地区道路，并在最后形成“三环十射”的快速道路网。对于浦东浦西的交通联系不断扩大，越江交通系统进一步加强，规划到 2010 年形成越江设施共 11 处，从而加快隔江交通的发展。

在良好的交通规划的指导下，上海的交通系统得到了大大的改观，在 2001 年外环线基本全线贯通，2001 年底，连接全市的高速公路网基本形成，总公里数达到 500 公里左右。另外，一些次干道道路的改建正在进行，这些道路的改建将会进一步消除上海道路交通的瓶颈，从而进一步优化上海的道路状况。但是，尽管上海的道路基本状况得到了很大改善，在一些城市主干道、城乡结合地区、高架道口等地区，特别是在行车高峰期间，行车条件仍然比较差，堵车情况严重。

3. 消费观念变化。上海是中国最发达的地区之一，同时又是我国最大的轿车生产基地，近几年上海市民对轿车的消费态度也有了深刻的变化。连续 5 年的调查发现，2001 年上海市民对轿车消费的关注程度首次超过了住房，而成为最关心的消费问题(见图 4)。

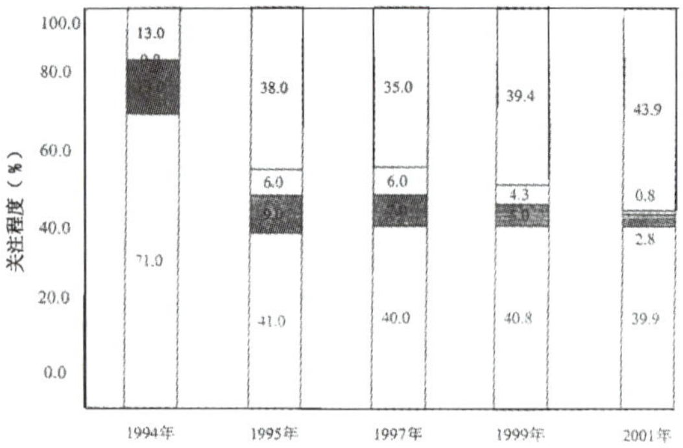

图 4 上海消费者消费观念的转变

从 1999 年开始，上海市政府鼓励一些大企业进行交通改革，鼓励员工购买轿车。上海大众、宝钢和上海石化等效益较好的大型企业开始了批量私人购车。同时，从 1998 年开始采用私人牌照无底价拍卖等措施的实施，也使上海市民对于私人购买轿车有了实实在在的感触。这种观念的转变已经开始在轿车消费市场中产生了影响。

4. 车辆使用环境。长期以来，上海轿车使用环境较差成为制约上海轿车消费增长的重要原因。牌证费用高、使用费用高、停车困难等一直都是制约消费者购买的重要因素。在 2001 年中，这种状况并没有得到改善。

另一方面，私车牌照必须通过拍卖获得，尽管 2001 年牌照投放量比上年有所增长，但平均牌照拍卖价格与上年相比基本保持不变，2001 年全年平均价格为 14444 元，比 2000 年平均价的 14415 元略增 30 元。

此外，在使用环节，上海居高不下的停车费用、养路费和过路费(高达 1800 元/月)等均比外地高出很多。同时，由于上海的物价水平较高，而带来了在车辆使用中所需维修费用也比外地要高出 20% 以上(主要是由于维修工时费用比外地高)。

由于上海多年的用车费用较高，消费者除了考虑到车价本身较高外，对车辆购买后的使用费用高、收费和罚款高、过路费高等均有较大顾虑(见图 5)。

【对 2002 年上海轿车市场的预测】 从 2001 年上海轿车市场的变化，以及上海轿车消费市场环境的特点可以看出，尽管目前上海的轿车消费环境还不是很好，但由于上海经济的持续增长，消费者的消费观念正在转变，今后几年尤其是 2002 年，上海轿车市场将会发生积极的变化。

一方面居民收入继续增长将拉动轿车消费的增长。上海人均收入水平跨越式增长将推动消费增长和市场繁荣。按照国际经验，一个国家或地区人均 GDP 超过 5000 美元以后，消费结构和消费方式将会发生明显的变化，从小康型形态向较富裕型形态

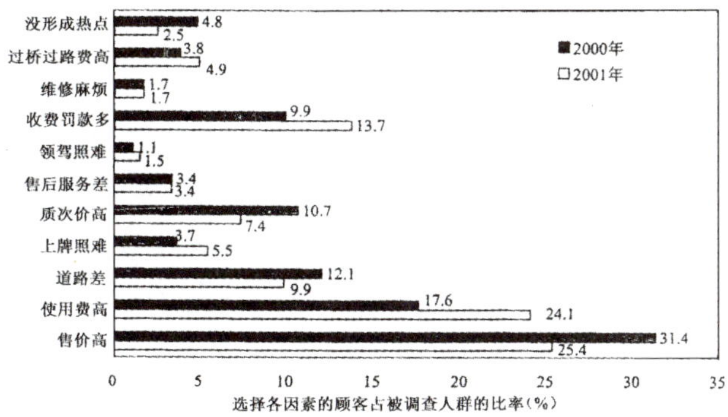

图5　顾客对消费环境的顾虑

过渡。2000年,上海人均GDP超过4000美元,达到4180美元。2001年上海人均GDP可达到4500美元以上。由于经济的发展,上海已经有很大一部分居民具备了购买轿车的能力。在2001年年底中国加入WTO后,上海将与国内外市场逐步融合,国际化程度的提高必将给上海的消费市场带来新的产品、新的服务以及新的消费形式和观念。因此,2002年对上海轿车市场的消费必将产生深远的影响,这种影响不再仅仅停留在观念上,而将实实在在地促动私人轿车消费市场的启动。因此,2002年上海轿车市场将有较大幅度的启动。

另一方面,经销商、消费者消费能量的释放,将拉动2002年上半年市场的增长。2001年10月份,中国入世明确之后,广大经销商、消费者都在持币待购,等待进口车的大幅度降税和降价,并压迫国产轿车大幅度降价。这种持币待购而积蓄的潜在消费需求将在2002年1季度前后得以释放,从而推动轿车需求的迅速增长。据此推断,2002年3月份前后,上海市新一轮轿车消费高峰将会出现,并形成全年较好的销售态势。

总量控制政策还将成为制约上海轿车市场发展的主要因素。从上海的道路交通、人口、城市分布的现状以及上海城市道路交通的总体规划来看,上海还将通过公交先行和轿车总量控制的方式来控制上海轿车市场的发展。由于需求量的大幅度增加和总量控制之间的矛盾,将大大增加对牌照的需求量,也将会提高牌照的价格和拍卖的激烈程度。

(梁国锋)

重庆市汽车流通概况

【综述】 新千年以来,外地微车纷纷抢滩重庆车市,本土奥拓车在重庆独占的市场一次次被"分羹"。到目前,重庆市场已经拥有吉利、夏利、悦达、奇瑞、云雀、英格尔、美日等经济型车。在中档车方面,则是以桑塔纳为首的汽车占市场主流。市场总的情况是:上半年销量增长缓慢,下半年出现新车热。

2001年1~6月份,重庆市区(统计含长寿县、綦江县)的汽车销量约为13400辆(不含农用车),同比增长17%。

进入新世纪,重庆车市明显升温。资料显示,2001年一季度,重庆市汽车消费趋旺,与去年相比"一个天上,一个地下"——去年此时期,受"入世"持币待购因素的影响,销量同比不增反跌。

2001年一季度,先后有三款新车进入重庆。从销售上看,三款车型表现平平:夏利2000销售26辆,吉利销售近10辆,奇瑞销售12辆。从品牌影响力来看,夏利2000最大,奇瑞加盟上汽后,含金量有所提高,但这两种车的供货出现供小于求的状态。一季度,地产轿车销量约占整个重庆轿车市场销量的50%。据不完全统计,一季度累计销售6600多辆车。

第二季度,奥拓全线降价,6月13日羚羊突降7000元,2001年以来的第二轮轿车价格战全面升温。此前,吉利曾两度降价,点燃"导火索";奥拓及随之而来的夏利降价,引爆第一层面价格战。而6月13日羚羊降价,两周内引来桑塔纳、富康、捷达乃至帕萨特直接或变相的降价,可以认为,第二轮轿车价格战全面爆发。

在此次价格战中,奥拓、羚羊、夏利、吉利不折不扣的降,桑塔纳、帕萨特是"软着陆",捷达、富康是有"明"有"暗"的价格下调。在第二层面的降价促销中,各轿车销量:帕萨特销售数量上升,桑塔纳、富康、夏利、吉利销售数量下滑,捷达基本持平,奥拓陡增,羚羊大跌——这与重庆出租车更新换代基本完成、羚羊开始全面转入"外线作战"有关。6月8日,赛欧车刚宣布上市就销售56台,且市场订单已经拿到100台以上。赛欧的上市也是引发重庆汽车价格战的主要因素之一。

2001年1~6月,桑塔纳在重庆的销售数量为1879辆,上年同期销售量为1214辆,增长了35%,吉利汽车1~6月的销售数量与同期比较也有较大增长。但重庆各经销商普遍认为重庆的汽车销售增长速度过慢,私人拥有汽车数量比例小,重庆还有很大的发展空间。但重庆的消费环境、消费条件还不是很成熟。经销商普遍认为,重庆受地理位置的影响,路、桥收费过多是制约重庆市民购车积极性的主要因素,如果不尽快解决路桥的收费状况,重庆车市依然不会出现火爆场面。

各经销商认为:上半年重庆汽车销售增长的原因:一是因为重庆2001年的经济形势发展好;二是重庆道路条件逐渐改善;三是重庆取消外地车辆入籍费,使外地车辆在重庆能公平、公正地进行竞争。

重庆的经销商还认为,下半年的销售数量和上半年的销售数量没太大的差距。上半年“旺季不旺,淡季不淡”的销售格局延续到下半年,但经济型车依然是个体消费者的首选。针对市场竞争和社会需求,汽车生产厂家不断开发推出新车型,市场出现一个“新车热”。

经济型轿车走势将上扬。目前,国家出台了一系列相关政策鼓励消费者选用低排量汽车,而且重庆市政府将要出台过路费、过桥费、停车费的收费政策,加之今年下半年许多汽车厂家纷纷推出更多、更好的经济型轿车,其中包括上海通用的两厢赛欧、上海大众的波罗和南亚的派里奥,这将会鼓励重庆的消费者踊跃购车。下半年的经济型轿车市场随着众多新款轿车的推出,销售较上半年有所突破。

中高档轿车走势稳。没有各种花哨促销活动的中高档轿车市场与闹得沸沸扬扬的经济型轿车市场相比,平稳成熟得多,市场销量也保持平稳。

载重汽车呈下降趋势。重庆 2001 年虽有大型工程建设(如渝怀铁路的修建),由于载重汽车行业存在的汽车“大改小”现象十分普遍,国家职能部门政策的改变,加上市场运费的不合理等因素,导致消费者持币观望,致使下半年载重汽车的销售数量较上半年有所下降。

(韩　波)

河北省汽车流通概况

【卡车市场呈上升趋势】　石家庄的汽车经销商认为:石家庄市场卡车消费的主要车型是自卸车和运煤车等,还有一些 7 米 2 厢长的平板运输车。

自 4 月 1 日起,河北省贯彻国务院关于严格查禁超载车辆的通知,查禁力度大,一时间有车户停运观望,无车想买车的人也在等待观望。随着这项工作的铺开,河北省各地市的汽车市场大幅下滑,7 月份,河北省颁布条例:凡超载者除罚款之外,还要拘留 15 天。厂家对超载车迅速做了改进。经过这一段时间的磨合,供货方、执法方以及消费者都找准了自己的位置,市场从 7 月份开始活跃。下半年卡车市场看好。进入 7 月份后,唐山、保定、石家庄等市,对解放和东风牌大吨位的自卸车、济南斯太尔 19.5 吨自卸车的需求明显加大。几年来,河北省国民经济总值增长幅度都在 11% 以上,特别是 2001 年以来,社会有效需求不断加大,拉动了汽车市场。北京奥运会工程的开工,也将加大对卡车的需求。

【轿车市场两极分化】　据有关资料显示:河北省各个城市轿车头 7 个月上牌照总数比上年同期增长 20% ~ 30%,有的品牌出现了成倍增长的态势,是多年没有过的好势头。但是,轿车价格放开、加入世界贸易组织等因素的影响,人们对轿车降价呼声甚高,致使一些人持币待购现象又有所抬头。

中高档轿车销势依然强劲。主要是指奥迪 A6、广州本田雅阁、上海大众的帕萨特等轿车,在石家庄、唐山、保定等市,对这些车的需求基本上处于饥渴状态,尤其是奥迪 A6、广州本田雅阁,各经销商那里没有库存,帕萨特有的型号款式处于提前交订金的状况。这些品牌大都以专卖店的形式来销售,头 7 个月销售量比上年同期成倍增长,有的增长三四倍。帕萨特虽是去年 6 月投放市场的,但在石家庄、保定上牌照情况看,销售势头一直强劲。特别是帕萨特 B5 1.8T 新车在 2001 年下半年投放市场后,有力地推动消费上升。这个层次的消费者多是民营企业的成功者或大公司、大厂矿企业,买中高档轿车作商务用车。他们手中有钱,不会受到政策和加入 WTO 的影响,他们有较强的经济实力。

至于进口轿车,由于价格较贵,在河北市场不属主导车型,年销不过百辆,有钱人还是看好国产高档车。

中低档轿车仍然奋力攀升。以桑塔纳来说,石家庄头 7 个月上牌照 1342 辆,占所有上牌照轿车的 35%;唐山销售桑塔纳轿车 1117 辆,占轿车销售总额 38%。捷达在石家庄上牌照为 588 辆,唐山销售 450 辆,保定上牌照 422 辆,分别占市场总数的 16%、21%、24%。富康轿车在石家庄所占份额 18%多一点,在保定的份额则很少。以上 3 种主流车型在河北的市场表现既有强劲的需求,又受到政策及入世的影响。在这层消费者中分成三个层次:一是有经济实力,业务上又急需一辆够档次的轿车来帮助跑业务,兼显示自己的身份。他们很少受政策或入世的影响,很少考虑或等待价格变动,该出手时就出手。二是购车用来谋生。如出租汽车,这些人在更新车辆计划得到批准后,急于购车,他们不能等,因为耽误一天就是几百元的收入损失。所以,这些人购车也不会受影响。三是想买又不急用的人。这群人基本上是一些民营企业家或工商业户的有成就者,希望购买一辆较好一点的车,以加快办事效率,又要显示身份。所以,既要买到好车,又要多省些钱。但是由于河北省的唐山、石家庄两市民营经济发展迅速,原来购买的微型面包车已经不能适应业务的需要了,因此,这个群体中,有一部分人对购车有些迫不及待。所以正是经济发展促进的需求,拉动中低档轿车市场的奋力上行。

经济型轿车走势依然平淡无奇。即所谓 10 万元以下的轿车,在河北的石家庄、唐山以外的城市里,出租车还是以微型面包车或夏利为主,这些城市由于经济发展程度所限，对车型需求不大。这些城市人们的购车都是寻求谋生的手段，不可能买辆车用来上下班代步。这档次车型中，夏利的市场份额大一些，但仍处下滑态势。

（朱廷芳）

江苏省汽车流通概况

【综述】 1. 轿车市场领头增长，桑塔纳雄居第一。由于2001年国家相继出台了汽车消费环节中的费改税、清理不合理费用、放开轿车价格以及鼓励轿车进入家庭等一系列的好措施，轿车增长上半年异常火爆，个人消费在轿车中的比例由往年的20%左右上升到了30%～40%。但从9月份以后，由于我国宣布正式加入世贸，下调汽车关税，许多媒体也纷纷跟着炒作车价，使得消费者对汽车价格下降空间的期望值过高，持币待购现象增多，轿车增长势头有所回落。

总体上，2001年江苏省私家车的增幅同比达到20%，是这几年增幅最快的一年。在2001年全省轿车的销售中，上海大众的桑塔纳系列继续雄居第一，销售近2万辆，同比增长80%。其次是神龙，约3000辆。上海通用的别克2500多辆（不含赛欧），同比增长27%；红旗1500辆左右，同比增长35%；奥迪900多辆，同比增长28%；丰田车也比2000年有所增长。在经济型车中，2001年新投放市场的赛欧人气最旺，销售2000多辆，其次是奇瑞、悦达、英格尔，销售量也都在1000辆左右。另外，尽管日本进口车系列受到一定影响，但2001年全年江苏省进口汽车销售仍比上年增长了30%，销售总量在3000辆左右。2001年轿车销售市场份额构成见图1。

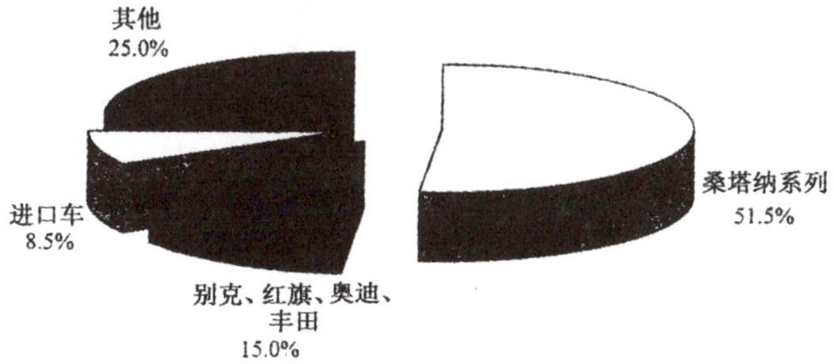

图1　2001年轿车销售市场份额构成

2. 客车增长稳中有升，金龙客车成为市场新宠。这几年江苏省公路网建设加快，已建成以省会南京为中心的13个地市城市间相通的高速公路网，加上城市公交的扩容与更新，客车已连续两年保持较高的增长幅度。2001年客车的保有量比上年增长约15%，其中长途大中客车和城市公交车占很大比例，而轻型客车的需求比例有所下降。厦门金龙客车是客车中的新秀，在长途大中客中增速最快，亚星的占有量有所下降。在轻客中依维柯已被金杯、全顺、东南得利卡等分割了一块市场。微型客车2001年也比上年增长了10%左右。在微型车中，长安（销售7800辆）、五菱（销售5000辆）、昌河（销售4000辆）、松花江（销售4500辆）、佳宝（销售2500辆）为主要销售品牌。上述品牌所占市场份额见图2。

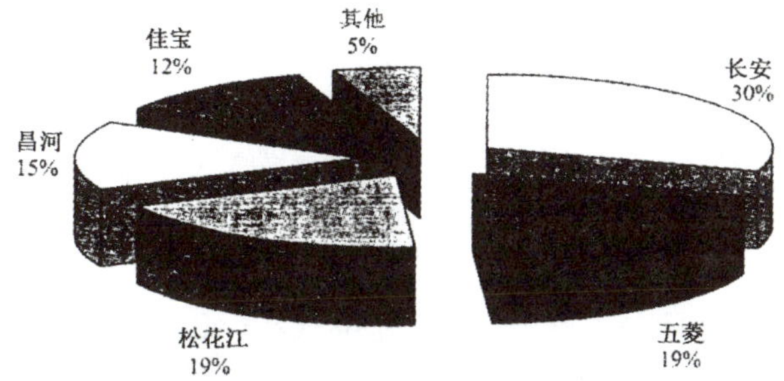

图2　2001年主要品牌微型车市场份额分布

3. 货车增长苦乐不均，解放占据半壁江山。2001年江苏省的货车市场比上年增长了近10%，其中5吨以上的中重型车增长迅速，这部分市场基本被解放、东风汽车所瓜分。2001年春兰卡车的崛起，使中高档货车市场又多了一个竞争对手。一汽因为在无锡有汽车厂，占了地理优势，2001年一汽在江苏省货车销售完成15000辆，同比增长了20%，占全省当年销售量的50%左右。在苏北，甚至一个村、一个乡都是解放货车的用户。东风货车尽管销量没有解放多，但也有8000多辆，同比增长了60%以上。3吨以下的轻型车市场需求不旺，就在这不旺的市场中，江淮车在江苏省的销售量近两年都以20%的速度在增长，而南京的跃进车则呈下降趋势，在苏南地区明显卖不过江淮车。同样是轻型车的东风小霸王，2001年销售近4000辆，同比增长近50%。2001年江苏省货车销售所占市场份额见图3。

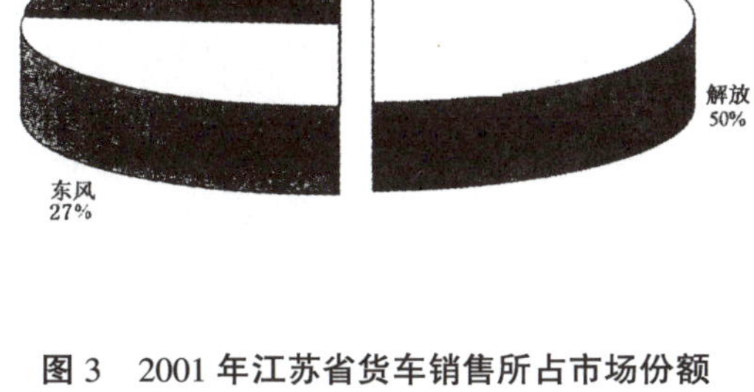

图3　2001年江苏省货车销售所占市场份额

【2002年市场展望】 2001年江苏省GDP增长预计可达10.8%。经济的繁荣，将会带来用车的增长。江苏省整个汽车消费环境宽松，在车辆使用上没有过多的地方保护或限制等政策，在汽车使用环节中，

国家规定该削减的费用基本都已削减到位。城镇居民收入稳定增长，2001 年 1~10 月份江苏全省居民人均可支配收入达 6200 元，同比增长 9.5%，这些都为汽车消费的增长奠定了良好的基础。2002 年江苏省汽车市场需求总体仍将继续呈增长态势。

轿车作为继房产之后居民又一消费热点的趋势已有所显现。尤其是经济发达的苏、锡、常地区，更为明显。无锡市 2001 年 1~10 月份，用于购买汽车的费用已超过 30 亿元，其中近六成属私人购置，家轿占到购车总量的 30%。在轿车增长中，桑塔纳等老车型的增幅将有所下降，但由于保有量大，其市场需求量仍是新车型所无法企及的。然而新车型，如宝来、波罗等毕竟来了，在市场中会有一搏。经济型车中，低档的吉利、奥拓等不会有大的市场，夏利在江苏省也日趋下降，而值得一提的是南京的派力奥已在 2001 年汉诺威上海车展上亮相，占有天时、地利优势。与欧洲几乎同步上市的派力奥，将会在 2002 年的市场中有所作为。红旗车过去的定位是机关单位用车，2001 年 8 月面市的红旗明仕对准的是私人用车，从投放不到半年市场受欢迎的程度来看，2002 年应继续有所表现。而奥迪、别克等中高档车将继续成为个体老板、民营企业主、金融证券、律师等高级白领所追逐的对象。

进口汽车是市场中的又一个亮点。关税下降及进口配额增加，许多购车者又把目光放在了进口车上。从近几年进口车的增加情况来看，国产 20 万元以上的中高档轿车受冲击最大。

客车增长以中高档车为主。江苏是客车生产的大省，目前在大、中、轻型客车生产中，分别约占全国总量的 30%、40% 和 30%。城市的扩容，使公交车成为城市交通发展的首选，加上现有城市公交车的换代升级，中高档城市公交大客仍有增长的余地。城市间的营运大客车，随着公路条件的改善和人们生活节奏的加快，过去用作运营的低档客运车面临淘汰，此外旅游业的发展，也为中高档大客车提供了机会。轻型客车由于城市中中巴车相继退出市场，加上新型的商务车和 MPV 多功能车的不断面世，需求量将会继续下降。

微型车仍会受青睐。这种车可客货两用，在城市中一般不受道路行驶限制，很适合个体小业主、餐饮业、小批量货物的短途运输。同样由于农村公路的改善，三轮农用车逐渐被淘汰，而四轮农用车“农”字头的优惠政策逐步取消，加上一些县级城市中也限制农用车通行，因此微型客(货)车由于价格低、用途广，不仅适合城市，也适合农村，需求量会有一定增长。

（朱利闽）

浙江省汽车流通概况

【综述】 2001 年全省实现国内生产总值 6700 亿元，经济总量列全国第四，人均 GDP14325 元，是全国平均水平的两倍。随着国民经济的持续发展，促进了汽车消费增长，根据浙江省统计局的数据，2001 年全省汽车销售量为 99125 辆，比上年下降 1.0%，其中轿车销售量为 42403 辆，比上年增长 25.2%。2001 年浙江的汽车消费环境也渐趋宽松，全省汽车流通呈现国有、民营、混合型经济共同发展、相互竞争的基本格局，而国有中小汽车代理商经营严重萎缩。4S 品牌专卖店已成为汽车流通的主要营销方式之一。大型的汽车交易会、品牌展示会，不仅是汽车促销方式，还在汽车厂商与消费者之间搭起沟通的桥梁，弘扬汽车文化。

【浙江物产元通机电(集团)有限公司】 它是浙江省最大汽车经销服务商。2001 年完成销售总额 60.71 亿元，其中汽车销售 42.15 亿元，同比下降 1.2%；摩托车 3.55 亿元，同比下降 22.7%。全年共销售各类汽车 32849 辆，同比下降 6.2%；摩托车 61914 辆，同比下降 12.1%。

坚持品牌经营战略 公司把品牌建设作为经营工作重点，通过优势品牌，占领市场制高点，扩大市场份额，积极推行品牌细分化、专营化，提高原有品牌的营销服务水平，重点扶持效益较好，竞争力强，有潜质的品牌；同时积极开发引进、筛选新的产品品牌，保持企业经营发展后劲。到 2001 年底，公司已建有奥迪 A6、桑塔纳、别克等 7 家集整体销售、配件供应、维修服务、信息反馈 4S 的品牌专营店。另有 11 个汽车品牌被授予特许经销及维修服务资格。2001 年销售额超亿元的汽车品牌有 8 个：桑塔纳、奥迪 A6、通用别克、帕萨特 B5、五菱、金杯、郑州日产系列。

2001 年公司经营的 24 个主要汽车品牌销售额为 35.1 亿元，占汽车总销售额的 83.3%，比上年增长 6.4%。24 个汽车品牌增长 6 个，下降 13 个(5 个新增品牌，没有可比性)。增长的有夏利、桑塔纳、金杯、长安及欧洲、韩国进口轿车，而下降较大的有捷达、依维柯、昌河、扬子、庆铃、东风、跃进、柳汽、日本进口汽车等。中高档轿车如别克、奥迪 A6、帕萨特 B5 等销售一直见好。载重车销售实物量下降 23.3%，降幅较大。从销售流向看，直接用户及私人购车上升，经营单位进货下降，辖区外交易下降。经营方式从原来面向全省批发销售转向区域代理，且并非惟一代理，综合批发销售转向单一品牌专营直销，单纯销售转向以服务为主的综合销售体系，已成为整个汽车市场基本趋势，对公司原有优势形成新的挑战。随着政府体制改革的深入，政府采购车辆逐渐增加，但涉及部门广、品种多、手续相当繁杂，公司通过努力中标量达450辆，金额3600万元。而随着浙江经济的快速发展，交通道路状况的改善，汽车消费环境渐趋宽松，私人购车已成为汽车市场的主流，桑塔纳、富康、捷达等"老三样"虽是车市的主导，但受到赛欧、宝来、明仕等新生代的挑战，尤其是奥迪A6、帕萨特B5、广州本田及进口汽车等中高档轿车在浙江地区销势一直看好，需求久盛不衰。

2001年我国汽车消费市场政策变化频繁，年初由于国家行业管理部门的调整，载重车普遍遇到了"大吨位、小目录"的问题，使载重汽车市场一度严重受挫；7月1日起化油器汽车乘用车禁止上牌，对库存车的处理及低价位市场调整又是个严重挑战；6月份中日贸易战引发的对日本汽车特别关税，更使下半年的日本进口汽车市场急转直下。中国加入WTO进程及车价持续下降，使车市行情飘忽不定，然而2002年1月1日起进口关税将开始下调，引起四季度市场出现严重的持币待购现象，造成了旺季不旺局面。

深化服务内涵，加强网络建设 公司坚持"以服务为先导，贸易为基础，以服务促贸易，发展服务及延伸业务"的经营理念，深化服务内涵，健全服务功能。在传统的贸易经营竞争加剧，进销差价缩小的形势下，努力加强和改进服务及延伸业务，完善营销服务体系，争取服务业务的直接效益和间接效益。全年实现旧车交易1672辆，成交金额2674万元，分别增长11.2%和67.2%；汽车维修116790辆次，维修收入8191.9万元，分别增长30.1%和46.1%；配件销售收入5762.3万元；汽车装潢收入308.8万元；全年回收废机动车1983辆。

2001年，公司加强营销服务网络建设，在宁波、温州等中心城市建立区域分销中心，在发挥中转、配送功能的同时，以品牌为主线，在省内各经济发达地区渗透品牌连锁店，进一步推行"元通"加盟店销售服务网络模式。2001年进出口贸易逆风飞扬，进出口总额达2084万美元，同比增长87.1%。

公司改变原有粗放的汽车销售管理模式，积极推行顾问式和助理式的销售模式，精益管理，提高用户满意度和忠诚度。积极改革考核办法，中层干部实行目标责任制，销售员实行推销员制度，修理工实行计件制，综合管理人员实行考核制，极大地调动了员工的积极性。

树立元通品牌，办好车展活动 杭城各类车展活动层出不穷，而2001杭州汽车商品交易会和2001迎西博名车展是杭州最有影响的车展活动。承办会展的是浙江元通集团公司及其下属的浙江元通汽车有限公司、浙江申浙汽车有限公司等成员公司。交易会期间，共展出了国内外70多个汽车品牌、300余款车型，两次车展共成交汽车9000余辆，成交总金额达13.7亿元，受到了社会各界的广泛好评，公司还应宁波、义乌市政府的邀请，参加该两市的车展，向当地展示了元通集团作为省内最大汽车销售服务商的风采。公司还积极参与和配合各项社会活动，与浙报集团、杭报集团、浙江电视台、杭州电视台等诸多媒体联手组织汽车旅游、知识竞赛、试车试驾等活动，如"杭州—新疆新丝绸之路"，"环浙江西博会宣传活动"，扩大了企业影响力，使元通汽车广场已成为浙江汽车消费者的首选。

（浙江物产元通机电集团有限公司　李建华）

山东省汽车流通概况

【综述】 2001年山东经济继续快速发展，全年实现国内生产总值9438.3亿元，同比增长10.1%，高出全国平均水平2.8个百分点，人均国内总产值突破1万元。山东经济的持续发展是汽车市场快速发展的重要保证，加上政府不断改善汽车市场环境，汽车经销商不断提供多品种的汽车资源和不断提高服务质量，有力地拉动了山东汽车市场的发展，汽车市场运行曲线高于经济发展运行曲线的速度。2001年，山东汽车市场容量达到155245辆。2001年末山东民用汽车保有量达到1278132辆，同比增长13.86%，其中大型汽车保有量276740辆，占总保有量的21.66%；小型汽车保有量1001392辆，占总保有量的78.34%。进口汽车保有量103719辆，占总保有量的8.11%；私人汽车保有量460718辆，占总保有量的34.51%，同比增长了2.11个百分点。在品种上，轿车和重型载重车增幅较大，其他品种也表现了较快增长，这是有史以来山东省首次年净增加车辆突破15万辆大关。

2001年，山东省民用汽车报废工作由省经委再生资源处负责牵头，在省机动车更新工作领导小组直接领导下狠抓落实，得到各级组织和广大用户的支持，使汽车更新工作顺利进行。2001年全省民用汽车更新共13333辆，其中大型车4136辆，占31%；小型车9017辆，占69%。汽车报废工作成为山东汽车市场发展的重要支持力量之一。

山东是全国汽车市场重要省份之一。2001年来，全省农用汽车保有量达到1166072辆(其中三轮农用汽车保有量968670辆，占83.07%，四轮农用汽车保有量197402辆，占16.93%。)，同比减少28884辆，是汽车市场发展的潜在用户。全省机动车保有量达到8047948辆。全省民用汽车保有量位居广东省之后,名列全国第二。

【旧机动车交易市场】 2001年山东旧机动车交易市场发展较快,全省17个市地共有25家旧机动车交易市场,年交易量(民用汽车)67205辆,交易额达到22.34亿元,同比分别增长42.6%和61.73%。其中轿车、客车、货车和其他车种全面增长,同比分别增长15.12%,42.74%,36.92%,21.43%。山东旧机动车交易量位居上海(318097辆)、北京(291559辆)、广东(94162车)之后,列全国第四。

山东省旧机动车流通协会发挥了政府与企业之间的桥梁作用,积极开展市场调查,向省直、贸易、公安、工商、税务等有关部门提出规范发展旧机动车市场的建议。在省有关部门的大力支持下,整顿和规范旧机动车交易市场经济秩序,统一了全省旧机动车交易凭证,统一了全省旧机动车交易市场微机开票,市场运行更规范了,服务更好了,促进了旧机动车交易全面发展。对促进山东汽车市场快速发展发挥了积极的作用。

【润华集团股份有限公司】 润华集团股份有限公司是一家跨地区、跨行业、跨所有制的综合性大型股份制企业。2001年拥有资产9.03亿元,公司经营领域涉及汽车销售、汽车修理、配合件供应、旧机动车交易、汽车出租、汽车租赁、汽车美容、机动车拍卖、房地产开发、机械化施工、制药、进出口贸易、物业管理、广告策划等众多行业,并参股金融业,基本确立了投资、贸易、实业协调并进发展的格局。润华集团以汽车营销与服务为主业,与国内外汽车生产厂家上海大众、一汽汽车、东风汽车、金杯汽车、沈阳汽车、南京汽车、北京汽车、猎豹汽车、东南汽车、郑州日产、庆铃汽车、五菱汽车、上海别克、重型汽车以及部分进口汽车等知名厂家合作建立了山东专卖店,并以独资方式建立了5家汽车经营连锁店,销售服务网络遍布全省各地。山东汽车商城、润华汽车广场成为全省最大的汽车与服务自选基地。2001年销售汽车12万辆,维修汽车5万余辆;出租汽车300多辆,出租率100%;租赁汽车280多辆,租赁率95%以上,均取得较好的社会效益和经济效益,总公司年经营额15亿元以上。2001年被山东省人民政府确定为重点企业,被评为2001年度省文明单位。

2001年随着我国加入WTO和全球经济一体化的到来,润华集团与时俱进,加快了体制改革的步伐。经过一年的准备和筹划,年底顺利完成了国家股权重组工作,获得了真正意义上的市场竞争主体地位。在2001年中,润华集团公司开展了"优质服务月活动",提高了全体员工的服务意识;贯彻"责任

重于泰山"和"第一责任人"理念,强化全体员工对"百年润华"事业的强烈责任感;改革用人机制,实施全员下岗、竞争上岗;实行全面预算管理,提升公司整体管理水平和层次,促进汽车经营与服务向广度、深度发展。

2001年,润华集团按照战略发展的要求,确定了以汽车销售及相关服务业为主业,以药业、房地产为两翼的经济格局。与此同时,公司进一步强化了品牌经营的意识,加大了新品牌申请工作的力度。为适应品牌经营的需要,公司投资兴建的润华汽车广场正式投入使用,其规模、设施、功能为目前华东地区之首;同时还兴建了润(华)金(杯)销售展厅,扩建别克展厅,新建帕里奥、庆铃、通用系列维修站等。在品牌经营过程中,不断发展完善品牌经营的工作模式和思想理念。围绕品牌经营,不断强化了其他配套服务功能。在公司具备了汽车销售、维修、汽车美容等9大服务功能的基础上,成立了润华汽车俱乐部,以9大功能的整体优势参与市场竞争,提升公司汽车服务的核心竞争能力。

2001年,润华集团提出"管理年、服务年",按照建设"百年润华"和增强企业核心竞争能力的总体要求,以全面预算管理为中心强化管理制度建设,实施了制度整合工作。同时按照"组织扁平化"和"管理科学化"要求,进行了公司的组织再造,明确了部门职责,建立起全方位的责任体系,提高了管理工作的效率。2001年公司围绕"百年润华"这一理念,完成了企业文化纲领的提炼、编写工作,全面总结公司11年来发展历史沉淀下来的企业文化精髓,科学阐释了公司的企业宗旨、企业精神以及企业价值观,并组织了歌咏比赛、篮球赛、联欢晚会等文化活动,出版《百年润华》、《润华报》等企业内部宣传刊物,宣传企业精神、传播企业理念,促进了企业各层面的沟通协作,增强了企业的员工凝聚力和向心力,将精神力量转化成具大的物质力量,促进企业健康发展。

(冯宝庚 杨明林)

河南省裕华汽车贸易有限公司

【综述】 河南省裕华汽车贸易有限公司是一家集汽车贸易、汽车维修、配件供应、旧车交易、信息咨询于一体的有限责任公司。公司注册资金1800万元。公司现有经营场所7万余平方米，拥有分公司、控股、参股及代理管理的公司14家。职工300余人，其中大专以上学历者135人，占全部职工人数的45%。2001年实现销售收入13.8亿元，销售汽车万余台，在中原汽车销售领域占有举足轻重的地位。

公司主要经营一汽、东风、上汽、上海通用、北汽、柳汽、天汽等集团生产的轿车、卡车、轻型车、微型车等品种，并提供汽车维修、汽车租赁、配件供应、旧车交易等售后服务；同时经销国内外名优电工工具、仪器仪表、工程机械及机床设备、名优轴承等产品。

公司宗旨：以人为本，开拓创新，提高品质，增进效率，努力成为行业主导企业，使投资者获得最大回报。公司服务理念：使每一位顾客都满意。

截止到2001年底，公司已经设立了3个分公司、1个进口汽车业务部、1个客户服务中心，9个控、参股公司，建立起了一个以资产为纽带，利益趋同、优势互补、风险分散的法人群体。业务范围覆盖了国内高中低三档汽车和二类机电产品。旧车交易蒸蒸日上，进口汽车业务和消费信贷初现端倪，企业的整体规模优势开始发挥。逐步实现了体制和产权结构的统一，建立了责权利相结合的内部机制和所有权与经营权分离的独立经营体制，真正实现了“联股、联利、联心”，提高了广大干部员工的积极性。产权结构的调整工作的全部到位，标志着裕华汽贸的旗舰开始起航。

【经营管理】 公司按照“先做好，再做强，后做大”的发展思路，做到“稳健经营”。首先，按照“一切工作有制度，一切制度有标准，严格按照标准办”的原则，建章立制，公司制度现已编辑成册，使企业运行有章可循，用制度推动企业运行。其次，充分发挥自身优势，拓展经营领域。目前在河南区域市场上，公司的优势业务有通用别克、上海大众、一汽捷达、奥迪、红旗世纪星、庆铃等品种的销售，在这些品种的销售份额上处于绝对的支配地位。另外，旧车交易、汽车维修服务和售后业务正成为公司新的增长点。现正在争取中华、天津丰田等新车的经营权。第三，公司非常注重市场调研和信息收集工作，经常在客户之间走访，使拜访客户成为一种制度，注意收集各种有用的信息。分析市场动向，挖掘潜在需求，指导业务开展。第四，抓好政府采购和集团购买的招、投标工作。2001年中标了1500余台车，品种涉及桑塔纳、夏利、富康、一汽金杯等车型。凭借公司的信誉与实力，成为团体购买者的首选。

【加强员工队伍建设】 公司认为企业是由员工干出来的，员工创造性地工作是实现公司目标的基础，因此抓好人力资源的开发管理工作，建立科学的用人机制，是企业发展的根本所在。一是公司按照公开、公平、竞争、择优的原则聘用员工，实行能上能下、能进能出的全员劳动合同制。所有员工，从董事长到普通员工都有明确的责任制，利益随着责任走。劳动报酬按着贡献大小、绩效优劣原则分配，管理人员实行年薪制，业务人员实行效益提成，管理与目标责任挂钩，经营与劳动成果结合。二是加强了职工培训工作，公司建立了一套符合实际、有裕华特色的培训体系，使所有在职员工都能适时“充电”和深造，不断吸取新知识、新概念和新的经营管理信息。把员工命运与企业前途紧密联系起来。公司致力于为员工建立一个个人发展的平台，达到“公司与员工一起发展，员工与公司共同致富”。公司每年评选“销售状元”、“优秀销售组织”给予重奖，并作为一项制度。今后还要进一步完善公司的激励措施，只要员工干出了成绩，就要按照相应的激励措施给予奖励，要让他们当中的优秀者有丰厚的收益，买得起车、买得起房，造就一批白领、金领员工。

湖北省汽车流通概况

【经济型车畅销】 在“入世”、降价等政策和消息的影响下，整个车市处于低迷状态。2001年上半年，轿车销售比较平淡，微型车卖得比较好。“老三样”桑塔纳、捷达、富康继续站稳市场，而赛欧、夏利2000等“新三样”则因供货不及时在湖北市场表现平平。下半年，经济型轿车、微型面包车、重型车开始有起色，湖北地产车如神龙、东风轻卡等在市场上仍处优势。

在湖北汽车市场上，10万元左右的轿车最为畅销，其代表品牌以神龙富康、桑塔纳、赛欧为主。据神龙汽车公司销售人员反映，2001年以来，仅武汉地区每月的销量就以百台的比例上升。特别是几大银行开办购车分期付款业务后，富康车的销量直线上升。武汉市一家富康车销售商，2000年只销售神龙系列轿车20辆，2001年采用分期付款后，上半年销售就跃至350辆，下半年，已有400多人提出购车申请。

2001年湖北市场上，桑塔纳需求再次放量。其每月的销售量都在500辆以上，销售对象绝大多数仍是公务用车。这与湖北各地的乡镇领导如今换车基本上都选桑塔纳不无关系。

赛欧车在湖北市场上很缺货。为此，一些经销商不惜重金从外地市场倒车到湖北，所以要想买赛欧车，湖北消费者就得大出血，一辆豪华配置赛欧，厂家公布价格为 12.5 万元，武汉市场已炒到了 13.5 万元。黑市价极大地挫伤了人们的购买欲。在竹叶山汽车市场，就有几辆崭新的赛欧车在露天市场里受太阳暴晒，刹车毂上已锈迹斑斑，看了叫人心疼。

奇瑞轿车下半年可说是湖北车市的最大黑马。据武汉奇瑞轿车代理商介绍，5 月份奇瑞开始正式在武汉销售，仅 7 月份一个月，奇瑞在某专卖店就售出 50 辆。取得这样好的销售势头，并不是靠广告，也不是靠促销活动，更没有新闻炒作。近一半来此购车的人，对奇瑞轿车了解并不多，都是在亲眼见车或是试驾后才决定购买的。此车完全是靠自己的实力来取悦消费者。据预测，下半年，仅专卖店就可能售出 500 辆奇瑞车。

【微型车将保持升势】 多年以来，微型面包车一直是湖北汽车的主力军。2001 年下半年，众多化油器车被禁止销售，对汽车市场有一定影响。据长安汽车湖北分公司介绍，由于禁售化油器车是国家统一行动，各大微型车生产厂家都做好了准备，有些厂家拿出了价格更优的电喷车，相信化油器车的空白很快会被填补。昌河湖北专卖店的负责人认为，微型车主要是城乡结合部、小城镇用得多，这个市场十分大，2001 年下半年市场会好于上半年。

【重型车转向个体用户】 由于湖北省有三峡工程，京珠、沪蓉两条高速公路等重大再建设项目，因而湖北建设市场对重型车的需求量巨大。东风日产价值 50 万～60 万元的工程用车，在湖北成为主流产品，有取代进口产品之势。过去，重型车都是大型工矿企业、油田及大型运输和桥梁施工单位购买，近年来，随着人们投资方式的改变，一些重型机械设备回报越来越高，据介绍，一辆 20 多万元的重型工程车，经营得好，2～3 年内就可以收回成本，比城市出租车赚钱快。因而，重型车也开始转向个体用户。

近年来，湖北省在整治汽车乱收费方面颇有力度，各种各样的乱收费被制止。据一汽红旗湖北专卖店反映，武汉市自 2000 年底开始，在轿车购买上取消了社控、定编等费用，同时降低了收费标准，由原来 10 多项收费，减少到现在的 3 项。这些宽松的外部环境将极大地促进湖北汽车销售。

（钟鹏驰）

广东省汽车流通概况

【综述】 21 世纪第一年，虽然受到世界发展放缓的影响，但广东省经济仍保持适度快速增长的良好局面。全年完成国内生产总值 10556 亿元，首次突破万亿元大关，比上年增长 9.5%。第三产业发展加速，对 GDP 的贡献率达 42.8%。在城镇普通消费品基本饱和的情况下，汽车、住房、教育等大额消费快速升温，形成了一种被新闻媒体称为“10 万元级消费热潮”的现象。在 2001 年全省城镇居民消费总额中，这种 10 万元级消费占了 19%，其增长速度是全部消费增速的近两倍。

汽车产业发展的基础是私人消费，而按一般经济发展规律，人均 GDP 达到 1000 美元以上，就是汽车进入家庭之时。广东省 2001 年的人均 GDP 已达 1500 多美元，其中位于富饶的珠江三角洲的广州、深圳、顺德等市，更已超过 3500 美元，居民人均年收入名列全国前茅。尽管百姓买车还会受到不少因素的影响，但毫无疑问，已经买车和准备买车的家庭越来越多。到 2001 年底，全省已有私人汽车 106 万辆，是全国首个私家车超过百万辆的省份。

轿车是家庭购车的首选车型，销量增长快，市场竞争最激烈。国内企业自然在广东布下重兵，国外轿车巨头也把广东视为必争之地。奔驰、通用、现代、标致、大众、三菱等国外汽车企业都先后在广东建起了专卖店或展示厅，准备掀起一轮新的“圈地运动”。

消费者更加成熟理性。虽然进口车仍然深受人们喜爱，但大家对国产车的认同感也在不断提高。更重要的是，无论进口车还是国产车，消费者对汽车的个性化、理性化要求越来越清晰，要求产品能体现自己的文化品位、身份、个性。经销商的实力、信誉和服务水准也是消费者非常关注的焦点。

至 2001 年底，全省机动车保有量 949.3 万辆，比上年同期增加 78.5 万辆，增长 9%。全省城镇居民每百户汽车拥有量为 2.3 辆。东莞市汽车普及率最高，每百户拥有 20 辆，顺德市为 14 辆，深圳市 13 辆，广州市 6 辆。

【广东物资集团公司】 广东物资集团公司是一家综合性、多功能的大型国有企业，是国家 100 家现代企业制度试点单位之一，也是广东省政府授权的国有资产经营公司，曾荣获“全国内贸系统先进集体”称号。

广东物资集团公司现有汽车、金属材料、燃料、进出口、科技服务等 20 多家全资子公司和 10 多家控股、参股企业，在北京、上海、武汉等城市和海外设有分支机构，拥有国家授予的包括燃料油等特种物品在内的进出口经营权。2001年营业收入共91.4亿元，在“广东省50强企业”中排第25位。

广东物资集团公司顺应市场，积极推进企业重组，“抓大放小，扶强去弱”，致力提高汽车经营的规模化、科技化、国际化程度。先后建成了一批在省内起龙头带动作用的大型汽车专业市场如“广物汽贸·广东汽车市场”、“广东汽车销售维修基地”等。公司长年主办“广东国际汽车展览会”，除经营新车外，还开展二手车交易、汽车租赁、汽车维修、汽车拍卖、仓储配送、网上交易等业务。同时，指导扶持省内本系统企业促进业态创新，培育汽车经营新优势，建设现代汽车流通业。2001年全省物资系统共销售汽车69.3亿元，销售摩托车4.1亿元，是广东省机动车流通的主渠道。

【广东物资集团汽车贸易公司】 2001年底，我国成功加入了世贸组织。入世前后的汽车流通市场比以往任何一年都精彩热闹得多，变化频率加快，淡旺季规律改写。广东物资集团汽车贸易公司围绕企业5年发展规划，按照“控制规模，调整结构，提高服务含量，增长效益”的工作方针展开工作，顶住了市场压力，取得了较好的业绩。全年共销售汽车5.93万辆，营业总额60.9亿元，同比分别增长8.2%和4.6%，继续保持在全国同行业中的领先位置。

逐月打市场，月月有主题。如2～3月举办“2001广东春季汽车展销会”和“名车拍卖会”，4月是“消费贷款咨询服务月”，5月举办“欧宝系列汽车巡展试乘会”，6月举办赛欧轿车首次投放仪式，7月为“金杯海狮新产品展示活动及优质服务月”，9月举办“2001年广东秋季汽车展销会”和捷达“海风之旅”投放活动，10月黄埔分公司和神龙富康专卖店开业典礼，11月沈阳金杯轻卡投放仪式，12月宝来轿车登陆广州仪式等。

发展汽车连锁经营业务。这是公司的经营重点和长期发展方向。2001年公司加大了构筑连锁经营网络的力度，初步形成了以“广东汽车市场”为总店，以“广物汽贸”为统一商号，在各地发展直营或加盟店的连锁经营架构。到年底，分布在全省各地和周边省区的连锁分店共有80多家，全年共销售汽车26.7亿元。

扩展服务系统。汽车消费贷款业务经过几年的努力，从无到有，从有到好，“选车、贷款、提车、上牌现场一条龙服务”已成为公司优秀服务品牌之一。按年末总数计算，2000年平均每销售100辆车中只有3.2辆采取按揭贷款形式，到2001年这个比例上升到每100辆中有15辆。汽车检测站新增了8项业务，全年过线检测3.8万辆车，业务量位于全市各检测站前列。“网上汽车商城”开通，用户可在网上看车、选车、询价、下订单，并可由所在区域的连锁分店送车上门和代办手续。

“广东汽车市场”——广东省文明窗口。在2001年，公司主办的“广东汽车市场”被中宣部、中央文明办、国家经贸委、工商总局、质监总局、团中央等6部委联合命名为“全国百城万店无假货活动示范市场”，还获得了广东省委、省政府授予的“广东省文明窗口单位”称号。

【第一届“羊城车坛风云榜·我最喜爱的轿车消费者评选活动”】 2001年11月14日至2002年1月2日，全省发行量最大的晚报——《羊城晚报》联同广州汽车销售行业协会举办了广东省第一届“羊城车坛风云榜·我最喜爱的轿车消费者评选活动”。广物汽贸·广东汽车市场作为主要赞助商，配合评选活动在广州天河体育中心举办了大型车展，天津汽车工业集团为活动提供了一辆夏利2000轿车作为投票者抽奖的特等奖奖品，30多万市民参与了活动。评选结果如下：

国产轿车类：

我最喜爱的轿车：奥迪A6、广州雅阁、别克。

购车首选品牌：广州雅阁、奥迪A6、帕萨特。

我最喜爱的车型外观：奥迪A6、广州雅阁、帕萨特。

我最喜爱的中高档轿车：广州雅阁。

我最喜爱的中高档轿车：宝来。

我最喜爱的商务车：别克GL8。

我最喜爱的越野休闲车：雪佛兰开拓者SUV、毕加索。

进口轿车类：

我最喜爱的轿车：梅赛德斯－奔驰。

购车首选品牌：宝马。

（广东物资集团汽车贸易公司　陈灿）

新疆维吾尔自治区汽车流通概况

【综述】 2001年，由于国家鼓励汽车消费的一系列政策的出台，汽车销售价格的下降，汽车消费群体的增加以及交通、道路、设施状况的逐步好转，各经销商努力适应市场的变化，创造自身的竞争优势，使新疆汽车流通市场得到了长足的发展。汽车流通的主要特点是：

1. 由于汽车市场竞争日趋激烈，客户群体对经销商的要求越来越高，迫使汽车流通更加多元化，经销多样化。经销商更加注意培育自己的经营优势，树企业形象和提升物流设施以及服务质量等。

2. 多种所有制形式的汽车经销企业迅速增加，

其社会影响和市场份额逐年提高。由民营企业投资建设的上海别克、广州本田“四位一体”专卖店相继开业，对汽车市场的发展起到积极的促进使用。这些企业在给汽车市场注入活力的同时，也加剧了汽车市场的竞争。

3. 私人购车的比重进一步加大。但是，由于受即将加入 WTO 的影响，消费者普遍怀有汽车价格必然下降的预期心态，而且期望值较高，产生了严重的等待观望心理和持币待购现象，在一定程度上制约了 2001 年的汽车销售。

4. 各生产厂家非常看好新疆市场，各种新车型不断进军新疆，载货车、多功能车、轿车以及众多的经济型车纷纷投向全疆市场，刺激了市场需求。其中，天津夏利 2000、上海通用赛欧等成为购车族的新宠。越野车市场新车更是层出不穷，除北京的切诺基外，还有庆铃竞技者、长丰猎豹、金杯通用开拓者、郑州日产泰龙、东南得利卡等，为边疆各族消费者提供了充分的选择空间。

【新疆机电设备有限责任公司】 2001 年，新疆机电设备有限责任公司在激烈的市场竞争中，不断开拓创新，努力增强自身的综合实力和市场竞争能力，积极实行专业化、品牌化经营，并不断提高服务水平，呈现出良好的发展态势。全年共实现销售收入 7.2 亿元，实现利润 218 万元。其中，全年销售各种汽车 6168 辆，销售收入 6.5 亿元。

2001 年公司主要经营举措：

1. 继续抓好品牌经营。在积极开拓汽车市场的同时，把实施品牌战略作为市场竞争的重要手段。通过做大做强现有经营品牌，巩固发展了公司的经营规模，提高了公司的经济效益和市场地位。年内又争取到丰田斯柯达、奥迪 A6 等新品牌。具有“四位一体”功能的奥迪 A6 专卖店已经动工兴建。现在，公司已拥有一汽－大众、上汽－大众、一汽卡车、红旗、江铃、庆铃、南汽等 14 个品牌专营店，其中，捷达、红旗、北京吉普、丰田斯柯达等都已具备“四位一体”功能。

2. 充分利用公司自身实力雄厚、信誉好、销售能力强的优势，抓住机遇，开发市场，特别是积极做好大用户的工作。如疆内的用车大户：石油、石化、通信、电力、铁路、公路、工商、税务等系统，公司始终与之保持良好的关系，经常走访了解需求动态。年初，及时捕捉到乌鲁木齐市出租车更新的信息，一次性买断 202 辆普桑，与乌鲁木齐市出租车行业合作，很快销售告罄。6 月份，疆内最大的钢铁企业——新疆八一钢铁(集团)有限公司进行公务用车改革，由于公司采取积极的促销手段和政策，使该公司一次性购买了 97 辆捷达轿车。

3. 不断增强市场竞争能力。一是在巩固现有的营销网络的同时，积极发展新的营销网络。年内，分别在疆内的重点区域哈密、库尔勒、喀什、伊宁等 4 市派驻了销售代表。二是继续坚持“信誉第一，用户至上”的宗旨，认真搞好售前、售中、售后服务，开展了优质服务活动，并不断拓宽服务领域。三是搞好宣传促销，参与了新疆首届汽车博览会，组织了大切诺基试乘试驾活动，举办了金杯客车新产品展示会、CKD 大切诺基上市仪式等活动。四是成立了汽车综合业务部，为客户购车提供了从看车、购车到落户的全方位服务。仅购车消费贷款业务，全年办理 768 辆，金额 1.18 亿元。五是继续做好政府招标采购工作，先后参与了自治区人民政府、塔西南石油指挥部、北京国际招标公司等部门投标 180 次，中标公务用车 442 辆，金额 7755 万元。

4. 加强基础设施建设。经过 1 年多的建设，“新疆汽车交易市场”已具备相当的规模，占地面积 5.4 万平方米，现已建成 9 个室内高标准的品牌展馆及辅助设施并已于年低开业揖客。市场内汇集了全国各大汽车生产厂家不同类型、品种、规格的汽车品牌以及各种进口汽车，消费者有充分的选择余地。汽车交易市场按“精品店＋超市”的模式进行建设，拥有新车展销、配件供应、检测维修、汽车装潢美容等功能，并为客户提供从购车到上牌的一条龙服务，将逐步建成功能完善、业务广泛的综合性大型汽车市场。

(新疆机电设备有限责任公司　杜金锁)

哈尔滨市汽车流通概况

【哈尔滨汽车销售有限公司】 哈尔滨汽车销售有限公司(哈尔滨汽车自选市场)是黑龙江省第一家大规模汽车专业公司(市场)，省内较具规模的国有控股汽车流通专业公司(市场)。1992 年 10 月 18 日正式成立，隶属于哈尔滨市物资局。公司室内营业面积 3000 平方米，室外展车场约 30000 平方米。

公司常年经销全国各大汽车集团的产品及部分进口汽车。在汽车行业竞争日趋激烈的形势下，公司实施了“提高市场占有率，规模经营求发展”的营销策略，不断强化内部管理，完善服务功能，恪守商业信誉，赢得了生产企业和广大用户的信赖，汽车销量和市场占有率在黑龙江省汽车流通领域一直居领先地位。公司被原国内贸易部认定为省内惟一的汽车批发市场，并先后多次被评为省级“商品质量信得过单位”、“重合同、守信用单位”、“文明市场”，多次荣获“企业管理优秀奖”。公司是中国工商银行黑龙江省分行的 AA 级信誉等级客户，是哈尔滨市“政府采购定点单位”。公司董事长、总经理张焕炜已连续三届被评为哈尔滨市劳动模范。

2001 年，纵观黑龙江汽车市场仍然是一个平稳运行的市场。各种品牌汽车的销售有畅有滞、有升有降，但总体上低于上年水平。尤其是第三季度开始，由于众所周知的原因，汽车市场出现了前所未有的用户持币待购现象，车市冷清、库存上升。但经过努力，公司全年预定目标基本实现：销售各类汽车 7000 辆，销售收入 62320 万元。

2001 年，国家继续实施积极的财政政策，扩大内需。公司顺应市场变化，采用多种营销方式，成果较明显。一是针对财政拨款购车和行业购车，公司加强了与采购、招标部门的联系，取得较好效果。全年供给采购和招标部门各种汽车 225 辆。二是利用举办展销会、参加博览会的机会扩大营销。如公司举办的春季展销会上，拿出 10 个品牌的轿车，供用户试乘试驾，大大激发了潜在的购买欲望。三是加强与银行、保险公司的合作，全力推进消费贷款购车业务。全年消费贷款售车 220 辆，贷款金额近 3000 万元，使用户的潜在需求转化为即时需求，实现了经销商和用户、银行、保险的“四赢”。四是在私人购买小轿车呈上升趋势的形势下，注重行业用车、大企业集团用车和空白区域的市场开发上，推销其他各种商用和乘用汽车 326 辆。五是为适应我国加入世贸组织后国内汽车流通领域的新格局，公司组建并强化了进口、专用汽车部，进一步增强了企业的竞争力。

2001 年，公司积极拓展与各汽车集团(厂)新的营销合作，开发适销对路的资源，继续积极与各大汽车集团建立区域性代理关系，提高了企业整体效益水平，截至到 12 月底，公司已先后投资组建了一汽集团哈尔滨经销公司、一汽红旗专卖店、上海汽车工业黑龙江省销售有限公司、东风汽车哈尔滨销售有限责任公司、郑州日产专卖店、跃进汽车集团哈尔滨销售有限公司、天津汽车公司销售哈尔滨有限公司、黑龙江京汽汽车销售有限责任公司、哈飞松花江汽车专卖店、金杯海狮专卖店、长城汽车专卖店、中兴汽车哈尔滨专卖店、长安汽车专卖店、哈尔滨汽车自选市场先锋路分场等多家专营公司、专卖店，并分别成立了维修站，使“整车销售、配件供应、维修服务、信息反馈”四位一体的营销功能更加突出、完善。

2002 年公司将进一步强化内部管理，强化服务功能，诚实守信、与时俱进，迎战市场竞争新考验。

（哈尔滨汽车销售有限公司　周岳）

南京市汽车流通概况

【上半年上汽产品独领风骚】 2001 年，由于国家相继出台了汽车消费环节中的费改税、清理不合理费用、放开轿车价格以及鼓励轿车进入家庭等一系列利好措施，在一定程度上刺激了消费。据对上海大众、上海通用、一汽、神龙等在南京的销售商的了解，销售状况几乎全线飘红，都有不同程度的增长。

上半年在南京市场销售出的轿车有 6000 多辆，由于南京是省会城市，汽车销售辐射全省和周边省市，真正在南京上牌的车 3000 多辆。在整个销售量中上海大众占据了 50%。据江苏上海汽车工业销售公司介绍，该公司上半年销售桑塔纳系列轿车 2247 辆，同比增长了 87%，是近年来增长最快的一年。上海大众产品作为国内轿车的主打车型，价格从 11 万多元到 28 万元，规格比较全，顾客选择余地大，尤其是 2000 年下半年开始批量上市的帕萨特，在广州本田、奥迪 A6 供应量不足的情况下，占据了中高档车相当的市场份额，能满足个人、单位、政府采购等各个层面的需求。

上海通用的别克，上半年销售超过了 400 辆，同比增长了 37%，这个增幅也相当可观。别克在南京由于进不了政府招标范围，它的消费群体 70% 是私营业主，在一部分先富起来的人中，别克车是一种身份的象征。在其他经济车中地产车的英格尔、悦达虽然有一定增幅，但幅度不大，而奇瑞车的销售超过了南京英格尔，是上半年车市中的一匹小黑马。相比较而言，上半年南京车市中，10 万元以上的中高档轿车的销量要好于经济型轿车，这是因为南京的私车市场没有其他中心城市发展得快所致。

【下半年经济型车走俏】 下半年江苏及南京的汽车销售总体态势平稳，比上半年有所回落。据分析，目前汽车消费环境得到不断改善，加上相当一部分人收入的增长以及对汽车消费认识的提高，汽车销售总的趋势走好。但不会像上半年那样有旺势。拿江苏来说，江苏汽车消费环境一直比较好，现在该削减的不合理费用都已削减到位，加上交通收费、停车费等在短期内不会有大的下降，所以尽管全省经济形势好转，但轿车销售不会像上半年无锡、苏州等地一度曾出现过的汽车牌照不够用的火爆场面。

另外，下半年由于停售化油器车、继续整顿货车超载等，会对销售产生一些负面影响，但总的销售不会大起大落。据江苏天泓汽车服务公司介绍，下半年汽车销售趋势放慢，从别克的销售群体分析，目前股市的暴跌，盈利缩水，使得原先在下半年准备购车的一批证券业人士犹豫不决，加上下半年加入 WTO 已成定局，入世后车辆关税下降，2001 年已有较大动作，明年还会降，一些想购买高档车的人，产生等一等的念头。这可与从南京车管所了解到的消息相印证。

2001 年上半年南京进口车销售增长幅度达到 30%，原本很少有的宝马、新甲壳虫等开始进入南京市场销售，下半年日本车进口受阻，不代表今年后几个月或明年也受阻，因此，入关后进口车的增长是肯定的。

在经济型车中，并不是价格越低越好销，上半年刚上市的赛欧，在南京供不应求，人们在购私家车时，对其配置和安全性以及车辆的质量等要比价格看得重。据江苏上海汽车工业销售公司分析，下半年轿车销售的回落不会太大，年底之前，一般都会有一个销售的高峰期出现，这是因为临近年底，个人的收入将会见底，一些原本想购车的不会因加入 WTO，而无限期地去等待降价，南京近年私家车发展横向比尽管发展速度稍慢了一点，但与近两年纵向比发展速度还是比较快的，私家车牌照从苏 A－A 到 A－T、A－U，现在已到 A－V，牌照出新的频率越来越短，下半年私家车还是有市场的，全年销售 3500 辆桑车应该没有问题。

分析下半年的汽车市场走势，不可忽略的是还有几款新车将上市，也许能成为新的卖点，会给车市增添新的起色。

【南京朗驰集团有限公司】 南京朗驰集团是按现代企业模式，于 2000 年在原南京机电实业有限公司经二次改制成立南京朗驰集团有限公司组建的大型汽车、机电商贸流通集团。企业主营汽车综合贸易服务、物流服务、计算机系统集成等。

朗驰集团注册资本 6000 万元，含所属企业注册资本 1.8 亿元，国有股与自然人股比例为 57∶43。企业净资产 1.84 亿元，年融资能力 8 亿元。是中国工商银行“AAA 特级信用企业”，市级“重合同、守信用”企业。旗下拥有控股、参股有限公司 26 个。

朗驰集团年销售规模 40 亿元，其中汽车经营 37 亿元，销售各类汽车 25000 辆，占中国汽车年产量的 1%，居全国同行业第三、省内第一。销售规模连续 6 年平均增幅在 18%以上。

朗驰集团在南京现有汽车展场 11000 平方米，机电产品销售场所 3000 平方米，仓库 20000 平方米，旧汽车交易中心 10000 平方米。为进一步提高分销和辐射能力，集团正在南京建设占地面积 240000 平方米，年吞吐量超 15000 辆华东地区最大的汽车销售、物流中心。

在全省各主要城市和汽车集散地，朗驰集团均建有控股公司和以自有土地建设的营销基地。其中苏州、南通、无锡、徐州、盐城、淮阴、连云港、扬州营销基地面积达 7 万多平方米，集团公司年销量的 80%由销售基地实现。

集团与众多国内汽车产业集团和国外汽品牌代理建有良好的合作关系。代理的国内外汽车品牌有 23 个，每个品牌的销售规模都在 1 亿元以上。

公司具有承办大型活动的能力。2002 年 5 月份，由集团承办的“2002 南京国际汽车展”吸引了 15 万人次前来参观，达到国内区域车展的最高水平。

为适应新的大市场、大流通的营销格局，集团致力于发展以汽车物流为核心的现代营销。同时积极摄取国内外先进经营管理经验、努力提升经营理念、服务意识、管理运作水平，着力满足顾客需求。

厦门市汽车流通概况

【综述】 厦门市汽车市场具有相当的购买潜力，2001 年，中国加入 WTO 和部分汽车生产企业竞相降价，使相当部分消费者观望、持币待购，未能形成消费高潮，但汽车市场总体销量仍保持增长势头。2001 年厦门汽车市场呈现以下特点：

1. 销售品种以轿车为主。2001 年，厦门市汽车市场销售品种仍以小轿车为主，约占据销售市场的 50%。如桑塔纳轿车除用于出租车更换的近 300 辆外，全年在厦门销售挂牌的有 150 多辆；2001 年 7 月份上市的帕萨特，当月在厦门销售挂牌 70 辆，2001 年挂牌约 190 辆；富康车在车市竞争中销售 300 多辆，销量比上年增长 20%；比较畅销的捷达车，在年初消费者持币待购一段时间后，4 月即迎来了销售高峰，共销售 500 多辆；定位于“驾驶者之车”

的宝来,2000年12月才登陆厦门市场,但已销售加上下订单约80辆;淡出出租车市场的夏利轿车,正在逐步进入寻常百姓家,2001年卖出了300多辆;第一个打出“四位一体”服务的广州本田,由于厂家限量生产,市场供不应求,2001年销售竟有600多辆。

2. 新车型不断问世,中低档畅销。2001年,汽车市场竞争更加激烈,许多生产厂家为抢占市场,纷纷在品种上下功夫,不断推出新的车型,以吸引更多的用户。赛欧车先声夺人,上半年在市场中抢尽了风头,赢得了许多用户的青睐。紧接着,其他轿车企业也相继推出了各自的新款,如新兴的“车大、价低”的奇瑞、三厢的悦达普莱特、装有1.3升发动机的长安羚羊7130、改进了配置的英格尔“运动之星”等等。而11月底赛欧紧凑型轿车又有了“两厢兄弟”S·RV。与此同时,上海大众推出了新款普桑——“世纪新秀”来强化桑塔纳低端产品的地位,捷达车对其内饰进行了更新,富康频繁地靠增、减配置来完善其车型系列,神龙汽车公司推出了售价9.78万元的“新自由人”。

相对于中低档轿车市场,中高档轿车市场则显得颇为平静。虽然也有一汽大众宝来新面孔加盟,但其处在20万~30万元的价位,且市场定位又各不相同,因此对市场没有冲击。

3. 价格战持续不断,持币待购达到临界。2001年汽车市场消费者持币观望现象比较突出,而国内汽车厂家持续上演的价格战,更是强化了消费者的这种心理。经过一年多的等待观望,消费者持币待购心理已达到了临界。随着各种质优价平的汽车不断投放市场,随即有望突破这一临界,迎来新的一轮销售高峰期。

2001年,价位在10万~20万元汽车品牌之间的竞争逐步升温。首先来自富康的挑战,11月份它调整了1.4升两厢车的配置,加上助力转向、后座安全带、后座头枕,价格却由原来的10.4万元下调到9.78万元。年底,赛欧S·RV喊出了适合有车人休闲的口号,玩的是新概念,宝来则摆出与国际接轨的架势。

2001年价格战的另一热点是经济型车。吉利、美日从一上市,就把价格降到最低点,在经济车中掀起波澜;悦达、英格尔等车一年内降价两次;2001年5月国家宣布放开轿车价格之后,奥拓、夏利也进行降价。在上演轰轰烈烈的价格战的同时,不少厂家也在寻求新的竞争策略,主要在服务上狠下功夫,力争在竞争中赢得主动。如富康从1999年就开始打造精品服务品牌,实施全程服务。天汽将基于10年来建立的服务网点,完善四位一体的营销策略,提供充足的零配件供应,方便用户维修,建立起“保姆式”服务。

(厦门市机电设备总公司　吴成海)

深圳兆方机电设备有限公司

【概况】 深圳市兆方机电设备有限公司,是一家民营股份制企业,职工45人。主要做进口小汽车的销售,2001年销售额近3亿元人民币。公司成立十年,已初具规模。

近几年,公司的业务迅猛发展,还成为捷克“斯柯达”汽车制造公司授权的营销代理商,专营“斯柯达”小轿车,要直接面对外商。公司的对外形象就凸显重要,包括办事的程序,交往文件的规范化等都可展示出一个公司的素质。公司虽小,但事务俱全,除正常业务需打理外,还有很多行政事务。有事务,就有管理,有管理就有质量要求。这些都促使公司领导下决心,要把国际质量管理体系引进到这个商贸小公司的管理中来。

首先是学习ISO9001:2000的有关文件,请专家授课,把ISO9001:2000的内容分解,透析ISO标准的内涵;再是将公司的经营活动编制成若干过程,找出识别和相关联的活动过程,找出管理重点和方法。在理解了ISO的基础上结合公司实际写文件,然后是大家动手,一齐来验证文件,要看得到,用得上,摸得着。

其次是不搞花架子,贯彻ISO质量管理体系是为了提高自己的管理水平,提升公司的整体素质,是练公司的“内功”。公司这一明确态度,更坚定了全公司员工依靠自身力量,把ISO进行到底的信心。

再就是狠抓落实。如:进口车文件的传递,除在ISO中规定了传递的顺序外,还严格了交接的手续,同时配制了文件袋,要求必须作出记录。这详,加强了各环节人员的责任心。抓落实,就是抓监测。过去只有制度,没有检查,久而久之,形同虚设;现在,不仅有程序(流程),而且有记录,只要看记录,就知道是哪个环节(过程)没有执行。而且,据此马上就可以提出“不合格项”的改进和预防措施。现在,为了深入贯彻ISO文件,公司要求加重“监视和测量”,强化“数据分析”,不断提出“持续改进”的意见和“预防措施”。到2001年底贯彻ISO9001:2000虽然仅仅二个多月,但公司各项经营活动和管理工作有了一个飞速的进展。

(王荫臣)

斯柯达汽车服务有限公司

【概况】 深圳市斯柯达汽车服务有限公司是斯柯达汽车在深圳地区惟一的3S售后服务中心，负责深圳地区所有斯柯达汽车的维护和修理工作。2001年引进并贯彻ISO9001:2000国际质量管理体系标准，大大提高了员工的质量意识和责任感，为规范公司的服务和管理创造出一个“法制”的、和谐的工作环境，为公司经营业绩的不断攀升创造了有利条件。

斯柯达汽车(SKODA AUTO)作为德国大众旗下“四员大将”之一，其品牌的世界知名度自不待言，但由于进入中国市场的时间短，社会保有量有限，因而在中国的认知度并不是很高。然而，斯柯达汽车制造公司将自己定位为专业化的品牌车，希望从一开始进入中国汽车市场就有一流的售后服务，立志要给中国有限的斯柯达用户提供无限的服务。

公司成立后，宏观上面对的是中国加入WTO，汽车修理市场竞争日益激烈的大环境；微观上看到的是公司经营管理还存在着工作效率不高、维修超期、劳动技能不能正常发挥、经济效益不理想等现实问题。为了改变现状，求得发展，公司从2001年正式启动ISO9001:2000国际质量管理体系的贯标工作，首先是公司通过全员参与完成了质量手册、程序文件和工作手册这三级文件体系的制定工作，为上下一心实施质量管理体系创造了条件。

其次，公司确定了以“一次服务、一份关注、一种精神、一生朋友”和“顾客的有效投诉小于5%”的质量方针和质量目标。这种以诚为本、以质取胜的质量管理的结果是：客户越来越多，投诉不断减少，回头客户不断增加，经营效益明显好转。贯标的前后形成了鲜明的反差：公司客户由1000多人次上升到超过3000人次，增长了两倍；月维修车辆由650台次增加到1200台次以上，增长了近一倍；客户有效投诉率则由6.2%减少到低于2%，下降了4.2个百分点；月营业收入与员工个人收入均增加了50%以上。

第三，通过严格贯彻ISO9001:2000质量标准，从公司领导到各层次员工都权责明确，提高了办事效率。分析、处理客户和市场信息及时，用户的需求迅速得到满足，获得了用户的信赖，提高了用户对品牌的认知度。2001年9月，客户李生一台OCTAVIA需进行整车二级维修，业务接待预定出车日期为两天，但七天才将车交给车主，并且，在交车时客户发现左前门上有划痕。由于当时接待和各班组交接时都没有进行认真的检查，更没有记录，无法证明客户车辆在进厂前有无划痕，接待员与各班组又互相推诿，从而导致了公司损失。虽做了相应的处理，但客户对公司的管理混乱和工作效率低下意见特别大，“再也不来了！”后来，李生的车因别人追尾受损，再次来到公司进行后保险扛拆装、油漆、更换受损车灯并校正后尾箱盖等项目维修，业务员仔细检查了车辆外观，在单据上做了详细的记录，并告诉客户两天后取车。客户当时不相信，还调侃的说：“不会又是七天吧？”两天后，客户来到公司，准时从接待员手中接过修理一新的座驾，前前后后、里里外外、仔仔细细地查看了好一会，才高兴地说“好！交车准时，车身干净，服务质量提高很大。看样子ISO这个东西对你们还是起了作用。”

第四，根据ISO9001:2000质量标准的要求，公司组织业务人员和技术人员的专业培训，还有全员的制度培训和素质培训。正是通过多种培训，使公司员工在经营战略决策、资源管理、业务及专业知识等方面整体素质得到提升。

各地大型汽车交易市场

【亚运村汽车交易市场】 寻车问价的窗口 2001年，由于中国即将加入世贸组织，不少汽车品牌调价，来亚运村汽车市场的人日益增多，而且，在买车人中，时常可以看到一家老少三代人来市场看车。这不足为奇，据场内人士讲，像这样全家同来看车是常事，最多的时候，市场客流量达到3000人/天。亚运村汽车市场之所以能吸引如此众多的顾客，是因为在场内几乎可以看到所有在国内上市的中外汽车(主要指轿车)品牌。这些车价格从三五万元到百万元，车型从微型到中高档，款式从旧到新。这里的新车几乎与世界潮流同步，如目前风靡欧洲的Smart车是2001年最畅销的车型之一，而亚运村市场就看到与10月巴黎车展上刚刚展示的样车完全一样的车型，难怪有人称亚运村汽车交易市场是“永不落幕的车展”。

除了到现场看车外，许多人是通过亚运村市场咨询电话和网上主页了解信息的。据亚运村市场电话查询系统的统计数字显示，该系统1998年10月建成至今，共接待有关汽车购买手续、价格、车型的咨询电话11万多个。其中询问价格的占52%，办购车手续的占48%。“北亚车市”网自2001年9月开通后，已经有3万人次访问，是国内同类市场网站日访问量最高的。

汽车市场的晴雨表 据厂商们反映，市场给供应商提供各种便利条件，这里集中了政府各有关部门联合办公，工商、税务这些办理购车手续的单位都集中在市场,从买车到办照挂牌一条龙服务。经销商认为:亚运村汽车市场创造的环境,不仅经销商方便,用户也方便。从经济成本计算,在亚运村建专卖店,知名度提高快,有利于建经销商自己的品牌,省掉了大批广告费用。同时这里信息量大且快,竞争对手的动态、促销手段是否有效、用户反馈等等,都会很快在市场上显现出来,对经销商调整经营策略提供了重要信息。

亚运村市场每日公布销售排行榜,从榜上可以清楚地看出各汽车品牌的销量、购买群体的分布、变化趋势、市场占有率等。从1995年到现在,无论是政策的变化还是价格的浮动,亚运村市场的销售统计可以清晰地反映出国内汽车市场的风风雨雨,由此也被称之为“汽车市场的晴雨表”。

生产者与用户的桥梁 亚运村汽车市场历来在国内汽车市场上占有举足轻重的地位,从交易额看,亚运村汽车交易市场连续几年名列全国汽车交易市场首位。在亚运村交易市场的来宾中,既有国际汽车业的重量级人物,如德国大众、法国雪铁龙的总裁,也有在国内首屈一指的厂家老总。很多厂家都把新车上市选在这里,如富康、捷达、红旗、长安、夏利等。在2001年汽车价格最为敏感的春天,国内几大生产厂家的老总纷纷来到亚运村市场了解情况。有位老总感叹地说:“不到这儿走一趟,真不知道买车的人想什么。”

尽管亚运村市场风风火火走过了几年,但其中也有遗憾。在如何与国际先进的汽车营销模式相结合,发挥市场的特色方面还有差距。好在新世纪有了新的希望,那就是即将动工兴建的“亚运村汽车园区”将在未来3年内取代现在的亚运村汽车市场。面临的问题是:是保留现状还是另辟蹊径?其实,亚运村汽车市场最要保住的是“人气儿”。“人气儿”,一方面是消费者,在中国入世之后,将有很多家庭选购第一辆车。从来没有摸过车的人需要在反复比较中选择自己的车,像亚运村这样的品牌集中地是最合适的,它不像专卖店品牌单一,同时服务要更多地侧重于售后和修理服务。有了消费者的“人气儿”就有了立市的基础。另一方面是经销商,随着国内汽车营销体制向专业化发展,简单初级的集贸式的管理模式已不能顺应经销商和厂家的需要,“汽车园区”要建专卖店的集群与新的营销方式相适应,保留并提高现有的信息和服务功能。只有买卖双方的“人气儿”都留住了,未来的汽车园区才会在入世后的挑战和竞争中得到新的发展。

(王　澈)

【北京亚飞汽车连锁总店有限责任公司】 亚飞(集团)公司暨北京亚飞汽车连锁总店有限责任公司(以下简称“亚飞”),是经国家经贸委和国家工商总局批准成立的试点企业,以特许连锁经营为主要发展模式,形成了我国最大的汽车营销服务网络。

自1994年发展至今,已在全国300多座城市建立了500余家汽车连锁店,凭借亚飞良好的品牌形象、强大的政策支持、领先的经营理念,为客户提供多元化购车服务:新车及二手车分期付款,汽车以旧换新,全款购车及自带车分期付款,货车、工程机械分期付款。

亚飞在北京建立直营店14家,有汽车信贷大卖场、汽车超市、汽车品牌专卖店等各种类型汽车连锁店。2001年,全国亚飞各店的各类汽车销量达14.85万辆,销售额达178亿元,其中通过分期付款方式销售汽车6.48万辆,贷款额达60多亿元,其中北京地区汽车销售量达1.195万辆,汽车消费信贷总量达1万余辆。

亚飞汽车信贷业务,全面开展国产车、进口车,货车、工程机械、特种车等各种车型的分期付款业务,以及旧机动车分期付款。

加盟亚飞六大利益 加盟亚飞连锁店可获得六大利益:(1)获得总店统一组织配送的国产汽车、进口汽车资源,销售差价全归本店;(2)获得由总店统一组织的专业知、技能培训的机会。无论加盟前后是否从事过汽车经营,都能高起点从事汽车经营业务;(3)获得由总店统一的“汽车消费信贷”以及“品牌专卖促销”等经营模式,大幅度提高竞争能力和创新水平;(4)获得由总店提供的经营管理技术和信息网络技术;(5)获得总店统一的品牌、统一的CI等无形资产的使用权;(6)获得知识、信息、媒体等方面的资源共享。

四大经营特征 特征一:“让更多的人买得起车”是开拓经营的指导思想。汽车进入家庭是我国汽车工业的必由之路,而绝大多数人的低收入水平又从根本上限制了这一趋势的发展。从1997年亚飞尝试在大商场卖小汽车开始,到1998年的汽车消费信贷,再到2000年的旧机动车及旧机动车的分期付款,灵活多样、推陈出新的客户购车方案,“滚雪球”式地推动了私人购车市场。特征二:把汽车营销服务技术的培育作为事业的发展基础。几年来,亚飞从重视营销服务技术上尝到了甜头,认识到,把工业化规模生产的方式引用到汽车流通领域,是一件有意义的事情。于是亚飞创新建立了“卖车流水线”,如:购国产车流水线、购进口车流水线等等,以围绕客户的个性需求开展服务,增强企业的竞争力。特征三:重视与汽车厂商品牌战略的密切合作。每一个汽车厂商对于自己品牌的推广都有各自的市场战略。乍一看亚飞网络与此是矛盾的,其实不然。

亚飞网络现在已成为许多厂商销售网的重要补充，甚至充当了有些品牌销售的主要渠道。亚飞的许多分店已建成或正在建的品牌专卖店或3S店已融入了各汽车厂商的营销网络之中，而亚飞独有的营销服务技术，给汽车厂商的营销网络带来了竞争活力。亚飞从新车、二手车、汽车以旧换新、汽车租购、汽车租赁、客户服务等多层次的市场开发，使厂商品牌战略得到了新的延伸和发展。特征四：把客户服务作为整个营销的中心工作来抓。如客户的前期开发、售中的一条龙服务、售后的专业化跟进等，让员工充分认识“卖车流水线”的每个环节，每个工位对客户服务的重要性，创造性地使之细致化、具体化，通过服务来吸引新客户。

业务经营及发展是特许连锁网络扩张的根本，亚飞如此“美丽”，也就不难想像为什么会有这么多的知名商业企业、汽贸企业和民营企业成为亚飞加盟单位了。

强强联合做强做大　在《亚飞汽车特许连锁销售网络加盟手册》“加盟资格”的条款中，郑重地写到：加盟方的领导人应对亚飞连锁经营有较深的认识，并具有做当地“汽车销售大王”的决心。由目前已加盟到亚飞麾下的连锁店来看，它们大都是当地具有竞争实力、行业经营业绩良好、企业信誉佳的企业。亚飞的加盟发展是强强联合，让具有现代商业头脑的商家发展得更加强大，在有序的市场竞争中实现优胜劣汰。

【北京市旧机动车交易市场】　*新建旧机动车交易市场*　北京市旧机动车交易市场成立于20世纪80年代，经营场所几经变动，1992年迁入丰台区菜户营。近几年，北京市旧机动车交易量逐年上升，年交易量均在6万辆以上。为了适应旧车交易市场日益发展的需要，北京市发展计划委员会、市商业委员会、市规划委员会、市工商行政管理局和市城市规划计划研究院于2001年联合发出通知，对北京市的汽车交易市场作出了10年规划。按照统筹规划、合理布局原则在京城东、西、南、北各建一个综合汽车交易市场。北京市旧机动车交易市场就在京南的计划之列。

随着市场经济的发展，二手车市场的规模已远远满足不了需要，2001年，市政府批准在南四环规划旧车市场建设用地506亩，确定了将位于菜户营的旧车市场主市场异地新建的规划方案。对于旧车市场的发展，市政府指示，在建好市场的同时，采取“母体裂变”的方式，建立分市场，以方便群众。因此，在加强主市场建设的同时，市场先后建立了顺义分市场、中联分市场及首钢国际汽车园区分市场。迁入新址的北京市旧机动车交易市场将建成以旧车交易为主，新车交易为辅，兼搞配件、检测、修理、装饰等汽车服务的大型综合性汽车市场。这一市场是按照市政府的规划最先形成规模并投入使用的，它的亮相将对规划的北京市汽车市场起到推动和促进作用。

新建市场四大变化　即将迁入新址的北京旧机动车交易市场，有4个方面明显的变化：

一是市场的规范化管理。以往旧车市场，顾客还没进市场，老远就会有一些“车虫”、“拼缝的”来拉生意，市场中的车商良莠不齐，顾客真假难辨。而即将开业的市场首先改变了这一状况。一期工程将以旧车交易为主，进驻经纪公司202户，它们都经过了严格的培训、经考试合格并持有国家工商局颁发的经纪资格证书。他们都将做到持证上岗，规范服务，市场将禁止个人中介行为的出现。对于市场内的交易车辆，市场也将采取封闭式的管理，进入交易区的二手车，必须首先接受市场管理部门的审验，坚决杜绝非法车辆、手续不齐备的车辆进入市场，保护广大消费者的合法权益。同时，旧车市场还在全市各家汽车市场中率先提出先行赔付的承诺，对于损害消费者权益的经纪公司，将清除出场。

二是购车环境宽敞整齐。以往旧车市场由于容量有限，部分二手车只能停在马路边，场内交易摊位也不规范。现在，即将开业的北京市旧机动车交易市场的一期工程，占地约15万平方米，场内绿树成行，花草相间。市场为旧车经纪公司准备了230余间办公房，配备了电脑等办公设施，并实现宽带上网。办公房前后各有4个车位，总共8个车位。场内2000余辆车可供挑选，看车、咨询“各就各位”，顾客“对号入座”，车商提供针对性服务。

三是旧车新车联动。即将开业的旧机动车交易市场，以旧车交易为主、新车交易为辅。市场的二期工程，将建成一个占地40000平方米的进口汽车展销厅和一个占地10000平方米的拥有25家品牌的新车专卖店。新车经营比过去的市场不仅扩大了规模，还将推出新颖的销售方式，到那时，旧车新车联动经营，将给消费者创造更多实惠。

四是增添了外埠旧车经销机构。新开业的市场不仅吸引了本市的旧车经纪公司，也使一些外省市的旧车经营机构纷纷申请到这个市场落户。凡进入这个市场的外埠旧车经纪公司，也必须经过严格考核、具有经纪人资格证书和营业执照。它们的参与，使这个市场的营销领域更加宽阔，服务延伸得更远。北京人买外地旧车、外地人买北京旧车都会越来越方便规范。

信息化服务功能　新市场提供的完善服务功能，不仅推行全方位的“一站式”服务——银行、保

险、税务、公安、工商、养路费一并驻场办公，为消费者提供方便，少跑冤枉路。

新市场在不断加强市场管理的同时，也投入大量资金进行信息化建设。在全国旧车行业率先实现了旧车交易网络化管理，并在互联网上建立了交易平台。主市场和分市场通过局域网络，实现了统一管理、统一评估、统一定价，并做到及时有效地发现并防止拼装车、抢盗车、走私车、报废车进入交易，确保“公平、公开、公正和合法”的原则，更好地维护正常交易秩序和买卖双方的合法利益。进场的230家经纪公司也纳入了局域网的管理系统，既加强了市场对经纪公司的管理，同时也为经纪公司提供了网上交易的便利。市场建立的交易平台，网址为WWW.2SC.COM.CN，现已开展了网上评估、网上交易、网上拍卖等业务，近期就将在场内举办一次大型拍卖会。

市场的三期工程还将建成一定规模的现代化的汽车检测场、修理场和4S专卖店，服务功能将更上一层楼。

【湖南汽车城有限公司】 湖南汽车城创建于1997年，由湖南物资产业集团有限公司国有股本与湖南省机电设备总公司职工自然人股本合资组建而成。现有资产总额3.9亿元，控股、持股公司16家。主营汽车、汽车相关产品及进出口业务，是国家首批汽车代理制试点单位，连续多年获湖南省“重合同、守信用企业”称号。被指定为众多国际国内知名汽车品牌的销售代理商和特约维修服务中心。

公司占地面积58000多平方米，分布于长沙市东风路、五一中路、马王堆、四方坪4处，营业场地面积达12万平方米，仓储面积5万平方米。现有规模在中南地区首屈一指。汽车城分地下一层和地上六层，建筑临街长150米，北与319国道相交，东至黄花机场，西达汽车西站与107国道连接，地理位置优越，交通便利。

公司创建以来，已与一汽、东风、跃进、上汽、金杯、天汽、庆铃、猎豹、北汽、华晨、郑州日产、厦门金龙等汽车生产厂家建立了代理关系。根据其代理品牌系列组建的14家专营公司已进驻汽车城，拥有了各自特色的专卖展厅。2001年公司进口车分部的成立，进一步丰富了汽车城的品牌资源。与此同时，公司还加大了招商引资力度，吸纳了部分民营汽车经销商，引进了东南汽车、风神、本田、福莱尔、悦达、奇瑞、美日等品牌，使汽车城成为“专营”与“超市”功能互补的大型现代化营销基地。

湖南汽车城也是省内汽车经营规模最大的物流基地。营销体系健全，品牌资源丰富，服务功能健全，为广大汽车用户提供整车销售、备件供应、维修服务、代办保险、上牌、汽车美容及仓储配送等一条龙服务，兼营出租车和汽车租赁服务。

公司在省内设立有20多家分销机构，已形成较大规模的区域市场。2001年汽车城成交金额近15亿元，全年整车销售12000辆。

随着湖南长沙、株洲、湘潭三市经济一体化进程的加速，公司以湖南汽车城为依托，稳步实施南扩战略，在三市接合部拟建现代化的汽车品牌专营市场，全部按照与国际市场接轨的3S、4S营销体系和ISO9001国际质量认证体系规范管理要求进行建设，这将对湖南的物流领域产生积极深远的影响。

【中国西部国际车城】 中国西部国际车城由美国发景集团和中国陕西盛天隆公司合作建设，整个车城占地面积1200亩，是目前全国规模最大的汽车商城之一，位于西安市西大门三桥经济技术开发区疏导线58号。陇海铁路、西兰公路、西宝高速公路、绕城高速公路、西户路、世纪大道等构成了四通八达的交通网络。

中国西部国际车城广鉴国际先进汽车销售模式，结合中国国情用心编织覆盖西北汽车消费市场的大网。车城一期建筑面积11万余平方米，规划为13大功能区(库房仓储区、摩配交易区、轮胎专营区、品牌专卖区、名车展示区、试乘试驾区、动力设备区、大车交易区、综合办公区等)和一个旧车交易中心；二期规划为大型汽车及配件中转库、驾校、旧车分解场、拍卖中心、维修保养中心等。车城将成为集中外名车展览、车辆交易、配件交易、装饰装潢、车辆中转、司机培训、汽车自动化检测及餐饮娱乐等为一体的规模大、品种全、环境优，管理规范、服务优良的大型车辆交易市场。2001年底已成功举办“中国西部国际汽车、摩托车工业博览会”，观众多达30多万人次，交易金额3000多万元，创下西部车展会之最。西安市人民政府和中国汽车工业协会在这里签订协议，每年在西部国际车城举办一届汽车博览会，并指定由中国西部国际车城承办。

中国西部国际车城的建立得到当地政府和有关部门的大力支持，尽力为广大厂商提供宽松的经营环境，在税务、工商行政管理等方面享有特别优惠政策。车城内，工商、税务、公安、交通、银行、保险等职能部门驻场办公，为客户提供新车验证、汽车挂牌、附加费购置、金融信贷等综合配套服务。

西部车城自2001年底开业以来，已有众多的品牌汽车、摩托车、零部件及其他相关产品厂商入驻。整车入驻品牌有奔驰、双龙、起亚、红旗、奥迪、丰田考斯特、日产尼桑、广州本田、海南马自达、大切诺基等。

车城汽配交易区共有各类摊位200余个，目前已签订入驻的有180多家，其中包括国内众多名优配件厂商，诸如康明斯、东风、解放等品牌。整个配件区已完成招商90%；摩托车交易区已有300多个摊位租出；轮胎交易区已有米其林、长城、正兴、前进、回力、双钱等国内外著名品牌落户，入驻协议达80%以上。

随着我国经济发展和西部开发的进程加快，汽车消费已随之上升，特别是私人购车已成为西部巨大的潜在市场。西部车城作为产需桥梁，不仅提供交易市场，实行"一站式"服务，大大方便消费者购买，同时也为驻场厂商沟通信息、拓展销售渠道和拓展市场份额服务，共创产销繁荣。

【新疆汽车交易市场】 新疆汽车交易市场经过一年多的建设，已具备相当的规模，并已开业揖客。该市场由新疆机电设备有限责任公司投资建设，其全部汽车业务均在该市场进行。该市场目前是全区规模最大、功能最完善、设施最完备的大型、综合性的商品汽车集散地。

该市场位于乌鲁木齐市苏州路9号，交通十分便利。市场占地面积53857平方米。市场内汽车展销馆、汽车维修车间、路面硬化、水电暖等基础设施建设已竣工使用，并在场内进行了绿化、美化建设。现已建成9个汽车展销场馆。其中，捷达汽车展销馆建筑面积945平方米，严格按照德国标准建成，全钢架伞状结构，斜拉玻璃幕墙，是一汽－大众在西北5省最大的专卖店。其余8个汽车展销馆每个馆的建筑面积均为562平方米，层高9米，外墙为落地玻璃，宽敞明亮，结构新颖。

该市场按"精品店＋超市"的模式进行建设，汽车品牌众多，商品车丰富多彩，为客户提供了充分的比较和选择空间。现在，市场内已汇集了全国各大汽车生产厂家不同类型、品牌的汽车，以销售国内轿车、重型车、专业用车以及越野车、大中型客车和微型车为主，拥有上汽－大众桑塔纳、帕萨特，一汽－大众捷达、红旗、一汽解放系列，东风汽车系列、富康系列，南京跃进、依维柯系列，江铃系列，庆铃系列等主要汽车品牌的销售代理权。同时，还销售各种进口汽车。

该市场以设施一流、管理一流、服务一流为奋斗目标，现已具备多项配套服务功能：为客户提供看车、选车、开票、结算、汽车装潢美容、加油、零配件供应以及办理消费贷款、保险、领证、上牌等从购车到上牌的一条龙服务，还能为客户提供车辆的检测维修、维护保养以及事故处理等售后服务工作，并将逐步建成功能完善、专业性强、业务广泛、管理规范的综合性汽车交易市场。

【上海国际汽车城】 建设上海国际汽车城是上海市瞄准我国入世后汽车工业发展新趋势所作的战略决策。

上海国际汽车城选址安亭。因为安亭是上海汽车业的发源地，也是我国最早合资生产轿车的重要基地。上海生产的几千万辆桑塔纳轿车就是从安亭驶往全国各地的。同时，国际汽车城又是上海"十五"期间四大产业基地战略布局中不可分隔的一部分。

上海国际汽车城由上海国际汽车城发展有限公司、上汽集团、上海嘉安公司、上海物资集团和中国汽车工业协会发起组建。中汽协已正式在汽车城挂牌。同时，一汽、东风也将参与，力争实现中国汽车业"三巨头"联动的新局面。

上海国际汽车城聘请德国AS&P公司、美国麦肯锡公司等分别进行园区规划设计、功能定位、投资咨询研究。他们还着手与国外著名汽车业的生产、供应、销售、物流和服务商进行广泛深入的洽谈，以期融入世界汽车产业的新格局。

上海国际汽车城占地面积68万平方公里，分成五大功能区——汽车核心贸易区、研究开发区、国际赛车场、以汽车领域为主的大学教学园区和特色风貌的生态环境生活区。它包括：以国内外整车、零配件、二手车贸易和电子商务为主的汽车贸易；以技术开发、整车和零部件制造的产业依托的研发制造；以品牌展示、汽车会展、博览、教授培训、产业信息和普及汽车科技文化知识为主导的科教博览；以仓储运输、配送服务和金融、信贷、租赁、维修、培训、俱乐部服务为优势的汽车全方位服务。

四通八达的交通，为上海国际汽车城提供了有力保障。安亭与沪宁高速公路、曹安公路和规划中的轻轨相接；铁路与西线为邻；距虹桥机场22公里，距浦东国际机场54公里，距吴淞港25公里，距外高桥港40公里，距在建中的深水港110公里。此外，沪宁高速公路汽车城匝道、纵横连接汽车城两端的吴淞口大桥和蕴藻浜大桥，都将为国际汽车城提供迅速快捷的绿色通道。

2001年底，将建成具有标志性的汽车城商贸大厦、商贸服务中心等建筑设施。汽车城的发展目标是：成为国际汽车厂商开发中国及亚洲市场的首选区域和国外汽车及零配件进入中国市场的主要集散地。

（张煜林）

旧机动车（二手车）交易市场

【二手车市场交易】 据全国48家旧机动车交易中

心(市场)统计,2001 年共交易二手车 370147 辆,交易额 131.8 亿元。交易量同比增长 26.92%。其中:载重车 84568 辆,同比增长 29.77%;越野车 6055 辆,同比下降 0.16%;轿车 139716 辆,同比增长 28.93%;客车 83145 辆,同比增长 38.82%;其他车 56663 辆,同比增长 7.85%。统计显示:交易量列前五位的交易中心(市场)分别是上海、北京、云南、广东、成都。交易量同比增长幅度最大的是上海,其次是青岛、宁夏、安徽、江西、云南等省市。

【二手车市场新情况】 1. 国家扶植二手车交易政策的力度加大。(1)各地贯彻《国务院关于整顿和规范市场经济秩序的决定》和国家经贸委、公安部联合下发《关于旧机动车市场管理工作的通知》,加强了旧机动车市场管理,规范了旧机动车交易行为,保障旧机动车交易双方的合法权益。(2)部分地方推出相应二手车交易政策,改善二手车交易环境。如上海市,把分散、无序的二手车交易场所逐步规范为集中、有序的二手车交易市场,并对二手车交易范围进行了调整,允许本市及外省的公用车、私人汽车、摩托车和拖拉机进入上海二手车市场进行交易,制定具体政策规定活跃二手车的交易。广州、湖北等省市政府还针对二手车交易中的税费问题进行了调整,进一步改善了二手车的交易环境。(3)公安部在全国实行新的机动车登记办法以后,有利地促进了二手车在区域之间的流通。(4)农业银行、中国银行、中国人民保险公司各地分支机构与二手车经销商联手推出二手车按揭业务,满足了一些资金不足的消费群体的需求。

2. 二手车的流向发生了变化。二手车的流向逐步从经济发达地区向欠发达地区流动,从高收入者向中低收入者流动。特别是一些经济发达的地区,二手车交易量大于中心城市交易量,如江门、温州、牡丹江、珠海等地,全年交易量分别为 6225 辆、4252 辆、3134 辆、3550 辆。另外,在一些中心城市高收入者更换新车(特别是进口轿车)的频率加快。而一些中低收入又独爱汽车的消费群体则将质量较好的二手进口轿车作为首选目标。

3. 二手车资源丰富,选择空间大。第一,由于更新的汽车报废标准调整,特别是 9 座(含 9 座)以下非营运载客车(包括轿车、含越野车)使用年限调整为 15 年,并对其达到年限的车辆以安全、环保检验合格作为延长使用年限的依据。对私人、公务和旅游用车使用年限放宽,增加了二手车资源。第二,国内多品种轿车的频频问世和价格的下调,以及入世后关税的下降,进口汽车逐步放开,使得国外各种品牌车辆增加,无疑影响了国内二手车市场的资源和价格。第三,随着我国公路建设的改善,特别是近两年高等级公路和旅游业发展较快,一些厢式货物运输将逐步取代载货运输,高档豪华的旅游客车逐步取代中、低档客车,因此二手车市场的载货车和客车资源明显增加。第四,一些品牌汽车专卖店分别开展了汽车"收旧卖新"、汽车置换业务,也为二手车市场补充了资源。

4. 二手车售后服务工作不断加强。目前全国大部分二手车交易中心(市场)都开展了租赁、寄售、代购、代销等多项业务。特别是上海二手车交易市场还开展了机动车登记证代办、车辆展示、鉴定估价、交易办证、现场上牌、车辆及牌照拍卖、汽车租赁等配套服务功能,同时设立一些特约维修站,参照新车维修模式,对保修期内二手车实行免费维修,逐步改善二手车售后服务薄弱环节。

【二手车市场存在的问题】 一是二手车交易的税收标准不统一。据调查,各地对二手车交易中的税收基本上按当地政策,因此各地税收的种类和标准都不一样,有的按增值税,有的按营业税征收,最高的 17%,最低的 2%,税率高低相差悬殊,造成了一些地区二手车的成本过高,经营二手车的企业利润微薄;一些地区采用交易不过户来逃税,场外私下交易、非法交易,扰乱了二手车交易秩序,二手车交易税收问题制约着二手车市场的发展。

二是尚未建立科学的二手车评估体系。在二手车交易中价格的评估是很重要的环节。1999 年原内国内贸易局生产资料流通司组织编写了《旧机动车鉴定估价师培训教材》,与劳动和社会保障部培训就业司联合下发了《关于开展旧机动车鉴定估价师资格鉴定工作的通知》,对机动车鉴定估价从业人员进行了资格培训,目前经过培训并取得资格的估价师约 1500 人。但是,人员的培训仅仅是二手车价格估价的一个方面,而另一方面估价的标准全国不统一,在交易中定价不尽合理,随意性较大。有的地方为了抢二手车的生意,故意低估价格,竞相压价。同时还出现"私卖公高估价,公卖私低估价",使国有资产流失,国家的税收减少。因此需尽快建立科学、可操作的二手车评估系统。

三是二手车售后服务问题。目前我国新车的销售基本上建立了信息咨询、配件供应、维修、汽车保险等一条龙服务。而二手车的售后服务还没有建立,特别是与发达国家相比差距较大。比如美国通用公司就规定车龄 7 年以内的二手车有 1~2 年的质量保证,这与新车的服务一样,而且,所有车行出售的二手车都必须持有政府颁发的技术合格证书,才能上路行驶。瑞士宝马汽车经销商在销售二手车的同时还提供了保险服务。这些服务有力地促进了二手车的销售,也推动了新车销售。

四是开展汽车置换步履艰难。随着经济的发展,人们对购买汽车的需求发生了变化。据北京一些汽车品牌专卖店反映,经常有人开着以前购买这里品牌的汽车来询问,“我想换辆新车,这辆旧车你们收不收?”这说明汽车置换有需求,能不能把旧车买卖引入汽车专卖店来呢?国外品牌专卖店,除了卖新车还负责买卖本公司品牌的二手车。二手车的估价,一般都有专门的价格估价目录作依据。并考虑车况的履历和保养的程度进行价格浮动。目前国内一汽红旗、捷达车推出了汽车置换的办法,但在实际运行中,有不少问题:一是旧车收的上来很难卖出。二手车估价没有统一的标准和依据;在中心城市置换下来的二手车不容易就地销售,一般流向不发达的小城市和乡镇,涉及到车辆跨地区的销售过户转籍问题;生产厂家没有二手车的经营权,不能就地销售。二是企业内部管理制度制约置换业务的开展。因为置换的二手车卖出去有一段时间,这部分的价值过去企业可以挂账处理,现在企业对挂账处理比较严格,又不能出现过多的应收账款(一般企业考核业绩,应收账款是很重要的指标),所以经营者很难承受。

五是二手车技术检测问题。虽然2000年颁布的《关于调整汽车报废标准的若干规定的通知》中明确了非营运客车中的私人、机关、旅游及外事接待用车的使用期,即9座以下非营运载客汽车(包括轿车、含越野车)使用期15年;同时明确规定以技术检验为延长车使用年限的依据,即达到使用年限需继续使用的,必须依据国家机动车安全、污染物排放有关规定进行严格检验,检验合格后可延长使用年限。但是在此《通知》中国家并没有要求所有二手车在交易前,必须经过有关的技术检测,这样就很难保证二手车的行驶安全和购车者的利益。

六是二手车的更新问题。为了加速老旧车报废更新工作,促进我国汽车工业的发展和交通运输事业的发展,1995年国务院批准,每年从征收的车辆购置附加费中拿出3亿元,对全民和集体运输企业更新的国产客车、货车进行定额补贴,每辆车补贴3500元。但是1999年由于等待国家对车辆购置附加费进行税费改革,汽车更新补贴没有落实。2000年全国汽车更新领导小组办公室商财政部、交通部同意,向国家争取了4.66亿元,对1999年和2000年13.3万辆更新车辆进行优惠补贴。2001年由于国家机构改革,汽车更新补贴至今未落实,也影响了全国汽车更新工作的进展。

附:

瑞士、意大利二手车流通情况考察(摘要)

2001年11月22日至12月3日,中国物流与采购联合会生产资料市场委员会组织北京、上海、浙江、广州、宁波等地物流企业一行8人赴瑞士、意大利等国进行二手车管理工作的考察。

1. 瑞、意两国二手车市场比新车销售市场活跃,在某种程度上促进了新车的销售。在瑞士日内瓦我们考察了多尔斯夫宝马汽车销售公司。据介绍,日内瓦大约有165万人口,年新车销售量约28万辆,二手车的销售量56万辆,二手车的销售量是新车销售量的2倍。从市场情况看,主要是德国、日本的二车手,车的质量较好;其次是法国、意大利、美国车。从经营效益看,二手车的利润是18%~20%,而新车的利润只有9%。意大利波查诺市有45万人口,汽车拥有量为12万辆,汽车销售量每年在1.2万辆至1.8万辆,据当地最大的汽车经销商介绍,二手车市场比新车活跃,交易量超过新车的30%。

2. 二手车的使用年限以技术检测为主要依据。在瑞士,新车5年之内免检,5年之后,每3年年检一次,以后每年检验一次。在意大利,新车行驶4年之后,每2年检验一次,一般情况车辆行驶8年就进行处理,如果超过10年直接有指定的拆解企业进行回收。这两个国家都是以技术检测为依据来确定车的使用时期。

3. 二手车经营不受限制。在瑞士二手车的经营资格不用任何部门的批准,可以在经销场所进行自由交易。宝马公司是驰名世界的汽车生产企业,其业务遍及世界120个国家,目前,宝马公司在全球有15个生产厂,产品主要有BMW品牌的3、5、7、Z、M、X等系列汽车。近几年,宝马公司在全球范围的业务发展趋势是稳定的增长,2000年宝马车的销售量为82.2万辆,比上年增长9%;总收入约400亿美元,比上年同期增长3%。多尔斯夫宝马汽车销售公司是宝马公司在瑞士的最大销售商,销售宝马车180个品种,年销售量600~700辆。同时也销售宝马的二手车,年销量200~300辆。二手车的主要经营形式是置换、收购、代销等,大致与我国相同。从经营理念上,销售商看好二手车市场,认为二手车市场灵活,二手车利润大于新车,二手车的买主是新车潜在的市场,所以销售商把二手车摆在车展的最好的位置来吸引消费者。同时他们还有一种经营理念,凡是购买宝马车的客户可以随时到该公司更换宝马最新款式的新车,以满足追车族的愿望。

4. 建立了较科学、完善、权威的二手车的评估体系。在瑞士有一个二手车评估系统即优诺泰斯评估系统，这个系统是由二手车协会制定的，任何二手车的估价必须遵循这一套评估系统来确定。一辆二手车的销售价格制定，首先要经过技术检测部门的技术测定，列出测试清单，然后作出估价，销售商根据二手车的估价和原销售价格，最终确定二手车实际销价。多尔斯夫宝马汽车销售公司利用自己的展地，不定期地举办二手车展销，凡参加二手车展销的销售商，都要执行二手车协会制定的二手车评估办法和评估价格。

5. 有较完善的二手车的售后服务体系。在瑞士，凡是购买二手车的车主都可以得到一张保修单，享受2年的保修期，这种承诺不仅在瑞士有保证，而且在全欧洲都有保证。如果2年之内车主转卖，保修期还可以随车主的更换转移给另一个车主。买主无后顾之忧，在某种程度上也促进了二手车的销售。

6. 鼓励汽车更新，有完善的汽车拆解体系。在意大利，我们访问了波查诺市政府，据市长介绍，波查诺市政府为了鼓励汽车更新，对不符合环保要求的车报废，每辆车奖励3000～5000马克。同时要求及时送到政府指定的拆解企业进行拆解，拆解下来的零部件只允许汽车销售商经销。

汽车更新与报废汽车回收

【2001年汽车更新情况】 据2001年全国汽车更新完成情况统计，全国20个省市2001年实际完成更新汽车160281辆，其中载货车完成60732辆，客车完成27328辆，轿车完成28724辆，越野车完成933辆，其他车完成25959辆。全国完成较好的省市有上海、青海、广西、武汉、江西等。汽车更新量最大的省市有：上海，26221辆；云南，15836辆；吉林，13521辆；黑龙江，13296辆；广西，11681辆；江西，10990辆。

【报废汽车回收(拆解)管理工作】 2001年6月16日国务院颁布了《报废汽车回收管理办法》，6月28日中国物资再生协会在河北承德召开了部分城市报废汽车回收拆解企业发展问题研讨会，就《报废汽车回收管理办法》实施后遇到的问题进行研讨，同时强调从事报废汽车回收(拆解)的企业要严格自律，净化环境，有关政策性问题反馈给财政部、国家税务总局。

为了贯彻落实《报废汽车回收管理办法》，做好报废汽车回收企业资格认定工作，国家经贸委于8月1日发布了《报废汽车回收企业总量控制方案》，每个地级市设置1家回收拆解企业，直辖市设2～4家，计划单列市及省会城市设1～2家。冶金、铁道系统和原中国物资再生利用总公司系统不再单列。国家经贸委将分期、分批向社会公布各地经贸委认定的报废汽车回收企业。8月13日国家经贸委办公厅发布了《关于〈报废汽车回收企业资格认定书〉及〈报废汽车回收证明〉有关事宜的通知》，9月，国家经贸委、监察部、公安部、国家工商管理总局等部门联合发布了《关于贯彻〈报废汽车回收管理办法〉的实施意见》，提出了做好报废汽车回收监督管理工作的实施意见。同时，国家经贸委委托中国物资再生协会承担《我国老旧汽车更新、回收拆解现状与展望》课题研究。截止到2001年底，全国有432家企业取得了报废汽车回收企业资格认定。

附：

考察美国的汽车流通、汽车报废与回收管理

(2001年11月，中国物流与采购联合会生产资料市场委员会组织深圳、广州、安徽、宁波、大连、厦门等地区流通主管部门、部分汽车流通企业和生产企业赴美国考察汽车流通及汽车报废与回收管理情况报告摘要。)

美国经济发达，地域辽阔，资源丰富，汽车消费市场巨大，流通业十分发达，汽车从生产、流通、消费到报废回收管理体系健全。政府对汽车的使用、安全和环保方面要求十分严格，制定市场"游戏"规则，用政策法律手段规范市场。

1. 联邦政府和各州政府在汽车流通、报废及回收管理方面都制定有明确的法律法规，如交通部的车辆召回法、商业部的汽车保用法、能源部的平均油耗法、环保局的尾气排放法等。各州政府也制定有地方性法律细则。汽车报废管理在安全和环保两个方面更为严格。例如，美国加州法律规定，新车上牌照并使用2年后，每年年检一次，符合安全和排放要求，汽车可以无限期使用，但是检测标准和年保险费用将随车辆使用时间的延长而增加。汽车无法使用后按照环保法规定，不得对环境造成污染，否则将被处罚。车主一般叫拖车公司将报废汽车交回收企业处理，政府对于汽车更新和报废汽车回收拆解，没有特殊鼓励政策。1999年有些州政府还通过法律，要求谁生产谁回收，希望汽车生产企业利用销售网络参与报废汽车回收，然后将报废汽车交回收拆解企业和废料处理企业，综合加工利用。

2. 美国每年报废汽车量相对汽车保有量比例

较低,而且报废车况很差,基本是事故车或年久失修无法使用的车辆,回收拆解企业将可用零件拆卸、翻新、销售,其余部分全部压碎打包,交给废料加工处理企业再生利用或填埋。我们参观了IADA协会在NORCO市的会员企业——NORCO汽车旧零部件综合利用公司的报废汽车拆解场。公司业主法兰德斯先生介绍,该企业是NORCO市惟一的报废汽车回收拆解企业,公司具有拖车、回收报废汽车、拆解可再利用的零部件、分类销售、维修和整形旧款名牌汽车等业务。作为报废汽车回收拆解企业,没有享受政府特殊优惠政策,企业必须围绕报废汽车多种经营,从维修车辆、上门拖车、公路拖车和修理、收购旧车改装、配件销售等业务上赚取利润。由于场地处于市区,近年来环保要求更加严格,过去的金属打包压块设备已经不能使用,报废汽车必须转移到郊外打包压块后,交给废料(垃圾)综合利用企业分拣加工利用,或焚烧、掩埋处理。

3. 在报废汽车回收拆解行业规划与发展方面,美国行业协会起到重要作用。行业协会按照区域划分,根据区域汽车保有量、环保和安全法规要求,为政府提供咨询服务,帮助政府制定规划,合理布局工业用地、企业数量和规模。例如NORCO汽车旧零部件综合利用公司就是IADA协会按照NORCO市政府工业用地规划及安全、环保法律规定,建议政府批准经营的该市惟一一家报废汽车回收拆解企业。我们考察的美国IADA协会是美国最大的州汽车拆解行业协会——加里福尼亚州汽车拆解协会9个分会之一。加州汽车拆解协会成立于1957年,现有9个分会,有会员企业500家。州协会和9个分会基本任务是在汽车回收拆解利用方面为政府提供专业咨询,为会员再培训、商贸和技术方面提供服务。9个分会中的IADA协会始建于1960年,负责加州内陆河谷地区的会员服务。这次考察活动就是该协会作为中美关于报废汽车回收拆解利用国际交流项目具体安排的。

农用运输车市场综述

【2001年销售情况】 据中国农机工业协会农用运输车分会统计,2001年全国共销售农用运输车2798492辆,其中三轮农用运输车2437163辆,四轮农用运输车361329辆,分别比上年下降5.56%、1.20%和27.26%。2001年1~12月三轮与四轮农用运输车销量如表1所示。

表1　2001年1~12月农用运输车销量(辆)

月份	三轮农用运输车	四轮农用运输车
1	140704	16917
2	200842	36137
3	254737	49631
4	193816	40537
5	233811	31069
6	191668	26579
7	138083	23296
8	192737	25281
9	247853	26681
10	190455	28008
11	194283	31068
12	258174	26125
合计	2437163	361329

【市场特点】 1. 总体而言,2001年农用运输车市场需求不旺、销量继续下滑的状况与目前我国农民收入增长缓慢、购买力低下直接相关。与此类似,拖拉机、联合收割机等大宗农机产品在2001年几乎无一增长。

2. 三轮农用运输车市场相对稳定,其中河北、山东、河南等传统市场销量继续稳中有升,但近年来普遍看好的西部市场尚无明显启动迹象。2001年三轮农用运输车销量与上年同期相比略微有所下降,其销售市场分布如表2所示。

表2　2001年三轮农用运输车市场分布情况

省份	河北	山东	河南	山西	辽宁	安徽	江苏	甘肃	陕西	内蒙古	其他
比例(%)	27.39	21.59	14.85	5.06	4.94	4.63	4.49	3.94	3.07	2.42	7.62

值得注意的是,在目前市场疲软的情况下,河北、山东、河南继续成为三轮农用运输车的主要市场,三省销量之和已占全国总销量的63.86%,比上年增长了3.8%,说明价格低廉、结构和操作简单的三轮农用运输车较好地适应了这部分地区农民的购买力水平和使用要求。根据我国地域分布及经济发展状况,三轮农用运输车的市场前景将继续看好。

3. 三轮农用运输车产品结构出现以下变化:

(1)带驾驶室、方向盘转向以及电起动的三轮农用运输车的比例已分别占到总销量的39.38%、56.54%和11.56%,不同程度地比上年又有所增长,说明用户对驾驶舒适性和操作轻便性愈来愈看重。

(2)装配190、185、180等小功率发动机的三轮农用运输车的比例已占总销量的20%，比上年上升了11%，说明将三轮农用运输车作为生产生活兼用型工具的农民用户的比例正在快速增加，这类产品以河南、河北市场为主。

(3)在东北、山西等局部市场上出现了少量装配三缸和四缸发动机的三轮农用运输车(约占总销量的3%~4%)。这部分三轮农用运输车由于采用多缸发动机，其排放、噪声等环保指标有了较大改善，但其中部分产品，尤其是装配四缸发动机的产品在外形尺寸、最高设计车速和总质量上大多已超过三轮农用运输车的界定条件，且价位已与低档次四轮农用运输车接近。这类产品之所以有一定市场，一是迎合了部分将其作为生产致富工具的用户多拉快跑的需要，二是可以享受部分地区在养路费、车购税、过路过桥费等方面相对于四轮农用运输车而言的优惠政策。但三轮农用运输车稳定性差及仅有后轮制动的结构特点决定了这类超出界定的“大三轮车”在使用中存在安全隐患。

4. 四轮农用运输车市场销量大幅下滑。2001年四轮农用运输车销量比上年下降了近28%，其中装配380、475等中小功率发动机的四轮农用运输车降幅更大，而如果按用户实际申领农用运输车牌证统计，估计四轮农用运输车的总量会更少。分析原因：一是四轮农用运输车的消费环境进一步恶化，尤其是交通部和国家计委出台交公路发[2000]563号文，规定按发动机型号(缸数)收取四轮农用运输车养路费后，比原来按标定吨位收费要高出2~3倍，大大增加了用户负担。在此情况下，一方面四轮农用运输车缴纳的养路费实际已高于类似配置的载货汽车产品，另一方面在通行路线上又受到不能上高速公路及进城等诸多限制，使得部分用户转而购买载货汽车，或设法将四轮农用运输车更名为“拖拉机变型运输机”，变相享受拖拉机的使用优惠政策。二是部分四轮农用运输车产品在产品定位及发展方向上出现偏差，高档四轮农用运输车在外观和价位上与轻型载货汽车越来越接近，本身已逐渐失去农用运输车在价格方面的竞争优势。三是市场本身不规范，突出表现在对同一市场上相同用途的产品(如农村运输车辆市场上的汽车、三轮和四轮农用运输车、运输用拖拉机等)消费政策规定不一，或对同类产品虽有统一规定但各地执行力度不一，造成不公平竞争状态。四是2001年下半年以来，国家治理整顿载货车超载，纠正“大吨小标”，在一定时期内对包括四轮农用运输车在内的载货车辆市场造成了冲击。2001年下半年四轮农用运输车销量明显下降，旺季不旺与此有很大关系。

值得注意的是，在四轮农用运输车总体大幅下降的情况下，其品种中的自卸车却一枝独秀，销量比上年同期上升了6.9个百分点，已占到四轮农用运输车总销量的35%。这部分车以西部市场为主，主要用作基本建设工地的运输工具。

2001年四轮农用运输车市场分布情况如表3所示，相对于三轮农用运输车而言，四轮农用运输车的市场显得较为分散。

表3　2001年四轮农用运输车市场分布情况

省份	山东	河北	河南	四川	江苏	黑龙江	山西	广西	江西	浙江	其他
比例(%)	14.42	9.12	7.31	7.04	5.29	4.89	4.24	3.98	3.46	3.36	36.89

5. 产品售价进一步降低，行业效益继续下滑。2001年以来，三轮和四轮农用运输车的价格在上年基础上平均又下降了5%~8%；三轮农用运输车行业利润率不及1.5%，四轮农用运输车已濒临亏损。

6. 产品出口国际市场有了良好开端。2001年以来，农用运输车行业在开拓国际市场方面已有所起色，部分骨干企业如飞彩、黑豹、巨力、时风、五征的产品已开始少量出口到加纳、墨西哥、孟加拉、埃及、越南、缅甸、马来西亚和智利等发展中国家。

【市场环境与发展趋势分析】 当前面临的市场环境：

1. 受农业产品结构调整、加入WTO等因素影响，农民的收入水平短时期内难有大的提高，消费信心和购买能力均显不足，农用运输车市场的拓展将面临更大困难。

2. 随着国家对机动车安全和环保性能要求的逐步提高，农用运输车的消费环境将进一步趋紧。国家有关部门2001年已发布实施农用运输车自由加速烟度标准，2002年将组织制定农用运输车用发动机排气污染物限值标准。要满足这些日趋严格的排放标准要求，现有的三轮农用运输车必须在配套单缸柴油机上采取有效措施，首先解决“冒黑烟”问题，进而开发研制新型发动机，妥善解决排气污染物超标问题，否则发展空间将会愈来愈受限制，甚至面临被强制淘汰的危险。另一方面，随着部分四轮农用运输车在外观和价位上与载货汽车日渐模糊，“并轨”的呼声越来越高，四轮农用运输车将面临标准要求不断提高、价格优势愈来愈不明显的局面。

3. 随着国家治理整顿市场经济秩序工作的深入开展，农村运输车辆市场秩序混乱的状况有望逐步得到解决，原有的不合理及不公平的消费政策有望得到逐步清理，汽车、农用运输车和拖拉机有望严格按照其标准要求“各就各位”，同在农村运输车辆市场上以其价位和适应性赢得用户、公平竞争。过去通过超载、“大吨小标”、“一车三证”等不规范行为获得的优惠将不复存在。

4．随着国家改革车辆产品管理制度工作的逐步推进，对农用运输车的管理将进一步规范和严格。2001年以来，国家经贸委停止了实行多年的目录管理制度，采取新产品公告过渡方式将汽车、摩托车和农用运输车统一纳入车辆产品进行管理，并将所公告新产品的主要技术参数以光盘形式提供给公安车辆管理部门作为注册依据。随着我国加入WTO，今后对车辆产品还将实行国际通行的型式认证制度。这样一来，对农用运输车安全、环保和节能性能的要求将越来越严格，同时还将要求企业具备产品生产一致性保证能力。过去那种一味跟着市场走、随意生产超标车、受检样车与批量生产的产品“两层皮”等现象将得到有效遏止。

市场前景看好：在我国农村人口占80%以上、地区之间和城乡之间经济发展不平衡的国情和大环境下，服务于“三农”且具有廉价、实用特色的农用运输车产品仍将具有广阔的市场前景，之所以得出这样乐观的结论，主要基于以下4方面分析：

1．随着我国农村经济的发展，特别是农村产业化和小城镇建设步伐的加快，农村客货运输量必将进一步增加，农民对运输车辆的需求也将进一步增加。

2．在人口众多、幅员辽阔的我国广大农村地区，虽然交通运输业的模式在今后会出现多元化格局，但农村运输业的基本模式仍将以农民自办为主，这是吸收不断增长的农村剩余劳动力和增加农民收入的有效途径。

3．农村在较长时间内仍然是一个低购买力市场，虽然我国农民的收入水平会随着农村经济发展和社会进步而逐步提高，但对提高的程度和速度起码在近10年内不可估计过高，而且即使是提高后的农民收入水平，对于购买运输车辆而言仍然是很低的购买力，这就决定在今后相当长的时期内，农民对车辆的需求仍将是具备廉价、实用特点的经济型车辆，而就性能价格比和贴近农民购买力水平而言，三轮农用运输车最具竞争力。

4．加入WTO对农用运输车的直接冲击要小于汽车，而农用运输车廉价、实用的特点使其在与我国国情相似的发展中国家极具市场潜力和竞争力，入世为农用运输车开拓国际市场创造了良好机遇。

（机械工业农用运输车发展研究中心　唐光萍）

5

第五部类：汽车进出口贸易

汽车进出口贸易

QI CHE JIN CHU KOU MAO YI

中国汽车出口市场分析及预测

【进出口概况】 2001年是我国对外贸易史上出口最为严峻的一年，受世界经济增长放缓和全球需求萎缩的影响，我国对外贸易艰难挺进，特别是美国9.11事件对全球的经济发展带来严重的负面影响，使我国外贸进出口也受到巨大的冲击。经过多年的谈判我国加入了WTO，这在我国外贸史上将会发生重大的影响，为我国的外贸发展带来机遇和挑战，特别是汽车行业首当其冲。在极其艰难的情况下经过各方面努力、顽强拼搏，我国对外贸易又一次取得令人满意的成果。据海关统计2001年全国外贸进出口总额达5097.7亿美元，比2000年4743.1亿美元增长7.5%，其中出口2661.6亿美元，进口2436.1亿美元，分别比上年同期增长6.8%和8.2%，但增长速度同比分别下降了21个百分点和27.6个百分点，下降幅度之大，是近几年少有的。

2001年机电产品进出口在我国外贸中再一次发挥主力军作用，继续保持增长势头，全年机电产品进出口总额达2393.1亿美元，占全国外贸商品进出口总额的46.9%，增长3个百分点，比上年2081.8亿美元增长14.95%，其中进口1205.2亿美元，占全国外贸进口商品总额的49.5%，出口1187.9亿美元，占全国外贸出口商品总额的44.6%，进出口额分别比上年的1028.7亿美元和1053.1亿美元增长17.2%和12.8%，分别增长了3个百分点和2.3个百分点，机电产品进出口贸易逆差17.3亿美元，其增长速度远高于全国商品进出口的增长速度。

2001年我国汽车整车及汽车零部件产品进出口再一次呈现出强劲的竞争力，进出口贸易总额为55.83亿美元，比上年53.64亿美元增长4.1%，占机电产品进出口总额的2.68%，与上年相比增长0.1个百分点。其中我国汽车产品进口40.36亿美元，汽车产品出口15.48亿美元。在汽车产品进出口中汽车整车进出口18.95亿美元，占汽车产品进出口总值的33.94%，汽车出口1.99亿美元，占整车进出口的10.5%，汽车进口16.96亿美元，占整车进出口的89.5%，汽车进口贸易逆差14.97亿美元（见表1）；2001年汽车零部件进出口贸易总值36.88亿美元，占汽车产品进出口总值的66.05%，汽车零部件出口13.49亿美元，占零部件进出口的36.57%，汽车零部件进口23.39亿美元，占零部件进出口的63.43%，汽车零部件进出口贸易逆差9.9亿美元。

表1　1991~2001年我国汽车出口量值表

年度	出口量（辆）	出口额（万美元）	数量增加（%）	金额增加（%）
1991	4108	5146	-7.29	27.4
1992	6375	8917	55.18	72.28
1993	11116	14794	74.35	65.89
1994	19648	11244	67.76	-24
1995	17747	15364	-4.38	36.64
1996	15112	14833	-2.28	-3.46
1997	14863	19093	-1.65	28.83
1998	13627	15853	-8.35	-16.97
1999	8010	10255	-14.2	-35.3
2000	22644	18547	128.7	80.9
2001	25430	19880	12.3	7.2
合计	158680	153926		

【2001年我国汽车出口】 2001年前三季度世界经济形势平稳发展，我国汽车行业出口总体比2000年平稳增长，除4月、10月份出口下降以外，其他各月汽车当月出口量好于上年同期，各种车辆共出口25430辆，总额达到19880万美元，出口数量和出口金额分别比上年增长12.3%和7.2%，汽车出口的增长速度高于全国商品进出口的增长速度。受美国9.11事件的影响，10月份我国汽车出口明显下滑，出口数量、金额分别比上年同期下降25%和39.2%，由于我国汽车出口历年第四季度是高峰期，加之中央在后两个月采取紧急措施，大力支持企业出口，致使汽车在年末出口有较大回升，全年有6个月出口超过2000辆，特别是12月份出口3370辆，创下较好的出口业绩，为机电产品出口作出了贡献（见表2）。

表2　1999～2001年我国汽车出口每月量表　辆

	1月	2月	3月	4月	5月	6月	7月	8月	9月	10月	11月	12月	累计
1999年	392	332	439	326	626	764	689	428	512	921	1171	1297	8010
2000年	953	716	943	4471	1665	2120	1421	1702	1114	2108	2343	3088	22644
2001年	1255	966	1419	2940	2875	2538	1922	2051	1768	1582	2743	3371	25430

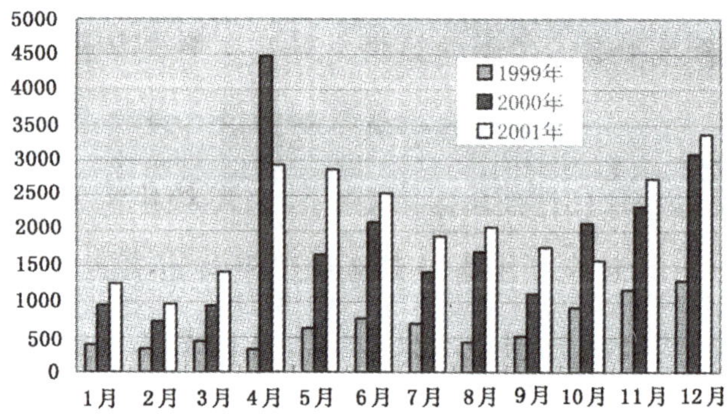

汽车出口贸易方式　我国汽车出口以一般贸易为主，一般贸易出口21364辆，比上年增长13.95%，出口金额8737.6万美元，但比上年却下降了10.42%，平均单价只有4089.8美元，比上年也下降21.4%，一般贸易出口数量和出口金额分别占汽车全部出口贸易的84%和43.95%，其所占比重高于机电产品一般贸易出口。加工贸易出口排在第二位，其中进料加工贸易出口845辆，占3.3%，出口金额4076.7万美元，分别比上年增长11.5%和13.6%，其出口平均单价48244.5美元；来料加工装配贸易出口836辆，出口金额2461万美元，出口创汇增长50.2%，平均单价提高了54%，达到29441.7美元。对外承包工程货物贸易和保税区仓储转口贸易出口额分别达到2092万美元和1619万美元，相应增长46.7%和22.6%，均出现较大的增幅。易货贸易、边境小额贸易、保税仓库进出境货物贸易比上年均有较大幅度的减少，总体来说2001年汽车出口比上年增长，但增幅不是很大。

汽车出口企业性质　在我国汽车出口中，国有企业仍占主导地位，出口数量达22923辆，占出口总量的90.14%，比上年同期增长26.9%，出口金额达13387.6万美元，占出口总额的67.34%，比上年下降10.4%，出口平均单价只有5840.2美元，价格下降29.4%，是各类出口企业中价格最低的，其出口数量、出口金额的增幅较上年也明显减少。中外合资企业出口排在第二位，出口额2842.7万美元，占出口总额的14.3%，比上年同期增长25.6%，出口数量738辆，比上年减少80.6%，但其出口平均价格却高达38518.8美元，比上年增长548.7%。在2001年汽车出口中，集体企业显现出强劲的竞争力，出口数量、出口金额分别增长615.9%和403.6%，是所有出口企业增长最快的。外商独资企业出口465辆，出口金额2151.8万美元，分别增长54%和151.2%。个体企业汽车出口也有所增长，中外合作企业汽车出口是新增加的企业，虽然出口数量不多，但出口平均单价达到107595美元，其他类型企业汽车出口有所下降。总体来说我国汽车行业出口结构在进一步趋向合理化、市场化。

汽车出口车型　2001年我国汽车出口结构发生较大变化（见表3），其中小轿车类型出口首次超过货运车，排在首位，创历史最好水平。全年小轿车类型出口9341辆，出口创汇3620.26万美元，分别占出口数量和出口额的36.73%和18.2%，其出口数量、出口额分别比上年同期增长78%和17.8%，出口平均单价只有4000美元，比上年下降33.3%。其中雪地行走专用机动车、高尔夫球机动车出口5761辆，出口创汇346.4万美元，出口数量、出口额分别比上年增长249.4%和2541.4%，出口平均单价从上年的79.5美元上升到601.3美元，增长656.4%。汽油小客车是出口的主要车型，全年出口721辆，出口创汇473.7万美元，出口数量、出口额分别比上年同期增长836.4%和781.7%。其中1500毫升＜排量≤2500毫升的汽油小轿车和排量＞2500毫升的柴油客车以及2500毫升＜排量≤3000毫升的汽油小轿车出口数量和出口创汇均增长较快，出口数量分别增长66.5%、89.4%和101.6%。1000毫升＜排量≤2500毫升的汽油越野车和排量≤1000毫升的其他汽油型载人机动车也是出口的主要车型，分别出口676辆和657辆，与上年相比其出口数量和出口创汇均有较大的下降。

表3　　2001年我国汽车出口车型　　辆、万美元

车　型	2001年				2000年	
	数量	金额	数量增长	金额增长	数量	金额
客　车	1091	5441.8	3.6	49.3	1053	3644.2
小轿车	9341	3620.2	78	17.8	5248	3074.5
货　车	9223	6199.5	23.6	-7.8	7464	6720.6
特种车	654	3727.4	-74.8	-16.6	2600	4470
底　盘	5121	890.6	-18.4	39.9	6279	636.5
累计	25430	19879.6			22644	18546.5

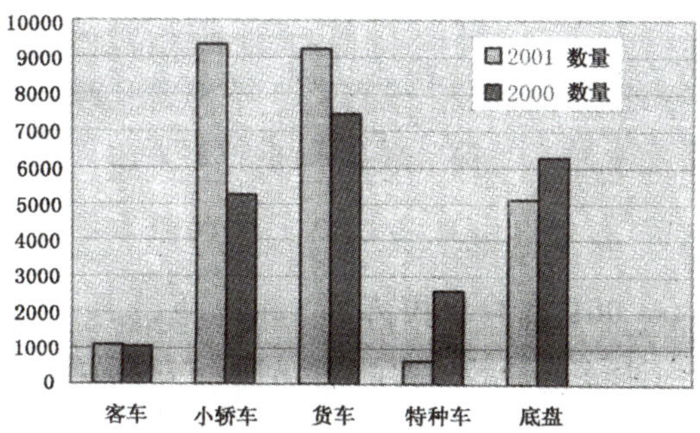

2001年我国货车类型出口9223辆，增长23.6%，出口金额6199.5万美元，下降7.8%。平均出口单价7000美元，价格下降22.2%。在货车出口中载重量≤5吨汽油货车排在第一位，出口4136辆，出口创汇2097.5万美元，同比增长32%和20.5%；载重量≤5吨的柴油货车增速较快，出口2375辆，出口创汇1338.8万美元，同比增长83.8%和94.8%，其出口价格达5637.1美元，增长6%；5吨＜载重量＜14吨的柴油货车出口虽然出口超过1000辆，但比上年下降较多，出口数量、出口金额分别下降42.9%和70.7%，其出口价格也相应下降48.7%；非公路机动自卸车以及14吨≤载重量≤20吨的柴油货车出口增长较大，其他货车出口均有不同程度的下降。

近年来我国客车的设计能力和技术含量明显增强，特别是出口车型的更新换代和设备配置上档次升级，2001年我国客车出口数量、金额已达到1091辆和5441.84万美元，分别比上年增长3.6%和49.3%，占全年汽车出口数量和出口金额的4.29%和27.37%，平均单价增长42.9%，说明我国客车出口质量和出口档次逐步在提高。在出口客车中，座位≥30的柴油机客车排在首位，全年出口605辆，出口创汇4824.3万美元，同比增长21.2%和100.1%，出口平均单价达到79741美元，增长65%；20≤座位≤29的柴油机客车出口231辆，出口创汇307.6万美元，其出口数量和出口创汇分别下降11.5%和13%；10≤座位≤19的其他机动客车以及柴油机客车出口均有较大增长，分别达到140辆和95辆，但座位≥30的其他机动客车出口只有3辆，出口数量、创汇比上年大幅度减少。

2001年我国专用汽车出口数量比上年大幅度减少，各种专用车共出口654辆，是上年出口的1/4，出口数量下降了74.8%，出口平均单价却增长4万美元，达到5.7万美元，增长235.3%，其中下降最多的是未列名特殊用途的机动车辆，该车2000年出口2470辆，而2001年只出口379辆，下降84.7%，其他如机动混凝土搅拌车、石油测井车、石沙车、机动医疗车等出口均有所下降。但机

动电源车和机动钻探车出口达到 210 辆和 35 辆，创汇增加，分别增长 677.85%和 288.9%。特种车出口价格的大幅度普遍上升，说明我国特种车辆性能、质量、技术含量等方面已能进一步适应国际市场的需要。2001 年我国出口在 200 辆以上的车型有 20 种（详见表 4）。

表 4　　2001 年我国汽车出口 200 辆以上的车型　　辆/美元

车型	2000 年		2001 年			
	数量	金额	数量	金额	数量增长%	金额增长%
雪地行走专用机动车；高尔夫球机动车等车辆	1649	13.1	5761	346.4	249.4	2541.4
其他汽油货车，车总重≤5t	3133	1740.9	4136	2097.5	32	20.5
8701 至 8705 所列其他车辆装有发动机的底盘	5553	429	2962	358.3	-46.7	-16.5
其他柴油货车，车总重≤5t	1292	687.3	2375	1338.8	83.8	94.8
非公路自卸车装有发动机底盘	325	11.4	1710	11.5	426.2	1.1
其他柴油货车，5t<车总重<14t	1766	2495	1008	731	-42.9	-70.7
其他汽油小客车 1000ml<排量≤2500ml	77	53.8	721	473.8	836.4	781.7
汽油越野车，1500ml<排量≤2500ml	1904	1072.8	676	403.7	-64.5	-62.4
柴油机客车，座位≥30 座	499	2410.9	605	4824.3	21.2	100.1
其他非公路用货运机动自卸车	362	872	633	600	74.9	-31.2
其他汽油型载人机动车，排量≤1000ml	738	351.4	657	243.4	-11	30.7
汽油小轿车，1500ml<排量≤2500ml	328	537.6	546	747.5	66.5	39
其他柴油货车，14t≤车总重≤20t	271	355.3	450	796	66.1	124.2
其他汽油货车，车总重>8t	369	257.2	398	255.7	7.9	-0.6
装有发动机的座位≥30 的机动客车底盘	125	130	397	448.6	217.6	245.1
未列名特殊用途的机动车辆	2470	3216.7	379	2758	-84.7	-14.3
柴油机客车，20 座≤座位≤29 座	261	353.6	231	307.6	-11.5	-13
其他机动电源车	27	37.2	210	233.8	677.8	259.3
其他柴油型载人机动车，1500<排量≤2500ml	36	43.1	202	9.3	461	-78.3

汽车出口流向　2001 年我国汽车出口主要地区在亚洲、北美洲和非洲，上述三地区共占出口量的 92.9%，对各地区出口结构如表 5。其中向亚洲 33 个国家和地区出口各类型汽车 16148 辆，出口金额 14975.3 万美元，分别占出口总数量和出口总金额的 63.5%和 75.3%，出口数量比上年同期减少了 4.5%，但出口金额却增长 12.6%。出口在 1500 辆以上的国家主要有孟加拉国 2808 辆、印度尼西亚 2516 辆、香港 2260 辆、伊拉克 1865 辆和朝鲜 1573 辆；出口数量增长超过 100%以上的国家有沙特阿拉伯、印度尼西亚、越南、叙利亚、泰国、科威特和也门共和国，出口创汇超过 1000 万美元以上的国家和地区有香港、伊拉克和朝鲜；出口数量下降超过 40%以上的国家有朝鲜、缅甸、土耳其、日本、菲律宾和蒙古，出口亚洲新增加的市场有马来西亚、新加坡、塞浦路斯和以色列等。

表 5　　2001 年我国汽车出口地区结构　　辆/万美元

	2001 年				2000 年			
	数量	金额	数量占比	金额占比	数量	金额	数量占比	金额占比
亚洲	16148	14975.3	63.5	75.3	16903	13302.7	74.6	71.7
非洲	2671	3298.6	10.5	16.	3116	3789.4	13.8	20.4
欧洲	901	741.3	3.5	3.7	542	1090.8	2.4	5.9
南美洲	851	418.9	3.4	2.1	384	271.1	1.7	1.4
北美洲	4816	432.6	18.9	2.2	1678	86.4	7.4	0.4
大洋洲	43	13.1	0.2	0.1	21	6.1	0.1	0.1
合计	25430	19880	100	100	22644	18546.5	100	100

向非洲 32 个国家出口各类汽车 2671 辆，出口金额 3298.6 万美元，出口数量和出口金额分别比上年下降 14.3% 和 13%。出口国家有苏丹 1226 辆、南非 315 辆、马达加斯加 219 辆、埃及 173 辆和埃塞俄比亚 127 辆，对马达加斯加、阿尔及利亚、埃塞俄比亚、坦桑尼亚、莫桑比克等国的出口增长均较快；出口新增加的市场有吉布提、加蓬、贝宁等 6 个国家；对赞比亚、扎伊尔、加纳和喀麦隆等国家的汽车出口下降，下降幅度均超过 50%。

2001 年我国对北美洲汽车出口排在第二位，其出口数量、金额分别比上年增长 187% 和 400.8%，是增长最快的市场。美国是我出口的主要国家，全年共出口各类汽车 4728 辆，出口金额 427 万美元，分别比上年增长 182.1% 和 431.2%。对南美洲出口数量、出口金额分别增长 121.6% 和 54.5%，该市场也是近几年增长较快的；对欧洲和大洋洲的出口也有所增加（见表 6）。

表 6　　2001 年我国对世界各地区汽车出口主要车型

	亚洲	欧洲	非洲	北美洲	南美洲	大洋洲	合计
客车类	939	13	127	3	8	1	1091
小轿车类	3405	500	831	4506	99		9341
货车类	6451	207	1508	307	708	42	9223
特种车	363	179	112	654			
机动车底盘	4990	2	93		36		5121
合计	16148	901	2671	4816	851	43	25430

2001 年我国共向世界 112 个国家和地区出口各类汽车，比上年增加 10 个国家。出口数量在 1000 辆以上的国家和地区有美国、孟加拉国、印度尼西亚、香港、伊拉克、朝鲜和苏丹（见表 7）。出口金额在 1000 万美元以上的国家和地区是香港、伊拉克、朝鲜和苏丹，香港排在首位，出口金额 5841.5 万美元，比上年同期增长 55%。出口数量增长超过 100% 以上的国家有美国、印度尼西亚、沙特阿拉伯、越南、叙利亚、危地马拉、泰国、芬兰、加拿大、马达加斯加、科威特、意大利、莫桑比克、伊朗和柬埔寨等 26 个国家，其中危地马拉、泰国、芬兰、马达加斯加、加拿大和科威特 6 国增长迅猛。出口数量下降超过 50% 以上的国家有菲律宾、赞比亚、日本、乌拉圭、扎伊尔和加纳等 17 个国家。2001 年汽车出口新开辟的国际市场有挪威、希腊、厄瓜多尔、吉布提、以色列、加蓬等 31 个国家，其中向挪威出口汽车 69 辆，出口创汇 3.8 万美元；老出口市场丢掉的有塔吉克斯坦、吉布提、古巴、马里等 20 个国家，2001 年我国汽车出口在 300 辆以上的国家和地区有 14 个（见表 8）。

表 7　　2001 年我国汽车出口在 1000 辆以上的国家和地区及出口的主要车型　　辆/美元

国家和地区	出口车型	数量	增长%	平均价格
美国	雪地行走专用机动车、高尔夫球车	4387	180	698
	车总重≤5 吨的柴油货车	175	327	3198
	车总重≤5 吨的汽油货车	129	169	2743
孟加拉	8701 至 8705 车辆发动机底盘	23.4	-35	663
	车总重≤5 吨的汽油货车	308	32	2352
	车总重≤5 吨的柴油货车	158	888	3132
印度尼西亚	非公路自卸车装有发动机底盘	1700		17
	车总重≤5 吨的汽油货车	719	396	2166
	8701 至 8705 车辆发动机底盘	61	-72	250
香港	雪地行走专用机动车、高尔夫球车	699		78
	5 吨<车总重<14 吨的柴油货车	429	-3.8	5017
	1500 毫升<排量≤2500 毫升汽油小轿车	285	22	18485
	14 吨≤车总重≤20 吨的柴油货车	220	-4.3	6514
	2500 毫升<排量≤3000 毫升汽油小轿车	120	114	38883
	座位≥30 座的柴油机客车	114	280	210529
	车总重>20 吨的柴油货车	98	-31.5	8722
伊拉克	车总重≤5 吨的汽油货车	778	-41	7140
	车总重≤5 吨的柴油货车	362	805	9525
	非公路货运机动自卸车	280	4566	736
	座位≥30 座的柴油机客车	230	2200	71800
	未列名特殊用途机动车辆	141	-53	29050
朝鲜	1500 毫升<排量≤2500 毫升汽油越野车	592	-61	4602
	车总重>8 吨的汽油货车	351	-2	5687
	座位≥30 座的柴油机客车	229	-30	29408
	5 吨<车总重<14 吨的柴油货车	146	-8.8	10201
	车总重≤5 吨的汽油货车	72	-56	3837
苏丹	车总重≤5 吨的汽油货车	480	89	10815
	排量≤1000 毫升汽油载人机动车	465	19	3693
	排量>2500 毫升柴油客车	115	74	5265

表 8　　2001 年我国汽车出口在 300 辆以上的国家和地区　　辆/美元

国家或地区	2000 年		2001 年			
	数量	金额	数量	金额	数量增长	金额增长
美　国	1676	80.3	4728	426.6	182	431
孟加拉国	3835	357.2	2808	375.5	-26.8	5.1
印度尼西亚	630	135	2516	180.8	299.4	33.9
香　港	1366	3768	2260	5841	65	55
伊拉克	2293	4278	1865	3103	-18.7	-27.5
朝　鲜	2701	2552	1573	1560	-41.8	-37.3
苏　丹	1540	1768	1226	1123	-20.4	-36.4
缅　甸	1570	150	803	503	-49	235
沙特阿拉伯	171	135	782	429	357	217
越　南	279	287	721	678	154	136
叙利亚	325	83	710	318	118	282
科威特	86	12	387	80	741	562
危地马拉	5	2	316	109	6220	3776
南　非	218	182	315	504	44	254

汽车出口价格　2001 年我国汽车出口数量、出口创汇金额呈上升趋势，分别增长 12.3% 和 7.2%，出现了多年少有的好势头。在国际市场竞争日趋激烈、机电出口产品价格普遍下滑的情况下，汽车出口平均单价能与上年持平，呈现出强劲的竞争力。当年出口亚洲的平均价格上升 12.5%，出口非洲、大洋洲和北美洲地区价格与上年持平；出口欧洲、南美洲地区价格比上年分别下降 60% 和 28.6%。中外合资企业和外商独资企业的出口平均价格分别增长了 548.7% 和 63.1%，国有企业和集体企业出口平均价格下降了 29.4% 和 29.7%。来料加工装配贸易、对外承包工程货物贸易、租赁贸易和边境小额贸易出口平均价格分别增长 54%、15.4%、101.1% 和 13.5%，而一般贸易、包税仓库进出境货物贸易和易货贸易出口平均价格分别下降了 21.4%、94.9% 和 65.2%。各种专用车辆、车辆底盘和客车出口平均价格分别上涨 235.3%、100% 和 42.9%，小轿车、货车类出口平均价格分别下降了 33.3% 和 22.2%。雪地行走专用机动车、高尔夫球机动车、石油测井车、压裂车、混沙车、机动混凝土搅拌车、14 吨 > 载重量 ≥ 14 吨装有发动机的货车底盘、20 座 ≤ 载客量 ≤ 29 座的客车、载客量 ≥ 30 座柴油机客车以及总重 > 20 吨柴油货车等出口平均单价均增长 50% 以上，而 5 吨 < 载重量 < 14 吨的柴油货车、非公路货运机动自卸车、非公路自卸车装有发动机底盘、机动钻探车、排量 > 2500 毫升柴油越野车、座位 > 30 座的客车以及 1500 < 排量 ≤ 2500 毫升的柴油机动车出口平均单价下降幅度在 50% ~ 96.2%。2001 年我国汽车出口到美国、孟加拉国、缅甸、叙利亚、南非、斯里兰卡、菲律宾、秘鲁、巴基斯坦、利比亚等国出口平均单价均增长 50% 以上，出口到印度尼西亚、泰国、土耳其、加拿大、萨尔瓦多、比利时、赞比亚、韩国等国的出口价格下降幅度都在 50% 以上。

从事汽车出口的企业　2001 年我国从事汽车出口的企业多达 377 家，比上年增加 35 家，出口 1000 辆以上的企业只有 5 家，中国第一汽车集团进出口公司排在第一位，出口 2246 辆，出口创汇 3353.2 万美元，出口数量和出口金额分别增长 34.7% 和 18.8%。出口 100 辆至 1000 辆的企业有 34 家，以上两项合计占出口企业数量的 12%；出口创汇在 500 万美元以上的企业只有 8 家，出口创汇在 100 万至 500 万美元以内的企业有 25 家；如重庆长安、沈飞、江铃、北汽福田、合肥昌河、上海通用、跃进、厦门金龙等企业汽车出口均有较大的增长。而汽车出口在5辆以下的企业多达187家，占出口企业数量的49.6%，由此可见我国绝大多数企业汽车出口目前还是初始阶段，多数是在投放样车，形不成批量规模。

【2002年我国汽车出口预测】

1.2002年世界经济总体形势不容乐观，美国9.11事件对全世界各国的影响会持续，由于美国是中国出口商品的重要伙伴，2002年中国对外贸易出口面临的难度将会加大，出口增长速度会继续减慢。我国加入了WTO，汽车行业的发展机遇和挑战并存，汽车产品出口总体形势比2001年乐观，但不会发生大的起落。

2. 汽车出口市场方面，国家将重点支持开发欧洲和南美洲市场，加大对重点出口市场的政策倾斜和外贸发展资金的投入，特别是对俄罗斯市场的开发力度将加大。我汽车出口在苏丹、南非、埃及、秘鲁等国市场逐步成熟，市场结构也会逐步调整。2002年我国汽车产品出口南美洲、欧洲和非洲市场将会增长，预计增幅在15%左右。

3. 近几年我国汽车出口产品结构调整较快，一方面我国出口车的整体技术含量普遍增加，设计水平提高；另一方面客商对我国出口车的配置、档次要求也越来越高，我国汽车出口的整体水平在上升。2002年我国有的车型出口平均单价会出现增长态势，特别是高档旅行大客车、特种车出口价格将进一步提升；我国加入了WTO后，整车和零部件进口关税大幅度下调，进口配额和进口量增加，以及国产车生产成本下降，品牌车大量投放市场，致使国产汽车价格下降明显，预计小客车、货车出口量上升，而出口价格降幅可观。

4. “十五”期间我国将加大大、中型客车的设计开发和提高产品水平，使大中型客车进一步走向国际市场，增强国际竞争能力，预计2002年我国大中型客车出口增幅10%～20%，出口量将达到1300辆左右。

（中国机电产品进出口商会汽车分会）

进口汽车检验概况

【进口汽车概况】 据国家规定的进口汽车整车的口岸（满洲里、大连、天津、上海、黄浦和深圳）检验检疫机构的统计，2001年共检验进口汽车（整车、不包括成套散件）53044辆，同比增长30.5%。有关情况如下表：

口岸名称	数量（辆）
天津	19912
深圳	8084
大连	10455
上海	6893
黄浦	7659
满洲里	41
合计	53044

进口汽车以轿车为主，生产国别及地区主要有：日本、德国、韩国、美国、法国、瑞典、英国、意大利、泰国及台湾地区等。批量进口的品牌有：丰田、尼桑、三菱、奔驰、宝马、大众、欧宝、现代、起亚、福特、克莱斯勒、雷诺、雪铁龙、菲亚特、富豪。此外，价格昂贵的劳斯莱斯、本特利、兰伯基尼、法拉利也有少量进口。

进口客车种类增多。在进口客车中，改变了以丰田系列为主的单一进口局面，7～9座轻型客车出现了福特稳达、欧宝、赛飞利、起亚佳华、本田小溪等多个品种。韩国产奔驰MB10012/15座轻型客车全年的进口量一直保持较高的水平。以装饰豪华、乘座舒适闻名的道奇RAM7～15座客车的进口量下半年也有所增长。

上海地区进口汽车主要车型为日本三菱，五十铃公司生产的混凝土搅拌车底盘，以及泵车底盘，还有一些其他用途的生活用车等。

【质量情况】

1. 轿车安全性、舒适性增加。在进口轿车中，高配置、小排量的车型占主导地位，如尼桑风度2.0L、丰田佳美2.2L、本田思域1.6L、福特蒙迪欧2.0L、雷诺风景1.6L、尼桑阳光1.6L/1.8L、现代酷派1.8L/2.0L、大宇旅行家1.6L、奥迪1.8T及奔驰的C、E系列和宝马的3、5系列的轿车都普遍装配了自动挡、安全气囊、天窗、CD机、ABS制动系统等高标准配置，提高了安全性及舒适性。

在福特、宝马、奔驰、奥迪等欧美品牌轿车中装配了电眼（声纳防撞系统）。奥迪轿车还增加了有利于提高抓地性的智能全时四驱系统，使其安全性能得到改善。此外，具有光强度高、低眩目的氙气前照灯被一些高级轿车所采用。

2. 越野车越野性能加强。2001年进口的越野车大多带有宽胎、电子四驱、独立悬挂、ASR防滑系统、拖挂绞盘、海拔表等设计外，还融入了多项轿车设计理念，如天窗、电动椅、ABS制动、自动挡、安全气囊、CD机等以适应市场的需求。但适合城市道路行驶装有先进的内变式四驱的小型越野车进口量偏低。

3.CPU技术广泛采用。我国汽车生产力水平的提高推动了进口汽车技术含量的不断增加。车辆的发动机、底盘、车身、照明与仪表、电子报警各部分的每一个构件，通过其传感器传输到各个电子控制器（ECU）中，再以微处理器（CPU）控制各部件运行，提高了车辆各机件工作的效率和运转的安全性。这种技术在进口汽车中被广泛采用。

4.人性化、智能化程度提高。进口车多配有高质量的音响设备、变频空调、车载GSM电话及DVD视听系统；欧美新款车装有手动/自动可换式变速箱；奔驰公司还推出了按摩/空调座椅、多媒体电脑；奥迪、奔驰等的小型车的发动机中开始出现进气增压功能（奥迪为涡轮式，奔驰为机械式）。

5.节能、环保性增强。连续点火技术在进口车汽油发动机中得到应用，对压缩比和空燃比有了进一步改善，使反应速度加快、燃烧更加充分，从而大大降低了废气排放。

6.进口汽车分国别质量情况。

日本汽车　主要厂牌有：丰田、本田、日产、三菱和五十铃等汽车制造公司，从2001年检验检测情况看，车辆安全类项目检测质量比较稳定，日本汽车厂商对质量尤其在安全性能方面比较重视，如丰田公司新款凌志430、日产公爵王等车型等。日本厂商也比较重视产品质量认证工作，每推出一个新车型，同时办好了相关的认证工作，体现了日本厂商对中国市场的高度重视。除了三菱公司生产的汽车底盘有外观质量问题，其他没有发现较大质量缺陷。

韩国汽车　主要有现代、双龙、奔驰（韩国组装）轿车、小客车，韩国双龙公司生产的双龙CM600S、CM500S二款车型以及双龙旅行车，是从德国奔驰公司引进的进口汽车散件组装，配套生产的轿车与奔驰S320、S280车型相仿，无论从汽车的外观、性能、可靠性和安全性等方面，其质量均有较大进步，由此可以看出韩国汽车制造工业的总体质量水平有了较大提高。

德国汽车　主要是奔驰、宝马两家汽车公司，经检验检测结果分析，德产车质量较好。

美国汽车　主要有福特、通用公司生产的轿车、小客车及其他用途的汽车。从检验检测情况来看，福特、道奇两款小客车的外观质量普遍存在问题，车辆底盘外表面质量较差，排气管朝向右侧，不符合国家标准。

其他欧洲国家　从欧共体国家进口的汽车主要有意大利、法国、瑞典、西班牙等国公司生产的沃尔沃、依维柯、菲亚特、雪铁龙、斯勘尼亚等著名品牌。从欧共体进口的汽车总体质量比较稳定，但有个别国家产的汽车仍然存在质量问题，其中西班牙产依维柯卡车底盘存在无前下视镜，发动机变速箱漏油等质量问题。这些质量问题，有些是生产过程中的装配问题，有些是国外汽车生产厂对我国现行标准不清楚或不熟悉造成的。

【典型案例】

1.2001年，作为上海地区进口的主要车型三菱FV415J型卡车底盘，存在着外观质量等问题：

安徽星马汽车公司从日本三菱汽车公司购买一批三菱FV415J汽车底盘，计18辆，这些专用汽车底盘分别经过组装成混凝土搅拌车。在口岸到货的检验中发现，三菱专用汽车底盘车身下、各油管连接口、制动软管、电源线以及风扇皮带、水箱水管、电线塑料扩套等均涂满了油漆，严重影响到敷设管线的使用寿命，不符合我国标准。遂向日本三菱汽车公司提出索赔，经过双方确认，日方承认以上事实，同意赔偿共计25万元人民币。事后，就汽车底盘存在的外观质量问题，中日双方进行了专题交流，并对同样日本产的日野汽车公司、五十铃汽车公司的15吨专用底盘外观进行比较，对于上述问题，三菱公司的解释是底盘喷漆时，为了节省时间，加快安装进度，没有将管线包扎，因此不慎将油漆洒在管线上。通过交流和比较，三菱公司的技术人员同意我方提出的有关问题，并表示今后输往中国的三菱汽车将按中国标准进行制造。（此后几批到货的三菱FV415J汽车底盘外观质量有较大改进。）

根据对三菱FV415J汽车专用底盘进行质量跟踪调查，发现主要存在质量问题有：（1）驾驶室翻转装置不严密，锁置挂钩松动；（2）部分离合器、助力器漏气；（3）部分空调制冷差，原因是空调系统管道连接口泄漏制冷液；（4）取力器输出轴油封处渗油；（5）部分排气管挡板开裂。

2.上海市市政工程建设公司从德国进口3辆依维柯KROLL扫路车，投入使用不久就出现不少质量问题。其中1辆扫路车副发动机因冷却系统水管开裂，造成冷却水泄漏，引起发动机工作过热，以致拉缸；另有1辆扫路车右前盘刷收放时，因定位不准确以致撞击驾驶室踏脚板和空调冷却风扇，造成风扇外壳破裂。此外这批扫路车还存在工作系统动力不足现象。

3.2001年3月，辽宁一个体户购买1辆WINDSTAR福特稳达7座旅行车，车辆识别号码：2FMDA56U7YBB50439。该车在行驶3400公里时发生故障，发动机冷启动困难、发动机运转不稳定、抖动严重、加速性能不良。

检验过程及结果：

(1) 发动机气缸压力：第 1、2、3、4 缸缸压在 60－70PSI（二次压缩），第 5 缸：30PSI，第三缸：20PSI。

(2) 发动机火花塞：第 5、6 缸火花塞中央极柱、瓷绝缘体烧掉，侧极柱烧蚀严重。

(3) 更换第 5、6 缸同型号火花塞后，仍存在发动机冷启动困难，发动机运转时存在抖动现象。

(4) 发动机气缸压力：第 1、4 缸 0.9Mpa；第 2、3 缸 0.95Mpa；第 5 缸 0.65Mpa；第 6 缸 0.8Mpa。

检验结论：发动机气缸压力及各缸压力差不符合 JT/T201－95《汽车维护工艺规范》中气缸压力不得低于规定的 85%；各缸压力差应不大于规定值 10%的规定。最后经交涉，卖方给用户换了一辆新车。

4. 广东进口法国雷诺汽车公司生产的一辆“风景线”轿车，在行驶约 200 公里后，在冷车状态下启动该车辆，按正常操控行驶一段时间（约 30 分钟），停车后用任一前进档，车辆都不能行驶。分别在雷诺汽车公司广州特约维修中心和花都全球自动变速箱有限公司，对该车辆进行了检测，证实车辆的自动变速箱存在故障。在花都全球自动变速箱有限公司，将自动变速箱完全拆解，传动机件及液压油路完好无损，通过分析，故障产生的原因是液压系统的密封圈和垫片制造精度不良，以致液压系统泄压，造成自动变速箱工作不正常，更换液压系统的密封圈和垫片，重新安装变速箱并进行测试，故障排除，变速箱工作正常。用户凭商检出具的检验证书向法国雷诺汽车公司提出索赔，法国雷诺汽车公司同意免费更换自动变速箱。

【日产三菱帕杰罗系列越野车质量问题的处理】

自 2000 年 9 月，我国宁夏、云南地区相继发生日本三菱帕杰罗 V31、V33 越野车在正常行驶中制动突然失效的安全质量事故，经我国出入境检验检疫机构检验认定，上两种车型系设计不当，固定在后车轴上制动油管和固定在车身上的制动感载阀在行驶中碰撞和摩擦，从而导致制动油管磨损穿孔，制动液外漏造成制动失败。

2000 年 10 月 24 日，我国家出入境检验检疫局约见日本三菱汽车公司驻北京事务所代表，通报上述两个车型质量问题。日方开始抵赖，说该两车型在日本没有出现上述质量问题；后来在事实面前不得不认同；但又于 2000 年 11 月 2 日和 12 月 8 日先后来我国检验检疫局并复函说明，通过正常贸易出口到中国的 V31、V33 只是一小部分，已告知中国境内三菱汽车指定的 43 个维修站对进厂修理的 V31、V33 全部进行检查，改修更换制动油管。

直到 2000 年底，只检修了我国在用的 V31、V33 越野车 72000 辆中的不到 2000 辆，而不是逐辆更换。显然日方只想对通过正常贸易出口到中国的 V31、V33 车质量问题负责。为此我方根据《中华人民共和国消费者权益保护法》和《中华人民共和国产品质量法》向日方严正指出：只要是三菱公司的产品，不管何种销售渠道，其质量问题都将追溯到制造商——三菱公司。

为确保在用的 7 万多辆 V31、V33 越野车的安全行车，维护我国消费者权益，根据《中华人民共和国进出口商品检验法》及其实施条例和《进口商品安全质量许可制度实施细则》的规定，我方于 2001 年 2 月 6 日决定吊销日本三菱帕杰罗 V31、V33 越野车的进口商品安全质量许可证书，禁止其进口，并要求对其所生产的存在安全隐患的所有产品承担全部责任，保留对因三菱帕杰罗 V31、V33 越野车存在严重安全质量问题而造成损害的索赔权利。2 月 7 日正式向三菱汽车工业株式会社发出了《关于三菱帕杰罗越野车安全质量问题的函》，通报了我方拟发布的《中华人民共和国国家出入境检验检疫局 2001 年第 3 号公告》（即上述决定内容）。

2001 年 2 月 9 日，第 3 号《公告》发布，并通过出入境检验局网站向社会提供了三菱公司在中国大陆各维修厂的名录，要求用户尽快到维修厂检修并更换刹车油管。

2 月 12 日，商检局约见日本国驻华使馆经商处，提交了我方给三菱汽车株式会社（本部）函的抄送件和第 3 号《公告》。

2 月 14 日，三菱公司派山口文夫参事到我国家出入境检验局，当面提交了服从我商检局吊销帕杰罗 V31、V33 越野车的进口商品安全质量许可证书及无偿更换后制动油管的决定的确认书。

自 2001 年 2 月 12 日～3 月 2 日，我国家出入境检验局与三菱公司进行了 7 次交涉。根据《中华人民共和国进出口商品检验法》及其实施条例赋予我出入境检验局的职责，有理、有利地谈判，2001 年 3 月 2 日，日本三菱公司最终确认了以下承诺：

1. 对该车型无偿更换重新设计的后制动油管。更换后保证在该车辆使用期间不发生后制动油管和感载阀碰撞、磨损等安全质量隐患。并从检修日起对检修部位重新计算品质保修期。

2. 对用户提出的报告将依据中国的法规，尽快彻底调查，对确因产品技术问题造成的事故，将按照中国的法律给予补偿。

3. 根据2月28日国家出入境检验检疫局的意见，重新设计相关零件；并保证重新设计的零件将彻底解决安全隐患。

4. 对于更换用的重新设计的后制动油管，建立紧急增产体制，从速从日本发送。

5. 向中国派遣三菱公司服务人员，对维修站进行技术指导，并对实际作业提供支持。

6. 在原有54家维修站点基础上，增加其与中国合资的湖南长丰汽车制造股份有限公司在全国的103个维修站点，承担帕杰罗V31、V33的召回检修任务。

7. 重新设计生产的后制动油管第一批3000根不迟于2001年4月5日运抵中国，到4月30日，将有35000根运抵中国。在第一批运抵后3个月内，分批送达有需要的各地维修站，并确立能使更换工作顺利完成的售后服务体系。如违约，三菱公司将承担法律责任。

自2月9日第3号《公告》发布后，广大帕杰罗V31、V33用户纷纷到维修厂更换刹车油管。对于三菱公司为用户更换上的刹车油管，经我出入境检验局和广大帕杰罗V31、V33用户论证，只是在原刹车油管被磨损部位增加了一个橡胶套，不可能彻底消除车辆的安全隐患。经交涉，三菱公司直到2月28日才下决心重新设计新的后制动油管。我方除要日方承诺更换后制动油管后保证在该车辆使用期间不发生后制动油管和感载阀碰撞、磨损等安全质量隐患外，要提供新、老后制动油管设计图纸、照片、一个实物和更改说明，待收到日方更改设计后的后制动油管有关技术资料确认函后，我方将在网上公布，让检验检疫机构和广大帕杰罗V31、V33用户进行严格监督。

与此同时，我出入境检验检疫局及时向国家海关总署、外经贸部、公安部作了通报，并于2月26日联合印发了《关于进口日产三菱帕杰罗V31、V33越野车有关问题的通知》。通知规定，外经贸部门停止发放三菱帕杰罗V31、V33进口许可证，检验检疫部门不再接受报检，海关不予通关，公安交通管理部门不予上牌照。

考虑到军队也大量使用上述两种型号的汽车，2001年3月6日我出入境检验局将上述第3号《公告》和四部委联合《通知》送解放军总装备部，请部队做好上述两种型号车辆的处理工作。

2001年4月4日国国家出入境检验检疫局发布第7号《公告》，内容为：

1. 请三菱帕杰罗V31、V33越野车用户及时到日本三菱公司指定的维修站去更换重新设计的后制动油管，包括2001年2月9日国家出入境检验检疫局第3号《公告》发布后，已到三菱公司指定的维修站实施过“检修、更换刹车油管”的三菱帕杰罗V31、V33越野车的用户。三菱公司将于2001年4月16日~7月16日无偿更换重新设计的后制动油管。

2. 各地检验检疫机构要对辖区内三菱帕杰罗V31、V33越野车用户更换后制动油管工作实施监督管理，发现问题及时报国家检验检疫局。

3. 重新设计的后制动油管的图纸、照片和更改说明等有关技术资料和维修站一览表将公布在中国检验检疫网上（网址：http：//www. ciq. gov. cn）。

2001年4月16日国家出入境检验检疫局下发《关于对三菱帕杰罗V31、V33越野车更换重新设计的后制动油管后的安全质量实施重点跟踪检验的通知》。截止到2001年7月16日，计有18595辆三菱帕杰罗V31、V33越野车更换了重新设计的后制动油管，更换率88.2%。

2001年8月9-10日，“三菱帕杰罗V31、V33越野车更换重新设计后制动油管安全质量检验鉴定会”在云南昆明召开。经过重点跟踪检验和跟踪检验报告审核、现场测试和专访，检验鉴定专家组的结论为：“经宁夏、云南检验检疫局对辖区内30辆三菱帕杰罗V31、V33越野车更换重新设计的后制动油管的安全质量重点跟踪检验和全国各直属检验检疫局对辖区内计18595辆三菱帕杰罗V31、V33越野车更换重新设计的后制动油管的安全质量跟踪检验，以及在云南昆明对3辆更换重新设计后制动油管且经10000公里以上行驶的三菱帕杰罗V31、V33越野车现场测试和专访，未发现后制动油管与感载阀（LSPV）之间存有干涉现象”。会议通过了“三菱帕杰罗V31、V33越野车更换重新设计后制动油管安全质量检验鉴定报告”。

至此，三菱帕杰罗V31、V33越野车制动油管质量问题告一段落。国家出入境检验检疫局将根据国务院领导的批示精神，继续做好三菱帕杰罗V31、V33越野车安全质量事件的后续处理工作。

（国家出入境检验检役局）

6

第六部类：汽车消费与服务

汽车消费与服务

QI CHE XIAO FEI YU FU WU

公路建设

【2001年全国公路建设概况】 2001年，国家继续坚持扩大内需的方针，进一步实施积极的财政政策，加大对基础设施建设投入力度。公路建设保持了飞速发展的势头，为国民经济发展和社会稳定作出了积极贡献：

1. 公路里程总量增长幅度大，技术水平高。2001年全国新增公路3.2万公里，公路总里程达到169.8万公里(含公路普查增加里程)。公路通达深度进一步提高，一批科技含量高，具有世界先进水平的大跨径、深水基础桥梁如江苏南京长江第二大桥、湖北军山长江大桥、宜昌长江大桥建成通车，大大提升了我国桥梁建设水平。扶贫公路和国边防公路建设也取得了较大发展。

2. 公路建设完成投资最多。2001年公路建设计划完成投资1900亿元，实际完成投资2670亿元，超额完成40.5%，比2000年增长480.4亿元，是历史上完成投资最多的一年。其中按区域分，东部地区完成1207亿元，中部地区完成816亿元，西部地区完成648亿元；按项目类别分，重点项目完成1148亿元，路网改造完成1164亿元，县乡公路完成358亿元。

3. 高速公路建设突飞猛进。2001年高速公路建设捷报频传，一批高质量的高速公路建成通车，服务于社会。全年新增高速公路3139公里，总里程达19453公里，实现了高速公路通车总里程世界排名第三向第二名的跨越。河南省高速公路发展迅猛，全年增长571公里，成为全国第7个突破1000公里大关的省份。

4. 西部地区交通基础设施建设进一步加快。党中央实施的西部大开发战略加快了西部地区交通的发展，2001年西部地区交通基础设施建设取得了明显的进展。继京沈、京沪高速公路建成之后，西南公路出海通道又顺利贯通，标志着“三个重要路段”基本建成。同时，西部地区8条省际通道也加快了建设步伐。投资规模373亿元、建设范围涉及133个地区、1099个县级单位，总里程达25700公里的西部地区通县公路工程建设全面启动。

【整顿和规范公路建设市场秩序取得明显成效】 为贯彻落实国务院2001年4月召开的全国整顿和规范市场经济秩序工作会议精神，交通部结合公路建设行业的实际情况和存在的突出问题，在前几年整顿公路建设市场的基础上，进一步加大了整顿力度，通过一年来的工作，公路建设市场秩序明显好转。

一、完善管理法规，逐步实现法制化管理

为规范公路建设市场行为，交通部先后颁布了《公路建设市场管理办法》、《公路建设市场准入规定》、《公路建设四项制度实施办法》、《公路建设监督管理办法》等一系列规章制度，各省、直辖市、自治区也出台了相应的管理办法和实施细则，基本形成了一套完整的建设市场管理法规体系。针对国家新出台的《招标投标法》、《国务院关于整顿和规范市场经济秩序的决定》等法律法规，交通部从2001年年初开始对与之相抵触的规章制度进行了清理和修订，并出台了一些新的规章。如交通部已组织修订了《公路工程施工招标投标管理办法》、《公路工程施工招标评标办法》，出台了《公路建设项目设计招标投标管理办法》、《公路建设项目法人资格标准》(试行)等。

二、严格市场准入，加强源头管理和动态监管

从1996年开始，交通部对从事公路勘察设计、施工、监理单位实行严格的资信登记。2001年结合

年审工作，对进入公路建设市场的施工单位进行了一次清理，凡不符合资质和资信登记要求的，或近年来有严重违法违规行为的，清除出了公路建设市场，对净化公路建设市场起到了重要作用。交通部规定对进入公路建设市场的企业，不论其所有制和隶属关系，只要具备相应的资质和资信，均一视同仁，不得制订歧视性政策，限制外地企业进入本地承担建设任务，以维护公路建设市场的统一开放，竞争有序。

针对目前公路建设市场中项目法人行为不规范的问题，交通部组织制订了《公路建设项目法人资格标准》，对项目法人实行资格审查，凡不符合规定标准的，要进行整顿。

为加强对公路建设市场的动态管理，交通部和各省交通主管部门均建立了公路施工企业资质管理数据库和公路建设项目数据库，对公路建设从业单位进行动态管理。利用数据库和互联网，定期公布企业资质和公路建设项目信息，实现资源共享、信息互通。

2001 年，交通部还配合建设部开展了对施工企业资质进行重新就位的工作。

三、贯彻落实《招标投标法》，规范招投标行为

为贯彻落实国家《招标投标法》，确保招投标工作的公平、公开与公正，交通部编制了《公路工程国内招标文件范本》，在范本中明确禁止转包、不得违法分包，并增加了反行贿条款。“专家评标、项目法人定标、政府交通主管部门实施监督”的评标体系已基本建立起来。交通主管部门要对公路建设项目开标、评标、定标活动进行全过程监督，但不得进入评标委员会，不得干预评标专家正常的评标活动。

为加强对评标专家的管理，规范专家评标行为，交通部发布了《公路建设项目评标专家库管理办法》，该办法规范了专家的评标工作程序，明确了责任和义务。

为推行设计招投标制度，交通部出台了《公路建设项目勘察设计招投标管理办法》。通过招投标择优选择设计单位，取得了比较好的效果。

四、完善监督体系，严肃查处违法违规行为

为加强对建设市场的监督管理，交通部制订了《在交通基础设施建设中加强廉政建设的若干意见》，要求项目法人与勘察设计、监理、施工单位签订廉政合同，实行双合同制管理，特别加强了对招投标审批、分包、材料设备采购等环节的监督，建立健全约束机制，防止工程建设项目腐败现象的发生。

建立了举报投诉制度。对举报、投诉和社会反映的公路建设市场秩序问题进行调查核实，按国家有关规定进行处理。对 2001 年 3 月、9 月，发生在安徽、福建省高速公路项目上的特大质量安全事故，交通主管部门对项目业主、施工单位、监理单位和监理人员分别给予了处罚。对有行贿受贿、以权谋私等严重扰乱公路建设市场行为的施工单位，列入了黑名单，并予以公布，在社会上产生了较大的震动。同时，对工程质量差、施工现场管理混乱的施工企业在全国通报。

六、结合“公路建设质量年”活动，开展公路建设市场秩序大检查

为贯彻落实国务院召开的整顿和规范市场经济秩序工作会议精神，进一步规范公路建设市场秩序，结合第三个“公路建设质量年活动”，交通部从 4 月份开始，组织 7 个专家组由司领导带队，对北京 - 珠海高速公路、成都 - 北海的西南大通道、福建的战备公路、东北三省的重点工程、跨长江的特大桥梁等 46 个重点项目进行了检查。重点检查了各地贯彻《招标投标法》的情况、规范建设市场秩序情况和开展质量年活动的情况，同时对质量管理、安全管理情况进行了检查。通过检查，起到了宣传国家有关法律法规、增强质量和安全意识、规范招投标行为、强化建设市场监管的作用，效果比较明显。

虽然 2001 年整顿和规范公路建设市场秩序工作取得了明显成效，但建设市场中仍存在一些问题和薄弱环节，整顿和规范公路建设市场秩序工作仍是 2002 年交通工作的一项重要任务。

【公路建设质量年活动圆满结束】 从 1999 年开始，交通部在全国交通系统组织开展“公路建设质量年”活动。三年来，各级交通主管部门按照部统一部署，精心组织落实，取得了丰硕成果，质量年活动圆满结束。

一、质量教育深入人心，质量意识明显增强

各级交通主管部门高度重视公路建设质量年活动，均成立了由主管领导参加的质量年活动领导小组，并根据部《公路建设质量年活动实施方案》，制定了本地区实施细则，保证了质量年活动有组织、有计划、有步骤的进行。充分利用广播、电视、报刊等各种媒体，开展了声势浩大的质量年宣传，营造了良好的活动氛围。多种多样的宣传教育活动，提高了全社会对质量年活动的参与程度和认同感，以质量求生存、向质量要效益、建精品工程、创名牌企业的质量观念深入人心，质量意识明显增强。

二、规章制度逐步健全，质量管理纳入法制化轨道

质量年活动开展的三年，是公路建设管理规章颁布实施最多的三年。交通部制定并修改完善了与《公路法》相配套的多个规章、办法，如《公路建设市场准入规定》、《公路建设四项制度实施办法》、《公路

建设监督管理办法》、《公路建设项目评标专家库管理办法》、《公路建设项目法人资格标准》、《公路工程勘察设计招标投标管理办法》、《公路养护工程管理办法》等,并与有关部委联合发布了《评标委员会和评标工作暂行规定》。各地交通主管部门也制定出台了本地区的工程建设和质量管理的一系列规范性文件。完善的规章制度对规范公路建设市场行为,维护公平竞争的市场秩序提供了执法依据,质量管理纳入法制化轨道。

三、市场监管得到加强,市场秩序明显好转

交通部及各省级交通主管部门在核定公路建设从业单位资质的基础上,认真实行了资信登记制度。并加强对公路建设市场的动态管理,定期公布企业资信登记情况和公路建设信息,对工程质量、安全生产状况和从业单位的违法违纪行为进行通报。特别是2001年,交通部对发生重大质量、安全事故和采用不正当手段谋取中标的10家施工企业,对负有直接责任的两家监理单位进行了通报批评,并对其中的7家施工企业进行了取消1~2年资信登记的处罚,此举在社会上产生了强烈震动,收到了较好的效果。

2001年,交通部按照国务院关于整顿和规范市场经济秩序的要求,组织召开了全国整顿和规范公路水路运输、建设市场秩序会议,并制定发布了《关于整顿和规范公路建设市场秩序的若干意见》,各地按照部里统一部署,积极进行了市场秩序的整顿规范。经过一年的努力,公路建设、市场秩序明显好转。

四、质量监督机构得到完善,招投标行为逐步规范

各地交通主管部门加强了质量监督机构建设,省级质监机构全部建立,85%以上的地市建立了质监机构,质量监督网络基本形成并逐步完善。目前,质量监督机构对国道主干线和国省道建设项目的监督覆盖面达到100%,对县乡公路建设的覆盖面逐步扩大。“政府监督、社会监理、企业自检”三级质量保证体系在全国公路建设中得到广泛实施。项目法人负责制、招标投标制、工程监理制和合同管理制在工程项目管理中得到全面贯彻。

认真贯彻落实国家《招标投标法》,招标投标行为逐步规范。目前,中央和地方投资建设的国道主干线建设项目,全部实行了招标投标制度;大部分省市对国道和路网建设项目也普遍采用了招投标方式选定施工和监理单位。“专家评标、项目法人定标、政府交通主管部门实施监督”的评标体系已基本建立起来。

五、质量通病得到有效治理,工程质量明显提高

质量年活动期间,各省交通主管部门都制订了具体的质量管理实施目标,并以治理质量通病为突破口,狠抓施工和监理单位的现场质量管理。在高填土路基下沉、桥梁伸缩缝和桥头跳车、预应力结构管道压浆不实等方面均制定了有效的治理措施,质量通病得到有效治理。交通部公路司编辑出版了《公路工程质量通病防治指南》。

三年间,交通部先后派出22个检查组,对153个项目进行了质量大检查,检查里程15000多公里,覆盖了全国30个省市区。从总体上看,工程建设质量稳步上升,全面完成了交通部在质量年活动实施方案中提出的质量控制目标。

六、涌现了一批优秀工程项目和先进集体,“两个文明”建设得到加强

三年来的质量年活动不仅取得了令人瞩目的质量成果,也锻炼了队伍,凝聚了行业士气,塑造了良好的形象,涌现了一大批优秀工程项目和先进集体。交通部表彰了10个公路建设优秀项目和10个优秀养护工程项目,10家优秀项目法人单位,20家优秀设计单位,35家优秀施工单位,14家优秀监理单位,8家优秀质量监督站。这些受表彰的优秀项目和优秀设计、施工、监理、质监单位是众多公路建设项目及从业单位的先进代表,是质量年活动丰硕成果的集中体现,是交通行业“两个文明建设”的典范。

三年的公路建设质量年活动取得了很大成绩,但仍不同程度地存在一些问题,部分地方公路建设市场准入把关不严;个别建设项目未能严格遵守“三个合理”(合理标段、合理标价、合理工期)要求;有些地方在招投标工作中还存在地方保护和行业保护倾向;少数施工单位质量和安全管理有待提高等等,都有待继续下力气,认真抓好工程建设质量。

【西南公路出海通道建成通车】 西南公路出海通道是国家规划的国道主干线“两纵两横三条重要路段”之一,是国家“八五”、“九五”期间的重点公路建设项目,由四川、贵州、广西三省区分段、分期组织建设,1987年12月开工,2001年11月全线贯通。西南公路出海通道的建成,大大便利了西南地区间以及与内陆地区和周边国家的经济联系和文化交往,有力地促进了西南地区的社会开放和文化事业的全面进步,为西部大开发战略的实施提供了交通基础保障,为西南地区的经济腾飞奠定了坚定的基础。

西南公路出海通道起于四川省成都市,经贵州省,止于广西壮族自治区北海市,全长1709公里,其中高速公路里程1015公里,一级公路67公里,二级公路627公里。该通道按照不同等级公路标准,设计行车速度分别为:高速公路60~120公里/小时,一级公路60~100公里/小时,二级公路40~60公

里/小时。全线桥梁设计荷载汽车——20级、挂车——120级。全线共有桥梁1089座,互通立交83处,隧道14座,通道及涵洞8108道,服务区24处。该项目工程设计总概算254.24亿元。

西南公路出海通道四川段起于四川境成渝高速公路起点,经隆昌、纳溪、叙永,止于川黔交界赤水河。四川境总长452公里,其中高速公路290公里,二级公路162公里,桥梁382座,互通式立交20座,隧道2座,通道及涵洞2364道,服务区6处。工程设计总概算46.83亿元。1990年9月开工,2001年4月竣工。

西南公路出海通道贵州段起于川黔交界的湾潭大桥,经普宜、瓢井、大方、林泉、黔西、素朴、修文、扎佐、贵阳、贵定、马场坪、麻江、都匀、独山、麻尾,止于黔桂交界处的六寨。贵州境总长539公里,其中高速公路199公里,二级公路340公里,桥梁435座,隧道3070延米/10座,涵洞2389道,互通立交34处,服务区6处。工程设计总概算80.26亿元。1987年12月开工,2001年6月竣工。

西南公路出海通道广西境起于广西南丹县六寨,经南丹、河池、宜州、柳城、柳江、来宾、邕宁、南宁、钦州、合浦,止于北海。广西境总长718公里,其中高速公路526公里,一级公路67公里,二级公路125公里。桥梁272座,涵洞3348道,隧道732延米/2座。工程设计总概算127.15亿元。1994年10月开工,2001年10月底竣工。

【西部地区通县公路建设全面启动】 建国50多年来,西部地区公路建设基本形成了以国道为骨架,省道和县道为基础,辐射全区域的公路运输网络,初步解决了"通公路"的问题。但是,受自然、地理和环境条件限制,西部地区公路交通发展水平落后于全国总体水平,广大人民群众对公路交通发展提出的要求还远未达到。

西部地区公路交通的落后状况制约着整个西部地区,特别是边远地区和少数民族地区的经济和社会发展。当前,加快西部地区的公路建设,改善西部地区广大地、州、市、县人民群众的交通出行条件,已成为实施西部大开发的一项紧迫任务。2001年,朱镕基总理明确指出,"西部地区交通建设是西部开发第一要务",进一步明确了西部开发工作的重点。为贯彻落实党中央、国务院领导同志的指示精神,经国务院批准,由国家来帮助西部地区解决困难,利用2001年和2002年两年时间,集中力量实施通县公路建设工程。这是西部地区广大群众长期期盼的事,也是地方政府多年想办而无力办的事。解决西部地区最迫切的交通问题,表明党和国家兴边富民、实现共同富裕的决心。

按照国务院确定的西部地区范围和部分省区享受西部地区优惠政策的决定,西部地区通县公路建设范围共计13个省(自治区、直辖市和计划单列单位)和4个地区,他们是陕西、甘肃、宁夏、青海、新疆、云南、贵州、四川、重庆、西藏、广西壮族自治区、内蒙古自治区和新疆生产建设兵团,以及湖北恩施苗族黎族自治州、湖南湘西苗族黎族自治州、吉林延边朝鲜族自治州和黑龙江大兴安岭地区。所建项目共涉及133个地区,1099个县级单位(含新疆兵团182个团场)。

通县公路建设目标是重点解决西部地区地、州、市和县公路尚未铺筑沥青路面的问题,使西部地区目前绝大多数的地、州、市和县至少有一条省府至地州市,或地州市至县城的等级公路并加铺沥青路面。

根据国家发展计划委员会、交通部下达的通县公路建设年度计划,西部地区通县公路建设项目共计250个,建设总规模25705公里,其中二级公路3036公里,三级公路18652公里,四级公路4017公里,分别占总规模的11.8%、72.6%和15.6%,总投资373.2亿元,其中中央投资150亿元,地方配套资金223.2亿元。通过通县公路建设计划的实施,将解决西部地区171个国家级贫困县和43个省级贫困县通等级公路的问题。

为切实抓好西部地区通县公路建设这项德政工程的具体工作,2001年11月1日,交通部在北京召开了"西部地区通县公路建设工作座谈会",黄镇东部长作了重要讲话,对西部通县公路建设做了具体安排,要求各省抓住机遇、统筹规划、分层负责、突出重点,确保2002年完成通县公路建设任务。11月9日,交通部印发了《西部地区通县公路建设实施意见》,从组织机构、组织管理、设计标准、施工管理、监理与监督、管理职责等六个方面对西部地区通县公路建设提出了具体要求。12月25日,交通部西部地区通县公路建设办公室正式成立并启动,召开了第一次会议,宣布各成员名单和职责分工,制定了年度工作计划,胡希捷副部长到会讲话。紧接着,交通部西部地区通县公路建设办公室组织召开了"通县公路建设工作座谈会",对通县公路建设具体执行情况进行了摸底,建立了250个项目管理档案。据会议统计,250个通县公路建设项目中已开工项目为99个,累计完成路基土石方7739.84万立方,路面工程8593.68千平方米,完成投资44.93亿元,占计划投资12%,其余项目处于设计阶段的55个,正在进行招投标的101个。预计到2002年3月,除西藏、新疆和黑龙江三省区由于自然地理条件限制,个别项目计划5月份开工外,其他各省都可按计划完成各项目前期准备工作，组织施工和监理队伍进场进入施工状态。

（交通部公路司　李怀建）

汽车维修管理

【汽车维修业现状】　1．汽车维修网络逐步完善。随着社会汽车保有量的不断增加(2001 年底已达到 1802 万辆)，汽车维修作为为汽车提供技术支持和后勤保障的行业也迅猛发展。目前，一个相对独立的、社会化的、有一定规模的，以一类企业为骨干、二类企业为基础、三类企业为补充，各种经济成分协调发展的汽车维修网络和市场格局已基本形成，为道路运输提供了较为可靠的技术保障。到 2001 年底，全国共有汽车摩托车维修业户 32.4 万余户，其中一类企业 8848 户，二类企业 5.03 万户，从业人员 220 余万人，2001 年全年共完成整车大修 55 万辆次，总成大修 200 万辆次，二级维护 1590 万辆次，年维修产值达 400 多亿元。汽车维修网点由大中城市向外延伸，辐射各地，遍及城乡，在全国范围内初步构筑了布局趋于合理的汽车维修网络。目前，汽车维修市场的服务体系和质量保证体系初步健全，每千辆车维修企业已达 18 家；有一批维修企业的维修技术水平基本与世界同步；汽车维修市场的公平竞争环境逐步形成；维修经营整体平均利润率在 10% 左右，趋向社会平均利润水平。

2．汽车维修技术含量不断提高。汽车维修业为适应激烈的市场竞争及汽车技术的进步和用户提出不断提高维修服务要求，各维修企业加大科技含量、投资力度，加快维修技术装备的更新进度。众多骨干维修企业带头实施技术改造，改善作业条件，购置先进设备。一大批技术含量高、性能卓越的设备像汽车举升机、轮胎平衡机、汽车喷烤漆房、汽车排放气体分析仪、烟度计、汽车电脑故障检测仪等新设备，都大量进入汽车维修企业，特别是具有最新技术水平的发动机故障诊断仪、电子燃油喷射系统检测诊断装置、车身校正测量仪、四轮定位仪、电脑调漆设备等也广泛应用于生产。现有汽车维修行业已拥有现代维修设备 2000 多万台，汽车维修技术进步对产值增长速度的贡献率也已达 35%。一批规模大、档次高、技术先进的现代汽车维修企业，其中包括投资规模上亿元、产值上亿元的大型维修企业应运而生。改变了过去整车大修厂的单一模式，开始形成汽车大修、总成修理、汽车维护、汽车小修、汽车专项修理、汽车制造厂家特约维修等门类齐全、分工合理的市场结构体系，基本满足了目前不同车种、不同车型和不同作业项目的维修需要。维修技术水平的提高，一方面提高了判断车辆故障的速度和准确性，另一方面又使汽车维修质量有了较为可靠的保证。“修车难”问题从技术上得到了较好的解决。

3．行业管理逐步完善，维修市场走向成熟。随着改革开放和汽车维修市场逐步成型，1986 年交通部联合原国家经委、国家工商行政管理局，并经财政部、公安部、国家物价局、国家标准局、财政部税务总局、中汽公司会签同意，颁发了《汽车维修行业管理暂行办法》和《公路运输管理暂行条例》，这标志着汽车维修行业走上了规范化的轨道。之后，国务院对交通部的“三定”方案，进一步明确了汽车维修行业管理是交通部的职能。按照建立社会主义市场经济体制的要求，各级交通主管部门坚持“规划、协调、服务、监督”的方针，对汽车维修业实行了有效的行业管理，经历了行业纳管、市场整顿、巩固发展三个阶段，规范了市场准入原则和经营者的经营行为，不断推行行业的技术进步，从而提高了汽车维修质量和服务质量，促进了汽车维修业持续、快速、健康的发展。

在对汽车维修行业实施管理的过程中，交通部相继制定了一系列规章、规则、标准，与此同时，各地相应地制定并完善了汽车维修管理方面的地方性法规、规章及配套的规范性文件。

4．汽车维修质量稳步提高。汽车维修业属于技术性、专业性较强行业，汽车维修质量不仅是经济问题，而且是直接涉及交通安全的社会问题。各级交通主管部门督促维修企业逐步建立健全了汽车维修质量检验制度与汽车维修质量保证期制度，按规定配备了质量检验人员，购置必要的检测设备，大量采用先进的汽车不解体检测诊断技术，对维修车辆进行作业前与竣工后的技术状况检测，从而既提高了判断车辆故障的速度和准确性，又使汽车维修质量有了较为可靠的保证。

5．引进外资成效显著。从 1988 年起，我国在汽车维修领域实行适度开放政策，允许国外投资者在我国开办合作、合资汽车、客货汽车维修企业。当年 8 月，交通部批准了第一家中外合资汽车维修企业。1993 年 11 月，交通部颁布了“外商投资汽车维修业立项审批管理暂行规定”，汽车维修业引进外资立项工作更加规范化、程序化和制度化。

从 1988 年至 2001 年 12 月，经各省级交通部门审核同意，报交通部门批准立项的汽车维修外商投资项目 318 家。由于地方政府或外经贸部门批准立项的合资企业，有些暂没有纳入交通部门行业管理，因此汽车维修合资企业的实际数量将超过这个数字。

【汽车维修企业结构现状】 从维修业户的经济成分看，一是属于计划经济体制下为满足某一区域或群体需要而由国家投资兴办的企业，这类企业设备较为齐全，管理模式沿用计划经济时期的管理模式，由于没有适时进行技术投入，大多存在的问题是设备老化，人才流失严重，人员素质低下，对新技术、新设备了解甚少，加上企业管理水平落后，经济效益大幅下滑，总体数量有所减少；二是改革开放以后由集体或个人投资成立的新型汽车维修企业，这类企业经营方式灵活多样，设备较为先进，人员素质较高，所占市场份额也较大；三是适应市场经济需要主要由个体投资兴办的专项维修企业，这类企业主要集中在公路沿线和街道附近，投资少，见效快，方便用户，但人员素质参差不齐，维修质量难以保障，存在占道经营、超范围经营以及无证经营等非法经营行为。

从维修业户经营情况看，一是由于维修作业方式由就车修理到总成互换修理方式的变革，汽车大修等综合性维修的生产量逐步减少，维修作业也是以维护、小修为主，但由于这部分维修企业大部分属于国营企业，管理水平低，企业包袱重，经济效益较差；二是部分综合性汽车维修企业，注重转变观念，调整管理思路，满足各种主要车型的维修服务，也取得了较好的经济效益，但这类企业仍面临加速走内涵发展道路的问题，且对人员的专业化培训工作任务量也很大。三是专业维修企业特别是特约维修企业发展迅速，这部分企业适应市场需要，充分体现维修生产、维修设备配备、维修人员培训的专业化，且管理手段较为先进，部分还通过 ISO9000 质量管理体系认证，具有较强的市场潜力和市场占有率。

从经营形式看，一是汽车维修、汽车配件经销于一体，是多数一、二类汽车维修企业的主要经营形式；二是汽车销售、汽车维修、配件销售、信息反馈于一体，这部分企业主要是专一车型的特约维修站；三是汽车维修、汽车检测站为一体，这类企业较少；四是汽车运输、汽车维修于一体，大部分为国有企业。

从企业类别看，随着管理部门贯彻国际开业条件力度的加强，一类维修企业数量近三年来经过一个小幅度的下降后渐趋稳定；二类维修企业数量出现小幅增长，增长的主要原因一是原来整改的一类企业降类，二是发展较好的三类企业升类；三类维修业户数量较前几年增长幅度不大，而且分工越来越细，目前，一类企业约占总量的 8%，二类企业约占总量的 20%，三类业户约占总量的 72%。

从维修车型来看，专修轿车的维修企业数量呈现大幅度增加，承担大型高档客车、专用货车和工程作业车的维修企业数量也在增加。

【汽车维修从业人员结构现状】 目前汽车维修从业人员除企业管理人员外，主要分为机修工、电工、钣金工和油漆工等，维修工人主要可分为以下几种类型：一是从事多种车型维修工作，凭经验修车，修理技术含量较低的大型客货车是其特长，这类人员对汽车维修检测诊断新技术了解甚少；二是专业院校毕业人员，这类人员具有较强的专业理论知识并能把握行业发展方向，进取心强，但这类人员流动性太大；三是从实际操作中摸索经验并注重积累和学习的维修工，也能完成一些技术含量高的车辆的维修工作，但由于其理论素质较差，接受新事物较慢，不能跟上市场需要。

目前汽车维修从业人员基本都经过了地方交通主管部门组织的岗位培训，持证上岗。另外，大部分维修工还通过了劳动部门的技术等级培训，取得相应等级。上述培训有效提高了汽车维修从业人员素质，强化了汽车维修新技术应用，规范了维修生产和维修经营行为。但汽车维修从业人员整体素质仍然不高，反映在企业厂长经理对汽车维修相关法律、法规了解不够，企业维修工不能及时跟踪汽车维修检测诊断新技术；维修人员结构不尽合理，机电一体化人才、高学历人才、管理人才缺乏，主要原因是维修从业人员培训体系不尽完善，现有的职业技能培训和维修行业实际脱节严重，岗位设置不能适应维修生产需要，培训内容面面俱到，不够科学和针对性，而交通主管部门的培训又没有注重轮训工作，使得维修工人素质没有实现较大幅度的改善。

【汽车维修业结构调整措施及调控方向】 提高汽车维修作业能力，要按照发展规划和市场准入条件的要求，以汽车维修需求为导向，以城市为依托，以具有资金、设备、技术优势的维修企业为骨干，加快汽车维修市场建设，逐步形成门类全、质量好、方便及时、供需基本平衡的市场格局，使中心城市具备完成各种车型、各类维修作业的能力，一般中小城市和县城具备完成各种国产车型、各类维修业务和主要进口车型的维护、小修的作业能力。

大力推广汽车维修新技术、新工艺、新设备。要将汽车综合性能检测与不解体诊断技术的推广应用紧密结合，广泛应用于汽车维修生产过程中，为视情修理作业提供可靠的科学依据，进一步提高汽车维修行业的科技含量和维修质量。

大力培育汽车维修名牌企业。要引导具有一定规模和实力的汽车维修企业在统一汽车维修服务质量标准的前提下，采取异地设点或联营等形式，实行连锁经营，并要按照现代物流的经营理念，统一汽车配件、维修设备及机工具的采购和配送，降低维修成本，确保零配件品质纯正和维修质量可靠，进一步提高企业的知名度和市场份额。

鼓励汽车维修企业与汽车制造厂合作，共同建立汽车特约维修服务体系，加快汽车制造新技术、新工艺在汽车维修领域的推广应用和新车型使用情况的信息反馈，促进汽车工业水平的不断提高，为汽车正常运行提供可靠的技术保障。

建立汽车维修救援服务网络。要以全国性或区域性汽车运输和维修企业为主体，以国省干线公路为依托，通过政府交通主管部门的积极引导、行业协会的牵线搭桥，逐步建立全国性汽车维修救援服务网络，以适应道路运输发展和轿车进入家庭的需要。

【汽车维修市场特点】

1. 维修经营主体呈现多元化。国营、集体、私营、外资等不同经济成分协调发展，私营性质企业呈上升趋势。据统计，深圳市汽车维修行业私营企业比例高达90%以上，一类企业中：国有占15%，合资(合作)企业占10%，其余均为私营企业；二类以下非公有制企业比例达90%以上，而摩托车维修业户几乎全部是私营的。

2. 整车大修、发动机总成大修等传统维修作业量出现明显萎缩。随着汽车制造技术的不断进步和国外维修先进技术、专业诊断设备进入中国市场，现有的定期拆解维修方式将被打破，原来传统的平衡性修理将有可能被新的总成更换修理方式所取代，汽车零配件供应体系和维护方式等都将发生变革，对汽车大修、总成大修等修复性修理方式将带来较大冲击。

3. 维修经营新形式发展迅速。汽车快修、汽车维修连锁服务、品牌经营及汽车免拆清洗、汽车美容等维修新形式出现较快发展，这些维修新形式代表了当今维修业发展的主流，实现了资源的合理配置和利用。

4. 地区发展差异很大。由于汽车维修业是随着汽车保有量的增加而派生的一个行业，沿海经济发达地区汽车保有量大，汽车档次较高，汽车维修业的整体水平和技术含量也较高，企业根据市场需要配备了许多现代化的汽车检测诊断设备及保养设备，维修工人技术水平较高，基本掌握了最新汽车维修检测诊断技术，综合利用汽车维修技术资料和信息的能力也较强，相对于沿海经济发达地带，内地汽车维修整体素质偏低，除少数特约维修站档次较高外，维修企业整体还没有达到维修车型需求，凭经验和人为判断车辆故障现象还占较大比重。

5. 维修专业化，专一车型、专一维修项目和服务内容的汽车专业维修厂发展迅速，占维修市场份额逐年增加，以特约维修、自动变速箱修理、空调修理、音响修理、四轮定位等发展最为突出。

汽车维修服务对象结构发生了变化。随着轿车进入家庭步伐在逐步加快，私人轿车拥有量的增加，促使汽车维修业的社会公益性更加突出，汽车维修业的服务项目及服务方式将被拓宽。

【汽车维修市场面临的新形势和管理工作的思路】 公路建设步伐的加快和公路网的形成，促进道路运输的地位进一步提高；人民生活水平逐步提高，轿车作为生活消费品进入家庭已成必然趋势；世界汽车技术日新月异，特别是电子技术和各种新材料将在汽车上广泛应用，代用燃料汽车不断增多，安全性及环保要求越来越高。上述行业新形势，将为汽车维修业开辟更为广阔的市场空间，带来了新的发展机遇，并提出了一些新的要求。

为更好地推动汽车维修行业的发展，行业管理的指导思想是在社会主义市场经济体制条件下，充分利用技术的、经济的、法律的和必要的行政手段，加强对汽车维修市场的宏观调控，引导汽车维修行业健康发展，形成一个供给与需求协调、平等竞争、服务方便及时、资源合理配置、秩序良好的汽车维修市场。在宏观调控和市场机制作用下，依靠科技进步，不断提高管理水平和技术水平。管理思路是以法规建设为重点、市场为导向，科技为动力、效益为中心开展工作，调整行业结构，使全行业向专业化、规范化方向发展，提高维修质量和服务质量，提高全行业的经济效益和社会效益。管理的基本原则是坚持以满足汽车维修需求作为维修市场发展的根本出发点，完善服务网络；以结构调整为主线，在“质”上提高维修服务水平；坚持市场开放原则，充分利用各种资金、管理经验和管理人才；坚持动态管理，建立和完善市场准入和退出制度；坚持科技创新，适应汽车新技术发展需要。

(交通部公路司　蔡团结)

停车设施建设

【大城市停车难】 随着我国汽车保有量的增加，汽车“停”的问题也日益突出。北京、上海、南京、广州等许多城市，“停车难”已成为当地不能放手增加车辆的主要原因之一。

北京市现有公共停车场800多处，包括路外专用停车场、路内停车设施和公共建筑配建停车设施，共有泊位70000多个，全市机动车保有量为140多万辆，而公共停车设施发展相对滞后，20辆车才有一个泊位！又据调查，北京城八区范围内近6万辆出租车中，夜间只有10%左右停放在公司的专用停车场内，其余90%的出租车自行择地停放；近年大幅增长的私人轿车中有60%无固定车位。

虽然交管部门已经最大限度地施划停车线，但比起迅速增长的机动车总量来说，只能是杯水车薪。一些大型公建设施虽然按要求配套建设了停车场，但多数车位是提供给楼里工作的人员，真正面对社会开放的泊位不足三分之一。现在全国各大城市大部分采用占道的方式停车。据对广州33条道路停车情况调查，车辆停放占用的道路面积达40%以上；上海市中心区的占路停车面积最高峰时达60%；南京市则有65%以上的机动车是占路停车。

解决静态交通问题的办法就是修建停车场(库)，包括露天、地下、高层机械式停车设备等多种形式。据有关资料表明，一个城市应建的停车泊位，一般应为当地汽车保有量的120%(100%为基本停车位，20%为公共停车位)，才能满足静态交通的需要。但目前，全国主要城市停车位的缺口非常大，难免不出现“停车难”，这直接又影响交通安全和道路畅通。

【加快立体停车设施建设】 随着我国城市建设速度加快，城市土地资源十分紧缺，因此机动车停车位必须向立体化发展。机械式停车设备以其平面和空间利用率高、安全可靠的特点，是解决城市停车的主导产品。

立体停车技术最早发端于三四十年前的日本，它(现在平均每年新安装10万个车位)曾有效地帮助日本这个人多地狭的国家解决了汽车工业发展的瓶颈。我国机械式停车设备制造业经过十多年的努力，引进技术和科研开发，目前品种满足率已达60%以上，已接近国外先进水平，每年可提供机械式停车位7000个左右。然而就目前使用情况看，除北京、上海使用率高以外，其他一些城市使用得不理想。全国已运行的立体停车设施数量少，而且利用率也低，尽管如此，靠建立体停车设施解决城市“停车难”问题仍是许多发达国家实践所证明了的有效途径，也是当务之急。在我国发展汽车工业的进程中，重视和加快城市立体停车设施建设与加速公路建设、提高道路等级的工作，同等重要。

当前，加速立体停车设施，各有关部门需要做好以下一些工作：一是做好宣传，使广大公众认识到建立体停车设施是解决“停车难”的现实选择；二是加大对机动车乱停乱放的治理，从根本上解决乱停放问题，为立体停车设施提供“物源”，提高停车设施使用率；三是在规划停车场布点的基础上，对投资建设立体停车设施的单位和个人，在资金、土地、税收等方面给予政策优惠，促进立体停车设施发展；四是充分利用现代交通的新概念、新技术，设计制造符合我国城市特点的立体停车设施成套产品；五是制定和完善相应的法律法规，确保停车设施建设起来，用得上，并逐步纳入规范化管理，使立体停车设施在解决“停车难”中真正发挥作用。

【我国首批获得机械式停车设备生产资质证书的22家企业】 北京恩菲科技产业集团、北京韩中停车设备有限公司、北京鸿安停车库制造有限公司、承德华机械车库集团有限责任公司、番禺金马自动化停车设备有限公司、杭州西子立体车库有限公司、杭州友佳精密机械有限公司、江苏双良停车设备有限公司、三一重工业集团公司、山西博大科技实业公司、上海浦东新区远东立体停车设备有限公司、上海天地停车设备制造有限公司、上海万强企业发展有限公司、上海西飞三精机械有限公司、上海银天自动化工程有限公司、深圳市许继富通达车库有限公司、深圳中集天达空港设备有限公司、许昌许继昌威自动化停车设备有限公司、怡锋工业设备(深圳)有限公司、中国第二重型机械集团公司、西安斯达机电有限责任公司、沈阳华德机械制造有限公司。

【北京市公共停车场】 北京现有收费停车场800多家，大致分为三个类型：

一类是具有政府背景的企业，多为国家组建，主要代政府行使车辆管理职能。一般规模较大，拥有的车场和车位比较多，其优点是可以借政府背景对许多道路两侧、建筑待征地、立交桥下等车位进行经营。

另一类是停车场企业，从严格意义上还算不上停车场企业，像生活小区、商业大厦的物业部门，在建筑物建好之初，停车场就已经归物业部门管理，从而停车场的经营业务也就成了物业部门附带的“三产”。这类停车企业的特点是有固定车源，如生活小区有小区居民私家车，大厦有公务车源，商场有顾客车源等。但因并非专业停车企业，而且没有市场竞争压力，因而在服务质量上各有差异。

再一类就是专门修建的停车建筑经营停车管理的企业。与上两种企业不同的是自己修建的场地，然后出租给他人或自己经营。目前北京市的一些立体停车楼大多为这类企业所建所营，但数量甚少，最多不超过5家。这是完全市场化运作的企业，重视管理和服务水平以吸引客户，而且机制灵活的管理规范，对全市停车场正规化、市场化建设起示范、推进作用。

【公联安达停车管理公司】 它是北京市规模最大的一家停车企业，在市内拥有400多家停车场，共4万多个车位，年营业额4000多万元，公联安达公司主要有两种经营模式：一是自营，即选择一些附近有充足车源的商业区或生活区、建筑待征地以及立交桥下等适合做停车场的地方，经市政管理部门批准后，自行用地建造停车场，所得收入一部分上缴国家；二是联营，就是与一些商业大厦和生活小区的物业部门进行合作，或代为经营，尔后上缴给物业一部分费用，或双方合作最后分成。

公联安达公司目前经营的停车场所，主要面向固定客户和临时客户两种。前者为生活小区的停车场，这种一般实行包月制，以月为单位向客户收取一定费用；后者为道路两旁的停车场或公共停车场，一般没有固定客源，只是在车辆使用停车位时收取费用，这种停车收入随机性较高，但车位使用率高，这部分收入要占总收入的主要部分。

全国出租汽车情况

【全国出租汽车的基本情况】 截止到2001年底，全国共有出租汽车经营业户29.5万户，车辆788524辆。其中：由交通部门主管的有25万户，574212辆，占全国出租汽车总数的72.82%。在其他部门管理的出租汽车中，交通部门又同时发证参与管理的有108810辆，占其他部门管理出租汽车总数230312辆的47.25%。

【出租汽车清理整顿工作】

（一）出租汽车清理整顿工作的开展情况

为了配合做好费税改革工作，根据国务院1999年2月24日办公会议和国阅16号文件精神，交通与车辆税费改革方案部际协调小组决定，由交通部、建设部、财政部、国家计委、公安部联合清理整顿出租汽车等公共客运。

1999年11月23日，国务院办公厅转发了建设部、交通部、财政部、国家计委、公安部《关于清理整顿城市出租汽车等公共客运交通的意见》（国办发[1999]94号）。由国务院有关部门组成全国清理整顿城市公共客运工作领导小组，负责对全国清理整顿工作的指导、监督和检查。各省、自治区、直辖市也相应成立了由主管省长（主席、市长）任组长，交通等部门参加的清理整顿工作领导小组。

为了贯彻落实国办发94号文，清理整顿领导小组办公室多次召开会议，交通部也与有关部委多次就出租汽车清理整顿工作进行沟通和协调，联合组织了清理整顿检查小组，对黑龙江、辽宁、广东、福建、陕西等省出租汽车清理整顿工作进行了检查。

出租汽车清理整顿工作，要求各地在2002年4月15日前完成清理整顿自查验收工作，全国领导小组要在2002年4月底前对全国清理整顿情况组织抽查。

（二）出租汽车清理整顿工作取得的主要成效

1. 认真开展了打击非法营运专项治理工作。各地成立了联合执法队，采取定点检查和流动稽查相结合，面上检查和重点出击相结合的方法，把非法营运活动猖獗的出租汽车、小公共汽车、摩托车、人力三轮车、机动三轮车、通勤车作为打击的重点，对一些重点大中城市和一些集贸市场等非法营运车辆出没较多的城区进行突击稽查，专项整治了群众反映强烈的热点地区的“黑车”。通过清理整顿，有效地打击了非法营运，进一步规范了出租汽车市场，确保了公平竞争，促进了出租汽车健康发展。

2. 全面清理整顿涉及出租汽车的各项收费，减轻经营者负担，努力创造良好的市场运营环境。各地公布了合法的收费项目，废止了其他各级、各部门擅自设立的收费项目，使行政事业性收费清楚明了。福州市物价部门核定了车辆检测、检验收费标准，公安交警的安全检测一年一次，交通部门的车辆综合性能检验也每年一次，规范了车辆检测、检验工作。厦门市对交警、交通运管等管理部门的收费项目、收费标准进行了核定和清理。为了有效制止企业内部乱收费，特别是向挂靠车辆或承包者收费，厦门市纠风办、交通委、物价局联合下发了《关于开展客运出租车企业收费专项清理整顿工作的通知》，要求企业解决内部乱收费现象，减轻经营者的经济负担，为出租车经营者创造了一个规范的宽松的环境，市交通运输管理处根据这个文件的要求对企业向挂靠车辆收取的管理、服务费等进行了规范管理。辽宁省交通主管部门采取明查暗访相结合的方式，在各地市对出租汽车经营业户进行了费用缴纳的情况调查，对经营业户缴纳的各种税费逐一列入明细表，据不完全统计，在清理整顿活动中，全省共发放税费明细调查表800余张，出动调查人员70余人次，调查结束后，交通部门会同有关部门对未经国家和省政府批准的收费项目，进行了清理，共取消收费项目累计40余项，累计减轻经营者负担约6207万元，平均每辆出租汽车减负1003元。

3. 制定了化解油价上涨导致运输成本增加的应对措施。针对去年以来油价多次上调，造成出租汽车等公共客运成本明显增加，司机收入受到一定影响，存在行业不稳定因素的情况，各地交通主管部门联合物价等有关部门对出租汽车等公共交通的价格作了相应的调整，并减少了对出租汽车的收费，加快了油改气的步伐。北京市在调研的基础上，决定在现行租价和承包金标准不变的前提下，暂由出租汽车企业与司机对汽车燃料价格上调后造成的营运成本增加的部分共同负担，决定调整出租汽车小轿车基价公里，增加出租汽车司机的收入。辽宁省交通厅根据燃油价格上涨等实际情况，会同物价部门合理调整了出租汽车运价，稳定了出租汽车市场经营秩序。

4. 加大了对公共汽车的清理整顿力度。北京市制定了小公共汽车行业和企业清理整顿的方案，组织稽查力量，对重点地区进行了整治，对违法违章行为依法进行了处罚，并进行了统筹规划，以“专”换“小”，适度缩减规模，严格市场准入，按线管理，规范服务。为了改善交通环境，撤出了部分地区的小公共汽车，新增了公交线路，方便了人民群众出行。广州市交通委员会加快公交客运线网规划，番禺区交通局已完成并开始实施区域客运线网规划，花都区交通局已根据广州火车北站、新国际机场等设施布局，规划客运站场和公交设施。深圳市相继颁发了《深圳经济特区公共大巴专营管理规定》和《深圳经济特区公共中小型客车管理条例》，初步形成了深圳市公交行业的法规体系。

【出租汽车行业中存在的主要问题】 经过两年多的出租汽车清理整顿工作，取得了较为明显的成效，但目前出租汽车管理中仍存在一些突出的问题：

1. 行业管理重复交叉。由于管理部门不统一，导致人为地分割管理，造成职责不清，运政执法不能到位，调控乏力，遇到问题和矛盾难以协调解决。

2. 法制法规建设严重滞后。目前国家还未出台关于出租汽车客运市场管理方面统一的、有一定力度的法律法规，管理部门在行政执法中无法可依、无章可循，不适应当今迅猛发展的出租汽车客运市场。

3. 出租汽车经营权管理不规范、留有隐患。部分地市(县)随意出台出租汽车经营权出让、转让规定，有些规定不顾当地的实际情况，其出让、转让费大大超出了出租汽车司机的承受能力，有的甚至导致聚集闹事、罢运，引发了社会不稳定事件。

4. 出租汽车公司与驾驶员的经济关系不规范。目前，出租汽车企业与驾驶员签订了合同关系，但合同不规范，往往是对企业有利，对驾驶员不利。出租汽车企业与驾驶员的风险承担不平衡，其主要是把出租汽车经营风险转嫁给驾驶员。

5. 非法营运的问题依然存在。通过有效打击，“黑车”数量有所减少，但仍有存在，甚至存在死灰复燃的可能；三轮车、摩托车、残疾人专用车、跨区域营运的出租汽车非法营运现象在部分地区还存在，损害了合法经营者的权益。

6. 出租汽车公司转卖经营权的现象较为普遍，存在着私下炒作经营权的现象。有些个别出租车业户，非法倒卖出租车辆，转让经营权，费用高达上百万元，严重地干扰出租汽车市场的正常经营秩序。

（交通部公路司　刘美银）

【首汽集团】 首汽集团可谓是北京市出租汽车行业的龙头企业。她的前身是首都汽车公司，创建于1951年，迄今已运营半个世纪，一直为中央、为外宾、为广大市民和乘客服务，建树了良好的信誉。

推行品牌服务，深受广大乘客夸奖。由于首汽服务质量有保证，乘客们打车时优选首汽品牌服务车，也使得品牌服务车经济效益明显。为了使出租车品牌常靓，首汽集团在加强对司机的培训的同时，也加强企业自律、自检、自查，奖励社会监督，重视乘客投诉，对发生恶劣服务事故的司机处理绝不手软。2001年7月品牌服务车上路之后，集团陆续派出近20辆稽查车巡回车路上检查，同时委托39位特聘监督员分成18个小组对运营车辆进行暗访，查出问题，及时纠正。品牌服务意识的加强，强化了优质服务，并带出一大批优秀司机。

注重培训，提高整体素质。多年来，首汽集团制定了一系列汽车服务规范、安全行车制度、规范服务化标准，还编制了司机服务规范教学录像带供培训使用。在北京申奥期间，又掀起全员学外语的热潮。由于1992年亚运会期间首汽司机就打下了学英语基础，所以目前首汽司机90%以上都可以用简单的英语为外宾服务。

在注重服务规范的同时，首汽更重视职业道德教育，使首汽司机文明礼貌、热情周到服务蔚然成风，好人好事层出不穷。2001年9月，市委宣传部、城建委、商委、市工交局联合推出于凯为出租车行业的楷模。于凯的工作方法也是首汽几代司机服务实践的成果。不少乘客反映，“乘首汽出租车踏实、亲切，并且丢不了东西。”

在汽车营运服务中，2001年圆满完成了全国两会、市两会、高新技术产业国际周、国际大城市首脑会议、中共中央十五届五中全会等重要会议接待任务；国宾队和贵宾队一年来圆满完成接待各国政府、议会访华代表团数百个。还圆满完成了奥委会评估团来京考察的交通运输任务。受到市里好评，2001年共收到表扬信件410封，锦旗20面，口头表扬800余人次，为乘客找回遗失物件468件，折合人民币70万元。

2000年成功实现了首汽集团与北京旅游汽车公司的战略性改组，按照现代企业制度要求组建了首旅汽车集团股份有限公司。目前首旅集团共有员工6500余名，拥有大、中、小车辆6000辆，总资产10.8亿元，净资产3.54亿元，总股本19020万股，下辖8个汽车营运公司、4家汽车修理厂、1家汽车租赁公司和一家油料供应公司。

（北京市交通局　王超）

【北汽出租汽车集团公司】 北汽集团是按照现代企

业制度要求,在原北京市出租汽车公司基础上改制组建的多元投资主体企业法人,公司在册职工 7000 多人,在册车辆近 5000 部。2001 年荣获"十佳企业"称号,并有 13 名司机被评选为"百优"个人。

北汽集团多年来出色完成了历届全国人大、人大常委会、国务院港澳办、港澳基本法起草委员会、特别行政区筹委会、亚运会、世妇会、远南残疾人运动会等重大交通服务任务。

一诺千金,增强服务意识 北汽集团推出星级达标制已经有三年多时间了,这项管理措施对全国提高企业的规范化服务水平起到了强有力的促进作用。星级达标制是在北汽"131"承诺制的基础上策划实施的。"131"承诺制启动于 1996 年 6 月,当时,针对出租汽车行业存在的三大顽症,北汽公开向社会作出承诺。"131"的第一个"1"是叫响一个口号:"北汽出租车,乘客大于我"。"3"是三项承诺:北汽不拒载,先上后问,敬语待客;北汽不砍价,捷径行驶,全程打表;北汽不多收,有零找零、无零让利。后一个"1"是向社会各界发送一千张乘客监督卡。三千多名司机在"北汽出租车,乘客大于我"的巨幅横标上亲笔签名。

"131"承诺制的启动对企业运营服务的规范化提出了新的更高的要求,把企业的经营理念转化为每一个司机的规范化服务行为,这是一项培育企业文化的系统工程,也是市场赋予企业生命力的磨砺过程。1996 年年底,北汽被国家建设部确定为全国城建系统"文明服务示范窗口"。

星级达标,规范服务再上台阶 1997 年初,公司作出了在贯彻落实"131"承诺制的基础上,全方位启动规范化服务星级达标制的决定。

"星级达标制"的主要内容是:企业根据"131"承诺和运营司机的规范化服务水准,经严格考核,对达标者授予不同的星级标志。星级制共设五个星位级别,实行动态定位,取得一定星位后,一年内无乘客投诉,内外检查无违纪,可晋升一个星位级别,有特殊贡献的可以提前或跨越晋星。获得三星级以上的达标车,企业给予奖励。发生责任投诉、严重违纪或重大交通事故者,星位级别连同相关奖励一抹到底。

坚持不懈,打造名牌企业 北汽是最早专营民用出租汽车的老字号企业,它的历史可以从解放前的私人车行算起。经过几十年艰苦创业,企业不仅有了规范经营的实力,有了集约经营的特色,而且还有了一大批劳动模范、岗位标兵、工人先锋号、青年文明先锋号。用星级达标制展示这个先进典型群体,"131"承诺制就有了自己的形象依托,有了延续链接的载体,更重要的是有了一种司机与乘客之间的互动效应。

就在企业争创品牌的时候,有两位乘客通过不同的方式非要找到公司的两个司机,一个是五星级司机吴振东,一个是一星级司机李根深。吴振东拉的是一个学生,脚上有伤,行动不便,要求送到家门口。小吴穿过前门一带的大街小巷,找到了学生家所在的胡同。不巧,这条胡同是单行线,车不能再往里开了,学生付了 13 元车费。但吴振东的服务并没有到此为止,他觉得自己还是没有尽到义务,于是主动叫了一辆人力三轮车,把刚收下的 13 元钱都交给了蹬车师傅,并一再嘱咐要把这位脚上有伤的客人送到家门口。李根深的故事更富有戏剧性。当时,中国养生协会培训中心的杜桂馥教授投书《北京晚报》,编辑给做了一个挺招眼的标题,《好心司机,你为什么不给我打电话?》。小李所在的车队组织司机学习这篇文章,他无意中对别人说,这好像是我曾经拉过的一位老太太。车队得知后,根据小李提供的名片与杜教授取得了联系。北京刮沙尘暴那天,杜教授坐李根深的车外出讲课,到了目的地,计价器突然出现故障,打不出发票,小李毫不犹豫地将拿到手的车费全部退还给了杜教授,便匆匆赶去修车。

李根深不砍价不多收的规范服务,吴振东高标准高起点的超值服务,实实在在地兑现了北汽人向社会的承诺,"北汽出租车,乘客大于我。"司机通过阶段性星级定位和相应的激励机制,能够找到自己的差距和努力方向,不断提高自己的规范化服务水准,给乘客以更满意的服务。可以说,北汽这块品牌是用星级司机的规范化服务打造出来的。星级司机是企业品牌的支撑点,当五星级司机成为企业主体的时候,北汽人的承诺就不再是一个公式或一个口号,而是回报给社会的一种价值理念和精神财富。

汽车租赁

【北京汽车租赁】 *汽车租赁业的基本情况* 1989 年,全国第一家汽车租赁公司在北京成立,当时只有 70 辆小客车,主要为三资企业和驻京外国机构服务。在国民经济发展和大众消费水平提高的有力推动下,1996 年以后,汽车租赁行业开始快速发展起来。据北京市交通局 2001 年的统计,北京市有汽车租赁企业 240 家,租赁汽车 20165 辆,年营业额 10 亿元人民币左右。

北京 240 家汽车租赁企业平均每家有租赁车 90 多辆,其中拥有 500 辆以上的企业 5 家,占总数的 2.2%,拥有车辆 7000 辆,占总数 34.7%。车型主要为中档小客车,如桑塔纳、捷达、富康系列,约占总数的 90%。

汽车租赁服务对象和内容　北京汽车租赁的服务对象，单位用户主要是三资企业、金融机构、房地产公司以及政府机关等，它们因财务制度、经营理念等原因，更倾向于租车而不是买车。单位用户的特点是租期长，一般在一个月以上，主要使用中、高档车型。从汽车租赁业整体看，单位长租业务占 80% 左右，但在消费观念转变等诸多因素的影响下，个人租赁汽车的比例开始上升。个人租车的目的主要是用于走亲访友、购物、郊游、练车，特点是用车时间集中在节假日，用车时间短，以 2 天为主，使用车型绝大多数为中低档车。

汽车租赁服务前提条件是：出租方保证租赁车辆的使用性能、安全性能和道路行驶的合法性，这些服务包括维修保养、救援、事故处理、车辆年检等。为规避风险，出租方一般为车辆投保第三者责任险、车辆损失险和盗抢险，在发生意外时，汽车租赁双方的利益可以得到一定程度的保护。除常规汽车租赁外，还有包租、接送、婚庆用车等汽车租赁延伸服务。

汽车租赁业前景　北京市汽车租赁行业目前存在企业规模小、经营管理松散、服务不规范等问题，受相应法规不完善、信用体系不健全、租赁站点不成网络的制约，租赁行业的现状难以适应发展的需要。为促进汽车租赁企业规模化发展、规范化经营，2000 年开始，北京市交通局对汽车租赁业进行整顿。到 2001 年底，获得汽车租赁经营许可的企业有 31 家，租赁车达 12098 辆，分别占租赁企业总数的 13% 和租赁车总数的 60%。这些企业基本初具网络经营能力，能够为客户提供规范服务。

汽车租赁因具使用权和所有权分离的特点，可以满足日益增长的、不同层次的交通需求，其高承载率有助于缓解由于汽车增量带来的能源危机、环境污染、交通堵塞等社会问题。同时，汽车制造厂家将汽车租赁作为销售途径，参与经营，为汽车租赁发展提供动力。欧美一些国家的汽车租赁企业，在规模经营的基础上已形成国际乃至洲际营业网络，与不同的服务行业开展广泛的协作，服务外延空间不断扩大，便捷、周到的服务使汽车租赁成为人们出行方式的主要选择之一。随着市场需求持续扩大，经营环境不断改善，北京的汽车租赁正逐步成为一种适应特性需要的新型交通方式。

（一桐）

附：

经北京市交通局资质
认证的北京汽车租赁企业

首企租赁
东方汽车租赁
天成汽车租赁
鑫苹果汽车租赁
电力汽车租赁
新领域汽车租赁
必嘉汽车租赁
今日新概念汽车租赁
利达德汽车租赁
昌华德汽车租赁
中苑汽车租赁
华磊邦德汽车租赁
民航通力汽车租赁
北汽服务汽车租赁
银建租赁
北方平安汽车租赁
嘉特汽车租赁
万泉缘汽车租赁
渔阳联合汽车租赁
莵屏汽车租赁
中汽物贸汽车租赁
福斯特汽车租赁
安吉第一站汽车租赁
信发汽车租赁
此辰汽车租赁
世纪通汽车俱乐部
延芳汽车租赁
畅捷汽车租赁
通利达汽车租赁
北方汽车租赁
中进汽车租赁
城建汽车租赁
中海汽车租赁
航天华晨汽车租赁

【深圳市汽车租赁】　深圳市现有机动车辆 40 余万辆，外地机动车 13 万辆，经营汽车销售业务的企业 600 多家，而开展汽车租赁业务的企业只有 9 家，且大部分规模小、经营不理想。其中中汽租赁公司（100 辆）、深港租赁公司（78 辆）、机电汽车租赁公司（40 辆）、滨通达租赁公司（30 辆）等 4 家公司规模较大，经营比较规范，在全市汽车租赁行业中占有绝对优势。平时出租率一般都在 70% ~ 80% 左右，节假日和旅游旺季出租率 100%，而且还有相当多的市民租不到车。

汽车租赁是现代化城市提供社会服务的一项重要内容，随着社会经济的发展和人们生活水平的提高，汽车出租这一新兴行业在深圳也迅速发展起来，旅游消闲租车和公务租车已成一种消费时尚。正是由于社会存在着旺盛的求租需求，使目前深圳市还存在着不少于1000辆车的“地下汽车租赁市场”，被称之为“黑市租赁”，主要分布在宝安、龙岗、南山、福田各区。黑市租赁的存在对深圳的汽车租赁公司造成了较大冲击，也存在许多不规范的行为。一方面，黑市租赁的价格比租赁公司要低50%左右，这种不平等竞争严重扰乱了租赁市场，使正规租赁公司不得已以低于成本的价格与之争夺客户，其后果严重影响了汽车租赁市场的健康发展；另一方面，黑市租赁的车辆大部分存在着手续不齐，车况存在隐患，没有上保险，客户的权利和义务得不到保护，经常产生经济纠纷，以至出现客户投诉无门等诸多问题；此外由于不平等竞争，黑市租赁常逃脱应交政府规定的各项费用，从而造成了国家税收的大量流失。深圳市运输管理部门曾多次组织人员对黑市租赁进行明查暗访，围追堵截，但每次打击后又死灰复燃，禁而不止。根据有需必有供的规律，有关部门正考虑与其采取“堵水”的管理方法，不如采取“引水入海”的方法引导，规范市场。运用市场经济规律建立规模较大的租赁公司。通过规模化经营，提高服务质量，降低经营成本，以较低的价格与黑市租赁进行抗衡。

目前，深圳市的汽车租赁客源大体分为：私人租车约占30%、机关事业单位租车约占5%，贸易中介公司租车占20%左右，私营企业租车占5%左右。外资企业租车占20%左右，港澳人士租车占5%左右，旅游、公务租车及大型会议租车占15%左右，随着人们消费水平的提高，租车消费也就成为必然，尤其深圳是外来人口众多的城市，汽车租赁前景广阔、潜力很大。

物流技术

我国物流状况

【“第三利润源”】 物流是指从产品供应到销售的物资流通过程，包括产品购进、验收、储存、装卸、仓储等环节。物流也被认为是在恰当的时间、地点和恰当的条件下，将恰当的产品以恰当的方式和恰当的成本提供给恰当的消费者。

汽车在物流中扮演着很重要的角色，是物流的主要运载工具。但是在我国，物流的价值和作用还未得到应有的重视。

如果达到美国的物流管理水平，我国物流业每年将有近9000亿元的利润空间。

“一个百分点 = 178 亿元”，这个等式反映的是现代物流的巨大潜能。据悉，我国去年全社会流通费用达17880亿元，约占GDP的20%，如果全社会流通费用降低1个百分点，就可以节约资金178亿元。难怪现代物流被誉为企业在降低物质消耗、提高劳动的生产率以外的“第三利润源”。

【我国物流潜能】 物流业在我国是一个有着巨大潜力的产业。在我国目前工业企业生产中，直接劳动成本占总成本的比重不到10%，而物流费用占商品总成本的比重从账面反映看约为40%，全社会物流费用支出约占GDP的20%。在商品的整个生产销售中，用于加工和制造的时间仅为10%左右，用于物流过程所占用的时间几乎为90%。2000年我国实现GDP为89404亿元，按照上述比例，全社会物流费用支出高达17880.8亿元；实现工业总产值73965亿元，物流费用高达29586亿元。即是说，全社会物流费用每降低1个百分点，就可以节约178.8亿元费用；工业总产值每提高1个百分点，账面反映占压资金就多达近300亿元。美国目前全社会物流费用支出不足GDP的10%，如果我国能达到同一水平，按照2000年的GDP水平，将可以为全社会节约8940亿元的物流成本，或者说可以多产生近9000亿元的利润。“十五”期间，如果我国物流费用降低到占GDP的15%，每年将为全社会直接节约2400亿元物流成本。但由于我国物流速度缓慢，加之企业经营的业务流程是传统模式，长期以来大量库存成了吞噬利润的“虎口”。截至1996年底，全国乡以上工业企业库存商品累计总值达13276亿元，加上国有商业、乡镇及合资企业库存，总值已超过3万亿元。目前，工业企业历年积累的数万亿巨额库存不仅难以消化，而且新生的库存商品仍在增加。据统计，新增库存1997年为2020亿元(当年工业总产值53712亿元，产销率96.24%)，1998年为2043亿元(当年工业总产值58195亿元，产销率96.49%)，1999年为1811亿元(当年工业总产值63775亿元，产销率97.16%)，2000年为1694亿元(当年工业总产值73965亿元，产销率97.71%)。不算商业库存，光工业库存几年加起来也近8000亿元。存量库存加上增量库存，库存商品沉淀的资金高达4万亿元左右，占8.9万亿元国内生产总值的近50%左右。

目前，我国传统的物流状态仍是“大而全”、“小而全”的小作坊式的经营方式，这是一种分散、低效、高耗的物流组织形式。专家分析，在传统的物流框架下，一件商品从生产出来到最终的消费环节，至少要被搬运十几次。如果实行了社会化的多式联运、一单到底，物流过程中的物耗至少可以减少几倍。与此同时，各种运输方式自成体系，造成了大量运力的浪费。例如，我国汽车空驶率高达37%左右，其中生产企业为34.7%，商业企业为25.5%，物流企业为39.8%,这种潜在浪费至少也在数千亿元。

【物流业要有战略性的调整】 我国物流业与国际水平尚存在较大差距。首先是厢式货车在货运市场占有比率小。目前在欧美市场,厢式货车占有率已达100%,而我国厢式货车占有率仅为10%。由于厢式货车少,造成公路货运事故频发,同时货物损坏、丢失现象也比较严重。在一些中小城市,甚至大城市货运多采用敞篷车、三轮车、"倒骑驴",严重影响了城市的交通和形象。其次是厢式车的箱体没有统一的标准。国际上对厢式车箱体尺寸、材质、结构都有统一的标准,而我国目前一些箱体生产企业受利益驱动,箱体生产较混乱,尤其是内部的材质与结构五花八门,和国际标准差别较大。由于一些箱体制造粗糙,抗震动、抗渗漏、耐损耗差,给用户带来了很多不必要的损失。

2001年,中国正式加入WTO,入世后,我国各方面工作,各种产业都面临与世界接轨。中国城市汽车运输与物流配送必将与国际运输快速接轨,中国的汽车货物运输将面临一场新的变革。传统的敞篷运输汽车将逐步被取缔,国际化标准的封闭厢式汽车运输将成为中国运输革命的先行者。运输方式的变革将会使传统的运输供应链发生质的转变,物流配送将会以新兴的产业来拉动中国运输产业的调整,同时物流配送也会成为企业的第三利润,带带动社会经济向前发展。

【城市货运出租汽车与物流配送研讨会】 7月17日至18日,中国物流与采购联合会在长春主办"城市货运出租汽车与物流配送研讨会"。会议的主要内容是关于发展封闭式货运问题。封闭式厢式货车是当今城市之间货物运输和城市内物流配送的主要运输工具。随着中国道路建设不断的发展,高速公路及高等级公路的快速增长,公路的运输方式和运输法规必然与国际接轨。鉴于我国目前高等级公路运输落后(封闭式货运仅占货运的10%,与国外发达国家100%差距太大),会议就如何进行货运标准化、规范化、现代化管理,特邀请国务院政策研究室工交司陈文玲副司长、北京科技大学物流研究所吴清一教授和吉林大学汽车工程学院林逸院长等有关专家教授介绍了国外的一些经验。部分省市交通管理部门,大型物流企业和一些汽车改装厂代表共计200余人参加研讨,会议还吁请国家有关主管部门尽快出台《货运汽车厢体标准》。

【"世界新经济与中国物流企业"专家报告会】 为帮助物流企业的高层管理人员把握时代的脉搏,及时掌握世界经济和中国物流业发展潮流的趋势,搭建经贸合作交流的桥梁,推动物流企业和我国物流产业的发展,中国物流与采购联合会于9月22日在西宁市召开了"世界新经济与中国物流企业"专家报告会。会议特邀请国务院研究室工交贸易司陈文玲副司长、国务院西部开发办公室宁吉吉吉司长、国务院发展研究中心社会发展部周宏春主任、外经贸部国际经济研究院国际经贸研究部王志乐主任、对外经贸大学世界贸易组织研究中心薛荣久教授、北京科技大学物流研究所吴清一教授、中国社会科学院财贸经济所宋责主任、华联超市股份有限公司总工程师等就入世后中国市场竞争的变化,国家有关西部开发的政策,新世纪我国经济发展趋势与可持续发展,中国入世后的形势分析与对策,跨国公司的结构调整及对中国的发展战略,新经济模式下的物流企业,连锁超市呼唤现代物流等问题作了专题报告,有关方面的代表200余人参加了会议。

【物流行业开展企业管理体系认证】 随着经济全球化步伐加快和中国加入WTO的到来,国内市场与国际市场进一步接轨,外商进入中国市场将优先选择按国际通行规则经营管理的企业为合作伙伴,国内企业需要获得进入国际市场通行证,都是我们面临新的机遇和挑战。要求物流企业和生产资料流通企业顺应时代发展的潮流,学习借鉴国外先进经验,按照国际标准和国际通行的规则经营管理企业,以帮助企业开拓国际市场,增强市场竞争能力,提高经营管理水平,并推动物流和生产资料流通行业的发展。中国物流与采购联合会于10月在行业推行贯彻ISO9000族标准及开展物流企业和生产资料流通企业管理体系的认证。并且成立了北京现代中物联企业管理体系认证中心,主要承担企业管理体系认证业务,具体负责引导和推行物流行业和生产资料流通行业贯彻ISO9000族标准的工作,为物流企业和生产资料流通企业提供认证服务。目前已经开始在生产资料流通行业,贸易、运输、仓储物流行业,再生资源回收行业和拍卖、租赁、旧货流通等行业进行企业管理体系认证,对行业开展贯标认证工作起到推动和示范作用。

附1:

当今国内外物流业简况

在世界上一些发达国家和地区,物流产业已成为国民经济的支柱产业。2001年美国物流产业总规模为9500亿美元,几乎为高新技术产业的2倍,占国内生产总值的10%左右。物流服务合同为500亿美元,预计今后3年将以年均23%的速度增长。日本物流产业总规模约为3500亿美元,占GDP的比重为11.4%。为了推动物流产业的发展,各国都在不断地整合物流资源,不断提高这个产业的整体能力。美国从 1991 年就开始发展国家多式联运运输系统,并把这个系统作为增强国家经济竞争力的基础。最近,美国又提出建立“大运输部”的思想,并把这个思想作为 21 世纪依靠信息系统整合运输部门的指导思想。日本运输省是主管运输综合政策设计和实施的机构,其政策设计范围不仅涵盖了运输省所辖内主要运输方式所及城市与区域运输的规划与协调,而且包括了现代物流“供应链”概念所及的仓储与配送等市场准入的管理工作。物流产业大部分业务环节的活动通过政策的调整得到有效整合。

目前我国物流资源丰富。至 1999 年底,我国运输线路中,铁路里程 5.79 万公里,公路里程 135.17 万公里,内河里程 11.65 万公里,民航里程 152.22 万公里,管道运输 2.49 万公里。货运量总计 1292650 万吨,货物周转量总计 40495 亿吨公里。所用汽车拥有量已达 1452 万辆,民用运输船舶拥有量 194590 艘。沿海主要港口吞吐量为 105162 万吨。在信息通信方面,我国也已具备了相当的基础。目前已拥有 30 多万公里的电信网络干线光缆,覆盖了所有地市以上城市和 90%的县级市及大部分乡镇。近几年来,国家实行积极的财政政策,相当一部分资金投向物流基础建设,其中新增公路通车里程 174000 公里,增加铁路新线 2070 公里,新建了一批国家储备库,这使发展现代物流产业有了新的平台。

附 2:

中美合资物流公司在沪组建

2001 年 9 月旨在为全球汽车公司和零部件供应商全面提供进出口业务的 DC 物流有限公司在上海成立。该公司由来自中美两国的 3 家公司——考瑞根(Corrigan)货运系统公司、上海中航 - 斯堪维尔公司及 Z&P 国际集团联合组建。该公司的总部和主要仓库及物流分配中心位于美国的底特律,并将在中国的北京和上海设立办事处和仓库。公司将通过各种货运方式、仓储及物流调剂相结合,为汽车和零部件用户提供全面的供应链管理。同时,公司将在中美两国之间进行进出口方面的货物运输。该公司投入运营后,已经得到了来自某国际一级供应商的一个合同,为这家供应商提供在底特律的仓储管理。该公司还与一家汽车制造商和另一个一级供应商达成了合作意向。

随着中国加入 WTO,国外公司纷纷看好中国的汽车运输业市场,表示要把国际上先进的运输和物流方式带到中国,包括最先进的电子商务物流形式。在 DC 公司开展的业务中,就包括基于英特网的用户项目集成及为用户解决物流问题的电子商务方案。据考瑞根公司副总裁、DC 公司美方执行副总裁麦考尔·墨菲先生介绍,DC 物流公司将结合用户的物流需要进行生产线运输、质量控制、物流项目管理等业务,并为中国出口到美国的货物提供点对点服务。公司中方副总裁朱先生也表示,DC 物流将通过电子商务等方式,为中国和美国的汽车公司及供应商提供货物和物资运输的一条龙配套服务。

底特律考瑞根货运系统公司是美国著名的物流服务公司,上海中航 - 斯堪维尔公司是国内的货物运输企业,Z&P 国际集团是一家总部在美国底特律的国际管理咨询公司。考瑞根货运系统公司是美国一家有一定地位的物流公司,近年来,该公司为一些著名汽车和零部件供应商的货物和物资运输承担了许多大项目,包括上海大众、福特汽车公司、东风公司、美国通用、上海通用及戴 - 克公司等。

安吉天地汽车物流有限公司

【公司概况】 安吉天地汽车物流有限公司是由上海汽车工业销售总公司(SAISC)和国际著名跨国集团——TPG 集团下属的荷兰天地物流控股有限公司(TNT Logistics Holdings B.V)各出资 50%组建而成的国内首家汽车物流合资企业,总投资 4951 万美元,注册资本为 3000 万美元。

公司主要从事汽车、零部件物流以及相关物流策划、物流技术咨询、规划、管理、培训等服务。是一家专业化运作,能为客户提供一体化、技术化、网络化、可靠独特解决方案的第三方物流供应商。

合资双方中的上海汽车工业销售总公司是上汽集团下属专门从事汽车服务产业的大型企业,公司以汽车制造业为发展平台,大力发展汽车物流、汽车服务、汽车销售、汽车金融四大业务板块。2001 年营业收入达 19.5 亿元。公司控股的安吉汽车物流有限公司是国内目前最大的汽车物流服务供应商,在国内拥有船务、铁路、公路等 6 家专业化的轿车运输公司以及 25 家仓库配送中心,仓库面积近 80 万平方米,年运输和吞吐量超过 50 万辆,并且全部实现联网运营。公司共有雇员 2500 人,目前主要服务于上汽大众、上海通用、华晨金杯等汽车厂商。2001 年物流营业收入达 7.2 亿元。

合资双方中的 TNT Logistics Holdings BV(天地物流控股公司)是 TNT Post Group(以下简称 TPG)的子公司,专业提供物流服务。TPG 是一家主要提供邮政、快递和物流服务的全球供应商。TPG 目前拥有 138000 多名雇员,在 59 个国家开展业务,范围遍及 200 多个国家,服务的重点在汽车、电子、制药、轮胎、出版等行业。TPG 连续三年被评为财富 500 强,

2001 年 TPG 营业额为 112 亿欧元,其中汽车物流板块超过 10 亿欧元。

TNT 物流公司作为 TPG 的子公司,在收购美国 CTI 后成为全球最大的汽车物流供应商。TNT 物流公司共签订了 1070 份物流合同,客户遍布 31 个国家,拥有 341 个仓库,可支配的仓储面积达 520 多万平方米,专业化运输车 7500 多辆,雇员 30000 多人。其主要客户为 DAIMLERCHRYSLER, GM, FIAT, HONDA, BMW, RENAULT, VVV 等世界知名的汽车生产商。

安吉天地汽车物流有限公司的使命是通过优质的服务使投资人的利益最大化,为员工营造良好的奋斗空间。培养和造就一支注重学习,富有使命感,具备团队合作精神的员工队伍;通过专业化运作,为客户提供一体化、网络化、技术化和独特的高质量物流集成服务;不断改进,积极创新,追求卓越,赢得客户满意,使 ANJI - TNT 成为国内领先、具有国际竞争力的第三方物流供应商。

【竞争优势】 公司竞争优势在于:①一体化。从客户的整体供应链角度出发,函盖物流全过程,流程的制定、业务及管理的标准化、物流配送的实施、KPI 考评和项目分析与管理等;涵盖物流业务的各种范围,整车物流、入厂物流和售后物流。②网络化。多运输方式(公路、铁路、水路)及联运,年运输能力 50 万辆,遍布全国的多层次物流中心,目前中国最大、最成熟的物流 IT 平台,全国联网、实时更新的网络。③人力资源。近 10 年物流运作经验的积累,培养了一大批员工;与 TNT 专家一年半的合作,形成本地化经验、全球化理念与物流专业知识的三者结合。④技术化。大型的、专业化的、适用于多客户的 IT 系统;核心技术创建,分流模式及路径设计,计划与预警管理,可网上查询的业务跟踪系统。⑤成本优势。年运输量超过 40 万辆形成规模优势,具备全球竞争力。⑥透明化。实现物流全过程可控化,实现物流成本结构透明化、可视化。⑦可靠性。公司及其分供方通过了 ISO9002 认证,质保体系已建立,实现管理及业务操作过程的标准化,具有针对客户产品的捆扎设计和测试能力,建立 KPI 指标体系,保证物流全过程的可控。

【公司将为客户带来的利益】 ①战略利益。使客户可以集中精力于核心业务,通过完善的服务,使客户创下更好的业绩。②财务利益。减少资本性支出,降低物流运营总成本,成本透明化、可控化。③营运利益。简化作业环节,创造更好的作业环境。

【安吉物流的物流资源与能力】

物流合同	7 个
仓库总数	25 个
总仓储面积	799627M^2
专列	9 列 287 节
江轮	5 艘
海轮	3 艘
驳运车	550 辆
员工数	2500 人
覆盖省份	23 个

仓库分布:

库名	通讯地址	邮 编
安亭库	安亭昌吉路(米泉路口)	201805
安内库	安亭镇墨玉路南侧	201805
真北库	真北路 1875 号	200333
营口库	辽宁省盖州市芦屯镇芦顿村	115212
武汉库	武汉市江夏区金口街金槐路 243 号	430208
榆次库	山西省榆次市经纬北路 2 号	300600
重庆库	重庆市九龙含谷开发区	401329
青岛库	青岛市阳区河套镇潮大路 8 号	266002
长春库	吉林德惠市米沙子镇	130302
咸阳库	咸阳新沣河桥南西兰路口	712000
德阳库	德阳市泰山南路八角井镇	618000
天津库	天津开发区泰达大街 10 号	300457
郑州库	郑州市城东南路 12 号	450004
厦门库	厦门嘉禾路 807 号申闵公司	361006
兰州库	兰州市城关区鱼儿沟 13 号	730020
昆明库	昆明市经济技术开发区上海大众特约维修站内	650217
南宁库	南宁市江南路 78 号	530031
长沙库	长沙市远大一路 358 号	410001
南昌库	南昌洪都北大道 218 号	330006
合肥库	合肥市合裕路柳荫塘中段	230011
贵阳库	贵阳市溪区大水沟 3 号农机总公司仓库	550025
新疆库	乌鲁木齐中亚北路 111 号	830026
北京库	北京丰台区花乡高立庄村南	100039
广州库	广州省增城市永和镇岗村高屋南路 129 号	511356
东莞库	广东东莞市沙田镇斜西管理区东莞国际码头转	523982

天津安达集团驳运管理现代化

【概况】 2001 年天津安达集团率先在国内物流业投入应用的 GPS/GSM 车辆派遣系统。这套车载终端系统陆续安装在安达集团的270辆轿车驳运车上，可实现控制中心对外出车辆的实时监控、调度。在公司调度室轻点鼠标，就能随时看到正在行驶在各条线上运送轿车的驳运车以及车辆的运行状态：速度、方向、路线等一目了然。由电子地图监控车辆即时位置，中心以文字传送至车载台，显示派遣内容（如配货地点、数量、联系方式等），同时将车载台功能和字库内容传至控制中心，具有车载电话通讯、紧急求救、失窃寻找等功能。

该系统采用全球卫星定位系统GPS和全球移动通讯系统GSM，及地理资讯（电子地图）GIS系统与Internet Web建构而成。系统的管理软件和车载终端设备，是由安达集团与台湾中美卫星科技股份有限公司共同组建的天津安中通讯科技有限公司开发生产的，同时该公司还是整个系统的运营商。公司目前投入批量生产的主要产品是GPS/GMS车队派遣系统终端机，包括NAVTEK2000、2002两种型号；PDA外挂GPS/GMS；车用DVD&GPS全系列系统配置。该公司与中国测绘科学研究院共同经营全国各地电子地图的出版及PDA&GPS/GMS系统。此外，安中通讯电子有限公司开发的GPS/GMS系统还可以应用在私人汽车防盗报警和公交客运、出租车行业、公安保卫系统以及快递、急救等更为广泛的领域。

以轿车零公里驳运为主业的天津安达集团，力图通过GPS/GSM车载系统整合全国各轿车企业的轿车驳运业务管理，使有限的资源得到优化配置及合理的利用。轿车驳运车的专用化程度较高，轿车企业通过GPS/GSM车辆派遣系统联网、联营，可以实现各轿车企业间的相互配货运输，减少车辆空驶率，降低运输成本，提高经营效益，改善服务品质，从而提升企业形象。

附3：

考察加拿大PBB环球物流集团

（2001年11月，中国物流与采购联合会生资委员会组织深圳、广州、安徽、宁波、大连、厦门等地区流通主管部门、部分汽车流通企业和生产企业赴加拿大考察物流情况报告摘要）

加拿大PBB环球物流集团是加拿大第2大物流企业，总部设在多伦多市，公司始建于1946年，经过50多年的发展，PBB公司由1个人、1间办公室的报关经纪公司，发展成为了在全世界拥有70多个直属业务网点，1000多名雇员，年代理货值近百亿美元，专门从事第三方物流业务的国际物流集团公司。从1998年至今，公司连续被加拿大政府评为全国50个最佳私营经营企业之一。

现代物流集成服务。作为国际化的3PL（第三方物流）企业，PBB公司具有通关、物流规划、仓储运输、配送加工、电子商务、咨询等强大物流业务集成，为客户提供一体化增值服务。总部利用高科技手段和现代企业管理方法，将70多个分支机构、上百个仓库的业务、资金和信息及时高效地管理起来，并根据市场情况动态协调、管理，支持各分支机构的运行。全公司有着统一的标准化物流操作程序和质量保证体系，严格控制物流成本，降低客户风险，帮助客户集中精力发展主业，努力成为客户最佳经营联盟伙伴。PBB公司对内经营口号是“全球通达，商机无限”，对客户的承诺是“让我们PBB环球物流集团助您实现新的环球商机”。这些使PBB公司赢得了世界级客户，目前宝洁公司、北方电讯、微软集团、亚马逊集团等企业在加拿大的物流业务全部交给PBB公司处理。

智能化仓储管理。密西西加市物流配送中心是PBB公司负责多伦多大区物流业务的分支机构，是公司设在加拿大本国最大的物流中心，是应用现代物流技术的现代物流配送加工中心。中心全部实现智能化管理，配有自动化立体仓库、自动分拣系统、自动补货系统。中心物流配送作业流程包括：入库——保管——拣货——分拣——暂存——出库。中心面对零售业品种多、批量少、配送劳动量大的特点，采用条码技术和自动分拣系统，效率很高，通常每小时分拣商品6000箱，满足了客户的拣货和分拣要求。自动化立体仓库用高层货架存货、巷道堆垛起重机存取货、装卸搬运设备移动货，在计算机控制下自动进行出入库存取作业。据中心负责人介绍，应用现代物流技术后，仓库用地面积节约了13%，工作人员减少了21%，投资降低了36%，单位存储面积提高了4倍，货损减少，优化和降低了库存。配送中心的配车计划与车辆调度计划实现计算机智能化管理后，缩短配车计划编制时间，提高车辆使用率，减少闲置等候时间，合理安排配送区域和线路。自动补货系统把供应商、配送中心、零售商联系起来，形成了有效的集成物流供应链。目前中心一天配送量1000吨，仓储面积25000平方米，全部人员只有80人。

庞大的海陆空运输管理体系。公司在北美自有运输车辆700辆，主要从事应急服务，更多的运输业务是通过卡车运输协会调度社会运输车辆完成的，每年卡车运输协会要为该公司调度上万辆次运输车辆。PBB环球物流集团每年根据全球70多个网点业务数据，制定详细的运输计划，对每个客户都有个性化、专业化的物流方案。中心对汽车、化工设备等大型、超大型特殊货物公路、海运和航空的远途运输方面经验丰富，中心总经理西蒙先生以如何将汽车按照客户要求完好地运输到目的地为例，详细介绍了安全捆扎、高效配置和运输汽车的全过程。对于自有车辆的管理PBB公司每年有具体的车辆更新、采购计划，经过董事会批准，采用集中采购方式，向指定的汽车流通企业招标购买所需车辆，淘汰的车辆则委托指定流通企业销售或拍卖。北美卡车基本都是重载卡车，单车平均价值30万美元以上，每年公司将处理或采购近百台车辆，价值超过2000万美元，对于为PBB环球物流集团提供服务的汽车流通企业来说，效益巨大。要实现我国汽车生产企业零库存生产，流通企业的汽车零库存销售、零公里销售、个性化销售等营销策略，提高企业资金使用效率，实现将汽车从生产厂及时完好送达流通企业直到用户手中，没有高效、专业化的物流企业作为后盾，是难以实现的。另外，现代物流行业的发展，也给卡车和专用运输车辆带来巨大的消费市场，重视开发这个市场，将给汽车流通企业带来惊人的效益。显然，当今汽车生产、流通企业的生存和发展都与现代物流企业息息相关。

机动车辆保险

【国内机动车辆保险业务概况】 2001年，国内机动车辆保险业务继续保持快速发展的势头。截止到2001年9月31日，各保险公司共承保机动车辆1500万辆，比2000年同期增加4%。机动车辆保险保费收入共计人民币332亿元，比上年同期增长16%。

第一，机动车辆保险占据国内财产保险业务的半壁江山，其保费收入占同期财产保险保费的61%（见图1）。

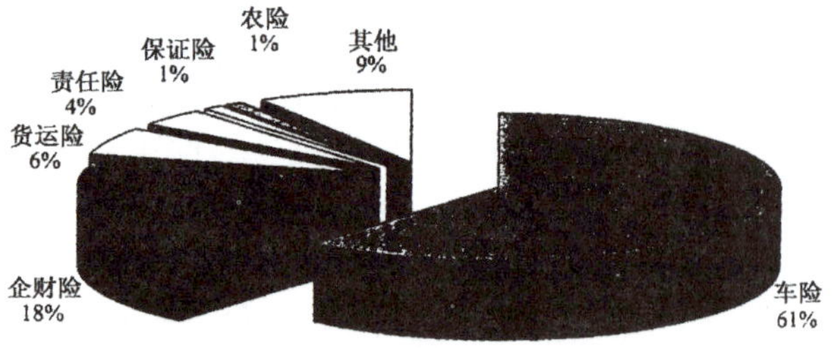

图1 财产保险业务险种构成

第二，按照机动车辆类型划分，在机动车辆保险保费收入中，汽车保险保费收入316亿元，占95%，摩托车和拖拉机保险保费收入16亿元，占5%。按照承保险种划分，在汽车保险保费中，车辆损失险保费收入102亿元，占32%；第三者责任险84亿元，占26%；附加险65亿元，占20%。

第三，在机动车辆保险市场份额方面，中国人民保险公司的份额略有下降，但仍然保持优势地位，其他保险公司的业务发展迅速（见图2）。

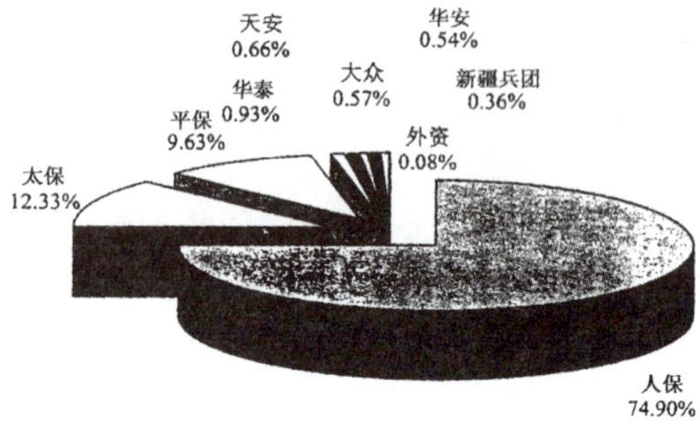

图2 各保险公司2001年1~9月机动车辆保险保费收入所占比例

【机动车辆保险业务快速发展的原因及2002年展望】

第一，国内消费水平不断提高，汽车保有量的迅速增长是机动车辆保险业务快速发展的基础。各保险公司均加强了对新车业务的拓展力度，扩大了机动车辆保险的业务来源。

第二，2001年，保险监管部门对保险市场经营秩序进行了大力整顿，保险监管不断加强，保险市场日趋规范，为机动车辆保险业务的发展创造了有利的客源环境。

第三，保险公司不断强化内部管理控制，注重提高经营管理水平和客户服务水平，在业务规模迅速增长的同时，经济效益也稳步提高。

第四，经过广泛的保险宣传，消费者利用保险防范风险的意识逐渐增强。

2002年我国机动车保险发展将主要有以下几个特点：

第一，随着国民经济发展和消费水平的提高，机动车辆保险发展将继续呈快速增长的势头。

第二，随着机动车辆保险条款、费率改革的不断推广和深入，机动车辆保险条款将更加科学，费率也将更加公平合理。

第三，统一的机动车辆保险条款费率被打破后，各保险公司的机动车辆保险产品将日益多样化，消费者可以根据自己的需求选择合适自己的特色产品。

第四，加入WTO以后，保险市场经营主体增加，保险公司将在产品设计、客户服务、风险管理、成本控制等多方面开展激烈的竞争，机动车辆保险业务的经营水平也将会有很大提高。

（谢从笑）

汽车美容

【汽车装潢】 轿车装潢主要有外部装潢和内部装潢。

外部装潢是在原车外形的基础上突出美观、实用、与众不同等特点。这包括加装保险杠、轮架、轮眉防撞条，加装车顶排灯、挡泥板以及在车身上贴彩条等。通过加装这些物品，形成轿车外观整体形状和色彩的变化，从而突出车主独特的个性。

轿车内部是车主驾车时的生活空间，也是展现车主个性的一个方面。简单的汽车内部装潢，主要是在车窗上贴防爆膜。防爆膜除要求能防紫外线照射和隔热功能外，还要有较好的隐蔽性，外界无法透视车内；此外，还有加装地胶、脚垫、座套、靠垫、杂物箱、香水瓶等。若还想进一步进行豪华装潢，那就是将普通面料座套换成由真皮或其他高档材料制成的座套，再加装高档视听设备（音响、CD 机、电视机等），铺纯毛地毯，换桃木方向盘、桃木饰板、桃木排挡头，加装冰箱和热水器，从而营造出了温馨舒适的“家”的氛围。给车加装天窗也成了时尚，天窗不仅有换气功能，还可以给驾车摄影、打猎等活动带来切实的帮助。另外，对司机来说，坐在车内透过天窗的阳光照在脸上，去除了被封在铁皮内的压抑感。

个性化追求是要付出代价的。汽车装潢的花费不菲。最低装潢，即加装中档防爆膜、地胶、猪皮座套等，费用也要在 1000 元左右；一般的汽车装潢费用在 5000 元左右；如追求高档装潢，费用就得上万元，像加装真皮座椅套，最低档次也在 5000 元左右，开天窗的最低价格则在 6000 元以上，总的装潢费用可达两三万元。

汽车装潢的火爆，带动了汽车装潢业的发展。如果按每辆新车装潢费用 5000 元计，我国 2000 年（轿车年销量 60 万辆）汽车装潢业的产值应在 30 亿元以上。尽管产值不小，但我国汽车装潢行业仍是一个不成熟的行业。这主要表现在汽车装潢店基本上是以个人经营的路边店为主。不少汽车装潢店“寄生”在汽车交易市场周围，难以对这些店进行统一管理，装潢质量和价格也没有统一的标准。目前，以次充好现象比较普遍；汽车装潢店的员工也极少持有技术上岗证，装潢质量没有保证。面对汽车装潢行业的不成熟，对那些追求个性化的私车车主来说，除了要破费金钱外，还要花精力防假防骗，其付出的代价就很难用金钱的数量来衡量了。

【轿车内饰件的发展】 轿车内部装饰件主要由仪表板、车门内板、座椅、方向盘和车顶棚内衬层等组成。现分别介绍如下：

仪表板 为了驾驶员能随时掌握轿车各系统的工作情况，在驾驶室的仪表板上装有各种指示仪表和报警装置。要使驾驶员能迅速及时地看到和领会每个仪表板上的指示值，必须把仪表板上的各种仪表做得十分醒目，所示数值清晰明确、有直感。为了使仪表具有高度的准确性，仪表板必须能吸收冲击能量；具有较高的安全性、耐寒耐热性并坚固耐用。

至于仪表板的材料，欧洲轿车的设计师们以采用 ABS/PC 及增强聚丙烯为主；美国轿车大都采用苯乙烯/顺丁烯二酸酐 SMA，因为这种材料价廉物美，具有较高的耐热、耐冲击能力以及良好的综合性能；日本轿车曾采用过 ABS、增强聚丙烯，但目前以玻璃纤维增强的 SAN 为主，耐热性更好的改性 PPE 为辅。随着电子技术的发展，轿车里的所有电子控制系统的控制按钮、信息显示、故障警报等都集中在仪表板上，因此可能由纺织品来取代目前的聚氨酯发泡体表面覆盖的聚氯乙烯表皮。

车门内板 为了有效地扩大车内的可利用空间，设计师们往往采用车门内板与车门扶手一体化的造型，材料采用改性 PP 或 ABS 做骨架，再复合软性装饰材料制成整体式车门内板。

为了适应驾驶室内各种复杂形状的需要，必须制定出一种可以制造具有凹凸结构板材的工艺。为此，车门内衬板和前内护板等零件的设计师们采用了复合板材，经真空吸塑成型而成。美国轿车的门内板设计师大都采用 APS 或 PP 注塑成型的板材，部分轿车则采用纺织品；欧洲轿车的设计师们一般采用增强聚丙烯板材放填充物，再包皮的结构；日本轿车的设计师们则采用近似于欧洲轿车的结构，填充材料大多数采用薄的聚氨酯泡沫塑料片，表皮材料为 PVC，也有采用纺织品的倾向。

方向盘 戴姆勒－克莱斯勒公司最近开发成功的驾驶室管理与信息系统中，采用了多功能方向盘。它不仅被用来控制车轮的行驶方向，而且还可以用来控制声控系统、接收或挂断电话、控制荧屏显示。此外，还装有驾驶员用安全气囊。

它的结构要求挺拔、坚固、轻便，色调与车内其他内饰件相适应。一般采用自结皮半硬质 PU 泡沫塑料，其包覆物大多采用 PP、PU、PVC、ABS 等树脂。为了减轻质量，有采用以玻璃纤维增强 PA 代替铁芯的趋势。

座椅 当前的轿车座椅，已经发展成为一种技术复杂、功能齐全，符合人体工程学、外科矫形学以及生理卫生学等相关学科理论知识的要求，设计了可以进行腰椎支撑调节、大腿支撑调节以及靠背曲折等动作，使乘员的乘坐姿势达到最佳化的装置。

另外，根据乘员的需要，设计师们还增加了座椅回转、气动减震、电气加热和通风排汗等功能。

在座椅的左侧或右侧增加随座式侧向安全气囊，是沃尔沃设计师们锐意创新的结晶。由于该安全气囊装在前座靠背外侧，而不是车门内侧，因此无论乘员如何调节座椅位置和方向，他们都会护卫在乘员的身旁。

随着人们生活水平的日益提高，轿车进入家庭已成为现实。现在人们购车，不仅要选择外观，更注重对内饰的要求。目前，轿车的内饰件正朝着“协调、实用、整洁、安全、舒适”的方向发展。

【汽车装饰 9 大流行】

1．挂饰　悬挂毛主席像、周总理像曾经风靡全国大江南北，据说这样可以消灾避祸、逢凶化吉。有的更是干脆把相片直接放在前挡风玻璃处，谁敢冲着主席、总理撞呢？再后来比较流行悬挂“招财进宝”“一路平安”等祈福的挂饰，女士则喜欢挂个公仔玩具等。

2．红布　经常跑长途的大货车司机喜欢在反光镜处系一小条红布，据说也是为保平安，汉族人相信红色能够带来好运，就像藏族人相信洁白的哈达一样，在西藏很多车上系着不止一束哈达。

3．太阳膜　中国人一向比较含蓄、隐私，房间喜欢厚重的窗帘，汽车当然也要贴膜。抵抗强烈的太阳光是贴膜最大的作用。一般来说，膜的颜色越浅越有档次，最好是不贴膜。最不受欢迎的车膜是反射式车膜，从车外看，完全是一面镜子，而当经过时，反射的太阳光很容易令人眼球不适，是应该予以取缔的一种车膜。

4．座套　出于爱护的原因，很多人喜欢用座套。但座套的主要目的不是为了保护，而是为了清洗方便。一劳永逸的方法是装真皮座椅，但是在夏季，如果车子停在没遮没挡的地方，皮座椅恨不得汤伤你，所以更多人选择座套。

有意思的是座套流行得非常一致，前几年流行蓝白格子的座套，于是满大街都是这种图案座套的汽车，后来流行豹皮斑点的座套，大街上又充满了“野味”。时下最流行的座套则把用旧的圆领 T 恤直接套在两个前座椅上，活泼又显个性！

5．蓝条　据说这种发明是源于河北。把几个半透明的小蓝条贴在前大灯上，通过改变色温，使大灯的灯光变得煞白，晚上开车视线大有改观。然而这是种损人利己的行为，晚间开车时，贴蓝条的车好像亮着远光一样，使对面车辆感觉非常晃眼。所以没流行多久就被禁止了。

6．牌照架　现在越来越多的新车牌照多了种新装饰品——牌照架，给蓝色的车牌照镶了道金属银边。有的牌照架上镂刻着汽车品牌商标，如 SAN－TANA、JETTA，有的更具有通用性：GOOD LUCK！因为它融装饰作用和保护功能于一身，因此很快就在新车中流行起来。

7．车贴　车贴真的可以说是一种文化，在美国很多人喜欢用形形色色的车贴来表达自己的观点和幽默，譬如：我信仰上帝！我超过你啦！……国内的车贴也是五花八门，但相对含蓄得多。有位朋友对此颇有研究，心得如下：贴外国车标的，对自己的车没信心；贴光盘的，搞电脑或者卖 VCD 的；贴两条龙的，有可能是黑社会的；贴俩脚丫子的，喜欢足浴或按摩；贴广告标语的，职业司机。还有一种车贴很普通，意义很明确，那就是——新手上路，请多关照。

8．防擦条　很多新车为了保护自己，喜欢在已有的保险杠上再上一重“保险”——贴防擦条，或者干脆再装一个金属的防撞杠。各式各样的防擦条贴在保险杠上，感觉就像一块块“创可贴”。美观是其次，保护最重要。

9．其他　为什么说“其他”呢？是因为笔者的确不知道这些东西的正式名号。比如轮眉上贴的亮条、门把手位置贴的亮片、车后防静电的“尾巴”……凡此种种，一概是汽车装饰迷的必选装饰。

【汽车的特殊养护用品】　汽车上常备一些特殊养护用品，对延长汽车零部件使用寿命、预防、应急处理途中故障颇为有益，现介绍一些国外常用品，供驾车者选用。

特别灵　又名旧车特效剂，特别适用于旧车。该剂能提高气缸与活塞的密封性能，从而提高气缸的压力，达到节约燃料消耗、减少噪声及排气污染、延长发动机寿命的目的。

蓄电池再生剂　将该剂加入到蓄电池电解液中，能使严重硫化的蓄电池继续使用一段较长的时间；若加入到工作良好的蓄电池中，可以防止蓄电池发生硫化，延长其使用寿命。

水箱补漏剂　将其加入到有渗漏现象的热水箱中，使水温达到 95℃～100℃，补漏剂即可起到止漏作用；若将该剂加入到正常工作的冷却系中，不仅能预防漏水，还可防锈防腐。

油箱补漏剂　油箱出现小孔或接缝漏油时，若渗漏不严重，可直接将该剂涂于渗漏处，凝固后即可止漏；若渗漏严重，孔眼较大，应将燃油放尽后再涂上补漏剂，凝固后即可使用。

补胎剂　在汽车轮胎的内胎中注入该剂后，可保证数年不漏气。若将一枚铁钉楔进轮胎，将铁钉拔出后，补胎剂可自动流入钉孔，很快凝固，将洞口封死，汽车可照常行驶，剩余的补胎剂仍存于内胎内，以备后用。

防雾布　挡风玻璃上雾后，用护布擦过，即可防止上雾。

轮胎应急补漏打气筒　行驶途中轮胎漏气时，将该种打气筒的软管末端铜嘴接在轮胎气门芯上，打开筒顶红盖，压下顶盖，使内装药剂进入轮胎内胎里，补漏打气一次完成。

汽车外壳光亮剂　将该剂倒在软布上，均匀涂擦车壳，干后将白粉擦去，外壳即见光亮，其光泽可保持3年，这期间不需再行打蜡，只要冲洗就行了。

【汽车养护业的机遇】　汽车养护，在我国出现已经十多年了，但就目前总体状况而言，无论是技术水平、设备条件和养护用品，还是市场管理、行业规范和经营方式，都还处于初级阶段，发展不仅缓慢，而且很不平衡。

目前，随着汽车市场的火爆，特别是轿车进入家庭，汽车养护行业也随之兴起。由于私家车的大幅度增长，"三分修七分养"的观念正在为大多数私人消费者逐渐接受。现代汽车制造技术加上汽车的日常保养维护得当，可以使车辆终身无大修。这将会使汽修厂，尤其是一二类的汽修企业业务量锐减，直至难以为继。特别是I/M制的普遍实施，虽然该项制度是针对尾气排放的，但只要对车辆实行定期检测，就势必给汽车养护业带来新的发展机遇。

据国内专业从事汽车养护用品经销的知名企业——麦特集团的总裁盖方先生表示，把握住市场机遇是最重要的，他认为，把握发展机会的关键在于建立规范的市场竞争机制和对车主消费观念的培养。从目前情况看，要用规范的技术服务去拉动消费理念和品牌意识的形成，产品的销售才有可能打开局面。

据了解，现阶段汽车消费者对汽车养护的理解，还只停留在汽车装饰、洗车美容和部分添加剂的阶段。对汽车养护服务理念的真正含义，接受起来还需要一个过程，因此在短时间里很难形成品牌的忠诚度。要培养品牌意识，关键是要提供方便、及时和有效的服务，使消费者确实感觉到汽车养护对自己的车辆使用有显而易见的好处。谁与车主的需求贴得近，谁的品牌就会"叫得响"。在居民生活社区建立连锁经营的汽车养护品牌服务网点，以便捷的服务带动人们对品牌和产品的认识，在目前的市场形势下不失为一种上策。据麦特总裁盖方介绍，他们集团旗下的两大品牌——威力狮和美丽狮都开始在居民社区内着手建立连锁经营服务网络，把方便的服务送到车主的身边，以此来提升品牌的知名度和产品的销售量，最终培养起消费者对他们品牌的忠诚度。

最终决定人们能否接受此项服务的，并不完全是服务的完备周到、养护用品的品质优劣和技术手段的合理规范，而主要是价格的高低。据说在养护业较发达的广东地区，一辆高档轿车单做一次例行的汽车美容，"全活"需要888元，但在北京、上海这样的价格是不为消费者所接受的。据北京消费者所反映出的价格倾向，每月进行两次例行美容养护，车主能接受的价格一般不超过400元。这就要求汽车养护业的从业者们在把握这一市场需求的时候，所提供的服务要量体裁衣，"看人下菜碟"。

那么，什么样的车主，在什么时候才有可能接受汽车养护的消费呢？一位消费者说他家原来用的车是一辆两厢夏利，那时候除了洗车以外，根本就没想过要对车辆进行养护。后来换了一辆富康轿车，新车买回来的时候，几乎天天鼓捣，车内装饰呀，美容打蜡呀，添加各种机内添加剂呀，总想让自己的车靓一些，好用一些。现在两年多的时间过去了，车也跑了一二十万公里了，人呢，也就再没有心思去折腾车了。他的话至少说明了汽车养护的两个关注点，一是车辆的档次，二是使用的时限。车价到什么份儿上，决定了车主进行保养时肯掏什么样的价钱；车用到什么份儿上，决定了车主对养护还有没有热情。准确地把握这个定位，分层次分阶段地去满足消费者的个性需求，才能把握住这个市场。对于这样的市场特征，大的集团性企业都感觉到了。麦特集团等业内大型企业已经开始与广州本田、上海别克等四位一体的专卖店共同建立服务平台，对档次较高的新车实行周到的先期服务，以博得消费者的愉悦，从而使其跟着自己的服务品牌走下去。据介绍，这样的方式已经取得了意想不到的成效。

（朔夫、张华、晓燕、良春、张文贤）

【规范旅游汽车美容业】　我国旅游业的迅猛发展，使许多人看准了旅游汽车美容业中蕴藏着的商业契机，把投资的目光聚焦到汽车美容上。汽车装饰正逐步被汽车美容所取代。旅游汽车美容观念已从传统的、简单的用洗衣粉和洗洁精洗车发展到用专用的洗车清洁剂洗车、打蜡保养，用先进的美容产品、技术和服务对汽车由内到外的精心护理。据统计，我国各类汽车美容中心目前已有1.5万家，而且发展势头强劲。但从总体看，我国旅游汽车美容业尚属起步阶段。

早期的旅游汽车美容技术粗糙。近年来，不少国外知名品牌纷纷抢滩中国市场，利用其先进的技术在中国发展连锁经营，并代理其美容产品。目前，在我国旅游汽车美容市场，一些外国知名品牌的连锁店已初具规模。预计在未来10年内，连锁经营将成为旅游汽车美容业发展的新趋势。

旅游汽车的美容与洗车、打蜡分属不同的概念，并非单纯为了车身漂亮、美观，更主要的是让车辆长寿、安全，除了从形象上改变旅游汽车，使旅游汽车更靓丽，还针对旅游汽车各部位、不同材质的特殊要求，进行特殊处理和保护。旅游汽车美容的项目主要包括漆面美容、内部美容。漆面美容即对汽车进行清洗后，对油渍、漆面哑光、桔皮、太阳纹等予以技术处理，再加上漆面研磨、去伤整平、抛光增艳，从而使车身显得油光发亮。车内美容是汽车美容的主要内容，具体操作从顶棚、方向盘、音响、冷暖出风口到排挡区、地毯进行高压洗净并烘干，然后施以高温消毒除臭，对皮件、革件、塑料、橡胶件上光复新，更换音响、空调、真皮座椅、高保真 CD 机、移动式彩电、中央电动门锁等。对行驶 50 万公里或使用 10 年的车辆强行报废法规的出台，使旅游企业越来越认识到，加强日常的科学护理，使旅游汽车在行驶期内避免发动机大修，具有实用性和科学性。同时，旅游汽车的尾气污染和噪声日益为环保所不容，旅游企业也必须加强车辆的日常养护以消除污染。

对旅游汽车漆面进行美容，犹如对女性肌肤的保养和爱护，以求得美丽、容光焕发。加装防盗器、贴膜、地胶、脚垫及必要的小饰物，会使车辆明亮、干净、整洁，能为游客营造温馨、安全、舒适的车内环境，使游客感觉就和在家里一样。

通过科学的护理方法和使用先进的发动机添加剂，对旅游汽车发动机、润滑、燃油、水冷、电路、传动等系统进行免拆无磨损护理，不仅能够迅速解决汽车马力不足、启动不畅、加油不灵、抖喘、耗油量大、水箱沸腾、烧机油冒蓝烟等故障，而且能够改善润滑、减摩抗磨，减少维修费用，防止尾气超标。

已有 30 多种品牌的汽车美容产品进入我国旅游汽车美容市场，其中，80% 是国外知名品牌。中国旅游汽车美容市场已成为旅游汽车服务行业的一块“大蛋糕”，在激烈的竞争中正越做越大。激烈的竞争导致了价格大战。如洗车，一般市场价格是 10～20 元，而有的美容中心却开出了洗一辆车 4 元的低价，一些美容中心甚至免费洗车。美容中心通过洗车项目的优惠吸引顾客，而在其他护理项目上赚钱。

旅游汽车美容是一个新兴的行业，目前基本上是个体私营者的天下。其中，不少店铺设备简陋，很多是“一只水枪、两三个人和几支刷子”，稍好的也不过是高压水枪冲洗和加黄油、上蜡而已，拥有全套美容设备的廖廖无几。据统计，只有约 1/3 的从业人员经过了专业培训。由于国家对旅游汽车美容收费尚没有价格规定，现行收费标准都是行业内部通行的，再加上监管力量不足，企业经营不规范，高收费、乱收费等问题严重。

旅游汽车美容业的兴起与发展，标志着中国旅游汽车文化的初步形成。随着我国旅游业的进一步发展和旅游汽车的增加，旅游汽车美容业作为新兴产业，将成为旅游服务业发展的重要组成部分，加强对旅游汽车美容业的规范管理已经刻不容缓。它的规范发展无疑将会带动旅游业、汽车修理与汽配业市场的繁荣。

7

第七部类：摩托车

摩托车

MO TUO CHE

摩托车市场综述

【行业总体态势与竞争状况】

（一）产销存总量

全行业2001年产销存总量情况见下表：

摩托车行业2001年产销存情况表　单位：万辆

年度	产量	销售量			库存	产销率（%）
		总销售量	国内销量（1-11月）	外贸出口（1-11月）		
2001年	1236.70	1213.05	933.54	144.11	72.75	98.09
2000年	1153.78	1146.93	931.51	79.23	80.20	99.41
增长率（%）	7.19	5.76	0.22	81.89	－9.28	

由上表可见：

（1）2001年我国摩托车行业产销量、出口量仍然呈现增长的局面；产、销量同比增长分别为7.19%和5.76%，库存量呈负增长为－9.28%；产品出口活跃，总额继续上升，前11个月，出口累计1441098辆，同比增长81.8%。

（2）2001年摩托车销售增长主要靠外贸出口增长拉动。如果扣除外贸出口这一因素，国内市场基本维持了去年的水平，1～11月国内销售量同比增长0.22%。

（3）比较2001年与2000年同期指标，2001年销量增幅低于产量增幅，产销率同比有所下降，说明当前行业内主要矛盾仍在有效需求不足上。尽管企业可以通过强化销售来实现产销增长，但全行业总需求增长仍未得到根本性的转变，说明2002年摩托车销售形势仍然不容乐观。

（二）销售集中度与竞争格局

2001年全国摩托车生产企业前20名销售情况表

序号	企　业　名　称	累计销售（辆）	市场占有率（%）	去年同期销量（辆）	增减（%）	去年同期市场占有率（%）	市场占有率增减百分点
	全国	12130478	100.00	11469304	5.76	100.00	0.00
1	中国嘉陵工业股份有限公司(集团)	828550	6.83	780890	6.10	6.81	0.02
2	钱江集团有限公司	756412	6.24	1012198	－25.27	8.83	－2.59
3	重庆力帆实业(集团)有限公司	703641	5.80	301241	133.58	2.63	3.17
4	中国轻骑集团有限公司	633519	5.22	697135	－9.13	6.08	－0.86
5	隆鑫集团有限公司	602051	4.96	165950	262.79	1.45	3.52
6	重庆宗申摩托车科技集团有限公司	577109	4.76	311003	85.56	2.71	2.05

序号	企　业　名　称	累计销售（辆）	市场占有率（%）	去年同期销量（辆）	增减（%）	去年同期市场占有率（%）	市场占有率增减百分点
7	新大洲本田摩托有限公司	571210	4.71	496484	15.05	4.33	0.38
8	长春长铃集团有限公司(含大长江)	513911	4.24	439184	17.01	3.83	0.41
9	金城集团有限公司	469550	3.87	435752	7.76	3.80	0.07
10	江门市大长江摩托车有限公司	458282	3.78	325291	40.88	2.84	0.94
11	建设工业(集团)有限责任公司	424064	3.50	454117	-6.62	3.96	-0.46
12	洛阳北方企业集团有限公司(含北易)	410214	3.38	415336	-1.23	3.62	-0.24
13	江苏众星摩托集团有限公司	357128	2.94	262990	35.80	2.29	0.65
14	洛阳北方易初摩托车有限公司	334909	2.76	290840	15.15	2.54	0.23
15	广州摩托集团公司(含五羊-本田)	293074	2.42	272544	7.53	2.38	0.04
16	五羊-本田摩托车(广州)有限公司	251086	2.07	243671	3.04	2.12	-0.05
17	麦科特玛骐摩托车有限公司	192292	1.59	127164	51.22	1.11	0.48
18	重庆精通工业集团有限公司	180317	1.49	0	0	0	1.49
19	广东精通集团广州天马摩托车有限公司	165680	1.37	74710	121.76	0.65	0.71
20	江苏健龙新田摩托车制造有限公司	155285	1.28	27224	470.40	0.24	1.04
	前二十名合计	8878284	73.19	7133724	24.46	62.20	10.99

（本表数据来源于行业统计报表。）

从上表可以看出：(1)前二十名企业的销售增长幅度为24.46%，高于行业总体增长水平18.70%。前二十名的市场占有率同比增长了近11个百分点。在前20名企业中，销售实现增长的有16家，其中有15家高于行业增长水平，说明行业重点企业总体销售情况趋好。

(2)摩托车行业生产、销售集中度有所加强，但竞争十分激烈。前20名企业市场占有率均未能达到10%，传统的生产企业在新的竞争形势下，市场表现都不尽人意，如轻骑、建设、洛北易等销售量都有一定幅度的下降，钱江由于2000年过度扩张造成的质量问题和与本田公司的知识产权纠纷等，造成今年销售量急剧下滑。嘉陵集团尽管仍以6.10%的增长率较去年同期的销量有所增加，但和民营企业、三资企业如力帆、隆鑫、宗申、大长江、新大洲、麦科特玛琪、精通集团、江苏健龙新田等的增幅相比，则相形见拙。

(3)2001年销量排在行业第一位的嘉陵，其市场占有率也仅为6.83%，但众多民营企业的市场占有率增幅较大，尤以力帆、隆鑫、宗申、大长江为甚。与此同时，中国摩托车行业的排行榜座次更迭频繁，对前10名座次的抢夺尤为激烈。民营企业已登上竞争舞台，并扮演着重要角色，将曾经在摩托车行业中风光一时的国有企业如建设、轻骑、南方等逼入困境。

(三)市场结构

2001年全国摩托车销售结构图

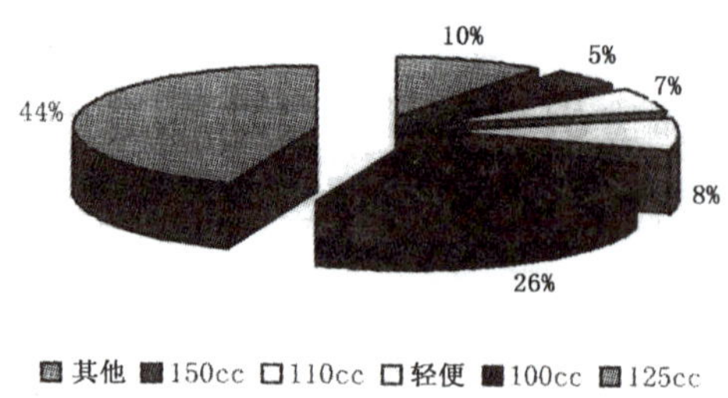

1. 排量结构。全行业各排量摩托车销售情况见下表。

摩托车行业排量销售构成表 单位:万辆

序号	指标名称	全国销量	占总量比(%)	同期销量	占总量比(%)	增减(%)
	合计	1213.05	100.00	1146.93	100.00	5.76
1	轻便	100.93	8.32	106.19	9.26	-4.95
2	60cc	2.55	0.21	5.59	0.49	-54.40
3	70cc	17.75	1.46	21.46	1.87	-17.31
4	80cc	6.52	0.54	6.96	0.61	-6.21
5	90cc	43.93	3.62	63.57	5.54	-30.89
6	100cc	318.35	26.24	330.67	28.83	-3.73
7	110cc	79.71	6.57	52.39	4.57	52.16
8	125cc	536.69	44.24	483.69	42.17	10.96
9	150cc	55.51	4.58	30.67	2.67	81.00
10	250cc	6.30	0.52	4.52	0.39	39.32
11	50(三)	3.91	0.32	3.45	0.30	13.16
12	>50(三)	36.93	3.04	34.11	2.97	8.27
13	250(三)	2.50	0.21	1.49	0.13	66.96
14	750(三)	1.48	0.12	2.18	0.19	-32.18

(1)从各排量销量比重看,仍主要集中在125ml、100ml、≤50ml、110ml四个档次上,分别约占总产量的44%,26%,8.3%,6.6%;四个排量的总和约占总产量的85%;仅125ml和100ml两个排量就占总产量的70%,呈现出高度集中的现象。150ml约占总产量的4.6%,同比增长较快,具有较好的市场成长性。

(2)两轮摩托车中轻便、60ml、70ml、80ml、90ml、100ml六种排量的销售比重呈下降之势,其中:一是占销售比重26.24%的100ml也呈下降势头,与其相近高排量(包括110ml、125ml、150ml)增长势头迅猛,抢占了一部分100ml的市场比重的缘故。二是轻便、60ml、70ml、80ml、90ml排量车型在过去的4年间已呈颓势。

(3)110ml、125ml、150ml三个排量其销售比重呈较大幅度增长之势,说明市场需求对100ml、125ml和150ml看好。250ml排量其销售比重呈现增长之势,250ml销量较大幅度增长说明中国消费者对高排量和高档的摩托车产生消费倾向并有一定的潜在的消费者。

值得关注的是110ml和150ml二种排量的摩托车,2001年的销售量分别以52.16%和81.00%的速度高速增长,成为市场新的增长点。市场重头排量将由目前的100ml~125ml向125ml~150ml靠拢。

2. 产品市场特征。(1)冲程。由于国家对节能和环保法规的不断加严,有些地区成为市场准入的基本条件,所以摩托车四冲程化非常明显,2001年,二冲程车销售量约占总销售量的12.1%,同比减少近六个百分点。

(2)车型。与二轮车相比,2001年三轮车的销量比2000年有所增加,但还没有达到1999年的54万辆的水平;据市场调查,外观美、密闭性好的客运三轮车近来较为热销。

(3)环保型摩托车。由于国家和地方加强对环保的要求,摩托车采用电控、电喷、数字点火和排气催化净化技术的产品越来越多,有些产品已达到欧Ⅱ排放标准。

(4)专利产品。不论在外观设计和结构上,申请专利的产品逐渐增多。

(四)摩托车行业利润继续滑坡

从2001年1~11个月的统计数据看,摩托车行业整体效益继续下滑,全行业1~11月累计亏损11160万元,与去年同期盈利36262万元相比,增加亏损47422万元。虽然民营企业、股份制企业仍能盈利,但盈利幅度大幅下降;有些大型企业集团出现转机,有些大型企业集团亏损仍很严重。

【主要企业情况对比】

产品结构对比

当前消费需求对排量的选择由50~100ml向110ml、125ml、150ml过渡的趋势日趋明朗,那么排量结构将是决定今明两年竞争中处于何种位置的关键因素之一,特别是要加强新品的开发和更新换代。

(1)大长江、新大洲、金城、力帆、宗申、隆鑫等企业由于产品结构在100~125ml系列占有绝对优势,

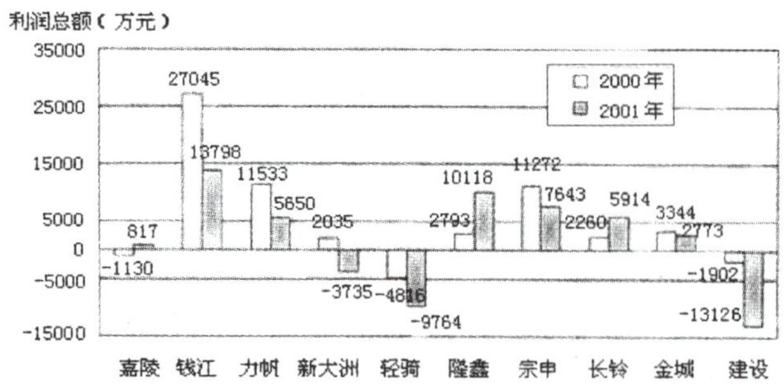

产、销量前十名企业2000年~2001年利润情况汇总表

支撑着它们今年销售量的大幅上升，特别是力帆、隆鑫、宗申不仅机制灵活，而且产品结构发展高于行业总体水平，市场热销的110ml系列销售量比重均远远超过行业总体水平，较好地抓住了市场的脉搏。

(2)嘉陵产品结构调整取得了一定的进展，中大排量车100~150ml系列销售量占其销售总量58.27%，较上年提高8.12个百分点，但也应看到嘉陵在2001年增长率最高的110ml系列和150ml系列市场占有上还比较薄弱。

(3)从上表中不难看出，在150ml系列排量中，建设销售高于行业水平。因为绝对数量较小，150ml系列对建设市场份额的总体影响并不大。110ml系列产品开发建设起步较早，但销售比重却低于行业平均水平，说明建设在150ml和110ml系列产品市场营销战略策略存在缺陷。在全行业销售量占据了44.24%市场份额的125ml系列中，建设的125ml系列产品销售比重只有17.88%，而在市场相对萎缩的50、80ml系列市场产品销售比重较大，这是造成今年建设销售呈现负增长的主要原因之一。

外贸出口总体态势对比

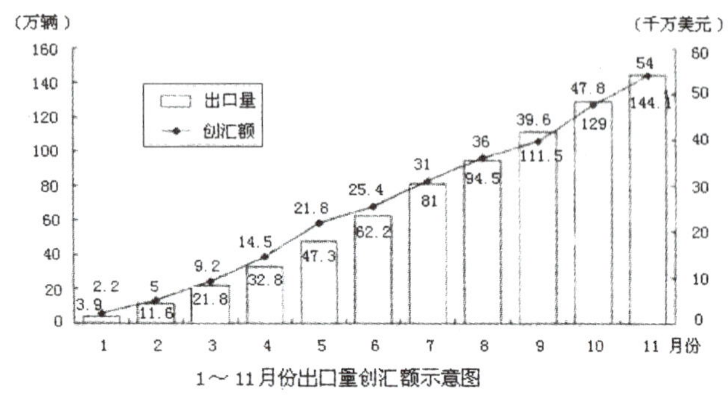

1～11月份出口量创汇额示意图

2001年1月份全国摩托车出口量约为4万辆。2~4月份达到每月10万辆，后几个月均保持在14万辆以上，出口量逐月增加，亦称稳定状态。

2001年1~11月出口量为144.1万辆，同比增长81.8%。出口量占总销量的13.37%，创汇5.4亿美元。在近期国内整体出口疲软的情况下，摩托车外贸出口保持了大幅增长的势头，重庆市民营摩托车企业摩托车出口最为强劲，在行业出口前20名企业中，重庆市的民营企业既是龙头，又占半壁江山。

2001年11月份摩托车主要生产企业产品出口情况汇总表

序号	企业名称	本月出口（辆）	本月累计（辆）	去年同期（辆）	比去年同期增长(%)	创汇额（万美元）
	合计	150817	1441098	792283	81.89	54012.50
1	重庆力帆轰达实业(集团)有限公司	36807	327548	102156	220.64	8687.58
2	重庆隆鑫集团有限公司	20011	258906	94434	174.17	6996.2
3	金城集团有限公司	8296	107021	80102	33.61	4227
4	重庆宗申海陵机车有限责任公司	7788	96878	88023	10.06	5714
5	钱江集团有限公司	6747	94815	141932	-33.2	3389.6
6	重庆市渝北区中汽吉龙摩托车有限公司	2644	91927			1966.52
7	中国南方航空动力机械公司	3696	65683	33108	98.39	2423.69
8	建设工业(集团)有限责任公司	3636	62575	27630	126.47	2287
9	中国嘉陵工业股份有限公司(集团)	2981	53210	70111	-24.11	2092
10	中国轻骑集团有限公司	3141	51045	92543	-44.84	2049
11	重庆银钢节能摩托车制造有限公司	45488	48198			2554
12	麦科特玛骐摩托车有限公司	5485	33560	5300	533.21	2606

序号	企　业　名　称	本月出口（辆）	本月累计（辆）	去年同期（辆）	比去年同期增长（%）	创汇额（万美元）
13	洛阳北方易初摩托车有限公司	419	25573	39439	-35.16	1281.4
14	新大洲本田摩托车有限公司		21444	32257	-33.52	1584.66
15	泰州春兰摩托车厂	3	20709	26590	-22.12	836.15
16	长春长铃集团有限公司	15	12309	6424	91.61	605.2
17	广东精通集团广州天马摩托车有限公司	1320	11644			582
18	江门市大长江摩托车有限公司	858	7520	4763	57.88	320
19	江苏赤兔马总公司	102	6251	100	6151	6.84
20	吉利集团有限公司	64	6136			356.53

从上表可以看出：

(1)嘉陵摩托车外贸出口由1999年全行业第一位滑至2000年的第七位，又由2000年的第七位滑至2001年的第九位。主要原因：一是1999年、2000年占嘉陵外贸出口份额50%的印尼市场，由于印尼货币贬值等原因，而造成嘉陵在该区域市场销售量急剧下滑。二是对占中国摩托车外贸量近70%的越南市场开拓的不力，且在营销机制、营销战术及产品的价格定位上没能适应这个巨大且不规范的市场需求，嘉陵、建设在越南市场上无论是在名气方面，还是在新车型变化方面等都不具备优势，使嘉陵、建设摩托车进入越南市场的较少，而重庆民营摩托车三大家则抢占了商机，使之摩托车外贸出口呈现了大幅增长之势。三是嘉陵传统市场之一南美，“9.11”之后订单减少，阻碍了2001年目标的完成。

(2)2001年建设外贸出口保持了增长的势头，建设摩托车外贸出口由于保供能力和管理问题存在着能否可持续发展的问题。

(3)力帆、隆鑫摩托车外贸出口的迅猛发展，使其产、销量排名跻入了全行业前五名。而嘉陵能重返第一，主要是靠国内销售支撑，国内销售主要又是靠完善的营销网络、服务网络和嘉陵品牌的美誉度支撑。

出口产品结构对比

2001年1~11月　　　　单位：%

序号	指标名称	全国	力帆	隆鑫	金城	宗申	钱江	建设	嘉陵	新大洲	大长江
外贸出口量(万辆)		144.11	32.75	25.89	10.70	9.67	9.48	6.26	5.32	2.14	0.75
外贸占总销量比		13.37	57.43	52.02	25.06	19.82	14.02	17.46	7.23	4.00	1.82
1	轻便		0.76		6.76	0.89	35.63	4.77	17.79	29.52	
2	60cc					0.02		1.39			
3	70cc				4.32	2.15			13.19		
4	80cc			0.05		0.61		32.27			
5	90cc		0.13	0.90	0.48	0.61	0.01	2.56	16.02	0.72	
6	100cc		82.34	46.19	53.46	46.96	35.07	40.19	40.08	13.79	97.79
7	110cc		14.36	52.62	24.81	41.96	10.09	9.15		14.66	0.15
8	125cc		1.48	0.22	9.80	6.39	13.74	8.77	11.78	18.33	2.06
9	150cc		0.92	0.83	0.37	1.00	0.93	0.89	1.14	18.26	
10	250cc		0.02			0.02	4.53			4.71	
11	50(三)										
12	>50(三)										
13	250(三)										
14	750(三)										

全国及主要摩托车企业、外贸易对比图

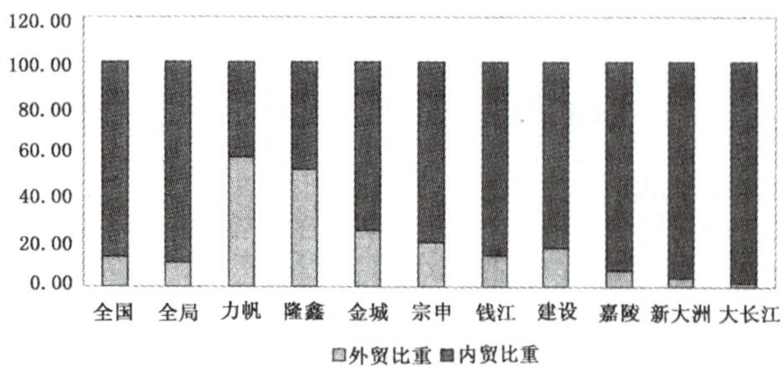

从上表、图中看出:(1)力帆、隆鑫、金城、宗申外贸出口摩托车主要在 100ml、110ml 系列占有优势,这是支撑着这些企业 2001 年摩托车外贸出口大幅增长主要原因之一。

(2)力帆、隆鑫摩托车外贸出口占其总销售量比重高达 57%和 52%,这是使之跻入全国摩托车产、销前五名的根本原因。

主要经济指标对比

1. 主要经济指标绝对数对比,如下表:

嘉陵、建设与主要竞争对手综合经济指标完成情况对比分析表

2001 年 1~11 月

序号	指标名称	计算单位	嘉陵	建设	宗申	力帆	隆鑫	钱江	新大洲	金城
1	工业总产值	万元	279644	102080	231794	326327	153261	222032	247428	176507
	同比	%	-2.38	-35.72	10.91	46.27	123.54	-29.93	32.55	17.84
2	工业销售产值	万元	252317	108913	232739	320895	153132	220031	235974	179329
	同比	%	0.62	-35.16	6.52	47.78	123.26	-30.29	37.62	24.02
3	工业增加值	万元	61689	24172	36480	31949	19605	75502	36480	16109
	同比	%	-1.94	-33.40	-0.57	13.97	270.05	-30.66	-0.57	114.99
4	产品销售收入	万元	287276	99874	223563	325352	154386	228661	158851	176046
	同比	%	11.12	-28.29	-5.51	36.95	134.47	-25.61	-10.55	3.73
5	利润总额	万元	817	-13126	7643	5650	10118	13798	-3757	2773
	同比	%	-172.3	590.12	-32.19	-51.01	262.26	-48.98	-284.62	-17.08
6	销售税金及附加	万元	10989	5164	4939	6306	4762	19787	8829	7184
	同比	%	-10.89	-22.73	-38.78	58.96	42.40	-29.15	54.33	1.74
7	全部职工平均人数	人	12979	14212	2174	3716	1179	3993	2453	4403
8	2001 年摩托车销售量	辆	828550	424064	577109	703641	602051	756412	571210	469550
	同比	%	6.1	-6.62	85.56	133.58	262.79	-25.27	15.05	7.76
9	摩托车外贸出口	辆	53210	62575	96878	327548	258906	94815	21444	107021
	(2001 年 1~11 月)同比	%	-24.11	126.47	10.06	220.64	174.17	-33.2	-33.52	33.61

(本表数据来源于中国汽车工业协会行业统计报表。)

从上表可以看出,2001 年嘉陵除摩托车销售量与产品销售收入两项指标是正增长外,其他指标则呈现了不同幅度下降;并且除了摩托车总销售量排在第一位和所交税金排在第二位外,其他经济指标与主要竞争对手比无优势而言。

建设更是如此,除外贸出口呈现增长的势头外,其他经济指标则都出现较大幅度的下降。

而力帆、隆鑫、宗申、新大洲则保持了相对良好的发展态势。

2. 主要经济指标相对值对比

嘉陵、建设与主要竞争对手综合经济指标相对值对比分析表

2001 年 1～11 月

序号	指标名称	计算单位	嘉陵	建设	宗申	力帆	隆鑫	钱江	新大洲	金城
1	人均工业总产值	万元/人	22	7	107	88	130	56	101	40
2	人均工业销售产值	万元/人	19	8	107	86	130	55	96	41
3	人均工业增加值	万元/人	5	2	17	9	17	19	15	4
4	人均产品销售收入	万元/人	22	7	103	88	131	57	65	40
5	人均利润	万元/人	0	－1	4	2	9	3	－2	1
6	人均摩托车销售量	辆/人	64	30	265	189	511	189	233	107
7	人均摩托车出口量	辆/人	4	4	45	88	220	24	9	24

（本表数据来源于中国汽车工业协会行业统计报表。）

【2002 年摩托车市场预测】 1. 由于国家继续实施积极的财政政策，扩大内需，大力加强中小城镇的建设，我国摩托车工业 2002 年仍将保持持续、稳定、健康的发展态势，产业结构将向更加合理的方向调整。今年摩托车国内需求量将保持去年水平，外贸出口仍将有一定的增长，但增长的速度将会明显放慢，预计全年摩托车需求量在 1280 万辆左右。

2. 由于政府管理部门对行业管理力度继续加大，市场调节作用明显，摩托车生产企业会继续在结构调整的大背景下重新洗牌，还会有一部分生产条件差的中、小企业陆续退出市场，退出行业；各种性质的企业之间会根据自己的切身利益，以多种不同的重组形式积极寻找发展之路。在重组的过程中，寻求国际间合作，将是 2002 年的显著特点。

3. 由于我国已是 WTO 正式成员，请进来和走出去的形式会有多种变化，日本四大公司对我国摩托车工业的影响会继续扩大，将会出现我们意想不到的某些方式方法，比如：像今年以他们的公司品牌利用我国摩托车零部件优势生产整车，以较低的价位挤占我们国内外市场的新动向。

4. 由于政府对市场法制化管理的力度加大，产品知识产权逐渐得到人们的认可，行业中的强势企业会在拥有自己知识产权的产品设计上开始艰难的爬坡，打开了中国摩托车生产企业自己设计产品的良好开端。

5. 政府继续做好清理整顿市场的工作，假冒伪劣产品、出售产品合格证、倒卖目录的现象会进一步得到打击、遏止，市场不断规范。随着行业结构的调整，强势企业的市场份额会继续扩展，行业生产集中度逐渐恢复并提高，产品价格下滑趋势得到遏止，甚至会出现少数产品价格回升的现象。

6.“禁摩”、“限摩”的趋势还将会进一步扩大，环保型摩托车、电动摩托车等新产品有望驶入“禁区”。有的摩托车生产企业产品向外延伸。

（中国南方工业集团公司　赵军　孙平　车丽萍　何琼）

摩托车生产企业

上海幸福摩托车总厂

【加快改革，争得主动权】 上海幸福摩托车总厂 1999 年 5 月由原上海易初摩托车有限公司转制而来，是上海汽车工业（集团）总公司下属全资摩托车制造企业，主要开发、生产和销售“幸福”牌各大系列摩托车和相配套的发动机。在企业转制时，由于摩托车市场竞争异常激烈，生产集中度分散，行业的利润普遍下滑，总厂根据行业现状，及时对工厂的组织机制和产品进行了改革和调整。

在组织机制上，调整和合并相关机构，使得工厂的机构更适合产品开发和市场的运作。通过对人员的调整，提高了工作效率，更能适应市场的瞬息变化。在资金运作上，划小核算单位，降低产品成本，提高了产品的竞争力。在新产品开发上，开发踏板车、弯梁车、电喷摩托车、电动机车、沙滩车、水冷发动机、LPG发动机、油冷发动机等多种款式的产品，丰富了产品的系列和品种。在上海汽车工业(集团)总公司的关心和支持下，实行多品种经营的策略，涉足汽车零部件的加工和制造，降低了产品的市场风险，增强了产品的市场竞争力。在销售政策上，改变了以往的销售策略，采用地区代理、直销等多种灵活、形式多样的销售方式，通过以上的改革，使企业能适应当前的市场形势，在市场竞争中取得一定的主动权。

【不断提升技术和生产能力】 上海幸福摩托车总厂自1964年起在中国最早生产幸福牌摩托车，经过40年的努力，产品在国内外闻名遐迩。经过几次的改造，使工厂的产能有了很大的提高，整车年产量从最初的几千辆发展到现在的50～60万辆。工厂目前拥有先进的整车、发动机、铸件生产设备和摩托车检测设备，确保了产品的制造质量。

在整车制造方面，拥有冲压、焊接、涂装、管件加工、整车和部件装配等设备，各类流水线20多条，冲压设备从6.3吨一直到400吨，主关件的(如油箱、车架)冲压模具均为日本进口，从而保证了产品的质量；焊接设备有国外进口的滚焊机、缝焊机、氩弧焊机、焊接机器人等设备，这些设备焊接精度高，自动化程度高，能生产高品质的油箱、车架焊接体、后轮叉等部件；涂装设备有国外进口的奥米茄喷漆机器人，生产的整车外饰件美观、漆膜均匀；工厂还拥有各类部件、整车装配流水线近10条，达到年生产60万辆整车的能力。

在发动机制造方面，拥有左右曲轴箱生产线、发动机右盖生产线、曲轴连杆生产线、发动机装配流水线、校车流水线等近10条生产线，加工中心近30台。生产发动机的专用设备多为德国、瑞士、日本等发达国家制造，具有很高的制造精度和生产效率。生产发动机的加工中心也多为德国、日本、台湾等国家和地区制造，这些精度良好的生产设备，使幸福发动机的质量有了保证，发动机的质量在行业中也名列前茅。

铸造方面，有从日本、意大利等国家进口的850吨、600吨、420吨压铸机十多台，压铸发动机箱体、缸体、缸套的模具也多为意大利、日本制造，生产的铸件质量优良，年生产能力为60多万套。

上海幸福摩托车总厂以世界先进的摩托车技术作为自己的追求和发展方向，自1985年引进日本的125ml产品的技术，并与日本本田、英国里卡多等多家著名的公司和研究所进行合作，不断改良幸福产品。通过消化吸收，自主开发、生产CG系列产品，并以此技术为基础，形成36、50、70、90、100、110、125、150、175、250ml等10种排量，100多个型号品种的摩托车系列产品，款式有跨骑式、踏板式、越野式、警务特种车和LPG车等。尤其是发动机，其设计和加工技术在国内外享有盛誉，每台发动机能经受200小时全速、全负荷的强化测试，性能优异，处于国内领先地位。到目前为止，已经拥有二冲程、四冲程；单缸、双缸；风冷、水冷、油冷；排量从36cc～250cc等30多种型号发动机。为提高发动机的技术水平，目前电子燃油喷射发动机的研制也已进入样机制造阶段。

【积极开拓国内外市场】 近年来随着摩托车行业竞争的日趋激烈，为规避市场风险，提高企业的竞争力，工厂根据国际市场的需求，利用工厂多年制造摩托车的技术和经验，开发了沙滩车新产品。沙滩车作为欧美等国家和地区的休闲运动车，具有较好的市场前景，在国际市场上竞争对手较少，资金回笼快。根据国外客商要求，目前已开发生产了近十个品种，产品全部供应国外市场。同时，根据国家拉动内需，鼓励轿车进入家庭的政策导向，工厂利用制造摩托车发动机的技术和经验，进一步盘活存量资产和机械加工的优势，近二年来，还涉足汽车零部件的加工，增加了工厂新的经济增长点。

上海幸福摩托车总厂根据目前的市场情况，及时调整销售政策。在销售区域上，重新划分区域，有利于物流的转接和产品销售的运作；在销售策略上，采用地区代理、直销等灵活多样的方式；在经济发达地区，建立完整的销售网络，做到一县(区)一店，增加了销售的力度；同时还开拓保险、邮电、警务等各类公务车市场，积极做好政府采购的投标工作；在销售的产品品种上，根据各地区的实际，进行合理的产品组合。通过以上的变革，使产品的销售量渐渐处于上升趋势。在做好国内市场的同时，积极开拓国际市场，一方面继续保持原有的老客户，另一方面通过国外驻沪使馆、商务机构和利用各种展览会等开拓新的客户。对客商提出的各种要求千方百计予以满足，开发多种形式的整车和发动机出口产品组合，满足了客商的要求，赢得了国际市场，2001年出口创汇400多万美元，取得了较好的成绩。

(上海幸福摩托车总厂)

隆鑫集团有限公司

【集团概况】 隆鑫集团是1996年3月18日组建的民营企业集团，目前资产总额达35亿元，员工5000

余人(其中科技人员 850 余人),产业涉足摩托车、汽车、汽摩交易中心、物业、新材料及信息产业等,以隆鑫集团有限公司作为集团控股公司,拥有 30 家全资子公司和 1000 多家成员单位,具备年产发动机及通用汽油机 300 万台能力,年产摩托车 200 万辆能力,是目前中国最大的摩托车及发动机生产基地之一。

隆鑫集团的前身重庆隆鑫交通机械厂 1993 年开始涉足摩托车发动机产业,1994 年即成为亿元企业。1995 年为全面提高企业内涵,成立中美合资重庆隆鑫汽油机制造有限公司,1996 年成立重庆隆鑫工业集团有限公司,开始向行业内的全方位发展,向前一体化生产关键零配件,向后一体化生产摩托车整车,通过边际效应发展战略,投资 2.2 亿元修建了建筑面积达 10 万平方米的全国最大的展馆式汽摩配件整车交易中心。正在兴建的隆鑫生产基地、劲隆生产基地、恒胜生产基地总占地面积近 40 万平方米,建筑面积 25 万平方米,总投资达 4.8 亿元,计划 2002 年 8 月建成。建成后的三大生产基地将汇聚摩托车发动机、整车、车架、涂装等关键部件流水生产线以及技术开发中心、检测中心和模具开发中心于一体,将成为国内最先进的摩托车生产基地之一。

隆鑫集团从 1995 年到 2001 年,连续 7 年被评为重庆市乡镇企业 50 强第一名。1998 年,隆鑫牌发动机被评为重庆市名牌产品,“隆鑫”商标被重庆市人民政府评为著名商标,隆鑫集团被中共重庆市委、市政府列为 30 家优势扩张型企业之一。1999 年,“隆鑫”被重庆市工商行政管理局认定为重庆市法人企业知名字号,企业通过了 ISO9002 国际质量体系认证,取得了国家外经贸部批准的自营进出口权,集团董事长涂建华先生先后被评为全国优秀乡镇企业家和重庆市首届十大杰出青年,被誉为重庆市民营企业的“领头雁”。2000 年,隆鑫集团汽油机公司作为重庆市首批民营企业入选重庆市工业企业 50 强之一。2001 年 1 月,隆鑫牌摩托车被重庆市外经委评为重庆市高新技术·名牌出口产品。2001 年 5 月,隆鑫集团汽油机公司再度被重庆市人民政府评为工业企业 50 强。2001 年 8 月,“隆鑫”商标再次被重庆市工商行政管理局评为重庆市著名商标。2001 年 6 月,经国家工商行政管理总局核准,重庆隆鑫集团有限公司成为全国无地域性企业集团,企业名称变更为隆鑫集团有限公司。

隆鑫集团实行事业部管理体制,内部建立起完善的基础管理体系和营销管理体系,形成了适合集团自身特点的 SSP 管理系统,实现了企业管理科学化、规范化和体系化,集团公司通过集中控制、目标管理,实现了资源整合、信息共享,所属企业形成了高效规范的产、供、销一体化和快速反应机制。

2001 年隆鑫集团生产摩托车 60 万辆,居全国同行业第四;生产发动机 163 万台,居同行业第二;出口创汇 1.78 亿美元,居同行业前茅。实现工业产值 55 亿元,上缴利税 2.8 亿元。

【集团主要企业】 重庆隆鑫摩托车制造有限公司——隆鑫集团从 1997 年开发摩托车整车,年产摩托车达 100 万台能力。重庆隆鑫摩托车制造有限公司在隆鑫牌摩托车的生产环节中,坚持以产品质量为企业之本,以技术领先占领市场,隆鑫集团对开发的每一款新发动机或整车,都按有关程序进行严格的评审,按照国家、行业和企业规定标准进行性能试验,包括环保性、安全性、可靠性及耐久性等试验,并长期在国家摩托车质量监督检验中心等权威机构进行定型检测,对未能达到相关要求的产品绝不投产。在产品的售后服务方面,始终为消费者的利益着想,负责到底。2001 年又在各地开展大范围的产品售后服务活动。隆鑫摩托以良好的产品质量和可靠的服务保障赢得了社会各界的认可和好评,使隆鑫品牌的知名度和美誉度得到了很大提升。新世纪来临之际,隆鑫摩托挑战人类极限,2000 年 12 月 7 日至 2001 年 1 月 1 日成功穿越“死亡之海”塔克拉玛干沙漠,创吉尼斯新千年三项世界纪录,检验了国产摩托车的综合质量水平。2001 年 6 月,隆鑫集团被中国奥委会定为中国摩托车行业惟一赞助商,隆鑫摩托被定为第 28 届奥运会中国体育代表团惟一专用摩托车。

劲隆摩托车事业部——成立于 2001 年 1 月 1 日,系重庆隆鑫集团下属的一家控股子公司,位于重庆市九龙坡区大堰,前身是原建设工业集团与隆鑫工业集团合资的“强强联合”体,由重庆市劲隆摩托车制造有限公司、销售公司、集团进出口二部分并改组而成,事业部下设有营销总公司、技术研究所、生产部、配套部等共 16 个部门。员工 800 多名,其中中高级技术人员 50 多名,管理人员 90 多名,现年生产能力可达 40 万台。

劲隆摩托车事业部拥有高素质开发能力,现已开发出排量 50ml 到 250ml 的跨骑车、弯梁车和踏板车共 50 多种车型,每月开发新款可达 3 种以上;在生产设施方面,拥有两条先进的摩托车总装生产流水线和一条全自动的包装生产线;在质量保证方面,拥有一系列先进的检测试验设备和导入 ISO9000 质量管理保证体系;在管理方面,导入科学管理模式 SSP 体系;在销售方面,拥有覆盖全国的国内销售网络和立足东南亚、面向世界的国外销售网络。

2001 年,劲隆摩托聘请成龙作为其形象代言人,“成龙劲隆,双龙出击”,有力提升了“劲隆”品牌知名度和产品的市场占有率。

重庆恒胜摩托车工业有限公司——是集摩托车研发、制造、销售和售后服务于一体的专业化民营企业,公司在“以人为本、以质增效、以快制胜、以新领先”战略方针的指导下,经过多年的努力,现已发展成为拥有现代化流水作业装配线及摩托车部品、成车检测线的企业。进入21世纪后,摩托车生产已向规范化、集约化方向发展。

公司大中专以上学历员工占职工总人数的66%,其中军工企业人才占30%,是摩托车企业中少见的一支高素质员工队伍,现场作业人员均具有中专以上学历。公司产品品种齐全,生产“恒胜”牌摩托车六大系列60个品种。

“客户是检验产品质量的惟一标准”,自摩托车投放市场以来,公司产品以其质量可靠、造型优美、款式新颖、价位适宜、服务优质等特点深受国内外用户的好评,恒胜公司已成为中国摩托车众多品牌中的一匹黑马阔步迈入新世纪。1998年以来,恒胜摩托车完成了摩托车出口产值5000余万美元,在国内摩托车行业中名列前茅。

重庆隆鑫汽油机制造有限公司——成立于1995年,是专业制造和开发摩托车发动机的科技型企业,拥有9条整机装配生产线和检测线,公司下设汽油机研究所,具有雄厚的科研队伍和新产品开发能力。为了提高加工制造水平,公司先后从日本、美国引进90年代国际先进水平的数十台数控设备,主要生产50cc～250cc等数百个规格型号的汽油机,产品畅销各省市并出口越南、印尼、菲律宾、伊朗、尼日利亚、南非、阿根廷等30多个国家和地区。

隆鑫发动机是中国摩托车行业惟一被认定为“中国驰名商标”的摩托车发动机。隆鑫集团1993年涉足摩托车发动机生产,由此开创在摩托车行业的创业及发展历程。通过几年持续稳定发展,1997年隆鑫发动机已在中国摩托车行业享有较高声誉。1998年至2001年,隆鑫发动机产销量连续保持全国领先地位,2001年隆鑫发动机产量达到了163万台。居全国同行业第二位。

隆鑫汽油机公司实施ISO9000国际质量管理,建立了高效、规范的基础管理体系,汽油机年生产能力200万台,是中国目前最大的汽油机定点生产基地之一。公司特别重视产品的售前、售中、售后服务。产品销售到何处,售后服务到何处;密切联系用户,主动上门征询用户对产品质量的意见和要求,并迅速向公司反馈;对大宗用户,派驻人员专门服务;对各地经销商,定期或不定期巡访;一旦需要,派员处理,直至用户满意。

重庆镁业科技股份有限公司——是由隆鑫集团有限公司控股的股份有限公司。公司自2001年4月19日成立以来,作为“重庆市高新技术企业”,在重庆市科委的统一协调下建立了“重庆市镁合金研发工程中心”,并被国家科技部确认为“镁合金研发与应用重点示范基地”。公司积极承担和参与了国家“十五”重大科技攻关及国家“863”计划等镁合金相关项目的开发与研究;同时公司还致力于镁资源及其他有色金属资源综合开发利用;现代镁合金、镁基材料及其他现代有色金属材料加工成型技术及产品的深加工;新型镁产品及其他现代有色金属材料等方面的开发、制造、营销。公司凭借雄厚的科技实力和人才优势,正力争发展成为中国最具实力的镁及镁合金研发、生产基地之一。

重庆隆鑫科技股份有限公司——简称隆鑫科技,是由隆鑫集团控股的民营股份制公司,组建于2000年,注册资本为5000万元人民币。公司拥有雄厚的科研队伍,先进的技术和现代化的加工、生产线与检测设备,专业研制、开发和生产通用汽油机系列产品。目前,已开发了通用汽油机及以通用汽油机为动力的系列产品共6大系列近40个品种。其中通用汽油机从3马力～13马力、发电机组1.3kW～5kW、水泵机组、微耕机、喷雾喷粉机等。2001年产量达13000余台,产品销往全国并出口东南亚和非洲等国家。

重庆汽摩配件整车交易中心——是重庆隆鑫集团的全资子公司,它是由汽摩交易中心、隆鑫会展中心和隆鑫钢材市场三个经营单位组成,于1998年5月18日正式成立。

“中心”地处成渝高速路口谢陈路段,紧邻奥林匹克运动中心和高新技术产业开发区,交通便捷,具有良好的区位优势。中心总投资2.2亿元,占地面积3.3万平方米,共10层,总建筑面积10万平方米。设有大型的汽摩整车展示交易厅、汽摩配件市场、库房、停车场、写字间及进出装卸广场和绿色活动广场,为全国最大规模的展馆式汽摩交易中心。市场内硬件配套设施齐全,设有3部大型自动人流扶梯,2部载货电梯;并配套有自备发电、电子自动消防喷淋、防盗报警、中央空调、语音广播等系统;市场内设有生活商务配套服务体系,其中包括金融分支机构、邮政代办点、餐饮娱乐中心、工商税务服务中心等。

“中心”所经营管理的“隆鑫钢材市场”为专业化、规范化钢材交易市场。设有地磅房、洗车场、露天货场及餐饮店等配套设施。交易市场云集了全国各地100多家大型钢材生产厂家和钢材销售商家,日均交易量9千吨,年钢材交易成交额达到了11亿元。

隆鑫集团技术中心——是重庆市市级企业技术中心，建筑面积达9000平方米，投资1.6亿元，现有专业科技技术开发人员550人，中心三年内将建成为国家级企业技术中心。技术中心拥有国际先进的高、精、尖软硬件设备，建立了三维CAD设计图形工作站，拥有电涡流测功机、直流电力测功机、中成EST内燃机测试系统、直读光谱仪、原子吸收分光光度计、磁电机综合测试台等具有国际先进水平的检测分析设备。

集团目前已掌握激光快速成型技术、发动机多气门技术等，并在电喷技术、陶瓷技术、纳米技术、IC智能控制技术以及镁合金材料的应用方面取得了突破性的进展，已拥有62件自主知识产权的专利技术，同时还有数十件专利技术正在申报过程中，目前正在建设国内一流的检测中心，建成后将拥有摩托车领域的18项先进检测手段。

隆鑫集团1999年通过了ISO9002国际质量体系认证，在此基础上，进一步完善了从零部件入厂检验、生产过程控制到产品出厂检验的全过程质量管理控制，产品质量有了较大提升，并将质量管理延伸到了售后服务体系。

【生产基地建设】 隆鑫集团正在重庆市经济技术开发区兴建的隆鑫生产基地、劲隆生产基地、恒胜生产基地和镁合金材料生产基地总占地面积40万平方米，建筑面积25万平方米，总投资达4.8亿元，将于2002年建成，它们均具有功能分区明确、工艺流程顺畅、物流储运便捷的特点，能充分满足环保、节能等要求，能极大提高综合经济效益，实现生产规模化、精品化，建成后将成为中国同类产业中最先进的生产基地之一。

名称	规模		主要设施与功能
	占地面积	建筑面积	
隆鑫摩托车生产基地	16.5万m^2	11.9万m^2	具有年产100万台摩托车生产能力的联合厂房和流水线及检测设备
劲隆摩托车生产基地	10万m^2	1.2万m^2	年产50万台摩托车生产能力
恒胜摩托车生产基地	7万m^2	4万m^2	年产50万台摩托车生产能力
镁合金材料生产基地	7万m^2	3.5万m^2	已定为国家镁合金产业化示范生产基地

【品牌化发展道路】 隆鑫集团在企业发展过程中一向注重品牌化建设，集团明确提出把“走品牌化发展道路”作为企业经营理念之一，通过一系列的市场活动来扩大知名度和社会影响力，进而使隆鑫品牌的美誉度得到了很大提升。早在1996年，公司赞助法国方丹足球队与四川全兴队的国际足球邀请赛，1998年，隆鑫赞助四国女排国际邀请赛，1999年和2000年连续两年冠名重庆隆鑫足球队，并夺得2000年中国足协杯冠军，为西部赢得了第一个全国足球冠军。2000年12月27日至2001年1月1日，隆鑫集团成功地组织了“隆鑫摩托挑战极限”单骑穿越“死亡之海”塔克拉玛干沙漠、创吉尼斯世界纪录的体育探险活动，包括中央电视台在内的全国各大媒体纷纷全程跟踪报道，在国内外引起极大反响。2001年，隆鑫集团成为中国奥委会在摩托车行业的惟一赞助商，隆鑫摩托成为第28届奥运会中国体育代表团惟一专用摩托车。为弘扬奥运精神，支持北京成功举办第28届奥运会，隆鑫集团与中国奥委会于2001年9月共同组织了“中国心·奥运情隆鑫摩托送北京”活动，组织车队经过湖北、河南、山东、山西、河北、北京等7个省市，沿途得到了各地政府和群众的大力支持，成功地宣传了“更快、更高、更强”的奥林匹克精神。

同时，隆鑫集团还热心参与社会公益事业，1997年集团向正在修建中的重庆市人民广场捐献巨资，成为捐款数额最大的企业。1998年，隆鑫集团向遭受长江洪水灾害的长江中下游地区捐款，成为企业员工捐款最多的企业，以实际行动积极支援全国人民的抗洪救灾活动。2001年，隆鑫集团向重庆市公安局捐献因公致残基金。

2000年4月6日至10日，在越南河内举办的第10届越南国际商品交易会上，隆鑫集团荣获金奖。2000年6月，隆鑫集团出巨资赞助具有国际影响的重庆投资贸易洽谈会及中国西部开发国际研讨会。2000年12月，隆鑫集团又以强大阵容参加了越南国际汽车展，由于产品新颖、展厅气势宏伟及精彩的模特表演，成为整个展览会的一大亮点，引起了日本各大摩托车企业的高度重视。2001年6月，在越南首都河内举行的“重庆出口商品越南展示会”上，隆鑫集团的展出赢得了海外广大经销商及用户的高度评价。同时，隆鑫集团先后参加了在南非、意大利、巴西、阿根廷以及中东等国家和地区举行的摩托车和发动机展览会，在海外很好地宣传了我国的机电产品。

1998年至2001年，通过市场活动和社会活动，“隆鑫”品牌知名度得到了深度提高，隆鑫集团从地方性知名企业成长为全国乃至海外的知名企业。

（蒋竖）

重庆力帆实业(集团)有限公司

【概况】 1992年,尹明善创建了力帆集团,以9人、20万元资金起步,历经10载艰苦奋斗,迅速发展为融科研开发、发动机和摩托车整车生产、销售(包括出口)于一体的国家级大型民营企业——重庆力帆实业(集团)有限公司。目前,力帆集团已有员工3800多人,其中大专文化程度以上技术人员670多人,拥有8家生产企业,3家营销公司,一个市级技术中心,具备年生产200万台发动机和100万辆摩托车的生产能力,连续两年进入重庆市工业企业50强,在重庆市民营企业50强排名中名列榜首。力帆集团已进入世界摩托车制造业500强,产销综合值名列中国入选登记企业第一位。

2001年力帆集团实现销售收入38.5亿元,产、销发动机184万台。发动机产销量、出口创汇、专利拥有量、产销综合值四项指标居全国第一,综合实力在全国同行业排名第二。

【力帆三件宝】 力帆集团总裁尹明善说,力帆有三件宝:“创新、出口、信誉好”。

创新是力帆集团不断发展的动力源泉。力帆集团在重庆民营企业中第一家拥有省(市)级技术中心,现已开发了110多个摩托车发动机品种,有527个摩托车光盘目录,已拥有专利109项,版权30个,获注册商标45件,自主知识产权拥有量居国内同行前茅。力帆独立开发的90、100电启动,立式100(110)型发动机为全国首创,在中国摩托车工业史上具有里程碑的意义;力帆在国内首先开发出V型双缸250发动机;首家开发出具有自主知识产权的摩托车电喷技术。力帆每年以3—6个发动机产品和更多的摩托车新品投入市场,其发动机品种之多居全国之首。力帆集团不仅技术创新勇于领先,而且大胆进行体制创新,实行所有权、决策权、经营权三权分离,充分发挥经营者的才能,让企业步入健康发展的快车道,力帆在重庆民营企业中第一家成立了党委,帮助企业健康发展。

“国内赚钱,市场好汉;海外获利,民族英雄。”力帆集团坚定不移地执行走出去的战略方针,大胆开拓国际市场。1998年力帆集团取得自营进出口权;2000年力帆集团在重庆民营企业中第一家拥有进出口公司,当年出口创汇5200万美元,2001年力帆集团出口创汇(包括间接出口)2.02亿美元,在全国摩托车企业中首家出口创汇突破一亿美元,成为全国当之无愧的出口老大。力帆的产品远销东南亚、西亚、欧洲、非洲、南美等40多个国家。2001年9月,力帆摩托首销日本,改写了中日摩托车有来无往的历史。在越南,力帆摩托车占有绝对优势,越南驻华商务参赞说:在越南力帆的牌子比本田响。

在取得飞速发展的同时力帆不忘回报国家,回报社会。从1992年到2001年,力帆累计向社会捐赠1600万元,为社会提供了两万多个就业岗位,2001年力帆纳税1.136亿元,在重庆民营企业中首家纳税过亿元,树立了守信誉重诚信的良好形象。“宁可他人负力帆,不可力帆负他人”是力帆的经营信条,力帆连年获得重庆市“重合同守信用企业”称号,1999年力帆集团在全行业首家获得政府及人民银行批准,发行了5000万股企业债券。凭着良好的信誉,力帆可以从银行融到所需的资金。

【力帆目标】 “力帆不创名牌,摩托一堆废铁”。力帆集团的目标是建立百年老店,力帆的品牌战略是:由区域品牌变为世界品牌,由行业品牌变为通用品牌。2000年8月力帆以5580万元收购寰岛足球俱乐部,“八年寒窗无人问,力帆一球天下闻”。2001年12月30日力帆摩托成功飞越红河,实现了中国摩托在海外的第一次飞越,力帆品牌在国内和国际的知名度、美誉度、顾客忠诚度大大提高。为充分挖掘品牌资源,力帆已贴牌(OEM)生产家电、白酒、防盗门、矿泉水、服装、运动鞋等产品,力帆正构筑以摩托车、汽油机、汽车电子、农机生产、媒体传播等实业为塔基,酒、防盗门等OEM生产为塔身,银行、证券、期货等资本运作为塔尖的“力帆金字塔”。力帆集团的五年目标是:实现年销售收入60亿元,创汇2亿美元,利税4亿元。

江苏众星摩托车集团有限公司

【概况】 2001年,江苏众星摩托车集团有限公司进入了“三步走”战略的第二步——全面调优,成功地实现了体制转换和品牌更换。

——产品质量稳步攀升。众星坚持“产品质量永无止境,只有更好,没有最好”的质量理念,一切工作按ISO9000质量管理体系运行。公司制定了“三按”操作规程(按标准设计、按图生产、按图检验),技术、生产、质检部门严格遵照执行,从而使产品从设计到出厂始终处于受控状态。公司成立了配套单位资格评审委员会,对配套单位进行调优定点,从源头上把住产品质量关,确保产品质量的稳定性、一致性。成立的试车小组每天对主力车型或新开发的车型进行300公里的破坏性道路试验,做到质量问题早知道、早整改、早解决,把质量问题消灭在萌芽状态。产品质量的档次由此不断提高,公司在2001年底顺利通过了ISO9000—1994的复审和5个系列车型的出口产品质量许可验收,被评为中国“标准、计量、质量”技术完善著名企业。

——科学管理初见成效。在建立现代企业制度的过程中,公司将 ISO9000 标准作为一切工作的行动纲领,不仅建立和完善了一套切合实际、行之有效的规章制度,而且把规章制度落到实处,坚决做到“三严”:严谨,管理制度到位;严格,制度执行一丝不苟;严肃,处理违纪毫不手软。公司将市场机制引入企业内部,各分公司之间形成了市场中的上下链关系,同时对采购件实行招投标,降本节支取得很好的成效。公司形成了以“事事有人管,人人有事干,管事凭成效,成效凭考核”为内容的管理模式,强化了考核手段,完善了奖惩机制,正是这种扎实有效的科学管理方法和手段,使员工人尽其力,企业运行有序,进入了良性循环的轨道。

——技术进步加快。2001 年,公司投入资金 3700 多万元,引进了国际先进的压铸机、发动机精加工中心等生产和检测设备,对原有的烘漆流水线进行扩能改造,众星的硬件保持了国内同行业中的领先地位。公司依托雄厚的技术力量,通过技术创新、技术革新挖掘企业内部潜力,劳动生产率、产品合格率得到大幅度提高,一些技术难题被攻克。为了激发技术人员的创新意识,公司将收入分配向技术人员倾斜,并专门设立了创新奖,在这种激励机制下,技术人员充分运用 CAD/CAM 计算机辅助设计与制造系统缩短了产品设计开发的周期,全年完成了近 20 个新车型的开发和多个老车型的整改,优化了产品结构,提高了企业的市场竞争能力。

——两大市场并驾齐驱。2001 年是众星品牌诞生的第一年。为了让消费者尽快认可众星这一新品牌,使众星在烽烟四起的市场竞争中突围出去,众星以产品质量为后盾,以品牌优势作基础,通过对形势分析,提出了取优避劣的营销策略,加大广告宣传力度,利用各种促销手段,打开了市场局面。销售人员根据“开拓、管理、服务”的六字营销方针,将网点在富裕地区建到镇,在贫困地区建到县,实行“一点一站,四位一体”,加快新网点的布控。在营销人员中采用“以量为纲”的薪酬体系,实行“优胜劣汰,竞争上岗”的用人机制,此举充分提高了营销人员的积极性。2001 年众星布控销售网点近 1400 个,较 2000 年递增了 37%以上,部分地区已经培育了一大批专营和主营众星摩托车的直销商。在售后服务上,众星实现了以配件带动服务,以服务促进销售的工作目标。

国内市场不放松,国外市场要抢占。众星人把眼光瞄准了国际大市场。公司严把出口产品质量关,完善产品的售后服务,在出口国家和地区赢得了声誉。众星以做好每一次小批量出口为突破口,迎来了大批量出口订单,成为国内摩托车行业出口企业的后起之秀。2001 年的出口量和出口额与以往几年相比,有了一个很大的提高。目前,产品已经远销东南亚、非洲、中东等国家和地区。

2001 年中国摩托车出口市场分析

【进出口概况】 我国对外贸易伴随着国民经济稳步增长的旋律,又一次取得可喜的成果。据海关统计,全年外贸进出口总额达 5097.7 亿美元,比 2000 年 4743.1 亿美元增长 7.5%,其中出口 2661.6 亿美元,进口 2436.1 亿美元,分别比上年增长 6.8%和 8.2%,但增长速度同比下降了 21 个百分点和 27.6 个百分点,下降幅度之大,是近几年少有的。

2001 年机电产品进出口在我国外贸中再一次发挥主力军作用,继续保持增长势头,全年机电产品进出口总额达 2393.1 亿美元,占全国外贸商品进出口总额的 46.9%,增长 3 个百分点,比上年 2081.8 亿美元增长 14.95%,其中进口 1205.2 亿美元,占全国外贸进口商品总额的 49.5%,出口 1187.9 亿美元,占全国外贸出口商品总额的 44.6%,进出口额分别比上年的 1028.7 亿美元和 1053.1 亿美元增长 17.2%和 12.8%,分别增长了 3 个百分点和 2.3 个百分点,机电产品进出口贸易逆差 17.3 亿美元,其增长速度远高于全国外贸进出口的增长速度。

2001 年我国摩托车产品进出口迅猛增长,为确保实现全年机电产品进出口总目标作出了贡献。据海关统计,摩托车产品进出口总额为 10.48 亿美元,其中:摩托车及零部件出口 9.93 亿美元,比上年增长 7.5%;摩托车及零部件进口 0.554 亿美元,比上年下降 12.1%,摩托车发动机出口 83.8 万台,出口创汇 1.13 亿美元,分别增长 151.3%和 87%,摩托车产品进出口创历史最好水平。

【2001 年我国摩托车出口】 摩托车整车出口 2001 年我国摩托车出口 288.14 万辆,比上年 198.67 万辆增长 45%,出口金额达 7.47 亿美元,与上年持平,平均单价 259.1 美元,同比下降 31.1%,这使我国摩托车出口数量、出口创汇连续 5 年保持增长态势(见表 1)。

表 1　1990 年 ~ 2001 年我国摩托车出口情况

单位:辆、万美元

年份	出口数量	比上年增减%	出口金额	比上年增减%
1990	7819	124.5	302.5	106.8
1991	17993	130.1	535	76.6
1992	73534	308.7	2196	30.5
1993	81174	10.4	2519.5	14.8
1994	73558	-9.4	4172.5	65.6
1995	88613	20.5	4677.7	12.1
1996	75913	-14.3	4344.1	-7.1
1997	92940	22.4	6226.0	43.3
1998	110572	19.0	6482.9	4.1
1999	258184	133.5	12733.8	96.4
2000	1989255	670.5	74794.0	487.3
2001	2881424	45	74658.4	0

2001 年平均每月出口摩托车 24 万辆,除 9 月和 11 月出口下降以外,其余各月均增长,其中 3 月份增长近 300%(见表 2)。

表 2　2001 年我国摩托车逐月出口情况

单位:辆

月份	2000 年	2001 年	增长%
1	47030	93889	99.6
2	43497	150652	246.4
3	71365	282689	296.1
4	88414	259533	193.5
5	67754	213770	215.5
6	163584	253323	54.9
7	157731	279843	77.4
8	205126	276516	34.8
9	286473	251387	-12.2
10	259051	277848	7.3
11	219860	135072	-38.6
12	376802	406902	8
合计	1986687	2881424	45

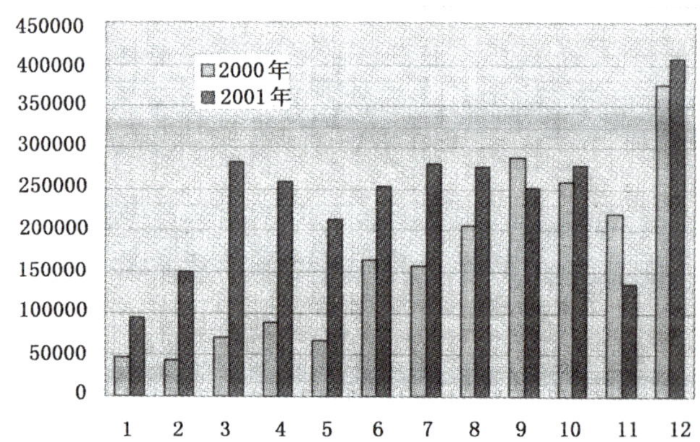

摩托车出口地区: 2001 年我国共向世界 150 个国家和地区出口摩托车,比上年增加了 23 个国家。主要集中在亚洲、非洲,其中向亚洲出口 36 个国家、非洲 40 个国家、欧洲 33 个国家、南美洲 29 个国家、大洋洲 9 个国家、北美洲 3 个国家。我国摩托车出口创汇除亚洲是下降 15.5% 以外,其余五大洲的摩托车出口创汇均比上年增长,其中非洲增长 160.4%、北美洲增长 218.1%;摩托车出口数量除亚洲增幅较小以外,其余增长均超过 100%(见表 3)。

表 3　2001 年我国摩托车出口地区分布情况　　单位:辆、万美元

地区	2000 年出口数量	2001 年出口数量	同比增长%	2000 年出口金额	2001 年出口金额	同比增长%
亚洲	1785670	2187280	22.5	65242.5	55125.3	－15.5
非洲	66251	202085	205	2869.9	7474.1	160.4
南美洲	72731	145521	100.1	3754.1	6311.1	68.1
欧洲	44621	173196	288.1	1968.2	3195.1	62.3
北美洲	15722	166402	958.4	754.03	2398.5	218.1
大洋洲	1692	3940	310.2	86.7	154.4	78.2
合计	1986687	2881424	45	74675.1	74658.4	0

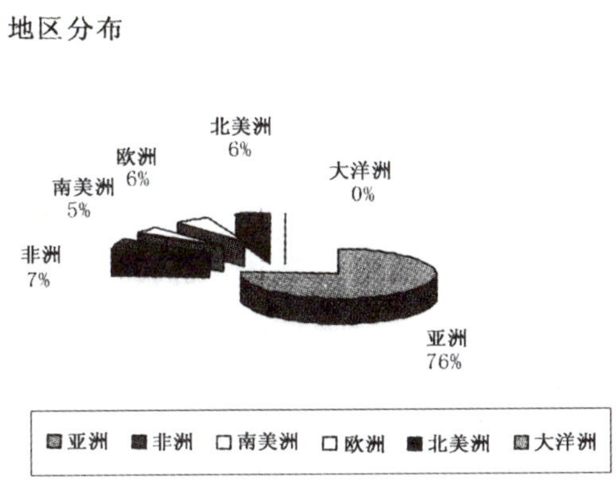

摩托车出口国别:2001 年我国摩托车出口的国家 150 个,比上年 127 个增长 18.1%,其中向越南出口摩托车 183.3 万辆、出口金额 4.26 亿美元,占全国摩托车出口总量和总创汇额的 60%以上,同比分别增长 49.2%和 1.8%,平均单价 232.4 美元,价格下降 31.8%,对越南出口仍排在全国摩托车出口的第一位,越南再次成为我国摩托车出口的第一大国。对尼日利亚出口从上年的第三位上升到第二位,占全国摩托车出口总量的 6%,出口数量 16.7 万辆,金额 6139.78 万美元,出口数量、金额分别增长 242.1%和 198%,平均单价 367.6 美元,价格下降 12.9%。我国对菲律宾、德意志联邦共和国、韩国、荷兰、西班牙、马来西亚、厄瓜多尔等国的摩托车出口增幅都在 100%以上。出口数量在 10 万辆以上的国家还有美国和印度尼西亚;出口数量在 1 万辆至 10 万辆的国家有阿根廷、菲律宾、意大利、墨西哥、英国、荷兰、日本、韩国等 20 个国家,对这些国家的摩托车出口除印度尼西亚、日本、伊朗是下降以外,其他均增长。其中美国增长 989.3%、菲律宾增长 1752%、荷兰增长 3037.1%、韩国增长 3319.5%、德意志联邦共和国增长 3349.2%等。2001 年我国摩托车出口新开拓的国际市场有波多黎各、圣马力诺、黎巴嫩、纳米比亚、几内亚、斐济等 24 个国家。在对大多数国家出口量增长的情况下,对印度尼西亚的出口数量从上年的 44.5 万辆降到 12.5 万辆,从第二位降到第四位,出口创汇降到第三位,其出口数量、金额分别减少 71.8%和 74.9%。主要原因除了印尼的经济形势外,还因为我国的摩托车出口质量及售后服务没有及时跟上,导致没有稳固这个较大的市场。2001 年我国对伊朗、希腊、柬埔寨、波兰等国家出口量也有所减少(见表 4～表 10)。

表 4　2001 年 87111000 出口主要国家

	2000 年		2001 年				
国家	数量	金额	数量	增长	金额	增长	平均单价
美国	8365	3824752	15391	84	4914205	28.5	319.3
越南	400	158000	15001	3650.3	2715623	1618.7	181
德国	286	129007	9505	3223.4	3856080	2889	405.7
阿根廷	9472	3541666	7643	－19.3	2350351	－33.6	307.5
意大利	2970	1244651	5774	94.4	2301958	84.9	398.7

	2000 年		2001 年				
国家	数量	金额	数量	增长	金额	增长	平均单价
印度尼西亚	13694	4199626	5324	-61.1	1351144	-67.8	253.8
菲律宾	497	160446	4309	767	1156477	620.8	268.4
乌拉圭	950	401689	3980	318.9	1264601	214.8	317.7
英国	3250	1058215	3535	8.8	1243047	17.5	351.6
墨西哥	189	67330	3281	1636	1229440	1726	374.7
希腊	1655	916474	2205	33.2	1177431	28.5	534
尼日利亚	507	162822	2200	333.9	743505	356.6	338
比利时	1259	553966	2151	70.8	760292	37.2	353.5
韩国	6	2176	1854	30800	321871	14691.9	173.6
南非	2019	780412	1575	-22	495282	-36.5	314.5
日本	2148	888469	1425	-33.7	553645	-37.7	388.5

表 5　2001 年 87112000 出口主要国家

	2000 年		2001 年				
国家	数量	金额	数量	增长	金额	增长	平均单价
越南	1226825	417921315	1817982	48.2	423211589	1.8	232.8
尼日利亚	48290	20421277	164816	241.3	60653268	197	368
印度尼西亚	431028	192129836	117256	-72.8	47607921	-75.2	406
阿根廷	32855	16858599	45347	38	18849657	11.8	415.7
菲律宾	2029	960457	41529	1946.8	18901980	1868	455.2
墨西哥	4681	2898389	23977	412.2	14859964	412.7	619.8
缅甸	4524	1735324	20321	349.2	7274077	319.2	358
孟加拉国	12281	6019058	17177	39.9	7961320	32.3	463.5
韩国	557	150850	16252	2817.8	3819717	2432.1	235
老挝	3251	1425082	15833	387	6009317	321.7	379.5
伊朗	21322	6062542	14017	-34.3	4286962	-29.3	305.8
美国	5069	2965647	10692	110.9	6818739	129.9	637.7
巴拉圭	5079	2538753	9741	91.8	3996045	57.4	410.2
阿拉伯联合	9210	2810292	9511	3.3	4132327	47	434.5
斯里兰卡	3418	1338111	9217	169.7	3384476	152.9	367.2
乌拉圭	4230	2458011	7368	74.2	3538365	44	480.2
贝宁	532	187511	6387	1100.6	2230004	1089.3	349.1
哥伦比亚	4296	2301058	5171	20.4	2480632	7.8	479.7

表 6　2001 年 87119000 摩托车出口主要国家

	2000 年		2001 年				
国家	数量	金额	数量	增长	金额	增长	平均单价
美国	1594	393125	137795	8544.6	11668544	2868.2	84.7
意大利	3992	1128189	33883	748.8	3469751	207.6	102.4
荷兰	120	39874	27151	22525.8	2394069	5904.1	88.2
英国	4942	1457388	23382	373.1	2773523	90.3	118.6
日本	26960	2812203	22985	-14.7	1976903	-29.7	86
比利时	17	4905	19605	115223.5	1069540	21705.1	54.6
韩国	175	20035	7198	4013.1	575538	2772.7	80
西班牙	249	60789	6689	2586.3	907846	1393.4	135.7
阿拉伯联合	183	40797	5240	2763.4	261710	541.5	49.9
澳大利亚	447	170832	4777	968.7	396619	132.2	83
瑞典	195	52795	4481	2197.9	99983	89.4	22.3
墨西哥			4473		264124		59
法国	6	1887	4204	69966.7	335035	17654.9	79.7

表 7　2001 年摩托车出口亚洲主要国家

	2000 年		2001 年				
国家	数量	金额	数量	增长	金额	增长	平均单价
越南	1228945	418521108	1833073	49.2	425949393	1.8	232.4
印度尼西亚	444749	196347068	125475	-71.8	49249022	-74.9	392.5
菲律宾	2526	1120903	46791	1752.4	20147257	1697.4	430.6
日本	29868	4202271	25420	-14.9	3396931	-19.2	133.6
韩国	740	176521	25304	3319.5	4717126	2572.3	186.4
缅甸	4652	1783667	20322	336.8	7274439	307.8	358
孟加拉国	12753	6142045	18169	42.5	8253904	34.4	454.3
老挝	3339	1457456	15833	374.2	6009317	312.3	379.5
阿拉伯联合	9502	2890957	15170	59.7	4471558	54.7	294.8
伊朗	21331	6066232	14127	-33.8	4318608	-28.8	305.7
斯里兰卡	4468	1718986	9749	118.2	3555322	106.8	364.7
新加坡	2989	1354922	7440	148.9	2140869	58	287.8

表 8 2001 年摩托车出口非洲主要国家

	2000 年		2001 年				
国家	数量	金额	数量	增长	金额	增长	平均单价
尼日利亚	48819	20600824	167018	242.1	61397848	198	367.6
贝宁	671	221661	6387	851.9	2230004	906	349.1
多哥	1614	795972	4587	184.2	1741349	118.8	379.6
南非	3905	1911067	4473	14.5	1877995	-1.7	419.9
布基纳法索	2297	961925	3415	48.7	1337813	39.1	391.7
摩洛哥	183	80453	1816	892.3	320927	298.9	176.7
埃及	226	103500	1733	666.8	303169	192.9	174.9
喀麦隆	301	151125	1715	469.8	969294	541.4	565.2
安哥拉	58	25618	1313	2163.8	531702	1975.5	405
加纳	1416	662948	1154	-18.5	427861	-35.5	370.8
几内亚	609	273590	1034	69.8	434537	58.8	420.2
尼日尔	93	44640	1026	1003.2	465105	941.9	453.3
科特迪瓦	598	316291	1025	71.4	585042	85	570.8

表 9 2001 年摩托车出口南美洲主要国家

	2000 年		2001 年				
国家	数量	金额	数量	增长	金额	增长	平均单价
阿根廷	42327	20400265	53214	25.7	21220503	4	398.8
墨西哥	4870	2965719	31731	551.6	16353528	451.4	515.4
乌拉圭	5281	2893580	12466	136.1	4891316	69	392.4
巴拉圭	5279	2610753	9741	84.5	3996045	53.1	410.2
委内瑞拉	1742	960591	5938	240.9	2587036	169.3	435.7
哥伦比亚	4378	2337026	5349	22.2	2523521	8	471.8
秘鲁	1550	1552432	5214	236.4	2906004	87.2	557.3
多米尼加共和国	670	323720	3825	470.9	1582136	388.7	413.6
危地马拉	772	474920	2984	286.5	1622911	241.7	543.9
厄瓜多尔	53	23902	2916	5401.9	1003210	4097.2	344
古巴	828	445688	2714	227.8	946953	112.5	348.9
多米尼加	1362	678790	1529	12.3	277926	-59.1	181.8
波多黎各			1395		115986		83.1
巴拿马	41	18503	1285	3034.1	529778	2763.2	412.3
巴西	5	4070	1113	22160	500160	12188.9	449.4

表10 2001年摩托车出口欧洲主要国家

	2000年		2001年				
国家	数量	金额	数量	增长	金额	增长	平均单价
意大利	14323	6435585	42806	198.9	7490928	16.4	175
英国	10184	3750264	29760	192.2	5543450	47.8	186.3
荷兰	897	354707	28140	3037.1	2764915	679.5	98.3
比利时	4181	1867308	23396	459.6	2624042	40.5	112.2
德国	433	213382	14935	3349.2	5456022	2456.9	365.3
西班牙	365	115845	7089	1842.2	1109019	857.3	156.4
瑞典	436	168762	5010	1049.1	339750	101.3	67.8
法国	1347	610104	4940	266.7	714772	17.2	144.7
希腊	5480	3032495	4356	－20.5	2298404	－24.2	527.6
奥地利	5	2115	2327	46440	776638	36620.5	333.8
波兰	1959	925516	1906	－2.7	549648	－40.6	288.4
葡萄牙	4	1120	1605	40025	175528	15572.1	109.4
捷克共和国	1	432	1038	103700	86511	19925.7	83.3

摩托车出口规格 2001年我国摩托车出口增长的主要车型是排气量在100毫升和150毫升之间的摩托车，共出口2442657辆，比上年增长29.8%，出口金额6.84亿美元，比上年下降4.3%；未注明摩托车及装有辅助发动机脚踏车出口数量、金额比上年分别增长687.1%和301.3%，排在第二位；排气量大于800毫升的摩托车2000年只出口了1辆，2001年出口了19辆，可以看出我国有的企业在研发大排量的摩托车，说明我国摩托车出口产品结构在逐步调整，但从出口车规格上看，我国主要是出口中小排量摩托车。2000年下半年，一些摩托车厂新开发了汽油机滑板车，出口价格在100美元左右，出口形势很好(见表11)。

摩托车出口贸易方式 2001年摩托车整车出口仍以一般贸易为主，该项下贸易出口282.2万辆、增长49.9%，出口金额7.25亿美元，增长2.5%，出口数量、出口金额分别占总比的97.88%和97.1%；进料加工贸易出口排第二位，出口数量和出口金额比上年均有所下降(见表12)。

各省市摩托车出口情况 2001年我国共有20多个省、市、自治区出口摩托车，其中：重庆出口为166.4万辆，出口金额4.22亿美元，排在全国首位；浙江出口30.3万辆，金额6215万美元；广东出口20.2万辆，金额6363万美元；广西出口13.7万辆，金额3108万美元，江苏出口13.5万辆，金额4257万美元(见表13)。

表11 2001年摩托车出口规格

单位：辆、万美元

摩托车出口规格	数量	增长%	金额	增长%	平均单价	增长%
50ml＜排量≤250ml	2442657	29.8	68382.6	－4.3	280	－26.3
未注明摩托车及装有辅助发动机脚踏车	338191	678	3041	301	89.9	－48.4
排量≤50ml	100430	65	3209.4	37.3	319.6	－16.6
500ml＜排量≤800ml	127	－83	24.2	－77.3	1908.3	15.3
排量＞800ml	19	1800	1.1	2962	538.4	61.2
合　计	2881424	45	74658.4	0	259.1	－31.1

表 12　2001 年我国摩托车出口贸易方式

单位：辆、万美元

贸易方式	出口数量	增长%	出口金额	增长%	平均单价	增长%
一般贸易	2822078	50	72455.4	2.5	256.7	-31.7
进料加工贸易	54826	-40	2067.3	-36.7	377.1	5.6
边境小额贸易(边民互市贸易除外)	3956	-63	104.2	-78.7	263.3	-42.6
其他	291	-11	17.2	-19.3	592.3	-9.9
保税仓库进出境货物	188	487	8.5	318	454.2	-28.8
国家间、国际组织无偿援助和赠送的物资	80	-92.7	5.6	-96.5	702.2	-52.6
保税区仓储转口贸易	5		0.2		300	
合计	2881424	45	74658.4		259.1	-31.1

表 13　2001 年主要省市摩托车出口情况

单位：辆、万美元

	2000 年		2001 年					
省市	数量	金额	数量	增长%	金额	增长%	单价	数量占比%
重庆	1102397	40198	1664000	61.6	42206	5.0	253.6	57.8
浙江	223884	8398.8	303275	35.5	6215.34	-25.9	205.1	10.5
广东	226721	8079.57	201731	-11	6362.73	-21.2	315.0	7.1
广西	140647	4785.24	137196	-2.5	3107.5	-35.1	227.0	4.8
江苏	127065	5326.1	135194	6.4	4257.03	-20.1	315.3	4.7
上海	13703	625.56	56410	311.7	1416.27	126.4	252.9	2.0
湖南	28283	1352.04	50484	78.5	1896	40.2	379.2	1.8
河南	42252	2255.5	34742	-17.8	1510.4	-33.0	431.4	1.3
山东	35136	1506.9	31149	-11.3	1186.9	-21.2	382.9	1.1

摩托车出口企业构成　2001 年我国有 300 多家企业从事摩托车出口业务，其中摩托车出口在 10 万辆以上的企业只有 4 家：重庆力帆进出口有限公司排在第一位，出口 399813 辆，出口金额 9646 万美元，平均单价 241 美元；重庆隆鑫集团有限公司排在第二位，出口 310689 辆，出口金额 2133.7 万美元，平均单价 253 美元；重庆机械设备进出口公司和广西发祥进出口有限责任公司分列三、四名。2001 年摩托车出口 10000 辆以上的企业有 53 家；出口 1000 至 10000 辆之间的企业有 137 家。在以上的出口企业中，有 59 家企业是出口数量、出口创汇比上年双增长，其余 135 家出口数量、出口创汇下降。在上述出口企业中，有 20 多家企业 2000 年出口业绩很小，而在 2001 年努力开拓国际新市场，出口业绩非凡。

2001 年，国有企业仍是我国摩托车整车出口的大户，其出口数量、出口金额分别达到 150 万辆和 4 亿美元，占出口总比的 52.1% 和 53.3%，出口数量增长 15.1%，出口创汇下降 19.5%；个体企业出口数量、出口金额均排第二位，出口增幅最快，出口数量、创汇分别增长 148.4% 和 57.3%；个体企业、集体企业摩托车出口的增幅远高于国有企业，可见我国摩托车出口企业结构有所调整，竞争势头强劲(见表 14)。

表 14　2001 年我国摩托车出口企业性质　　单位：辆、万美元

企业性质	出口数量	增长%	出口金额	增长%	平均单价	价格增长%
国有企业	1499353	15.1	40004.7	-19.5	266.8	-30.1
个体企业	923531	148.4	22002.8	57	238.2	-36.7
集体企业	258165	85.8	6245.9	37.4	241.9	-26
中外合资企业	176408	41.4	5664.5	23	321.1	-13.1
外商独资企业	19154	-57.4	617.6	-63.8	322.4	-15.1
中外合作企业	4763	20.6	120.3	6.4	252.7	-11.8
其　他	50	-28.6	2.5	-29	503.5	-0.7
合　计	2881424	45	74658.4	0	259.1	-31.1

摩托车出口价格　2001 年我国摩托车出口数量 288 万辆，增长 45%，而出口创汇与上年持平，为零增长，出口平均价格 259.1 美元，比上年 375.9 美元下降 31.1%。其中：出口越南的摩托车从上年的 340.6 美元下降到 232.4 美元，下降 31.8%，原因是，2001 年越南进口主要是 60% 的摩托车散件，我们出口到越南的摩托车数量增长 49.2%，而出口金额只增长 1.8%，我国摩托车在越南占有 63.5% 的市场份额，由此导致全国摩托车出口创汇大幅度下降。2001 年出口到尼日利亚、美国、阿根廷、意大利、英国、韩国、乌拉圭等 20 个万辆以上的国家，这些国家除印度尼西亚、日本、伊朗的出口数量是下降以外，对其余 17 个国的出口数量都是大幅度增长，这些国家 2000 年的出口价格多在 340～480 美元之间，而 2001 年的出口价格多在 230～420 美元之间，有 95% 的企业出口价格下降，平均降幅 10%～35%，也就是说，2001 年我国摩托车出口主要市场的价格绝大多数是在下降。

【我国摩托车出口增长的主要因素】

1.2001 年不少摩托车出口企业采取积极走出去的战略，对摩托车国际市场的需求特征、行业变化、税收政策等进行深入的调查研究，广泛接触客商，探讨出口的新思路，如惠州麦科特集团，出口起步较晚，跑步出去抢占市场。摩托车出口实行招标后，有的出口企业没能在越南、印尼市场中标，但积极开拓其他市场，取得了可喜的成果。

2. 加大宣传力度，利用参加各种展览会、在海外办销售公司、委托代理商以及开展技术服务等活动，广泛宣传企业、产品，争取了更多合作伙伴。

3. 强化企业自身品质和保障能力，增强产品国际竞争力。我国摩托车出口除有价格竞争优势外，不少企业还以 ISO9000 系列国际标准进行整顿，极大地提高了企业和企业产品在国际市场的信誉度，为产品出口创造了条件。

4. 加强了出口产品的售后服务，积极在国外建维修服务网点，保障零部件的及时供应，以服务和质量占领市场，重庆隆鑫集团在越南建立的维修服务网点和效果很有说服力，对扩大摩托车出口起到非常重要的作用。

【我国摩托车出口存在的主要问题及措施】

存在的主要问题

1. 出口市场相对集中，特别是越南市场占了整个出口的 60%，而且国内各企业在越南市场大打价格战，去年下半年尼日利亚市场也步越南市场后尘，开始价格竞销，严重损害了我们自身的利益。日本对中国摩托车出口设置重重障碍，特别是中国摩托车占据了第三世界和东南亚市场，日本人趁中国入世，开始新的战略布局，利用我国劳动力成本低廉的优势，展开参股甚至并购我国成熟摩托车企业；利用这些企业的市场网络和控制配套厂的上游资源，降低日本车的成本和价格，抢回日本摩托车在第三世界和东南亚的市场。

2. 我国有的摩托车企业对知识产权包括商标权和专利权不够重视，2001 年出现了几起日本企业投诉我国摩托车侵权的案件。

3. 经过全国摩托车产品出口招标，出口秩序得到了规范，出口产品质量得到了提高，出口价格大幅下滑的趋势得到了抑制；但是在一些主要出口市场，低价竞销现象仍较严重，售后服务工作还不能满足市场的需要，维修不及时、零部件供应也不到位。

4. 我国部分摩托车出口企业，产品质量不过关，以低劣的价格进入国际市场，严重损害了中国摩托车的整体形象和信誉。

5. 越南政府频频变化其摩托车产品的进口关税和进口政策，进口配额迟迟不下发，导致我国的摩托车出口主市场处于被动局面。

建议采取的措施

1. 我国的摩托车企业应联合起来，建立一个行业同盟，不要把国内市场的竞争转移到国外市场。国

际市场很大,而且机遇也较多,例如阿富汗由于战争,80%以上的公路已经被损坏,自行车和摩托车成为阿富汗人交通工具的首选。随着中国政府和西方援助款项的相继到位,预计三年内,阿富汗摩托车会有2亿美元左右的市场。希望各摩托车企业不要把看好并逐渐成熟的市场搞成越南、印尼市场一样,这样受伤的只能是中国企业,谁也不能在这些市场做大做久。

2. 中国加入WTO后,摩托车行业的竞争已转化为知识产权的竞争,那种靠"克隆"为生的企业将不会有出路,自主开发、拥有自主知识产权的专利技术已经成为中国摩托车企业的惟一出路。

3. 政府主管部门、海关、质量技术监督总局等部门应加强出口质量监督力度,建议对出口摩托车整车成套散件的供货企业进行资格限定。

4. 政府有关部门和进出口商会加强行业协调管理,根据目前国际摩托车市场发展现状,实施名牌战略,加大对外宣传力度,提高品牌意识,着手扶持几个国产名牌企业做大做强,打入国际市场。

5. 加大国际市场开拓力度,不要过于集中在一个或两个市场。2002年机电商会将带领摩托车出口企业开发非洲摩托车市场、参加慕尼黑摩托车展览,国家将给予一定的支持。各出口企业要针对不同的市场需要,研发投放新产品,投放高素质的外贸人员。

【对2002年我国摩托车出口预测】 2002年1~2月份,我国共出口摩托车21万辆,同比下降13.6%;出口金额6167万美元,同比下降18.2%;平均出口单价292美元,下降5.3%。值得注意的是2002年1~2月份我国摩托车对越南市场的出口4.7万辆,下降了65.2%,出口金额1086万美元,下降了68.1%。特别是2月份仅出口了0.23万辆,下降了97.6%,出口金额63万美元,下降了97.2%,出口量从第一名的位置落到第九名,排在老挝的后面。1~2月份出口前15位国家中,只有对印尼、越南、孟加拉出口是下降的,其余13个国家均增长,且增长幅度很大。2002年1~2月份我国对越南的摩托车出口量下降了65.2%,但是我国摩托车对全球的出口量只下降13.6%,可见我国摩托车对越南以外市场的出口有较大的增长。特别是对尼日利亚的出口一直处于增长态势,2002年1~2月出口了2.9万辆,同比增长了77.1%,对缅甸出口摩托车1.6万辆,同比增长4037.4%。对菲律宾、美国、伊朗、墨西哥、老挝、意大利、日本等国家的出口均大幅度上升,其他市场出口形势很好。2002年我们积极鼓励、支持企业开拓新的出口市场,仅1~2月份比去年同期就增加了38个市场,其中对巴西出口1580辆摩托车,超过了2001年全年的出口总量,增幅最快,对厄瓜多尔、韩国、摩洛哥、几内亚、叙利亚等国的出口都在200辆以上,2002年我国对越南摩托车出口预计下降40%~50%左右,出口可达100万辆左右。

2001年印尼市场摩托车销售总量达到180万辆,中国摩托车占有量从2000年的30%下降到10%以下,2002年随着印尼国内政治、经济形势相对改善,摩托车市场销售量比2001年增长10%~20%,达到200万辆。2001年印尼总统和内阁大臣更换,国内政局充满动荡,美国"9·11"事件给全球经济带来诸多负面影响,而摩托车市场却火爆,主要原因是:印尼国内内需旺盛,市场潜力巨大,是继中国、印度之后第三大摩托车市场;促销手段和金融信贷配套设施完善;随着东盟自由贸易区(AFTA)的正式启动,给今后摩托车企业带来贸易和投资机会更多。从长远来看,中国摩托车在印尼市场有广阔的出口前景,印尼市场经过前阶段的调整,国内多家企业投放新车型,出口会出现回升,预计2002年中国摩托车在印尼摩托车出口将有所增长,达到15万辆左右,今后几年出口会逐渐上升。

印度是一个发展中国家,近10亿的人口,摩托车市场巨大。但印度又是一个封闭的国家,2001年印度加入了世贸组织,这给中国的摩托车企业进入印度市场带来了良好的机会。我国摩托车企业近年来一直在做进入印度市场的各种尝试,这引起了印度摩托车界的广泛关注。印度同行除了加快产品更新及小幅降价外,还在印度政府及议会组织了大规模的游说,全力抑制中国摩托车进口。印度政府在2001年4月将整车进口关税提高到87%,于5月份又涨到120%,将零部件及散件关税提高到87%,并且对SDK进行了严格的定义限制:发动机总成已经装配的产品按整车对待。也就是说仅拆了轮子还是整车,不能处SKD,海关核定产品完税价格,使得中国产摩托车赖以生存的价格优势在印度荡然无存,同时印度政府还对进口车进行型号审批,由此可见,近两年我国摩托车想大批进入印度市场难度会很大。

巴西摩托车市场潜力较大,近年来发展迅猛。2001年1~8月的摩托车产量为46.62万辆,较2000年同期的38.23万辆增长了22%。巴西摩托车市场集中度高,本田独占了87%的市场份额,我国摩托车产品难以进入巴西市场,主要是由于以下原因:(1)缺乏品牌的知名度;(2)缺乏售后服务和维修网络;(3)进口关税高。据巴西摩托车行业预测,2005年巴西摩托车需求量将达150万辆,巴西摩托车市场需求快速增长将吸引一些新的国外公司在巴西投资设厂。产品以高档摩托车和沙滩车最能吸引客商,特别是沙滩车,其市场潜力十分巨大,我国摩托车企业可加强对该市场的开拓。

8

第八部类：统计资料

统计资料

TONG JI ZI LIAO

2001年全国分地区汽车工业主要经济指标

单位:万元

地区	企业数（个）	工业总产值（90年不变价）	工业总产值（现价）	工业增加值	全部职工年末人数（人）	固定资产原值	产品销售收入	产品销售税金及附加	利润总额
全国合计	**3310**	**44198082**	**42048697**	**10841109**	**1415549**	**22936426**	**41198533**	**669586**	**2718635**
北　京	106	989366	1084766	152400	50009	806929	1102991	9513	－4719
天　津	167	955430	854953	144153	51057	919754	830426	13572	－56785
河　北	161	722097	814163	239472	44314	453423	660555	2186	26497
山　西	20	144837	126061	30290	13581	121340	125218	585	4879
内蒙古	9	72850	88939	17118	4239	112382	86364	281	2104
辽　宁	103	1779445	1586681	336424	64540	815181	1570297	35464	90637
吉　林	177	7086321	7044543	1922329	170431	3226149	6855013	174116	517159
黑龙江	33	267077	253713	61420	22398	186765	254977	1168	－8790
上　海	287	8338198	7211424	2173375	87409	3822661	7277230	157318	905658
江　苏	308	2862507	2872012	621409	109652	1611980	2929469	19981	84593
浙　江	502	2538941	2424765	512900	91366	895613	2276701	13246	190870
安　徽	77	1527349	1422948	407739	46803	587373	1357240	21411	97424
福　建	95	1060442	1002913	262396	16200	290799	889511	14419	52072
江　西	45	590828	556238	138495	28222	453093	570098	6085	16677
山　东	183	2042861	2004038	480044	91423	809603	2021424	9330	122902
河　南	107	559233	779654	210885	46739	390352	704285	3212	29315
湖　北	292	4923380	4515273	1307295	203793	3515903	4554523	34798	248354
湖　南	100	665042	734405	182749	37186	466413	708911	9067	37075
广　东	127	2502722	2557875	719973	40620	727540	2478851	91644	257978
广　西	81	1098818	964255	181142	27953	350261	933131	9222	36873
海　南	2	144749	146455	28061	910	64445	120882	5100	2239
重　庆	114	2117120	1853561	457414	69336	1374519	1802270	31241	76266
四　川	119	598404	582531	137070	50859	430211	550531	3648	1493
贵　州	24	108777	104363	24949	12322	156867	110417	1016	－6806
云　南	25	191832	147619	19138	11519	130339	143292	481	－7274
西　藏									
陕　西	23	244791	230861	59531	15865	149470	201773	1217	2878
甘　肃	9	3420	3757	1080	2214	12746	3635	15	－798
青　海	1	2975	3155	803	560	8201	2787	12	15
宁　夏	2	1600	1607	505	554	5137	1584	6	99
新　疆	11	56673	75169	10550	3475	40979	74149	233	－250

注:本表统计范围为全部国有企业及年产品销售收入500万元以上非国有企业。

2001 年各地区进口汽车统计

省　市　区	数量(辆)	金额(美元)
总　　计	**72047**	**1748099888**
北京市	2910	221890755
天津市	25755	534367786
河北省	81	3588264
山西省	6	1264440
内蒙古自治区	12	183590
辽宁省	12627	304171825
吉林省	5677	59686173
黑龙江省	115	5227319
上海市	5752	190061468
江苏省	566	32926398
浙江省	459	12334489
安徽省	387	15759055
福建省	844	32426139
江西省	208	8706113
山东省	254	6982344
河南省	21	1335564
湖北省	42	2610280
湖南省	86	4802547
广东省	15480	283424877
广西壮族自治区	147	3572394
海南省	201	3716963
重庆市	14	361848
四川省	32	2273775
贵州省	2	593243
云南省	222	3881953
西藏自治区	42	1483755
陕西省	9	654967
甘肃省	6	1633306
青海省	2	211758
新疆维吾尔族自治区	88	7966500

2001 年全国进口汽车市场统计

国别(或地区)	数量(辆)	金额(美元)
总　　计	**72047**	**1748099888**
香港	4	1111560
日本	29122	613692573
马来西亚	3	70296
菲律宾	15	569861
新加坡	2	539243
韩国	7263	109211193
泰国	372	5140497
土耳其	430	5754788
台湾省	1830	24833359
比利时	243	5651645
丹麦	3	851427
英国	290	22086306
德国	17082	553671494
法国	1820	31836475
意大利	123	8729521
荷兰	74	4517891
葡萄牙	32	623686
西班牙	53	2189013
奥地利	186	22083454
芬兰	6	3411227
匈牙利	2	31850
波兰	1954	14498734
罗马尼亚	2996	23082960
瑞典	2142	67873939
瑞士	2	801483
白俄罗斯	36	2620500
俄罗斯联邦	57	7372670
乌克兰	5	313900
南斯拉夫	3	7699
捷克	1601	14626430
斯洛伐克	6	74644
巴西	62	1963346
墨西哥	159	2587917
加拿大	149	18851550
美国	3918	176342509
澳大利亚	1	471160
新西兰	1	3088

2001年全国进口汽车类型统计

商　品　名　称	数量(辆)	金额(美元)
总　计	**72047**	**1748099888**
装有柴油发动机的机坪客车	10	2032185
柴油机客车,座位≥30座	331	19097420
柴油机客车,20座≤座位≤29座	22	947863
柴油机客车,10座≤座位≤19座	50	805529
其他机动客车,座位≥30座	215	8420730
其他机动客车,20座≤座位≤29座	302	10648174
其他10座≤座位≤19座的机动客车	3126	50812150
雪地行走专用机动车;高尔夫球机动车等车辆	1197	4406218
汽油小轿车,排量≤1000ml	1412	7319868
其他汽油型载人机动车,排量≤1000ml	193	1373383
汽油小轿车,1000ml<排量≤1500ml	2776	20440295
汽油越野车(4轮驱动),1000ml<排量≤1500m	18	202702
汽油小客车,1000ml<排量≤1500ml	4	43871
其他汽油型载人机动车,1000<排量≤1500ml	13	162694
汽油小轿车,1500ml<排量≤2500ml	33076	514187087
汽油越野车,1500ml<排量≤2500ml	1168	18120632
汽油小客车,1500ml<排量≤2500ml	4201	58337584
其他汽油小客车,1000ml<排量≤2500ml	29	484047
汽油小轿车,2500ml<排量≤3000ml	5979	211765478
汽油越野车,2500ml<排量≤3000ml	3992	85266940
汽油小客车,2500ml<排量≤3000ml	124	2675397
汽油小轿车,排量>3000ml	3377	193146174
汽油越野车,排量>3000ml	5129	141199623
汽油小客车,排量>3000ml	197	4116609
其他汽油型载人机动车,排量>3000ml	8	189532
柴油小轿车,排量≤1500ml	2	171648
柴油小轿车,1500ml<排量≤2500ml	7	130666
柴油越野车,1500ml<排量≤2500ml	6	83025
柴油小客车,1500ml<排量≤2500ml	12	136833
柴油小轿车,排量>2500ml	3	141142
柴油越野车,排量>2500ml	23	687379
柴油小客车,排量>2500ml	13	269282
其他柴油客车,排量>2500ml	3	83688
未列名载人机动车	11	211946
电动轮非公路用货运自卸车	37	36708587
其他非公路用货运机动自卸车	76	22830087
其他柴油货车,车总重≤5t	27	439797
其他柴油货车,5t<车总重<14t	594	12764730
其他柴油货车,14t≤车总重≤20t	401	12667416
其他柴油货车,车总重>20t	1787	89808083
其他汽油货车,车总重≤5t	322	4597192

2001年全国进口汽车类型统计(续)

商　品　名　称	数量(辆)	金额(美元)
其他汽油货车,5t < 车总重≤8t	1	31000
其他汽油货车,车总重 > 8t	4	127700
未列名货运机动车辆	2	36425
最大起重量≤50吨全路面起重车	10	1755114
50 < 最大起重量≤100吨全路面起重车	7	2019043
最大起重量 > 100吨全路面起重车	5	4192585
最大起重量≤50吨其他起重车	25	3789760
50 < 最大起重量≤100吨其他起重车	5	880140
最大起重量 > 100吨其他起重车	9	10321032
装有云梯的救火车	16	9791991
其他机动救火车	68	20970498
机动混凝土搅拌车	181	12733896
机动放射线检查车	4	672931
机动环境监测车	22	4935464
机动医疗车	386	6758126
其他机动电源车	2	55805
飞机加油车、调温车、除冰车	10	1996288
道路(包括跑道)扫雪车	14	3004730
石油测井车、压裂车、混沙车	55	37048129
未列名特殊用途的机动车辆	352	67109844
非公路用自卸车装有发动机的底盘	9	108000
装有发动机货车底盘,车总重≥14t	154	3716452
装有发动机货车底盘,车总重 < 14t	1	27105
装有发动机的座位≥30的机动客车底盘	196	12544260
汽车起重车底盘,装有发动机	6	536574
8701至8705所列其他车辆装有发动机的底盘	230	5003310

2001年全国进口汽车贸易方式统计

贸　易　方　式	数量(辆)	金额(美元)
总　计	**72047**	**1748099888**
一般贸易	19691	635558672
国家间、国际组织无偿援助和赠送的物资	222	7331873
其他境外捐赠物资	40	831536
来料加工装配贸易	838	13904081
进料加工贸易	90	6248890
边境小额贸易	3	86000
外商投资企业作为投资进口的设备、物品	981	31028397
保税仓库进出境货物	68	1535079
保税区仓储转口货物	49774	1044289431
其他	340	7285929

2001 年全国进口汽车经营单位统计

经　营　单　位	数量(辆)	金额(美元)
总　计	**72047**	**1748099888**
一汽－大众汽车有限公司	5495	54040958
广州保税区广保汽车贸易有限公司	3732	32690437
天津森菱汽车贸易有限公司	3435	69562119
天津天保国际物流有限公司	2973	48094361
大连保税区国际车城汽车交易有限公司	1808	46355824
北星(天津)汽车有限公司	1548	53816246
天津物资招商有限公司	1446	33272865
广裕达(天津)国际贸易有限公司	1297	22375705
天津中汽工业国际贸易有限公司	1280	25297465
大连保税区国合汽车贸易有限公司	1263	27494994
大连保税区丰田汽车销售有限公司	1212	28113438
森华汽车(广州保税区)有限公司	1086	13081150
天津汇豪国际汽车有限公司	1077	23087788
大连保税区日产汽车销售有限公司	952	14517572
大连保税区盛兴隆汽车贸易有限公司	951	31384780
顶盛(天津)国际贸易有限公司	899	20579549
北方锦龙国际贸易(天津)有限公司	847	21988203
上海宝德汽车有限公司	816	31087351
天津港保税区东兴国际汽车市场	779	16712742
深圳市盐田区捷诚外资服务有限公司	749	3987500
深圳市中汽南方汽车发展有限公司	724	18365913
大连国际车城发展中心	704	23272505
广东省机械进出口集团公司	668	21052686
大连华菱汽车销售有限公司	656	12783036
深圳市浩河汽车贸易有限公司	655	21765782
天津港保税区青海工贸国际储运贸易公司	646	13074727
深圳市汽车工业进出口公司	625	15327394
吉禄德工程机械(天津)有限公司	618	15371749
天津中融汽车贸易有限公司	604	12114057
上海东之星汽车贸易有限公司	590	24100138
广州市物资集团公司	574	19046849
广州保税区森银汽车贸易有限公司	542	9853091
中国车辆进出口公司	495	11765075
天津港保税区润佳国际贸易有限公司	493	13586572
中油航(天津)国际贸易有限公司	467	9091403
中国三九进出口公司	464	9507016
广州保税区喜力洋洋国际贸易有限公司	452	9835965
广州保税区新纪元物流有限公司	422	3797316

2001年全国进口汽车经营单位统计(续)

经　营　单　位	数量(辆)	金额(美元)
斌威贸易行(天津)有限公司	418	7724578
天津港保税区安柱国际贸易有限公司	391	9307887
太古企业(上海)有限公司	360	8594298
展贸(天津)国际贸易有限公司	357	6174166
新盛嘉(天津)国际贸易有限公司	357	7258466
大连保税区明大国际贸易有限公司	351	8180318
大连保税区中汽北通国际贸易有限公司	320	7980495
天津中发保税服务有限公司	313	7596142
大连保税区会友国际贸易有限公司	306	3786441
大连保税区新大本汽车国际贸易有限公司	306	6086721
三菱汽车(上海)有限公司	297	6206498
五矿钢铁有限责任公司	287	3739109
大连保税区韬盛汽车国际贸易有限公司	284	7156236
安徽星马汽车股份有限公司	284	11818874
大连保税区三桑国际贸易有限公司	270	5451527
中国汽车工业进出口总公司	268	5684182
跃升(天津)国际贸易有限公司	268	4489786
天津港昌汽车有限公司	251	4485994
广东中汽销贸易有限公司	251	4773848
广州保税区广通达储运有限公司	249	4534499
中国汽车工业进出口深圳公司	249	6050838
酬勤(天津)国际贸易有限公司	246	4731573
大连天巳国际贸易有限公司	237	4396412
上海众运汽车贸易有限公司	236	3727919
天津北汽佳利国际贸易有限公司	230	2624113
大连保税区汇迪国际贸易有限公司	225	6119913
东风日产柴汽车有限公司	225	5188760
广东省南海化工机械进出口有限公司	221	4612877
徐州利勃海尔混凝土机械有限公司	220	9303763
天津港商业保税仓库有限公司	218	2284468
上海中汽保税贸易有限公司	212	4184750
天津中创北汽国际贸易有限公司	210	3094358
保利科技(天津)有限公司	202	4115615
东联国际贸易(天津)有限公司	202	5422409
深圳市机电设备有限公司	201	5772865
深圳市东风置业有限公司	201	3197059
江西昌河铃木汽车有限责任公司	192	1366083
上海和通国际贸易有限公司	188	4679349
广州保税区报关储运有限公司	187	3545438
大连保税区才力国际汽车贸易中心	186	3587602

2001年全国进口汽车经营单位统计(续)

经　营　单　位	数量(辆)	金额(美元)
上海汽车进出口公司	186	4578185
中闽(福建)机电设备进出口公司	180	4047749
华东建筑机械厂	176	7486751
大连保税区北菱汽车销售有限公司	171	5341278
广州保税区达峰国际贸易有限公司	171	3128240
骋丰汽车国际贸易(上海)有限公司	170	3938401
青岛安华发展公司	170	3724935
中机国际招标公司	169	4994594
广州保税区丰田汽车服务有限公司	168	3374423
太古企业(大连保税区)国际贸易有限公司	166	4292623
天津港保税区天保国际物贸公司	165	2544413
厦门建发股份有限公司	165	3996063
大连保税区万天达国际贸易有限公司	164	4732117
深圳市励兴进出口有限公司	160	479805
上海东风汽车进出口有限公司	152	3297965
上海新纪元实业发展有限公司	148	3670094
天津振华国际贸易保税仓储有限公司	145	2337524
北京吉普汽车有限公司	144	3646801
大连保税区允扬国际贸易有限公司	144	1795200
大连保税区锦龙汽车贸易有限公司	143	4574832
深圳市誉诚汽车贸易有限公司	142	3899183
大连保税区创元国际贸易有限公司	139	2751548
厦门国贸集团股份有限公司	136	2702270
上海奔驰有限公司	128	4396075
宁波联合集团股份有限公司	128	3160226
中信汽车公司	121	1542741
广州保税区广保国际运输有限公司	121	1290474
深圳通利华汽车贸易有限公司	119	4108420
广州保税区保通储运有限公司	116	2184761
广州保税区广保建设开发有限公司	110	2006114
中国第一汽车集团进出口公司	108	3333294
上海商都贸易有限公司	108	2380486
海润(天津)国际贸易有限公司	107	1676436
大连保税区广发行国际贸易有限公司	106	1784221
中国汽车工业深圳销售公司	104	3703367
徐州工程机械集团进出口有限公司	103	7159218
深圳观澜湖高尔夫球会有限公司	103	373363
中仪英斯泰克进出口公司	102	2171281
福建省机械工业进出口公司	101	4842690

注:本表仅列进口量达到100辆以上的单位,所以总计数不等于所列单位数量之和。

2001 年各地区出口汽车统计

省 市 区	数量(辆)	金额(美元)
总 计	**24839**	**208217844**
北京市	1906	38090897
天津市	976	13822853
河北省	1063	6757118
山西省	3	18350
内蒙古自治区	22	1984131
辽宁省	2795	15403613
吉林省	2500	37227762
黑龙江省	188	4765194
上海市	3968	16635126
江苏省	2015	5006436
浙江省	9	56030
安徽省	324	2067910
福建省	87	20102234
江西省	438	3362994
山东省	2851	2262627
河南省	109	1798344
湖北省	467	7025897
湖南省	30	1746783
广东省	1635	15271364
广西壮族自治区	297	1415021
河南省	3	28443
重庆市	1943	5273171
四川省	892	2987539
云南省	229	1134742
陕西省	32	429688
甘肃省	4	386024
新疆维吾尔族自治区	53	3157553

2001 年全国出口汽车贸易方式统计

贸 易 方 式	数量(辆)	金额(美元)
总 计	**24839**	**208217844**
一般贸易	20763	91135694
国家间、国际组织无偿援助和赠送的物资	309	3761539
来料加工装配贸易	836	24613263
进料加工贸易	816	42300022
边境小额贸易	548	1793887
对外承包工程出口货物	533	24682182
租赁贸易	9	3336699
易货贸易	5	52000
保税仓库进出境货物	174	214606
保税区仓储转口货物	821	16189558
其他	25	138394

2001 年全国出口汽车市场统计

国别(或地区)	数量(辆)	金额(美元)
总　　计	**24839**	**208217844**
孟加拉国	2810	3800372
缅甸	808	6145716
柬埔寨	18	181857
塞浦路斯	16	136574
朝鲜	1583	16277080
香港	1620	58412430
印度	47	295056
印度尼西亚	2516	1808241
伊朗	20	5293835
伊拉克	1919	35370980
以色列	25	16500
日本	48	985737
约旦	15	150851
科威特	387	800161
老挝	160	642916
马来西亚	12	49444
蒙古	46	2244819
尼泊尔	252	1589627
巴基斯坦	86	2067136
菲律宾	127	1521248
卡塔尔	47	336984
沙特阿拉伯	782	4286140
新加坡	10	248560
韩国	44	376089
斯里兰卡	178	143994
叙利亚	710	3187031
泰国	232	178616
土耳其	231	723692
阿拉伯酋长国	68	522850
也门共和国	38	1308771
越南	726	7092013
台湾省	4	47369
亚洲其他国家(地区)	4	9767
阿尔及利亚	61	1041517
安哥拉	6	28076
贝宁	7	28923

2001 年全国出口汽车市场统计(续)

国别(或地区)	数量(辆)	金额(美元)
喀麦隆	7	229716
中非	3	143462
刚果	82	1254794
吉布提	31	304566
埃及	173	884668
埃塞俄比亚	128	2961348
加蓬	20	466868
加纳	19	295888
几内亚	2	19518
科特迪瓦共和国	21	424059
肯尼亚	1	10872
利比里亚	5	67566
利比亚	77	1386964
马达加斯加	220	1832819
毛里求斯	6	13800
摩洛哥	14	328600
莫桑比克	34	1252633
纳米比亚	1	83200
尼日尔	4	58854
尼日利亚	45	719141
塞拉利昂	4	19400
南非	315	5039974
苏丹	1175	11214211
坦桑尼亚	83	1203735
多哥	2	42122
民主刚果	31	1251337
赞比亚	48	1146075
津巴布韦	5	102960
厄立特里亚	2	6644
比利时	52	16980
英国	252	98634
德国	20	518868
法国	12	69282
意大利	66	158201
希腊	64	239252
西班牙	2	65000
阿尔巴尼亚	81	75941
芬兰	189	591580

2001年全国出口汽车市场统计(续)

国别(或地区)	数量(辆)	金额(美元)
马耳他	27	264290
挪威	69	37950
波兰	2	1300
瑞典	6	37950
哈萨克斯坦	37	4084422
吉尔吉斯斯坦	1	28210
俄罗斯联邦	9	1540935
土库曼斯坦	5	813861
乌克兰	6	101220
乌兹别克斯坦	4	216642
安提瓜和巴布达	1	3500
阿根廷	16	16595
阿鲁巴岛	3	16000
巴巴多斯	2	16134
巴西	5	16034
智利	16	49636
库腊索岛	10	26876
多米尼加共和国	76	204980
厄瓜多尔	56	781909
危地马拉	316	1089352
海地	12	112200
洪都拉斯	7	35126
牙买加	12	112200
墨西哥	4	30780
尼加拉瓜	17	50287
巴拿马	2	10500
巴拉圭	40	142444
秘鲁	105	658503
萨尔瓦多	78	249794
苏里南	4	11333
乌拉圭	53	244614
委内瑞拉	20	804467
加拿大	88	59530
美国	4728	4266766
澳大利亚	38	40714
新西兰	1	64893
巴布亚新几亚	2	21160
密克罗尼西亚联邦	2	4233

2001 年全国出口汽车类型统计

商　品　名　称	数量(辆)	金额(美元)
总　计	**24839**	**208217844**
柴油机客车,座位≥30 座	605	48243299
柴油机客车,20 座≤座位≤29 座	231	3075912
柴油机客车,10 座≤座位≤19 座	95	920346
其他机动客车,座位≥30 座	3	96985
其他机动客车,20 座≤座位≤29 座	17	249762
其他 10 座≤座位≤19 座的机动客车	140	1832143
雪地行走专用机动车;高尔夫球机动车等车辆	5121	3461530
汽油小轿车,排量≤1000ml	16	83711
其他汽油型载人机动车,排量≤1000ml	657	2434031
汽油小轿车,1000ml < 排量≤1500ml	47	107153
汽油越野车(4 轮驱动),1000ml < 排量≤1500m	3	14435
汽油小客车,1000ml < 排量≤1500ml	24	254603
其他汽油型载人机动车,1000 < 排量≤1500ml	25	105632
汽油小轿车,1500ml < 排量≤2500ml	546	7475118
汽油越野车,1500ml < 排量≤2500ml	675	4030518
汽油小客车,1500ml < 排量≤2500ml	38	752997
其他汽油小客车,1000ml < 排量≤2500ml	721	4737589
汽油小轿车,2500ml < 排量≤3000ml	125	4726608
汽油越野车,2500ml < 排量≤3000ml	61	1242948
汽油小客车,2500ml < 排量≤3000ml	3	46399
其他汽油型载人机动车,2500 < 排量≤3000ml	1	3860
汽油小轿车,排量 > 3000ml	19	1037333
汽油越野车,排量 > 3000ml	87	2135336
汽油小客车,排量 > 3000ml	4	80000
其他汽油型载人机动车,排量 > 3000ml	12	164388
柴油小轿车,排量≤1500ml	10	25644
其他柴油型载人机动车,1500 < 排量≤2500ml	202	93464
柴油越野车,排量 > 2500ml	27	215942
其他柴油客车,排量 > 2500ml	125	762765
未列名载人机动车	151	2201716
其他非公路用货运机动自卸车	633	5998723
其他柴油货车,车总重≤5t	2373	13362592

2001 年全国出口汽车类型统计(续)

商　品　名　称	数量(辆)	金额(美元)
其他柴油货车,5t < 车总重 ≤ 14t	1008	7310053
其他柴油货车,14t ≤ 车总重 ≤ 20t	450	7964469
其他柴油货车,车总重 > 20t	140	2360149
其他汽油货车,车总重 ≤ 5t	4075	20308215
其他汽油货车,5t < 车总重 ≤ 8t	20	200456
其他汽油货车,车总重 > 8t	398	2557284
未列名货运机动车辆	63	1241166
最大起重量 ≤ 50 吨全路面起重车	23	2858769
最大起重量 ≤ 50 吨其他起重车	44	4431614
最大起重量 > 100 吨其他起重车	3	94496
机动钻探车	35	1576588
装有云梯的救火车	7	553883
其他机动救火车	36	2183651
机动混凝土搅拌车	20	2640521
机动环境监测车	1	55500
机动医疗车	3	85322
其他机动电源车	210	2338581
飞机加油车、调温车、除冰车	1	23430
石油测井车、压裂车、混沙车	5	2975109
未列名特殊用途的机动车辆	379	27579074
非公路用自卸车装有发动机的底盘	1710	114791
装有发动机货车底盘,车总重 ≥ 14t	30	453676
装有发动机货车底盘,车总重 < 14t	22	269317
装有发动机的座位 ≥ 30 的机动客车底盘	397	4485636
8701 至 8705 所列其他车辆装有发动机的底盘	2962	3582612

2001 年全国出口汽车经营单位统计

经　营　单　位	数量(辆)	金额(美元)
总　计	**24839**	**208217844**
山东潍柴进出口有限公司	2538	1691440
中国第一汽车集团进出口公司	2277	35724815
上海对外经济贸易实业公司浦东公司	2124	1543557

2001年全国出口汽车经营单位统计(续)

经营单位	数量(辆)	金额(美元)
辽宁明泰汽车贸易有限公司	1700	28131
中国高科集团股份有限公司	1250	753467
重庆长安汽车进出口公司	837	2147623
深圳市盐田区捷诚外资服务有限公司	750	4448532
保定长城汽车集团有限公司	670	4033172
沈阳飞机工业(集团)有限公司	584	2823530
中国港湾建设(集团)总公司	508	5077912
常州市对外贸易公司	397	361771
天津机械进出口集团有限公司	382	1255118
湖北东风汽车工业进出口有限公司	382	5257326
江西江铃进出口有限责任公司	351	3285161
江苏金猴机械集团公司	323	321069
常州拖拉机厂	306	130079
河北田野汽车集团有限公司	234	1549213
沈阳轻工业品进出口公司	222	6590970
南京纺织品进出口股份有限公司	212	56080
顺德昌顺精密机械塑胶有限公司	179	103450
大东裕国际贸易(天津)有限公司	165	577500
深圳市勤辉投资开发有限公司	163	12000
上海浩洲车业有限公司	155	74650
河北省阜平县对外经济贸易公司	150	960215
江苏中汽车进出口公司	149	367356
龙州县边境贸易总公司	147	355202
北汽福田车辆股份有限公司	145	468410
中国轴承进出口联营公司	136	76281
苏州高新技术产业开发区对外贸易公司	134	79432
中国石油技术开发公司	131	12118494
合肥昌河汽车有限责任公司	129	382690
中国工程与农业机械进出口总公司	121	4690289
苏州进出口(集团)有限公司	117	66796
中国精密机械进出口哈尔滨公司	110	515917
中国万宝工程公司	107	2615110
上海通用汽车有限公司	102	1328122

2001年全国出口汽车类型统计(二)

商　品　名　称	数量(辆)	金额(美元)
上海汽车进出口公司	91	87207
中国北方车辆公司	85	1165432
跃进汽车集团进出口有限公司	85	594379
江西省金力克进出口有限责任公司	84	43395
天津外总集团有限公司	82	82770
厦门金龙联合汽车工业有限公司	82	20064995
广东省机械设备湛江进出口公司	80	401459
广州保税区森银汽车贸易有限公司	78	1393798
中国扬子集团有限公司	77	544047
泰安市外贸总公司	70	81683
中国东风汽车工业进出口有限公司	65	1372494
天津塘沽海洋高新技术开发区进出	62	62991
北方锦龙国际贸易(天津)有限公司	60	1773349
吉林省兴业国际有限公司	60	617230
山东手扶拖拉机制造厂	60	9600
森华汽车(广州保税区)有限公司	57	932183
柳州五菱汽车有限责任公司	57	189606
安徽省外经建设(集团)公司	56	736024
中国中原对外工程公司	53	324250
天津森菱汽车贸易有限公司	52	1898586
黑龙江省玄苑实业开发有限公司	50	3649812
瑞丽市岭达边贸公司	50	21988
中国地质工程集团公司	48	797633
云南省进出口公司勐腊分公司	47	163452
中色建设集团有限公司	46	1141329
广西玉柴机器集团公司	46	549560
中国航空技术进出口北京公司	45	298836
中国上海外经(集团)有限公司	44	310657
普茨迈斯特机械(上海)有限公司	44	9145432
广州保税区达峰国际贸易有限公司	44	778249
中国河南国际合作集团有限公司	43	864789
山东巨力股份有限公司	41	48472
中国北方工业公司	40	493827

2001 年全国出口汽车类型统计(三)

商　　品　　名　　称	数量(辆)	金额(美元)
北京汽车摩托车进出口公司	39	247498
安徽省技术进出口股份有限公司	39	238627
深圳瑞海联车辆改装有限公司	38	4088600
中国化工建设大连公司	36	310308
沈阳金杯客车制造有限公司	34	600300
镇江华星国际贸易有限责任公司	34	335927
大连保税区锦龙汽车贸易有限公司	32	1102866
中国汽车工业进出口辽宁公司	30	229662
上海东风汽车进出口有限公司	30	69328
中国轻骑集团曲阜活塞厂	30	71700
重庆对外贸易进口有限公司	28	262400
北京吉普汽车有限公司	27	239318
广州保税区报关储运有限公司	27	468150
天津港保税区东兴国际汽车市场交易公司	26	955984
大连保税区丰田汽车销售有限公司	26	568291
中国航空技术进出口公司上海公司	26	15920
中国抽纱河南进出口公司	26	210788
中设国际贸易有限责任公司	24	21600
山东潍坊拖拉机厂集团有限公司	24	26700
中国航空技术进出口广州公司	24	67800
珠海经济特区南方机械设备有限公司	24	361038
抚松县边境贸易公司	23	35588
安徽江淮汽车集团有限公司	22	159849
河南省中新机械设备进出口有限公司	22	77659
中化山东进出口集团公司	21	66040
中国石油工程建设(集团)公司	20	1838988
中化国际招标有限责任公司	20	342000
中国海外工程总公司	20	435848
天津物资招商有限公司	20	589700
江苏国泰国际集团服装进出口有限公司	20	18577
广东省纺织品进出口股份有限公司	20	17220

注:本表仅列出口量达到 20 辆以上的单位,所以总计数不等于所列单位数量之和。

2001 年民用车辆拥有量(一)

地　　区	民用汽车总计（辆）	载客汽车			
		辆数		客位	
		合计	大型	合计	大型
全国总计	**18020408**	**9939595**	**692491**	**111710080**	**26654374**
北　京	1144734	916022	27608	10643617	1104320
天　津	447913	283461	14764	2588369	474448
河　北	1198784	598713	25862	5927259	1137928
山　西	593676	276428	13386	2717236	539214
内蒙古	433033	241364	10132	905269	212640
辽　宁	855678	497838	31991	8680221	1901229
吉　林	434844	242696	14918	4732572	641474
黑龙江	563340	339992	26025	5639872	1009770
上　海	550073	371946	29072	3686084	1486640
江　苏	871191	501845	32901	5280629	1457286
浙　江	855642	426109	23995	3409151	970551
安　徽	451711	215512	22819	3665817	862667
福　建	366707	174359	12675	1692040	336430
江　西	271555	115695	12220	1764349	405704
山　东	1276662	658025	31854	4838242	1255817
河　南	924636	511547	50888	6345599	1703707
湖　北	523262	282127	26707	2848151	1011834
湖　南	504344	251620	32828	2839015	1094643
广　东	1919150	990478	74313	8789190	2698012
广　西	354273	193340	14415	1792002	522318
海　南	82750	49449	2006	418440	116014
重　庆	254725	144032	13017	1744228	521941
四　川	853924	493783	37512	7406745	1125360
贵　州	283291	125763	9886	1340013	396102
云　南	682155	331599	15628	2952918	615995
西　藏	51633	25975	1232	170787	29752
陕　西	453396	266019	49800	2746522	1570303
甘　肃	238657	122948	10813	2280745	486585
青　海	86001	45548	3116	454751	118405
宁　夏	90711	41079	3799	243860	113380
新　疆	401957	204283	16309	3166387	733905

2001年民用车辆拥有量(二)

地区	普通载货汽车			
	辆数		吨位	
	合计	大型	合计	大型
全国总计	**7409781**	**3293677**	**28944088**	**20294505**
北京	203655	60846	624623	352906
天津	147681	43891	479963	327095
河北	569440	280473	2847200	2243784
山西	302880	174881	1739317	1469508
内蒙古	171261	110312	1147643	896581
辽宁	327239	147916	1777817	1261618
吉林	174018	90158	1044108	721264
黑龙江	202441	106556	809764	639366
上海	154357	65585	596506	431132
江苏	336855	195266	1310466	1037943
浙江	406536	141103	897430	808723
安徽	228266	131025	843507	772131
福建	172847	60729	497540	311530
江西	140124	82572	521058	431852
山东	553340	224443	1648097	1267108
河南	369365	209382	1724771	1221742
湖北	214493	116250	673088	560342
湖南	243935	86798	827096	434975
广东	878891	247021	3236982	1206356
广西	141777	72823	661163	436938
海南	22123	6123	78952	62778
重庆	104801	44843	270387	221176
四川	338545	143388	846362	659584
贵州	150391	52956	428614	267322
云南	335658	162437	1066994	816893
西藏	24092	20782	125621	120536
陕西	126724	10147	608456	61640
甘肃	109081	61354	377683	282229
青海	36757	22008	138794	113209
宁夏	45227	24852	233958	178945
新疆	176981	96757	860128	677299

2001年民用车辆拥有量(三)

地区	专用载货汽车		其他专用汽车(辆)	特种汽车(辆)
	辆数	吨位		
全国总计	**242615**	**1622632**	**195797**	**232620**
北京	10634	129765	9894	4529
天津	6740	49741	5032	4999
河北	15363	122904	5176	10092
山西	3924	28811	5308	5136
内蒙古	9220	89729	8191	2997
辽宁	15718	153549	5961	8922
吉林	4232	27508	4367	9531
黑龙江	11082	99738	8021	1804
上海	5459	66413	8148	10163
江苏	12451	68956	6128	13912
浙江	7506	70399	9640	5851
安徽	1976	11555	3382	2575
福建	4250	16280	7259	7992
江西	273	1578		15463
山东	15891	71778	16023	33383
河南	25451	168221	10759	7514
湖北	5932	29660	13655	7055
湖南	3345	18267	2256	3188
广东	15026	98783	25469	9286
广西	2361	12844	2755	14040
海南	9625	5887	124	1429
重庆	1900	8878	1237	2755
四川	5091	20364	4427	12078
贵州	2822	13179	536	3779
云南	5825	27934	6452	2621
西藏	563	4000	362	641
陕西	26593	127615	15901	18159
甘肃	2389	14334	1949	2290
青海	1478	7730	1166	1052
宁夏	1271	6888	1101	2033
新疆	8224	49344	5118	7351

2001年民用车辆拥有量(四)

地区	轮胎式拖拉机(辆)	手扶拖拉机	其他机动车(辆)	摩托车	两轮摩托车
全国总计	**8260175**	**2580611**	**47240485**	**43307721**	**39337849**
北京	31033	6788	389667	344207	189022
天津	42504	2685	430830	365521	222639
河北	1375700	123100	2801064	2789916	2235301
山西	202877	6832	1023903	857177	751712
内蒙古	476249	13771	676174	598610	544507
辽宁	124278	15634	1024991	929638	771204
吉林	330336	109461	838066	747931	624619
黑龙江	104185	8805	331907	329092	251546
上海	8257	8132	638799	627484	624071
江苏	261501	147200	5303572	4940694	4718127
浙江	431600	237900	2433089	2394950	2018733
安徽	503		1224263	1044588	964194
福建	27543	15023	1898730	1831778	1658013
江西	48272	14299	1184368	1091689	974829
山东	618672	28624	6619376	5406972	5188272
河南	1828007	617677	2713956	2227365	1924238
湖北	1350	74	1820024	1674977	1447157
湖南	177516	42829	1124304	1062201	961661
广东	153448	115273	7413696	7412990	7357015
广西	280975	138447	1938275	1907490	1833145
海南	37451	26376	494975	481619	465732
重庆	28687	3211	212386	193236	175308
四川	78945	1832	1423821	1410933	1105374
贵州	71600	1575	210912	205077	138340
云南	383278	265885	744167	735744	649857
西藏	15024	13111	17070	16370	14686
陕西	216400	35200	1023112	891430	886428
甘肃	224168	119426	620646	163975	130880
青海	147765	136727	77861	73263	54793
宁夏	191482	49771	170500	167405	144847
新疆	340569	274943	415981	383399	311599

2001 年民用车辆拥有量(五)

地　　区	载货挂车(辆)	机动车驾驶员(人)	汽车驾驶员
全国总计	**455076**	**84550407**	**44626768**
北　京	6303	2730206	2335411
天　津	9692	1276316	913106
河　北	95669	5584418	2898239
山　西	62557	1893285	1113764
内蒙古	35463	1953292	837579
辽　宁	19115	3263770	2204651
吉　林	3516	2328115	1573081
黑龙江	5340	1614358	1284203
上　海	1238	1682795	1354594
江　苏	11951	6767645	1817430
浙　江	9220	4135883	3927334
安　徽	22394	2023312	1706565
福　建	1069	2821804	915036
江　西	1336	1730189	883280
山　东	59086	7463575	2666657
河　南	53285	4493615	2210678
湖　北	4203	2736850	1402261
湖　南	2463	2248537	1184970
广　东	6509	11067452	4136743
广　西	4848	3181792	1239848
海　南	397	617408	351672
重　庆		928124	702292
四　川	3444	3629078	1814539
贵　州	35	857479	593628
云　南	4569	2307546	1317370
西　藏	192	68231	59685
陕　西	3837	1878055	1377099
甘　肃	2897	1283906	501439
青　海	294	379240	232698
宁　夏	6053	395900	199075
新　疆	18101	1208231	871841

2001 年私人车辆拥有量(一)

地区	民用汽车总计（辆）	载客汽车			
		辆数		客位	
		合计	大型	合计	大型
全国总计	**7707766**	**4698539**	**90155**	**47894283**	**3308518**
北京	624081	550765	523	5990433	20920
天津	232086	170897	1064	1762676	32133
河北	634365	412194	7316	4080721	321904
山西	282564	166167	3272	1262866	169394
内蒙古	207505	121407	1979	701827	41581
辽宁	283124	198741	3496	2688238	190855
吉林	161010	97104	1756	1602216	74630
黑龙江	223835	155685	3718	2335275	145002
上海	87168	84002	25	479379	844
江苏	270932	184804	943	1194241	35208
浙江	266182	130604	295	1237511	11922
安徽	175988	96975	6450	1358279	236546
福建	180452	81197	982	949080	29660
江西	80165	32272	3176	484080	92104
山东	473679	283645	3089	1721462	121727
河南	392399	243036	15863	2663727	508925
湖北	172574	94631	3407	809221	92288
湖南	279505	130471	8265	1208356	265270
广东	1056890	552597	8723	3831774	313711
广西	127783	63042	2067	780395	74256
海南	21394	8448	344	65196	10606
重庆	82410	55262	527	780679	20157
四川	458465	275389	1143	4130835	34290
贵州	122479	53377	2736	581916	110895
云南	301476	136439	1321	1161537	49231
西藏	20880	7493	239	49378	5975
陕西	152116	100194	1986	937036	61107
甘肃	92250	51047	2681	894501	120645
青海	31557	17462	361	196098	11837
宁夏	38633	24431	495	114554	18810
新疆	173819	118761	1913	1840796	86085

2001 年私人车辆拥有量(二)

地区	普通载货汽车			
	辆数		吨位	
	合计	大型	合计	大型
全国总计	**2947002**	**1140739**	**10770439**	**6626698**
北京	73316	16657	225629	96605
天津	60193	6301	182143	81327
河北	219593	90708	1097965	725664
山西	115563	63244	691263	486815
内蒙古	77368	50230	543240	404125
辽宁	81406	29839	380272	222568
吉林	62721	27631	344966	207233
黑龙江	65966	35662	237476	213972
上海	3148	521	5166	1990
江苏	83994	42806	288475	208976
浙江	134755	39908	297471	228730
安徽	77583	40543	272847	228201
福建	97975	34423	303728	173100
江西	47468	30527	182621	152635
山东	187484	61593	449823	297395
河南	139838	63915	653549	393244
湖北	76558	35213	194552	158692
湖南	147990	49413	491493	246251
广东	498901	130676	1564750	617084
广西	64097	25877	321189	155262
海南	8534	2434	31669	25762
重庆	27123	9200	77300	44540
四川	182508	71613	456270	329419
贵州	68619	24269	187810	121272
云南	162300	73681	465595	331785
西藏	13213	11701	74389	70206
陕西	45939	3496	220507	19413
甘肃	40881	28088	153386	127800
青海	13672	7800	47430	39195
宁夏	14094	7969	64043	43830
新疆	54202	24801	263422	173607

2001年私人车辆拥有量(三)

地区	专用载货汽车		其他专用汽车(辆)	特种汽车(辆)
	辆数	吨位		
全国总计	**42478**	**287324**	**14530**	**5217**
北京				
天津	701	3402	224	71
河北	1593	12744	344	641
山西	354	2699	380	100
内蒙古	6251	40201	2034	445
辽宁	2445	54045	328	204
吉林	1078	6468	70	37
黑龙江	1693	13544	365	126
上海	14	139	3	1
江苏	1341	9078	507	286
浙江	616	5781	159	48
安徽	456	2338	846	128
福建	635	7314	645	
江西	38	186		387
山东	1455	5907	695	400
河南	7024	50483	1367	1134
湖北	450	2250	737	198
湖南	516	2584	441	87
广东	2789	17259	2438	165
广西	343	2112	301	
海南	4240	749	21	151
重庆	17	77	3	5
四川	568	2272		
贵州	352	1635	64	67
云南	2606	18956	56	75
西藏	102	1000	72	
陕西	3968	19038	1982	33
甘肃	198	1030	72	52
青海	261	1869	62	100
宁夏	48	208	57	3
新疆	326	1956	257	273

2001年各地区全社会货运量

单位:万吨

地区	总计	铁路				公路	水运
			国家铁路	地方铁路	合资铁路		
全国总计	**1401177**	**192580**	**178592**	**9542**	**4446**	**1056312**	**132675**
北京	30608	2601	2505	96		28007	
天津	27988	3727	2219	1508		19382	4879
河北	78886	14245	12837	1408		63696	945
山西	93515	32005	31875	130		61489	21
内蒙古	46296	10151	9705	244	202	36145	
辽宁	79623	13616	12990	626		63281	2726
吉林	29380	5671	5538	133		23649	60
黑龙江	54204	13371	12964	407		40135	698
上海	50880	1080	1080			28869	20931
江苏	86496	4855	4337	518		59058	22583
浙江	78405	2754	2107	76	571	55706	19945
安徽	43433	7070	6566	408	96	32018	4345
福建	31478	3610	2813		797	23193	4675
江西	24174	3528	3449	79		19240	1406
山东	101775	12520	11756	764		83791	5464
河南	65414	11420	10537	883		53596	398
湖北	41764	4431	4245	170	16	31160	6173
湖南	50367	4972	4958	14		41823	3572
广东	88537	6445	4910	517	1018	60960	21132
广西	29982	4211	2907	774	530	23747	2024
海南	7176	287	287			4969	1920
重庆	28210	1772	1687	85		24600	1838
四川	51977	6353	5942	342	69	43218	2406
贵州	16344	3875	3875			12114	355
云南	52781	3450	3204	149	97	49189	142
西藏	172					172	
陕西	31364	4318	3576		742	26964	82
甘肃	23639	3423	3423			20179	37
青海	5042	737	737			4305	
宁夏	6822	2128	1917	211		4694	
新疆	20918	3955	3646		309	16963	
不分地区	23528						3918

注:不分地区数字包括民航完成170.98万吨,管道完成19439万吨,中远集团海外公司完成3918万吨。

2001年各地区全社会货物周转量

单位:亿吨公里

地区	总计	铁路				公路	水运
			国家铁路	地方铁路	合资铁路		
全国总计	**47590.9**	**14575.1**	**14249.8**	**55.4**	**269.9**	**6330.4**	**25988.9**
北京	393.6	311.0	310.8	0.2		82.6	
天津	5158.2	273.4	265.1	8.3		64.8	4820.1
河北	2757.7	1637.0	1630.8	6.3		608.0	512.7
山西	988.2	690.7	690.4	0.2		297.5	
内蒙古	985.0	764.6	689.3	1.1	74.3	220.4	
辽宁	1801.8	978.1	976.7	1.4		215.8	607.9
吉林	500.1	413.7	413.5	0.3		86.0	0.4
黑龙江	937.9	761.6	756.8	4.8		161.2	15.2
上海	6721.7	39.4	39.4			60.3	6621.9
江苏	1473.0	374.7	373.4	1.3		340.7	757.6
浙江	1372.5	207.3	176.8	0.1	30.4	282.5	882.6
安徽	1066.6	672.2	662.2	1.5	8.5	252.6	141.8
福建	984.4	164.8	141.3		23.5	187.0	632.6
江西	653.6	468.1	465.3	0.2	2.6	146.0	39.4
山东	4693.1	848.3	843.6	4.6		429.0	3415.9
河南	1651.3	1263.5	1255.6	7.9		375.8	12.0
湖北	1069.3	546.4	544.6	1.1	0.7	224.5	298.4
湖南	1111.6	654.4	654.2	0.1		316.0	141.2
广东	3147.7	296.2	214.1	2.4	79.7	505.9	2345.5
广西	736.0	440.8	418.5	9.9	12.3	212.1	83.2
海南	247.8	1.8	1.8			40.1	205.9
重庆	322.2	110.7	110.4	0.3		76.5	135.0
四川	675.1	471.8	460.3	1.3	10.3	191.1	12.2
贵州	439.3	364.7	364.7			70.4	4.2
云南	515.8	196.3	191.5	0.7	4.0	318.5	1.0
西藏	17.2					17.2	
陕西	676.3	515.9	504.3		11.6	160.2	0.3
甘肃	679.3	565.2	565.2			114.0	0.1
青海	97.5	59.0	59.0			38.4	
宁夏	223.4	164.9	163.4	1.5		58.5	
新疆	495.4	318.7	306.7		12.0	176.8	
不分地区	4998.4						4301.9

注:不分地区数字包括民航完成43.72亿吨公里,管道完成653亿吨公里,中远集团海外公司完成4302亿吨公里。

2001 年各地区全社会客运量

单位:万人

地区	总计	铁路	国家铁路	地方铁路	合资铁路	公路	水运
全国总计	**1534122**	**105155**	**101680**	**557.6**	**2917.0**	**1402798**	**18645**
北京	21394	4764	4763	0.6		16630	
天津	3337	1554	1554			1780	3
河北	72601	5224	5224			67377	
山西	33310	3068	3068			30168	74
内蒙古	24245	3204	3175		29.0	21041	
辽宁	52311	10502	10488	14.0		41207	602
吉林	24417	5346	5346			19001	70
黑龙江	50849	9658	9554	104.0		41111	80
上海	5686	3231	3231			1508	947
江苏	110634	5099	5099			105105	430
浙江	133353	4974	3902		1072.0	126008	2371
安徽	61868	3177	3011	5.0	161.0	58245	446
福建	47115	1509	1315		194.0	44926	680
江西	36067	3217	3217			32423	427
山东	72385	3752	3652	100.0		67646	987
河南	85446	5092	4895	197.0		80259	95
湖北	62120	3013	3007		6.0	58210	897
湖南	92374	5340	5221	14.0	105.0	85971	1063
广东	115233	7213	6453	26.0	734.0	106093	1927
广西	43694	1919	1816	85.0	18.0	41020	755
海南	21369	12	12			20728	629
重庆	59121	1322	1322			55742	5057
四川	133268	4261	3787	12.0	462.0	126131	2876
贵州	54665	2017	2017			52154	494
云南	39531	1351	1316		35.0	37909	271
西藏	125					125	
陕西	30408	2655	2597		58.0	27500	253
甘肃	13900	1129	1129			12560	211
青海	3805	377	377			3428	
宁夏	5776	251	251			5525	
新疆	16195	928	883		45.0	15267	
不分地区	7524						

注:不分地区数据为民航完成运量。

2001年各地区全社会旅客周转量

单位:亿人公里

地 区	总 计	铁 路				公 路	水 运
			国家铁路	地方铁路	合资铁路		
全国总计	**13155.1**	**4766.8**	**4636.6**	**5.2**	**125.07**	**7207.1**	**89.9**
北 京	121.2	68.2	68.2			53.0	
天 津	94.1	72.0	72.0			22.0	
河 北	860.9	415.6	415.6			445.3	
山 西	240.0	90.6	90.6			149.3	
内蒙古	209.3	87.4	85.6		1.8	121.9	
辽 宁	513.1	337.6	337.5			167.1	8.4
吉 林	212.2	132.6	132.6			79.5	0.1
黑龙江	382.5	163.3	161.4	1.9		219.1	0.1
上 海	84.6	37.8	37.8			42.3	4.5
江 苏	860.0	176.7	176.7			682.2	1.1
浙 江	653.3	166.0	137.4		28.6	479.5	7.8
安 徽	542.0	217.6	210.3		7.3	323.4	0.9
福 建	330.3	74.8	71.0		3.8	254.4	1.1
江 西	446.4	273.3	272.2		1.1	172.0	1.1
山 东	600.6	234.1	232.8	1.3		361.7	4.9
河 南	799.8	430.1	428.7	1.3		369.4	0.3
湖 北	518.8	215.0	214.3		0.7	293.7	10.1
湖 南	710.7	369.6	362.8		6.8	337.9	3.2
广 东	1130.3	280.0	225.7		54.2	841.3	9.1
广 西	475.2	100.5	99.6	0.5	0.4	372.1	2.6
海 南	65.2	0.1	0.1			62.4	2.6
重 庆	250.0	40.5	40.5			183.7	25.8
四 川	530.5	143.2	127.9		15.3	383.5	3.8
贵 州	251.1	124.2	124.2			125.8	1.1
云 南	269.2	35.6	34.2		1.5	232.8	0.8
西 藏	5.3					5.3	
陕 西	358.6	192.6	190.5		2.0	165.6	0.4
甘 肃	249.5	171.6	171.6			77.8	0.2
青 海	33.0	13.4	13.4			19.6	
宁 夏	51.4	18.0	18.0			33.4	
新 疆	215.0	85.0	83.3		1.8	130.0	
不分地区	1091.4						

注:不分地区运量为民航完成数。

2001年中国汽车工业前38家主要企业销售、生产情况表

单位:辆

企业名称	销售				生产			
	本月销售	本期正累计	同期正累计	比同期累计增长(%)	本月生产	本期正累计	同期正累计	比同期累计增长(%)
汽车企业总计(103家)	**208930**	**2363665**	**2086343**	**13.29**	**193713**	**2334440**	**2069423**	**12.81**
上海汽车工业(集团)总公司	41973	448946	364223	23.26	38141	440245	365028	20.61
第一汽车集团	36291	407495	362887	12.29	32613	419792	350186	19.88
东风汽车集团	21480	265407	221036	20.07	22693	262869	210938	24.62
长安汽车(集团)有限责任公司	16789	230241	197305	16.69	15745	225399	203127	10.96
哈尔滨哈飞汽车有限公司	12490	141774	123927	14.40	12042	138958	122007	13.89
北京汽车工业集团总公司	13142	136538	120870	12.96	13025	134121	124824	7.45
昌河飞机工业公司	11840	121018	100168	20.82	10425	121288	103233	17.49
天津汽车工业集团有限公司	4407	79957	113984	-29.85	3441	58923	101763	-42.10
金杯汽车股份有限公司	5777	74865	73766	1.49	6352	74191	76497	-3.01
广州汽车工业集团有限公司	4743	55723	37724	47.71	4651	55570	38118	45.78
跃进汽车集团公司	4251	55714	68421	-18.57	3588	56868	67902	-16.25
合肥江淮汽车有限公司	4655	51309	47064	9.02	3962	51052	47889	6.60
江铃汽车集团公司	2832	37307	26037	43.28	3036	36848	26810	37.44
庆铃汽车(集团)有限公司	4599	30279	41100	-26.33	1443	28164	42269	-33.37
东南(福建)汽车工业有限公司	3564	30021	18018	66.62	2824	31027	19145	62.06
中汽客车有限责任公司	952	15952	12245	30.27	1180	18222	11873	53.47
浙江豪情汽车制造有限公司	1089	12646	11925	6.05	1086	12339	11847	4.15
四川省公路机械厂	1057	12273	11423	7.44	1135	11878	11687	1.63
三环集团十通专用汽车有限公司	992	9437	6176	52.80	952	9577	6428	48.99
陕西飞机工业(集团)有限公司	865	9410	10549	-10.80	776	8168	10166	-19.65
宁波美日汽车制造有限公司	702	9056			566	8887		
河北田野汽车集团有限公司	793	8868	8184	8.36	1302	9116	8657	5.30
长丰(集团)有限责任公司	1672	8674	10278	-15.61	1188	10447	10467	-0.19
中国重型汽车集团	928	7898	3670	115.20	807	7678	3254	135.96
重庆重型汽车集团有限公司	900	7568	5018	50.82	905	7505	5008	49.86
郑州日产汽车有限公司	759	7158	7514	-4.74	592	7189	7360	-2.32
江苏亚星客车集团有限公司	714	6782	6818	-0.53	429	7579	2423	212.79
湖南汽车车桥厂	659	6716	3943	70.33	650	6718	4002	67.87
江苏悦达起亚汽车有限公司	669	6210	2037	204.86	627	6755	6669	1.29
常州长江客车厂集团有限公司	477	6195	5288	17.15	491	6210	5281	17.59
西安秦川汽车有限责任公司	848	5686	5227	8.78	1257	5602	5380	4.13
四川轻型客车底盘工业联合公司	593	5484			658	5349		
陕西汽车制造总厂	383	4429	3389	30.69	353	4427	3365	31.56
四川旅行车制造厂	293	3506	3601	-2.64	289	3437	3565	-3.59
辽宁黄海汽车(集团)有限责任公司	203	3212	3026	6.15	347	3509	3032	15.73
淄博汽车制造厂	290	3006	4090	-26.50	287	3078	4030	-23.62
南京春兰汽车制造有限公司	635	2830	278	917.99	665	2861	270	959.63
东风武汉轻型汽车公司	294	2633	1447	81.96	304	2687	1530	75.62

2001年/2000年全球汽车产量前15位的国家

排名	国家	2001年产量(辆)	2000年产量(辆)	同比增长%
1/1	美国	11425061	12810140	-10.81
2/2	日本	9777191	10144847	-3.62
3/3	德国	5691700	5197685	9.50
4/4	法国	3628410	3351929	8.25
5/5	韩国	2946329	3114998	-5.41
6/6	西班牙	2849888	3032874	-6.03
7/7	加拿大	2535471	2345882	8.08
8/8	中国	2331776	2008500	16.1
9/9	墨西哥	1865270	1918807	-2.79
10/12	巴西	1798472	1671093	7.62
11/10	英国	1685010	1817059	-7.27
12/11	意大利	1579638	1738315	-9.13
13/13	俄罗斯	1249582	1202589	3.91
14/14	比利时	1187257	1033294	14.90
15/15	印度	853919	796185	7.25
全球汽车总产量		55770001	57539713	-3.08

2001年/2000年全球轿车产量前15位的国家

排名	国家	2001年产量(辆)	2000年产量(辆)	同比增长%
1/1	日本	8117563	8363485	-2.94
2/3	德国	5299700	4802983	10.34
3/2	美国	4879119	5542745	-11.97
4/4	法国	3181549	2883419	10.34
5/5	韩国	2471444	2602008	-5.02
6/6	西班牙	2211172	2445421	-9.58
7/7	英国	1492138	1628548	-8.38
8/9	巴西	1481975	1347923	9.95
9/11	加拿大	1274853	1169392	9.02
10/8	意大利	1271763	1422284	-10.58
11/10	墨西哥	1140000	1279089	-10.87
12/13	比利时	1058656	912233	16.05
13/12	俄罗斯	1021682	965651	5.80
14/14	中国	703521	620000	13.47
15/16	印度	532725	513948	3.65
全球轿车总产量		39538157	40764663	-3.01

2001年/2000年全球轻型商用车产量前15位的国家

排名	国家	2001年产量(辆)	2000年产量(辆)	同比增长%
1/1	美国	6293175	6844543	-8.06
2/2	中国	1459686	1340000	8.93
3/3	加拿大	1231514	1127902	9.19
4/4	日本	1053020	1124147	-6.33
5/5	墨西哥	648870	598414	8.43
6/6	西班牙	614146	563360	9.01
7/7	韩国	435550	464133	-6.16
8/8	法国	395342	409968	-3.57
9/9	泰国	298227	310000	-3.80
10/10	意大利	265059	270250	-1.92
11/12	德国	247900	202246	22.57
12/11	巴西	215782	230293	-6.30
13/13	印度	186194	190921	-2.48
14/15	英国	181072	174311	3.88
15/14	俄罗斯	170560	179309	-4.88
全球轻型商用车总产量		14277916	14681487	-2.75

2001年/2000年全球大客车产量前15位的国家

排名	国家	2001年产量(辆)	2000年产量(辆)	同比增长%
1/2	巴西	23373	22573	3.54
2/	印度	20000		
3/3	韩国	17624	18119	-2.73
4/5	俄罗斯	16568	13506	22.67
5/	北美经济区	12400		(美、加、墨西哥)
6/4	德国	11900	13518	-11.97
7/8	中国	11496	7500	53.28
8/6	日本	11205	8035	39.45
9/7	瑞典	7500	8000	-6.25
10/	比利时	3767		
11/10	法国	3564	3442	3.54
12/9	土耳其	2501	4213	-40.64
13/	埃及	2249		
14/11	意大利	2212	3163	-30.07
15/	匈牙利	1804		
全球大客车总产量		157475	152276	3.41

2001年汽车厂商销售部门进销情况

单位:辆、%

累计销量排序	汽车厂商销售部门	购进量	同比增长①	销售量	同比增长②
	总计(57家)	**2248541**	**13.73**	**2294447**	**22.84**
1	中国第一汽车集团公司	410215	13.29	402409	10.96
	#一汽-大众销售有限责任公司	127936	16.48	122961	10.24
2	上海汽车工业(集团)总公司	289105	17.15	300908	19.50
	#上海上汽大众汽车销售有限公司	229002	6.22	241033	9.53
	#上海通用汽车有限公司	58543		58328	
	#上海申沃客车有限公司	1248	30.68	1251	30.72
	#上海汇众汽车有限公司	312		296	
	#上汽集团仪征汽车有限公司				
3	长安汽车(集团)有限责任公司	268522	32.19	273310	38.52
	#长安汽车销售有限公司	200543	40.1	204365	46.38
	#重庆长安铃木汽车有限公司	43123	-10.59	43090	-8.32
	#河北长安胜利汽车有限公司	3039		2948	
	#南京长安汽车有限公司				
4	东风汽车公司	262860	24.61	265408	20.07
	#神龙汽车有限公司	52850	-1.95	52882	6.7
5	哈尔滨哈飞汽车制造有限公司	138958	23.84	141774	
6	昌河飞机工业(集团)有限责任公司	121288	17.49	121018	20.82
7	上汽五菱汽车股份有限公司	120128	7.73	120086	7.59
8	北京汽车工业集团总公司	107101	15.71	109757	23.28
	#北京吉普汽车有限公司	9313	6.52	9435	14.38
	#北汽福田车辆股份有限公司	97788	16.67	100322	24.19
	#北京轻型车厂				
9	天津汽车工业销售有限公司	59355	-38.83	79967	-27.14
10	金杯汽车股份有限公司	74416	25.50	77117	9.94
	#金杯贸易总公司	10828	-0.72	12300	22.07
	#沈阳金杯客车制造有限公司销售公司	60836	0.63	63009	4.9
	#金杯通用汽车有限公司	2752		1808	
11	广州汽车工业集团有限公司	55601	24.90	56530	49.58
	#广州本田汽车有限公司	51144	58.69	51548	59.97
	#广州羊城汽车有限公司销售公司	3064	-36.33	3684	-18.69
	#广州骏威客车有限公司	1345	25	1259	24.53
	#广州五十铃客车有限公司	48	-99.25	39	
12	跃进汽车集团贸易公司	56867	-15.66	55714	-18.90
13	安徽江淮汽车集团有限公司	51053	6.61	51309	9.02
14	江铃汽车销售总公司	36848	37.44	37307	43.37
15	庆铃汽车股份有限公司	28277	-33.1	30392	-26.05
16	东南(福建)汽车工业有限公司	31079	62.33	30021	66.62
17	上海集团奇瑞汽车有限公司	30070		28160	

注:①②部分新增统计企业由于报送时间紧张,缺报上年同期数据,同比增长暂不能提供。

2001年汽车厂商销售部门进销情况(续)

单位:辆、%

累计销量排序	汽车厂商销售部门	购进量	同比增长①	销售量	同比增长②
18	浙江吉利汽车工业股份责任公司	23680	153.51	23466	144.34
19	中汽客车有限责任公司	18222		15952	
20	长丰(集团)有限责任公司			9538	
21	陕西飞机工业(集团)有限公司	8168	-19.65	9410	-11.18
22	河北田野汽车集团有限公司	8770	30.92	8202	31.21
23	中国重型汽车集团有限公司	8217		7898	
24	郑州日产汽车有限公司	7189	-2.32	7158	-4.74
25	湖南汽车车桥厂	6718		6716	
26	江苏悦达起亚汽车有限公司	7579	212.79	6556	221.85
27	常州长江客车集团有限公司	6130		6138	
28	西安秦川汽车责任有限公司	5602	4.13	5678	8.67
29	陕西汽车制造总厂	4435	31.25	4429	30.69
30	四川旅行车制造厂	3437		3506	
31	重庆重型汽车集团有限责任公司	3386	47.03	3390	70.44
32	辽宁黄海汽车(集团)有限责任公司	3509	15.73	3212	6.15
33	东风武汉轻型汽车公司	2687	75.62	2709	87.21
34	安徽安凯汽车集团有限公司	2246	9.99	2250	13.07
35	湖北专用汽车制造厂	1630	-57.44	1665	-59.3
36	汉阳特种汽车制造厂	1431		1354	
37	浙江公路机械厂	1330	198.21	1301	192.36
38	重庆专用汽车制造总厂	1004	-9.47	1136	2.53
39	贵州云雀汽车车身零部件有限公司	1319		1128	
40	江西富奇汽车总厂	831	403.64	897	350.75
41	包头北方奔驰重型汽车有限公司	765	22.79	806	14.33
42	福州汽车厂	756	-66.55	773	-65.81
43	山西省汽车工业集团有限责任公司重型汽车制造厂	800	59.36	680	65.85
44	沈阳飞机工业(集团)有限公司	584	-37.41	650	-27.05
45	重庆渝州汽车厂	617	-26.11	613	-28.97
46	第一汽车集团新疆专用汽车厂	641	-6.29	602	-19.41
47	镇江汽车制造厂	558	30.07	582	27.63
48	桂林客车工业集团公司	607	-24.31	570	-29.46
49	重庆铁马工业集团有限公司	482	18.14	515	15.99
50	中信机电制造公司	426	-0.23	446	10.67
51	郑州轻型汽车制造厂	363		350	
52	三江雷诺汽车有限公司	347	-37.92	342	-56.15
53	金华尼奥普兰车辆有限公司	307		307	
54	湖南郴州南燕汽车厂	95	-75.58	203	-52.24
55	北京北方华德尼奥普兰客车股份有限公司	202	38.36	200	57.48
56	北京重型汽车制造厂	112		98	88.46
57	吉林江北机械厂轿车厂			53	-63.7

注:①②部分新增统计企业由于报送时间紧张,缺报上年同期数据,同比增长暂不能提供。

2001年汽车按企业结构购销情况

单位:辆

分类	企业名称	购进量	销售量
		重型载货汽车	
重型载货汽车小计		**204576**	**202321**
载重≥15t		8234	7971
	中国重型汽车集团有限公司	2346	2337
	陕西汽车制造总厂	2599	2572
	东风汽车公司	1927	1780
	庆铃汽车股份有限公司	159	159
	上海汇众汽车有限公司	312	296
	重庆重型汽车集团有限责任公司	401	384
	汉阳特种汽车制造厂	287	261
	北京重型汽车制造厂	112	98
	第一汽车集团新疆专用汽车厂	12	12
	包头北方奔驰重型汽车有限公司	79	72
8t≤载重<15t		136832	132093
	中国第一汽车集团公司	79630	76761
	东风汽车公司	45749	44350
	中国重型汽车集团有限公司	5871	5561
	重庆重型汽车集团有限责任公司	1500	1467
	陕西汽车制造总厂	1518	1542
	重庆铁马工业集团有限公司	482	515
	山西省汽车工业集团有限责任公司重型汽车制造厂	800	680
	湖北专用汽车制造厂	96	75
	北汽福田车辆股份有限公司	32	11
	第一汽车集团新疆专用汽车厂	429	369
	包头北方奔驰重型汽车有限公司	686	734
	汉阳特种汽车制造厂	39	28
6t≤载重<8t		59510	62257
	东风汽车公司	58012	60767
	重庆重型汽车集团有限责任公司	1451	1436
	四川轻型客车底盘工业联合公司	9	9
	第一汽车集团新疆专用汽车厂	22	24
	陕西汽车制造总厂	16	21
		中型载货汽车	
中型载货汽车小计		**98036**	**98867**
5t≤载重<6t		86720	88002
	中国第一汽车集团公司	84054	85251
	汉阳特种汽车制造厂	969	933
	湖北专用汽车制造厂	1485	1518
	第一汽车集团新疆专用汽车厂	178	197
	重庆重型汽车集团有限责任公司	34	103

2001年汽车按企业结构购销情况(续)

单位:辆

分类	企业名称	购进量	销售量
3t<载重<t5		11316	10865
	东风汽车公司	11067	10618
	四川轻型客车底盘工业联合公司	249	247
		轻型载货汽车	
轻型载货汽车小计		**328264**	**337534**
载重=3t		5796	6044
	跃进汽车集团贸易公司	4432	4391
	金杯汽车股份有限公司	-2	47
	镇江汽车制造厂	535	553
	郑州日产汽车有限公司	831	1053
2t<载重<3t		28311	28956
	东风汽车公司	18704	19819
	跃进汽车集团贸易公司	4784	4303
	四川轻型客车底盘工业联合公司	3164	3236
	安徽江淮汽车集团有限公司	1659	1598
载重=2t		10431	10678
	金杯汽车股份有限公司	8690	9322
	跃进汽车集团贸易公司	1605	1224
	汉阳特种汽车制造厂	136	132
1t<载重<2t		177990	183787
	中国第一汽车集团公司	39553	40196
	北汽福田车辆股份有限公司	32833	33733
	庆铃汽车股份有限公司	21350	23702
	江铃汽车销售总公司	29651	29968
	安徽江淮汽车集团有限公司	21062	21018
	东风汽车公司	15973	16729
	跃进汽车集团贸易公司	12494	12528
	广州羊城汽车有限公司销售公司	2843	3397
	四川轻型客车底盘工业联合公司	1794	1851
	天津汽车工业销售有限公司	437	665
	福州汽车厂		
	第一汽车集团新疆专用汽车厂		
载重=1t		69462	71767
	北汽福田车辆股份有限公司	50684	52254
	东风汽车公司	9322	9702

2001年汽车按企业结构购销情况(续)

单位:辆

分类	企业名称	购进量	销售量
	长安汽车有限责任公司	4380	3998
	跃进汽车集团贸易公司	2285	2129
	重庆渝州汽车厂	617	611
	郑州日产汽车有限公司		63
	湖南郴州南燕汽车厂	34	79
	金杯汽车股份有限公司	2140	2931
皮卡(两轮驱动)		35.809	35.879
	中汽客车有限责任公司	14310	12368
	河北田野汽车集团有限公司	8734	8174
	郑州日产汽车有限公司	5921	5645
	中国第一汽车集团公司	2681	5420
	北汽福田车辆股份有限公司	2741	2885
	福州汽车厂	717	716
	金杯通用汽车有限公司	94	89
	跃进汽车集团贸易公司	591	527
	江西富奇汽车总厂	20	30
	湖南郴州南燕汽车厂		25
皮卡(四轮驱动)		465	423
	郑州日产汽车有限公司	437	397
	河北田野汽车集团有限公司	28	26
		微型载货汽车	
微型载货汽车小计		**134015**	**143821**
载重 < 1t		134015	143821
	上汽五菱汽车股份有限公司	52101	53078
	昌河飞机工业(集团)有限责任公司	16483	18675
	长安汽车有限责任公司	34828	37492
	哈尔滨哈飞汽车制造有限公司	7763	9152
	北汽福田车辆股份有限公司	7788	7857
	陕西飞机工业(集团)有限公司	4289	4351
	南京长安汽车有限公司	5185	6345
	天津汽车工业销售有限公司	1923	2868
	跃进汽车集团贸易公司	3655	4003
		大型客车	
大型客车小计		**6994**	**6851**
45座及以上		3167	3128

2001年汽车按企业结构购销情况(续)

单位:辆

分类	企业名称	购进量	销售量
	安徽安凯汽车集团有限公司	401	384
	郑州宇通客车股份有限公司	295	244
	桂林客车工业集团公司	322	299
	陕西汽车制造总厂	302	294
	辽宁黄海汽车(集团)有限责任公司	768	814
	常州长江客车集团有限公司	535	553
	北京北方华德尼奥普兰客车股份有限公司	13	30
	金华尼奥普兰车辆有限公司	154	154
	上海申沃客车有限公司	19	21
	中国第一汽车集团公司	16	21
	东风汽车公司		35
	沈阳飞机工业(集团)有限公司	87	85
	广州骏威客车有限公司	220	164
	广州五十铃客车有限公司	35	30
45座以下		3827	3723
	常州长江客车集团有限公司	1254	1254
	上海申沃客车有限公司	1047	1054
	郑州宇通客车股份有限公司	254	199
	安徽安凯汽车集团有限公司	524	532
	辽宁黄海汽车(集团)有限责任公司	380	331
	金华尼奥普兰车辆有限公司	97	97
	北京北方华德尼奥普兰客车股份有限公司	183	167
	沈阳飞机工业(集团)有限公司	88	89
	中型客车		
中型客车小计		**38202**	**38048**
48座及以上		2180	1897
	中汽客车有限责任公司	1655	1422
	辽宁黄海汽车(集团)有限责任公司	419	361
	常州长江客车集团有限公司	24	24
	上海申沃客车有限公司	20	29
	沈阳飞机工业(集团)有限公司		
	河北长安胜利汽车有限公司	62	61
37－44座		3031	3133

2001 年汽车按企业结构购销情况(续)

单位:辆

分类	企　业　名　称	购 进 量	销 售 量
	常州长江客车集团有限公司	509	499
	辽宁黄海汽车(集团)有限责任公司	296	304
	郑州宇通客车股份有限公司	221	251
	桂林客车工业集团公司	285	271
	东风汽车公司	22	90
	四川轻型客车底盘工业联合公司	14	14
	中信机电制造公司	6	6
	沈阳飞机工业(集团)有限公司	400	455
	广州骏威客车有限公司	1125	1095
	北京北方华德尼奥普兰客车股份有限公司	6	3
	广州五十铃客车有限公司	13	9
	河北长安胜利汽车有限公司	134	136
31－36 座		3436	3432
	中国第一汽车集团公司	1311	1338
	郑州宇通客车股份有限公司	875	849
	常州长江客车集团有限公司	156	156
	安徽安凯汽车集团有限公司	600	610
	金华尼奥普兰车辆有限公司	56	56
	辽宁黄海汽车(集团)有限责任公司	187	174
	湖南汽车车桥厂	77	70
	四川轻型客车底盘工业联合公司	8	8
	上海申沃客车有限公司	20	19
	郑州轻型汽车制造厂	122	113
	中信机电制造公司	9	16
	沈阳飞机工业(集团)有限公司	9	21
	重庆专用汽车制造总厂	4	2
	河北长安胜利汽车有限公司	2	
27－30 座		17627	17555
	东风汽车公司	11054	11230
	郑州宇通客车股份有限公司	1971	1888
	安徽安凯汽车集团有限公司	628	629
	重庆专用汽车制造总厂	332	352
	常州长江客车集团有限公司	2270	2270

2001年汽车按企业结构购销情况(续)

单位:辆

分类	企　业　名　称	购进量	销售量
	四川旅行车制造厂	446	460
	辽宁黄海汽车(集团)有限责任公司	585	400
	湖南汽车车桥厂	104	94
	河北长安胜利汽车有限公司	50	52
	上海申沃客车有限公司	142	128
	郑州轻型汽车制造厂	45	52
26座及以下		6597	6727
	郑州宇通客车股份有限公司	5669	5822
	辽宁黄海汽车(集团)有限责任公司	874	828
	上海申沃客车有限公司		
	常州长江客车集团有限公司	5	5
	湖北专用汽车制造厂	49	72
底盘		5331	5304
	湖南汽车车桥厂	3954	3927
	常州长江客车集团有限公司	1377	1377
		轻型客车	
轻型客车小计		**253894**	**262783**
27座及以上		2614	2629
	中汽客车有限责任公司	2257	2162
	河北长安胜利汽车有限公司	81	88
	广州羊城汽车有限公司销售公司	221	287
	中信机电制造公司	36	71
	四川轻型客车底盘工业联合公司	19	21
21－26座		8480	8683
	河北长安胜利汽车有限公司	2235	2214
	跃进汽车集团贸易公司	1101	1209
	东风汽车公司	4567	4710
	四川旅行车制造厂	127	123
	浙江公路机械厂	21	16
	四川轻型客车底盘工业联合公司	54	58
	中信机电制造公司	375	353
18－20座		43956	45312
	安徽江淮汽车集团有限公司	27978	28478

2001 年汽车按企业结构购销情况(续)

单位:辆

分类	企　业　名　称	购进量	销售量
	东风汽车公司	13636	14402
	浙江公路机械厂	1166	1140
	重庆专用汽车制造总厂	595	701
	河北长安胜利汽车有限公司	175	145
	安徽安凯汽车集团有限公司	93	95
	湖南汽车车桥厂	129	138
	四川轻型客车底盘工业联合公司	38	40
	郑州宇通客车股份有限公司	105	134
	郑州轻型汽车制造厂	41	37
	重庆渝州汽车厂		2
15－17 座		23844	24400
	跃进汽车集团贸易公司	13516	13801
	江铃汽车销售总公司	7197	7339
	四川旅行车制造厂	2777	2879
	浙江公路机械厂	143	145
	郑州轻型汽车制造厂	155	148
	河北长安胜利汽车有限公司	56	88
12－14 座		65760	68058
	沈阳金杯客车制造有限公司销售公司	60836	63009
	北汽福田车辆股份有限公司	3697	3566
	天津汽车工业销售有限公司	1027	1300
	三江雷诺汽车有限公司	200	183
	中信机电制造公司		
9－11 座		27261	24949
	东南(福建)汽车工业有限公司	11877	10952
	中国第一汽车集团公司	9470	8910
	跃进汽车集团贸易公司	5006	4509
	东风汽车公司	635	362
	安徽江淮汽车集团有限公司	200	135
	重庆专用汽车制造总厂	73	81
8 座及以下		57428	55562
	浙江吉利汽车工业股份责任公司	23680	23466
	东南(福建)汽车工业有限公司	18993	18875

2001年汽车按企业结构购销情况(续)

单位:辆

分类	企业名称	购进量	销售量
	江苏悦达起亚汽车有限公司	7579	6556
	跃进汽车集团贸易公司	6523	6193
	安徽江淮汽车集团有限公司	154	80
	河北长安胜利汽车有限公司	244	164
	福州汽车厂	39	57
	三江雷诺汽车有限公司	120	125
	四川旅行车制造厂	87	44
	河北田野汽车集团有限公司	8	2
	镇江汽车制造厂	1	
越野车		22097	30703
	长丰(集团)有限责任公司		9538
	庆铃汽车股份有限公司	6768	6531
	北京吉普汽车有限公司	7979	8086
	金杯通用汽车有限公司	2658	1719
	东风武汉轻型汽车公司	2687	2709
	跃进汽车集团贸易公司	875	897
	江西富奇汽车总厂	811	867
	湖南郴州南燕汽车厂	61	99
	三江雷诺汽车有限公司	27	34
	镇江汽车制造厂	22	29
	东南(福建)汽车工业有限公司	209	194
底盘		2454	2487
	湖南汽车车桥厂	2454	2487
		微型客车	
微型客车小计		**491868**	**488807**
8座及以下		491868	488807
	哈尔滨哈飞汽车制造有限公司	131195	132622
	长安汽车有限责任公司	118212	119785
	昌河飞机工业(集团)有限责任公司	104805	102343
	中国第一汽车集团公司	44156	40604
	上汽五菱汽车股份有限公司	68027	67008
	南京长安汽车有限公司	16632	16562
	陕西飞机工业(集团)有限公司	3879	5059
	天津汽车工业销售有限公司	4949	4808
	北汽福田车辆股份有限公司	13	16

2001 年汽车按结构进销情况表

单位:辆

产　品　类　别	购　进	销　售
载货汽车		
载货汽车合计	**764891**	**782543**
重型	204576	202321
载重≥15t	8234	7971
8t≤载重<15t	136832	132093
6t≤载重<8t	59510	62257
中型	98036	98867
5t≤载重<6t	86720	88002
3t<载重<5t	11316	10865
轻型	328264	337534
载重=3t	5796	6044
2t<载重<3t	28311	28956
载重=2t	10431	10678
1t<载重<2t	177990	183787
载重=1t	69462	71767
皮卡(两轮驱动)	35809	35879
皮卡(四轮驱动)	465	423
微型	134015	143821
载重<1t	134015	143821
客车		
客车合计	**790958**	**796489**
大型	6994	6851
45 座及以上	3167	3128
45 座以下	3827	3723
中型	38202	38048
45 座及以上	2180	1897
37 座-44 座	3031	3133
31 座-36 座	3436	3432
27 座-30 座	17627	17555
26 座及以下	6597	6727
底盘	5331	5304
轻型	253894	262783
27 座以上	2614	2629
21 座-26 座	8480	8683
18 座-20 座	43956	45312
15 座-17 座	23844	24400
12 座-14 座	65760	68058
9 座-11 座	27261	24949
8 座及以下	57428	55562
越野车	22097	30703
底盘	2454	2487

2001 年汽车按结构进销情况表

单位：辆

产品类别	购进	销售
微型	491868	488807
8 座及以下	491868	488807
轿车		
轿车合计	**692692**	**715415**
中高级	64920	63440
奥迪	30687	27918
别克	28625	30200
# 别克轿车	18642	19670
# 别克 GL8	9983	10530
雅阁	5303	5283
帕萨特	305	39
中级	312273	323222
红旗	17059	16682
雅阁	45841	46265
帕萨特	63895	54638
桑塔纳	164802	186356
# 普通桑塔纳	69442	77326
# 桑塔纳 2000	95360	109030
切诺基	1334	1349
风神	19342	17932
普通级	236865	225809
捷达	97249	95043
富康	52850	52882
# 富康 1.4L	13038	15349
# 富康 1.6L	7656	7107
# 富康 988	32156	30426
夏利	22429	17331
# 夏利 2000	10590	10282
# 夏利 7130U	11839	7049
赛欧	29918	28128
奇瑞	30070	28160
海马	4349	4265
微型	78634	102944
夏利	28590	52995
# 夏利 7100	12789	22592
# 夏利 7100U	15801	30403
羚羊	10794	9869
奥拓	33335	35944
云雀	1319	1128
福莱尔	4596	3008

2001 年汽车经销商购销情况

单位：辆、万元

累计销量排序	经销商名称	购进量	销售量	月均销量	购进金额	销售金额
	总计(共 55 家)	**272582**	**282037**	**23503**	**2840806.27**	**2923917.69**
1	广东物资集团汽车贸易公司	45201	45261	3772	492880.40	502009.00
2	浙江物产元通机电(集团)有限公司	31116	32849	2737	393246.00	421479.00
3	南京朗驰集团有限公司	21059	21271	1773	198735.00	196968.00
4	开封机电设备(集团)股份有限公司	14049	15236	1270	110623.00	112491.00
5	中国北方车辆公司	13692	13534	1128	110021.00	108735.00
6	中国农业机械华北公司	9639	12283	1024	52793.16	60694.58
7	广东新协力集团有限公司	10278	11238	937	136408.42	146310.85
8	成都万友经济技术开发总公司	11706	10859	905	46843.32	43421.12
9	湖南省机电设备总公司	10112	10474	873	105443.00	106526.00
10	江苏省苏舜工贸集团有限公司	8390	7995	666	104404.28	97838.90
11	天津汽车工业销售山东有限公司	6065	7902	659	25127.00	30772.00
12	大连市汽车工业贸易集团公司	7563	7595	633	74899.00	74452.00
13	重庆商社庆铃汽车销售有限公司	6379	7509	626	93606.10	108723.10
14	哈尔滨汽车销售有限公司	5880	5698	475	57124.00	59160.00
15	中国燕兴西北公司	5314	5169	431	16250.66	15957.20
16	上海物资集团汽车贸易有限公司	4557	4580	382	68415.00	77856.00
17	辽宁一汽贸易有限公司	4558	4539	378	67996.00	67891.00
18	新疆机电设备有限责任公司	4208	4227	352	52988.00	53142.00
19	山西省机电设备总公司	4035	3980	332	39423.03	39726.31
20	天津汽车工业销售成都有限公司	3697	3485	290	16842.23	16082.69
21	润华集团股份有限公司	2791	3179	265	38348.00	45050.98
22	温州市物资贸易总公司	3181	3125	260	19995.00	19710.00
23	北京市汽车修理公司一厂	2834	2803	234	74008.00	74919.00
24	天津汽车工业销售广东有限公司	2432	2601	217	15111.50	14739.00
25	中国燕兴重庆公司	2501	2359	197	10986.00	8549.00
26	东风汽车公司阳泉技术服务中心	2278	2322	194	33223.00	34250.00
27	东莞市汽车贸易中心	2468	2173	181	25929.00	23343.00
28	重庆百事达汽车有限公司	2056	1991	166	26063.69	25224.17
29	上海汽车工业河南销售服务有限公司	2022	1967	164	33351.00	32651.00
30	东莞市鸿燕贸易公司	1857	1858	155	37820.00	34855.00

2001年汽车经销商购销情况(续)

单位:辆、万元

累计销量排序	经销商名称	购进量	销售量	月均销量	购进金额	销售金额
31	郑州新兴汽车销售有限公司	1798	1760	147	28441.30	28123.60
32	天津汽车工业销售辽宁有限公司	1179	1673	139	5006.00	6559.00
33	天津市机电设备总公司	1731	1664	139	20508.00	20544.00
34	珠海经济特区珠光汽车工业发展公司	1678	1659	138	40058.00	40183.50
35	云南省机电设备总公司	1471	1584	132	12731.00	13348.00
36	云南云汽实业有限公司	1568	1518	127	21774.00	21275.00
37	四川省汽车贸易公司	1177	1212	101	18579.00	19421.00
38	天津汽车工业销售冀东有限公司	1248	1197	100	6883.64	6372.75
39	东风汽车济南总公司	1134	1098	92	11661.00	11762.00
40	长春市华阳汽车贸易有限责任公司	1077	1034	86	28097.00	27455.00
41	中国燕兴华东公司	977	969	81	3536.00	3552.00
42	温州市龙湾飞龙车辆公司	848	905	75	6640.49	6974.46
43	长沙市汽车工业总公司	916	904	75	9125.00	9199.00
44	金华申浙汽车有限公司	841	899	75	14256.00	14265.00
45	江苏省生产资料贸易总公司	772	770	64	4843.00	4776.00
46	云南第一汽车工贸有限公司	706	706	59	7665.00	8263.00
47	天津汽车工业销售武汉有限公司	93	572	48	972.09	2506.67
48	中汽贸庆铃汽车销售有限公司	202	479	40	3733.00	7230.00
49	宜昌交运集团汽车销售维修有限公司	261	352	29	3412.00	4128.67
50	上海市爱姆意汽车贸易发展有限公司	336	336	28	6283.84	6288.00
51	嘉兴市国鸿汽车工业贸易有限公司	248	271	23	2038.01	2163.00
52	柯兰德(天津)国际贸易有限公司	177	179	15	2464.60	2666.92
53	海口洪顺汽车销售有限公司	128	131	11	1662.70	1761.20
54	朝阳龙腾汽车销售服务有限公司	92	93	8	1450.00	1449.00
55	黄石东风神龙汽车特约销售服务有限公司	6	10	1	81.81	124.02

2001年汽车经销商代理汽车销售情况

单位:辆、万元

累计销量排序	经　销　商　名　称	累计购进（辆）	累计销量（辆）	期末库存（辆）
	中国第一汽车集团公司经销商合计	**19192**	**18486**	**1095**
1	南京朗驰集团有限公司	7706	7622	122
2	辽宁一汽贸易有限公司	2565	2543	131
3	开封机电设备(集团)股份有限公司	1954	1857	171
4	浙江物产元通机电(集团)有限公司	1395	1382	241
5	中国北方车辆公司	1725	1248	73
6	广东物资集团汽车贸易公司	795	876	90
7	江苏省苏舜工贸集团有限公司	748	666	82
8	云南省机电设备总公司	535	571	7
9	山西省机电设备总公司	497	549	12
10	大连市汽车工业贸易集团公司	431	394	25
11	湖南省机电设备总公司	330	329	4
12	东莞市汽车贸易中心	206	214	67
13	海口洪顺汽车销售有限公司	121	123	3
14	中国农业机械华北公司	168	96	60
15	朝阳龙腾汽车销售服务有限公司	16	16	7
	一汽大众汽车有限公司经销商合计	**20685**	**20192**	**1405**
1	广东物资集团汽车贸易公司	3432	3197	369
2	中国北方车辆公司	2573	2554	142
3	北京市汽车修理公司一厂	2250	2225	64
4	珠海经济特区珠光汽车工业发展公司	1671	1654	89
5	湖南省机电设备总公司	1651	1603	96
6	浙江物产元通机电(集团)有限公司	1496	1438	86
7	辽宁一汽贸易有限公司	1389	1385	114
8	大连市汽车工业贸易集团公司	1041	1103	32
9	广东新协力集团有限公司	872	807	67
10	新疆机电设备有限责任公司	733	671	179
11	长春市华阳汽车贸易有限责任公司	596	580	19
12	哈尔滨汽车销售有限公司	588	580	18
13	云南云汽实业有限公司	488	476	15
14	南京朗驰集团有限公司	374	384	19
15	天津市机电设备总公司	340	340	25

2001年汽车经销商代理汽车销售情况(续)

单位:辆、万元

累计销量排序	经销商名称	累计购进(辆)	累计销量(辆)	期末库存(辆)
16	云南第一汽车工贸有限公司	314	314	12
17	四川省汽车贸易公司	245	247	18
18	润华集团股份有限公司	203	202	
19	江苏省苏舜工贸集团有限公司	133	118	18
20	上海物资集团汽车贸易有限公司	108	111	5
21	重庆百事达汽车有限公司	82	75	7
22	山西省机电设备总公司	58	70	1
23	朝阳龙腾汽车销售服务有限公司	34	36	4
24	开封机电设备(集团)股份有限公司	13	20	6
25	云南省机电设备总公司	1	2	
	一汽轿车股份有限公司经销商合计	**2740**	**2807**	**90**
1	辽宁一汽贸易有限公司	604	611	14
2	长春市华阳汽车贸易有限责任公司	481	454	37
3	南京朗驰集团有限公司	334	357	－21
4	新疆机电设备有限责任公司	322	325	－3
5	浙江物产元通机电(集团)有限公司	253	264	21
6	北京市汽车修理公司一厂	209	208	1
7	开封机电设备(集团)股份有限公司	49	110	7
8	哈尔滨汽车销售有限公司	102	104	4
9	山西省机电设备总公司	91	97	
10	湖南省机电设备总公司	83	78	1
11	江苏省苏舜工贸集团有限公司	69	68	4
12	大连市汽车工业贸易集团公司	61	54	7
13	朝阳龙腾汽车销售服务有限公司	42	41	4
14	广东物资集团汽车贸易公司	8	9	3
15	海口洪顺汽车销售有限公司	7	8	
16	广东新协力集团有限公司	11	6	5
17	珠海经济特区珠光汽车工业发展公司	7	5	5
18	云南省机电设备总公司	3	4	1
19	四川省汽车贸易公司	4	4	
	金杯汽车股份有限公司经销商合计	**329**	**400**	**53**
1	大连市汽车工业贸易集团公司	221	223	5
2	开封机电设备(集团)股份有限公司	67	94	12

2001 年汽车经销商代理汽车销售情况(续)

单位:辆、万元

累计销量排序	经销商名称	累计购进(辆)	累计销量(辆)	期末库存(辆)
3	广东物资集团汽车贸易公司	22	48	7
4	湖南省机电设备总公司	19	19	
5	南京朗驰集团有限公司		16	29
	金杯客车股份有限公司经销商合计	**23533**	**23334**	**1182**
1	广东物资集团汽车贸易公司	14340	14144	921
2	浙江物产元通机电(集团)有限公司	2328	2399	
3	大连市汽车工业贸易集团公司	1404	1369	16
4	上海物资集团汽车贸易有限公司	1246	1220	23
5	天津市机电设备总公司	1020	1004	46
6	南京朗驰集团有限公司	565	549	59
7	润华集团股份有限公司	478	505	5
8	哈尔滨汽车销售有限公司	463	485	5
9	湖南省机电设备总公司	498	473	25
10	开封机电设备(集团)股份有限公司	336	326	20
11	温州市龙湾飞龙车辆公司	224	217	12
12	新疆机电设备有限责任公司	221	215	6
13	中国农业机械华北公司	157	159	16
14	温州市物资贸易总公司	148	134	16
15	广东新协力集团有限公司	60	99	2
16	云南省机电设备总公司	31	31	1
17	中国燕兴重庆公司	14	5	9
	东风汽车公司经销商合计	**10857**	**10973**	**870**
1	东风汽车公司阳泉技术服务中心	2278	2322	32
2	山西省机电设备总公司	1931	1879	204
3	南京朗驰集团有限公司	1680	1642	149
4	开封机电设备(集团)股份有限公司	1285	1327	89
5	东风汽车济南总公司	817	782	59
6	新疆机电设备有限责任公司	410	401	10
7	云南省机电设备总公司	392	393	10
8	浙江物产元通机电(集团)有限公司	314	360	298
9	哈尔滨汽车销售有限公司	289	288	35
10	湖南省机电设备总公司	269	264	
11	广东物资集团汽车贸易公司	219	261	-46

2001年汽车经销商代理汽车销售情况(续)

单位:辆、万元

累计销量排序	经销商名称	累计购进(辆)	累计销量(辆)	期末库存(辆)
12	大连市汽车工业贸易集团公司	244	234	14
13	江苏省苏舜工贸集团有限公司	231	228	3
14	宜昌交运集团汽车销售维修有限公司	200	200	
15	温州市龙湾飞龙车辆公司	132	197	9
16	温州市物资贸易总公司	156	168	4
17	广东新协力集团有限公司	10	27	
	神龙汽车有限公司经销商合计	**7441**	**7500**	**547**
1	开封机电设备(集团)股份有限公司	1165	1241	67
2	成都万友经济技术开发总公司	879	876	69
3	广东物资集团汽车贸易公司	765	756	63
4	东莞市鸿燕贸易公司	729	698	99
5	温州市物资贸易总公司	557	518	14
6	南京朗驰集团有限公司	512	504	43
7	长沙市汽车工业总公司	451	434	18
8	云南第一汽车工贸有限公司	392	392	12
9	浙江物产元通机电(集团)有限公司	410	390	29
10	东风汽车济南总公司	317	316	24
11	重庆百事达汽车有限公司	299	295	13
12	山西省机电设备总公司	270	236	38
13	湖南省机电设备总公司	198	210	4
14	广东新协力集团有限公司	130	174	12
15	嘉兴市国鸿汽车工业贸易有限公司	124	125	13
16	宜昌交运集团汽车销售维修有限公司	18	109	7
17	大连市汽车工业贸易集团公司	99	99	11
18	江苏省生产资料贸易总公司	62	55	5
19	新疆机电设备有限责任公司	49	48	4
20	黄石东风神龙汽车特约销售服务有限公司	6	10	
21	云南省机电设备总公司	1	7	
22	哈尔滨汽车销售有限公司	8	7	2
	跃进汽车集团经销商合计	**8450**	**8704**	**589**
1	南京朗驰集团有限公司	3472	3585	184
2	江苏省苏舜工贸集团有限公司	1949	1928	201
3	湖南省机电设备总公司	577	542	56

2001年汽车经销商代理汽车销售情况(续)

单位:辆、万元

累计销量排序	经销商名称	累计购进(辆)	累计销量(辆)	期末库存(辆)
4	山西省机电设备总公司	443	465	26
5	润华集团股份有限公司	342	431	15
6	哈尔滨汽车销售有限公司	521	387	33
7	广东新协力集团有限公司	231	347	68
8	浙江物产元通机电(集团)有限公司	234	321	-47
9	天津市机电设备总公司	371	320	25
10	开封机电设备(集团)股份有限公司	77	160	14
11	大连市汽车工业贸易集团公司	111	106	6
12	北京市汽车修理公司一厂	51	49	2
13	广东物资集团汽车贸易公司	25	43	5
14	江苏省生产资料贸易总公司	46	20	1
	长安汽车有限公司经销商合计	**26802**	**25704**	**3884**
1	成都万友经济技术开发总公司	9559	8723	2467
2	中国燕兴西北公司	5314	5169	283
3	浙江物产元通机电(集团)有限公司	2592	2476	563
4	中国燕兴重庆公司	2432	2328	162
5	广东物资集团汽车贸易公司	1695	1740	170
6	中国北方车辆公司	1435	1458	74
7	中国燕兴华东公司	865	876	5
8	云南省机电设备总公司	508	576	14
9	大连市汽车工业贸易集团公司	563	552	22
10	江苏省生产资料贸易总公司	441	466	5
11	湖南省机电设备总公司	473	461	4
12	山西省机电设备总公司	493	442	62
13	广东新协力集团有限公司	194	201	47
14	哈尔滨汽车销售有限公司	150	152	1
15	温州市物资贸易总公司	88	84	5
	长安铃木汽车股份有限公司经销商合计	**7500**	**7670**	**467**
1	中国北方车辆公司	3870	4125	161
2	成都万友经济技术开发总公司	1268	1260	168
3	重庆百事达汽车有限公司	858	856	21
4	温州市物资贸易总公司	534	443	39
5	山西省机电设备总公司	252	242	30

2001年汽车经销商代理汽车销售情况(续)

单位:辆、万元

累计销量排序	经销商名称	累计购进(辆)	累计销量(辆)	期末库存(辆)
6	东莞市汽车贸易中心	218	220	13
7	南京朗驰集团有限公司	169	195	15
8	江苏省生产资料贸易总公司	130	136	-3
9	中国燕兴华东公司	112	93	20
10	哈尔滨汽车销售有限公司	45	56	3
11	广东物资集团汽车贸易公司	44	44	
	上海上汽大众汽车销售有限公司经销商合计	**35419**	**36117**	**2205**
1	浙江物产元通机电(集团)有限公司	9040	9867	203
2	江苏省苏舜工贸集团有限公司	4158	3931	340
3	上海物资集团汽车贸易有限公司	3203	3249	64
4	南京朗驰集团有限公司	2053	2001	126
5	上海汽车工业河南销售服务有限公司	2022	1967	112
6	郑州新兴汽车销售有限公司	1798	1760	74
7	中国北方车辆公司	1252	1270	15
8	哈尔滨汽车销售有限公司	1216	1210	127
9	东莞市鸿燕贸易公司	1128	1160	20
10	云南云汽实业有限公司	1080	1042	50
11	湖南省机电设备总公司	976	964	15
12	四川省汽车贸易公司	928	961	
13	大连市汽车工业贸易集团公司	925	936	-3
14	广东物资集团汽车贸易公司	1144	918	269
15	金华申浙汽车有限公司	841	899	18
16	新疆机电设备有限责任公司	810	855	26
17	重庆百事达汽车有限公司	817	765	100
18	中国农业机械华北公司	745	763	17
19	润华集团股份有限公司	325	571	629
20	广东新协力集团有限公司	512	568	12
21	北京市汽车修理公司一厂	286	293	
22	温州市物资贸易总公司	133	140	-9
23	上海市爱姆意汽车贸易发展有限公司	27	27	
	天津汽车集团公司经销商合计	**32159**	**38878**	**9686**
1	中国农业机械华北公司	7469	10309	1399
2	天津汽车工业销售山东有限公司	6065	7902	1879

2001年汽车经销商代理汽车销售情况(续)

单位:辆、万元

累计销量排序	经销商名称	累计购进(辆)	累计销量(辆)	期末库存(辆)
3	开封机电设备(集团)股份有限公司	3086	3938	1426
4	天津汽车工业销售成都有限公司	3697	3485	2425
5	广东物资集团汽车贸易公司	2584	2601	296
6	天津汽车工业销售广东有限公司	2432	2601	261
7	湖南省机电设备总公司	1435	1954	454
8	天津汽车工业销售辽宁有限公司	1179	1673	757
9	天津汽车工业销售冀东有限公司	1248	1197	73
10	新疆机电设备有限责任公司	883	930	103
11	哈尔滨汽车销售有限公司	727	715	25
12	南京朗驰集团有限公司	531	589	61
13	天津汽车工业销售武汉有限公司	93	572	199
14	浙江物产元通机电(集团)有限公司	590	246	337
15	大连市汽车工业贸易集团公司	140	165	-9
16	广东新协力集团有限公司		1	
	江铃汽车集团公司经销商合计	**3101**	**3217**	**524**
1	广东新协力集团有限公司	2381	2492	485
2	新疆机电设备有限责任公司	264	272	10
3	中国农业机械华北公司	236	234	16
4	柯兰德(天津)国际贸易有限公司	177	179	13
5	湖南省机电设备总公司	32	35	
6	大连市汽车工业贸易集团公司	10	4	
7	宜昌交运集团汽车销售维修有限公司	1	1	
	庆铃汽车股份有限公司经销商合计	**15196**	**17400**	**1334**
1	重庆商社庆铃汽车销售有限公司	6379	7509	528
2	南京朗驰集团有限公司	1755	1842	58
3	广东新协力集团有限公司	1261	1731	277
4	广东物资集团汽车贸易公司	1392	1619	66
5	东莞市汽车贸易中心	1727	1455	289
6	润华集团股份有限公司	674	738	5
7	浙江物产元通机电(集团)有限公司	398	530	-83
8	新疆机电设备有限责任公司	516	510	89
9	中汽贸庆铃汽车销售有限公司	202	479	63
10	湖南省机电设备总公司	387	393	5

2001年汽车经销商代理汽车销售情况(续)

单位:辆、万元

累计销量排序	经销商名称	累计购进(辆)	累计销量(辆)	期末库存(辆)
11	长沙市汽车工业总公司	201	219	-6
12	大连市汽车工业贸易集团公司	157	194	4
13	中国农业机械华北公司	38	63	31
14	温州市物资贸易总公司	43	62	8
15	哈尔滨汽车销售有限公司	66	56	
	哈尔滨飞机制造有限公司经销商合计	**11675**	**11581**	**2132**
1	开封机电设备(集团)股份有限公司	5545	5688	1683
2	广东物资集团汽车贸易公司	1759	1663	256
3	哈尔滨汽车销售有限公司	1424	1400	-24
4	大连市汽车工业贸易集团公司	1194	1221	12
5	湖南省机电设备总公司	678	669	10
6	中国农业机械华北公司	826	659	135
7	嘉兴市国鸿汽车工业贸易有限公司	124	146	34
8	浙江物产元通机电(集团)有限公司	85	98	18
9	广东新协力集团有限公司	40	37	8
	上海通用汽车有限公司经销商合计	**5928**	**5622**	**376**
1	广东新协力集团有限公司	1878	1740	176
2	广东物资集团汽车贸易公司	1777	1726	75
3	浙江物产元通机电(集团)有限公司	1502	1424	78
4	润华集团股份有限公司	769	732	45
5	南京朗驰集团有限公司	2		2
	保定长城汽车集团有限公司经销商合计	**987**	**1077**	**117**
1	广东新协力集团有限公司	820	911	114
2	哈尔滨汽车销售有限公司	118	113	6
3	湖南省机电设备总公司	49	53	-3
	上汽五菱汽车有限公司经销商合计	**14064**	**14995**	**603**
1	浙江物产元通机电(集团)有限公司	5954	6522	-44
2	广东物资集团汽车贸易公司	5183	5537	517
3	中国北方车辆公司	1147	1158	58
4	温州市物资贸易总公司	1053	1074	22
5	湖南省机电设备总公司	402	391	17
6	上海市爱姆意汽车贸易发展有限公司	182	182	
7	大连市汽车工业贸易集团公司	80	86	11

2001年汽车经销商代理汽车销售情况(续)

单位:辆、万元

累计销量排序	经销商名称	累计购进(辆)	累计销量(辆)	期末库存(辆)
8	哈尔滨汽车销售有限公司	63	42	22
9	广东新协力集团有限公司		3	
	北汽福田车辆股份有限公司经销商合计	**2555**	**2408**	**325**
1	中国北方车辆公司	1400	1434	42
2	大连市汽车工业贸易集团公司	371	345	19
3	广东新协力集团有限公司	409	296	195
4	东莞市汽车贸易中心	317	284	42
5	开封机电设备(集团)股份有限公司	42	28	32
6	江苏省苏舜工贸集团有限公司	16	21	-5
	宁波美日汽车销售有限公司经销商合计	**220**	**271**	**38**
1	广东新协力集团有限公司	220	271	38
	北京吉普汽车有限公司经销商合计	**638**	**685**	**40**
1	浙江物产元通机电(集团)有限公司	387	396	35
2	南京朗驰集团有限公司	230	241	10
3	湖南省机电设备总公司	21	48	-5
	江苏悦达起亚汽车有限公司经销商合计	**176**	**125**	**53**
1	广东新协力集团有限公司	111	88	24
2	中国燕兴重庆公司	31	22	9
3	广东物资集团汽车贸易公司	34	14	20
4	南京朗驰集团有限公司		1	
	一汽红塔云南汽车制造有限公司经销商合计	**5278**	**5286**	**6**
1	广东物资集团汽车贸易公司	5040	5040	
2	温州市龙湾飞龙车辆公司	238	246	6
	长丰(集团)有限责任公司经销商合计	**492**	**462**	**29**
1	湖南省机电设备总公司	492	462	29
	合肥江淮汽车有限公司经销商合计	**564**	**512**	**62**
1	开封机电设备(集团)股份有限公司	283	237	46
2	江苏省苏舜工贸集团有限公司	192	180	12
3	大连市汽车工业贸易集团公司	82	83	4
4	哈尔滨汽车销售有限公司	7	12	
	北京汽车工业控股有限公司经销商合计	**525**	**507**	**-4**
1	湖南省机电设备总公司	501	494	-15
2	广东新协力集团有限公司	24	13	11

2001年汽车经销商代理汽车销售情况(续)

单位:辆、万元

累计销量排序	经销商名称	累计购进(辆)	累计销量(辆)	期末库存(辆)
	浙江吉利汽车制造有限公司经销商合计	**273**	**477**	**17**
1	广东新协力集团有限公司	273	477	17
	东南汽车工业有限公司经销商合计	**1466**	**1535**	**108**
1	南京朗驰集团有限公司	910	969	4
2	广东新协力集团有限公司	461	481	94
3	大连市汽车工业贸易集团公司	95	85	10
	郑州日产汽车有限公司经销商合计	**1472**	**1687**	**-241**
1	浙江物产元通机电(集团)有限公司	917	1081	-284
2	南京朗驰集团有限公司	236	228	9
3	开封机电设备(集团)股份有限公司	147	210	22
4	哈尔滨汽车销售有限公司	93	91	10
5	湖南省机电设备总公司	79	77	2
	北京轻型车厂经销商合计	**363**	**347**	**29**
1	大连市汽车工业贸易集团公司	250	260	3
2	湖南省机电设备总公司	113	87	26
	芜湖一汽扬子汽车厂经销商合计	**653**	**787**	**-71**
1	浙江物产元通机电(集团)有限公司	543	673	-72
2	湖南省机电设备总公司	110	114	1
	三江雷诺汽车有限公司经销商合计	**29**	**50**	**14**
1	广东物资集团汽车贸易公司	29	50	14
	昌河飞机工业(集团)有限责任公司经销商合计	**3848**	**4136**	**101**
1	广东物资集团汽车贸易公司	794	898	39
2	江苏省苏舜工贸集团有限公司	894	855	39
3	浙江物产元通机电(集团)有限公司	529	642	-88
4	温州市物资贸易总公司	469	502	16
5	湖南省机电设备总公司	389	387	2
6	广东新协力集团有限公司	219	314	27
7	中国北方车辆公司	290	287	54
8	长沙市汽车工业总公司	264	251	12
	一汽海南汽车有限公司经销商合计	**238**	**250**	**-12**
1	浙江物产元通机电(集团)有限公司	238	250	-12
	贵州云雀汽车车身零部件有限公司经销商合计	**2**	**13**	**-4**
1	浙江物产元通机电(集团)有限公司	2	13	-4

2001年汽车经销商代理汽车销售情况(续)

单位:辆、万元

累计销量排序	经销商名称	累计购进(辆)	累计销量(辆)	期末库存(辆)
	西安秦川汽车责任有限公司经销商合计	**118**	**81**	**37**
1	南京朗驰集团有限公司	94	77	17
2	中国燕兴重庆公司	24	4	20
	扬州亚星客车股份有限公司经销商合计	**20**	**6**	**14**
1	广东物资集团汽车贸易公司	20	6	14
	河北田野集团汽车有限公司经销商合计	**106**	**116**	**-2**
1	湖南省机电设备总公司	106	116	-2
	上汽集团奇瑞汽车有限公司经销商合计	**839**	**808**	**33**
1	广东物资集团汽车贸易公司	514	500	14
2	温州市龙湾飞龙车辆公司	254	245	9
3	广东新协力集团有限公司	33	33	
4	北京市汽车修理公司一厂	38	28	10
5	南京朗驰集团有限公司		2	
	金杯通用汽车有限公司经销商合计	**10**	**9**	**21**
1	南京朗驰集团有限公司	5	9	16
2	广东物资集团汽车贸易公司	5		5
	北京汽车摩托车联合有限公司经销商合计	**146**	**160**	
1	南京朗驰集团有限公司	146	160	
	进口经销商合计	**5278**	**5492**	**375**
1	广东物资集团汽车贸易公司	3496	3522	236
2	浙江物产元通机电(集团)有限公司	1307	1484	113
3	南京朗驰集团有限公司	214	229	24
4	上海市爱姆意汽车贸易发展有限公司	127	127	
5	广东新协力集团有限公司	101	90	9
6	湖南省机电设备总公司	33	40	-7
	其他国内生产企业经销商合计	**1144**	**1101**	**108**
1	浙江物产元通机电(集团)有限公司	602	593	44
2	湖南省机电设备总公司	211	211	5
3	江苏省生产资料贸易总公司	93	93	
4	大连市汽车工业贸易集团公司	84	82	10
5	广东物资集团汽车贸易公司	85	49	38
6	宜昌交运集团汽车销售维修有限公司	42	42	
7	广东新协力集团有限公司	27	31	11

2001年按轿车品牌经营情况

单位:辆、万元

产品分类名称	购进数量	销售数量	购进金额	销售金额
合计	**115338**	**120086**	**1586302.18**	**1614105.33**
高级	162	167	7135.67	7079.44
进口轿车	162	167	7135.67	7079.44
中高级	5971	5663	203131.86	202491.42
奥迪	2350	2236	105,001.80	103806.06
别克	3438	3254	88588.33	89416.11
进口轿车	183	173	9541.73	9269.25
中级	45079	45965	843199.85	858406.38
奥迪	2235	2214	92022.00	92749.00
红旗	2740	2807	57526.89	59394.64
帕萨特	7912	7419	199412.32	187509.22
桑塔纳	27471	28663	381764.60	394587.77
# 桑塔纳 2000	13557	14098	224667.19	232830.61
# 普通桑塔纳	13914	14565	157097.41	161757.16
切诺基	134	126	1656.00	1662.00
风神	387	371	8483.04	8160.75
宝来	101	40	1985.00	839
进口轿车	4099	4325	100350.00	113504.00
普通级	32281	31077	382905.17	374995.59
捷达	15999	15702	211545.26	210327.87
# 捷达 2V	12385	12244	157229.22	157094.78
# 捷达 5V	2744	2644	40087.58	39661.39
# 捷达 AT	870	814	14228.46	13571.70
富康	7441	7500	89811.85	89422.08
# 富康 1.4L	3824	3914	40823.45	40300.80
# 富康 1.6L	2067	2040	28014.24	28268.81
# 富康 988	1550	1546	20974.16	20852.47
夏利	5705	4874	45233.21	40193.12
# 夏利 2000	1960	1215	20233.54	14743.77
# 夏利 7130U	3745	3659	24999.67	25449.35
赛欧	1951	1852	23087.82	22753.34
桑塔纳	36	35	582	575
奇瑞	839	808	8568.03	8535.18
海马	238	250	2606.00	2025.00
毕加索	72	56	1471.00	1164.00
微型	31845	37214	149929.63	171132.50
夏利	24225	29450	107628.00	126376.42
# 夏利 7100	15228	16095	62965.96	64869.76
# 夏利 7100U	8997	13355	44662.04	61506.66
羚羊	870	900	7584.96	7696.66
奥拓	6664	6800	34340.67	36796.42
云雀	2	13	8	43
福莱尔	84	51	368	220

2001 年轿车流向结构分析

单位：%

产品分类名称	数量			金额		
	公务、商务	出租	个人	公务、商务	出租	个人
合计	**39.39**	**18.38**	**42.22**	**50.85**	**9.11**	**40.04**
高级	100.00			100.00		
进口轿车	100.00			100.00		
中高级	60.33		39.66	62.18		37.82
奥迪	63.31		36.68	63.50		36.50
别克	59.28		40.71	62.46		37.54
进口轿车			100.00			100.00
中级	71.50	3.04	25.45	69.54	2.31	28.16
奥迪	60.57		39.42	60.63		39.37
红旗	69.31	2.65	28.03	70.61	2.23	27.17
帕萨特	64.73	0.66	34.59	63.34	0.65	36.02
桑塔纳	76.49	3.73	19.77	76.95	3.20	19.86
# 桑塔纳 2000	77.61	2.64	19.73	77.37	2.31	20.33
# 普通桑塔纳	75.28	4.89	19.81	76.32	4.53	19.15
切诺基	100.00			100.00		
风神	62.96	25.92	11.11	62.77	25.53	11.70
宝来	37.03		62.96	35.73		64.27
进口轿车	26.53		73.46	41.98		58.02
普通级	17.74	18.20	64.05	19.10	16.70	64.20
捷达	29.92	21.48	48.59	31.37	20.45	48.18
# 捷达 2V	23.38	30.17	46.44	23.13	30.58	46.29
# 捷达 5V	41.47		58.52	42.63		57.37
# 捷达 AT	69.64		30.35	69.05		30.95
富康	9.73	23.59	66.66	9.99	21.65	68.37
# 富康 1.4L	9.18	30.18	60.62	10.02	29.56	60.42
# 富康 1.6L	10.25	9.40	80.34	9.02	8.13	82.86
# 富康 988	11.11	15.74	73.14	11.08	15.04	73.88
夏利	12.37	22.68	64.94	10.70	17.40	71.90
# 夏利 2000	4.44		95.55	4.77		95.23
# 夏利 7130U	19.23	42.30	38.46	18.69	40.88	40.43
赛欧	2.89		97.10	2.80		97.20
奇瑞			100.00			100.00
毕加索	10.00		90.00	9.89		90.11
微型	2.71	53.04	44.24	2.71	50.54	46.75
夏利	3.34	67.99	28.66	3.03	65.60	31.37
# 夏利 7100	3.57	60.16	36.26	3.41	54.10	42.48
# 夏利 7100U	2.87	83.38	13.73	2.42	84.01	13.57
羚羊	15.78	68.42	15.78	18.91	66.14	14.95
奥拓	0.47	19.18	80.33	0.52	17.34	82.15
福莱尔	100.00			100.00		

2001 年北京亚运村汽车交易市场销量排序

单位:辆、元、%

名次	品牌	销售量	市场占有率	交易额	个人比例	单位比例
1	捷达	5615	17.01%	794086214	84.73%	15.27%
2	桑塔纳	3386	10.26%	504644385	68.34%	31.66%
3	夏利	1895	5.74%	129598605	93.99%	6.01%
4	松花江	1859	5.63%	86396764	86.77%	13.23%
5	神龙富康	1817	5.50%	224512641	89.60%	10.40%
6	长安奥拓	1809	5.48%	97291400	97.79%	2.21%
7	金杯	1686	5.11%	225053798	53.60%	46.40%
8	帕萨特	1679	5.09%	433934273	82.18%	17.82%
9	本田雅阁	1410	4.27%	433229401	90.01%	9.99%
10	奇瑞	941	2.85%	96284045	94.50%	5.50%
11	尼桑风度	895	2.71%	321940191	71.78%	28.22%
12	奥迪	761	2.30%	662124134	56.52%	43.48%
13	奔驰	741	2.24%	777578467	76.05%	23.95%
14	风神	662	2.01%	148480652	89.98%	10.02%
15	红旗	629	1.91%	117729641	57.87%	42.13%
16	宝马	551	1.67%	454499852	80.20%	19.80%
17	美日	420	1.27%	25990212	93.78%	6.22%
18	宁波美日	394	1.19%	24739912	97.08%	2.92%
19	吉利	305	0.92%	13982511	93.99%	6.01%
20	奔驰面包	254	0.77%	94304583	20.35%	79.65%
21	海南马自达	231	0.70%	35663887	86.85%	13.15%
22	丰田吉普	212	0.64%	129379329	45.79%	54.21%
23	三菱吉普	196	0.59%	93734994	66.42%	33.58%
24	英格尔	190	0.58%	14715031	88.31%	11.69%
25	双环	181	0.55%	15741364	79.05%	20.95%
26	长安羚羊	177	0.54%	17240801	98.67%	1.33%
27	丰田凌志	176	0.53%	120276039	72.21%	27.79%
28	尼桑阳光	161	0.49%	44602369	84.68%	15.32%
29	丰田佳美	154	0.47%	59540048	77.87%	22.13%
30	福莱尔	111	0.34%	5503914	93.19%	6.81%
31	本田吉普	98	0.30%	36520232	77.38%	22.62%
32	本田思域	89	0.27%	26344808	82.94%	17.06%
33	现代	87	0.26%	25087791	80.58%	19.42%
34	金龙	62	0.19%	16609549	20.69%	79.31%
35	赛欧	53	0.16%	6579000	57.62%	42.38%
36	解放佳宝	49	0.15%	2307300	57.29%	42.71%
37	福特蒙迪	46	0.14%	14799499	83.04%	16.96%
38	欧宝	38	0.12%	11956000	58.81%	41.19%

2001年北京亚运村汽车交易市场销量排序(续)

单位:辆、元、%

名次	品牌	销售量	市场占有率	交易额	个人比例	单位比例
39	云雀	37	0.11%	1754900	83.33%	16.67%
40	福田	36	0.11%	4877300	58.15%	41.85%
41	亚洲龙	28	0.08%	17635650	61.67%	38.33%
42	考斯特	24	0.07%	16302000	12.50%	87.50%
43	丰田霸王	20	0.06%	10131000	47.50%	52.50%
44	红叶	17	0.05%	1090625	50.00%	50.00%
45	福特蒙迪欧	16	0.05%	4987428	57.14%	42.86%
46	长安之星	15	0.05%	991000	93.33%	6.67%
47	宝来	13	0.04%	2628150	100.00%	0.00%
48	别克	11	0.03%	4095000	100.00%	0.00%
49	富奇	11	0.03%	3712500	75.00%	25.00%
50	切诺基	10	0.03%	6675000	50.00%	50.00%
51	江铃	10	0.03%	2776166	44.44%	55.56%
52	北京	10	0.03%	505000	50.00%	50.00%
53	长城皮卡	10	0.03%	658575	36.11%	63.89%
54	克莱斯勒	10	0.03%	4713000	66.67%	33.33%
55	标致	9	0.03%	3340000	70.00%	30.00%
56	北旅	8	0.02%	489250	75.00%	25.00%
57	马自达	8	0.02%	992000	75.00%	25.00%
58	东南	7	0.02%	1755000	45.00%	55.00%
59	悦达	7	0.02%	645400	42.86%	57.14%
60	道奇公羊	7	0.02%	3870000	16.66%	83.34%
61	跃进	6	0.02%	419200	100.00%	0.00%
62	福特金牛	6	0.02%	2659000	66.66%	33.34%
63	本田时韵	5	0.02%	1786250	50.00%	50.00%
64	福特稳达	5	0.02%	2710000	0.00%	100.00%
65	塔菲克	5	0.02%	1175000	40.00%	60.00%
66	道奇公羊	5	0.02%	3281250	0.00%	100.00%
67	大宇旅行	5	0.02%	978000	100.00%	0.00%
68	庆铃	4	0.01%	852000	50.00%	50.00%
69	丰田海狮	3	0.01%	762000	33.33%	66.67%
70	大宇蓝龙	3	0.01%	489000	100.00%	0.00%
71	菲亚特	3	0.01%	508920	33.33%	66.67%
72	大宇起亚	3	0.01%	945000	33.33%	66.67%
73	神龙毕加索	3	0.01%	629400	66.67%	33.33%
74	解放皮卡	3	0.01%	541500	0.00%	100.00%
75	斯芭鲁	2	0.01%	490000	100.00%	0.00%
76	大宇主席	1	0.00%	545000	0.00%	100.00%
77	林肯	1	0.00%	770000	0.00%	100.00%
	合计	33016	100.00%	7146068372	76.72%	23.28%

2001 年中国汽车工业前 38 家主要企业产销情况

单位:辆

企业名称	销售			生产		
	全年合计	上年同期合计	比上年同期增长(%)	全年合计	上年同期合计	比上年同期增长(%)
汽车企业总计(103 家)	2363665	2086343	13.29	2334440	2069423	12.81
上海汽车工业(集团)总公司	448946	364223	23.26	440245	365028	20.61
第一汽车集团	407495	362887	12.29	419792	350186	19.88
东风汽车集团	265407	221036	20.07	262869	210938	24.62
长安汽车(集团)有限责任公司	230241	197305	16.69	225399	203127	10.96
哈尔滨哈飞汽车有限公司	141774	123927	14.40	138958	122007	13.89
北京汽车工业集团总公司	136538	120870	12.96	134121	124824	7.45
昌河飞机工业公司	121018	100168	20.82	121288	103233	17.49
天津汽车工业集团有限公司	79957	113984	-29.85	58923	101763	-42.10
金杯汽车股份有限公司	74865	73766	1.49	74191	76497	-3.01
广州汽车工业集团有限公司	55723	37724	47.71	55570	38118	45.78
跃进汽车集团公司	55714	68421	-18.57	56868	67902	-16.25
合肥江淮汽车有限公司	51309	47064	9.02	51052	47889	6.60
江铃汽车集团公司	37307	26037	43.28	36848	26810	37.44
庆铃汽车(集团)有限公司	30279	41100	-26.33	28164	42269	-33.37
东南(福建)汽车工业有限公司	30021	18018	66.62	31027	19145	62.06
中汽客车有限责任公司	15952	12245	30.27	18222	11873	53.47
浙江豪情汽车制造有限公司	12646	11925	6.05	12339	11847	4.15
四川省公路机械厂	12273	11423	7.44	11878	11687	1.63
三环集团十通专用汽车有限公司	9437	6176	52.80	9577	6428	48.99
陕西飞机工业(集团)有限公司	9410	10549	-10.80	8168	10166	-19.65
宁波美日汽车制造有限公司	9056	0		8887	0	
河北田野汽车集团有限公司	8868	8184	8.36	9116	8657	5.30
长丰(集团)有限责任公司	8674	10278	-15.61	10447	10467	-0.19
中国重型汽车集团	7898	3670	115.20	7678	3254	135.96
重庆重型汽车集团有限公司	7568	5018	50.82	7505	5008	49.86
郑州日产汽车有限公司	7158	7514	-4.74	7189	7360	-2.32
江苏亚星客车集团有限公司	6782	6818	-0.53	7579	2423	212.79
湖南汽车车桥厂	6716	3943	70.33	6718	4002	67.87
江苏悦达起亚汽车有限公司	6210	037	204.86	6755	6669	1.29
常州长江客车厂集团有限公司	6195	5288	17.15	6210	5281	17.59
西安秦川汽车有限责任公司	5686	5227	8.78	5602	5380	4.13
四川轻型客车底盘工业联合公司	5484	0		5349	0	
陕西汽车制造总厂	4429	3389	30.69	4427	3365	31.56
四川旅行车制造厂	3506	3601	-2.64	3437	3565	-3.59
辽宁黄海汽车(集团)有限责任公司	3212	3026	6.15	3509	3032	15.73
淄博汽车制造厂	3006	4090	-26.50	3078	4030	-23.62
南京春兰汽车制造有限公司	2830	278	917.99	2861	270	959.63
东风武汉轻型汽车公司	2633	1447	81.96	2687	1530	75.62

9

第九部类：政策法规

政策法规

ZHENG CE FA GUI

中华人民共和国公安部关于实施《关于调整汽车报废标准若干规定的通知》有关问题的通知

2001年1月6日

公交管［2001］2号

各省、自治区、直辖市公安厅、局，新疆生产建设兵团公安局：

根据国家经济贸易委员会等4部委《关于调整汽车报废标准若干规定的通知》（国经贸资源［2000］1202号）精神，现将实施调整后的汽车报废标准有关问题通知如下：

一、旅游载客汽车和9座以上非营运载客汽车达到报废标准后要求继续使用的，按照公安部《关于实施〈汽车报废标准〉有关事项的通知》（公交管［1997］261号）第二条规定审批。旅游载客汽车每年定期检验4次；9座以上非营运载客汽车每年定期检验2次，超过15年的，从第16年起每年定期检验4次。

二、9座（含9座）以下非营运载客汽车达到报废标准后要求继续使用的，不需要审批。每年定期检验2次，超过20年的，从第21年起每年定期检验4次。

三、上述车辆定期检验时，连续3次检验都不符合国家标准《机动车运行安全技术条件》（GB7258）规定的，公安交通管理部门应当收回机动车号牌和《机动车行驶证》，通知机动车所有人办理注销登记。

四、上述车辆达到报废标准后，公安交通管理部门不得办理注册登记和转籍过户登记。

五、2000年12月18日之前，应当按照原报废标准报废但未办理完毕注销登记的车辆，比照《关于调整汽车报废标准若干规定的通知》（国经贸资源［2000］1202号）规定执行。

六、右置方向盘汽车报废的管理，按照公安部《关于加强右置方向盘汽车管理的通知》（公交管［2000］183号）规定执行。本通知未涉及的其他规定，按照公安部《关于实施〈汽车报废标准〉有关事项的通知》（公交管［1997］261号）执行。

本通知自发布之日起实施。

国家经济贸易委员会、国家发展计划委员会、公安部、国家环境保护总局关于印发《农用运输车报废标准》的通知

2001年3月13日

国经贸资源［2001］234号

各省、自治区、直辖市、计划单列市及新疆生产建设兵团经贸委（经委）、计委、公安厅（局）、环境保护局（厅）、汽车更新领导小组办公室：

为保证道路交通和人民生命财产安全，鼓励技术进步，节约能源，保护环境，特制定《农用运输车报废标准》，现印发给你们，请遵照执行。

农用运输车报废标准

一、本标准适用于在中华人民共和国境内注册的农用运输车（包括三轮农用运输车和四轮农用运输车，下同）。

二、农用运输车有下列情形之一的应当报废：

（一）三轮农用运输车和装配单缸柴油机的四轮农用运输车，使用期限达6年的；

（二）装配多缸柴油机的四轮农用运输车，使

用期限达9年的；

（三）装配多缸柴油机的四轮农用运输车，累计行驶里程达25万公里的；

（四）因各种原因造成农用运输车严重损坏或者技术状况低劣，无法修复的；

（五）长期使用后，整车耗油量超过企业定型车出厂标准规定值15%的；

（六）不符合国家标准《机动车运行安全技术条件》（GB7258－1997），经修理和调整后仍达不到要求的；

（七）排放污染物超过国家或地方规定的排放标准，经修理、调整或采用尾气污染控制技术后，仍不符合要求的。

三、达到报废年限或者累计行驶里程的农用运输车，依据国家机动车安全、污染物排放有关标准检验合格的，可以适当延长使用年限，但最长不得超过3年。

延长使用年限的车辆，应当按照公安交通管理部门和环境保护部门的规定，增加检验次数，一个检验周期内连续两次检验不符合标准要求的，应当强制报废。

四、本标准自发布之日起实施。

在本标准发布时已达到本标准规定的报废条件的车辆，可以在本标准发布后12个月内报废。

五、本标准由国家经济贸易委员会负责解释。

国家经贸委办公厅关于微型汽车执行新标准有关事项的通知

2001年3月15日

国经贸厅产业［2002］41号

各省、自治区、直辖市经贸委（经委）：

针对一些微型汽车生产企业执行新标准面临的一些问题，考虑到企业的实际情况，对微型汽车执行新排放标准和碰撞试验法规的时间做适当调整。现将有关事项通知如下：

一、自2003年1月1日起，原国家机械工业局发布的《全国汽车、民用改装车和摩托车生产企业及产品目录》中未达到《轻型汽车污染物排放限值及测量方法（Ⅰ）》（GB18352.1－2001）的微型汽车产品型号作废，不再作为车辆注册登记依据。上述微型汽车产品停止生产时间，最迟不得超过2002年5月31日。

微型汽车生产企业要抓紧做好各项准备工作，严格按本通知确定的时间组织生产、销售，确保消费者有足够时间完成所购车辆的注册登记。

二、微型汽车执行《关于正面碰撞乘员保护的设计规则》（CMVDR294）的时间由2002年1月1日调整为2003年1月1日。

三、请各省、自治区、直辖市经贸委（经委）将本通知及时传达到各微型汽车生产企业，督促企业作好落实工作。

四、国家经贸委将对微型汽车的生产、销售进行监督检查，对违反本通知要求的微型汽车生产企业将严肃处理。

交通部关于加强道路运输安全生产工作的通知

2001年3月30日

交公路发［2001］153号

各省、自治区、直辖市交通厅（局、委）：

近期以来，一些地方连续发生多起特大事故，给国家和人民的生命财产造成了重大损失。党中央和国务院对此高度重视，江泽民总书记和朱镕基总理多次批示，要求加强安全生产工作。为落实中央领导同志的指示精神，进一步加强道路运输安全生产工作，现将有关事项通知如下：

一、以“三个代表”的重要思想为指导，切实增强做好道路运输安全生产工作的责任感和使命感

安全生产工作与人民群众的生命财产安全息息相关，党中央和国务院历来十分重视。道路运输业是安全生产的重点行业，道路运输安全生产工作责任重大，任务艰巨，必须引起高度重视。各级交通主管部门特别是领导同志要认真学习、深刻领会江总书记关于安全生产工作的重要指示，统一思想，提高认识，以“三个代表”重要思想为指导，切实加强对道路运输安全生产工作的领导，健全机构，充实人员，明确责任，克服麻痹松懈和厌倦情绪，采取有力措施，着力解决当前道路运输安全生产中存在的突出问题，保障旅客和货物运输安全，为“十五”计划顺利实施，为人民群众的安居乐业，为社会主义现代化建设事业的不断进步，创造稳定的社会环境。

二、切实加强客运安全生产管理

（一）加强汽车站的安全生产管理。汽车客运站是客运生产的基地，是客流、车流的汇集地，人员密集，车流量大，抓好客运站的安全管理是客运安全管理的重要内容。要严格实行车辆进出站的例检制度，特别是400公里以上的长途班车的回场检验、出站把关制度。要认真落实消防安全管理制度和治安保卫工作制度，消除安全事故隐患。

（二）切实做好危险品查堵工作。旅客携带危险品乘车，严重影响行车和旅客生命安全，必须采

取有效措施，严禁旅客携带危险品乘车。为提高查堵危险品的工作效率和准确性，减少开包检查给旅客带来的诸多不便，各地交通主管部门要督促本地区一级汽车客运站和部分旅客流量较大的二级汽车客运站在今年年底前配备危险品检查仪，并要从客运附加费或客运站建设资金中安排部分资金予以补助。同时，驾乘人员还应加强对简易站途中上车乘客携带的危险品检查工作，真正做到把危险品堵在站外、堵在车下。

（三）采取坚决措施，严厉打击超载行为。凡发现超载20%以上的客车，必须进行分载，严禁只罚款不分载。客运站要严格按客车的载客定额发售车票和检票。凡因客运站原因造成超载的，除按规定承担分载费用外，还要追究客运站的责任。客车运行途中上客造成超载的，分载费用由驾驶员承担，并要追究经营业户法人的责任。

（四）协助公安部门做好打击车匪路霸工作。各地交通部门要积极与公安部门配合，加强沟通，及时反映情况，并做好司乘人员的应急防范培训工作。

三、加强道路危险货物运输安全管理

（一）认真贯彻落实《道路危险货物运输管理规定》（交运发［1993］1382号）、《汽车危险货物运输规则》（JT3130－88）等有关规章和规定，监督运输企业加强内部管理，建立健全安全操作规程、岗位责任制、运输车辆和设备定期检测和维护制度、从业人员岗前培训和在岗人员定期培训制度、危险货物凭证运输制度等各项安全管理制度，履行对运输车辆、驾驶人员的管理职责。

（二）严格执行危险货物运输资格许可制度。凡从事道路危险货物运输的单位，必须具备能保证安全运输的相应设施和设备，持有交通主管部门核发的加盖“道路危险货物专用章”的《道路运输经营许可证》和《道路运输证》。严禁个体运输业户和车辆从事道路危险货物运输活动，暂停非营业性和一次性危险货物运输的审批。

（三）各地交通主管部门要对本辖区内从事营业性道路危险货物运输企业的经营资质、车辆设备的技术状况和从业人员的业务知识等进行一次严格的审查，对不符合从事道路危险货物运输条件的企业及其车辆和从业人员，要坚决取消其道路危险货物运输经营资格。

（四）货运站场要建立危险货物储存专用仓库或实行危险货物与普通货物分区储存和专人保管的制度，严禁无关人员进入危险货物的贮存场所，对进出库的危险货物实行严格的登记制度。

四、加强营运车辆技术管理

各地交通部门要督促运输企业建立健全并落实车辆技术管理制度，加强营运车辆的例保和维护，确保车辆技术状况完好。要进一步加强对营运车辆的综合技术性能定期检测，对凡不符合运输安全技术条件的营运车辆，要责成运输企业或经营业户立即送修或及时予以更新。

五、加强安全生产宣传教育和人员培训

各地交通主管部门要组织开展经常性的安全生产宣传活动，特别是要加强对安全生产法律、法规和规章的宣传，要利用典型运输安全生产事故案例教育广大从业人员增强安全意识。要加强对运输企业经营者和安全生产管理人员的培训和考核，提高其安全管理水平。要加强对从业人员的职业道德和职业技能培训，提高队伍整体素质，未经培训或培训不合格的，不得上岗。

六、加强安全生产监督检查

做好安全生产工作关键在于制度落实。各地交通主管部门要在开展“道路运输管理年”活动中，对运输企业的安全生产制度建立、安全责任制落实、事故处理等方面情况进行一次全面的检查。对制度不全、执行不力、安全生产存在重大隐患的运输企业，要限期进行整改，逾期不整改或整改达不到安全要求的，责令其停业整顿。同时要加大现场管理力度，组织力量深入车站、企业等运输现场进行监督检查，及时纠正违章行为，消除事故隐患，维护经营秩序。

国家经济贸易委员会关于加强报废汽车回收拆解管理工作的通知

2001年5月14日

国经贸资源［2001］445号

各省、自治区、直辖市、计划单列市及新疆生产建设兵团经贸委（经委），有关省市商委：

为贯彻落实全国整顿和规范市场经济秩序工作会议精神，严厉打击非法出售报废整车、“五大总成”和拼装车辆的违法行为，加强对报废汽车回收拆解的管理，现将有关事项通知如下：

一、各地经贸委要加强对报废汽车回收拆解企业的监督管理。结合全国整顿和规范市场经济秩序工作，对辖区内报废汽车回收拆解企业进行一次认真、全面的检查和清理，对有资质的报废汽车回收拆解企业出售报废整车、报废汽车“五大总成”及拼装车的违法行为，要严肃处理；对无资质的企业回收拆解报废汽车和非法交易市场要及时通报同级工商行政管理部门，并会同有关部门坚决取缔。

二、各级经贸委要依法行政，严禁任何形式的越权审批。在国家新的政策出台前，严禁以任何名义出台与国家现有规定相悖的地方政策，严禁审批报废汽车回收企业，严禁举办任何有关报废汽车及零配件交易会及相关活动。

三、报废汽车回收管理是一项政府职能，各地经贸委要高度重视，加强组织协调，在地方机构改革中，逐步理顺工作关系，严禁工作机构设在企业或中介组织。中介组织未经政府部门授权或委托，不得从事任何有关报废汽车回收管理工作和举办相关活动，影响较大的跨地区的企业活动要报同级政府职能部门批准。

四、建立报废汽车回收管理工作责任制，坚持谁审批，谁负责，层层建立责任制，将责任落实到人。

请各地经贸委将报废汽车回收拆解企业的检查工作情况于6月10日前报我委资源节约与综合利用司。

国家经济贸易委员会关于车辆生产企业及产品目录管理改革有关问题的通知

2001年5月22日

国经贸产业［2001］471号

各省、自治区、直辖市及计划单列市经贸委（经委）：

为使我国汽车工业适应社会主义市场经济体制和加入世界贸易组织的新形势，促进产业结构调整和政府职能的转变，国家经贸委决定对原国家机械工业局以发布《全国汽车、民用改装车和摩托车生产企业及产品目录》和《农用运输车生产企业及其产品目录》（以下统称《目录》）对车辆产品实施管理的方式进行改革，逐步建立与国际通行规则接轨的法制化管理体制。在新的汽车、摩托车和农用运输车管理制度实施之前，为不影响生产企业正常的生产经营和开发的新产品及时推向市场，现就《目录》中企业新产品申报和公布等事项通知如下：

一、从2001年1月1日起，国家经贸委以发布《车辆生产企业及产品公告》（以下简称《公告》）的方式对《目录》中企业的新产品实施管理，不再发布《目录》。《公告》是国家准许车辆生产企业组织生产和销售的依据，是消费者向国家法定车辆管理机关申请注册登记的依据。

二、《公告》的内容包括：新产品批准、产品扩展、勘误更改和撤销。

《公告》由文本和光盘两部分组成。文本中列入企业名称、商标、产品型号（汽车产品为主型号，由GB9417－88中规定的企业名称代号、车辆类别代号、主参数代号和产品序号组成）和产品名称；光盘中列入产品型号（其中汽车产品由主型号和企业自定义代号组成）、整车彩色照片（必要时附局部照片）、主要参数表（分为汽车、摩托车和农用运输车）等内容。光盘的内容调整时，不再另行通知，以发布的《公告》为准。

三、《公告》由国家经贸委印送各地经贸委（经委）、国务院有关部门及各地公安交通管理部门。

《公告》同时在国家经贸委政府网站上公布，网址是：www．setc．gov．cn。

四、原国家机械工业局发布的《2000年全国汽车、民用改装车和摩托车生产企业及产品目录（总目录）》（国机管［2000］206号）、《2000年全国汽车、民用改装车和摩托车生产企业及产品目录（补充第一期）》（国机管［2000］519号）、《2000年全国汽车、民用改装车和摩托车生产企业及产品目录（补充第二期）》（国机管［2000］621号）和《2000年农用运输车生产企业及其产品目录》（国机管［2000］615号）继续有效，生产企业可按原规定生产、销售。上述目录终止执行日期另行通知。上述目录终止执行前，有关内容的勘误更改或撤销，由国家经贸委通知有关部门。

五、严格执行外经贸部、国家经贸委、财政部、公安部、工商局、海关总署联合发布的《关于执行〈关于禁止非法拼（组）装汽车、摩托车的通告〉的实施细则》（［1999］外经贸机电发第628号）的规定和要求，坚决打击走私、非法拼（组）装车辆等违法行为。

六、各地公安交通管理部门在办理车辆注册登记手续中，对车辆产品的进口部件状态或执行标准、技术法规的有关问题，可向国家经贸委提出查询，由国家经贸委产业政策司函复，并抄送公安部交管局和有关部门。

七、已列入《公告》的车辆产品生产企业要严格按照《公告》中批准的车型组织生产和销售。严禁盗用、套用、转让《公告》中的产品及合格证，违者将从《公告》中撤销其生产企业或产品。未列入《公告》的企业擅自生产的汽车、摩托车和农用运输车属非法拼（组）装行为，按有关规定进行查处。在《目录》的有效期内，《目录》中企业也要严格执行上述规定。

八、本通知自印发之日起执行。

公安部关于印发《机动车登记工作规范》的通知

2001年5月31日

公通字［2001］37号

各省、自治区、直辖市公安厅、局，新疆生产建设兵团公安局：

为进一步加强机动车管理，规范机动车登记行为，公安部制定了《机动车登记工作规范》，现印发给你们，请认真贯彻执行。

机动车登记工作规范

第一章 总 则

第一条 为了加强机动车管理，规范机动车登记行为，根据《中华人民共和国机动车登记办法》(以下简称《机动车登记办法》)，特制定本规范。

第二条 各级公安机关交通管理部门的车辆管理所应当按照本规范规定的程序办理机动车登记，按照《车辆管理所业务岗位规范》的规定设置业务岗位，按照《车辆管理所文明服务规范》、《关于机动车登记项目公开的规定》的要求，完善服务措施，提高办事效率，公开办事程序。

第三条 车辆管理所应当按照中华人民共和国公共安全行业标准《机动车登记信息数据库规范》和《机动车登记信息代码》标准建立计算机登记数据库，按照本规范的规定，将登记信息和各岗位经办人的编号录入计算机登记系统，并按照计算机登记系统的登记内容打印各类与机动车登记有关的证、表。

第四条 车辆管理所各业务岗位办理登记业务时，对资料齐全并符合规定的，应当在车辆管理所规定的时限内办结有关业务，并在《机动车登记业务流程记录单》上签字或者盖章。对资料不齐全者不符合规定的，各业务岗位应当出具退办凭证，注明不予登记的理由，经业务领导批准后交机动车所有人。

第二章 办理注册登记

第五条 车辆管理所办理注册登记的业务流程和具体事项为：

（一）登记审核岗审核机动车所有人或者代理人提交的资料；符合规定的，受理注册登记申请，收存相关资料，向机动车所有人出具受理凭证；

（二）机动车检验岗核对车辆识别代号（车架号码）、发动机号码并查验有无被凿改嫌疑；与全国被盗抢机动车信息系统比对；审核机动车的技术参数；除免检车辆外，检测机动车的安全技术性能；审核机动车的安全技术性能；

（三）档案管理岗复核全部资料；核对计算机登记系统的信息；

（四）业务领导岗审核；

（五）档案管理岗签发《发牌通知书》；

（六）牌证管理岗凭《发牌通知书》查验机动车所有人提交的车辆购置税完税证明或者免税证明和交费凭证，确定机动车登记编号；核发机动车号牌；通知机动车所有人安装机动车号牌并拍摄车辆标准照片；收取车辆标准照片；

（七）档案管理岗制作《中华人民共和国机动车行驶证》(以下简称《机动车行驶证》)和《中华人民共和国机动车登记证书》(以下简称《机动车登记证书》)；

（八）牌证管理岗将《机动车行驶证》和《机动车登记证书》交机动车所有人或者代理人；

（九）档案管理岗整理资料，装订、归档。

第六条 车辆管理所应当在计算机登记系统中录入下列事项，并将相应事项签注在《机动车注册/转入登记表》和《机动车登记证书》的相应栏目内：

（一）机动车登记编号：按照确定的机动车登记编号录入；

（二）机动车登记证书编号：按照《机动车登记证书》的编号录入；

（三）机动车所有人的姓名或者名称、身份证明名称、身份证明号码、住所的地址：按照机动车所有人提交的身份证明全称及其相应项目记载的内容全称录入；机动车所有人为我国内地的居民且经常居住地与户籍地不在同一车辆管理所管辖区域的，机动车所有人身份证明名称、号码和住所的地址按照《居民身份证》及其相应项目记载的内容录入；

（四）暂住地址：按照《暂住证》记载的地址录入；

（五）机动车所有人的邮政编码和联系电话：按照机动车所有人提交的《机动车注册登记申请表》录入；

（六）个人/单位：机动车所有人为个人的，录入“个人”；机动车所有人为单位的，录入“单位”；

（七）车辆类型、使用性质：按照《机动车类型分类表》、《机动车使用性质分类表》录入；

（八）国产/进口：国产机动车录入“国产”；进口机动车录入“海关进口”、“海关罚没”、“公安罚没”或者“工商罚没”；

（九）制造厂名称、车辆品牌、车辆型号：国产机动车按照国家公布的车型技术参数录入；国家不公布车型技术参数的机动车，按照车辆整车出厂合格证录入；进口机动车按照《进口机动车制造厂名称、车辆品牌表》（另行发布）录入；

（十）车辆识别代号（车架号码）、发动机号码：按照实际打刻的车辆识别代号（车架号码）、发动机号码录入，但不包括起止符号；无发动机号码的，录入“无”；

（十一）车身颜色：按照白、灰、黄、粉、红、紫、蓝、棕、黑归类录入；多颜色车辆，只录入面积较大的三种颜色；颜色为上下结构的，从上向下录入，颜色为前后结构的，从前向后录入，颜色与颜色之间加“/”；车身颜色中有装饰线、装饰条的，不按照多颜色车辆录入；

（十二）出厂日期：国产机动车按照车辆整车出厂合格证录入；进口机动车按照随车有关技术资料录入；没有记录的，在机动车检验时核定；

（十三）获得方式：根据获得方式录入“购买”、“调解”、“裁定”、“判决”、“仲裁裁决”、“继承”、“赠予”、“协议抵偿债务”、“资产重组”、“资产整体买卖”、“调拨”、“境外自带”等；

（十四）机动车来历凭证的名称、编号和进口机动车进口凭证的名称、编号以及车辆购置税完税或者免税证明的名称、编号：按照相应凭证、证明录入；其中，调解、裁定、判决或者仲裁裁决所有权转移的机动车，录入《调解书》、《裁定书》、《判决书》或者《仲裁裁决书》的名称、编号；继承、赠予、协议抵偿债务的机动车，录入继承、赠予、协议抵偿债务的相关文书的名称、编号；调拨的机动车，录入调拨证明的名称、编号；

（十五）机动车办理保险的种类、保险日期和保险公司名称：按照保险凭证录入；

（十六）机动车销售单位或者交易市场的名称和机动车销售价格：按照销售或者交易发票录入；

（十七）注册登记日期：按照确定机动车登记编号的日期录入；没收的走私机动车按照机动车出厂年份录入年，按照确定机动车登记编号的月、日录入月、日；

（十八）机动车的技术数据：

1. 发动机型号：国产机动车按照国家公布的车型技术参数录入，国家不公布车型技术参数的国产机动车和进口机动车，按照有关技术资料录入；

2. 燃料种类：按照机动车实际使用燃料分别录入“汽油”、“柴油”、“混合油”、“天然气”、“液化石油气”、“汽天双燃料”、“汽液双燃料”、“柴天双燃料”、“柴液双燃料”、“甲醇”、“乙醇”、“电”等；

3. 排量/功率：国产机动车按照国家公布的车型技术参数录入；国家不公布车型技术参数的国产机动车和进口机动车按照有关技术资料录入；小型、微型载客汽车、轿车、摩托车录入排量，单位为升（l），毫升（ml），其他机动车录入功率，单位为千瓦（kw）；

4. 转向形式：方向盘式机动车录入“方向盘”，方向把式机动车录入“方向把”；

5. 外廓尺寸：国产机动车按照国家公布的车型技术参数录入；国家不公布车型技术参数的国产机动车和进口机动车按照有关技术资料录入；有关技术资料没有记载的，按照测量的数值录入；格式为长、宽、高，单位为毫米（mm）；

6. 货箱内部尺寸：装用栏板式货箱的国产载货机动车按照国家公布的车型技术参数录入，国家不公布车型技术参数的国产载货机动车和进口载货机动车按照核定的尺寸录入；格式为长、宽、高，单位为毫米（mm）；

7. 后轴钢板弹簧片数：装用钢板弹簧的国产载货机动车按照国家公布的车型技术参数录入，国家不公布车型技术参数的国产载货机动车和进口载货机动车按照检验核定的数值录入；多后轴载货机动车录入所有后轴钢板弹簧数量之和；钢板弹簧片数的单位为片；

8. 轴数、轴距、轮距：国产机动车按照国家公布的车型技术参数录入；国家不公布车型技术参数的国产机动车和进口机动车按照有关技术资料录入；轴数包括空载时轮胎离地，重载时轮胎落地的轴；轴数的单位为个，轴距、轮距的单位为毫米（mm）；

9. 轮胎数：国产机动车按照国家公布的车型技术参数录入；国家不公布车型技术参数的国产机动车和进口机动车按照有关技术资料录入；技术资料无记载的，按照实际轮胎数录入；轮胎数不包括备胎，单位为个；

10. 轮胎规格：国产机动车按照国家公布的车型技术参数录入；国家不公布车型技术参数的国产机动车和进口机动车按照轮胎上标注的规格录入；

11. 总质量、整备质量：国产机动车按照国家公布的车型技术参数录入；国家不公布车型技术参数的国产机动车和进口机动车按照有关技术资料录入；总质量、整备质量的单位为千克（kg）；

12. 核定载质量：国产载货机动车按照国家公

布的车型技术参数录入；国家不公布车型技术参数的国产载货机动车和进口载货机动车按照有关技术资料录入；半挂牵引车不录入；核定载质量的单位为千克（kg）；

13. 准牵引总质量：国产中型以上载货汽车和半挂牵引车按照国家公布的车型技术参数录入；国家不公布车型技术参数的国产中型以上载货汽车和半挂牵引车以及进口中型以上载货汽车和半挂牵引车按照有关技术资料录入；轮式拖拉机车组、手扶拖拉机车组按照实际核定录入；其他机动车录入“无”；准牵引总质量的单位为千克（kg）；

14. 核定载客人数：国产载客机动车按照国家公布的车型技术参数录入；国家不公布车型技术参数的国产载客机动车和进口载客机动车按照有关技术资料录入；有关技术资料没有记载的，按照实际核定的数值录入；车型技术参数提供的数值为可变的，在其数值范围内按照实际座位数录入；公共汽车、电车按照核定的载客人数录入；核定载客人数包括驾驶员，单位为人；

15. 驾驶室载客人数：有驾驶室的载货机动车按照核定的乘坐人数录入，其他机动车不录入；驾驶室为双排座位的，录入格式为前排人数、“/”、后排人数；驾驶室载客人数包括驾驶员，单位为人。

第七条 车辆管理所按照下列规定签注《机动车行驶证》：

（一）《机动车行驶证》正证的号牌号码、车辆类型、车主、住址、发动机号、车架号、总质量、核定载质量、核定载客、驾驶室前排共乘、登记日期栏：分别按照计算机登记系统记录的机动车登记编号、车辆类型、机动车所有人的姓名或者名称、住所地址、发动机号码、车辆识别代号、车辆品牌加车辆型号、总质量、核定载质量、核定载客人数、驾驶室载客人数、注册登记日期签注；发证日期按照制作《机动车行驶证》的日期签注；

（二）《机动车行驶证》副证的号牌号码、车辆类型、车主：按照《机动车行驶证》正证相应的内容签注；检验：加盖检验专用章或者按照检验专用章的格式由计算机打印；记录：对于所有机动车，签注“使用性质:”和机动车的使用性质；对于中型以上载货汽车、轮式拖拉机车组、手扶拖拉机车组，签注“准牵引总质量:”和核定的准牵引总质量，其他车辆签注“无”；对于普通货车、普通全挂车、普通半挂车，签注“货箱内部尺寸:”和核定的货箱内部尺寸；对于装用钢板弹簧的载货机动车签注“后轴钢板弹簧片数:”和核定的后轴钢板弹簧片数。

第八条 下列资料存入机动车档案：

（一）《机动车注册登记申请表》原件；

（二）《机动车注册/转入登记表》原件；

（三）《机动车登记业务流程记录单》原件；

（四）机动车所有人和代理人的身份证明复印件；

（五）机动车的来历凭证原件或者复印件，其中，全国统一的机动车销售发票、《协助执行通知书》和国家机关出具的调拨证明必须是原件；

（六）国产机动车的整车出厂合格证原件；进口机动车的进口凭证原件；

（七）车辆购置税的完税证明或者免税证明副联原件。

第三章　办理过户登记

第九条 车辆管理所办理过户登记的业务流程和具体事项为：

（一）登记审核岗审核现机动车所有人或者代理人提交的资料；符合规定的，受理过户登记申请，收存相关资料，向机动车所有人出具受理凭证；

（二）机动车检验岗确认车辆，核对车辆识别代号（车架号码）、发动机号码并查验有无凿改嫌疑；

（三）档案管理岗复核全部资料，核对计算机登记系统的信息；

（四）业务领导岗审核；

（五）档案管理岗签注《机动车登记证书》，制作《机动车行驶证》；需要改变机动车登记编号的，签发《发牌通知书》；

（六）牌证管理岗将《机动车行驶证》和《机动车登记证书》交机动车所有人或者代理人；对改变机动车登记编号的，收回原机动车号牌和《机动车行驶证》销毁，确定机动车登记编号，核发机动车号牌，通知机动车所有人或者代理人安装机动车号牌并拍摄车辆标准照片；收取车辆标准照片，塑封《机动车行驶证》，将《机动车行驶证》和《机动车登记证书》交机动车所有人或者代理人；

（七）档案管理岗整理资料，装订、归档。

第十条 车辆管理所应当按照本规范第六条规定的格式和方法，在计算机登记系统中录入下列事项：

（一）属于改变机动车登记编号的，录入机动车登记编号；

（二）现机动车所有人的姓名或者单位名称；身份证明名称、号码；住所的地址、邮政编码和联系电话；

（三）现机动车所有人为我国内地居民且经常居住地与户籍地不在同一车辆管理所管辖区域的，录入暂住地址；

（四）机动车的使用性质；

（五）机动车的获得方式；

（六）机动车来历凭证的名称、编号；

（七）机动车办理保险的种类、保险的日期、保险公司的名称；

（八）海关监管的机动车解除监管的，录入解除监管证明书的名称、编号；

（九）购买的机动车，录入机动车销售单位或者交易市场的名称、销售或者交易的价格；

（十）按照签注《机动车登记证书》的日期录入过户登记日期。

第十一条 车辆管理所应当在《机动车登记证书》过户、转入登记摘要信息栏签注机动车所有人的姓名或者单位名称、身份证明名称、身份证明号码、登记机关名称、过户登记日期和机动车登记编号；

车辆管理所应当在《机动车登记业务流程记录单》和《机动车登记证书》的登记栏签注下列事项：

（一）居中签注“过户登记”；

（二）签注“姓名/名称：”和现机动车所有人的姓名或者单位名称；

（三）签注“身份证明名称/号码：”和现机动车所有人身份证明的名称、身份证明的号码；

（四）签注“使用性质：”和机动车的使用性质；

（五）签注“获得方式：”和机动车的获得方式；

（六）签注“过户登记日期：”和过户登记的具体日期；

（七）属于改变机动车登记编号的，签注现机动车登记编号。

第十二条 车辆管理所应当按照本规范第七条的规定签注《机动车行驶证》。

第十三条 车辆管理所将下列资料存入机动车档案：

（一）《机动车过户、转出、转入登记申请表》原件；

（二）《机动车登记业务流程记录单》原件；

（三）现机动车所有人和代理人的身份证明复印件；

（四）机动车的来历凭证原件或者复印件，其中旧机动车销售发票、《协助执行通知书》和国家机关出具的调拨证明必须是原件；

（五）《中华人民共和国海关监管车辆解除监管证明书》原件。

第四章 办理转出登记和转入登记

第十四条 车辆管理所办理转出登记的业务流程和具体事项为：

（一）登记审核岗审核现机动车所有人或者代理人提交的资料；符合规定的，受理转出登记申请，收存相关资料，向机动车所有人出具受理凭证；

（二）机动车检验岗核对车辆识别代号（车架号码）、发动机号码并检验有无凿改嫌疑；与全国被盗抢机动车信息系统比对；

（三）档案管理岗复核全部资料和机动车档案，核对计算机登记系统的信息；

（四）业务领导岗审核；

（五）档案管理岗签注《机动车登记证书》，整理资料，装订，密封机动车档案，并在密封袋上注明“请妥善保管并于90日内到转入地车辆管理所申请办理转入登记；不得拆封”；

（六）牌证管理岗收回机动车号牌；将机动车档案交机动车所有人或者代理人；核发临时行驶车号牌。

第十五条 车辆管理所应当按照本规范第六条规定的格式和方法，在计算机登记系统中录入下列事项：

（一）转入地“省（自治区、直辖市）、地（市）、县（市）”的名称；

（二）海关监管的机动车解除监管的，录入解除监管证明书的名称、编号；

（三）按照签注《机动车登记证书》的日期录入转出登记日期。

属于机动车所有权发生转移的还应当录入：

（一）现机动车所有人的姓名或者单位名称、身份证明名称、号码；

（二）机动车获得方式；

（三）机动车来历凭证的名称、编号；

（四）购买的机动车，录入销售单位或者交易市场的名称、销售或者交易的价格。

第十六条 车辆管理所应当按照下列规定签注《机动车登记业务流程记录单》和《机动车登记证书》的登记栏：

（一）居中签注“转出登记”；

（二）签注“姓名/名称：”和现机动车所有人的姓名或者单位名称；

（三）签注“身份证明名称/号码:”和现机动车所有人身份证明的名称、身份证明的号码；

（四）签注“转入地名称:”和转入地省（自治区、直辖市）、地（市）、县（市）的名称；

（五）签注“转出登记日期:”和转出登记的具体日期；

（六）属于机动车所有权发生转移的，签注“获得方式:”和机动车获得方式。

第十七条 车辆管理所将下列资料存入机动车档案：

（一）《机动车过户、转出、转入登记申请表》原件；

（二）《机动车登记业务流程记录单》原件；

（三）现机动车所有人和代理人的身份证明复印件；

（四）机动车的来历凭证原件或者复印件，其中旧机动车销售发票、《协助执行通知书》和国家机关出具的调拨证明必须是原件；

（五）海关监管机动车的《中华人民共和国海关监管车辆解除监管证明书》原件；

（六）原《机动车行驶证》原件。

第十八条 转入登记的业务流程和具体办理事项以及录入计算机登记系统的事项和签注《机动车注册/转入登记表》等，按照本规范第五条、第六条规定办理，但不重新核发《机动车登记证书》。

第十九条 车辆管理所应当在《机动车登记证书》的过户、转入登记摘要信息栏的相应栏目内签注现机动车所有人的姓名或者单位名称和身份证明名称、号码；机动车登记机关名称；转入登记日期；机动车登记编号；

车辆管理所应当在《机动车登记证书》的登记栏签注下列事项：

（一）居中签注“转入登记”；

（二）签注“使用性质:”和机动车的使用性质；

（三）属于机动车所有权转移的，签注“获得方式:”和机动车的获得方式；

（四）签注“转入登记日期:”和《机动车登记证书》当日的日期。

第二十条 车辆管理所应当按照本规范第七条的规定签注《机动车行驶证》。

第二十一条 车辆管理所将下列资料存入机动车档案：

（一）《机动车过户、转出、转入登记申请表》原件；

（二）《机动车注册/转入登记表》原件；

（三）《机动车登记业务流程记录单》原件；

（四）现机动车所有人或者代理人的身份证明复印件。

第二十二条 转出地和转入地车辆管理所应当严格审核转出和转入的机动车档案，不符合机动车注册登记时国家对机动车管理统一规定的，禁止转出和转入。对于机动车注册登记时国家没有统一规定的，按照转出地的地方规定执行。

机动车转出时，转出地车辆管理所应当建立机动车转出信息库，并及时传递到全国公安交通管理信息系统。机动车转入时，转入地车辆管理所应当查阅机动车转出信息库。对转入的机动车有疑问时，应当直接向转出地车辆管理所查询，转出地车辆管理所应当及时回复。

第二十三条 转出的机动车因不符合转入地依据国家法律、行政法规制定的地方性尾气排放标准，需退回转出地的，转出地车辆管理所应当凭转入地车辆管理所的证明予以接收。

第五章 办理变更登记

第二十四条 车辆管理所办理变更姓名或者单位名称、住所地址、身份证明名称、号码的业务流程和具体事项为：

（一）登记审核岗审核机动车所有人或者代理人提交的资料；符合规定的，受理变更登记申请，收存相关资料，向机动车所有人出具受理凭证；

（二）档案管理岗签注《机动车登记证书》，变更姓名或者单位名称、住所地址的，制作《机动车行驶证》；

（三）牌证管理岗将《机动车登记证书》和《机动车行驶证》交机动车所有人或者代理人，销毁原《机动车行驶证》；

（四）档案管理岗整理资料，装订、归档。

第二十五条 车辆管理所应当按照本规范第六条规定的格式和方法，在计算机登记系统中录入下列事项，并签注《机动车登记业务流程记录单》和《机动车登记证书》的登记栏：

（一）居中签注“变更登记”；

（二）变更姓名或者单位名称的，录入变更后的姓名或者单位名称，并签注“姓名/名称:”和变更的姓名或者单位名称；

（三）变更住所地址的，录入变更后的住所地址，并签注“住所地址:”和变更后的住所地址；

（四）变更身份证明名称、号码的，录入变更后的身份证明名称、号码，并签注“身份证明名称/号码:”和变更后的身份证明的全称和号码。

（五）按照签注《机动车登记证书》当日的日

期录入变更登记的日期，并签注“变更登记日期:”和变更登记的具体日期。

第二十六条 车辆管理所应当按照本规范第七条的规定签注《机动车行驶证》。

第二十七条 车辆管理所将下列资料存入机动车档案：

（一）《机动车变更登记申请表》原件；

（二）《机动车登记业务流程记录单》原件；

（三）机动车所有人和代理人的身份证明复印件；

（四）主管部门或者主管单位批准变更的证明复印件。

第二十八条 车辆管理所办理变更车身颜色、燃料种类、发动机、车身车架等业务流程和具体事项为：

（一）变更前：

1. 机动车检验岗审核机动车所有人或者代理人提交的资料；确认车辆，核对车辆识别代号（车架号码）、发动机号码并查验有无凿改嫌疑；符合规定的，受理变更登记申请；

2. 业务领导岗审核资料，对符合规定的，应当批准变更；对有非法拼组装嫌疑的，不得批准变更；

3. 机动车检验岗向机动车所有人或者代理人出具《准予变更通知单》。

（二）变更后：

1. 机动车检验岗审核机动车所有人或者代理人提交的资料；确认车辆；属于变更发动机、燃料种类、车身车架的，与全国被盗抢机动车信息系统比对，并对车辆进行安全检测；符合规定的，向机动车所有人或者代理人出具受理凭证；

2. 档案管理岗复核资料；符合规定的，签注《机动车登记证书》，制作《机动车行驶证》；

3. 牌证管理岗将《机动车登记证书》和《机动车行驶证》交机动车所有人或者代理人；

4. 档案管理岗整理资料，装订、归档。

第二十九条 车辆管理所应当按照本规范第六条规定的格式和方法，在机动车计算机登记系统中录入下列事项，并签注《机动车登记业务流程记录单》和《机动车登记证书》的登记栏：

（一）居中签注“变更登记”；

（二）改变车身颜色的，录入变更后的车身颜色，并签注“车身颜色:”和变更后的车身颜色；

（三）更换发动机的，录入变更后的发动机号码、变更发动机的来历凭证名称和来历凭证编号，并签注“发动机号码:”和变更后的发动机号码；

（四）改变燃料种类的，录入变更后的燃料种类，并签注“燃料种类:”和变更后的燃料种类；

（五）更换车身或者车架的，录入变更后的车辆识别代号（车架号码）、变更车身或者车架的来历凭证名称和编号，并签注“车辆识别代号/车架号:”和变更后的车辆识别代号（车架号码）；

（六）因制造质量问题更换整车的，录入变更后的车身颜色、车辆识别代号（车架号码）、发动机号码、制造厂名称、证明编号，并签注“车身颜色:”和变更后的车身颜色；签注“车辆识别代号/车架号:”和车辆识别代号（车架号码）；签注“发动机号码:”和发动机号码；

（七）按照签注《机动车登记证书》当日的日期录入变更登记的日期，并签注“变更登记日期:”和变更登记的具体日期。

第三十条 车辆管理所应当按照本规范第七条的规定签注《机动车行驶证》。其中，变更的项目按照《机动车登记证书》登记栏签注。

第三十一条 车辆管理所将下列资料存入机动车档案：

（一）《机动车变更登记申请表》原件；

（二）《机动车登记业务流程记录单》原件；

（三）更换发动机或者车身车架的来历凭证复印件；

（四）修理厂出具的证明原件；

（五）制造厂出具的证明原件；

（六）更换整车的出厂合格证原件。

第六章　办理抵押登记

第三十二条 车辆管理所办理抵押登记的业务流程和具体事项为：

（一）登记审核岗审核抵押人和抵押权人或者其代理人提交的资料；符合规定的，受理抵押登记申请，收存相关资料，向抵押人或者代理人出具受理凭证；

（二）机动车检验岗核对车辆识别代号（车架号码）、发动机号码并查验有无凿改嫌疑；

（三）档案管理岗复核全部资料；核对计算机登记系统的信息；调阅档案，比对机动车抵押人的身份证明和车辆识别代号（车架号码）、发动机号码拓印模；符合规定的，签注《机动车签记证书》；

（四）牌证管理岗将《机动车登记证书》交抵押人或者抵押人的代理人；

（五）档案管理岗整理资料，装订、归档。

第三十三条 车辆管理所应当按照本规范第六条规定的格式和方法，在计算机登记系统中录入下列事项，并按照下列规定签注《机动车登记业务流程记录单》和《机动车登记证书》的登记栏：

（一）居中签注“抵押登记”；

（二）录入抵押权人姓名/名称，并签注“抵押权人姓名/名称：”和抵押权人的姓名或者单位名称；

（三）录入抵押权人身份证明名称、号码，并签注“身份证明名称/号码：”和抵押权人身份证明的名称、抵押权人身份证明的号码；

（四）录入抵押权人住所地址；

（五）录入抵押权人联系电话和邮政编码；

（六）录入抵押担保债权数额，并签注“抵押担保债权数额：”和抵押担保债权的具体数额；

（七）录入主合同编号；

（八）录入抵押合同编号；

（九）按照签注《机动车登记证书》当日的日期录入抵押登记的日期，并签注“抵押登记日期：”和抵押登记的具体日期。

上述第一项至第八项按照《机动车抵押/注销抵押登记申请表》和主合同、抵押合同签注。

第三十四条 车辆管理所将下列资料存入机动车档案：

（一）《机动车抵押/注销抵押登记申请表》原件；

（二）《机动车登记业务流程记录单》原件；

（三）抵押权人和代理人身份证明复印件；

（四）抵押合同副本。

第三十五条 车辆管理所办理注销抵押的业务流程和具体事项为：

（一）登记审核岗审核抵押人和抵押权人或者其代理人提交的资料。符合规定的，受理注销抵押申请，向抵押人或者代理人出具受理凭证；

（二）档案管理岗复核资料；符合规定的，签注《机动车登记证书》；

（三）牌证管理岗将《机动车登记证书》交抵押人或者代理人；

（四）档案管理岗整理资料，装订、归档。

第三十六条 车辆管理所应当在计算机登记系统中录入下列事项，并按照下列规定签注《机动车登记业务流程记录单》和《机动车登记证书》的登记栏：

（一）居中签注“注销抵押”；

（二）按照签注《机动车登记证书》当日的日期录入注销抵押日期，并签注“注销抵押日期：”和注销抵押的具体日期。

第三十七条 车辆管理所将下列资料存入机动车档案：

（一）《机动车抵押/注销抵押登记申请表》原件；

（二）《机动车登记业务流程记录单》原件；

（三）抵押人、抵押权人和代理人身份证明复印件；

第三十八条 在机动车抵押期间，抵押人将机动车再次抵押的，按照本规范第三十二条至第三十七条的规定办理。

第七章 办理停驶、复驶和临时入境登记

第三十九条 车辆管理所办理停驶登记或者复驶登记的业务流程和具体事项为：

（一）登记审核岗审核机动车所有人或者代理人提交的资料；符合规定的，受理停驶登记申请或者复驶登记申请，向机动车所有人或者代理人出具受理凭证；申请停驶登记的，收回机动车号牌和《机动车行驶证》；

（二）档案管理岗复核全部资料；符合规定的，签注《机动车登记证书》；

（三）牌证管理岗对申请停驶登记的，将《机动车登记证书》交机动车所有人或者代理人；对申请复驶登记的，将《机动车登记证书》和机动车号牌、《机动车行驶证》一并交机动车所有人或者代理人；

（四）档案管理岗整理资料，装订、归档。

第四十条 车辆管理所应当在计算机登记系统中录入下列事项，并按照下列规定签注《机动车登记业务流程记录单》和《机动车登记证书》的登记栏：

（一）居中签注“停驶登记”或者“复驶登记”；

（二）停驶登记录入停驶期限，并签注“停驶期限：”和停驶的具体期限；

（三）按照签注《机动车登记证书》当日的日期签注停驶登记日期或者复驶登记日期，并签注“停驶登记日期：”和停驶登记的具体日期或者“复驶登记日期：”和复驶登记的具体日期。

第四十一条 车辆管理所将下列资料存入车辆档案：

（一）《机动车停驶、复驶/注销登记申请表》原件；

（二）《机动车登记业务流程记录单》原件。

第四十二条 临时入境登记有关规定另行制定。

第八章　办理注销登记

第四十三条　车辆管理所办理注销登记的业务流程和具体事项为：

（一）登记审核岗审核机动车所有人或者代理人提交的资料；符合规定的，受理注销登记申请，收存相关资料，向机动车所有人出具受理凭证，在《机动车登记业务流程记录单》上注明回收机动车号牌、《机动车行驶证》、《机动车登记证书》的情况；

（二）档案管理岗复核全部资料；需要公告机动车号牌、《机动车行驶证》和《机动车登记证书》作废的，通知车辆管理所有关部门公告；整理资料，装订、归档；

（三）牌证管理岗销毁机动车号牌；

（四）属于报废的机动车，按照国家有关规定执行。

第四十四条　车辆管理所按照办理注销登记当日的日期在计算机登记系统中录入注销登记的日期。

第四十五条　车辆管理所将下列资料存入机动车档案：

（一）《机动车停驶、复驶/注销登记申请表》原件；

（二）《机动车登记业务流程记录单》原件；

（三）《机动车登记证书》原件；

（四）《机动车行驶证》原件。

第四十六条　车辆管理所应当在计算机登记系统中建立机动车报废信息库，并及时传递到全国公安交通管理信息系统。

第四十七条　已注册登记的机动车，达到国家规定的强制报废标准后 12 个月内不主动申请注销登记的，机动车档案到期予以注销。车辆管理所应当自机动车达到强制报废标准后第 13 个月公告该车的机动车号牌、《机动车行驶证》和《机动车登记证书》作废。公告满 30 日后，将注销信息传递到全国公安交通管理信息系统。

第九章　机动车号牌和机动车行驶证

第四十八条　机动车号牌的分类、规格、颜色及适用范围等，按照中华人民共和国公共安全行业标准《中华人民共和国机动车号牌》执行；《机动车行驶证》的种类和式样等按照中华人民共和国公共安全行业标准《中华人民共和国机动车行驶证证件》执行。

全挂、半挂汽车列车，其牵引车和挂车分别核发机动车号牌和《机动车行驶证》。不可拆卸的半挂汽车列车，视为整车，按照整车核发机动车号牌的《机动车行驶证》。

第四十九条　车辆管理所办理补领机动车号牌或者《机动车行驶证》的业务流程和具体事项为：

（一）登记审核岗审核机动车所有人或者代理人提交的资料；符合规定的，受理补领机动车号牌或者《机动车行驶证》的申请，向机动车所有人出具受理凭证；对于补领机动车号牌的，给机动车所有人核发临时行驶车号牌；对于灭失或者丢失一面机动车号牌的，收回另一面机动车号牌；

（二）档案管理岗复核全部资料；符合规定的，制作《机动车行驶证》或者通知牌证管理岗制作机动车号牌；

（三）牌证管理岗将机动车号牌或者《机动车行驶证》交机动车所有人或者代理人；

（四）档案管理岗整理资料，装订、归档。

第五十条　车辆管理所应当在机动车计算机登记系统内录入下列事项，并按照下列规定签注《机动车登记业务流程记录单》和《机动车登记证书》的登记栏：

（一）居中签注“补领机动车号牌”或者“补领《机动车行驶证》”；

（二）按照补领机动车号牌次数或者补领《机动车行驶证》的次数录入补领次数，并签注“补领次数：”和补领的次数；

（三）按照签注《机动车登记证书》当日的日期录入补领的日期，并签注“补领日期：”和补领的具体日期。

第五十一条　车辆管理所按照本规范第七条的规定签注《机动车行驶证》。

第五十二条　车辆管理所将下列资料存入机动车档案：

（一）《补领、换领机动车牌证申请表》原件；

（二）《机动车登记业务流程记录单》原件。

第五十三条　换领机动车号牌或者《机动车行驶证》按照《机动车登记办法》第五十一条规定办理，收回原机动车号牌或者《机动车行驶证》并销毁。

第五十四条　机动车号牌和《机动车行驶证》的制作、领取、保管、发放等管理规定另行制定。

第十章　机动车登记证书

第五十五条　《机动车登记证书》的式样、规格等按照中华人民共和国公共安全行业标准《中华人民共和国机动车登记证书》执行。

第五十六条 车辆管理所办理补领《机动车登记证书》的业务流程和具体事项为：

（一）登记审核岗审核机动车所有人提交的资料；符合规定的，受理补领《机动车登记证书》的申请，收存相关资料，向机动车所有人出具受理凭证；

（二）机动车检验岗核对车辆识别代号（车架号码）、发动机号码，并查验有无凿改嫌疑；与全国被盗抢机动车信息系统比对；

（三）档案管理岗复核全部资料；核对计算机登记系统的信息；调阅档案，比对机动车所有人的身份证明和车辆识别代号（车架号码）、发动机号码拓印模；

（四）业务领导岗审核全部资料；

（五）档案管理岗通知车辆管理所有关部门公告原《机动车登记证书》作废；制作《机动车登记证书》；

（六）牌证管理岗将《机动车登记证书》交机动车所有人；

（七）档案管理岗整理资料，装订、归档。

第五十七条 车辆管理所在计算机登记系统内录入下列事项，同时传送到全国公安交通管理信息系统：

（一）补领原因：录入“丢失”或者“灭失”；

（二）补领次数：按照补领和换领的次数之和录入；

（三）原登记证书编号：按照计算机登记系统登记的原《机动车登记证书》的编号录入；

（四）补领日期：按照制作《机动车登记证书》当日的日期录入。

第五十八条 车辆管理所在补发《机动车登记证书》时，应当首先按照计算机登记系统的记录签注已发生的所有登记事项，并按照下列规定在《机动车登记业务流程记录单》和《机动车登记证书》的登记事项栏签注补发事项：

（一）居中签注“补领登记证书”；

（二）签注“补领原因：”和“丢失”或者“灭失”；

（三）签注“补领次数：”和补领的具体次数；

（四）签注“原登记证书编号：”和原《机动车登记证书》的编号；

（五）签注“补领日期：”和补领的具体日期。

第五十九条 车辆管理所将下列资料存入机动车档案：

（一）《补领、换领机动车牌证申请表》原件；

（二）《机动车登记业务流程记录单》原件。

第六十条 车辆管理所应当按照《机动车登记办法》第五十五条规定办理换领《机动车登记证书》业务，在机动车计算机登记系统中录入换领次数、原《机动车登记证书》的编号和换领日期。签注《机动车登记业务流程记录单》的登记事项栏，并按照原《机动车登记证书》的登记事项签注《机动车登记证书》。将下列资料存入机动车档案：

（一）《补领、换领机动车牌证申请表》原件；

（二）《机动车登记业务流程记录单》原件。

第六十一条 已注册登记的机动车，被行政执法部门依法没收并拍卖或者被仲裁机构依法仲裁裁决或者被人民法院调解、裁定、判决机动车所有权转移时，原机动车所有人未向现机动车所有人提供《机动车登记证书》的，现机动车所有人应当在申请过户登记或者转出登记的同时，申请补领《机动车登记证书》。补领《机动车登记证书》的业务按照本规范第五十六条至第五十九条的规定执行。签注补领原因时，签注“未得到登记证书”，并将下列资料存入机动车档案：

（一）《补领、换领机动车牌证申请表》原件；

（二）《机动车登记业务流程记录单》原件；

（三）行政执法部门、仲裁机构或者人民法院出具的未得到《机动车登记证书》的证明原件或者人民法院出具的《协助执行通知书》原件。

第六十二条 对机动车所有人因死亡、出境、重病、伤残或者不可抗力等特殊原因不能到场补领《机动车登记证书》的，应当出具有关证明。

第十一章　机动车档案管理

第六十三条 车辆管理所应当给每辆机动车建立机动车档案，一车一卷。机动车档案按照机动车号牌种类分类，并按照从上到下、从左到右的原则上架排列。严禁堆放机动车档案。

第六十四条 车辆管理所应当按照本规范规定的存档资料顺序，按照国际标准A4纸尺寸，对每次登记的资料分别装订成册，并填写档案资料目录，置于资料首页。

第六十五条 机动车档案使用耐用纸袋装存，案卷编号为机动车登记编号。

第六十六条 车辆管理所应当设置专用档案室（库），并在档案室（库）内设立档案查阅室。档案室（库）应当远离易燃、易爆和有腐蚀性气体等场所，并配置防火、防盗、防高温、防潮湿、防尘和防虫鼠的设施和设备。

第六十七条 人民法院、人民检察院、公安机关或者其他行政执法部门、纪检监察部门以及公证机构、仲裁机构、律师事务机构因办案需要查阅机动车档案的，应当出具公函和经办人的工作证；机动车所有人查询本人的机动车档案的，应当出具身份证明和《机动车登记证书》。由档案管理人员报经业务领导批准后查阅，查阅档案应当在档案查阅室进行，档案管理人员应当在场。需要出具证明或者复印档案资料的，应当经业务领导批准。除转出登记外，已入库的机动车档案原则上不得再出库。

第六十八条 人民法院、人民检察院、公安机关或者行政执法部门依法要求查封机动车档案的，应当出具公函和经办人的工作证。车辆管理所应当将查封信息录入计算机登记系统，将公函存入机动车档案。车辆管理所接到原查封单位的公函，通知解封机动车档案的，应当立即予以解封，将解封信息录入计算机登记系统，公函存入机动车档案。机动车档案被查封期间，暂停办理该车的各项登记业务，但办案单位有特殊要求的除外。

第六十九条 车辆管理所因意外事件致使机动车档案损毁、丢失的，应当书面报告省（自治区、直辖市）交警总队，经书面批准后，按照计算机登记系统的信息补建机动车档案，打印该机动车在计算机系统内的所有记录信息，并补充以下资料：

（一）现机动车所有人身份证明复印件；

（二）机动车来历凭证复印件；

（三）《机动车注册/转入登记表》原件；

（四）《机动车登记证书》复印件。

机动车档案补建完毕后，应当报省（自治区、直辖市）交警总队审核。省（自治区、直辖市）交警总队与计算机登记系统核对，并出具核对公函。审核进口机动车档案时，应当与全国进口机动车计算机核查系统比对，无记录的，不得出具核对公函。补建的机动车档案与原机动车档案有同等效力，但档案资料内无省（自治区、直辖市）交警总队批准补建档案的文件和核对公函的除外。

第七十条 机动车所有人在办理完毕转出登记但尚未办理转入登记前将机动车档案损毁或者丢失的，可以持《机动车登记证书》向转出地车辆管理所申请补建机动车档案。转出地车辆管理所按照第六十九条规定办理。

第七十一条 销毁注销的机动车档案时，车辆管理所应当对需要销毁的机动车档案登记造册，并书面报告交警支队，经批准后方可销毁。销毁机动车档案应当在指定的地点，监销人和销毁人应当共同在销毁记录上签字。记载销毁档案情况的登记簿和销毁记录存档备查。

第十二章　嫌疑机动车处理

第七十二条 车辆管理所各业务岗位发现机动车有走私、无进口证明、非法拼（组）装、套用国产车目录、被盗抢嫌疑的，在《机动车登记业务流程记录单》上注明情况并签字，报业务领导批准后，将有关资料和机动车移交车辆管理所嫌疑车辆调查岗调查。不得将有关资料退还机动车所有人。

第七十三条 有下列情形之一的，各业务岗位应当移交嫌疑车辆调查岗调查：

（一）机动车来历凭证、进口机动车的进口凭证、国产机动车的整车出厂合格证、车辆购置税完税证明或者免税证明、机动车号牌、《机动车行驶证》、《机动车登记证书》或者机动车档案被涂改或者有伪造嫌疑的；

（二）车辆识别代号（车架号码）和发动机号码其中之一与全国被盗抢机动车信息库的同类型机动车的记录完全相同或者数字完全相同的；

（三）车辆识别代号（车架号码）、发动机号码有凿改、挖补痕迹或者擅自另外打刻的；

（四）车辆识别代号（车架号码）、发动机号码与进口机动车的进口凭证、国产机动车的整车出厂合格证、《机动车行驶证》、《机动车登记证书》或者机动车档案记载不一致的。

第七十四条 车辆管理所嫌疑车辆调查岗应当建立嫌疑车辆调查台账，对不能立即排除嫌疑的滞留车辆，开具滞留凭证交机动车所有人或者代理人，并按照下列规定调查：

（一）确认机动车，复核有关资料，确认嫌疑事项并做嫌疑车辆查验记录；

（二）属于本规范第七十三条第一项情形的，询问机动车所有人或者代理人并做询问记录；向有关发证机关调查取证；

（三）属于本规范第七十三条第二项、第三项规定情形的，拓印车辆识别代号（车架号码）、发动机号码；询问机动车所有人或者代理人并做询问记录；

（四）属于本规范第七十三条第四项情形的，询问机动车所有人或者代理人并做询问记录；需要取证的，向有关部门取证。

第七十五条 有下列情形之一的，车辆管理所嫌疑车辆调查岗应当将车辆移交有关部门查处：

（一）经核实，有本规范第七十三条第一项、第二项情形的；

（二）经核实，有本规范第七十三条第三项、第四项情形，又无法提出正当理由的。

第七十六 车辆管理所移交嫌疑车辆时，应当填写嫌疑车辆移交清单一式三份，注明移交车辆的特征和有关资料，并附嫌疑车辆查验记录和询问记录，办理交接手续。

第七十七条 排除嫌疑的机动车，车辆管理所嫌疑车辆调查岗应当在《机动车登记业务流程记录单》上注明情况，附有关证据和询问记录，经业务领导审核后，继续办理登记业务，有关证据和询问记录随《机动车登记业务流程记录单》存入机动车档案。对于有违反《机动车登记办法》有关规定情况的，嫌疑车辆调查岗应当作出明确结论，由有关业务岗位按照《机动车登记办法》和本规范的有关规定处理。

第七十八条 嫌疑车辆经办案部门查实，属于走私、无进口证明、非法拼（组）装、盗抢的，按照《机动车登记办法》第四十七条规定办理；已排除嫌疑的，办案单位应当出具公函，车辆管理所凭公函继续办理机动车登记业务。办案单位出具的公函随资料一并存入机动车档案。有违反《机动车登记办法》有关规定情况的，按照《机动车登记办法》有关规定处理。

第七十九条 车辆管理所各业务岗位将嫌疑车辆移交嫌疑车辆调查部门时，应当通知机动车所有人或者代理人协助调查。调查嫌疑车辆的时间不计入机动车登记时限。

第十三章　其　他

第八十条 由代理人代理申请机动车登记的，车辆管理所应当审核代理人的身份证明；将代理人身份证明复印件存入机动车档案。

第八十一条 车辆管理所对《机动车行驶证》或者《机动车登记证书》的登记事项登记错误的，应当予以更正。

第八十二条 地（市）以上车辆管理所的岗位设置，按照《车辆管理所业务岗位规范》的规定执行。县车辆管理窗口的基本岗位为：登记审核检验岗、档案牌证管理岗和业务领导岗。有条件的地方，还应当设置计算机管理岗。

第八十三条 车辆管理所因机动车所有人提交的资料不齐全而不予受理登记的，应当书面告知需要补交资料的名称；因进口机动车信息未传递到车辆管理所而不能受理登记的，应当口头告知不予受理登记的理由，并记载机动车所有人或者代理人的联系电话，待进口机动车信息传递到车辆管理所后及时通知机动车所有人或者代理人。

第八十四条 对违反《机动车登记办法》规定的机动车所有人实施处罚以及对嫌疑机动车进行调查需要滞留机动车和有关资料的，其程序按照《交通违章处理程序规定》（公安部第46号令）执行。

第八十五条 机动车的标准照片是指：长88mm，宽60mm，圆角半径3mm的悬挂机动车号牌的全车外部彩色照片。拍摄照片时，汽车应当从车前方左侧45度角拍摄，摩托车和全挂车应当从车后方左侧45度角拍摄；机动车影像应占标准照片的三分之二；机动车照片应当能够明确辨别机动车号牌号码和车身颜色。

第八十六条 车辆管理所办理机动车登记业务使用的印章和使用范围分别为：

（一）业务专用章，用于退办凭证、机动车检验、机动车档案中需要盖章的情况、密封机动车档案以及出具机动车档案查询证明材料等；

（二）证件专用章，用于《机动车登记证书》、《机动车行驶证》、临时号牌等各种证件；

（三）个人名章，用于《机动车登记业务流程记录单》等办理机动车登记业务时需要经办人盖章的情况。

上述印章的规格全国统一，式样另行制定。

第八十七条 车辆管理所应当使用全国统一的格式、字体、字号等签注《机动车登记证书》和《机动车行驶证》。

第八十八条 进口机动车的注册、转入、转出、过户登记审批、存档资料等按照《进口机动车登记审批管理规定》执行。

第十四章　附　则

第八十九条 本规范未规定的表格式样，由省、自治区、直辖市交警总队制定。

第九十条 本规范从2001年10月1日起施行，公安部交通管理局印发的《机动车注册登记工作规范（试行）》（公交管［1997］96号）同时废止，其他有关规定与本规范不一致的，按照本规范执行。

附件：**机动车类型分类表**

表一　　　　机动车规格术语

<table>
<tr><th colspan="2">分　类</th><th>规格术语</th><th>说　明</th></tr>
<tr><td rowspan="8">汽车</td><td rowspan="4">载客</td><td>大型</td><td>车长大于等于 6m 或者乘坐人数大于等于 20 人。乘坐人数可变的，以上限确定。乘坐人数包括驾驶员（下同）。</td></tr>
<tr><td>中型</td><td>车长小于 6m，乘坐人数大于 9 人且小于 20 人。</td></tr>
<tr><td>小型</td><td>车长小于 6m，乘坐人数小于等于 9 人。</td></tr>
<tr><td>微型</td><td>车长小于等于 3.5m，发动机气缸总排量小于等于 1 升。</td></tr>
<tr><td rowspan="4">载货</td><td>重型</td><td>车长大于等于 6m 或者总质量大于等于 12000kg。</td></tr>
<tr><td>中型</td><td>车长大于等于 6m，总质量大于等于 4500kg 且小于 12000kg。</td></tr>
<tr><td>轻型</td><td>车长小于 6m，总质量小于 4500kg。</td></tr>
<tr><td>微型</td><td>车长小于等于 3.5m，载质量小于等于 750kg。</td></tr>
<tr><td colspan="2" rowspan="2">摩托车</td><td>普通</td><td>最大设计时速大于 50km/h 或者发动机气缸总排量大于 50ml。</td></tr>
<tr><td>轻便</td><td>最大设计时速小于等于 50km/h，发动机气缸总排量小于等于 50ml。</td></tr>
<tr><td colspan="2" rowspan="2">农用运输车</td><td>三轮</td><td>以柴油机为动力，最高设计车速不大于 50kg/h，最大设计总质量不大于 2000kg，长不大于 4.6m，宽不大于 1.6m，高不大于 2m。</td></tr>
<tr><td>四轮</td><td>以柴油机为动力，最高设计车速不大于 70kg/h，最大设计总质量不大于 4500kg，长不大于 6m，宽不大于 2m，高不大于 2.5m。</td></tr>
<tr><td colspan="2">拖拉机</td><td>大型
小型</td><td>发动机功率大于等于 14.7kW。
发动机功率小于 14.7kW。</td></tr>
<tr><td colspan="2" rowspan="3">挂车</td><td>重型</td><td>最大总质量大于等于 12000kg。</td></tr>
<tr><td>中型</td><td>最大总质量大于等于 4500kg 且小于 12000kg。</td></tr>
<tr><td>轻型</td><td>最大总质量小于 4500kg。</td></tr>
</table>

表二　　　　机动车结构术语

分类		结构术语	说明
汽车	载客	普通客车	车身为长方体或近似长方体，单层地板，一厢或两厢式结构，安装座椅的载客汽车。
		双层客车	车身为长方体或近似长方体，双层地板，一厢或两厢式结构，安装座椅的载客汽车。
		卧铺客车	车身为长方体或近似长方体，单层地板，一厢或两厢式结构，安装卧铺的载客汽车。
		铰接客车	车身为长方体或近似长方体，单层地板，由铰接装置连接两个车厢且连通，安装座椅的载客汽车。
		越野客车	车身结构为一厢式或者两厢式，所有车轮能够同时驱动，接近角、离去角、纵向通过角、最小离地间隙等技术参数按照高通过性设计的载客汽车。
		轿车	车身结构为两厢式且乘坐人数不超过 5 人，或者车身结构为三厢式且乘坐人数不超过 7 人的载客汽车。但同一型号车辆可增加乘坐人数的除外。
	载货	普通货车	载货部位的结构为栏板的载货汽车，不包括具有自动倾卸装置的载货汽车。
		厢式货车	载货部位的结构为封闭厢体且与驾驶室各自独立的载货汽车。
		封闭货车	载货部位的结构为封闭厢体且与驾驶室联成一体，车身结构为一厢式载货汽车。
		罐式货车	载货部位的结构为封闭罐体的载货汽车。
		平板货车	载货部位的地板为平板结构且无栏板的载货汽车。
		集装箱车	载货部位为框架结构且无地板，专门运输集装箱的载货汽车。
		自卸货车	载货部位具有自动倾卸装置的载货汽车。
		特殊结构货车	载货部位为特殊结构，专门运输特定物品的载货汽车。如：运输小轿车的双层结构载货汽车，运输活禽畜的多层结构载货汽车。
	其他	半挂牵引车	不具有载货结构，专门用于牵引半挂车的汽车。
		专项作业车	装置有专用设备或器具，用于专项作业的汽车。如洒水车、吸污车、水泥搅拌车、起重车、医疗车等。
电车		无轨电车	以电动机驱动，设有集电杆，驾线供电的电车。
		有轨电车	以电动机驱动，设有集电杆，驾线供电，有轨道的电车。
摩托车		二轮摩托车	装有两个车轮的摩托车。
		正三轮摩托车	装有与前轮对称分布的两个后轮，仅有驾驶员座位的摩托车。
		正三轮载客摩托车	装有与前轮对称分布的两个后轮的具有载客装置的摩托车。
		正三轮载货摩托车	装有与前轮对称分布的两个后轮的具有载货装置的摩托车。
		侧三轮摩托车	在两轮车摩托车的一侧装有边车的摩托车。
农用运输车		三轮农用运输车	载货部位为栏板结构，具有三个车轮的农用运输车。
		四轮农用普通货车	载货部位为栏板结构，具有四个车轮的农用运输车。
		四轮农用厢式货车	载货部位为封闭厢体结构且与驾驶室各自独立，具有四个车轮的农用运输车。
		四轮农用罐式货车	载货部位为封闭厢体结构，具有四个车轮的农用运输车。
		四轮农用自卸货车	载货部位具有自动倾卸装置，具有四个车轮的农用运输车。

续表

分　类	结构术语	说　　明
拖拉机	轮式拖拉机	具有方向盘和四个车轮，并且牵引挂车，从事货物运输的拖拉机。
	手扶拖拉机	具有手把式转向和两个车轮，并且牵引挂车，从事货物运输的拖拉机。
	手扶变形运输机	具有折腰转向机构，牵引部位和载货部位不可拆卸的运输机械。
轮式自行机械	轮式装载机械	具有装卸设备的轮胎式自行机械。
	轮式挖掘机械	具有挖掘设备的轮胎式自行机械。
	轮式平地机械	具有平整设备的轮胎式自行机械。
挂车	普通全挂车	载货部位为栏板结构的全挂车。
	厢式全挂车	载货部位为封闭厢体结构的全挂车。
	罐式全挂车	载货部位为封闭罐体结构的全挂车。
	平板全挂车	载货部位的地板为平板结构且无栏板的全挂车。
	集装箱全挂车	载货部位为框架结构且无地板，专门运输集装箱的全挂车。
	自卸全挂车	载货部位具有自动倾卸装置的全挂车。
	普通半挂车	载货部位为栏板结构的半挂车。
	厢式半挂车	载货部位为封闭厢体结构的半挂车。
	罐式半挂车	载货部位为封闭罐体结构的半挂车。
	平板半挂车	载货部位的地板为平板结构且无栏板的半挂车。
	集装箱半挂车	载货部位为框架结构且无地板，专门运输集装箱的半挂车。
	自卸半挂车	载货部位具有自动倾卸装置的半挂车。

报废汽车回收管理办法

2001 年 6 月 16 日

中华人民共和国国务院令第 307 号

《报废汽车回收管理办法》已经 2001 年 6 月 13 日国务院第 41 次常务会议通过，现予公布，自公布之日起施行。

第一条　为了规范报废汽车回收活动，加强对报废汽车回收的管理，保障道路交通秩序和人民生命财产安全，保护环境，制定本办法。

第二条　本办法所称报废汽车（包括摩托车、农用运输车，下同），是指达到国家报废标准，或者虽未达到国家报废标准，但发动机或者底盘严重损坏，经检验不符合国家机动车运行安全技术条件或者国家机动车污染物排放标准的机动车。

本办法所称拼装车，是指使用报废汽车发动机、方向机、变速器、前后桥、车架（以下统称“五大总成”）以及其他零配件组装的机动车。

第三条　国家经济贸易委员会负责组织全国报废汽车回收（含拆解，下同）的监督管理工作，国务院公安、工商行政管理等有关部门在各自的职责范围内负责报废汽车回收有关的监督管理工作。

县级以上地方各级人民政府经济贸易管理部门对本行政区域内报废汽车回收活动实施监督管理。县级以上地方各级人民政府公安、工商行政管理等有关部门在各自的职责范围内对本行政区域内报废汽车回收活动实施有关的监督管理。

第四条　国家鼓励汽车报废更新，具体办法由国家经济贸易委员会会同财政部制定。

第五条　县级以上地方各级人民政府应当加强对报废汽车回收监督管理工作的领导，组织各有关部门依法采取措施，防止并依法查处违反本办法规定的行为。

第六条　国家对报废汽车回收业实行特种行业管理，对报废汽车回收企业实行资格认定制度。

除取得报废汽车回收企业资格认定的外，任何单位和个人不得从事报废汽车回收活动。

不具备条件取得报废汽车回收企业资格认定或者未取得报废汽车回收企业资格认定，从事报废汽车回收活动的,任何单位和个人均有权举报。

第七条 报废汽车回收企业除应当符合有关法律、行政法规规定的设立企业的条件外,还应当具备下列条件:

(一)注册资本不低于50万元人民币,依照税法规定为一般纳税人;

(二)拆解场地面积不低于5000平方米;

(三)具备必要的拆解设备和消防设施;

(四)年回收拆解能力不低于500辆;

(五)正式从业人员不少于20人,其中专业技术人员不少于5人;

(六)没有出售报废汽车、报废“五大总成”、拼装车等违法经营行为记录;

(七)符合国家规定的环境保护标准。

设立报废汽车回收企业,还应当符合国家经济贸易委员会关于报废汽车回收行业统一规划、合理布局的要求。

第八条 拟从事报废汽车回收业务的,应当向省、自治区、直辖市人民政府经济贸易管理部门提出申请。省、自治区、直辖市人民政府经济贸易管理部门应当自收到申请之日起30个工作日内,按照本办法第七条规定的条件对申请审核完毕;特殊情况下,可以适当延长,但延长的时间不得超过30个工作日。经审核符合条件的,颁发《资格认定书》;不符合条件的,驳回申请并说明理由。

申请人取得《资格认定书》后,应当依照废旧金属收购业治安管理办法的规定向公安机关申领《特种行业许可证》。

申请人持《资格认定书》和《特种行业许可证》向工商行政管理部门办理登记手续,领取营业执照后,方可从事报废汽车回收业务。

省、自治区、直辖市经济贸易管理部门应当将本行政区域内取得资格认定的报废汽车回收企业,报国家经济贸易委员会备案,并由国家经济贸易委员会予以公布。

第九条 经济贸易管理、公安、工商行政管理等部门必须严格依照本办法和其他有关法律、行政法规的规定,依据各自的职责对从事报废汽车回收业务的申请进行审查;不符合规定条件的,不得颁发有关证照。

第十条 报废汽车拥有单位或者个人应当及时向公安机关办理机动车报废手续。公安机关应当于受理当日,向报废汽车拥有单位或者个人出具《机动车报废证明》,并告知其将报废汽车交售给报废汽车回收企业。

任何单位或者个人不得要求报废汽车拥有单位或者个人将报废汽车交售给指定的报废汽车回收企业。

第十一条 报废汽车回收企业凭《机动车报废证明》收购报废汽车,并向报废汽车拥有单位或者个人出具《报废汽车回收证明》。

报废汽车拥有单位或者个人凭《报废汽车回收证明》,向汽车注册登记地的公安机关办理注销登记。

《报废汽车回收证明》样式由国家经济贸易委员会规定。任何单位和个人不得买卖或者伪造、变造《报废汽车回收证明》。

第十二条 报废汽车拥有单位或者个人应当及时将报废汽车交售给报废汽车回收。

任何单位或者个人不得将报废汽车出售、赠予或者以其他方式转让给非报废汽车回收企业的单位或者个人;不得自行拆解报废汽车。

第十三条 报废汽车回收企业对回收的报废汽车应当逐车登记;发现回收的报废汽车有盗窃、抢劫或者其他犯罪嫌疑的,应当及时向公安机关报告。

报废汽车回收企业不得拆解、改装、拼装、倒卖有犯罪嫌疑的汽车及其“五大总成”和其他零配件。

第十四条 报废汽车回收企业必须拆解回收的报废汽车;其中,回收的报废营运客车,应当在公安机关的监督下解体。拆解的“五大总成”应当作为废金属,交售给钢铁企业作为冶炼原料;拆解的其他零配件能够继续使用的,可以出售,但必须标明“报废汽车回用件”。

报废汽车回收企业拆解报废汽车,应当遵守国家环境保护法律、法规,采取有效措施,防治污染。

第十五条 禁止任何单位或者个人利用报废汽车“五大总成”以及其他零配件拼装汽车。

禁止报废汽车整车、“五大总成”和拼装车进入市场交易或者以其他任何方式交易。

禁止拼装车和报废汽车上路行驶。

第十六条 县级以上地方人民政府经济贸易管理部门依据职责,对报废汽车回收企业实施经常性的监督检查,发现报废汽车回收企业不再具备规定条件的,应当立即告知原审批发证部门撤销《资格认定书》、《特种行业许可证》,注销营业执照。

第十七条 公安机关依照本办法以及废旧金属收购业治安管理办法和机动车修理业、报废机动车回收业治安管理办法的规定,对报废汽车回收企业的治安状况实施监督,堵塞销赃渠道。

第十八条 工商行政管理部门依据职责,对报废汽车回收企业的经营活动实施监督;对未取得报废汽车回收企业资格认定,擅自从事报废汽车回收活动的,应当予以查封、取缔。

第十九条 报废汽车的收购价格,按照金属含量折算,参照废旧金属市场价格计价。

第二十条 违反本办法第六条的规定,未取得报废汽车回收企业资格认定,擅自从事报废汽车回收活动的,由工商行政管理部门没收非法回收的报废汽车、“五大总成”以及其他零配件,送报废汽车回收企业拆解,没收违法所得;违法所得在2万元以上的,并处违法所得2倍以上5倍以下的罚款;违法所得不足2万元或者没有违法所得的,并处2万元以上5万元以下的罚款;属经营单位的,吊销营业执照。

第二十一条 违反本办法第十一条的规定,买卖或者伪造、变造《报废汽车回收证明》的,由公安机关没收违法所得,并处1万元以上5万元以下的罚款;属报废汽车回收企业,情节严重的,由原审批发证部门分别吊销《资格认定书》、《特种行业许可证》、营业执照。

第二十二条 违反本办法第十二条的规定,将报废汽车出售、赠予或者以其他方式转让给非报废汽车回收企业的单位或者个人的,或者自行拆解报废汽车的,由公安机关没收违法所得,并处2000元以上2万元以下的罚款。

第二十三条 违反本办法第十三条的规定,报废汽车回收企业明知或者应知是有盗窃、抢劫或者其他犯罪嫌疑的汽车、“五大总成”以及其他零配件,未向公安机关报告,擅自拆解、改装、拼装、倒卖的,由公安机关依法没收汽车、“五大总成”以及其他零配件,处1万元以上5万元以下的罚款;由原审批发证部门分别吊销《资格认定书》、《特种行业许可证》、营业执照;构成犯罪的,依法追究刑事责任。

第二十四条 违反本办法第十四条的规定,出售不能继续使用的报废汽车零配件或者出售的报废汽车零配件未标明“报废汽车回用件”的,由工商行政管理部门没收违法所得,并处2000元以上1万元以下的罚款。

第二十五条 违反本办法第十五条的规定,利用报废汽车“五大总成”以及其他零配件拼装汽车或者出售报废汽车整车、“五大总成”、拼装车的,由工商行政管理部门没收报废汽车整车、“五大总成”以及其他零配件、拼装车,没收违法所得;违法所得在5万元以上的,并处违法所得2倍以上5倍以下的罚款;违法所得不足5万元或者没有违法所得的,并处5万元以上10万元以下的罚款;属报废汽车回收企业的,由原审批发证部门分别吊销《资格认定书》、《特种行业许可证》、营业执照。

第二十六条 违反本办法第十五条的规定,报废汽车上路行驶的,由公安机关收回机动车号牌和机动车行驶证,责令报废汽车拥有单位或者个人依照本办法的规定办理注销登记,可以处2000元以下的罚款;拼装车上路行驶的,由公安机关没收拼装车,送报废汽车回收企业拆解,并处2000元以上5000元以下的罚款。

第二十七条 违反本办法第九条的规定,负责报废汽车回收企业审批发证的部门对不符合条件的单位或者个人发给有关证照的,对部门正职负责人、直接负责的主管人员和其他直接责任人员给予降级或者撤职的行政处分;其中,对承办审批的有关工作人员,还应当调离原工作岗位,不得继续从事审批工作;构成犯罪的,依法追究刑事责任。

第二十八条 负责报废汽车回收监督管理的部门及其工作人员,不依照本办法的规定履行监督管理职责的,发现不再具备条件的报废汽车回收企业不及时撤销有关证照的,发现有本办法规定的违法行为不予查处的,对部门正职负责人、直接负责的主管人员和其他直接责任人员,给予记大过、降级或者撤职的行政处分;构成犯罪的,依法追究刑事责任。

第二十九条 政府工作人员有下列情形之一的,依法给予降级直至开除公职的行政处分;构成犯罪的,依法追究刑事责任:

(一)纵容、包庇违反本办法规定的行为的;

(二)向有违反本办法规定行为的当事人通风报信,帮助逃避查处的;

(三)阻挠、干预有关部门对违反本办法规定的行为依法查处,造成严重后果的。

第三十条 军队报废汽车的回收管理办法另行制定。

第三十一条 本办法自公布之日起施行。

国家经贸委《关于印发〈报废汽车回收企业总量控制方案〉的通知》

2001年8月1日

国经贸资源[2001]773号

各省、自治区、直辖市、计划单列市及新疆生产建设兵团经贸委(经委),有关地方商委(行业办):

为贯彻落实《报废汽车回收管理办法》,做好报废汽车回收企业资格认定工作,现将《报废汽车回收企业总量控制方案》印发你们,请遵照执行。

附件:全国报废汽车回收企业控制数量

报废汽车回收企业总量控制方案

根据《报废汽车回收管理办法》(国务院令第307号,以下简称《办法》)规定,国家对报废汽车回收企业实行资格认定制度。设立报废汽车回收企业,应当符合国家经贸委关于报废汽车回收行业统一规划，合理布局的要求。

确定各地区报废汽车回收企业数量主要考虑区域特点和汽车保有量，并从有利于报废汽车集中拆解、机械化处理和规模化经营发展合理布局。原则上每个地级市设置 1 家回收拆解企业，直辖市 2 ~ 4 家，计划单列市及省会城市 1 ~ 2 家。冶金、铁道系统和原中国物资再生利用总公司系统不再单列。

为规范报废汽车回收企业经营行为，从源头控制报废汽车“五大总成”流入市场，各地应积极引导钢铁企业和回收企业采取联营或股份制等形式，逐步形成报废汽车回收、拆解、销售一体化管理。

国家经贸委将分期、分批向社会公布各地经贸委认定的报废汽车回收企业，鼓励社会监督，对认定工作中的违法违规行为，任何人有权举报。

附件：

全国报废汽车回收企业控制数量

	地级市(个)	控制数量(个)
北　京		4
天　津		2
河　北	11	12
山　西	11	12
内蒙古区	12	13
辽　宁	14	16
吉　林	9	10
黑龙江	13	14
上　海		4
江　苏	13	14
浙　江	11	13
安　徽	17	18
福　建	9	11
江　西	11	12
山　东	17	19
河　南	17	18
湖　北	13	14
湖　南	14	15
广　东	21	23
广西区	14	15
海　南	2	2
重　庆		2
四　川	21	22
贵　州	9	10
云　南	16	17
西藏区	7	1
陕　西	10	11
甘　肃	14	15
青　海	8	8
宁夏区	4	4
新疆区	15	16
其中：建设兵团		5

国家经贸委关于《报废汽车回收企业资格认定书》及《报废汽车回收证明》有关事宜的通知

2001 年 8 月 13 日

国经贸厅资源[2001]535 号

各省、自治区、直辖市及新疆生产建设兵团经贸委（经委），有关地方商委（行业办）：

根据《报废汽车回收管理办法》（国务院令第 307 号）的规定，现将《报废汽车回收企业资格认定书》及《报废汽车回收证明》有关事宜通知如下：

一、《报废汽车回收企业资格认定书》由国家经贸委统一印制，省（区、市）经贸委（经委）负责发放。

二、《报废汽车回收证明》由省（区、市）经贸委（经委）负责印制、发放和管理（样式附后）。

附件：报废汽车回收证明

报废汽车回收证明

证号：

<table>
<tr><td>交车单位（车主）</td><td></td><td>单位性质</td><td></td><td>地址</td><td colspan="2"></td></tr>
<tr><td>牌照号码</td><td></td><td>发动机号</td><td colspan="2"></td><td>车架号</td><td></td></tr>
<tr><td>车辆类型</td><td></td><td>厂牌型号
国别</td><td colspan="2"></td><td>联系电话</td><td></td></tr>
<tr><td colspan="2">发证单位(章)</td><td colspan="3">市(地)主管部门(章)
经办人：
年　月　日</td><td colspan="2">收车单位(章)
经办人：
年　月　日</td></tr>
<tr><td>备　注</td><td colspan="6"></td></tr>
</table>

第一联

说明：本表一式六联：一联收车单位存查；二联车主存查；三联为领取汽车更新优惠凭证用；四联交当地公安交通管理部门存查；五联交当地交通稽征部门存查；六联交控办存查。单位性质，请填国家控股或个人(集体)控股。

××××××单位监印

国家经济贸易委员会、财政部、国家税务总局、国家环境保护总局关于发布《关于低污染排放小汽车减征消费税实施产品检验及生产一致性审查管理办法》的通知

2001 年 8 月 15 日

国经贸产业［2001］821 号

各省、自治区、直辖市、计划单列市及新疆生产建设兵团经贸委（经委）、财政厅（局）、国家税务局、环境保护局（厅）：

为保护环境，促进低污染排放汽车的生产和消费，推进汽车工业技术进步，根据财政部、国家税务总局《关于对低污染排放小汽车减征消费税的通知》（财税［2000］26 号），现发布《关于低污染排放小汽车减征消费税实施产品检验及生产一致性审查管理办法》，请认真遵照执行。

关于低污染排放小汽车减征消费税实施产品检验及生产一致性审查管理办法

第一条 为加强低污染排放小汽车检验及生产一致性审查管理，根据财政部、国家税务总局《关于对低污染排放小汽车减征消费税的通知》（财税［2000］26 号，以下简称《通知》）规定，制定本办法。

第二条 本办法所称低污染排放小汽车，是指符合 GB 18352.2－2001《轻型汽车污染物排放限值及测试方法（Ⅱ）》（以下简称 GB18352.2－2001）的车辆。

第三条 申请减征消费税的车辆范围是：国家经贸委以公告形式发布的《车辆生产企业及产品》和原国家机械工业局发布的《2000 年全国汽车、民用改装车和摩托车生产企业及产品目录（总目录）》、《2000 年全国汽车、民用改装车和摩托车生产企业及产品目录（补充第一期）》、《2000 年全国汽车、民用改装车和摩托车生产企业及产品目录（补充第二期）》中所列的轿车、越野车和小客车（最大总质量不超过 3500kg）。

申请减征消费税车辆的产品型号应当单独编制。

第四条 低污染排放小汽车的产品检验及生产一致性审查管理主要包括：样品检验、生产一致性审查、生产一致性监督。

第五条 样品检验应当送《通知》中规定的检验机构，按照 GB 18352.2－2001 的要求，进行冷启动后汽车排气污染物排放试验（Ⅰ型试验）、污染控制装置耐久性试验（Ⅴ型试验）、装点燃式发动机车辆蒸发排放试验（Ⅳ型试验）和曲轴箱气体排放试验（Ⅲ型试验）。

污染控制装置耐久性试验，可以使用符合 GB17930－1999《车用无铅汽油》中供应北京、上海和广州的无铅汽油或优质柴油，在检验机构监督下由企业自主进行。

汽车生产企业在提出产品检验申请前 18 个月内，在上述检验机构进行的同类检验结果也视为有效。

第六条 产品检验合格的企业，可以向国家经贸委提出生产一致性审查的申请。企业申请时应当提供以下材料：

（一）检验机构出具的样品检验报告；

（二）与试验车辆有关的资料；

（三）产品同一型式的分类说明；

（四）产品排放的生产一致性保证计划；

（五）质量体系认证等其他需要说明的内容。

本条第四款保证计划的重点是过程控制，内容应当包括：人员、设备、采购、工艺、环境和产品一致性检查要求等。

生产一致性审查，应当充分考虑并利用企业已经获得的质量体系认证结果和检测手段。

已通过 ISO9000（94 版）、ISO9000（2000 版）、QS9000（98 版）、VDA、EAQF、AVSQ、TS16949 或者其他不低于前述质量体系要求的一种质量体系认证并取得相应证书的企业，生产一致性审查可仅对生产一致性保证计划涉及的过程控制内容进行审查。

未通过上述质量体系认证的企业，生产一致性审查应当对企业质量体系和质量计划涉及的过程控制内容同时进行审查。企业应当在申请书上说明所建立的质量体系。

第八条 生产一致性监督检查应当按照 GB18352.2－2001 第 7 章的要求，从批量生产的车辆中随机抽取至少 3 辆样车，进行Ⅰ型试验、Ⅲ型试验、Ⅳ型试验的全部或部分内容。

第九条 生产一致性审查由国家经贸委会同国家环境保护总局组织有资质的机构承担。审查人员包括质量体系审核专家和汽车排放技术专家。

现场审查结束后，应当在规定的时间内提供生产一致性审查报告。

第十条 国家经贸委同国家环境保护总局对审查报告进行审核，并在生产一致性检验完毕 10 日内将审核合格的企业和车型清单送财政部和国家税务总局。

第十一条 已批准减征消费税的车型，企业不

得擅自更改可能影响污染物排放的部件；如有更改，必须重新申报。

第十二条 对于享受减征消费税政策的车型，企业应当认真执行生产一致性保证计划，根据自身情况，对产品定期按照 GB18352.2－2001 进行生产一致性检查，对质量体系定期进行评审。企业在质量体系评审时，应当保证相邻两次评审的内容覆盖质量体系和质量计划要求的全部内容。

第十三条 国家经贸委会同财政部、国家税务总局和国家环保总局等部门不定期组织对减税车型的排放性能进行监督检查。

第十四条 本办法由国家经贸委负责解释。

第十五条 本办法自发布之日起施行。

中华人民共和国交通部令

2001 年 8 月 20 日

2001 年第 4 号

《关于修改〈道路运输车辆维护管理规定〉的决定》，已于 2001 年 8 月 2 日经第 9 次部长办公会议通过，现予公布，自公布之日起施行。

关于修改《道路运输车辆维护管理规定》的决定

交通部决定对《道路运输车辆维护管理规定》作如下修改：

一、第十九条修改为：道路运输经营业户应持出厂合格证到当地道路运输管理机构审核备案。实行了计算机联网的地区，应实现车辆技术管理及信息传递的自动化。

二、第二十一条修改为：对车辆二级维护执行情况的监督应在车站、货场和车辆所属道路运输经营业户驻地进行。对达到二级维护里程或间隔时间的车辆，道路运输经营业户应自觉按时维护，道路运输管理机构要及时督促道路运输经营业户按时维护。

三、第二十二条修改为：道路运输经营业户年度审验时应出示车辆二级维护出厂合格证（已审核备案的除外）。

四、删除第二十五条、第二十六条、第二十七条。

五、新增第二十五条为：对违反本规定的单位和个人，由交通行政主管部门（或其委托的道路运输管理机构）按有关行政处罚规定予以处罚。

本决定自公布之日起施行。

此外，对部分条文的文字和条文的顺序作相应的调整和修改。

《道路运输车辆维护管理规定》根据本决定作相应的修正，重新公布。

道路运输车辆维护管理规定

（1998 年 3 月 4 日中华人民共和国交通部令第 2 号发布，根据 2001 年 8 月 20 日中华人民共和国交通部令第 4 号公布的《关于修改〈道路运输车辆维护管理规定〉的决定》修正）

第一章 总 则

第一条 为加强道路运输车辆管理，保持车辆技术状况良好，确保运行安全，保护环境，降低运行消耗，提高运输质量，根据国家有关规定，制定本规定。

第二条 车辆维护制度是贯彻安全第一、预防为主的方针，保障汽车运行安全的基本制度。车辆维护是指道路运输车辆运行到国家有关标准规定的行驶里程或间隔时间，必须按期执行的维护作业。

第三条 本规定适用于在中华人民共和国境内，从事道路客货运输的经营业户（单位或个人）、汽车维修一、二类企业及汽车综合性能检测站。

第四条 各级交通行政主管部门归口管理辖区内道路运输车辆的维护管理工作，各级道路运输管理机构负责组织实施。

第二章 道路运输车辆维护

第五条 道路运输车辆的维护分为：日常维护、一级维护、二级维护。

日常维护是由驾驶员每日出车前、行车中和收车后负责执行的车辆维护作业。其作业中心内容是清洁、补给和安全检视。

一级维护是由维修企业负责执行的车辆维护作业。其作业中心内容除日常维护作业外，以清洁、润滑、紧固为主，并检查有关制动、操纵等安全部件。

二级维护是由维修企业负责执行的车辆维护企业。其作业中心内容是除一级维护作业外，以检查、调整转向节、转向摇臂、制动啼片、悬架等经过一定时间的使用容易磨损或变形的安全部件为主，并拆检轮胎，进行轮胎换位。二级维护必须按期执行。

第六条 道路运输经营业户和驾驶员，必须按国家或行业有关标准规定的行驶里程或间隔时间，对车辆进行维护作业，进口车辆及特种车辆按出厂说明书的规定执行。

第七条 道路运输经营业户，可以自主选择经道路运输管理机构资质认定的二类以上的汽车维修企业进行维护作业。危险品运输车辆必须到具备危险品运输车辆修理条件的维修企业进行维护作业。

第八条 经道路运输管理机构资质认定，达到二类以上汽车维修企业开业条件的道路运输经营业户，可以对本单位的车辆进行维护作业。

第九条 凡从事道路运输车辆维护作业的维修企业（以下简称维修企业），应遵守国家有关法规、标准，按规定的作业规范或说明书进行作业，不得漏项或减项作业。

第十条 维修企业实行车辆维修合同制，承修方与托修方应签订维修合同，并实行竣工上线检测制度、出厂合格证制度和质量保证制度。

第十一条 维修企业应与经道路运输管理机构资质认定的汽车综合性能检测站签订二级维护竣工检测委托合同书。

第十二条 维修企业应配备专职的质量检验员和价格结算人员。质量检验员及价格结算人员必须经过培训，考核合格持证上岗。

第十三条 维修企业及价格结算人员，应严格执行当地交通部门制定的工时定额，并严格按当地交通部门会同物价部门制定的工时费率标准收取工时费。

第三章　道路运输车辆二级维护检测

第十四条 道路运输车辆二级维护检测分为三类：

（一）二级维护前的诊断检测，主要是针对驾驶员的反映和车辆的外检情况，应用仪器、设备对车辆进行不解体诊断检测，以确定二级维护的附加作业项目。由维修企业按标准来执行，出具的诊断报告，作为签订维护合同的依据之一。

（二）二级维护作业过程中的检测，主要是对二级维护生产过程中的车辆维修质量进行跟踪检测，发现问题及时解决，由维修企业按标准进行，并作出检测记录。

（三）二级维护竣工检测主要是对二级维护及其附加作业项目的作业质量进行检测评定，由汽车综合性能检测站按标准进行，出具的检测报告，作为维修企业的质量检验员签发出厂合格证的依据之一。

第十五条 汽车综合性能检测站应配备技术负责人、质量负责人和专职的检测员，并必须经过培训，考核合格并取得证书后方可上岗。

第十六条 汽车综合性能检测站应严格执行交通部门制定的有关检测标准、规范和程序，由技术负责人签发检测报告。汽车综合性能检测站应严格按当地交通部门会同物价部门制定的检测费标准收取检测费。

第四章　管理与监督检查

第十七条 道路运输经营业户，必须按国家有关规定执行车辆维护制度，并加强管理。车辆的二级维护由各级道路运输管理机构负责监督管理。

第十八条 车辆二级维护出厂前，须进行竣工检测，并由维修企业的质量检验员审验合格后，签发出厂合格证。维修企业应开据统一规定的汽车维修项目、费用清单和结算凭证。

第十九条 道路运输经营业户应持出厂合格证到当地道路运输管理机构审核备案。实行了计算机联网的地区，应实现车辆技术管理及信息传递的自动化。

第二十条 从事驻在运输超过三个月的车辆，车主应持车籍地道路运输管理机构的委托书，纳入驻在地车辆维护的管理。

第二十一条 对车辆二级维护执行情况的监督应在车站、货场和车辆所属道路运输经营业户驻地进行。对达到二级维护里程或间隔时间的车辆，道路运输经营业户应自觉按时维护，道路运输管理机构要及时督促道路运输经营业户按时维护。

第二十二条 道路运输经营业户年度审验时应出示车辆二级维护出厂合格证（已审核备案的除外）。

第二十三条 对维修企业，主要检查其执行国家有关车辆维护规范的情况、经营行为、在质量保证期内的返修率和质量监督抽查上线检测一次合格率。质量保证期内的车辆返修率应低于5%，质量监督抽查上线检测一次合格率应不低于85%。

第二十四条 对汽车综合性能检测站，主要检查二级维护竣工检测标准及项目的执行情况和经营行为。

第五章　罚　则

第二十五条 对违反本规定的单位和个人，由交通行政主管部门（或其委托的道路运输管理机构）按有关行政处罚规定予以处罚。

第六章　附　则

第二十六条　各省、自治区、直辖市交通厅（局、委）可根据本地实际情况制定实施细则。

第二十七条　非营运车辆可参照本规定执行。

第二十八条　本规定由中华人民共和国交通部负责解释。

第二十九条　本规定自 1998 年 4 月 1 日起施行。以前有关规定与本规定相抵触的按本规定执行。

国家经济贸易委员会、监察部、公安部、国家工商行政管理总局关于贯彻《报废汽车回收管理办法》的实施意见

2001 年 9 月 21 日

国经贸资源［2001］900 号

各省、自治区、直辖市、计划单列市及新疆生产建设兵团经贸委（经委）、监察局、公安厅（局）、工商行政管理局、有关地方商委（行业办）：

2001 年 6 月 16 日，《报废汽车回收管理办法》（国务院令第 307 号，以下简称《办法》）公布。现就贯彻落实《办法》，做好报废汽车回收监督管理工作提出如下实施意见：

一、提高认识，增强做好报废汽车回收管理工作的责任感

当前，报废汽车回收拆解秩序混乱，一些单位和个人擅自出售报废汽车“五大总成”甚至整车的现象比较普遍，这是非法拼装车泛滥的重要原因之一，扰乱了正常的经济秩序，危害了人民群众的生命财产安全，给道路交通安全造成了极大威胁，也影响了汽车工业的健康发展。为加强对报废汽车回收管理，规范报废汽车回收行为，国务院制定了《报废汽车回收管理办法》。各级政府及有关部门要从实践江泽民总书记“三个代表”重要思想的高度，以对人民群众高度负责的态度，充分认识这项工作的重要性，增强责任感，切实加强对报废汽车回收管理工作的领导。

二、认真履行职责，坚持依法行政

为确保《办法》的贯彻落实，各级经贸、监察、公安、工商等部门要明确责任，密切配合，形成合力，认真做好报废汽车回收的监督管理工作。

（一）省（区、市）经贸部门要根据国家经贸委下发的报废汽车回收总量控制方案，认真组织报废汽车回收企业资格认定工作，做到公开、公正。对不符合条件的，不得颁发《报废汽车回收企业资格认定书》（以下简称《资格认定书》）；发放《资格认定书》的有关情况，应及时抄送省（区、市）公安机关治安部门备案；会同公安机关建立报废汽车回收管理信息系统，实现报废汽车回收过程实时控制，杜绝报废汽车及“五大总成”流入社会，堵塞盗窃、抢劫机动车辆的销赃渠道；积极探索治本措施，引导钢铁企业与回收企业联营或采取股份制等形式，规范报废汽车回收行为，形成报废汽车回收拆解处理良性运行机制。

（二）县级人民政府公安机关负责对取得《资格认定书》的企业核发《特种行业许可证》。公安机关应当自收到申请之日起 15 个工作日内，按照有关规定完成治安安全条件审核工作。符合条件的，颁发《特种行业许可证》；不符合条件的，驳回申请并说明理由。对没有取得《资格认定书》的企业，不得颁发《特种行业许可证》。

公安机关应当严格按照《废旧金属收购业治安管理办法》和《机动车修理业报废机动车回收业治安管理办法》有关规定，督促报废汽车回收企业建立健全并认真落实治安防范、查验登记和可疑情况报告等规章制度，并进行经常性的治安检查；上级公安机关应加强业务指导、监督检查和考核工作。

每年年末，公安交通管理部门要及时将下一年度报废汽车车主、车型、具体车牌号等情况通报当地经贸部门，并采取措施，确保报废汽车交售给有资格的回收企业拆解。有条件的地方，可与回收企业合署办公，以方便车主办理车辆报废手续。为使有关单位和个人了解汽车报废的程序及要求，各地公安交通管理部门应将汽车报废回收的要求纳入车辆年检的内容。

（三）工商行政管理部门要切实加强对报废汽车回收经营活动的监督管理，对没有取得报废汽车回收企业《资格认定书》和《特种行业许可证》的，不得颁发营业执照；对擅自回收报废汽车的企业和个人，或以各种形式出现的报废汽车回收拆解市场，应在经贸、公安、质检等部门的密切配合下，坚决予以取缔。

（四）监察部门要加强对报废汽车回收监督管理部门及行政人员的监督，坚决纠正和查处违反规定擅自批准报废汽车回收拆解企业或报废汽车回收拆解市场等行为，以及有法不依、执法不严、对非法从事报废汽车回收、拆解、拼装行为打击不力的问题。要认真受理群众的投诉和举报，建立与业务主管部门的案件移送制度，对已经掌握的案件线索，要严格按照有关程序调查处理，对业务主管部门自查的案件，要积极给予支持和配合。

三、加大宣传和培训力度，提高广大人民群众贯彻《办法》的自觉性

各级经贸、公安和工商行政管理部门要组织本系统有关人员，有计划、分步骤地开展宣传和培训活动，提高行政管理人员的政策水平。要加大对《办法》的宣传力度，做到家喻户晓，提高广大人民群众贯彻《办法》的自觉性。要充分发挥新闻媒体的作用，对违法行为及时揭露、曝光，形成广泛的舆论监督声势。

国家经济贸易委员会、公安部、交通部关于进一步规范卧铺客车生产、使用和管理有关工作的通知

2001年10月10日

国经贸产业［2001］1025号

各省、自治区、直辖市、计划单列市及新疆生产建设兵团经贸委（经委）、公安厅（局）、交通厅（局、委）：

为贯彻国务院关于整顿和规范市场经济秩序的决定，确保道路交通和人民生命财产安全，针对有些企业生产、使用违规卧铺客车的行为，国家经贸委、公安部和交通部决定，对卧铺客车的生产、使用和管理进行整顿。现将有关事项通知如下：

一、各有关部门要通力合作，各司其责，加强对卧铺客车的管理

各级经贸、公安、交通部门要各司其职，严格按照《机动车运行安全技术条件》（GB7258—1997）、《卧铺客车技术条件》（GB/T16887—1997）、《营运客车类型划分及等级评定》（JT/T325—1997）等标准规定，加强对卧铺客车的管理。

对于不符合国家规定的卧铺客车，国家经贸委不予列入《车辆生产企业及产品公告》（以下简称《公告》）；对于列入《公告》的产品，国家经贸委将实施生产一致性考核制度，考核的有关规定另行通知。一经发现违规产品，国家经贸委即将该产品从《公告》或《全国汽车、民用改装车和摩托车生产企业及产品目录》（以下简称《目录》）中取消，情节严重的，将该企业从《公告》或《目录》中除名。

公安部门要严把注册、检验关，对申请办理注册登记及年检的卧铺客车，按照国家有关标准、规定进行核对，对不符合规定的卧铺客车，不允许办理注册登记手续或者检验手续。

交通部门要严把运输市场准入关，对于不符合规定的卧铺客车，不得批准其从事营业性旅客运输业务，并及时函告国家经贸委和公安部。

二、企业必须按有关规定组织生产，合法经营，杜绝违规产品流入市场

自本通知发布之日起，卧铺客车生产、改装企业必须立即停止生产和销售违规卧铺客车，并进行自查、自纠，将违规的车型报国家经贸委；所生产的卧铺客车产品，必须符合国家有关法律法规和《机动车运行安全技术条件》（GB7258—1997）、《卧铺客车技术条件》（GB/T16887—1997）。卧铺布置必须采用“1+1”或“1+1+1”形式（指相邻两卧铺横向间距不小于350mm的布置形式）且不得设置车顶行李架。

严禁任何单位和个人承接已办理了注册登记的座位客车改装卧铺客车或加装铺（座）位的业务，凡发现继续违规改装的，国家经贸委将有关生产（改装）企业或产品从《公告》或《目录》中除名。交通部门将依据《道路运输行政处罚规定》对其予以处罚。

三、积极稳妥地处置在用违规卧铺客车

自本通知发布之日起，对于在用卧铺客车已经设置车顶行李架的，必须立即拆除；对于没有下置行里舱的卧铺客车，允许按核定客车人数每人20公斤随身行李限制放在车厢内。对于在用卧铺客车卧铺布置为“2+1”或“2+2”形式（指存在相邻两卧铺横向间距小于350mm的布置形式）的营运车辆，采取以下整改措施：

一是客运经营者自愿同意将其卧铺布置改为“1+1+1”的，公安、交通部门予以支持，但其改造工作必须按规定办理相关手续。在《机动车运行安全技术条件》（GB7258—1997）实施后生产的“2+1”或“2+2”布置的卧铺客车，由原卧铺客车生产企业负责改造，卧铺客车生产企业应积极主动做好卧铺客车改造的相关服务工作。在《机动车运行安全技术条件》（GB7258—1997）实施前生产或由客运经营者自行改装的卧铺客车，应在具有卧铺客车生产和改装资格的企业改造。

二是客运经营者仍要求使用卧铺布置是“2+1”或“2+2”形式的卧铺客车从事客运的，必须到公安交通管理部门重新核定载客人数，即按卧铺布置为“1+1”的形式进行核定，每铺核定一人，交通部门才允许其经营旅客运输。

未采取上述整改措施的卧铺客车允许使用到2001年12月31日，自2002年1月1日起，违规卧铺客车不允许运营。

中华人民共和国交通部令

2001年10月11日

2001年第7号

《营业性道路运输驾驶员职业培训管理规定》，已于2001年9月6日经第8次部务会议通过，现予公布，自2002年7月1日起施行。

营业性道路运输驾驶员职业培训管理规定

第一章　总　则

第一条　为规范营业性道路运输驾驶员职业培训活动，提高营业性道路运输驾驶员职业素质，加强道路运输安全生产管理，提高道路运输服务质量，制定本规定。

第二条　驾驶机动车从事营业性道路运输活动的驾驶员（以下简称营运驾驶员），应当按照本规定参加职业培训，取得营运驾驶员从业资格。

第三条　县级以上人民政府交通主管部门主管营运驾驶员职业培训、考试和管理工作，其所属的道路运输管理机构（以下简称运政机构）具体负责本规定的实施。

第二章　职业培训与考试

第四条　营运驾驶员职业培训由县级以上人民政府交通主管部门运政机构按照交通部制定的营运驾驶员职业培训教学计划、教学大纲的规定组织实施，由符合国家规定条件的职业培训机构或者道路运输企业具体负责培训。

第五条　持有《中华人民共和国机动车驾驶证》的机动车驾驶员，可以参加营运驾驶员职业培训。

参加营运驾驶员职业培训结束后，符合规定条件的，可以向市级（设区的市，下同）以上人民政府交通主管部门运政机构报名参加营运驾驶员从业资格考试。

第六条　营运驾驶员从业资格考试分为营业性道路旅客运输驾驶员从业资格考试、营业性道路普通货物运输驾驶员从业资格考试、营业性道路危险货物运输驾驶员从业资格考试。

营运驾驶员从业资格考试科目包括理论考试和实际操作考试。

营运驾驶员从业资格考试大纲由交通部另行制定。

第七条　营运驾驶员从业资格考试每个科目考试一次。考试不合格的，可以补考一次；补考仍不合格的，自接到补考成绩通知之日起30日后可重新报名参加营运驾驶员从业资格考试。

在营运驾驶员从业资格考试中有舞弊行为的，其本次考试成绩视为不合格，且在本次考试结束之日起180日内不得再次参加营运驾驶员从业资格考试。

第八条　营运驾驶员从业资格考试合格的，由市级以上人民政府交通主管部门运政机构核发营运驾驶员从业资格证书。

第九条　需取得多种营运驾驶员从业资格的，应当参加相应的培训和考试；符合规定条件的，由发证机关在其营运驾驶员从业资格证书中加注相应的从业资格。

第十条　各级人民政府交通主管部门及其所属运政机构要加强对营运驾驶员从业资格证书发放的管理，严格依照规定的条件和程序进行审查；对不符合规定条件的，不得发证。

第十一条　各级人民政府交通主管部门及其所属运政机构、工作人员不得参与营运驾驶员职业培训经营活动。

第三章　从业资格管理

第十二条　营运驾驶员驾驶机动车从事营业性道路运输经营活动，应当持有相应的营运驾驶员从业资格证书。

第十三条　道路运输经营者不得使用未持有营运驾驶员从业资格证书的人驾驶机动车从事营业性道路运输经营活动。

第十四条　道路运输经营者应当加强对营运驾驶员的管理，经常组织营运驾驶员学习业务知识和职业技能，教育营运驾驶员遵守有关道路运输的法律、法规和规章。

第十五条　营运驾驶员从业资格证书每间隔二年审验一次。经市级以上人民政府交通主管部门运政机构审验合格的，加盖继续有效印章。

超过有效期限180日未接受审验的，营运驾驶员从业资格证书自行失效，不得继续使用。

第十六条　营运驾驶员从业资格证书持有人死亡，由原发证机关注销营运驾驶员从业资格证书。

营运驾驶员从业资格证书持有人因健康或者其他原因不适合继续驾驶机动车从事营业性道路运输活动的，应当将营运驾驶员从业资格证书交回原发证机关。

第十七条　营运驾驶员从业资格证书失效或者

交回，需重新取得营运驾驶员从业资格证书的，应当依照有关规定重新参加相应的职业培训和考试。

第十八条 营运驾驶员从业资格证书持有人迁移户籍或者变更暂住地，营运驾驶员从业资格证书在有效期内继续有效。有效期届满后，属于迁移户籍的，到新的户籍所在地的市级以上人民政府交通主管部门运政机构审验换证；属于变更暂住地的，到新的暂住地所在的市级以上人民政府交通主管部门运政机构审验换证，也可以在原暂住地所在的市级以上人民政府交通主管部门运政机构审验换证。

第十九条 营运驾驶员从业资格证书遗失的，在有关新闻媒体上刊登遗失公告 30 日后，可向原发证机关申领新证。

营运驾驶员从业资格证书污损的，可以向原发证机关换领新证。

第二十条 县级以上人民政府交通主管部门运政机构要按规定建立营运驾驶员从业资格管理制度，妥善保存营运驾驶员档案资料。

第二十一条 营运驾驶员从业资格证书由省级人民政府交通主管部门运政机构按照交通部的统一规定（营运驾驶员从业资格证书式样见附件）负责印制、发放管理。

第四章 罚 则

第二十二条 从事营运驾驶员职业培训的培训机构、道路运输企业不按规定进行营运驾驶员职业培训，弄虚作假，造成不良后果的，处以 1000 元以上 5000 元以下的罚款。

第二十三条 未取得营运驾驶员从业资格证书，驾驶机动车从事营业性道路运输活动的，处以 200 元以下的罚款。

第二十四条 营运驾驶员驾驶机动车从事营业性道路运输活动，其所驾驶的机动车与其所持有的营运驾驶员从业资格证书核准的从业资格不一致的，处以 100 元以下的罚款。

第二十五条 道路运输经营者使用未取得营运驾驶员从业资格证书的人驾驶机动车从事营业性道路运输活动的，处以 200 元以上 1000 元以下的罚款。

第二十六条 伪造、倒卖、租借营运驾驶员从业资格证书的，收缴其非法证件，处以 100 元以上 1000 元以下的罚款。

第二十七条 各级人民政府交通主管部门及其所属运政机构的工作人员玩忽职守、徇私舞弊、滥用职权的，依法给予行政处分。

第五章 附 则

第二十八条 本规定由交通部负责解释。

第二十九条 本规定自 2002 年 7 月 1 日起施行。1999 年 6 月 25 日交通部公布的《中华人民共和国营业性道路运输机动车准驾证管理规定》同时废止。

国家质量监督检验检疫总局、公安部、海关总署关于印发《进口机动车辆制造厂名称和车辆品牌中英文对照表》的通知

2001 年 10 月 16 日

国质检联［2001］150 号

各直属检验检疫局，各省，自治区、直辖市公安厅、局，广东分署，各直属海关：

为加强对进口机动车辆（含汽车、摩托车，下同）的管理，现将《进口机动车辆制造厂名称和车辆品牌中英文对照表》（以下简称《对照表》）印发你们，请遵照执行。

各有关部门应根据职责，进一步加强进口机动车辆管理工作。现将有关问题通知如下：

一、各有关部门在各自的职责范围对进口机动车辆实施管理时，要按《对照表》规定的进口汽车、摩托车制造厂名称和车辆品牌中文译名进行签证和计算机管理。海关系统实施办法将另文下达有关海关执行。

二、对未列入《对照表》的进口机动车辆的中文译名，在申请国家安全认证时，由国家质量监督检验检疫总局确定其中文译名。各有关部门应按国家质量监督检验检疫总局确定的中文译名使用。

三、《对照表（2001 年版）》自 2002 年 1 月 1 日起施行。各地在执行中遇到的问题，请及时向上级主管部门报告。

附件：

进口机动车辆制造厂名称和车辆品牌中英文对照表

（2001 年版）

一、进口汽车制造厂名称登记信息代码表

（一）欧洲部分

制造国	制造厂具体名称	制造厂签注名称	代码
英国	英国美洲豹股份有限公司	英国美洲豹	826001
	英国黑豹西风汽车股份有限公司	英国黑豹西风	826002
	英国郝斯代尔股份有限公司	英国郝斯代尔	826003
	英国海斯特股份有限公司 A	英国海斯特汽车	826004
	英国厄夫股份有限公司	英国厄夫	826005
	英国福特汽车股份有限公司	英国福特	826006
	英国塔尔伯特汽车股份有限公司	英国塔尔伯特	826007
	英国利兰股份有限公司	英国利兰	826008
	英国布莱斯托尔汽车股份有限公司	英国布莱斯托尔	826009
	英国伏克斯豪尔汽车股份有限公司	英国伏克斯豪尔	826010
	英国沃尔斯蒙汽车股份有限公司	英国沃尔斯蒙	826011
	英国劳斯莱斯汽车股份有限公司	英国劳斯莱斯	826012
	英国阿斯顿马丁拉贡达股份有限公司	英国阿斯顿马丁	826013
	英国杰森汽车股份有限公司	英国杰森	826014
	英国杜登运动车公司	英国杜登	826015
	英国马克斯公司	英国马克斯	826016
	英国迈达斯公司	英国迈达斯	826017
	英国达顿汽车股份有限公司	英国达顿	826018
	英国纳依拉公司	英国纳依拉	826019
	英国里莱恩特汽车股份有限公司	英国里莱恩特	826020
	英国 GP 特许者公司	英国 GP 特许者	826021
	英国三叉戟汽车股份有限公司	英国三叉戟	826022
	英国 STVR 工程公司 A	英国 STVR	826023
	英国陆虎越野汽车股份有限公司	英国陆虎	826024
	英国奥斯汀－罗孚汽车股份有限公司	英国奥斯汀－罗孚	826025
	英国莲花汽车股份有限公司	英国莲花	826026
	英国摩根汽车股份有限公司	英国摩根	826027
	英国特威尔汽车股份有限公司	英国特威尔	826028
法国	法国标致－雪铁龙集团	法国标致－雪铁龙	250001
	法国雷诺汽车公司	法国雷诺	250002
	法国厄里耶大客车股份有限公司	法国厄里耶	250003
	法国标志集团艾尔伯特公司	法国艾尔伯特别儒	250004
	法国尤尼克公司	法国尤尼克	250005
	法国文图力汽车公司	法国文图力	250006
德国	德国大众汽车股份公司	德国大众	280002
	德国德勒克姆勒车身股份有限公司	德国德勒克姆勒	280003
	德国玛吉鲁斯－道依茨股份公司	德国玛吉鲁斯－道依茨	280004
	德国恩斯特奥尔维特股份公司	德国恩斯特奥尔维特	280005
	德国依发汽车厂	德国依发	280006
	德国比特尔汽车股份有限公司	德国比特尔	280007
	德国宝马汽车公司	德国宝马	280008
	德国保时捷研究设计发展股份公司	德国保时捷	280009
	德国费勃法伯车身厂	德国费勃法伯	280010

续表

制造国	制造厂具体名称	制造厂签注名称	代码
德国	德国 EL – KG 布加蒂汽车股份公司	德国布加蒂	280011
	德国阿德姆 – 欧宝汽车公司	德国欧宝	280012
	德国奥格斯堡 – 纽伦堡机械制造股份公司	德国曼	280013
	德国福特股份公司	德国福特	280014
	德国尼奥普兰-戈特洛布-奥韦特尔股份有限公司	德国尼奥普兰	280015
	德国奥迪纳苏汽车公司	德国奥迪	280016
	德国罗伯汽车厂	德国罗伯	280017
	德国茨维考国营萨克森汽车厂	德国茨维考	280018
	德国瓦尔特费特尔公司	德国瓦尔特费特尔	280019
	德国卡尔 – 凯斯鲍尔汽车股份有限公司 A	德国凯斯鲍尔	280020
原苏联	原苏联莫斯科列宁共青团汽车厂	原苏联莫斯科	810001
	原苏联查波罗什汽车厂	原苏联查波罗什	810002
	原苏联乌里杨诺夫汽车厂	原苏联乌里杨诺夫	810003
	原苏联伏尔加汽车厂	原苏联伏尔加	810004
	原苏联高尔基汽车厂	原苏联高尔基	810005
	原苏联李哈乔夫汽车厂	原苏联李哈乔夫	810006
	原苏联伊热夫斯克汽车厂	原苏联伊热夫斯克	810007
	原苏联卡马汽车厂	原苏联卡马	810008
	原苏联明斯克汽车厂	原苏联明斯克	810009
	原苏联乌拉尔汽车厂	原苏联乌拉尔	810010
	原苏联克烈缅楚格汽车厂	原苏联克烈缅楚格	810011
	原苏联里加大客车厂	原苏联里加	810012
波兰	波兰华沙小客车厂	波兰华沙	616001
	波兰斯塔拉霍维兹 – 卢布林载重汽车厂	波兰斯塔拉霍维兹 – 卢布林	616002
	波兰耶尔奇汽车厂	波兰耶尔奇	616003
	波兰萨诺克大客车厂	波兰萨诺克	616004
捷克	捷克阿维亚国营公司	捷克阿维亚	200001
	捷克斯柯达汽车公司	捷克斯柯达	200002
	捷克太脱拉汽车制造厂	捷克太脱拉	200003
	捷克利贝雷茨汽车制造厂	捷克利贝雷茨	200004
南斯拉夫	南斯拉夫沃兹伊尔汽车厂	南斯拉夫沃兹伊尔	890001
	南斯拉夫红旗汽车厂	南斯拉夫红旗	890002
	南斯拉夫法普 – 费莫斯汽车厂	南斯拉夫法普 – 费莫斯	890003
罗马尼亚	罗马尼亚布拉索夫汽车厂	罗马尼亚布拉索夫	642001
	罗马尼亚奥尔西特汽车厂	罗马尼亚奥尔西特	642002
	罗马尼亚穆西尔汽车厂	罗马尼亚穆西尔	642003
	罗马尼亚彼特什蒂汽车厂	罗马尼亚彼特什蒂	642004
匈牙利	匈牙利伊卡露斯汽车公司	匈牙利伊卡露斯	348001
意大利	意大利法拉利汽车公司	意大利法拉利	380001
	意大利兰博基尼汽车公司	意大利兰博基尼	380002
	意大利马莎拉蒂股份公司	意大利马莎拉蒂	380003
	意大利诺瓦英诺森蒂股份有限公司	意大利诺瓦英诺森蒂	380004
	意大利伯托尼股份有限公司	意大利伯托尼	380005
	意大利依诺森汽车股份有限公司	意大利依诺森	380006
	意大利博通公司	意大利博通	380007
	意大利兰旗股份有限公司	意大利兰旗	380008
	意大利奥菲辛-阿尔菲里-马莎拉蒂股份有限公司	意大利马莎拉蒂	380009
	意大利菲亚特汽车股份有限公司	意大利菲亚特	380010

续表

制造国	制造厂具体名称	制造厂签注名称	代码
意大利	意大利阿尔法罗密欧股份有限公司	意大利阿尔法罗密欧	380011
	意大利拉维尔股份有限公司	意大利拉维尔	380012
	意大利依维柯工业车辆公司	意大利依维柯	380013
	意大利德托马索摩迪那汽车股份有限公司	意大利德托马索摩迪那	380014
瑞典	瑞典沃尔沃集团	瑞典沃尔沃	752001
	瑞典萨伯－斯堪尼亚股份有限公司	瑞典萨伯	752002
奥地利	奥地利格斯托卡公司	奥地利格斯托卡	040001
	奥地利斯太尔－戴姆勒－普赫股份有限公司	奥地利斯太尔	040002
西班牙	西班牙图雷斯莫公司	西班牙图雷斯莫	724001
	西班牙费萨－雷诺公司 A	西班牙雷诺	724002
	西班牙福特公司 A	西班牙福特	724003
	西班牙雪铁龙公司 A	西班牙雪铁龙	724004
	西班牙塔尔伯特公司 A	西班牙塔尔伯特	724005
	西班牙王国载重汽车有限公司	西班牙王国	724006
	西班牙大众汽车股份公司	西班牙大众	724007
比利时	比利时鹰公共汽车公司	比利时鹰	056001
	比利时拉格大客车公司	比利时拉格	056002
	比利时范胡尔公司	比利时范胡尔	056003
荷兰	荷兰达夫公司	荷兰达夫	528001
	荷兰沃尔沃汽车公司	荷兰沃尔沃	528002
希腊	希腊迪姆汽车公司	希腊迪姆	300001
土耳其	土耳其奥托桑公司	土耳其奥托桑	792001
	土耳其托发斯汽车公司	土耳其托发斯	792002
瑞士	瑞士阿道夫－索瑞尔公司 A	瑞士阿道夫－索瑞尔	756001
	瑞士斯巴罗公司 A	瑞士斯巴罗	756002
	瑞士蒙特维尔蒂汽车公司	瑞士蒙特维尔蒂	756003

（二）亚洲部分

制造国	制造厂具体名称	制造厂签注名称	代码
日本	日本丰田汽车股份有限公司	日本丰田	392001
	日本日产汽车股份有限公司	日本日产	392002
	日本三菱汽车工业股份有限公司	日本三菱	392003
	日本马自达汽车股份有限公司	日本马自达	392004
	日本本田技研工业股份有限公司	日本本田	392005
	日本大发工业有限公司	日本大发	392006
	日本富士重工业股份有限公司	日本富士	392007
	日本铃木汽车工业股份有限公司	日本铃木	392008
	日本日野汽车工业股份有限公司	日本日野	392009
	日本日产柴油机工业股份有限公司	日本日产柴油机	392010
	日本五十铃汽车公司	日本五十铃	392011
韩国	韩国现代汽车公司	韩国现代	410001
	韩国起亚汽车公司	韩国起亚	410002
	韩国大宇汽车公司	韩国大宇	410003
	韩国双龙汽车公司	韩国双龙	410004
	韩国亚西亚汽车公司	韩国亚西亚汽车	410005
中国台湾	中国台湾裕隆汽车公司	中国台湾裕隆	799001
	中国台湾中华汽车公司	中国台湾中华	799002
	中国台湾福特六和汽车公司	中国台湾福特六和	799003
	中国台湾三福汽车公司	中国台湾三福	799004
印度	印度斯坦汽车公司	印度斯坦	356001
	印度标准汽车产品公司	印度标准	356002
	印度马辛德拉汽车公司 A	印度马辛德拉	356003
	印度马鲁蒂汽车公司 A	印度马鲁蒂	356004
	印度塔塔汽车公司	印度塔塔	356005
马来西亚	马来西亚通用汽车公司	马来西亚通用	458001
	马来西亚普路通汽车公司	马来西亚普路通	458002
菲律宾	菲律宾 RV 阿凡苏 DMG 公司	菲律宾 RV 阿凡苏 DMG	608001

（三）北美洲部分

制造国	制造厂具体名称	制造厂签注名称	代码
美国	美国通用汽车公司别克部	美国通用别克	840001
	美国通用汽车公司雪佛兰部	美国通用雪佛兰	840002
	美国通用汽车公司凯迪拉克部	美国通用凯迪拉克	840003
	美国通用汽车公司旁太克部	美国通用旁太克	840004
	美国通用汽车公司奥斯莫比尔部	美国通用奥斯莫比尔	840005
	美国通用汽车公司吉姆西部	美国通用吉姆西	840006
	美国福特汽车公司福特部	美国福特	840007
	美国福特汽车公司林肯默寇利部	美国福特林肯默寇利	840008
	美国克莱斯勒汽车公司道奇部	美国克莱斯勒道奇	840009
	美国克莱斯勒汽车公司顺风部	美国克莱斯勒顺风	840010
	美国克莱斯勒汽车公司克莱斯勒部	美国克莱斯勒	840011
	美国埃克斯卡利伯汽车公司	美国埃克斯卡利伯	840012
	美国施图茨汽车公司	美国施图茨	840013
	美国莫诺柯克工程公司	美国莫诺柯克	840014
	美国肯沃斯载重汽车公司	美国肯沃斯	840015
	美国万国联合收割机公司	美国万国	840016
	美国麦克载重汽车公司	美国麦克	840017
	美国马蒙汽车公司	美国马蒙	840018
	美国怀特公司	美国怀特	840019
	美国奥史考士载重汽车公司	美国奥史考士	840020
	美国其他公司 A	美国其他	840022
	美国大众公司	美国大众	840021
加拿大	加拿大通用汽车公司	加拿大通用	124001
	加拿大福特汽车公司	加拿大福特	124002
	加拿大克莱斯勒汽车公司 A	加拿大克莱斯勒	124003
	加拿大美国汽车公司	加拿大美国	124004
墨西哥	墨西哥大众汽车股份公司	墨西哥大众	484001

（四）南美洲部分

制造国	制造厂具体名称	制造厂签注名称	代码
巴西	巴西大众汽车股份公司	巴西大众	076001
	巴西克莱斯勒汽车公司	巴西克莱斯勒	076002
	巴西通用汽车公司	巴西通用	076003
	巴西福特公司	巴西福特	076004
	巴西古尔格尔公司	巴西古尔格尔	076005
	巴西缪拉公司	巴西缪拉	076006
	巴西普马汽车工业公司	巴西普马	076007
	巴西梅赛德斯－奔驰公司 A	巴西奔驰	076008
	巴西菲亚特汽车公司 A	巴西菲亚特	076009
阿根廷	阿根廷大众汽车股份公司	阿根廷大众	032001
	阿根廷梅赛德斯－奔驰公司 A	阿根廷奔驰	032002
	阿根廷福特汽车公司	阿根廷福特	032003
	阿根廷雷诺公司	阿根廷雷诺	032004
	阿根廷菲亚特车辆工业股份有限公司 A	阿根廷菲亚特	032005
	阿根廷萨伯－斯堪尼亚股份有限公司 A	阿根廷萨伯	032006
	阿根廷道依茨股份有限公司 A	阿根廷道依茨	032007

（五）非洲部分

制造国	制造厂具体名称	制造厂签注名称	代码
南非	南非利兰公司	南非利兰	710001
	南非通用汽车公司	南非通用	710002
	南非巴兹尔格林汽车公司	南非巴兹尔格林	710003
	南非日产汽车股份有限公司	南非日产	710004
埃及	埃及伊尔－纳斯尔汽车生产公司	埃及伊尔－纳斯尔	818001
	埃及法兰尼斯厢式货车厂	埃及法兰尼斯	818002

（六）大洋洲部分

制造国	制造厂具体名称	制造厂签注名称	代码
澳大利亚	澳大利亚福特公司	澳大利亚福特	036001
	澳大利亚克莱斯勒公司	澳大利亚克莱斯勒	036002
	澳大利亚利兰公司	澳大利亚利兰	036003
	澳大利亚三菱汽车工业股份有限公司	澳大利亚三菱	036004
	澳大利亚通用－霍尔登控股有限公司	澳大利亚通用－霍尔登	036005
	澳大利亚日产汽车公司 A	澳大利亚日产	036006

二、进口汽车车辆品牌中英文对照译名登记信息代码表

（一）欧洲部分

制造厂名称	车辆品牌	签注名称	代码
奥地利格斯托卡公司	HURRYCANE	郝里凯恩	0400010011
奥地利斯太尔－戴姆勒－普赫股份有限公司	PINZGAUER	平兹高尔	0400020011
	PUCH	普赫	0400020021
	STEYR	斯太尔	0400020031
比利时范胡尔公司	VANHOOL	范胡尔	0560030011
比利时拉格大客车公司	TRISTAR	三星	0560020011
比利时鹰公共汽车公司	EAGLE	鹰	0560010011
波兰萨诺克大客车厂	AUTOSAN	奥托森	6160040011
波兰耶尔奇汽车厂	JELCZ	耶尔奇	6160030011
波兰华沙小客车厂	FSO	华沙	6160010011
	POLONEZ	波罗乃兹	6160010021
	POLSKI – FLAT	波兰－菲亚特	6160010031
	UNO	乌诺	6160010041
波兰斯塔拉霍维兹－卢布林载重汽车厂	STAR	星	6160020011
	ZUK	茹克	6160020021
德国 EL－KG 布加蒂汽车股份有限公司	BUGATTI	布加蒂	2800110011
德国尼奥普兰－戈特洛布－奥韦特尔股份有限公司	NEOPLA	尼奥普兰	2800150011
	NEOPLAN – CITYLINER	尼奥普兰城市班车	2800150021
	NEOPLAN – CLUBLINER	尼奥普兰俱乐部班机	2800150031
	NEOPLAN – JETLINER	尼奥普兰喷气客机	2800150041
	NEOPLAN – JUMBO CRUISER	尼奥普兰巨型巡军舰	2800150051
	NEOPLAN – LONGLINER	尼奥普兰长途班车	2800150061
	NEOPLAN – SKYLINER	尼奥普兰航空班车	2800150071
	NEOPLAN – SPACELINER	尼奥普兰航天班车	2800150081
德国保时捷研究设计发展股份公司	BOXSTER	博克斯特	2800090011
	PORSCHE	保时捷	2800090021
德国大众汽车股份公司	BORA	宝来	2800020011
	CARAVELLA	卡拉维尔	2800020021
	CARAVELLE	卡罗瓦雷	2800020031
	DASHER	冲击者	2800020041
	DERBY	赛马	2800020051
	GOLF	高尔夫	2800020061
	ILTIS	白鼬	2800020071
	JETTA	捷达	2800020081
	LUPO	路波	2800020091
	NEW – BEETLE	新甲壳虫	2800020101
	PASSAT	帕萨特	2800020111
	POLO	波罗	2800020121

续表

制造厂名称	车辆品牌	签注名称	代码
德国大众汽车股份公司	QUANTUM	量子	2800020131
	RABBIT	兔牌	2800020141
	REKORD	瑞考德	2800020151
	SANTANA	桑塔那	2800020161
	SHARAN	莎兰	2800020171
	TRANSPORTER	运输者	2800020181
	VARIANT	瓦里恩特	2800020191
	VENTO	文托	2800020201
	VOLKSWAGEN	大众	2800020211
德国奥迪纳苏汽车公司	AUDI	奥迪	2800160011
	QUATTRO	卡特罗	2800160021
德国宝马汽车公司	BMW	宝马	2800080011
德国德勒克姆勒车身股份有限公司	DROGMLER – CORSAIR	德勒克姆勒海盗	2800030011
	DROGMLER – METEOR	德勒克姆勒流星	2800030021
	DROGMOLER – SUPER – CAMER	德勒克姆勒超级彗星	2800030031
	DROGMOLER – SUPFR – PULLMAN	德勒克姆勒超级普拉曼	2800030041
	DROGMOLLER	德勒克姆勒	2800030051
	PULLMAN	普拉曼	2800030061
德国恩斯特奥尔维特股份公司	EUROSTAR	欧洲之星	2800050011
	TEAMSTAR	郊游队之星	2800050021
德国戴姆勒 – 克莱斯勒公司	DAIMLER – BENZ	戴姆勒 – 奔驰	2800010011
	MERCEDESBENZ	梅塞德斯奔驰	2800010021
	UNIMOG	乌尼莫克	2800010031
	ATEGO	阿迪戈	2800010041
	ACTROS	阿克托斯	2800010051
	VITO	威特	2800010061
	SPRINTER	斯普林特	2800010071
	VARIO	法里奥	2800010081
德国曼公司	MAN	曼	2800130011
德国比特尔汽车股份有限公司	BITTER	比特尔	2800070011
德国玛吉鲁斯 – 道依茨股份公司	DEUTZ	道依茨	2800040011
	MAGIRUS	玛吉鲁斯	2800040021
德国福特股份公司	MERKUR	默克	2800140011
	ORION	猎户座	2800140021
	TAUNUS	金牛座	2800140031
	TRANSIT	特兰西特	2800140041
	ESCORT	护卫者	2800140051
	SIERPA	塞拉	2800140061
德国罗伯汽车厂	ROBUR	罗伯	2800170011
德国茨维考国营萨克森汽车厂	TRABANT	却贝特	2800180011
德国费勃法伯车身厂	BONITE	勃尼托	2800100011
	PACER	标兵	2800100021
德国亚当 – 欧宝汽车公司	AGLILA	灵敏	2800120011
	ASTRA	雅特	2800120021
	CORSA	可赛	2800120031

续表

制造厂名称	车辆品牌	签注名称	代码
德国亚当－欧宝汽车公司	FRONTERA	前卫	2800120041
	MANTA	曼塔	2800120051
	MONTEREY	蒙德利	2800120061
	MONZA	蒙扎	2800120071
	OLINPIA	奥林匹亚	2800120081
	OMEGA	欧美佳	2800120091
	OPEL	欧宝	2800120101
	SINTRA	新达	2800120111
	SPEEDSTER	斯派德	2800120121
	TIGRA	小老虎	2800120131
	VECTRA	威达	2800120141
	ZAFIRA	赛飞利	2800120151
德国瓦尔特费特尔公司	VETTER	费特尔	2800190011
德国依发汽车厂	BARKAS	巴尔卡斯	2800060011
	IFA	依发	2800060021
法国标致－雪铁龙集团	ACADIANE	阿卡迪恩	2500010011
	BERLINGO	百灵	2500010021
	CITROEN	雪铁龙	2500010031
	DYANE	戴恩	2500010041
	EVASION	遨游	2500010051
	MATRA	马特拉	2500010061
	MATRA－BAGHEER　A	马特拉巴格西拉	2500010071
	MATRA－RANCHO	马特拉兰乔	2500010081
	MEHARI	梅哈丽	2500010091
	PEUGEOT	标志	2500010101
	SAXO	萨克索	2500010111
	VISA	维莎	2500010121
	XANTIA	桑蒂雅	2500010131
	XSARA	沙拉	2500010141
	PICASSO	毕加索	2500010151
法国标致集团艾尔伯特公司	HORIZON	地平线	2500040011
	HUNTER	猎人	2500040021
法国厄里耶大客车股份有限公司	HENLIEZ	厄里耶	2500030011
法国雷诺汽车公司	BERLIET	利埃	2500020011
	CLIO	克丽欧	2500020021
	ESPACE	太空	2500020031
	LAGUNA	拉古娜	2500020041
	MASTER	主人	2500020051
	MEDALLION	麦德林	2500020061
	MEGONE	梅佳娜	2500020071
	RENAULT	雷诺	2500020081
	RENAULT－ESPACE	雷诺宇宙	2500020091
	RODEO	竞技	2500020101
	SAFRANE	萨法娜	2500020111
	SCENIC	风景	2500020121
	TRAFIC	运输	2500020131
	TWINGO	屯果	2500020141
法国文图力汽车公司	VENTURI	文图力	2500060011

续表

制造厂名称	车辆品牌	签注名称	代码
法国尤尼克公司	UNIC	尤尼克	2500050011
荷兰达夫公司	DAF	达夫	5280010011
荷兰沃尔沃汽车公司	VOLVO	沃尔沃	5280020011
捷克阿维亚国营公司	AVIA	阿维亚	2000010011
	KAROSA	柯罗沙	2000010021
	PRAGA	布拉格	2000010031
捷克利贝雷茨汽车制造厂	LIAZ	利阿兹	2000040011
捷克太脱拉汽车制造厂	TATRA	太脱拉	2000030011
捷克斯柯达汽车公司	FELICIA	弗雷西亚	2000020011
	OCTAVIA	欧雅	2000020021
	SKODA	斯柯达	2000020031
	SKODA – FAVORIT	斯柯达 – 福泊瑞特	2000020041
	SKODA – FORMAN	斯柯达 – 福尔曼	2000020051
	FABIA	法比亚	2000020061
	FORMAN	福曼	2000020071
	FELICIA COMBI	弗雷西亚旅行车	2000020081
	OCTAVIA COMBI	欧雅旅行车	2000020091
	FABIA COMBI	法比亚旅行车	2000020101
	FABIA SALOON	法比亚轿车	2000020111
罗马尼亚穆西尔汽车厂	ARO	阿罗	6420030011
罗马尼亚奥尔西特汽车厂	CLUB	俱乐部	6420020011
罗马尼亚彼特什蒂汽车厂	DACIA	达契亚	6420040011
罗马尼亚布拉索夫汽车厂	BUCEGI	布拉奇	6420010011
	ROMAN	罗曼	6420010021
南斯拉夫法普 – 费莫斯汽车厂	FAP	法普	8900030011
南斯拉夫沃兹伊尔汽车厂	IMV	依姆葳	8900010011
	SANOS	桑诺斯	8900010021
	TAM	达姆	8900010031
南斯拉夫红旗汽车厂	ZASTAVA	红旗	8900020011
瑞典萨伯 – 斯堪尼亚股份有限公司	SAAB	萨伯	7520020011
	SCANIA	斯堪尼亚	7520020021
瑞典沃尔沃集团	TANSFER	转运	7520010011
	TOP – EXECUTIVE	行政级	7520010021
	VOLVO	沃尔沃	7520010031
瑞士蒙特维尔蒂汽车公司	HAI	哈伊	7560030011
	HIGH – SPEED	高速	75600300211
	TIARA	三重冕	7560030031
土耳其奥托桑公司	BOCEK	鲍谢克	7920010011
土耳其托发斯汽车公司	DOGAN	多甘	7920020011
	KARTAL	卡尔塔	7920020021
	SAHIN	萨因	7920020031
	SIENA	西耶那	7920020041
	TERMPRA	腾普拉	7920020051
	WEEKEND	周末	7920020061
西班牙大众汽车股份公司	ALHAMBRA	阿尔汉不拉	7240070011
	AROSA	阿罗莎	7240070021
	CORDOBA	科多巴	7240070031
	IBIZA	依比萨	7240070041

续表

制造厂名称	车辆品牌	签注名称	代码
西班牙大众汽车股份公司	MARBELLA	玛贝拉	7240070051
	SEAT	西亚特	7240070061
	TOLEDO	图雷多	7240070071
西班牙王国载重汽车有限公司	PEGASO	毕加索	7240060011
西班牙图雷斯莫公司	IBIZA	伊比扎	7240010011
	MALAGA	马拉加	7240010021
	RENAULT	雷诺	7240010031
希腊迪姆汽车公司	DIM	迪姆	3000010011
匈牙利伊卡露斯汽车公司	IKARUS	伊卡露斯	3480010011
	RABA	拉巴	3480010021
意大利阿尔法罗密欧股份公司	GIULIETTA	吉里耶塔	3800110011
	GUILIA	吉利亚	3800110021
	JUNIOR	少年	3800110031
	ALFA – ROMEO	阿尔法 – 罗密欧	3800110041
意大利伯托尼股份有限公司	RITMO – CALRIO	节奏卡不里奥	3800050011
意大利博通公司	BERTONE	博通	3800070011
意大利德托马索摩迪那汽车股份有限公司	DEAVILLE	迪维尔	3800140011
意大利法拉利汽车公司	BERLINETTA – BOX ER	伯林亚特拳击家	3800010011
	DINO	迪诺	3800010021
	MARANELLO	马拉内罗	3800010031
	MODENA	摩德纳	3800010041
	MONDI	世界	3800010051
	TESTAROSSA	特斯坦罗萨	3800010061
	FERRARI	法拉利	3800010071
	SPIDER	斯拜德	3800010081
意大利菲亚特汽车股份有限公司	ALYSSE	尤力塞	3800100011
	ARGERTA	阿尔詹塔	3800100021
	BARCHETTA	小帆船	3800100031
	BERLIMETTA	伯林尼塔	3800100041
	BRAVA	布拉娃	3800100051
	BRAVO	布拉旺	3800100061
	CROMA	克罗玛	3800100071
	DUCATO	达克特	3800100081
	DUNA	杜纳	3800100091
	FIAT	菲亚特	3800100101
	IVECO	依维柯	3800100111
	MAREA	马力昂	3800100121
	MIRAFIORI	米拉费欧丽	3800100131
	MULTIPLA	多能	3800100141
	PALIO	派力奥	3800100151
	PANDA	熊猫	3800100161
	PANTO	鹏托	3800100171
	RACING	赛跑	3800100181
	RALLY	赛车会	3800100191
	REGATA	利加塔	3800100201
	RITMO	节奏	3800100211

续表

制造厂名称	车辆品牌	签注名称	代码
意大利菲亚特汽车股份有限公司	SEICENTO	赛神托	3800100221
	TIPO	蒂波	3800100231
	UNO	乌诺	3800100241
意大利依维柯工业车辆公司	DAILY	代利	3800130011
	IVECO – FIAT	依维柯 – 菲亚特	3800130021
意大利拉维尔股份有限公司	VARZINA	瓦基那	3800120011
意大利兰博基尼汽车公司	ESPADA	埃斯巴达	3800020011
	JALPA	杰尔帕	3800020021
	URRACO	于拉科	3800020031
	URRACO – SILHOUETTE	于拉科西卢埃特	3800020041
	DIABLO	鬼怪	3800020051
	LAMBORGHINI	兰博基尼	3800020061
意大利兰旗股份有限公司	BETA	贝塔	3800080011
	GAMMA	伽马	3800080021
	MONTE – CARLO	蒙特卡洛	3800080031
	PRISMA	棱镜	3800080041
	THEMA	主旋律	3800080051
	TREVI	特里维	3800080061
	VOLUMEX	沃露梅克斯	3800080071
	ZAGATO	扎加托	3800080081
	RALLY	赛车会	3800080091
	DELTA	德尔塔	3800080101
	KAPPA	卡帕	3800080111
	LANCIA	兰旗	3800080121
	LYBRA	力普拉	3800080131
	ZETA	赛达	3800080141
意大利奥菲辛 – 阿尔菲里 – 马莎拉蒂股份有限公司	BORA	寒风	3800090011
	MERAK	梅拉克	3800090021
	QUATTOPORTE	卡特罗包尔特	3800090031
意大利马莎拉蒂股份公司	BITURLO	比图尔拉	3800030011
	MASERATI	玛莎拉蒂	3800030021
意大利诺瓦英诺森蒂股份有限公司	MINI	米尼	3800040011
	REGENT	统治者	3800040021
意大利依诺森汽车股份有限公司	INNOCENTI	依诺森蒂	3800060011
英国奥斯汀 – 罗孚汽车股份有限公司	AUSTIN	奥斯汀	8260250011
	MINI	米尼	8260250021
	ROVER	罗孚	8260250031
英国 GP 特许者公司	TALON	魔爪	8260210011
英国特威尔汽车股份有限公司	TAIMAR	泰玛	8260280011
	TASMIN	塔斯明	8260280021
	CHIMAERA	驰马拉	8260280031
	GRIFFITH	格力菲斯	8260280041
英国阿斯顿马丁拉贡达股份有限公司	ASTON – MARTIN	阿斯顿 – 马丁	8260130011
	BULLDOG	斗狗	8260130021
	VANTAGE	优势	8260130031
	VOLANTE	飞鼠	8260130041
	ZAGATO	扎加托	8260130051

续表

制造厂名称	车辆品牌	签注名称	代码
英国布莱斯托尔汽车股份有限公司	BEAUFIGHTER	勇士	8260090011
	BEAULORT	博斯特	8260090021
	BRIGAND	强盗	8260090031
	BRISTOL	不莱斯托尔	8260090041
	BRITANIA	大英帝国	8260090051
英国达顿汽车股份有限公司	MOKE – CALIFORNIAN	毛驴加利福尼亚人	8260180011
英国杜登运动车公司	MALAGA	马拉加	8260150011
英国厄夫股份有限公司	ERF	厄夫	8260050011
英国伏克斯豪尔汽车股份有限公司	BEDFORD	贝德福特	8260100011
	BEDFORD – CONTOUR	贝德福特康特	8260100021
	MAGNUM	马格纳姆	8260100031
	NOVA	新星	8260100041
	VELOX	维洛斯	8260100051
	VENTORA	文托拉	8260100061
	VICTOR	胜利者	8260100071
	VIVA	万岁	8260100081
	VX	VX	8260100091
英国福特汽车股份有限公司	ESCORT	护卫者	8260060011
	GHIA – SHUTTER	吉亚快门	8260060021
	GHIA – TRIO	吉亚三重奏	8260060031
	GHIA – VIGNALE	吉亚维格纳尔	8260060041
	GRANADA	格雷那达	8260060051
	ORION	猎户座	8260060061
	POPULAR	大众	8260060071
	TRANSCONTINENTAL	洲际	8260060081
	TRANSIT	特兰西特	8260060091
	ZODINE	佐狄克	8260060101
英国郝斯代尔股份有限公司	BULKMASTE	装载能手	8260030011
	DOMINATOR	统治者	8260030021
	DORCHESTER	多切斯特	8260030031
	JUBILANT	欢乐	8260030041
英国黑豹西风汽车股份有限公司	RIO	里奥	8260020011
英国杰森汽车股份有限公司	INTERCEPTOR	截击者	8260140011
英国劳斯莱斯汽车股份有限公司	BENTLEY	本特利	8260120011
	BENTLEY – MULSA NNE	本特利马尔森	8260120021
	CORNICHE	险路	8260120031
	PHANTON	鬼怪	8260120041
	ROLLS – ROYCE	劳斯莱斯	8260120051
	SILAVER – SPIRIT	银灵	8260120061
	SILVAR – DAWN	银晨	8260120071
	SILVER – SUPR	银刺	8260120081
英国里莱恩特汽车股份有限公司	ROBIN	知更鸟	8260200011

续表

制造厂名称	车辆品牌	签注名称	代码
英国利兰股份有限公司	BEAR	白熊	8260080011
	BEAVERR	海狸	8260080021
	BISON	野牛	8260080031
	DOLOMITE	大理石	8260080041
	GUY	盖	8260080051
	HIMALAYAR	喜马拉雅	8260080061
	HIPPO	河马	8260080071
	ITAL	意大利人	8260080081
	MAESTRO	艺术大师	8260080091
	MAMMOTH	长毛象	8260080101
	MANDATOR	命令者	8260080111
	MARATHON	马拉松	8260080121
	MARINA	玛丽娜	8260080131
	MARSHAL	主帅	8260080141
	MASTIFF	猛犬	8260080151
	MAXI	马克西	8260080161
	MGB	MGB	8260080171
	MIDGET	侏儒	8260080181
	MINI – CITY	米尼城市	8260080191
	MINI – MAYFAIR	米尼贵族宅区	8260080201
	MINI – METRO	米尼地下铁道	8260080211
	MONARCH	君主	8260080221
	MONTEGO	蒙特卡洛	8260080231
	MORRIS	莫利斯	8260080241
	MOUNTAINEER	登山者	8260080251
	NABIAN	纳宾	8260080261
	NATIONAL	国民	8260080271
	OCTOPUS	章鱼	8260080281
	PRINCESS	公主	8260080291
	RANGER	漫游者	8260080301
	RELIANCE	信心	8260080311
	REVIER	掠夺者	8260080321
	TERRIER	士兵	8260080331
	THAMES	泰晤士	8260080341
	TIGER	虎	8260080351
	TITAN	大力神	8260080361
	TRIUMPH	凯旋	8260080371
	VICTORY	胜利	8260080381
	VIKING	海盗	8260080391
	VILLAGER	村民	8260080401
英国莲花汽车股份有限公司	ECLAT	光辉	8260260011
	ECLAT – EXCEL	光辉卓越	8260260021
	ELISE	爱丽斯	8260260031
	ELITE	精华	8260260041
	ESPRIT	精灵	8260260051
	EXCEL	优胜	8260260061

续表

制造厂名称	车辆品牌	签注名称	代码
英国陆虎越野汽车股份有限公司	DEFENDER	卫士	8260240011
	DISCOVERY	发现	8260240021
	FREELANDER	自由人	8260240031
	LAND – ROVER	陆虎	8260240041
	RANG – ROVER	揽胜陆虎	8260240051
英国马克斯公司	MANTURA	曼图拉	8260160011
英国迈达斯公司	MIDAS	迈达斯	8260170011
英国美洲豹股份有限公司	DAIMLER	戴姆勒	8260010011
	JAGUAR	美洲豹	8260010021
英国摩根汽车股份有限公司	MORGAN	摩根	8260270011
英国纳依拉公司	NAYLOR	纳依拉	8260190011
英国三叉戟汽车股份有限公司	VENTURER	冒险者	8260220011
英国塔尔伯特汽车股份有限公司	EXPRESS	快速	8260070011
	TAGORA	塔古拉	8260070021
英国沃尔斯蒙汽车股份有限公司	BELMONT	贝尔蒙特	8260110011
原苏联查波罗什汽车厂	3ANOPO – EU	查波罗什人	8100020011
	LADA	拉达	8100040011
原苏联伏尔加汽车厂	LADA – SAMARA	拉达 – 萨马拉	8100040021
	NIVA	尼瓦	8100040031
原苏联高尔基汽车厂	3HM	吉姆	8100050011
	BOJIRA	伏尔加	8100050021
	PA3	嘎斯	8100050031
	UAHKA	海鸥	8100050041
原苏联卡马汽车厂	KAMA3	卡玛斯	8100080011
原苏联克烈缅楚格汽车厂	KPA3	克拉斯	8100110011
原苏联李哈乔夫汽车厂	3HJI	吉尔	8100060011
原苏联里加大客车厂	RAF	拉夫	8100120011
原苏联明斯克汽车厂	MA3	玛斯	8100090011
原苏联莫斯科列宁共青团汽车厂	MOSKVICH	莫斯科人	8100010011
原苏联乌拉尔汽车厂	UPAJI	乌拉尔	8100100011
原苏联乌里杨诺夫汽车厂	YA3	乌阿斯	8100030011
原苏联伊热夫斯克汽车厂	HEK	依日	8100070011

（二）亚洲部分

制造厂名称	车辆品牌	签注名称	代码
日本本田技研工业股份有限公司	ACCORD	雅阁	3920050011
	ACURA	阿库拉	3920050021
	ACURA – LEGEND	阿库拉 – 传奇	3920050031
	BALLADE	叙事曲	3920050041
	CIVIC	思域	3920050051
	HONDA	本田	3920050061
	INTEGRA	英特格拉	3920050071
	LEGEND	里程	3920050081
	LOGO	乐哥	3920050091
	ODYSSEY	郎程	3920050101
	PRELUDE	序曲	3920050111
	SHUTTLE	航班	3920050121
	CR – V	思威	3920050131
	STREAM	时韵	3920050141
日本大发工业有限公司	APPLAUSE	阿普拉斯	3920060011
	CHARADE	夏利	3920060021
	CHARMANT	查门特	3920060031
	CUORE	柯罗	3920060041
	DAIHATSU	大发	3920060051
	DELTA	德尔塔	3920060061
	FEROZA	费罗莎	3920060071
	HIJET	海捷特	3920060081
	MIRA	米拉	3920060091
	MOVE	行动	3920060101
	ROCKY	罗矶	3920060111
	SIRION	西龙	3920060121
	TAFT	塔夫特	3920060131
	TERIOS	如愿	3920060141
日本丰田汽车股份有限公司	AVALON	亚洲龙	3920010011
	AVENSIS	爱文奇思	3920010021
	BLIZZARD	暴风雪	3920010031
	CAMRY	佳美	3920010041
	CARINA	卡力那	3920010051
	CELLCA	赛利卡	3920010061
	CENTURY	世纪	3920010071
	CHASER	追击者	3920010081
	COASTER	考斯特	3920010091
	COROLLA	花冠	3920010101
	CORONA	光冠	3920010111
	CRESSIDA	克雷西达	3920010121
	CROWN	皇冠	3920010131
	DYNA	戴娜	3920010141
	HIACE	海狮	3920010151
	HIACE – COMMNTER	海艾斯康姆特	3920010161
	HILUX	海拉克斯	3920010171
	HYTAX	蹄兔	3920010181
	JAZZ	爵士乐	3920010191
	JEEP	吉普	3920010201

续表

制造厂名称	车辆品牌	签注名称	代码
日本丰田汽车股份有限公司	LAND – CRUISER	陆地巡洋舰	3920010211
	LEXUS	凌志	3920010221
	LITEACE	莱特艾斯	3920010231
	MARK Ⅱ	马克Ⅱ	3920010241
	MASTER	马斯特艾斯	3920010251
	MR2	MR2	3920010261
	PADMINI	帕德米先驱	3920010271
	PASEO	帕萨奥	3920010281
	PICNIC	郊游	3920010291
	PREVIA	普瑞维亚	3920010301
	PUBLICA	国民	3920010311
	SOARER	滑翔机	3920010321
	STARLET	小星	3920010331
	TERCEL	特塞尔	3920010341
	TODAY	今日	3920010351
	TOWNACE	城市之花	3920010361
	TOYOACE	丰田之花	3920010371
	TOYOTA	丰田	3920010381
	TRUENO	特雷诺	3920010391
	VAN	先驱	3920010401
	VIGOR	魄力	3920010411
	VISTA	远景	3920010421
	YARIS	亚力士	3920010431
	LAND CRUISER PRADO	陆地巡洋舰　霸道	3920010441
	RAV4	RAV4	3920010451
日本富士重工业股份有限公司	FORESTER	森林人	3920070011
	IMPREZA	英普瑞泽	3920070021
	JUSTY	加斯蒂	3920070031
	LEGACY	莱格西	3920070041
	LIBERO	自由人	3920070051
	OUTBACK	内陆	3920070061
	SUBARU	富士	3920070071
	SUBARU – JUSTY	富士 – 加斯蒂	3920070081
日本铃木汽车工业股份有限公司	ALTO	奥拓	3920080011
	BALENO	百乐	3920080021
	CAPPUCINO	卡布奇诺	3920080031
	JIMNY	吉姆尼	3920080041
	MIGHTY – BOY	好少年	3920080051
	SAMURAI	武士	3920080061
	SUZUKI	铃木	3920080071
	SWIFT	快捷	3920080081
	VITARA	维特拉	3920080091
日本马自达汽车股份有限公司	BOXER	拳击家	3920040011
	MAZDA	马自达	3920040021
	PORTER	投递员	3920040031
	PROCEED	行进	3920040041
	ROADPACER	罗德佩瑟	3920040051

续表

制造厂名称	车辆品牌	签注名称	代码
日本马自达汽车股份有限公司	TELSTAR	通信卫星	3920040061
	TITAN	大力神	3920040071
	XEDOS	伊塞多	3920040081
日本日产柴油机工业股份有限公司	NISSANDIESEL	日产柴油机	3920100011
日本日产汽车股份有限公司	ALMERA	阿美拉	3920020011
	ALTIMA	奥蒂玛	3920020021
	ATLAS	阿特拉斯	3920020031
	AUSTER	南风	3920020041
	BISON	野牛	3920020051
	BLUEBIRD	蓝鸟	3920020061
	CABSTAR	卡星	3920020071
	CARAVAN	开罗文	3920020081
	CEDRIC	公爵	3920020091
	CEFIRO	风度	3920020101
	CHERRY	樱花	3920020111
	CIMA	西玛	3920020121
	CIVILIAN	碧莲	3920020131
	DATSUN	德胜	3920020141
	EXA	艾可萨	3920020151
	GAZELLE	羚羊	3920020161
	GLORIA	光荣	3920020171
	GLORIA – CIMA	光荣西玛	3920020181
	GRAND – VIEW	展望	3920020191
	HOMY	霍梅	3920020201
	INFINITI	无限	3920020211
	JUNIOR	少年	3920020221
	LAUREL	桂冠	3920020231
	MARCH	前进	3920020241
	MAXIMA	千里马	3920020251
	MEDALIST	麦得里斯特	3920020261
	MICRA	米克拉	3920020271
	NISSAN	日产	3920020281
	PATHFINDER	探路者	3920020291
	PATROL	途乐	3920020301
	PICKUP	皮卡	3920020311
	PRAIRIE	大草原	3920020321
	PRESIDENT	总统	3920020331
	PRIMERA	普瑞玛	3920020341
	PULSAR	帕尔萨	3920020351
	QUEST	快速达	3920020361
	ROSENTHAL	罗森萨尔	3920020371
	SAFARI	萨发利	3920020381
	SENTRA	森特瑞	3920020391
	SERENA	塞雷纳	3920020401
	SKYLINE	斯克拉因	3920020411
	STANZA	斯坦扎	3920020421
	SUNNY	阳光	3920020431
	TERRANO	特兰诺	3920020441

续表

制造厂名称	车辆品牌	签注名称	代码
日本日产汽车股份有限公司	URVAN	佳奔	3920020451
	VANETTE	巴宁	3920020461
	VIOLET	紫罗兰	3920020471
	T30	日产 T30	3920020481
	E25	日产 E25	3920020491
日本日野汽车工业股份有限公司	HINO	日野	3920090011
	RAINBOW	彩虹	3920090021
	RANGER	漫游者	3920090031
日本三菱汽车工业股份有限公司	CANTER	康特	3920030011
	CARISMA	凯斯玛	3920030021
	COLT	小马	3920030031
	DEBONAIR	霓裳	3920030041
	DELICA	德利卡	3920030051
	DIAMANTE	德姆特	3920030061
	ECLIPSE	日蚀	3920030071
	ETERNA	埃特那	3920030081
	FUSO	扶桑	3920030091
	GALANT	戈蓝	3920030101
	LANCER	蓝瑟	3920030111
	MINI – CAB – WIDE	小宽头	3920030121
	MINICA	米尼卡	3920030131
	MINICA – ECONO	米尼卡埃柯诺	3920030141
	MIRAGE	海市蜃楼	3920030151
	MITSUBISHI	三菱	3920030161
	MONTERO	蒙特罗	3920030171
	PAJERO	帕杰罗	3920030181
	PAJERO IO	帕杰罗 IO	3920030191
	ROSA	罗萨	3920030201
	SIGMA	西格玛	3920030211
	SPACEWAGON	太空车	3920030221
	SPACE GEAR	太空档	3920030231
	TREDIA	特雷迪亚	3920030241
	L300	三菱 L300	3920030251
	L400	三菱 L400	3920030261
日本五十铃汽车公司	ASKA	阿斯卡	3920110011
	BELLEL	贝雷尔	3920110021
	BELLET	贝雷特	3920110031
	DESEO	帝索	3920110041
	ELF	埃尔夫	3920110051
	ELFFLAT – LOW	埃尔夫拉特罗	3920110061
	FORWARD	福沃德	3920110071
	GEMINI	格米尼	3920110081
	IMPUISE	冲击	3920110091
	ISUZU	五十铃	3920110101
	JOURNEY	旅行	3920110111
	NEW – POWER	新动力	3920110121
	PIAZZA	广场	3920110131
	RODEO	竞技者	3920110141
	TROOPER	突路霸	3920110151
	VEHICROSS	铁金刚	3920110161
菲律宾 RV 阿凡苏 DMG 公司	TORO	托罗	6080010011

续表

制造厂名称	车辆品牌	签注名称	代码
韩国大宇汽车公司	ARCADIA	阿卡迪亚	4100030011
	CILO	赛罗	4100030021
	ESPERO	爱斯皮罗	4100030031
	LANOS	蓝龙	4100030041
	LEGANZA	典雅	4100030051
	LEMANS	莱门斯	4100030061
	MATIZ	马蒂兹	4100030071
	NUBIRA	旅行家	4100030081
	PRINCE	普瑞斯	4100030091
	RACER	雷瑟	4100030101
	SUPER – SALON	超级沙龙	4100030111
	TICO	梯寇	4100030121
	LABO	雷伯	4100030131
韩国起亚汽车公司	AVELLA	阿维拉	4100020011
	BESTA	贝斯塔	4100020021
	BRISA	布里萨	4100020031
	CAPITAL	首都	4100020041
	CERES	赛瑞斯	4100020051
	CLARUS	克拉鲁斯	4100020061
	CONCORD	康柯德	4100020071
	PRIDE	普莱德	4100020081
	PUTENTIA	波登舍	4100020091
	SEPHIA	赛菲亚	4100020101
	SPORTAGE	狮跑	4100020111
	TITAN	泰坦	4100020121
	RIO	丽欧	4100020131
	OPTIMA	欧迪玛	4100020141
	CARENS	佳乐	4100020151
	SHUMA	秀玛	4100020161
	SPECTRA	光谱	4100020171
	ENTERPRISE	安特斯	4100020181
	CARNIVAL	嘉华	4100020191
韩国双龙汽车公司	CHAIRMAN	主席	4100040011
	KORANDO	科兰德	4100040021
	MUSSO	犀牛	4100040031
	SY69T	双龙 SY69T	4100040041
	SY15T	双龙 SY15T	4100040051
	SY6M	双龙 SY6M	4100040061
	SY15TC	双龙 SY15TC	4100040071
	SY6MC	双龙 SY6MC	4100040081
韩国现代汽车公司	ACCENT	雅绅	4100010011
	ATOS	亚托	4100010021
	CHORUS	柯瑞斯	4100010031
	DYNASTY	王朝	4100010041
	ELANTRA	朗特	4100010051
	EXCEL	依克塞尔	4100010061
	GRACE	格雷斯	4100010071
	GRANDEUR	君爵	4100010081

续表

制造厂名称	车辆品牌	签注名称	代码
韩国现代汽车公司	PONY	小马	4100010091
	PORTER	帕尔特	4100010101
	PRIMA	普力马	4100010111
	SCOUPE	斯柯普	4100010121
	SONATA	索娜塔	4100010131
	STELLAR	斯太勒	4100010141
	TRAGET	特杰	4100010151
	AERO SPACE LS	航空站	4100010161
	AERO CITY 540	航空城	4100010171
	AERO TOWN	航空塔	4100010181
	COUNTY	康提	4100010191
	COUPE	酷派	4100010201
	SANTA FE	胜达	4100010211
	CENTENNIAL	世纪	4100010221
	H100	现代 H100	4100010231
	MATRIX	美佳	4100010241
	TERRACAN	得利	4100010251
	CA 19 VP	现代 CA 19 VP	4100010261
	AA 19 RP	现代 AA 19 RP	4100010271
	BA 19 UP	现代 BA 19 UP	4100010281
	DB 19 YP	现代 DB 19 YP	4100010291
	DA 18 YP（39T）	现代 DA 18 YP（39T）	4100010301
	AB 19 RP	现代 AB 19 RP	4100010311
	DA 18 YP（15T）	现代 DA 18 YP（15T）	4100010321
韩国亚西亚汽车公司	COMBI	柯姆比	4100050011
	RETONA	瑞图纳	4100050021
	ROCSTA	罗科斯塔	4100050031
马来西亚普路通汽车公司	PROTON	普路通	4580020011
	SAGA	萨嘎	4580020021
马来西亚通用汽车公司	HARIMAU	哈里毛	4580010011
	OPEL－GEMINI	欧宝双子星座	4580010021
	OPEL－KADETT	欧宝士官生	4580010031
	OPEL－REKORD	欧宝创纪录	4580010041
印度标准汽车产品公司	GAYAL	加扎尔	3560020011
印度斯坦汽车公司	AMBASSADOR	大使	3560010011
	TREKKER	特里克	3560010021
印度塔塔汽车公司	INDICA	印迪卡	3560050011
	SAFARI	萨法丽	3560050021
	SIERRA	嘉来	3560050031
中国台湾福特六和汽车公司	BONGO	本格	799003001
	GRANADA	格雷那达	799003002
	TELSTAR	通信卫星	799003003
中国台湾三福汽车公司	RENAULT	雷诺	799004001
中国台湾裕隆汽车公司	BLUEBIRD	兰鸟	799001001
	DATSUN	达特桑	799001002
	HOMY	安乐	799001003
	PRIMERA	普瑞玛	799001004
	VIOLET	紫罗兰	799001005
中国台湾中华汽车公司	DELICA	德利卡	799002001
	MINICA	米尼卡	799002001

（三）北美洲部分

制造厂名称	车辆品牌	签注名称	代码
加拿大福特汽车公司	GRANADA	格雷那达	1240020011
	MARQUIS	侯爵	1240020021
加拿大美国汽车公司	MATADOR	斗牛士	1240040011
加拿大通用汽车公司	BEL – AIR	贝尔艾尔	1240010011
美国埃克斯卡利伯汽车公司	EXCALIBUR	埃克斯卡利伯	8400120011
美国福特汽车公司福特部	AEROSTAR	宇宙之星	8400070011
	ASPIRE	期望	8400070021
	BRONCO	烈马	8400070031
	CONTOUR	康拓	8400070041
	CROWN – VICTORIA	维多利亚 – 皇冠	8400070051
	ECONOLINE	依克诺莱恩	8400070061
	EDSEL	埃赛尔	8400070071
	ESCORT	护卫者	8400070081
	EXCURSION	游览	8400070091
	EXPEDITION	远征	8400070101
	EXPLORER	探险号	8400070111
	FIESTA	节日	8400070121
	FOCUS	福克斯	8400070131
	FORD	福特	8400070141
	GRANADA	格雷那达	8400070151
	MAVERICK	马威利克	8400070161
	MONDEO	蒙迪欧	8400070171
	MUSTANG	野马	8400070181
	PINTO	斑马	8400070191
	PROBE	探针	8400070201
	RANCHERO	牧场主	8400070211
	RANGER	漫游者	8400070221
	SCORPIO	蝎子	8400070231
	TAURUS	金牛座	8400070241
	TEMPO	天霸	8400070251
	THUNDERBIRD	雷鸟	8400070261
	WINDSTAR	稳达	8400070271
美国福特汽车公司林肯默寇利部	BOBCAT	山猫	8400080011
	CONTINENTAL	大陆	8400080021
	COUGAR	美洲狮	8400080031
	GRAND – MARGUIS	老侯爵	8400080041
	LINCOLN	林肯	8400080051
	MARK	马克	8400080061
	MARQUIS	侯爵	8400080071
	MERCURY	默寇利	8400080081
	MONARCH	君主	8400080091
	MOUNTAINEER	登山家	8400080101
	MYSTIQUE	寰宇	8400080111
	NAVIGATOR	领航员	8400080121
	SABLE	黑貂	8400080131
	TOPAZ	蜂鸟	8400080141
	TOWNCAR	林肯城市轿车	8400080151
	TRACER	追踪者	8400080161

续表

制造厂名称	车辆品牌	签注名称	代码
美国福特汽车公司林肯默寇利部	VILLAGER	田园	8400080171
	ZEPHRY	和风	8400080181
美国怀特公司	ROAD – BOSS	公路主人	8400190011
	ROAD – COMMANDER	公路指挥者	8400190021
	ROAD – XPEDITOR	公路艾克斯佩迪特	8400190031
美国克莱斯勒汽车公司道奇部	ARIES	爱利斯	8400090011
	AVENGER	复仇者	8400090021
	CARAVAN	捷龙	8400090031
	DAKOTA	达科塔	8400090041
	DART	标枪	8400090051
	DODGE	道奇	8400090061
	DURANGO	拓远者	8400090071
	DYNASTY	王朝	8400090081
	INTREPID	无畏	8400090091
	MAGNUM	马格拉姆	8400090101
	MIRADA	米拉达	8400090111
	MONACO	摩纳哥	8400090121
	NEON	彩虹	8400090131
	OMNI	欧姆尼	8400090141
	POWER – RAM	壮公羊	8400090151
	RAM	公羊	8400090161
	RAMCHARGER	装运者	8400090171
	RAMPAGE	猛冲	8400090181
	STEALTH	斯蒂斯	8400090191
	STRATUS	卷云	8400090201
	TRADESMAN *	商业家	8400090211
	VIPER	蝰蛇	8400090221
美国克莱斯勒汽车公司克莱斯勒部	CHEROKEE	切诺基	8400110011
	CHRYSLER	克莱斯勒	8400110021
	CONCORD	君王	8400110031
	EAGLE	鹰	8400110041
	GRANC – HEROKEE	大切诺基	8400110051
	JEEP	吉普	8400110061
	MASERATI	玛塞拉蒂	8400110071
	NEWPORT	新港	8400110081
	PT – CRUISER	PT 漫步者	8400110091
	SEBRING	赛百灵	8400110101
	SPIRIT	斯普瑞特	8400110111
	SUMMIT	顶峰	8400110121
	TALON	泰龙	8400110131
	TOWN – COUNTRY	城乡	8400110141
	VISION	幻影	8400110151
	WRANGLER	牧马人	8400110161
美国克莱斯勒汽车公司顺风部	ACCLAIM	艾克琳	8400100011
	BREEZA	轻风	8400100021
	DUSTER	风衣	8400100031
	EXECUTIVE	董事	8400100041

续表

制造厂名称	车辆品牌	签注名称	代码
美国克莱斯勒汽车公司顺风部	FIFTH - AVENUE	纽约第五街	8400100051
	GRAN - FURY	格兰复仇女神	8400100061
	IMPERIAL	帝王	8400100071
	LEBARON	男爵	8400100081
	NEW - YORKER	纽约人	8400100091
	PLYMOUTH	普利茅斯	8400100101
	PROWLER	猎兽	8400100111
	RELIANT	里莱恩特	8400100121
	SUNDANCE	太阳舞	8400100131
	TURISMO	图里斯莫	8400100141
	VOLARE	飞驰	8400100151
	VOYAGER	巡航家	8400100161
	VOYAGER	航海家	8400100171
美国肯沃斯载重汽车公司	BRUTE	野蛮人	8400150011
	HUSTLER	活跃者	8400150021
美国马蒙汽车公司	MARMON	马蒙	8400180011
美国莫诺柯克工程公司	BOX	箱牌	8400140011
美国麦克载重汽车公司	MACK	麦克	8400170011
美国奥史考士载重汽车公司	OSHKOSH	奥史考士	8400200011
美国大众公司	RABBIT	兔牌	8400210011
美国施图茨汽车公司	VICTORIA	维多利亚	8400130011
	BLACKHAWK	黑鹰	8400130021
美国通用汽车公司奥斯莫比尔部	ACHIEVA	阿齐娃	8400050011
	AURORA	极光	8400050021
	BRAVADA	勇敢者	8400050031
	CIERA	塞拉	8400050041
	CUTLASS	短剑	8400050051
	INTRIGUE	激情	8400050061
	NINTTYEIGHT	九十八	8400050071
	OLDSMOBILE	奥斯莫比尔	8400050081
	OMEGA	欧美佳	8400050091
	OMNI	欧姆尼	8400050101
	SILHOVETTE	剪影	8400050111
	TORONADO	托罗纳多	8400050121
美国通用汽车公司别克部	BERETTA	贝蕾塔	8400010011
	BUICK	别克	8400010021
	CENTURY	世纪	8400010031
	ELECTRA	厄勒克特拉	8400010041
	LESABRE	马刀	8400010051
	MONTECARLO	蒙特卡罗	8400010061
	PARK - AVENUE	林荫大道	8400010071
	REATTA	瑞塔	8400010081
	REGAL	皇朝	8400010091
	RIVIERA	利雅	8400010101
	ROADMASTER	路霸	8400010111
	SKYHAWK	天鹰	8400010121
	SKYLARK	云雀	8400010131

续表

制造厂名称	车辆品牌	签注名称	代码
美国通用汽车公司吉姆西部	ASTRO	阿斯特罗	8400060011
	BISON	野牛	8400060021
	BRIGADIER	准将	8400060031
	BRUIN	熊先生	8400060041
	GENERAL	上将	8400060051
	GMC	吉姆西	8400060061
	JIMMY	吉米	8400060071
	SAFARI	萨发利	8400060081
	SIERRA	西拉	8400060091
	SONOMA	西诺马	8400060101
	YUKON	育空河	8400060111
美国通用汽车公司凯迪拉克部	BROUGHAM	布洛海姆	8400030011
	CADILIAC	凯迪拉克	8400030021
	CATERA	卡帝罗	8400030031
	DEVILIE	帝威	8400030041
	ELDORADO	埃尔多拉多	8400030051
	ESCALADE	埃斯卡拉迪	8400030061
	FIEETWOOD	弗利特伍德	8400030071
	SEVILLE	赛威	8400030081
美国通用汽车公司旁太克部	BONNEVILLE	博纳维尔	8400040011
	FIRE – BIRD	火鸟	8400040021
	GRAND – AM	大艾姆	8400040031
	GRAND – PRIX	大普里克斯	8400040041
	MONTANA	蒙塔纳	8400040051
	PHOENIX	凤凰	8400040061
	PONTIAC	旁太克	8400040071
	SUNFIRE	太阳火	8400040081
	TEMPEST	暴风雨	8400040091
	TRANS – SPORT	飞跃	8400040101
	TRANS – AM	特兰斯艾姆	8400040111
美国通用汽车公司雪佛兰部	ALERO	阿雷罗	8400020011
	ASTRO	阿斯特罗	8400020021
	BLAZER	开拓者	8400020031
	CAMARO	卡玛洛	8400020041
	CAPRICE	随想曲	8400020051
	CAVALIER	卡瓦利	8400020061
	CELEBRITY	名人	8400020071
	CHEVROLET	雪佛兰	8400020081
	CORSICA	柯西嘉	8400020091
	CORVETTE	克尔维特	8400020101
	EL – CAMINO	埃尔卡米诺	8400020111
	IMPALA	英帕拉	8400020121
	LUMINA	卢米娜	8400020131
	MALIBU	美宜堡	8400020141
	METRO	都市	8400020151

续表

制造厂名称	车辆品牌	签注名称	代码
美国通用汽车公司雪佛兰部	MONTE – CARLO	蒙特卡罗	8400020161
	MONZA	蒙扎	8400020171
	NOVA	新星	8400020181
	PRIZM	普林斯	8400020191
	SIL VERADO	西尔维拉多	8400020201
	SUBURBAN	萨伯曼	8400020211
	TAHOE	太和	8400020221
	TITAN	大力神	8400020231
	TRACKER	追踪者	8400020241
	VEGA	织女星	8400020251
	VENTURE	万程	8400020261
美国万国联合收割机公司	INTERNATIONAL	万国	8400160011
	TERRA	大地	8400160021
	TRANSAR	运输之星	8400160031
	TRAVELER	旅行者	8400160041
墨西哥大众汽车股份公司	VOLKSWAGEN	大众	4840010011

（四）南美洲部分

制造厂名称	车辆品牌	签注名称	代码
阿根廷雷诺公司	TORINO	都灵	0320040011
	RENAULT	雷诺	0320040021
阿根廷大众汽车股份公司	GACEL	加塞尔	0320010011
阿根廷福特汽车公司	TAUNUS	金牛座	0320030011
巴西大众汽车股份公司	BRASILIA	巴西利亚	0760010011
	GOL	戈尔	0760010021
	PARATI	帕拉蒂	0760010031
	QUANTUM	宽腾	0760010041
	VARIANT	瓦里恩特	0760010051
巴西福特公司	GALAXIE	银河	0760040011
	MAVERICK	野牛	0760040021
巴西古尔格尔公司	GURGEL	古尔格尔	0760050011
巴西克莱斯勒公司	DART	标枪	0760020011
	POLARA	波拉勒	0760020021
巴西缪拉公司	MIURA	缪拉	0760060011
巴西普马汽车工业公司	PUMA	普马	0760070011
巴西通用汽车公司	DIPLOMATA	外交家	0760030011
	MONZA	蒙扎	0760030021
	OPALA	奥帕拉	0760030031
	VERANEIO	维拉尼奥	0760030041

（五）非洲部分

制造厂名称	车辆品牌	签注名称	代码
埃及伊尔－纳斯尔汽车生产公司	NASR	纳斯尔	8180010011
埃及法兰尼斯厢式货车厂	NYSA	尼斯	8180020011
南非巴兹尔格林汽车公司	ESCORT	护卫者	7100030011
	GRANADA	格雷那达	7100030021
南非利兰公司	MARINA	玛丽娜	7100010011
	MINI	米尼	7100010021
	TRIUMPH	凯旋	7100010031
南非日产汽车股份有限公司	SANI	萨尼	7100040011
	SENTRA	森特拉	7100040021
南非通用汽车公司	NOMAD	游牧者	7100020011

（六）大洋洲部分

制造厂名称	车辆品牌	签注名称	代码
澳大利亚福特公司	ESCORT	护卫者	0360010011
	FAIRLANE	菲尔兰	0360010021
	FALCON	猎隼	0360010031
澳大利亚克莱斯勒公司	VALIANT	勇士	0360020011
澳大利亚利兰公司	MOKE	毛驴	0360030011
澳大利亚三菱汽车工业股份有限公司	MAGNA	玛格纳	0360040011
	VERADE	维拉达	0360040021
澳大利亚通用－霍尔登公司	BARINA	巴里纳	0360050011
	CALAIS	卡耐斯	0360050021
	CAPRICE	卡布里克	0360050031
	COMMODORE	海军准将	0360050041
	GEMINI	双子星座	0360050051
	STATESMAN	政治家	0360050061
	TORANA	托拉那	0360050071

三、进口摩托车制造厂名称登记信息代码表

制 造 国	制造厂具体名称	签注名称	代码
奥地利	奥地利克特姆公司	奥地利克特姆	040003
巴西	巴西亚马逊公司	巴西亚马逊	076010
德国	德国阿米公司	德国阿米	280021
	德国宝马公司	德国宝马	280008
	德国克拉默公司	德国克拉默	280022
	德国美柯公司	德国美柯	280023
	德国穆茨公司	德国穆茨	280024
	德国宇宙公司	德国宇宙	280025
俄罗斯	俄罗斯第聂伯公司	俄罗斯第聂伯	810001
捷克	捷克佳娃公司	捷克佳娃	200005

续表

制造国	制造厂具体名称	签注名称	代码
美国	美国阿特克公司	美国阿特克	840023
	美国博思浩思公司	美国博思浩思	840024
	美国布埃尔公司	美国布埃尔	840025
	美国哈雷-戴维森公司	美国哈雷-戴维森	840026
日本	日本本田公司	日本本田	392005
	日本川崎公司	日本川崎	392012
	日本铃木公司	日本铃木	392008
	日本雅马哈公司	日本雅马哈	392013
瑞典	瑞典胡萨贝尔格公司	瑞典胡萨贝尔格	752003
瑞士	瑞士生态摩托公司	瑞士生态摩托	756004
土耳其	土耳其穆斯公司	土耳其穆斯	792003
意大利	意大利贝塔公司	意大利贝塔	380015
	意大利必摩达公司	意大利必摩达	380016
	意大利杜加帝公司	意大利杜加帝	380017
	意大利恩菲尔德印度公司	意大利恩菲尔德印度	380018
	意大利范蒂克公司	意大利范蒂克	380019
	意大利古奇摩托公司	意大利古奇摩托	380020
	意大利加思加思公司	意大利加思加思	380021
	意大利加芝华公司	意大利加芝华	380022
	意大利克拉姆伊特公司	意大利克拉姆伊特	380023
	意大利拉威达公司	意大利拉威达	380024
	意大利太子车公司	意大利阿普丽亚	380025
英国	英国凯旋公司	英国凯旋	826029

四、进口摩托车车辆品牌中英文对照译名登记信息代码表

制造厂名称	车辆品牌	签注名称	代码
奥地利克特姆公司	KTM	克特姆	0400030012
巴西亚马逊公司	AMAZONAS	亚马逊	0760100012
德国阿米公司	AME	阿米	2800210012
德国宝马公司	BMW	宝马	2800080012
德国克拉默公司	KRAMER	克拉默	2800220012
德国美柯公司	MAICO	美柯	2800230012
德国穆茨公司	MUZ	穆茨	2800240012
德国宇宙公司	KOSMOS	宇宙	2800250012
俄罗斯第聂伯公司	DNEPR	第聂伯	810001001
捷克佳娃公司	JAWA	佳娃	2000050012
美国阿特克公司	ATK	阿特克	8400230012
美国博思浩思公司	BOSS-HOSS	博思浩思	8400240012
美国布埃尔公司	BUELL	布埃尔	8400250012
美国哈雷-戴维森公司	HARLEY-DAVIDSON	哈雷-戴维森	8400260012
日本本田公司	HONDA	本田	3920050062
日本川崎公司	KAWASAKI	川崎	3920120012
日本铃木公司	SUZUKI	铃木	3920080072
日本雅马哈公司	YAMAHA	雅马哈	3920130012
瑞典胡萨贝尔格公司	HUSABERG	胡萨贝尔格	7520030012
瑞士生态摩托公司	ECOMOBILE	生态摩托	7560040012
土耳其穆斯公司	MZ	穆斯	7920030012

续表

制造厂名称	车辆品牌	签注名称	代码
意大利贝塔公司	BETA	贝塔	3800150012
意大利必摩达公司	BIMOTA	必摩达	3800160012
意大利杜加帝公司	DUCATI	杜加帝	3800170012
意大利恩菲尔德印度公司	ENFIELD – INDIA	恩菲尔德印度	3800180012
意大利范蒂克公司	FANTIC	范蒂克	3800190012
意大利古奇摩托公司	GUZZI	古奇摩托	3800200012
意大利加思加思公司	GAS – GAS	加思加思	3800210012
意大利加芝华公司	CAGIVA	加芝华	3800220012
意大利克拉姆伊特公司	KRAMIT	克拉姆伊特	3800230012
意大利拉威达公司	LAVERDA	拉威达	3800240012
意大利太子车公司	APRILIA	阿普丽亚	3800250012
英国凯旋公司	TRIUMPH	凯旋	8260290012

注：1．“代码”仅供公安交通管理部门录入计算机管理系统用。

2．本表将根据需要不定期补充、更新版本，使用时以最新版本为准。

公安部、交通部、国家安全生产监督管理局关于印发《关于加强公路客运交通安全管理的通告》的通知

2001年10月19日

公通字[2001]83号

各省、自治区、直辖市公安厅(局)，交通厅(局)，安全生产监督管理机构，新疆生产建设兵团公安局、交通局、安全生产委员会办公室：

当前，道路交通安全形势严峻。为了有效遏制公路客运群死群伤事故的发生，保障道路交通的安全和畅通，保护国家财产和人民生命财产安全，公安部、交通部、国家安全生产监督管理局联合发布《关于加强公路客运交通安全管理的通告》，请结合实际贯彻执行，并广为宣传和张贴。

公安部、交通部、国家安全生产监督管理局关于加强公路客运交通安全管理的通告

为维护公路运输秩序和交通安全，防止发生公路客运群死群伤事故，保护国家财产和人民生命财产安全，根据国家有关法律法规，现就加强公路客运交通安全管理的规定通告如下：

一、严禁驾驶员过度疲劳驾驶车辆。单程在400公里以上(高速公路600公里以上)的客运汽车，必须配备两名以上驾驶员。从事公路客运的驾驶员一次连续驾驶车辆不得超过3小时，24小时内实际驾驶时间累计不得超过8小时。

长途客运车辆应当逐步安装、使用符合国家有关标准的行车记录仪。

二、严格客运班线管理。交通部门应将公路通行条件作为客运班线审批的一项重要指标。夜间(晚22时至早6时)运行的客运班线必须避开三级以下(含三级)山区公路达不到夜间安全通行要求的路段，无法避开的不得审批。对已开通运行的班车线路应按此要求进行调整，无法达到夜间安全通行要求的应停止夜间营运。

三、严禁客运车辆超载运行。客运车辆禁止超过行驶证上核定的载客人数。载客超员的，由驾驶员负责就地卸客转运，不消除违章不得继续行驶。转乘费用和因转运给其他乘客造成的损失由原承运人或驾驶员承担。

四、严禁非法改装客运车辆。对非法改装的客运车辆，由公安、交通部门分别依法处理，在责令其恢复原状前公安部门不予注册和年检，交通部门不予审批营运。

五、严格客运车辆驾驶员的安全管理。对从事营业性客运的驾驶员，公安部门应严格进行考试，严格实施交通违章记分管理；交通部门应加强运输法规和职业道德的培训和教育，提高驾驶员整体素质。

六、客运车辆的车主、承包人须严格遵守以上规定，保证车况良好，不得指使、强令驾驶员违法驾驶。对指使、强令驾驶员违法驾驶造成重大交通事故的，依法追究其法律责任。

七、客运企业应健全并落实安全生产责任制，加强对客运车辆驾驶员的交通安全教育和载客情况的检查，对违反客运安全规定的情况及时发现，及时纠正。

八、各级交通主管部门要把运输企业的安全生产情况作为企业资质等级评定和质量信誉考核的重要内容，对发生群死群伤特大安全事故或安全生产

指标达不到相应要求的运输企业，一律降低其资质等级。

九、对违反客运交通安全管理规定的行为，司乘人员、旅客和其他群众都有权监督、劝阻和举报。公安、交通部门和安全生产监督管理机构应当及时受理群众举报，严肃查处有关责任人。

十、各级公安、交通等部门要严格执行客运车辆和驾驶员管理的有关规定，依法认真履行职责，对疏于监督管理造成事故的，要严肃追究有关责任人和领导的责任。

十一、本通告第一条、第二条规定自 2001 年 11 月 15 日起执行。其他规定仍按已有法律法规执行。

中国物流与采购联合会关于开展企业管理体系认证工作的通知

2001 年 10 月 25 日

物联生字[2001]第 114 号

各生产资料流通企业、物流企业、联合会会员单位：

随着经济全球化步伐加快和中国加入 WTO 的到来，国内市场与国际市场进一步接轨，外商进入中国市场将优先选择按国际通行规则经营管理的企业作为合作伙伴，国内企业需要获得进入国际市场的通行证，都使我们面临新的机遇和挑战。要求物流企业和生产资料流通企业顺应时代发展的潮流，学习借鉴国外先进的经营管理经验，按照国际标准和国际通行的规则经营管理企业，以帮助企业开拓国际市场，增强市场竞争能力，提高经营管理水平，并推动物流和生产资料流通行业的发展。为此，中国物流与采购联合会决定在行业内贯彻 ISO9000 族标准及开展物流企业和生产资料流通企业管理体系认证工作。现将有关事项通知如下：

一、ISO 9000 族标准是经济发达国家企业科学管理经验的总结，通过贯标与认证，企业能够找到一条加快经营机制转换、强化技术基础与完善内部管理的有效途径，引导企业树立“以满足顾客要求为经营宗旨，以质量为本，以竞争为手段，向市场要效益”的经营理念，从而稳定和提高产品（服务）质量，提高整体的管理水平，增强市场竞争能力，为实施全面的科学管理奠定基础。由国际标准化组织（ISO）发布的 ISO 9000 族标准，已被世界各国广泛采用和认同。目前，全球已有一百多个国家与地区采用了这一国际标准。国内企业贯彻 ISO 9000 族标准，按照国际通行的原则和方式来经营和管理企业，有助于树立按国际规则办事的企业形象，给企业开展对外经济与技术合作营造一个良好的环境，拓宽企业的发展空间，为企业走向国际市场开辟道路。在我国物流行业和生产资料流通行业贯彻 ISO 9000 族标准，是时代发展的必然趋势，是物流行业和生产资料流通行业迎接全球经济一体化挑战的必要措施，对于物流企业和生产资料流通企业按国际标准经营管理，加快物流行业的改革和发展具有促进作用。

二、为在物流行业和生产资料流通行业贯彻 ISO 9000 族标准，中国物流与采购联合会组建了专门机构——北京现代中物联企业管理体系认证中心。该中心是经国家工商行政管理部门注册登记的具有独立第三方公正地位的企业认证机构，主要承担企业管理体系认证业务，具体负责引导和推行物流行业和生产资料流通行业贯彻 ISO 9000 族标准的工作，为物流企业和生产资料流通企业提供认证服务。目前已经开始在生产资料流通行业、贸易、运输、仓储物流行业、再生资源回收行业和拍卖、租赁、旧货流通等行业进行企业管理体系认证，对开展贯标认证工作起到推动和示范作用。

三、企业开展管理体系认证一般分为两个阶段：第一阶段是贯彻标准，主要是对照 ISO 9000 族标准建立健全管理体系并实施。主要工作是进行标准培训、质量管理体系策划、质量管理体系文件编制与运行、内部质量审核与管理评审等。第二阶段是认证，向公正第三方认证机构提出申请，进行审核认证。对经审核合格的企业由认证中心颁发 ISO 9000 管理体系认证证书，列入注册企业名录，并通过因特网及有关报刊向国内外公布。

四、贯彻 ISO 9000 族标准是有益物流企业和生产资料流通企业的事，广大物流企业和生产资料流通企业应该积极参与。企业顺利通过认证并取得实效，要求确立正确的贯标目的，把贯标与认证作为提高企业管理素质，提高质量的有效途径；关键在于企业领导要高度重视，选择得力人员组成强有力的工作组，对各部门的员工进行培训。

五、需要进行企业管理体系认证的物流企业和生产资料流通企业，请填写好企业管理体系认证申请登记表后（见附件四）邮寄或传真至中国物流与采购联合会生产资料市场委员会。联系人：方涤凡，联系电话及传真：68392234、68392274、68392284 转 346，传真转 348，通讯地址：北京月坛北街 25 号，邮政编码：100834。

附件一：ISO 9000 族标准

附件二：企业如何开展管理体系认证

附件三：现代中物联企业管理体系认证中心

附件四：企业管理体系认证申请登记表

附件一

ISO 9000 族标准

ISO 9000 族标准是国际标准化组织（简称 ISO）汇集发达国家质量管理专家，在总结发达国家质量管理科学经验的基础上起草并正式颁发的一套质量管理的国际标准，并以此作为质量管理体系认证的依据。

ISO 9000 族标准遵循管理科学的基本原则，以系统论、自我完善与持续改进的思想，明确了影响企业产品/服务质量的有关因素的管理与控制要求，并且作为质量管理的通用标准，适用于所有行业/经济领域的组织。

ISO 9000 族标准的宗旨

通过提高企业经营的效果与效率，使所有相关方受益，包括达到顾客满意；促进质量管理在全球范围的开展与提高；建立企业间交流与合作的“共同语言”；消除非关税壁垒，促进国际贸易的开展。

ISO 9000 族标准的精髓

凡事有人负责，凡事有章可循，凡事有据可查，凡事有人监督。

企业管理体系认证简介

企业管理体系认证是由第三方的中介服务组织（认证机构/注册机构）依据 ISO 9000 族标准，对企业管理体系（企业管理制度）进行评定并颁发认证证书，证明其符合 ISO 9000 要求的技术活动。

企业实施 ISO 9000 族标准的意义

ISO 9000 族标准诞生于市场经济环境，总结了发达国家企业的先进管理经验，为企业完善管理，提高产品/服务质量提供了科学的指南，同时为企业走向国际市场找到了“共同语言”。

1. ISO 9000 族标准明确了市场经济条件下，对企业共同的基本要求。企业通过贯彻这一系列标准，实施管理体系认证，证实其有能力满足顾客的要求，提供合格的产品/服务，这对规范企业的市场行为，保护消费者的合法权益发挥了积极作用。

2. ISO 9000 族标准是经济发达国家企业科学管理经验的总结，通过贯标与认证，企业能够找到一条加快经营机制转换、强化技术基础与完善内部管理的有效途径，主要体现于：

企业的市场意识与质量意识得到增强。通过贯标与认证，引导企业树立“以满足顾客要求为经营宗旨，以产品/服务质量为本，以竞争为手段，向市场要效益”的经营理念。

稳定和提高产品/服务质量。通过贯标与认证，企业对影响产品/服务的各种因素与各个环节进行持续有效的控制，稳定并提高了产品/服务的质量。

提高整体的管理水平。通过贯标与认证，使企业全体员工的质量意识与管理意识得到增强；促使企业的管理工作由“人治”转向“法治”，明确了各项管理职责和工作程序，各项工作有章可循，使领导从日常事务中脱身，可以集中精力抓重点工作；通过内部审核与管理评审，及时发现问题，加以改进，使企业建立自我完善与自我发展的机制。

增强市场竞争能力。通过贯标与认证，企业一方面向市场证实自身有能力满足顾客的要求，提供合格的产品/服务，另一方面产品/服务的质量也确实能够得到稳定与提高，从而增强企业的市场竞争能力。

为实施全面的科学管理奠定基础。通过贯标与认证，员工的管理素质得到提高，企业规范管理的意识得到增强，并建立起自我发现问题、自我改进/自我完善的机制，为企业实施全面的科学管理（例如财务、行政、营销管理等）奠定基础。

3. ISO 9000 族标准是由国际标准化组织（ISO）发布的国际标准，已被世界各国广泛采用和认同。目前，全球已有一百多个国家与地区采用了 ISO 9000 族标准。为了进一步推动质量体系认证在国际间的相互承认，世界各国的认可机构已成立了质量体系认证的互认组织，并已签署了质量体系认证的国际多边承认协议（IAF/MLA），中国同英、法、美、日、德、澳大利亚等国同为国际互认组织的发起国，于一九九八年一月签署了互认协议。由第三方独立且公正的认证机构对企业实施质量体系认证，可以有效避免不同顾客对企业能力的重复评定，减轻了企业的负担，提高了经济贸易的效益。同时国内企业贯彻 ISO 9000 族标准，按照国际通行的原则和方式来经营和管理企业，有助于树立按国际规则办事的企业形象，给企业开展对外经济与技术合作营造一个良好的环境，拓宽企业的发展空间，为企业走向国际市场开辟道路。

附件二

企业如何开展管理体系认证

1. 企业开展管理体系认证一般分为两个阶段，第一阶段是贯彻标准，建立并实施管理体系，第二阶段是认证。

第一阶段　主要是对照 GB/T19000 – ISO 9000 族标准建立健全管理体系。主要工作是进行标准培训、质量管理体系策划、质量管理体系文件编制与运行、内部质量审核与管理评审等。所需的时间根据企业的员工素质、管理基础、产品复杂程度等条件而有所不同，一般需要 5 个月左右。

第二阶段　向公正第三方认证机构提出申请，进行审核认证。

2. 企业进行现场审核应具备的条件：

依据 ISO 9000 族标准，建立一套文件化的管理体系；该体系试运行 3 个月以上，并应留有运行记录；一次以上的全面内审及管理评审。

3. 企业顺利通过认证并取得实效要注意的几个问题：

确立正确的贯标目的，把贯标与认证作为提高企业管理素质，提高质量的有效途径；选择一名有能力的管理者代表并予以足够的授权，从各有关部门抽调得力人员组成一个强有力的项目工作组；为各部门/岗位/层次的员工提供适宜的培训。

企业领导重视是搞好认证工作的关键。ISO 9000 族标准中直接或间接规定最高管理者职责的有 20 多处，可简要地归纳为以下几个方面：

a)制定和颁布企业的质量方针和质量目标；

b)对质量管理体系的建立、实施、完善和保持负责，并主持管理评审；

c)为质量管理体系有效运行提供必要的资源；

d)建立与质量管理体系相适应的组织结构，规定职责和相互关系。

附件三

现代中物联企业管理体系认证中心

现代中物联企业管理体系认证中心（CCCLE）Certification Centre For Logistics Enterprices(简称“中心”)是遵照国家有关部门法律、法规，经国家工商行政管理部门注册登记的具有独立第三方公正地位的企业认证机构，主要承担企业管理体系认证业务。“中心”遵循“客观公正，科学规范，求真务实，优质高效”的质量方针，注重信誉，恪尽职守，为您提供满意周到的认证服务。

“中心”认证范围涉及 ISO/IEC 导则 62 附件认可范围中多个行业。其中主要有：

汽车、机电设备、金属材料及非金属材料等生产资料流通企业的管理体系认证；从事贸易、运输、仓储等物流企业的管理体系认证；金属及非金属等再生资源回收加工利用企业的管理体系的认证；从事拍卖、租赁、旧货流通企业的管理体系认证，等等。

“中心”成立了由国家行政管理部门、上级主管部门领导、国内著名技术专家、企业和客户代表组成的管理委员会，负责“中心”重大问题的决策。中心实行主任负责制，下设综合部、市场开发部、评审部、技术资源部。

“中心”在中国物流与采购联合会领导下，严格遵守国家关于认证工作的法律、法规，按照国际惯例建立并保持有效运行的质量管理体系。中心有完善的质量管理体系文件和严格的管理制度。拥有一批既有理论基础又有实践经验的技术专家及多名经国家注册的验证审核员、主任审核员和审核员。

“中心”根据 ISO/IEC 导则 62 及国家认可机构认可程序规则和 ISO10011 质量体系审核指南等的要求，结合本中心的具体情况制定了中心质量手册。质量手册要求每一项与审核质量有关的活动均按规定的程序进行，以保证审核工作的质量。

为确保质量方针的顺利实现，“中心”对申请人郑重承诺：

完全尊重申请人意愿，充分理解申请人的要求；以客观、公正的态度对待认证注册中每一项工作；以严谨求实的作风、科学规范的运作达到认证注册的准确高效；以合理的成本，专业的水准，使申请人享受满意服务；严格保守申请人的一切商业、技术秘密；培训员工并尊重他们的工作，以全体员工的精诚团结和勤奋工作服务社会。

“中心”对经审核合格的企业颁发 ISO 9000 管理体系认证证书，列入注册企业名录，并通过因特网及有关报刊向国内外公布。

“中心”与国内外多家权威认证机构建立了广泛的联系，“中心”审核颁发的认证证书获得广泛的认可。

附件四

企业管理体系认证申请登记表

单位名称				
地址				邮编
人员	姓名	部门	职务	联系电话
法人代表				
认证负责人				
认证联系人				
移动电话			传真电话	
企业建立管理体系的情况				
企业对管理体系认证申请的意见（盖章）				

填表日期：　　年　　月　　日

交通部关于贯彻实施《营业性道路运输驾驶员职业培训管理规定》的通知

2001年11月12日

交公路发[2001]652号

各省、自治区、直辖市交通厅(局、委):

为认真贯彻《营业性道路运输驾驶员职业培训管理规定》(2001年第7号令,以下简称《规定》),努力提高营运驾驶员队伍素质,保障道路运输安全,现就贯彻实施《规定》的有关事项通知如下:

一、认真组织学习和宣传贯彻《规定》

针对目前全国营运驾驶员总体素质下降、道路运输事故多发和旅客投诉运输服务质量案件上升的实际,部里制定了《规定》,目的是为了通过强化营运驾驶员职业培训,实行从业资格制度,加强对营运驾驶员的管理,全面提高营运驾驶员队伍职业素质,确保运输生产安全,提高服务质量。各级交通主管部门要切实加强对营运驾驶员管理工作的领导,把《规定》的宣传贯彻工作纳入重要议事日程;各省级交通主管部门要结合本地实际,制定《规定》宣贯实施计划,并于2001年11月30日前报部;要利用各种新闻媒体加强宣传,使全社会和广大营运驾驶员、道路运输业户能够全面了解《规定》的内容,充分认识实行从业资格制度的重要意义,使《规定》得以顺利实施。

二、切实强化营运驾驶员职业培训管理工作

1.县级以上人民政府交通主管部门是主管营运驾驶员职业培训、考试和管理工作的主管部门,其所属运政管理机构具体负责《规定》的实施。省级运政管理机构负责本省内《规定》的组织实施工作和监督管理;市级以上运政管理机构负责职业培训的管理、考试和从业资格证书的发放;县级运政管理机构负责对辖区内营运驾驶员实施监督管理。

2.承担营运驾驶员职业培训业务的培训机构,必须具备《机动车驾驶员培训业户开业条件》(交通行业标准JT/T433—2000)中所要求的资质条件,并经省级运政管理机构核准;有培训能力的一、二级客运或货运资质道路运输企业,经省级运政管理机构批准后可对本企业的营运驾驶员进行职业培训。各级运政管理机构、从事从业资格考试和管理的工作人员不得参与营运驾驶员职业培训经营活动。

为保证培训质量,各地运政管理机构要认真督促培训机构,严格按照部颁的营运驾驶员职业培训教学计划和教学大纲,采用部统编(或指定)的培训教材(各省有关地方性法规可作为培训教材的附加部分)进行培训;要加强对营运驾驶员职业培训的监督,防止培训机构擅自缩减课时,坚决杜绝只收费不培训的现象发生。

3.营运驾驶员职业培训作为驾驶员培训的一个种类,省级交通主管部门应会同物价部门对辖区内营运驾驶员职业培训按经营性收费核定标准,并监督培训单位严格执行。

4.各地运政管理机构在开展职业培训、考试和管理工作中,要重点加强对申请大客车、汽车列车及危险货物运输从业资格驾驶员的资质条件审查。申请大客车、汽车列车类从业资格证的驾驶员必须具备2年以上驾龄,申请道路危险货物运输从业资格的驾驶员须持有普通货物运输从业资格证2年以上。对培训考试合格的大客车、汽车列车驾驶员分别在其从业资格证书中从业资格类别后加注“大客”和“列车”字样。

5.各地要制定严格的从业资格考试工作制度,建立高素质的考核员队伍,确保从业资格考试公平、公正、科学、严谨。各省要制定考核员资格条件标准,对符合条件的进行培训、考核合格后由省级道路运政管理机构发给全国统一的《考核员证》(式样见附件),考核员必须持证上岗。从业资格考核员的选拔应面向社会。

6.各级交通主管部门及所属运政管理机构应自觉维护《规定》的严肃性,加强从业资格证书的发放和使用的管理,要制定证件核发、使用、审核及管理制度和工作程序,并严格遵照执行。从业资格证书发放、审核工作的管理,原则上均由申请人所持驾驶证发放地的运政管理机构负责。

为提高营运驾驶员管理工作的管理水平,部决定使用全国统一的营运驾驶员管理软件。有关计算机管理软件使用的具体要求,部将另行通知。

为规范对从业资格证书制作发放工作的管理,人民交通出版社已印制了从业资格证书的标准范本,并已经我部确认。各省交通主管部门运政机构可按照此样本统一组织印制。若当地不具备印制条件时,也可委托人民交通出版社做好印制工作。

三、做好《规定》实施过渡阶段的工作

《规定》自2002年7月1日起开始施行。为做好实施前的各项准备工作,保证平稳过渡,现决定到2002年7月1日前作为实施过渡期。过渡期分为三个阶段:

第一阶段为组织和宣传动员阶段,时间截止到2001年12月底。主要任务是认真学习《规定》,按照《规定》要求,结合本地实际制定《规定》实施细则及相关管理制度;研究制定《规定》的宣贯方案并采用多种形式集中组织开展广泛深入的宣传活动;

第二阶段时间为2002年1–2月。主要任务是：各省级运政管理机构组织开展对职业培训单位资质条件的认定及培训资格的核准工作；组织从业资格考核员培训、考试并发放《考核员》证；

第三阶段时间为2002年2－6月底，主要任务是：全面开展职业培训、组织从业资格考试、按规定核发从业资格证书。

在过渡期间，各地要注意做好以下工作，积极稳妥开展《规定》的实施工作。

1. 对1996年12月31日以前取得驾驶证并已进入道路运输市场而未参加职业培训的驾驶员，如其从事营运驾驶职业3年以上，从业期间无重大责任事故和不良记录，可直接到当地运政管理机构按规定申领相应类别等级（大客车、汽车列车外）的从业资格证书；

2. 在已开展营运驾驶员职业（或上岗）培训工作的省、自治区、直辖市的营运驾驶员，可持交通主管部门原核发的从业资格证书（或上岗证）到当地运政管理机构，按规定换领相应类别、等级的从业资格证书，不再进行培训考试。但申请换取“汽车列车”和“大客车”类从业资格证书的，要经过操作考试合格后方准换发。

3. 按原有关部颁规章，已取得《道路危险货物运输操作证》、《道路商品汽车发送驾驶员上岗证》及各省级道路运政管理机构依法对驾驶员核发的有关资格证件，均应统一换发为“从业资格证书”，持证人可持原证件到原发证机关申请换领，发证机关按规定销毁原证件并换发相应种类的从业资格证书；

4. 在《规定》实施前已经培训并取得交通主管部门核发的《机动车驾驶员培训结业证书（职业）》的驾驶员，可直接到当地运政管理机构按规定申领相应种类的从业资格证书；

5. 对工作业绩突出、安全行车记录良好曾获市级以上人民政府或交通主管部门表彰奖励的营运驾驶员，可以免试，直接申请从业资格证书。

符合直接发放或换发从业资格证书条件的驾驶员，必须在2002年7月1日前到当地运政管理机构办理有关手续；对其他申请从业资格证书的驾驶员，自《规定》发布之日起，要严格按照部颁的营运驾驶员职业培训教学计划、教学大纲的要求参加职业培训、经考试合格后，方可取得从业资格证书。

在过渡期间，各级交通主管部门和所属运政管理机构要切实加强从业资格证书发放工作的管理，严格执行证书发放工作程序，严禁借过渡期之机，降低要求，突击发证；在《规定》正式实施前，各级交通主管部门不得以无从业资格证书为由，对营运驾驶员进行处罚，否则一律按“三乱”严肃查处；在《规定》实施过程中，要防止扩大化，严禁强制要求非营运驾驶员办理从业资格证。请各省级交通主管部门将贯彻实施《规定》过程中出现的问题和情况及时报部。

附件：一、营运驾驶员从业资格考核员证式样

二、营运驾驶员从业资格证申请表

附件一

营业性道路运输驾驶员从业资格证申请登记表

姓名		性别		出生日期	年 月 日		
民族		文化程度		身份证号			
住址						（照片）	
电话		邮编					
工作单位							
电话		邮编					
驾驶证准驾车型		初次领证日期		年 月 日			
非职业培训结业证书号		发证时间		年 月 日			
申请种类	初领□	增驾□	异动□	换证□	补证□		
申请从业资格证类别	旅客运输		货物运输		危险货物运输		
	大客□	其它□	汽车列车□	其它□	□		
汽车驾驶工作履历	时间	服务单位					
	年 月至 年 月						
	年 月至 年 月						
	年 月至 年 月						
	年 月至 年 月						
奖惩情况	时间	内容					
	年 月						
	年 月						
	年 月						
职业培训、考试记录	培训单位						
	考试科目	初试			补考		
		成绩	考核员 1	考核员 2	成绩	考核员 1	考核员 2
	理论						
	安全检视						
	操作技能						
	考核组评定意见： （盖章） 年 月 日						
异动记录	原发证机关意见： （盖章） 年 月 日						

<table>
<tr><td rowspan="4">证件记录</td><td colspan="4">从业资格证号</td><td colspan="4">从业资格证类别</td></tr>
<tr><td colspan="4"></td><td colspan="4"></td></tr>
<tr><td colspan="8">从业资格证书发放机关审核意见：

（发证机关盖章）
年 月 日</td></tr>
<tr><td>制证人签章</td><td></td><td>制证日期</td><td>年 月 日</td><td>发证人签章</td><td></td><td>发证日期</td><td>年 月 日</td></tr>
<tr><td>备注</td><td colspan="8"></td></tr>
</table>

附件二

中华人民共和国营运驾驶员从业资格考核员证

姓　　名：
考核类别：
有 效 期：
发证机关：

编号：

说明：

一、考核员证是从事营运驾驶员从业资格考试的资格证件，由考核员在胸前佩带。

二、营运驾驶员资格考核员证考试类别为理论考试、操作考试两类。

三、考核员证的尺寸为 90mm × 60mm，塑封。

四、字体字号分别是：“中华人民共和国营运驾驶员从业资格考核员证”为小四号宋体，其他为五号宋体。

对外贸易经济合作部关于印发《摩托车产品出口招标实施细则》的通知

2001年11月19日
外经贸机电发［2001］631号

各省、自治区、直辖市及计划单列市外经贸委（厅、局），各地机电办，各特派员办事处，配额许可证事务局：

为了完善摩托车产品出口招标工作，进一步推动我国摩托车产品的出口，外经贸部在广泛征求有关方面意见的基础上，根据2001年摩托车产品出口招标工作的实践经验，对原《摩托车产品出口招标实施细则》进行了修改。现将修订后的《摩托车产品出口招标实施细则》印发给你们，请遵照执行。

附件

摩托车产品出口招标实施细则

第一章 总 则

一、为了维护国家的整体利益和摩托车、摩托车发动机（以下简称摩托车产品）对外贸易的正常秩序，建立平等竞争机制，保障摩托车产品出口企业的合法权益，鼓励摩托车产品出口，根据《中华人民共和国对外贸易法》及对外贸易经济合作部（以下简称外经贸部）公布的《机电产品出口招标办法》（以下简称招标办法），特制定本实施细则（以下简称细则）。

二、本细则所规定的摩托车产品出口招标为无偿招标，系指摩托车出口企业通过自主投标并按规定程序取得摩托车及摩托车发动机出口中标数量的过程。

三、摩托车产品出口招标工作必须遵循“公平、公正、公开、竞争”的原则。

第二章 组织机构、职责

四、外经贸部制定、修改和发布细则，确定实行摩托车产品出口招标实施细则，确定实行摩托车产品出口招标品种，并负责指导、监督招标工作。

五、摩托车产品出口招标工作在摩托车产品出口招标委员会（以下简称招标委员会）领导下，开展工作，招标委员会由外经贸部有关司、中国机电产品进出口商会（以下简称机电商会）和中国外商投资企业协会（以下简称外资协会）等部门组成，设主任一人、副主任一至二人、委员若干人。招标委员会主任由外经贸部机电司负责人担任。

招标委员会下设摩托车产品出口招标办公室（以下简称招标办公室），负责招标的日常工作，对招标委员会负责。招标办公室设在机电商会汽车分会，设主任一人，副主任、成员若干人。招标办公室主任由汽车分会秘书处负责人担任。

六、招标委员会的职责是根据本实施细则管理摩托车产品出口招标工作：

（一）审定摩托车产品出口招标工作方案，指导、监督、审查招标办公室开标、评标工作，审批特定市场中标数量的转受让；

（二）审定、发布摩托车产品出口招标工作各项规定、通告、公告；

（三）根据出口情况和国际市场需求，确定摩托车产品出口招标总量和招标次数；

（四）领导、监督招标办公室有关工作，审定招标办公室对投标材料的初审意见，确定中标单位及中标数量并呈报外经贸部；

（五）公布中标结果；

（六）研究解决摩托车产品出口招标工作中的其它问题；

（七）招标委员会根据摩托车国际市场情况，限定出口招标的国别、地区。

七、招标办公室的职责是根据招标委员会的决定具体实施各项工作：

（一）调查研究摩托车产品市场情况，拟定摩托车产品出口招标方案、实施细则、会议纪要、各项通知、公告、决定等，报招标委员会审定后实施；

（二）统一印制、发放摩托车产品出口招标手册及有关文件、材料；

（三）负责开标、评标的具体工作，对设标企业资格进行初审；

（四）依据海关总署统计核定投标企业出口实绩，计算投标企业中标数量，并报招标委员会审定；

（五）检查、监督企业中标额度的使用情况，跟踪、核查摩托车产品出口及摩托车产品出口同行协议价的执行情况；

（六）受理企业转受让申请事宜，办理非特定市场中标数量的转受让，并报招标委员会备案；

（七）核查企业交纳中标手续费情况，并向招标委员会报告；

（八）办理招标委员会交办的有关摩托车产品出口招标的其它事务。

第三章　摩托车产品出口招标

八、招标商品范围是以各种贸易方式出口的摩托车产品，具体招标商品以招标委员会发布的《招标公告》为准。

九、每年第四季度对下一年度摩托车产品出口进行招标，每次招标事项由招标委员会提前一个月，在《国际商报》等新闻媒介上发布《招标公告》。

第四章　摩托车产品出口投标

十、参加摩托车产品出口投标的企业须具备下列条件：

（一）外经贸部及其授权机构批准有相应的出口经营权；

（二）工商行政管理部门登记注册；

（三）机电商会汽车分会会员或外资协会机电分会会员；

（四）投标企业的摩托车产品出口实绩，以海关总署统计为依据，应达到《招标公告》公布的出口实绩。

十一、参加摩托车产品出口投标的企业须提供的投标文件：

（一）摩托车产品出口投标申请书原件；

（二）摩托车产品出口投标保证书原件；

（三）机电商会汽车分会会员或外资协会机电分会会员证明复印件；

（四）外经贸部或其授权部门颁发的出口经营权批准文件或进出口企业资格证书或外商投资企业批准证书复印件；

（五）外商投资企业应出具由外经贸部核定的其自产摩托车产品年度出口规模文件，及上一年度外商投资企业联合年检合格的证明材料复印件；

（六）工商行政管理部门核发的法人营业执照复印件；

（七）参加摩托车出口投标的生产企业，须提交ISO9000质量体系认证证书复印件、国家质量监督检验检疫总局颁发的摩托车出口产品质量许可证书（不含临时出口产品质量许可证书）复印件及国家摩托车行业主管部门公布的摩托车生产企业及产品目录复印件，参加摩托车发动机出口投标的出口企业，须提交发动机生产许可证。

参加摩托车产品出口投标的外贸公司需提供供货企业出具的摩托车生产企业及产品目录、摩托车出口产品质量许可证、发动机生产许可证、ISO9000质量体系认证证书及与供货企业签定的供货协议书原件。供货协议书中应明确供货产品名称、规格、数量、有效期，并经双方法人签字、盖公章。

十二、各摩托车产品出口投标企业应根据本企业实际出口能力和产品类型、规格进行投标，不得虚报，投标价格不得低于同期摩托车及摩托车发动机出口同行协议价格。

十三、参加投标的摩托车产品出口企业须按照《招标公告》的有关规定认真填报投标材料，标书一经投出，不得变更。

十四、投标材料须密封，并在封面上注明：“摩托车投标资料”，在《招标公告》规定的截标时间前邮至或送达招标办公室（传真件无效）。

十五、招标办公室收到投标企业的书面投标资料后应立即登记封存。

十六、电子投标。

为了提高招标工作效率，规范投标秩序，摩托车出口无偿招标的投标方式采用电子标书和书面标书相结合，以后逐步过渡到电子投标。投标企业在投标时间内，通过中国机电贸易网(即 www.chinamet.com)填报电子标书，电子标书和书面标书必须填报一致。

第五章　开标、评标

十七、招标办公室在招标委员会监督下，在规定的时间将电子标书和书面标书同时公开开标，对标书进行审核。

十八、为了促进出口规模经营，招标委员会可规定并事先公布上年度某一出口产品最低出口实绩为企业投标的限额，凡上年度出口实绩不足限额的企业不予中标。

十九、招标办公室根据有效的投标材料，利用电脑计算投标企业中标数量。

中标数量按下列公式计算：

(一)确定该企业在招标商品总量中所占比重“A”：

$$A=\frac{\text{该企业上年度出口该项商品总值(金额)}}{\text{该项商品全国出口总值(金额)}}$$

(二)确定招标商品全国单位平均创汇金额“B”和中标企业招标商品单位平均创汇金额“X”：

$$B=\frac{\text{该项商品出口总值(金额)}}{\text{该项商品出口总量}}$$

$$X=\frac{\text{该中标企业上年度出口该项招标商品总值(金额)}}{\text{该中标企业上年度出口该商品总量}}$$

(三)确定中标企业的中标数量“C”：

$$C = 招标总量 \times A \times (\frac{X}{B})^2$$

二十、招标委员会根据招标办公室的初评，核准中标企业和中标数量，并报外经贸部批准后，在《国际商报》、《中国汽车报》和中国机电贸易网等新闻媒介上公布《中标公告》，同时下发给各地外经贸委（厅）许可证发证机关。

自《中标公告》发布之日起10日内，企业可向摩托车出口招标办公室查询有关中标事宜，逾期不予受理。

第六章　摩托车产品出口许可证

二十一、在中标企业和中标数量经外经贸部批准后，招标委员会向中标企业发放《摩托车产品出口中标登记手册》和《摩托车产品出口中标手续费交纳通知单》。

二十二、中标企业向授权发证机关申领摩托车产品出口许可证时应当提供以下材料：

1. 外经贸部下发的中标结果通知或招标办公室填发的《摩托车产品出口受让通知》原件；

2. 招标委员会发放的《摩托车产品出口中标登记手册》；

3. 中标企业的有效出口合同，合同的出口价格不能低于出口同行协议价格；

4. 摩托车产品出口供货证明书。

二十三、发证机关根据招标办公室填发的《摩托车产品出口受让通知》逐次填写中标手册中受让登记表，核准出口企业许可证的使用情况。

二十四、企业根据有效出口合同，可分次到发证机关申领摩托车产品出口许可证。企业在每次办理出口许可证时，均需提交有摩托车产品目录内企业或具有发动机生产许可证的企业出具的《摩托车产品出口供货证明书》原件；该证明书由供货方法人签字，盖公章，发证机关在该证明书中注明所发许可证号码，并留存备查。

第七章　摩托车产品出口转受让

二十五、摩托车产品中标数量可以转让、受让，特定市场中标数量的转受让须经招标委员会审批后由招标办公室办理手续，非特定市场中标数量的转受让由招标办公室直接审核办理。

（一）转让企业须向招标办公室申报《摩托车产品出口转让申请书》，凡中标数量当年使用不完的企业，应在本年9月30日前向招标办公室申报使用不完的中标数量，并于11月15日前交回招标办公室，交回的中标数量可用于受让；

（二）招标办公室向企业发《摩托车产品出口转让通知》、《摩托车产品出口受让通知》，并抄送企业所在地区的发证机关；

（三）受让企业应提前15天向招标办公室申报，并填写《摩托车产品出口受让申请书》和《摩托车产品出口受让保证书》；

（四）申请受让条件：

1. 受让企业应具有本年度招标公告中所规定的投标资格。

2. 该企业本年度海关公布时间段的出口平均单价必须高于该出口市场同期的平均价格。新参加出口受让的企业以合同中出口价格来衡量。

3. 企业中标数量和受让数量的60%以上已用于出口（以海关验放的出口许可证或海关报关单为准）。

第八章　摩托车产品出口招标管理

二十六、招标办公室要跟踪检查出口企业中标或受让指标使用情况，及时了解摩托车出口中的问题和企业的意见要求，并向招标委员会报告。

二十七、当摩托车产品出口招标总量不够用时，招标办公室须提前两个月向招标委员会提出申请，由招标委员会根据实际情况，决定是否增加招标总量和招标次数。

二十八、中标或受让企业自收到《中标登记手册》或《摩托车产品出口受让通知》一个月内，按中标或受让金额（中标数量×中标平均价格）的万分之一交纳手续费，手续费按《中标登记手册》的签发日汇率，折成人民币支付。

二十九、手续费由招标办公室代财政部收取并存于专项账户，单列科目，上交国库，不得挪为它用。招标办公室每年向招标委员会报告中标手续费的收支情况。

三十、外商投资企业摩托车产品的中标数量不超过外经贸部批准的出口规模。

三十一、摩托车出口企业的中标数量只能用于本企业使用，不能将中标数量自行转让给其他企业。

第九章　罚　则

三十二、任何企业或个人都有权利和义务检举、投诉摩托车出口无偿招标过程中发生的违反招标办法及本实施细则的行为，一经查实，招标委员会将进行惩处，同时对检举、投诉的企业或个人予以奖励。

三十三、对于违反招标办法及本实施细则的招标委员会委员和招标办公室成员，外经贸部视情节轻重予以行政处分；对触犯刑法的，移交司法部门追究其刑事责任。

三十四、中标企业不按本细则第二十五条第一款规定申报登记和交回使用不完的中标数量，按企业未交数量占其中标数量的比例，相应扣减其下一年度中标数量。

三十五、有下列行为之一者，由招标委员会视情节轻重给予警告、行业内通报、削减或取消其当年中标数量、取消其下一年投标资格等处罚；对触犯刑法的，移交司法部门追究其刑事责任：

（一）虚报投标材料；

（二）擅自转让或变相倒卖中标指标；

（三）出口无产品目录或无质量检验许可证企业的产品；

（四）不履行双方供货协议；

（五）实际出口价格低于同行协议价或变相降价；

（六）侵犯知识产权；

（七）经查实违背有关规定转口；

（八）不按期交纳中标手续费；

（九）发生重大商品质量问题。

三十六、中标企业被取消的中标数量，由招标委员会报请外经贸部主管司通知有关发证机关停止发证。取消的中标数量可用于转受让。

第十章　附　则

三十七、未经招标委员会批准，任何单位、组织或个人均不得发布与摩托车出口无偿招标有关的规定、公告或通知。

三十八、本细则由招标委员会负责解释，自颁布之日起实施。

国家工商行政管理总局、国家发展计划委员会关于公布2001年度轿车生产企业销售网点及50家品牌轿车销售企业的通知

2001年11月30日

工商市字［2001］第347号

各省、自治区、直辖市及计划单列市工商行政管理局、发展计划委员会：

由一汽－大众销售有限责任公司等小轿车生产企业申报的2001年度销售网点名单已经审核，现将992家符合相关条件的企业予以公布（名单见附件一），并就有关问题通知如下：

一、各地工商行政管理机关要根据本通知，认真做好公布企业变更经营范围工作，任何单位不得擅自批准一次性轿车经营业务。

二、加强小轿车销售管理，未经国家工商行政管理总局、国家发展计划委员会核准公布，任何单位都不得开展小轿车经营业务，违者由工商行政管理机关按有关规定予以查处。

三、各轿车生产企业、销售企业应进一步加强企业自律，遵守国家有关法律、法规的规定，完善和规范汽车销售网络，积极配合有关部门做好市场管理工作。

经审核，由一汽－大众销售有限责任公司、上海通用汽车有限公司、广州本田汽车有限公司申报的50家小轿车品牌销售企业符合规定的条件，一并予以公布（名单见附件二）。

附件一

2001年申请小轿车经营权企业名单

北京市：

中宇汽车服务中心
中国丝绸进出口总公司
北方光电工贸有限公司
中汽利达汽车贸易有限公司
中国四达国际经济技术合作公司
中国振华进出口总公司
中国国际经济技术合作咨询公司
中国出国人员服务总公司
中国蓝星（集团）总公司
中贸圣佳国际拍卖有限公司
中国工艺美术（集团）公司
中机电集团有限公司
中国华云技术开发公司
中国海外经济合作总公司
中国华星创业有限公司
中化国际招标有限责任公司
五矿钢铁有限责任公司
爱地经贸有限公司
中国华大工程投资有限公司
北京世纪通汽车俱乐部
北京市三里屯机电设备公司
北京市聚龙源商贸发展公司
北京市德安汽车修理厂
北京菱海明贸易有限责任公司
北京京沈顺达汽车销售有限责任公司
北京福耀世纪汽车配件有限公司

北京中宏龙华汽车销售有限公司
北京中汽青泉汽车有限公司
北京车谷上海大众汽车维修销售有限公司
北京渔阳联合汽车贸易有限公司
上海大众汽车北京平谷特约维修站
北京延庆上海大众汽车特约维修有限公司
北京市上海大众汽车房山良乡特约维修站
北京上海大众汽车密云销售服务有限公司
北京上海大众汽车通州销售服务有限公司
北京公交上海大众汽车服务有限公司
北京欣欣顺达上海大众汽车销售有限公司
北京广恒信上海大众汽车销售服务有限公司
北京上地四方上海大众汽车维修服务有限公司
北京兵工北方汽车贸易中心
中国丝绸物资进出口公司
北京商亿通汽车贸易有限公司
北京中集燕京汽车销售有限公司
北京福斯顺达汽车销售有限公司
北京华菱丰汽车销售有限公司
北京庆洋汽车服务有限公司丰台分公司
北京国信金球汽车贸易有限公司
北京天域祥兴汽车贸易有限公司
北京金森通达经贸有限公司
大连市汽车贸易发展有限公司北京分公司
北京中正创为汽车贸易有限公司
北京天亿通汽车贸易有限责任公司
中轻东方进出口公司
泰富德实业有限公司
北京厦世纪商贸有限公司
北京博瑞祥泰汽车销售中心
北京汽车服务公司修理厂
北京兵工伟业汽车贸易有限公司
北京东方红汽车贸易有限公司
北京创诚嘉业汽车贸易有限公司
北京通泰力商贸有限公司
北京中进燕德汽车有限公司
北京联恒新泰贸易有限公司
北京浩天海马汽车销售有限公司
北京华昌汽车销售有限公司分公司
中商六通贸易发展公司
北京友成伟业商贸有限公司
北京硕川汽车销售服务有限公司
北京市良乡万达工贸有限公司
北京中联庆科技有限公司
北京中燕兴隆经贸发展有限公司
北京利达之星贸易有限公司
北京飞腾兴业经贸有限公司
北京环宇腾飞汽车销售有限公司
北京华成立飞商贸有限责任公司
中服嘉运国际储运公司
北京融运通汽车贸易有限公司
北京津丰华北汽车贸易有限公司
北京腾达庆红商贸有限公司
北京双宇京都物资集团汽车销售中心
北京成远强信汽车销售有限公司
北京南渤利贸易有限公司
北京徽瑞源工贸有限公司
北京中瑞辰汽车销售有限公司
北京北方天益贸易有限责任公司
北京市首汽风神汽车销售服务有限公司
北京世纪永泰经贸有限公司
北京万思鸿汽车销售有限公司
北京华泰昌汽车贸易有限公司
北京汇京鸿运汽车贸易发展有限公司
中国南洋进出口公司
北京北方福瑞汽车销售服务有限公司
北京云龙之星汽车贸易有限公司
北京市昊榕汽车维修有限公司
北京圆明物业管理有限公司
北京奥润投资管理公司
北京中盛通贸易发展有限公司
北京中机华辰汽车销售有限公司
北京中机投进出口有限公司
北京东风富强物资有限责任公司
北京东方华正汽车销售服务有限公司
北京中建恒基建设投资有限公司
北京傲辉兴业商贸有限公司
北京索菲纳科贸有限公司
北京中汽顺达汽车贸易有限责任公司第一分公司
北京神州瑞驰汽车贸易有限公司
北京海联力捷汽车销售服务有限公司
北京三江金客汽车销售有限公司
北京大地伟业商贸有限公司
北京城市捷运汽车贸易有限公司
北京中汽南方华北汽车服务有限公司
北京经开投资开发股份有限公司
北京北纬机电技术有限公司
北京冀发贵汽车贸易有限公司
北京冀富捷汽车贸易有限公司
北京鑫运奥经贸发展有限公司
北京诚信宝来汽车贸易有限公司
北京嘉盛恒通汽车销售服务有限公司
北京运通博恩汽车销售服务有限公司
北京运通博雅汽车销售服务有限公司

北京德润经贸发展有限公司
北京奥欣伟业经贸有限公司
北京宝辰伟业经贸有限公司
北京天创合源贸易有限公司
中进汽贸汽车技术服务有限公司
北京舒特商贸有限公司
北京中服连虹经贸有限公司
北京泽铭伟业经贸有限公司
北京中怡奥环汽车贸易有限公司
北京华航安泰经贸有限公司
北京华北融汇经贸有限公司
北京广益发汽车贸易有限公司
北京华诚中晟进出口有限公司
北京北方龙涛机动车检测有限责任公司
北京德秋宏投资有限公司
北京华源福田汽车销售有限公司
北京安迪永业经贸有限公司
北京建仲通商经贸有限责任公司
北京双环吉普汽车销售公司
北京市腾远兴业汽车服务公司
北京一汽环岛汽车销售中心孙河销售部
北京通华创业汽车贸易有限公司
北京市良乡万达实业公司
北京洪伟伯乐汽车销售中心
北京燕京汽车厂
北京市百惠经济发展公司
北京南方隆兴商贸有限公司
北京中汽富中机电贸易有限公司
北京发展物资贸易公司
北京骏宝威汽车贸易有限公司

上海市：

上海华菱汽车销售有限公司
上海大众汽车虹桥销售服务有限公司
上海大众汽车南外滩长江特约维修站有限公司
上海大众汽车嘉定特约维修站
上海翟业高级进口汽车修理有限公司
上海虹隆汽车销售有限公司
上海万通汽车销售有限公司
上海瑞丰汽车销售有限公司
上海楚越汽车贸易有限公司
上海润新汽车销售有限公司
上海开隆汽车服务有限公司
上海顶盛汽车销售有限公司
上海申马汽车销售有限公司
上海祥和汽车销售有限公司
上海双杰汽车销售有限公司
上海开元汽车销售服务有限公司
上海国信汽车销售有限公司
上海华明汽车销售有限公司
上海富国汽车销售有限责任公司
上海六和汽车销售有限公司
上海和泰汽车销售有限公司
上海联合汽车发展有限公司松江分公司
上海航大汽车销售有限公司
上海中物汽车贸易有限公司
上海中轻汽车销售有限公司
上海九州汽车销售有限公司
上海华成汽车销售有限公司
上海南方汽车销售有限公司
上海物资集团进出口有限公司
上海奉田汽车销售有限公司
上海东润汽车销售有限公司
上海大众宝山特约维修站
上海馥意投资有限公司
上海永达汽车浦东贸易有限公司
上海永达风度汽车销售服务有限公司
上海润达汽车销售有限公司
中国东风汽车工业进出口有限公司
上海东风汽车进出口有限公司
上海乾恒汽车销售有限公司
上海文洋进出口贸易有限公司
上海大众松江特约维修站
上海大众汽车沪东特约维修站
上海亚虎实业发展有限公司
上海华元企业发展有限公司
上海陆驰汽车销售有限公司
上海铁路汽车销售有限公司
上海安居汽车销售有限公司
上海时美科汽车有限公司
上海大众汽车浦东销售服务有限公司
上海大众汽车长江特约维修站
上海众铃汽车贸易有限公司
上海宾利汽车销售有限公司
上海巴士中信汽车销售有限公司
上海众泰汽车销售有限公司静安分公司

天津市：

上海大众汽车天津开发区销售服务有限公司
天津开发区天之杰汽车贸易有限公司
天津开发区普丰汽车贸易有限公司
天津市捷世通汽车贸易有限公司
天津开发区英之杰汽车贸易有限公司
天津市鹏峰汽车贸易有限公司
天津金元宝商厦集团大五金超级市场有限责任公司

天津小客汽车销售服务有限公司
天津市飞亚汽车销售有限公司
天津市合创汽车贸易有限公司
天津市庆茂汽车贸易有限公司
天津市天巳车国际贸易有限公司
天津市泛欧汽车贸易有限公司
天津开发区中汽发展有限公司
天津华北农机有限责任公司
天津开发区三源贸易有限公司
天津开发区宏大汽贸有限公司
天津市雅建物资贸易有限公司
天津市万车联物贸有限公司
天津开发区鑫亿达实业有限公司
天津市昊众科工贸有限公司
天津精典汽车销售资讯有限公司
天津市天丰汽车销售服务有限责任公司
天津市世茂国际贸易有限公司
天津市易达利昌商贸有限公司
天津开发区津保工贸有限公司
天津市鹏旺汽车贸易有限公司
天津市先锋汽车贸易有限公司
天津市环宇福星汽车销售有限公司
天津市颖上商贸有限公司
天津市先基经贸发展有限公司
上海大众汽车天津（南开）销售服务有限公司
天津市泛欧汽车贸易有限公司
天津市嘉濠汽车销售有限公司
华星北方汽车贸易有限公司
天津开发区柯兰德汽车贸易有限公司
天津开发区凯昌汽车贸易有限公司
天津顺达汽车销售有限公司

重庆市：

重庆百事达华众汽车销售服务有限公司
上海大众汽车重庆销售服务有限公司
重庆宏达动力科技有限公司
重庆振鑫汽车销售有限公司
重庆骏德汽车有限公司
四川捷顺实业有限公司重庆分公司
重庆驰华汽车贸易有限公司
长安汽车（集团）有限责任公司
长安汽车销售有限公司
重庆市黔江区昕烨物资有限责任公司

内蒙古自治区：

内蒙古巴盟利安兴商贸有限公司
包头市银灵贸易有限责任公司
包头西北汽车商城有限公司
内蒙古蒙骏汽车贸易有限公司
内蒙古佳辰商贸有限公司
海拉尔通利一汽汽车贸易有限责任公司
天津汽车工业通辽俊驰机电有限公司
伊克昭盟鑫泉运输服务有限责任公司
伊克昭盟鑫安汽车贸易服务有限责任公司
伊克昭盟三联汽车销售有限公司
赤峰竞远汽车销售服务有限公司

山西省：

长治市容海汽车销售服务有限公司
上海大众汽车大同特约维修站
山西融安汽车服务有限公司
山西泓策贸易有限责任公司
山西佳驰汽车服务有限公司
山西物产汽车销售有限责任公司
山西省运城华杰物贸有限公司
山西森海汽车销售服务有限公司
山西中创机动车置换有限公司
山西志国星赛车发展有限公司
山西汇通汽车销售有限公司
山西银隆汽车贸易有限公司
山西鑫海丰实业有限公司
山西靖华科技开发有限公司
山西同鑫汽车服务有限公司
上海大众汽车侯马销售服务有限公司
侯马市腾达汽车销售有限公司
晋城市机电设备有限公司
临汾尧光神龙汽车服务有限公司
山西临汾汽车修配有限公司
临汾益源汽车贸易有限公司
山西省临汾祥华汽车贸易有限公司
山西华路捷工贸有限公司
太原博大联众贸易有限公司
太原香山物资销售有限公司
太原市金泰祥物贸有限公司
山西通达（集团）有限公司
上海大众汽车泽州特约维修站

河北省：

保定市中冀汽车贸易有限公司
保定轩宇汽车贸易服务有限责任公司
保定市瑞达汽车销售服务有限公司
保定市东盛汽车贸易有限公司
沧州市顺达汽车销售有限公司
沧州市天信汽贸有限公司
沧州市金利汽车贸易有限公司
承德市冀东机动车销售有限责任公司
上海大众汽车定州销售服务有限公司
河北华信汽车贸易有限公司

邯郸市第一运输总公司
邯郸市誉丰汽车销售有限责任公司
中汽衡水汽车贸易有限责任公司
衡水东盛汽车贸易有限公司
廊坊市瑞友汽车贸易有限公司
廊坊市冀东汽车销售有限公司
上海大众汽车秦皇岛特约维修站
秦皇岛市新秦汽车贸易有限公司
石家庄申联上海大众汽车销售服务有限公司
石家庄天和汽车贸易有限公司
石家庄华丰机动车销售有限公司
河北伟利达汽车贸易有限公司
上海大众汽车唐山销售服务有限公司
唐山市顺达汽车贸易有限公司
唐山光辉汽车销售服务有限公司
上海大众汽车唐山—运销售服务有限公司
唐山凯通机电设备有限公司
唐山市冀东神龙汽车销售服务有限公司
邢台上海大众汽车销售服务有限公司
邢台盛华汽车贸易有限责任公司
张家口市亨达汽车贸易有限公司
张家口广龙汽车销售有限责任公司
张家口市鹏程汽车贸易有限责任公司
上海大众汽车涿州销售服务有限公司
涿州市广源汽车销售有限公司

辽宁省：

本溪市东盛汽车销售服务有限公司
大连市汽车工业贸易集团汽车分销公司
大连韬盛汽车有限公司
大连合丰汽车贸易有限公司
大连宝瑞汽车配件有限公司
大连通洋机电设备有限公司
大连应时贸易有限公司
大连双林汽车销售有限公司
大连嘉鸿汽车展示销售中心有限公司
大连力丰汽车贸易有限公司
大连东元汽车服务有限公司
上海大众汽车大连金州特约维修站
大连经济技术开发区凯信贸易有限公司
北京汽车工业进出口公司大连经济技术开发区经销中心
上海大众汽车大连特约维修站
丹东上汽大众汽车销售有限公司
葫芦岛市渤海汽车销售服务有限公司
阜新市宇坤汽车销售中心
沈阳市四合天一汽车经贸有限责任公司
上海大众汽车辽宁销售服务有限公司
辽宁天宇国际贸易有限公司
辽宁世宇汽车贸易有限公司
辽宁风神汽车销售有限公司
辽宁对外经贸发展有限公司
葫芦岛市中大房地产开发有限公司
葫芦岛市连山区渤海汽车销售维修中心
辽宁凯琳汽车贸易有限公司
沈阳众铃汽车贸易有限公司
辽宁东北汽车贸易有限公司
铁岭市顺峰出租汽车服务有限公司

吉林省：

吉林省成发物资贸易有限责任公司
吉林省东北汽车贸易有限公司
长春机械设备进出口有限责任公司
长春市云通汽车贸易有限公司
长春市宇龙贸易有限公司
吉林省松苑汽车销售有限公司
吉林省华航实业集团有限公司
长春通立汽车商贸有限公司
长春一汽四环汽车贸易有限公司
长春市慧邦汽车销售有限公司
长春风神汽车销售维修有限公司
长春致宇汽车贸易发展有限公司
吉林省恒迪贸易有限公司
吉林省吉刚汽车贸易有限公司
吉林省顺和汽车贸易有限责任公司
吉林省博维汽车销售租赁有限公司
吉林省顺华机电设备有限公司
吉林省博雅汽车销售服务有限公司
松原市吉松汽车经销有限责任公司
松原市飞马汽车经销有限责任公司
通化鑫宇汽车销售有限公司
延边东北机电设备有限公司

黑龙江省：

北安进发大众汽车销售有限公司
大庆瑞通汽车贸易有限公司
大庆市警兴汽车贸易有限公司
黑龙江省天凯经济发展有限公司
黑龙江运通俊业汽车销售服务有限公司
黑龙江省祥顺贸易有限责任公司
黑龙江保时汽车销售有限公司
哈尔滨东安广来汽车销售维修有限公司
哈尔滨保捷汽车销售有限公司
哈尔滨中实汽车销售服务有限公司
哈尔滨市凯信汽车销售服务有限公司
湖北省东安工贸有限公司哈尔滨分公司
哈尔滨云龙汽车销售有限公司

哈尔滨一汽汽车专卖行
哈尔滨森华汽车销售维修服务有限公司
哈尔滨天巳汽车贸易有限公司
哈尔滨新纪元汽车销售维修有限公司
上海大众汽车牡丹江销售服务有限公司
上海大众汽车齐齐哈尔销售服务有限公司
齐齐哈尔宇龙汽车销售有限公司

江苏省：

上海大众汽车武进特约维修站
上海大众汽车金坛特约维修站
常州新区沪东汽车销售有限公司
常州长安铃木汽车销售有限公司
常州风景汽车销售有限公司
武进市宝杰汽车贸易有限公司城区分公司
上海大众汽车大丰市特约维修站
江苏物资大厦
江苏中天投资发展有限公司
苏州工业园区同科汽车贸易有限公司
江苏裕田汽车修理有限公司
江苏宾士汽车贸易有限公司
苏州工业园区南光进出口有限公司
江苏肯瑞汽车贸易有限公司
江苏省物产联合公司
江苏省物产联合贸易有限公司
江苏苏美达肯瑞汽车贸易有限公司
苏州华丰汽车销售服务有限公司
江苏舜天国际集团有限公司
江苏文华汽车贸易发展有限公司
江苏仁恒机电设备有限公司
江苏中远商贸科技有限公司
江苏恒盛汽车销售有限公司
苏州工业园区康福贸易发展有限责任公司
江苏广厦汽车商城有限公司
通产高技术发展有限责任公司江苏分公司
上海大众汽车江阴特约维修站
连云港市安瑞达汽车销售服务有限公司
东风南京汽车贸易公司
南京国通汽车销售服务有限公司
南京万帮汽车贸易服务有限公司
南京苏宁汽车经营有限公司
南京宁瑞汽车销售服务有限公司
南京协众汽车有限公司
南京拓森进出口有限公司
南通平安汽车贸易有限公司
南通安泰汽车销售有限公司
上海大众汽车如东销售服务有限公司
常熟市博阳汽车销售有限公司
苏州物贸中心机电设备有限公司
苏州新世纪汽车贸易有限公司
苏州风神汽车销售服务有限公司
太仓市华东汽车工贸有限公司
吴江世纪汽车销售有限公司
吴江市远东汽车贸易有限公司
上海大众汽车吴江销售服务有限公司
上海大众汽车张家港销售服务有限公司
中国一汽轿车泰兴维修服务有限公司
无锡市宝龙汽车销售有限公司
无锡市飞亚汽贸有限公司
无锡东方荣昌汽车销售服务有限公司
上海大众汽车无锡特约维修站
无锡市皇琳汽车维护有限公司
无锡东方海达汽车销售有限公司
江阴华联东方汽车销售有限公司
江阴市嘉华机电设备有限公司
江阴市永兴汽车销售有限公司
江阴市平安汽车销售有限公司
无锡市征实汽车贸易有限公司
宜兴市亚龙汽车销售有限责任公司
武进市宝杰汽车贸易有限公司
徐州淮海上海大众汽车特约维修站有限责任公司
徐州神龙汽车销售有限公司
盐城市农业机械总公司
上海大众汽车仪征特约维修站有限公司
上海大众汽车宜兴市陶都特约维修站
上海大众汽车丹阳特约维修站
镇江市盛达汽车有限公司

安徽省：

安徽省滁州海天实业公司
安徽物华汽车服务有限公司
上海大众汽车安徽销售服务有限公司
安徽金安一汽贸易有限公司
合肥巨豪经济发展有限责任公司
六安市金安区汽车客运公司
上海大众汽车宿州特约维修站
上海大众汽车铜陵销售服务有限公司
安徽奇瑞汽车销售有限公司
芜湖安奇汽车销售服务有限公司
芜湖瑞奇汽车技术有限公司

山东省：

上海大众汽车滨州销售服务有限公司
东营天丰汽车销售有限责任公司
东营恒基机电设备有限责任公司
胜利油田利丰汽车销售中心
东营市昌达机电设备有限责任公司

山东上海汽车销售有限责任公司
山东中铁国际贸易有限公司
山东龙昌汽车销售有限公司
山东广源汽车贸易有限公司
山东银丰汽车销售服务有限公司
山东长安汽车销售有限公司
山东安宇经贸有限公司
山东省太平洋汽车销售维修中心
山东好友工贸有限公司
山东昌河汽车销售有限公司
山东众捷汽车销售服务有限公司
山东誉盛技术发展有限公司
菏泽丰华汽车销售有限公司
荷泽鲁西南汽车城有限责任公司
山东省即墨市中豪汽车销售有限公司
济南利天泰汽车贸易有限公司
济南一汽汽车销售服务有限公司
济南拓源机电设备有限公司
济南快爱特有限公司
济南华泰汽车销售有限公司
济南国奇汽车销售有限公司
济南之星平治汽车销售有限公司
济南中航汽车销售有限公司
济南北方车辆有限责任公司
济南瑞源汽车销售服务有限公司
章丘市天马汽车有限公司
济宁世纪商贸有限公司
济宁振宁汽车维修有限责任公司
上海大众汽车莒县特约维修站
莱芜市华贸物资有限公司
聊城市利泰汽车有限公司
聊城市北斗轿车维修有限公司
聊城市五州汽车销售有限公司
聊城市先锋汽车销售服务有限公司
山东华达汽车股份有限公司临沂分公司
龙口市意和汽车贸易有限公司
上海大众汽车青岛大学特约维修有限公司
青岛黑马车行有限公司
青岛伟恒汽车销售有限公司
青岛交运行通汽车服务有限公司
青岛吉顺达汽车销售有限公司
青岛青城汽车销售有限公司
青岛联合汽车销售有限公司
青岛华美德商务有限公司
青岛华世通实业有限公司
青岛信佳汽车销售服务有限公司
青岛经济技术开发区华光机电化工公司
青岛福日汽车维修有限公司
青岛东南汽车销售有限公司
青岛鸿远国立实业有限公司
青岛融海科技发展有限公司
青岛韦丰源汽车销售有限公司
山东省大友汽车销售有限公司青岛分公司
青岛弘骏汽车销售有限公司
青岛平治汽车销售有限公司
青岛冠龙腾越经贸有限公司
青岛新兴奥林实业有限公司
青岛和泰汽车销售服务有限公司
即墨市亨通汽车服务有限公司
青岛盛泰汽车销售公司
上海大众汽车日照销售服务有限公司
山东华达汽车股份有限公司日照分公司
山东省日照运总交通有限公司
泰安市润华汽车销售有限公司
威海上海大众汽车销售服务有限公司
威海市宁沪汽车销售有限公司
潍坊国泰汽车贸易有限公司
潍坊百大汽车销售服务有限公司
上海大众汽车文登销售服务有限公司
上海大众汽车烟台销售服务有限公司
烟台市华鑫大众汽车销售有限责任公司
枣庄市华微汽车贸易有限公司
枣庄市市中区通达汽车服务总公司
招远市机动车检测维修有限公司
诸城市兴国安汽车销售有限公司
上海大众汽车淄博销售服务有限公司
上海大众淄博淄川销售服务有限公司
山东淄博金泰实业有限公司
淄博市中南物资有限公司
淄博奥通汽车维修中心

浙江省：

横店集团汽车销售有限公司
温州联运总公司
浙江省中光汽车销售有限公司
浙江中大技术进口有限公司
中艺华佳进出口有限责任公司
浙江之友汽车有限公司
杭州森宝汽车贸易有限公司
杭州海通汽车有限公司
杭州现代汽车销售有限公司
杭州金丰汽车有限公司
杭州宾士汽车贸易有限公司
杭州宝腾汽车贸易有限公司
杭州东星汽车有限公司

杭州华铃贸易有限公司
上海大众汽车富阳特约维修站
上海大众汽车余杭销售服务有限公司
湖州金捷车辆销售有限公司
上海大众汽车嘉兴销售服务有限公司
上海大众汽车丽水特约维修站
临安市外贸汽车销售有限公司
上海大众汽车台州销售服务有限公司
台州市新丰汽车销售服务有限公司
宁波市美联汽车销售有限公司
宁波兵工经济技术发展公司
宁波宝丰电力汽车有限公司
宁波市新天地汽车销售服务有限公司
宁波宏瑞汽车销售服务有限公司
宁波市永达汽车销售有限公司
宁波中宁建设投资有限公司
宁波中汽汽车销售有限公司
上海大众汽车慈溪特约维修站
慈溪市东海摩托车有限公司
慈溪市奥可汽车销售有限公司
余姚市宏达汽车贸易有限公司
衢州市凯迪汽车服务有限公司
瑞安市富达经济贸易有限公司
瑞安市南方汽车贸易有限公司
绍兴市爱中汽车贸易有限公司
绍兴市洪氏汽车贸易有限公司
绍兴市光达汽车销售有限公司
台州市红太阳车辆销售有限公司
星星集团有限公司
浙江台州元通汽车有限公司
桐乡市国信汽车租赁有限公司
上海大众汽车温岭特约维修站
温州市好达机电有限公司
温州市东泰车辆销售有限公司
温州大众机电设备有限公司
温州华鸿汽车销售服务有限公司
浙江大众实业有限公司
温州市南方汽车销售公司
义乌市利达汽车销售有限公司
义乌市大达汽车销售有限公司
义乌市众菱汽车销售有限公司
上海大众汽车永康销售服务有限公司

江西省：

上海大众汽车抚州特约维修站
上海大众汽车赣州销售服务有限公司
赣州威尔士汽车有限公司
江西省赣南汽车交易中心
江西协众汽车发展有限公司
江西省机械设备进出口公司
上海大众汽车景德镇销售服务有限公司
上海大众汽车九江特约维修站
九江市新世纪汽车贸易有限公司
江西东风汽车销售技术服务联合公司
南昌富康汽车销售服务有限公司
江西省南方汽车租赁服务有限公司
南昌长江汽车工业贸易有限公司
瑞金市新耀汽贸有限责任公司
上海大众汽车上饶销售服务有限公司

福建省：

福州大众汽车销售服务有限公司
福州金洋汽车贸易有限公司
福州佳隆欣汽车销售有限公司
福建泉州豪信汽车贸易有限公司
福建泉州丰益汽车贸易有限公司
福建风驰汽车销售有限公司
福建海鹏经贸有限公司
福建省东泰汽车贸易有限公司
福建骏隆经贸发展有限公司
福建中升汽车销售服务有限公司
福建北方发展股份有限公司
福建福迅汽车销售有限公司
福建省奥琪汽车贸易有限公司
福建泉州一汽轿车销售有限公司
福建省泉州市万国汽车贸易有限公司
泉州市全展汽车贸易有限公司
泉州市华大经济发展有限公司
泉州益成汽车贸易发展有限公司
泉州市丰泽安顺汽车行
邵武市龙祥汽车配件有限公司
福建省万国汽车贸易有限公司
厦门中汽合泰汽车贸易有限公司
厦门市风驰汽车贸易有限公司
厦门市盛成汽车服务有限公司
厦门富饶贸易发展有限公司
厦门中汽重型汽车销售有限公司
厦门华野汽车销售服务有限公司
厦门宏通汽车销售有限公司
厦门信达股份有限公司
厦门达诺汽车贸易发展有限公司
漳州五菱汽车销售有限公司
漳州市中正汽车销售有限公司
漳州市立昌汽车服务有限公司

湖南省：

湖南长沙金馨贸易有限公司

长沙市成佳贸易有限公司
上海大众汽车常德特约维修站
郴州世维东风汽车销售技术服务有限公司
湖南汽车城上海汽车有限公司
湖南汽车城广通有限公司
湖南华诚汽车贸易有限公司
湖南华泰汽车销售服务有限公司
湖南申湘汽车星沙商务广场有限公司
湖南申湘汽车天程销售服务有限公司
湖南光大汽车销售服务有限公司
湖南省富豪汽车销售有限公司
上海大众汽车怀化特约维修站
东风汽车公司娄底技术服务站
邵阳上海大众汽车销售服务有限公司
上海大众汽车湘潭销售服务有限公司
湘潭市健车行汽车服务有限公司
上海大众汽车益阳特约维修站
上海大众汽车岳阳销售服务有限责任公司
株洲市兰天实业有限公司

湖北省：

湖北航天宇航汽车贸易有限公司
湖北东富汽车工贸有限公司
湖北东风汽车工业进出口有限公司
上海大众汽车潜江销售服务有限公司
武汉北斗集团有限公司
武汉市海燕汽车贸易有限公司
武汉精华汽车销售服务有限公司
武汉古田汽车维修商贸有限公司
武汉安奇汽车销售有限公司
武汉利达汽车销售有限责任公司
武汉未来汽车贸易有限公司
武汉银创经济发展有限公司
武汉三川贸易有限公司
武汉市中资投资有限公司
武汉市建银经贸公司
襄樊正华汽车贸易有限公司
宜昌宜顺物贸有限公司
宜昌市江夏汽车贸易有限公司
宜昌鹏达汽车销售有限公司

河南省：

上海大众汽车河南豫港销售服务有限公司
河南省华通汽车贸易有限公司
河南南光进出口有限公司
河南省裕华汽车贸易有限公司
河南大陆汽车俱乐部有限公司
洛阳神龙富康轿车技术服务站
上海大众汽车平顶山特约维修站
上海大众汽车新乡销售服务有限公司
许昌连通汽车销售服务有限公司
上海大众汽车永城销售服务有限公司
河南省富达汽车销售服务有限公司

广东省：

深圳市同兴汽车贸易有限公司
潮州市顺通汽车贸易有限公司
澄海市广汕机动车贸易有限公司
澄海市中汽贸易有限公司
上海大众汽车东莞销售服务有限公司
东莞市羚丰汽车贸易有限公司
东莞市通利华汽车贸易有限公司
东莞市铠锐汽车贸易有限公司
东莞市欧日汽车销售有限公司
东莞市丰隆汽车材料有限公司
东莞市宏达汽车贸易有限公司
东莞市骏宇汽车贸易有限公司
东莞市润锋贸易有限公司
东莞市东汽供销有限公司
东莞市东富实业有限公司
东莞市新利城汽车贸易有限公司
东莞市鸿燕贸易有限公司寮步分公司
佛山市红彤汽车贸易有限公司
佛山市禅通汽车贸易有限公司
佛山市合力汽车贸易有限公司
佛山市恒港汽车贸易有限公司
广东省岭南工业总公司
广东平海汽车有限公司
广东骏业汽车贸易有限公司
广东机械进出口通用机械有限公司
广东中凯利汽车贸易有限公司
广东众德汽车销售有限公司
广东业盛汽车贸易有限公司
广东泛日发展有限公司
广州市恒洋汽车贸易有限公司
广州广现汽车有限公司
广州市广星行汽车贸易有限公司
广州众望汽车贸易有限公司
广州市金轮物资有限公司
广州市广润龙汽车贸易有限公司
广州市炜坤汽车贸易有限公司
广州市酉晟汽车销售有限公司
广州市羚锐汽车贸易有限公司
广州康泽运输发展有限公司
广州建元物流有限公司
广州市东神贸易有限公司
广州津业汽车有限公司

广州英迅汽车服务有限公司
广州广钢集团金业有限公司
华星南方汽车贸易有限公司
中国（深圳）物资工贸集团有限公司广州公司
广州市泰扬汽车销售有限公司
深圳市久天泽投资有限公司广州分公司
广州众义达汽车贸易有限公司
广州市悦达起亚汽车销售公司
广州联合汽车有限公司
广州中孚汽车有限公司
广州市逸展汽车销售有限公司
广州市乘通用汽车贸易有限公司
惠州市中建贸易有限公司
惠州市卓明汽车贸易有限公司
惠州市福和汽车销售有限公司
惠州市惠安汽车贸易有限公司
江门市美众汽车销售服务有限公司
江门市大佳洋经贸有限公司
江门市蓬江区日利世纪汽车贸易有限公司
江门市蓬江区恒志汽车贸易有限公司
揭阳市凯通汽车贸易有限公司
揭阳市华燕汽车有限公司
罗定市骏发汽车有限公司
茂名市世和实业发展有限公司
茂名粤信汽车有限公司
茂名市茂南五洲商场
佛山市红彤汽车贸易有限公司南海分公司
南海市达兴晖汽车有限公司
南海市环通汽车贸易有限公司
南海市环球盈通汽车有限公司
南海市锦菱汽车贸易有限公司
广东中南铝合金轮毂厂
汕头高新区恒达汽车有限公司
汕头市龙湖区建诚汽车有限公司
汕头市悦达汽车销售有限公司
汕头市佳浩汽车有限公司
汕头市奥讯有限公司
韶关市全兴汽车贸易有限公司
上海大众汽车深圳特约维修站
深圳市亨业贸易有限公司
深圳市佳浩贸易发展有限公司
深圳市成德汽车贸易有限公司
深圳市嘉宁达进出口发展有限公司
深圳市锦龙汽车贸易有限公司
深圳市天煌贸易有限公司
深圳市深利纺实业有限公司
深圳市旺高汽车贸易有限公司
深圳市鑫旺高汽车贸易有限公司
深圳市嘉源汽车贸易有限公司
深圳市阿特肯汽车贸易有限公司
深圳市通达四方实业有限公司
深圳市共成投资发展有限公司
深圳市顺安达汽车贸易有限公司
深圳市金诺得汽车贸易有限公司
深圳市怡禾进口股份有限公司
深圳奥福莱实业发展有限公司
深圳市新乐贸易发展有限公司
深圳市鑫伟业贸易发展有限公司
深圳龙岗惠安隆实业有限公司
深圳市国顺江铃汽车销售服务有限公司
深圳市众运汽车贸易有限公司龙岗分公司
深圳市增鑫实业有限公司
深圳市北汽福田汽车销售有限公司
深圳市世纪轮实业有限公司
深圳市东明达汽车贸易有限公司
深圳市品质汽车贸易有限公司
深圳市永骏实业有限公司
深圳市信义房地产开发有限公司
深圳市德顺泰实业有限公司
深圳市镝润实业发展有限公司
深圳市信控计算机网络工程开发有限公司
深圳市伟先机电设备有限公司
深圳市国顺汽车贸易有限公司
深圳市鸿乾汽车贸易有限公司
深圳市关欣汽车贸易有限公司
深圳市三川丰汽车有限公司
深圳市鸿力汽车贸易有限公司
深圳市卡瑞汽车贸易有限公司
深圳市亚芳实业有限公司汽车销售分公司
深圳市新金客汽车销售有限公司
深圳市横岗镇经济发展有限公司
深圳横岗湛宝汽车配件分公司
深圳市万骏原汽车贸易有限公司
深圳市佳健汽车贸易有限公司
深圳市锦威实业有限公司
深圳市胜海进出口发展有限公司
珠海市航鑫有限公司深圳分公司
深圳市安进汽车贸易有限公司
深圳市益民利实业发展有限公司
深圳市远程汽车贸易有限公司
深圳市顺捷汽车贸易有限公司
深圳市东风南方汽车进出口有限公司
深圳市王府井进出口贸易有限公司
深圳市万邦贸易发展公司

深圳市奥德汽车贸易有限公司
深圳市现代贸易有限公司
深圳市英捷汽车贸易有限公司
深圳市佳鸿贸易发展有限公司
深圳市麟济实业有限公司
阳江市农业生产资料公司
阳江市茂江汽车有限公司
云浮市嘉兴贸易发展有限公司
湛江市扬达汽车有限公司
中山市集德创建汽车销售有限公司
中山市顺肇汽车贸易有限公司
中山市升平汽车商贸有限公司
中山市金基汽车贸易有限公司
中山市三航汽车贸易有限公司
中山市万隆汽车销售有限公司
珠海市众杰汽车贸易有限公司
珠海市强信汽车贸易有限公司
珠海市航鑫有限公司

海南省：

海南金田汽车销售有限公司
海南丰正华汽车贸易有限公司
海南诚方汽车贸易有限公司
海口大华工贸有限公司
海口路通汽车销售有限公司
海南亚奥汽车销售有限公司
海南华康汽车贸易有限公司
海口新成田汽车贸易有限公司
三亚永安汽车贸易公司

广西壮族自治区：

广西海康汽车销售有限公司
广西弘捷汽车销售服务有限公司
丽水市万兴汽车销售有限公司
南宁桂捷强汽车有限公司
柳州市桂鹏汽车贸易有限责任公司
中国贵州航空工业集团北海公司

贵州省：

贵州西南汽车物资有限责任公司
贵州乾通汽车进出口销售有限责任公司
贵州恒昌瑞汽车贸易有限公司
贵州金仑汽车贸易有限公司

四川省：

成都益民工贸有限公司
成都倍特贸易公司
成都市天帆物资贸易有限责任公司
成都万友汽车销售服务有限公司
成都铁路神龙汽车销售服务有限公司
四川深保汽车有限公司
四川通海汽车销售有限责任公司
成都曙光汽车销售服务有限公司
成都福达汽车贸易有限公司
成都双流毅力实业有限公司
成都天辰汽车销售有限责任公司
成都润菱车业有限公司
成都安利捷销售服务有限公司
成都顺吉汽车有限责任公司
东风汽车公司达州市技术服务站
达州市吉鑫车业公司
四川锦菱汽车有限公司
四川文宇汽车贸易有限公司
四川天驰汽车销售有限公司
四川长埔汽车有限公司
四川省津渝实业有限责任公司
四川天佑汽车贸易有限责任公司
四川风行汽车有限公司
四川省保利汽车贸易有限公司
四川南星汽车有限公司
四川翔汇汽车贸易有限公司
西昌锌业工贸公司
上海大众汽车泸州销售服务有限公司
四川省泸州路路通汽车贸易有限公司
上海大众汽车内江特约维修站
四川内江丹鹰工业有限公司
德阳西南汽车置换有限公司
遂宁川中油田运输有限公司
四川雅安市鼎锋车辆有限公司
上海大众汽车宜宾销售服务有限公司
四川省资阳市华凌车业有限责任公司
自贡三维汽车贸易有限公司

云南省：

保山金马中运有限责任公司
上海大众汽车个旧特约维修站
云南华兴汽车销售服务有限公司
云南宏程汽车贸易有限公司
云南谊和汽车置换有限公司
云南云汽汽车进出口有限公司
昆明合运汽车贸易有限公司
昆明合达汽车销售服务有限公司
昆明恒利汽车有限责任公司
北京广益发汽车贸易昆明有限公司
上海大众汽车曲靖销售服务有限公司

陕西省：

上海大众汽车宝鸡特约维修站
陕西华海汽车销售有限公司
陕西嘉华企业集团有限公司

陕西天翔汽车服务有限公司
陕西中进汽车销售服务有限公司
陕西通程商贸有限公司
陕西赛威汽车商务有限公司
陕西吉星汽车经销有限责任公司
陕西新丰泰汽车技术开发有限责任公司
陕西隆辉实业有限责任公司
陕西省外贸进口汽车配件公司
陕西明大汽车销售有限责任公司
陕西益迪商贸有限责任公司
陕西忠伟实业有限公司
陕西猎豹汽车西北销售有限公司
陕西宇龙汽车服务有限公司
陕西海鑫汽车服务有限责任公司
陕西粤海汽车维修有限责任公司
陕西派德汽车租赁有限责任公司
西安福莱尔汽车销售有限责任公司
陕西华秦汽车维修有限责任公司
西安东汽联汽车销售服务有限公司
西安派德实业公司
西安北星汽车销售有限公司
西安日升汽车贸易有限责任公司
榆林市北方旅游出租公司
榆林市长城机械设备有限公司

甘肃省：

甘肃安福汽车有限责任公司
甘肃东盟汽车销售有限公司
甘肃恒祥经贸有限责任公司
上海大众汽车酒泉销售服务有限公司
兰州上海大众汽车长青特约维修站
兰州良志实业集团有限责任公司
兰州鑫通汽车销售有限公司

宁夏回族自治区：

宁夏祥达集团汽车服务有限公司
宁夏安吉汽车销售租赁有限公司
银川昌昊汽车工贸有限责任公司
银川宁鲁机动车贸易有限公司
上海大众汽车银川销售服务中心

新疆维吾尔自治区：

博尔塔拉蒙古自治州机动车辆交易中心
新疆哈密市机电设备有限公司
上海大众汽车哈密销售服务有限责任公司
新疆新建国际贸易有限责任公司
新疆新兵机电设备有限责任公司
新疆森田汽车贸易有限公司
新疆鸿安石化有限责任公司
新疆深鑫汽车服务有限公司
乌鲁木齐市安捷汽车销售有限公司
新疆创鑫汽车贸易有限公司
乌鲁木齐恒志物资有限公司
新疆锦菱汽车贸易有限公司
新疆国奥实业有限责任公司
新疆秋林商贸有限公司
哈密市振华经贸有限公司
新疆四运东风汽车大修厂

附件二：

一汽－大众奥迪A6品牌汽车销售企业：

哈尔滨市广申汽车销售服务有限责任公司
河南豫海汽车销售有限公司
温州瓯通汽车有限公司
山西大昌汽车服务有限公司
厦门大邦通商汽车贸易有限公司
陕西新丰泰汽车有限责任公司
长春市华阳汽车贸易有限责任公司

上海通用汽车有限公司品牌汽车销售企业：

韶关市乘风汽车贸易有限公司
内江港宏汽车销售有限公司
郴州申湘天程汽车销售服务有限公司
河南众通汽车贸易有限公司（原有小轿车经营权予以取消）
揭阳市建威汽车贸易有限公司
绍兴市万通汽车销售服务有限公司
广州华南顺达汽车有限公司
遵义乾通汽车销售服务有限责任公司
重庆市万州区中汽沪通汽车销售服务有限公司
盘锦上通汽车销售服务有限公司
深圳市标域汽车有限公司
江阴市上通汽车销售服务有限公司
天津开发区晟陆汽车销售服务有限公司
昆山华通汽车销售服务有限公司
宜昌国盛汽车销售服务有限公司
北京加达永通汽车销售有限公司
山东瑞达汽车商贸有限公司
三亚安骅汽车销售服务有限公司

广州本田汽车有限公司品牌汽车销售企业：

江阴市盛达汽车销售服务有限公司
吉林市创嘉贸易有限公司
嘉兴市金悦达汽车销售服务有限公司
青岛通宝汽车有限公司
齐齐哈尔市鹤达汽车贸易有限公司

威海市银达汽车贸易有限公司
徐州润东汽车贸易有限公司
芜湖亚夏汽车服务有限责任公司
山西银隆汽车贸易有限公司
昆明裕田汽车销售服务有限公司
南通海盟汽车销售服务有限公司
广州长力汽车销售有限公司
深圳市安迅汽车贸易有限公司
宜昌恒龙汽车销售有限公司
河南智通汽车销售服务有限公司
韶关市远达汽车销售有限公司
扬州市大长江汽车销售服务有限公司
山东翔宇汽车服务有限公司
陕西冠群汽车服务有限公司
梅州市嘉骏贸易有限公司
长沙盾华汽车销售服务有限公司
连云港骏力汽车贸易有限公司
苏州吴新汽车销售服务有限公司
四川锦泰汽车销售服务有限公司
绵阳市佳信汽车贸易有限公司

关于对贯彻《机动车登记办法》和《机动车登记工作规范》工作中若干操作问题的意见

2001年12月7日
公交管办［2001］106号

各省、自治区、直辖市公安厅、局交通管理局、处：

《机动车登记办法》（公安部令第56号，以下简称《登记办法》）和《机动车登记工作规范》（公通字［2001］37号，以下简称《工作规范》）实施后，各地在贯彻工作中除遇到一些属于规定不够详尽的情况以外，还遇到了一些属于内部操作性的问题，需要在全国范围内予以明确和统一。经研究，现提出以下意见：

一、《关于贯彻〈中华人民共和国机动车登记办法〉和〈机动车登记工作规范〉有关工作的通知》（公交管［2001］119号，以下简称《通知》）第四条第三款规定，对于2001年10月1日前已注册登记的机动车核发《机动车登记证书》的，按照补领《机动车登记证书》的业务流程办理，但未规定如何签注补领原因。今后，各地在办理这项业务时，申请事项签注“补领登记证书”，补领原因签注“首次申领登记证书”。

二、《通知》第四条第三款规定，给已注册登记的机动车核发《机动车登记证书》时，在《机动车登记证书》上签注该车注册登记时的有关信息和机动车变更登记的有关信息。一些地方反映，由于原机动车计算机登记系统中没有设置保存历史资料的功能，一些车辆的技术参数发生变化后，原信息已被修改，无法按照上述规定签注《机动车登记证书》。为解决这个问题，各地在办理这项业务时，对于机动车计算机登记系统中保存了历史资料的，应当按照《通知》的规定签注《机动车登记证书》。没有保存历史资料的，在注册登记机动车信息栏按照机动车现状签注有关信息，可不再签注机动车变更的有关信息。签注项目不得少于《登记规范》规定的签注《机动车行驶证》的项目。

三、签注《机动车登记证书》和《机动车行驶证》时，遇有计算机无法打印的汉字，可用黑色、蓝色墨水笔填写。

四、机动车所有人为暂住人员的，《机动车行驶证》的住址栏签注本人身份证明上记载的住址，不签注《暂住证》记载的住址。

五、在签注牵引车的《机动车行驶证》时，除按《工作规范》的要求签注外，还应当签注“准牵引总质量”。

六、半挂汽车列车在办理过户、转入登记、核发《机动车登记证书》时，对2001年10月1日以前按照整车核发了号牌且机动车所有人不要求按照牵引车、半挂车分别核发号牌的，可仍然按照整车办理，并按照整车归类。

七、对于2001年10月1日以后办理了注册登记、转入登记的机动车，其机动车档案资料应当严格按照《登记规范》的规定整理成册，对于尺寸小于A4纸的档案资料，允许多张粘贴在同一张纸上，但资料不得相互遮盖。

八、在办理注册和转入登记时，《机动车注册/转入登记表》和《机动车登记业务流程记录单》的背面都设计了粘贴车辆照片和两号拓印膜的位置，为了明确责任，应当将车辆照片和两号拓印膜粘贴在《机动车登记业务流程记录单》的背面。

九、随着汽车制造技术的进步，为了防止发动机号码被非法更改，一些车型采用了铸造平面激光打刻发动机号码的防伪技术，但也产生了无法拓印发动机号码的问题。对于使用了这类防伪技术打刻的发动机号码，应当由人工进行比对，并将发动机号码记录在《机动车登记业务流程记录单》粘贴发动机号码拓印膜的位置，注明“无法拓印”。

十、允许使用数码照相与计算机模拟号牌图像合成技术制作机动车的标准照片，合成的照片应当与实际拍摄的照片效果一致。

十一、各种机动车登记申请表可以用黑色、蓝色墨水笔填写，也可以用计算机打印，但盖章和签字不得用计算机打印代替。

十二、为了适应经济建设和道路交通管理的需要，《工作规范》对车身颜色、车辆类型、厂牌型号、制造国等登记事项的签注进行了调整，但同时也产生了这些登记事项的签注与有关凭证记载的内容不一致的问题。例如，《公告》公布的车辆类型与《工作规范》附件一《机动车类型分类表》的车辆类型不一致，进口机动车的《货物进口证明书》记载的厂牌型号与新设立的车辆品牌、车辆型号的登记项目不一致等等。从 2001 年 10 月 1 日起，车辆管理所在办理机动车的注册登记时，首先应当按照有关凭证确认车辆，然后按照《工作规范》第六条第十一项的规定和《机动车类型分类表》签注车身颜色和车辆类型。对于进口机动车，按照国家质检总局、公安部、海关总署联合发布的《进口机动车车辆制造厂名称和车辆品牌中英文对照表》签注制造厂名称和车辆品牌，按照公安部交通管理局《进口机动车型号签注规范》（暂行）的规定签注车辆型号。

十三、按照《登记办法》的规定，机动车的使用性质由机动车所有人在申请注册登记、过户登记、转入登记时填写，除特种车辆的使用性质需要按照有关规定予以确认外，其他车辆暂不需要出具证明文件。

十四、《通知》附件二《机动车登记信息数据库规范》规定了机动车计算机登记系统数据库的基本结构，各地建立的数据库，其数据项不得少于《机动车登记信息数据库规范》的规定。为了满足道路交通管理的需要，各地可根据本地实际情况在数据库中增加数据项。

十五、从《登记办法》实施之日起，车辆管理所在办理注册登记、过户登记、转出、转入登记时，不再审核机动车销售发票是否经工商行政管理部门验证盖章。

十六、《登记办法》实施后，在办理转出、转入登记过程中，一些地方出现了大量退档的现象，引起群众不满，也给转入地车管所造成一定压力。据了解，退档主要是因为转出地车管所的计算机登记系统操作软件功能尚不完善、登记证书和登记表等签注不够规范、档案资料整理不规范等原因造成的，也有一部分是转出地或转入地车管所对《登记办法》和《工作规范》理解不够准确造成的。对此，各地车管所要进一步认真学习有关规定，并在 2001 年 12 月 31 日前抓紧完善计算机登记系统操作软件。要严格按照《登记办法》、《工作规范》、《通知》以及有关规定办理转出登记。为保护群众利益，对于 2001 年 12 月 31 日前已经转出，车辆档案或者《机动车登记证书》存在上述问题的，由转入地车管所按照规定整理，不得退档。

北京地区机动车辆保险行业规范（试行）

为维护北京地区机动车辆保险市场的良好秩序，进一步规范机动车保险经营行为，切实保障保险消费者的合法权益，推进北京地区机动车辆保险业务持续快速健康发展。经中国人民保险公司北京分公司、中国太平洋保险公司北京分公司（产险）、中国平安保险公司北京分公司（产险）和华泰财产保险股份有限公司营业总部等单位共同协商，并经中国保监会北京办事处认可，特制定北京地区机动车辆保险行业规范（试行）。

第一条　坚持依法合规经营

1. 凡是在北京地区从事机动车辆保险经营活动的单位及其员工，必须依据《中华人民共和国保险法》及相关法律和保险监管部门的有关规定，依据中国保监会颁发的《机动车辆保险条款》（以下简称《条款》）和《机动车辆保险费率规章》，开展保险宣传和进行机动车辆保险的经营活动。

2. 保险经营单位及其员工不得擅自变更保险条款和费率，不得以任何形式作出违反相关法律和保险监管法规的欺骗性虚假承诺，不得以任何形式作出不实说明或误导性的宣传，不得以任何形式引诱、限制或强迫投保人自愿参加保险和自主选择保险经营单位。

第二条　坚持如实告知原则

1. 保险经营单位及其员工（以下简称保险人）在展业时必须向投保人介绍《条款》，明确告知保险责任、特别是责任免除部分的有关内容。

2. 保险人必须主动提示投保人认真履行如实告知义务及需要告知的具体内容。

3. 保险人应指导投保人逐项填写《机动车辆投保单》，投保人对各项内容核对无误，并对责任免除和被保险人义务明示理解后，应在“投保人签章”处亲笔签名或签章，以保证保险合同的法律效力，保险人一律不得代行签名。

4. 保险人经核保要将确定的费率和核保意见，特别是需要限制承保或拒绝承保的意见向投保人作出说明。

5. 保险人必须使用电脑制单，为承保车辆出具保险监管部门监制的《机动车辆保险单》和《保险批单》。

6. 保险人必须在《机动车辆保险单》上和《机动车辆保险证》上明示保险人的联系电话和受

理保险事故的报案电话。

7. 保险人要提醒被保险人：兼业保险代理人对其经办的车险业务，不具有受理事故报案和理赔的职责；被保险人一旦发生保险责任事故，要直接拨打保险人明示的报案电话。

第三条 坚持“主动、迅速、准确、合理”的理赔原则

1. 保险人要保证接报案电话 24 小时全天候服务；要针对不同事故告知被保险人应采取的保护、施救措施和应注意的事项；要向被保险人及时提供《机动车辆保险索赔须知》；对经济损失较大的事故、特别是涉及人身伤亡和第三者财产损失的事故，要向被保险人介绍有关规定和应注意的问题。

2. 保险人要急被保险人之所急，要为被保险人安排好对事故车的救援或指导被保险人做好相应的工作；对在外地出险的车辆，要向被保险人告知应采取的措施和要注意的问题，如需委托当地保险公司代查勘的，要向被保险人交待清楚相关事宜。

3. 保险人要向被保险人说明依据《道路交通事故处理办法》和《条款》的规定，对事故车保险责任的定损原则和工作程序，安排事故车修理前要会同被保险人，根据事故车损坏情况和被保险人承担的责任确定修理项目和修理费赔偿金额；对造成人身伤亡和第三者财产损失的赔案，要向被保险人介绍有关规定和在事故处理中要掌握的尺度，以避免结案时加大被保险人自己的经济负担；对保险车辆被盗抢或事故车推定全损的赔案，要向被保险人说明理赔的依据和计算赔款金额的原则。

4. 保险人在被保险提供的索赔材料齐全后，应当即时履行审核手续；赔款金额经保险人和被保险人双方确认后，保险人必须在十日内一次赔偿结案。

第四条 坚持“客户至上，服务取胜”的经营理念

各产险公司及其员工在执行本“行业规范”的同时，要在完善服务措施和提高服务质量上下功夫，开发具有本公司特色的机动车辆的系列服务、配套服务和延伸服务，为树立保险行业的良好社会形象增光添彩。

第五条 附则

1. 本《行业规范》自 2001 年 3 月 15 日起施行；其解释权属于北京保险行业协会。

2. 为保证本《行业规范》的贯彻落实，现将各产险公司和中国保监会北京办事处、北京保险行业协会的接待投诉电话公布于众，欢迎社会各界和广大客户检查、监督。

各单位接待投诉电话：

中国人民保险公司北京分公司　65035021

中国太平洋保险公司北京分公司（财险）66428888 转 3631

中国平安保险公司北京分公司（财险）66210452

华泰财产保险股份有限公司营业总部 66218833 转 8261

中国保监会北京办事处　66073860

北京保险行业协会　64442794

10

第十部类：名录

名录

MING LU

一汽解放商用汽车经销商名录

经　销　商　名　称	地　　址	邮编	电话	传真
哈尔滨一汽森华汽车贸易有限公司	哈尔滨市南岗区文昌街 103 号	150001	0451-2631753	2644469
黑龙江金龙汽车销售有限公司	哈尔滨市南岗区宣化街 488 号	150001	0451-2530458	2530449
齐齐哈尔市帝华汽车贸易有限责任公司				
哈尔滨一汽君安汽车销售有限公司	哈尔滨市南岗区文昌街 87 号	150001	0451-2607951	
佳木斯成达汽车贸易有限责任公司	佳木斯市安庆街 88 号	154007	0454-8352155	8352155
吉林省一汽贸易联销租赁有限公司	长春市长沈公路 32 号	130011	0431-5513012	5526031
吉林省麟源汽车销售有限公司	长春市长沈公路	130011	0431-7643866	
吉林一汽汽车销售有限公司	长春市长沈路 32 号	130011	0431-9008789	
吉林一汽解放汽车贸易有限公司	长春市长沈路 58 号	130103	0431-5527999	5528999
一汽汽车直销中心	长春市东风大街 17-3 号	130012	0431-5909889	5906889
延边东北机电设备有限公司	延吉市机场路汽车交易市场	133001	0433-2814739	2814738
中国第一汽车集团贸易公司东北公司联合公司	沈阳市和平区十一纬路 15 号	110003	024-23872497	23854398
大连一汽大柴汽车贸易有限公司	大连市干井子区华北路 441 号	116000	0411-6512596	6511149
辽宁一汽贸易有限公司	沈阳市大东区东陵西路 17 号	110043	024-88432981	88428558
鞍山欣鑫汽车经销有限公司				
阜新永生工贸发展有限公司				
一汽凌源汽车制造有限公司	凌源市城北街 91-2 号	122500	0421-6951284	6951871
包头市银剑汽车贸易有限公司	包头市郊哈林格尔乡	014010	0472-7155127	
内蒙古亿阳汽车销售服务有限公司	呼和浩特			
伊克昭盟蒙凯汽车销售有限责任公司				
海拉尔通利一汽汽车贸易有限责任公司				
赤峰同利汽车贸易总公司				
北京一汽环岛汽车销售中心	北京丰台区玉泉营环岛南 60 米东	100070	010-63581193	63557325
北京长春万荣汽车销售有限公司	北京市丰台区丰北路 1 号	100071	010-63826607	63824147
天津一汽汽车销售服务有限公司	天津市河东程林庄道 110 号	300161	022-84510285	24564611
天津市贸顺一汽汽车销售有限公司				
中国第一汽集团开封汽车经销有限责任公司	开封市公园路南段	475002	0378-2950361	2950378

一汽解放商用汽车经销商名录

经销商名称	地址	邮编	电话	传真
河南省裕华汽车贸易有限公司				
安阳市恒源汽车贸易有限公司				
南阳市启星汽车销售有限责任公司				
郑州鑫利汽车贸易有限公司				
郑州伟业汽车销售有限公司				
商丘市中吉一汽汽车贸易有限公司				
洛阳盛裕汽车贸易有限公司				
驻马店解放商用汽车销售服务有限公司				
唐山市冀东机电设备公司	唐山市路北区唐丰路副 11 号	063000	0315-2849942	7122765
河北一汽贸易有限公司	石家庄市裕华东路 456 号	050031	0311-5651954	5063363
三河市宏昌汽车销售有限公司	三河市城东京哈路北交警大队对面	065200	0316-3218200	3212166
保定市中冀汽车贸易有限公司	保定市省监狱北行 2 公里路西	071000	0312-5080500	5019616
石家庄市北晨汽车销售服务有限公司	河北正定县 107 国道 1 公里	050800	0311-8021612	8021612
张家口车城汽车贸易有限公司				
沧州市中鑫汽车贸易有限公司				
大同市第二机电设备总公司	大同市雁同东路 3 号	037044	0352-6020603	6020603
第一汽车集团山西联合贸易公司	太原市长风街物资城 2 号	030006	0351-7053912	7076941
山西泓策贸易有限责任公司				
山西兰田汽贸有限公司				
一汽晋城服务站				
临汾千汇汽车销售有限公司				
高密市经贸汽车销售有限公司	高密市西关路北首	261500	0536-2321961	2321961
山东临沂汽车工业贸易有限公司	临沂市临西一路 190、249 号	276003	0539-8163951	8163570
济南重联汽车销售有限责任公司	济南济兖路 165 号二楼西侧 38 号	250022	0531-7510254	7988888
泰安北方车辆有限责任公司				
济宁市长济汽车贸易有限公司	济宁市中区琵琶山北路 82 号	272123	0537-2323926	2323926
中国北方车辆公司山东分公司	济南市北园大街 69 号	250100	0531-8610186	8610196
青岛顺泰汽车销售有限公司				
淄博中租租赁有限公司				
青岛吉顺达汽车销售有限公司				
聊城先锋一汽销售服务有限公司				
济南一汽汽车销售服务有限公司				
临沂市工业生产资料有限公司				
中国第一汽车集团公司德州服务站				
德州信达汽车贸易有限公司				
青州市裕兴汽贸有限责任公司	青州市北环路大众维修站西邻	262500	0536-3256766	3256777
东营市昌达机电设备有限责任公司				
第一汽车集团陕西联合贸易公司	西安市莲湖路 137 号	710003	029-7323402	7346815
陕西省解放汽车贸易公司	西安市莲湖路 101 号	710003	029-7347299	7310270
西安秦鹰汽车贸易公司	西安市沣镐东路 9 号	710077	029-4263434	4263434

一汽解放商用汽车经销商名录

经销商名称	地址	邮编	电话	传真
西安长征汽车销售有限公司	经济技术开发区未央中路 B2 区 18 号	710016	029-6224493	6224489
榆林地区汽车销售有限公司	榆林市上郡南路 9 号	719000	0912-3384099	3350599
兰州汽车自选市场	兰州市西津西路 520 号	730050	0931-2562277	2562262
中国第一汽车集团甘肃联合贸易公司	兰州市盐场路 213 号	730046	0931-8365591	8365591
甘肃建洋机电设备有限责任公司	兰州市武都路 105 号	730030	0931-8489428	8489428
宁夏一汽销售有限公司	银川市开发区中央大道	750002	0951-5042002	5042003
宁夏回族自治区汽车贸易总公司	银川市东环南路	750004	0951-4082328	4071085
青海一汽汽车贸易有限责任公司				
中国第一汽车集团公司格尔木服务站				
青海省汽车贸易公司	西宁市西关大街 49 号	810008	0971-6143336	6134101
新疆区机电设备有限公司	乌鲁木齐市黑龙江路 21 号	830000	0991-5855202	5854994
新疆生产建设兵团机电设备总公司	乌鲁木齐市西北路 85 号	830091	0991-4536451	4522744
新疆第一汽车厂	乌鲁木齐市阿勒泰路 2 号	830054	0991-4825878	4813243
上海一汽汽车销售有限公司	上海市茂名南路 3 号	200020	021-62187182	62552318
上海华靖实业有限公司				
上海一汽经贸有限公司	上海市中山北路 2907 号	200063	021-62168797	62168797
上海鸿泰实业有限公司	上海市浦东源深路 300 号	200000	021-58311233	
中国第一汽车集团贸易公司浙江联合公司	杭州市机场路里街 45 号	310004	0571-6455892	6455893
中国第一汽车集团公司温州服务站	温州市牛山北路 4 号	325000	0577-8626404	8626404
浙江一汽汽车销售服务有限公司	杭州市大关路 301 号	310015	0571-8010213	8010213
台州市黄岩大大汽车有限公司				
义乌义龙汽车销售服务有限公司				
义乌保兴汽车销售有限公司				
金华大昌汽车商场	市环城北路道院塘大昌第一分公司		0579-2337440	2337440
南京一汽汽车专营有限公司	南京市下关区建宁路 37-5 汽车商城	210037	025-5611761	5611761
无锡锡柴汽车销售有限公司				
中国第一汽车集团公司盐城销售服务有限公司				
赣榆县汽车贸易中心				
徐州宁徐汽车销售有限公司	徐州市中山北路 170-1 号	221005	0516-3676872	3577700
一汽宁国汽车销售服务有限公司	宁国市宁阳东路 38 号汽贸大厦	242300	0563-4021638	4024628
合肥市冠飞汽车销售服务有限责任公司				
蒙城东方汽车贸易有限责任公司				
中国第一汽车集团公司蒙城服务站				
阜阳一汽鑫业汽车贸易有限公司				
中国第一汽车集团贸易公司湖南联合公司	长沙市东风路 226 号	410008	0731-4516618	4517821
湖南一汽贸易有限责任公司	长沙市远大一路 422 号	410001	0731-4721818	4721908
长沙一汽汽车有限公司	长沙市雨花区赤岗北路 8 号	410007	0731-5453277	5566373
郴州市弘海昌盛贸易有限公司	郴州市五里堆七里大道 4 号	423000	0735-2152733	2152733
中国第一汽车集团湖北联合贸易公司	武汉市汉阳大道 582 号	430051	027-87892373	87892373
中国第一汽车集团贸易公司武汉联合公司	武汉市桥口区汉西北路特别号	430034	027-83853857	83853850

一汽解放商用汽车经销商名录

经销商名称	地址	邮编	电话	传真
宜昌鹏达汽车销售有限公司				
湖北天顺汽车运输贸易有限公司				
襄樊一汽机电有限责任公司	襄樊市前进路 249 号	441003	0710-3220873	3221082
赣州中南汽车贸易有限公司				
赣州市海珠汽车贸易有限公司				
中国第一汽车集团公司南昌服务站	南昌市青云谱区迎宾北大道 285 号	330001	0791-5211237	5211237
萍乡解放汽车销售公司	萍乡市新城路 2 号	337055	0799-6827403	6832578
江西省南方汽车销售有限公司	南昌市洪城路 776 号	330009	0791-6505447	6532122
南海市一汽汽车销售服务有限公司				
广东物资集团汽车贸易公司	广州机场北路新市萧岗汽车市场	510410		
广州运力汽车运输有限公司			020-87290071	87290923
顺德顺肇汽车贸易有限公司				
东莞市昌发汽车贸易有限公司				
深圳市一汽汽车有限公司	深圳水贝工业区贝丽北路 20 号	518020	0755-5533634	3719457
深圳市广华通实业有限公司	深圳市宝安北路 1 号宏晶大厦 4 楼	518001	0755-2264964	2264964
清远鑫龙汽车贸易有限公司	清远市小市 3 # 区 107 国道边松龄大厦	511517	0763-3369284	3369284
珠海经济特区珠光汽车工业发展公司	珠海经济特区南屏高科技工业区	519060	0756-8670918	8670292
茂名进达汽车有限公司				
柳州解放汽车贸易有限公司				
桂林一汽汽车销售服务有限公司				
广西解放汽车贸易有限公司	南宁市五一中路 16 号	530031	0771-4818989	4818999
漳州吉兴汽车销售有限公司				
福建省闽东一汽汽车销售有限公司	福安市新华南路 22 号	355000	0593-6587091	6587091
福建省汽车销售公司	福州市五四路 260 号	350003	0591-7843201	7816818
福建省建瓯市建州物资有限公司				
泉州一汽解放汽车销售有限公司				
福建永力通汽车贸易有限公司				
福建胜北汽车销售有限公司				
厦门吉冠汽车联销有限公司	厦门市集美区灌口镇坑内	361023	0592-6097391	6097392
海口世丰工贸公司	海口市疏港大道与先烈路交汇处			
海口洪顺汽车销售有限公司	海口市疏港大道 22 号	570000	0898-8923969	8923969
四川第一汽车集团联合贸易公司	成都市人民南路一段 118 号	610016	028-6116334	6115555
中国物资储运成都公司曙光汽车贸易公司	成都市龙泉驿区文安镇	610109	028-4893712	4893717
四川一汽汽车销售服务有限公司	成都市高新区冯家湾	610041	028-5170899	5170899
四川西南一汽汽车有限责任公司	成都市蜀都大道东风路 7 号	610061	028-4442374	4442415
重庆北方汽车销售公司	重庆九龙坡区陈家坪朝田坝 190 号	400039	023-68651717	
三九企业集团重庆汽车有限公司	重庆市大坪正街 116 号	400042	023-68807564	68807850
中国第一汽车集团贸易公司重庆联合公司	渝北区龙溪镇南区 B 栋机电汽车城	401147	023-67615008	67605384
云南一汽汽车销售有限公司	昆明市人民西路 238 号	650031	1398849025	5313819
中国第一汽车集团贸易公司云南联合公司	昆明市吴井路 237 号	650041	0871-3516664	3548460

一汽解放商用汽车经销商名录

经销商名称	地址	邮编	电话	传真
昆明市建材工业总公司	昆明市云南武警第二招待所	650032	0871-7184564	7184564
云南远程汽车贸易有限公司	昆明市人民西路213号	650106	0871-8105562	8214316
贵州第一汽车集团联合贸易公司	贵阳市花溪大道北段13号	550003	0851-5965693	5962792
长春四扬有限公司贵阳分公司	贵阳市经济技术开发区	550009	0851-3840320	3840320
贵州客车厂一汽集团公司贵阳服务站	贵阳市延安西路46号	550008	0851-4844691	4844113

一汽轿车特约维修站名录

名称	地址	电话	传真
北京首都旅游汽车集团股份有限公司第三修理厂	北京市海淀区紫竹院南路5号	010-68487878	68483181
人民日报社汽车修理分厂	北京市朝阳区劲松轩平乐园甲5号	010-87702141	67782571
北京海淀惠通汽车修理厂	北京市海淀区学院南路甲8号	010-62215725	62259515
一汽轿车股份有限公司北京分公司	北京市海淀区学清路丁24号	010-62311242	62322775
北京市汽车修理公司八厂	北京市西城区德胜门外教场口街4号	010-62014339	62014119
国兴汽车服务中心	北京市丰台区西五里店178号	010-83667580	83666986
北京市汽车修理公司一厂	北京市朝阳区德胜门外双泉堡	010-62929258	62919035
北京怡合汽车服务有限责任公司	北京市丰台区分钟寺立交桥西南侧	010-67610425	67616292
北京顺正鑫磊汽车维修中心	北京市顺义区南法信乡政府东侧	010-69471955	69476734
中宇汽车服务中心	北京市昌平县东小口镇393号	010-84824190	84811610
北京市润达汽车维修检测中心	北京市海淀区田村路十号	010-68176499	68176881
北京北汽出租汽车集团有限责任公司汽车修理分公司	北京市朝阳区大屯路238号	010-64973535	64977846
北京市北奔汽车修理厂	顺义区天竺镇岗山村39号	010-67225309	64566690
北京首都旅游汽车集团股份有限公司第一修理厂	北京东城区安定门外地兴居一巷一号	010-64221164	64215482
北京市汽车修理公司五厂	北京市朝阳区东直门外左家庄2号	010-64674929	64612060
北京华一保得汽车维修服务站	北京市海淀区明光村7号	010-62236276	62236275
北京市丰台花乡汽车修理厂	北京市丰台区花乡四合庄287号	010-63729329	63729330
北京市空港汽车服务有限公司	北京市顺义县天竺镇岗山村东39号	010-64566640	64566692
首汽股份有限公司第四修理厂	北京市朝阳区北四环东路1号	010-64364809	64361131
总后军交部车辆检测中心	北京市丰台区丰体南路6号	010-66888456	66888488
北京联谊讯达汽车销售服务中心	北京市通州区甘棠工业区	010-69543981	69527770
北京拓佳诚商贸有限责任公司	北京市朝阳区广渠门外化工路18号	010-67766816	67780229
北京腾远汽车维修中心	北京市朝阳区平房西口甲130号	010-85782684	85756834
天津市小客车修理厂	天津市南开区长江道51号	022-27367779	27614819
天津市海湾汽车服务有限公司	塘沽海洋高新技术开发区河北路4－799号	022-25210017	25210145
河北省直机关汽车销售公司	河北省石家庄市裕华西路410号	0311-7024433	7036950
河北保定汽车贸易服务有限责任公司	河北省保定市朝阳北路192号	0312-5014017	5034016
石家庄市汽车贸易修理中心	石家庄市桥东区东风路123号	0311-6103518	6102222

一汽轿车特约维修站名录

名 称	地 址	电 话	传真
邯郸市第一运输总公司汽车修理厂	邯郸市渚河路 8 号	0310-6026824	6020277
中国第一汽车集团公司张家口服务站	河北省张家口市桥东区十三里南	0313-4059753	4056648
沧州交通运输集团有限公司一汽轿车特约服务站	沧州市北郊津德路石油北库北 5 号	0317-3057777	3054375
一汽－大众汽车唐山特约服务站	唐山市新火车站站前路北段	0315-2317343	2349393
任丘市西环路汽车商贸服务站	河北省任丘市西环路北头	0317-2236000	
衡水正大轿车服务有限公司	河北省衡水市中华北大街 17 号	0318-2130231	
河北省邢台运输总公司汽车销售服务中心	邢台市北外环路(界家屯村北)	0319-3902349	3902977
河北振翔物资经贸有限公司	河北省保定市	0312-3117777	
秦皇岛瑞通发展有限公司	秦皇岛市海港区北环路	0335-3612999	3736818
刑台大众汽车广场有限公司	刑台市迎宾大街大众汽车广场	0319-3901999	3902034
山西森海车辆有限公司	山西省太原市双塔西街 328 号	0351-7244026	7236114
大同汽车制造厂一汽服务站	大同市新建南路 50 号	0352-5037771	5037772
山西省长治市飞路汽车贸易有限公司	长治市城西北路(国税大厦往北 500 米)	0355-2611978	2612340 2612371
山西临汾银光汽修实业有限公司	山西临汾市秦蜀路 0219 号	0357-2511582	2514649
山西太原东龙汽车服务有限公司	山西太原市太榆路 38 号	0351-7065333	7182538
内蒙古振新汽车修理厂	呼和浩特市新城北街内蒙党委大院	0471-4812387	4812371
包头市英达利汽车维修贸易有限责任公司	包头市东河区巴彦塔拉大街 102 号	0472-4851686	4870549
鄂尔多斯市鑫安汽车贸易服务有限责任公司	伊盟东胜市天骄路东南端	0477-8372451	8371875
大连九九集团轿车修配服务有限公司	大连市甘井子区凌水镇栾金村	0411-4790543	4790605
沈阳汽车修理中心	和平区三好街 112 号	024-23892426	23895968
锦州航空国产进口汽车大修厂	锦州市凌河区正大街文治里 13 号	0416-4168022	4168022
鞍山市一奥汽车服务有限公司	鞍山市千山区鞍海路一段一号	0412-2313137	2313613
大连交通运输集团汽车修配厂	大连市甘井子区东纬路 24 号	0411-6606810	6601949
沈阳新长城汽车检测维修站	沈阳市铁西区肇工北街 10 号甲	024-25826590-154	25510028
辽河油田奥切汽车服务公司	辽宁省盘锦市兴隆台区物探委	0427-7866027	7866040
瓦房店市北大轿车修配有限公司	瓦房店市岗店办事处张山咀村	0411-5665155	5665177
抚顺万众汽车销售维修有限责任公司	辽宁省抚顺市望花区北镇街 17 号	0413-6652262	6652682
沈阳辽冶大众汽车修理服务有限公司	沈阳市大东区北顺城路 174 号	024-88567688	88510991
辽宁惠华汽车销售服务有限公司	沈阳市大东区东陵西路 12 号	024-88442188	88447387
沈阳中联汽车服务有限公司	沈阳市和平区南三马路 34 号	024-23862370	23858066
阜新台阜汽车维修有限公司	辽宁省阜新市细河区中华路东 80 号	0418-2814024	2818936
朝阳龙腾长江汽车销售服务有限公司	朝阳市龙城区长江路六段	4021-3820788	3820688
辽阳一汽轿车维修服务有限公司	辽宁省辽阳市太子河区繁荣路中段	0419-2380999	2383592
葫芦岛市维立达汽车服务有限公司	葫芦岛市连山区锦葫路	0429-3183563	3183543
一汽轿车营口服务站	营口市站前区大水塘西里	0417-2818983	2818418
长春奥迪轿车修理有限责任公司	长春柳影路菜市南街东二胡同 14 号	0431-2624192	2632001
长春一汽四环汽车贸易有限公司	绿园区飞跃路 91 号	0431-5903391	5903387
长春前进汽车修配厂	长春朝阳区卫星路 24 号	0431-5383427	5382844
吉林省通达汽车维修服务有限责任公司	吉林市长吉公路北线 109 公里处西侧	0432-2737459	2741660
吉林省吉刚大众汽车维修服务有限公司	长春市自由大路 162 号	0431-4648361	4648362
中国第一汽车集团公司四平服务站	四平铁东区 102 国道南桥检查站对过	0434-3335799	3334448

一汽轿车特约维修站名录

名　　　称	地　　　址	电　话	传真
吉林油田一汽轿车维修服务中心	吉林省松原市长宁北街 58 号	0438-6337872	6337900
长春通立汽车服务有限责任公司	长春市绿园区普阳街 70 号	0431-7615666	7624850
白城方圆汽车服务维修有限责任公司	白城市长庆北街 41 号	0436-3349050 转 8002	3346632
吉林市神华大众汽车服务有限责任公司	吉林市高新区深圳街 106 号	0432-4653333	4658977
吉林省麟源汽车销售有限公司汽车修配厂	长春市绿园区长沈公路 55 号	0431-5517868	5517818
长春市华阳汽车贸易有限责任公司	长春市经济开发区南湖大路 45 号	0431-4664588	4643888
吉林省延吉市东北机电设备有限公司	延吉市局子街 426 号	0433-2634888	2624888
黑龙江省政府机关汽车修配厂	哈尔滨市南岗区工电路尤家街 8 号	0451-6675983	6675984
佳木斯安诚一汽轿车销售服务有限公司	黑龙江省佳木斯市红旗路 166 号	0454-8581979	8595552
一汽轿车大庆服务站	大庆市让胡路区银浪	0459-6833733	6836177
齐齐哈尔市保利鑫汽车销售有限公司	齐齐哈尔南苑开发区	0452-2347007	2338800
牡丹江市茂源汽车销售服务有限公司	牡丹江东四条路南市街馨园小区 1 号	0453-69555511	6958010
哈尔滨森华汽车销售维修服务有限公司	哈尔滨市太平区天恒大街 5 号	0451-2033312	2041685
哈尔滨东安广来汽车销售维修有限公司	哈尔滨市太平区先锋路 154 号	0451-2409358	2409169
上海市汽车修理公司一汽奥迪服务站	上海长宁区天山路 182 号	021-62596345	62596976
上海南空军械厂	上海市虹口区场中路 445 号	021-65368069	65367478
上海浦东一汽特约维修中心有限公司	上海市浦东新区川沙路 1188 号	021-58563600	58520062
南汇争光轿车服务站	上海浦东川周公路 3288 号	021-58137192	58137226
上海嘉安汽车修理厂	上海安亭曹安路 5555 号	021-59578080	59579264
上海鸿达汽车销售公司	上海市虹口区东大名路 815 号	021-65957660	65950465
上海洪亮汽车修理有限公司一汽轿车服务站	上海松江车墩车亭公路三号桥	021-57602844	57602838
上海一汽奥迪轿车南外滩长江服务站有限公司	上海市外马路 6021 号	021-63132756	63133317
上海七莘路一汽轿车维修服务有限公司	上海市闵行区七辛路 2298 号	021-64791717	64762082
上海南田汽车修理厂	上海市虹梅南路 50211 号	021-64506506	64528062
上海宝钢汽车检测修复有限公司	上海宝山区江杨北路 177 号	021-56190593	56196126
上海市江海汽车修配厂	沪杭公路八字桥车站	021-67101996	67101996
上海嘉万汽车修理有限公司	上海岚皋路木栖候家宅 50 号	021-62039650	62038333
一汽奥迪轿车南京维修服务站	南京市珠江路 659 号	025-4821707	4829147
南京军区空军航空四站进口汽车修理总厂	南京太平门外东方城 99 号	025-5477415	5477415
一汽轿车苏州服务站	苏州新区玉山路 98 号	0512-8252017	8253418
江苏省徐州公路运输总公司	徐州市东三环路广山段	0516-7772572	7772571
常州常旅汽车维修救援中心有限公司	江苏省常州新区通江大道 777 号	0519-5105018	5100028
淮安奥迪轿车修理厂	淮安市健康东路六号	0517-3761912	3751078
中国一汽轿车泰兴维修服务有限公司	江苏省泰兴市江平南路 158 号	0523-7629797	7627979
徐州海达汽车维修集团有限公司	徐州市复兴北路 0217 号	0516-7728142	7728147 转 8018
无锡市荣昌汽车销售维修中心	无锡市湖滨路 314 号	0510-2125877	2127600
中国一汽轿车江阴服务站	江苏江阴市通江南路 382 号	0510-6118038	6118002
吴江市鑫和汽车维修服务有限公司	吴江市八坼镇交通北路 35 号	0512-3366862	3366861
中国外运江苏集团公司扬州公司奥迪捷达汽车服务站	扬州市扬州大桥东 328 国道北侧	0514-7257158	7257336
江苏英豪汽车实业有限公司	盐城市盐都新区建设路一号	0515-8413666	8410999

一汽轿车特约维修站名录

名 称	地 址	电 话	传真
一汽奥迪轿车昆山服务站	江苏省昆山市长江南路 1131 号	0520-7312598	7352256
江苏省镇江经济开发区汽车大修厂	镇江经济开发区	0511-8882502	8883018
连云港市汽车修理公司宁海轿车修理厂	江苏省连云港市宁海开发区 16 号	0518-5910645	5910342
无锡申荣汽车有限公司	无锡市梁溪路 98 号	0510-5512415	5518314
苏州市国懋汽车销售服务有限公司	苏州新区塔园路 107 号	0512-8258445	8256839
中国一汽轿车江苏和贸服务站	南京市宁漂路 87 号	025-2452883	2452977
泰州开泰实业总公司	江苏省泰州市青年南路 19 号开泰汽车服务中心	0523-6819828	6819978
浙江省机关事务管理局汽车修理公司	杭州体育场路 583 号	0571-87053596	87056076
宁波市江东康达汽车修配厂	宁波江东兴宁路 170 号	0574-87891650	87394550
中国一汽奥迪轿车金华服务站	浙江金华环城北路(道院塘)	0579-2420549	2420796
绍兴中国经纺城汽车服务中心	浙江省绍兴 104 国道鲁南段 8 号	0575-4816488	4815986
杭州现代汽车修造有限公司	杭州市沈半路 206 号	0571-88141015	88143229
台州市之远汽车销售服务有限公司	浙江省台州市路桥区路北松塘村	0576-2508855	2508856
一汽轿车湖州服务站	湖州市环城南路 47 号	0572-2188968	2189528
温州市鸥海荣新汽车修配有限公司	温州市欧海将军桥工业区 15 座	0577-88716126	88716125
台州市市级机关汽车服务有限公司	浙江台州市经济开发区经一北路 155 号	0576-8200815	8200812
浙江元通汽车修理有限公司	浙江省杭州市石祥路 166 号	0571-88283301	88283303
浙江一汽汽车销售服务有限公司	浙江省杭州市大关路 301 号	0571-88282839	88010213
嘉兴市北方汽车服务有限公司	嘉兴市二环西路 2777 号车城二区	0573-2271666	2272999
一汽轿车临海服务站	浙江省临海市江南大道 68 号	0576-5198119	5198299
新昌县大众轿车维修有限公司	新昌县城关镇章家山脚 104 国道边	0575-6122608	6124969
平阳县泉浩轿车维修中心	浙江平阳县昆阳镇前客村	0577-63750684	63751920
台州市东发汽车贸易有限公司	浙江省黄岩汽摩城	0576-7107797	7103590
安徽省合肥小汽车修配厂	合肥市长江东路 85 号	0551-4224006	40214311
阜阳奥捷汽车贸易服务中心	阜阳市北京东路	0558-2326635	2310305
蚌埠市市政汽车维修站	蚌埠市解放路 250 号	0552-3010086	3020196
芜湖市裕安科工贸有限责任公司	芜湖市天门山东路前桥段	0553-5866666	5870366
铜陵长江公路大桥经济开发总公司	安徽省铜陵市长江大桥南引道	0562-3813123	3813697
中国一汽淮南特约服务站	安徽省淮南市泉山西路	0554-6417240	6416864
中国一汽轿车宿州市服务站	宿州市淮海北路 777 号	0557-3600577	3600586
中煤七十二处皖北汽车修理厂	安徽省宿州市汴河镇北侧	0557-3060549	3600488
安徽亚夏实业股份有限公司	安徽省宁国市五里铺经济开发区	0563-4181234	4181228
滁州市公路管理局机械修理厂	安徽省滁州市环滁西路 222 号	0550-3022003	3040506
中国第一汽车集团贸易公司安徽联合公司	合肥市合作化南路 18 号	0551-3527878	3520088
济南市华通汽车改装修理厂	济南历下区花园路 276 号	0531-6963324	6955863
青岛市机关汽车经贸服务中心	青岛市 308 国道 155 号	0532-56574021	5657422
临沂市第一汽车维修股份有限公司	山东临沂市金雀山五路东段	0539-8319182	8319185
潍坊市广潍进口汽车修理厂	潍坊市奎文区潍州路 369 号	0536-8800550	8806241
山东华达汽车股份有限公司	济南市工业南路 60 号	0531-8936341	8556641
山东省临沂交通运输有限责任公司轿车维修中心	山东省临沂市兰山区解放路 160 号	0539-802102149	8238177
烟台交运集团轿车修理有限公司	烟台市芝罘区幸福南路 6 号	0535-6836878	6836308

一汽轿车特约维修站名录

名　称	地　址	电　话	传真
潍坊宝利汽车有限公司	潍坊市奎文区北宫东街 298 号	0536-8663013	8663013
日照市腾达汽车销售服务有限公司	山东省日照市日照南路 26 号	0633-8782481	8782482
泰安市兴达汽车修理厂	泰安东岳大街东首	0538-6118535	6139916
润华集团山东汽车修理有限公司	济南市济兖公路 239 号		
胜利油田惠通汽车销售有限责任公司	东营市泰山路 2021 号	0546-8557845	8557845
枣庄市薛城奥迪轿车服务站	枣庄光明西路	0632-4417823	4415529
淄博市社会福利企业总公司一汽轿车服务站	淄博市张店区中心路 176-8 号	0533-3174882	3174881
德州汽车运输有限责任公司奥迪轿车服务站	德州市德城区东风东路 1021 号	0534-2648666	2640363
威海威达汽车修配厂	威海市环翠区羊亭镇成大路 118 号	0631-5764848	5764877
聊城交通汽运集团有限公司一汽轿车服务站	聊城聊堂路中段	0635-8424630	8424635
烟台市大成汽车修理有限公司	山东省烟台市芝罘区世同尧路 388 号	0535-6011339	6011601
山东省博兴县众合科工贸有限公司	山东博兴县城大世界北首	0543-2305854	2300854
山东省济宁汽车运输总公司汽车修理总厂	山东济宁车站西路 24 号	0537-2255688	2258229
山东省安达汽车服务公司	济南市历下区千佛山西路 1 号	0531-2959149	2959149
福州进口汽车修配中心	福州市杨桥中路 277 号	0591-3713642	3710977
厦门国际航空港汽车服务有限公司	厦门高崎国际机场内	0592-6022936 转 6068	6022936 转 6069
江西轻型汽车修理厂	江西省南昌市南莲路 329 号	0791-5294314	5293575
赣州有色冶金汽修厂	江西省赣州市文明大道 85 号	0797-8238608	
江西省委机关汽车修理厂	江西省南昌市爱国路 162 号	0791-6242757	6802308
江西省汽车销售技术服务总公司	江西省南昌市省府人院北二路 102 号	0791-6234677	6228315
萍乡市解放汽车销售公司	萍乡市安源经济开发区安源汽车城	0799-6794631	6794656
河南小汽车修理有限公司	郑州市郑花路 25 号	0371-5730575	5729060
南阳市金阳汽车修理有限责任公司	河南南阳长江路 109 号	0377-31021283	3122668
洛阳第一汽车运输集团有限责任公司一汽轿车服务站	洛阳市洛龙路 96 号	0379-5511197	5511996
平顶山市友好汽车维修厂	平顶山市高新技术开发区开发路西侧	0375-3982010	3982010
中国第一汽车集团公司三门峡服务站	三门峡市大岭路北段	0398-2815249	2810213
商丘市众信小汽车修理有限公司	河南省商丘市长征南路 6 号	0370-2525205	2525205
河南邦杰集团有限公司六通汽车修理分公司	周口市邦杰大道 9 号	0394-8389946	8385887
河南省信阳财津进口汽车维修厂	河南省信阳市南京路 36 号	0376-6556678	6550880
河南机电奥捷汽车贸易服务有限公司	郑州市城东南路 118 号	0371-6812111	6827145
许昌连通汽车销售服务有限公司	许昌市南环路 63 号	0374-5131762	5151908
安阳市轿车修理厂	安阳市相西路南段	0372-2965888	2973237
鹤壁市财鑫小汽车修配厂	鹤壁市开发区 107 国道长途汽车站北 1.5 公里	0392-3339225	3321225
河南圆通贸易有限公司	郑州民航路与 107 交叉口南 100 米路西	0371-5923773	5969431
武汉市中南汽车修造实业公司	武汉市汉口青年路 76 号	027-85791365	85797195
襄樊市奥捷汽车有限责任公司	襄樊市檀溪路 486 号	0710-3564343	3561625
中国一汽集团轿车荆门服务站	荆门市月亮湖路 35 号	0724-2212570	2212695
荆州市一汽服务站	荆州市荆州区荆州大道	0716-8403674	8401669
十堰一汽奥捷销售服务有限公司	十堰市白浪中路 13 号	0719-8311188	8311488
湖北福通汽车维修有限公司	湖北省武汉市复兴一村 59 号	027-83527815	83529175

一汽轿车特约维修站名录

名　称	地　址	电　话	传真
湖南省直汽车公司	湖南省长沙市五一东路 172 号	0731-4464397	4461496
湖南一汽贸易有限责任公司	长沙市远大一路 422 号	0731-4721288	4721288
怀化轿车销售维修有限公司	湖南省怀化市红星南路 86 号	0745-2361136	2360099
郴州交通学校实习工厂	郴州市经济技术开发区(107 国道旁)	0735-2184366	2184499
衡阳市西城汽车经贸公司	107 国道望城路口 1780 公里处	0734-8517515	8517514
湖南奥捷汽车维修服务有限公司	长沙市东风路 226 号	0731-4532601	4530076
广州市梅花园汽车修理厂	广州市沙河梅花园(同和中路)	020-87796912	87634466
广东众大汽车维修有限公司	广州市广州大道南 1348 号	020-84299375	84219056
深圳市宗正汽车贸易有限公司	深圳市福田区林园东路 8 号厂房 4-5 楼	0755-3115683	3115187
珠海市拱北奥捷汽车维修有限公司	珠海市拱北昌平路 265 号	0756-8877957	8877958
深圳市一汽汽车有限公司汽车销售服务部	深圳市水贝工业区贝丽北路 4 号	0755-5603482	5603686
广州大众汽车维修服务有限公司	广州市石井皇岗	020-36393355	36393130
广东汕头市交通经济发展总公司	汕头市岐山下岐木茨路 5 号	0754-8108564	8101189
广西壮族自治区机关汽车修理厂	广西南宁市民乐路 14 号	0771-2809569	2812673
桂林市桂兴汽车修配厂	广西桂林市崇信路 49 号	0773-3834263	3855088
海口沈海汽车修理厂	海口市海秀大道 53 号	0898-66716194	66716194
四川汽车工业集团公司修理配件分公司	成都市外西罗家碾	028-7325370	7313158
成空四服务站	四川省成都市永丰路 25 号	028-5180971	5170985
四川大进车业有限公司	南充市果州大道 518 号	0817-2601902	2600651
绵阳市倍尔轿车服务有限公司	四川绵阳市国家新技术开发区火炬东街 14 号	0816-2531558	2531760
乐山市华茂车业有限责任公司	四川省乐山市新大桥转盘处	0833-2350632	2350155
一汽轿车重庆服务站	重庆市石桥铺石新路 176 号	023-68605845	68612400
贵州汽车修理公司	贵阳市北京路 260 号	0851-6507175	6507088
云南云汽实业有限公司一汽轿车服务站	昆明黑林铺直街 12 号	0871-8187336	8181936
唐都进口汽车修理服务中心	西安市东郊幸福路 41 号	029-3234641	3280225
西安秦鹰汽车修理厂	西安市沣镐东路九号	029-4262305	4232097
西安航空四站汽车服务有限责任公司	西安市丰登南路 4 号	029-4266230	4243498
汉中市荣坤汽车工贸有限责任公司	汉中市汉台区西环路北段	0916-2242232	2243689
兰州小汽车销售修配有限责任公司	甘肃省兰州市天水路 0215 号	0931-8833147	8886954
西宁市小汽车修理公司	西宁市城中区长江路 40 号	0971-6115949	6145245
宁夏小汽车维修中心	宁夏银川市中山北街 202 号	0951-6723205	6711581
新疆天成汽车销售服务有限责任公司	乌鲁木齐市友好南路 142 号	0991-4510693	4541041
新疆乌鲁木齐市博元汽车修理有限公司	乌鲁木齐市太原路 2 号	0991-8638218	8638219
新疆机电设备有限责任公司	乌鲁木齐市苏州路 9 号		

东风汽车贸易公司经销商名录

经　销　商　名　称	地　　　址	邮编	电话号码	联系人
辽宁东风东北汽车销售有限公司	沈阳市东陵区东陵路 36 号	110061	024-88439588	于秀云
天津东风汽车华北销售服务有限公司	天津市东丽区外环线三号桥	300300	022-24718222	訾建生
东风汽车任丘技术服务站	任丘市西环路 169 号	062550	0317-2258814	张栓忠
东风汽车公司阳泉技术服务中心	山西省阳泉市桃南东路 402 号	045000	0353-2033367	温业苏
山西东风汽车销售技术服务联合公司	太原市平阳路 444 号	030006	0351-7022034	刘照国
东风西北汽车经销联合公司	西安市北郊未央路 114 号	710016	029-6251428	张昌利
兰州益民东风汽车销售服务有限公司	兰州市七里河区崔家大滩 2 号	730050	0931-8344100	郭新民
兰州桃园东风汽车技术服务有限公司	兰州市七里河区西果园乡肖家庄	730059	0931-2312286	白映奎
深圳市东风富康工贸有限公司	深圳福田区笋西路中成大厦 15 楼 1521 室	518029	0755-3228253	厉金鹏
深圳市轩达东风汽车专营有限公司	深圳罗湖区莲塘聚宝综合楼 B 栋 505 室	518128	0755-5720896	白桦冰
四川深保物资有限责任公司	成都高新区九兴大道 5 号麦柯-深保 2 楼	610041	028-5138203	高安林
云南东风汽车专营有限公司	昆明市白云路 521 号	650034	0871-7180514	罗启勇
河南中原汽车贸易集团股份有限公司	郑州 107 国道东大象转盘北 800 米	475002	0371-6510361	陈建国
东风汽车公司淄博技术服务站	山东省淄博市张店山泉路 212 号	255067		
东风汽车济南总公司	济南市槐荫区二环西路北段小清河北岸	250021	0531-5960864	李兴国
东风汽车哈尔滨销售有限责任公司	哈尔滨市道里区城乡路 435 号	150070		
北京市农业机械公司	北京市半台区半北路 3 号	100073	63859113/115	李建平
唐山市东风汽车销售有限公司	河北省滦县火车站西二公里	063001	0315-2960046	魏利文
东风汽车公司鄂尔多斯市技术服务站	内蒙古东胜区伊煤路 12 号	017000	0477-8333333	赵永胜
陕西北盛工贸有限公司	西安北二环路中段	710000	13709182306	乔翠云
青海东风汽车联合经销公司	西宁市祁连路西 48 号	810003	0971-6142598	王永福
青海双林东风汽车经销有限公司	西宁市南川东路 7 号	810021	0971-6254406	袁智林
鄂州东风汽车专营有限责任公司	湖北省鄂州市武昌大道 237 号	436000	0711-3223603	王修来
湖北元通汽车销售有限公司	武汉市武昌区中南路 14 号	443000	027-84871689	杨传刚
深圳市东风置业有限公司	深圳市福田区深南中路 2010 号	518031	0755-3208087	陈新光
东汽公司重庆技术服务站	四川省重庆市九龙坡区石小路 162 号	400039		
西藏天路交通股份有限公司汽车贸易分公司	西藏拉萨市罗布卡林路 16 号	850001	0891-6833262	肖慈祥
上海东仪汽车贸易有限公司	上海市长安路 1001 号长安大厦 1 号楼 729 室	200070	021-33030425	胡晓明
东风汽车杭州销售技术服务联合公司	浙江省杭州市大关路 295 号	310015	0571-8010214	汤爱标
东风(浙江)汽车经销联合公司	杭州市沈丰路 149 号	310015	0571-8283768	陈旭炎
无锡东风汽车专营有限公司	江苏省无锡市金城湾南桥	214123	0510-5406522	胡海鸣
江苏东风汽车经销联合公司	南京市雨花区丁墙村 110 号	210037	025-2405474	朱永生
南京宝铁龙汽车有限公司	南京市玄武区东杨坊 119 号	210003	025-5565517	许维保
十堰市中纺东风汽车专营有限公司	湖北省十堰市人民中路 1 号	442000	0719-8663706	余昌厚
十堰荣华东风汽车专营有限公司	十堰市公园路 173 号	442000	0719-8669242	钱云富
十堰市柏林福利加工厂	十堰市柏林镇	442000	0719-8891376	鄢贤成
十堰市达康物资贸易有限公司	十堰市人民中路 4 号	442000	0719-8893272	李建军
十堰市田丰贸易有限公司	十堰市人民南路	442000	9719-8896108	鲍吉田
十堰市圣泽物资贸易有限公司	十堰市人民路 142 号	442000	0719-8892398	王伟泽
湖北中融十堰汽车贸易有限公司	十堰市人民南路 10 号	442000	0719-8881488	孙中

东风汽车贸易公司部分服务站名录

服务站名称	服务站地址	邮编	电话	联系人
北京市第四清洁车辆场东风汽车服务中心	北京市朝阳区安外北辰路	100029	010-64437528	张有义
东风汽车通州区技术服务站	北京通州区南门外东总屯	101101	010-81515371	魏强
东风汽车公司房山技术服务站	北京市房山区河北镇河东商业街	102417	010-60377688 转 11	王德军
东风汽车公司张家口销售技术服务中心	河北省张家口市西沙河大街 84 号			刘亚平
东风汽车公司昌黎技术服务站	河北昌黎县城东八里庄 205 国道北	066600	0335-2031111	黄志强
东风汽车石家庄销售技术服务联合公司	河北省石家庄市建设南大街 118 号	050021	0311-6013890	安经论
东风汽车贸易公司邯郸销售技术服务站	河北邯郸市邯磁路张庄桥北街村西	056001	0310-6021890	王铁鹏
东风汽车武安技术服务站	武安市东环路北口	056300	0310-5725789	张海潮
东风汽车任丘技术服务站	河北任丘西环路 169 号	062550	0317-2764449	张栓忠
东风汽车公司保定福州技术服务站	河北保定市南二环(高保路 18 号)	071000	0312-2117744	付锦辉
东风汽车沧州技术服务站	河北沧州市南环路大赵庄西街 3 号	061000	0317-2022637	于连发
东风汽车公司长治销售技术服务站	山西省长治市西一环路 1 号	046011	0355-2083182	常贤生
东风汽车公司阳泉技术服务中心	山西阳泉市桃南东路 402 号	045000	0353-2591175	张守林
东风汽车公司侯马技术服务站	山西省侯马市大运路林城村口	043005	0357-4160201	李双贵
东风汽车公司运城技术服务站	山西运城市工农西街 198 号	044000	0359-2124617	赵广前
长治市东风汽车技术服务站	山西长治市东一环路	046011	0355-2093950	姬建华
山西东风汽车销售技术服务联合公司	山西省太原市平阳路 444 号	030006	0351-7022034	刘照国
大同市第二运输公司东风汽车技术服务站	山西大同市口泉镇交通街 6 号	037001	0352-4051991	左福义
东风汽车公司晋城技术服务站	山西晋城市泽州路 337 号二级路交警四队西 100 米尧头村	048000	0356-2031122	秦建军
山西省临汾东汽技术服务站	山西临汾市马务桥北 200 米	041000	0357-3068836	张成寿
东风汽车公司内蒙集宁服务站	内蒙集宁市思和路 61 号集宁大地公司	012000	0474-8283494	刘君
东风汽车公司鄂尔多斯市技术服务站	内蒙古鄂尔多斯市东胜区伊煤路 12 号	017000	0477-8333333	赵永胜
东风汽车公司包头销售技术服务中心	内蒙包头市东河区铁西建设路 12 号	014060	0472-7141941	曹富
东风公司沈阳销售技术联合公司	辽宁沈阳市大东区联合路 198 号	110044	024-88090910	方文军
东风汽车公司赤峰红山技术服务站	内蒙古赤峰市红山区火花路南段	024000	0476-8365759	王佩成
东风汽车公司沈阳东北技术服务站	辽宁沈阳市东陵区东陵路 36 号	110161	024-88439588	于太军
东风汽车公司沈阳技术服务站	辽宁省沈阳市崇山东路鸭绿江街 6 号	110032	024-86902690	赵小明
通化县东风汽车公司通化技术服务站	吉林通化市滨江西路 69 号	134001	0435-3314547	宋殿林
长春东风汽车销售服务有限责任公司	吉林长春市开运街 26 号	130021	0431-5957947	刘德庆
东风汽车公司齐齐哈尔技术服务站	齐齐哈尔市龙沙区明海公路 111 号	161005	0452-2346972	徐世友
东风汽车公司阿城技术服务站	黑龙江阿城市通城路 112 号	150300	0451-3752275	石加川
哈尔滨东风汽车销售服务联合公司	黑龙江哈尔滨市道里区城安街 3 号	150070	0451-4339765	徐德义
哈尔滨北堰东风汽车技术服务中心	哈尔滨市道外区松北镇前进工业小区哈黑路 7 公里	150020	0451-8108817	杜有臣
东风汽车上海浦东服务中心	上海浦东沪南公路 217 号	201204	021-58911852	陈培龙
上海畅飞机电设备有限公司东风技术服务站	上海徐汇区龙吴路 2717 号	200231	021-64345381	邬福昆
东风汽车公司上海南空技术服务站	上海市场中路 1905 号	200435	021-56913302 转 8008	胡茂国
东风汽车公司无锡技术服务站	江苏无锡市惠钱路 11 号	214035	0510-3709805	徐伯祥
扬州大学东风汽车技术服务站	江苏省扬州市扬子江中路 189 号	225009	0514-7880616	刘荣先
东风汽车公司连云港技术服务站	江苏连云港市巨龙北路 15 号	222006	0518-5805194	徐守利

东风汽车贸易公司部分服务站名录

服务站名称	服务站地址	邮编	电话	联系人
东风汽车贸易公司徐州淮海技术服务站	江苏徐州淮海七里沟立交桥北	221008	0516-5742493	何迎新
常州东风汽车技术服务有限公司	江苏常州市兰陵路43号	213001	0519-6641583	姚柏安
南京东宁汽车销售服务有限公司东风技术服务站	江苏南京市玄武区东杨坊119号	210042	025-5563248	赵明德
东风汽车南京销售技术服务联合公司	江苏省南京市玄武区曹后村1号	210028	025-5417428	田安和
东风汽车公司湖州技术服务站	浙江省湖州市环城南路126号	313000	0572-2025851	王寻根
东风汽车公司台州技术服务站	浙江临海市城南下浦江南大道155号	347000	0576-5197900	吴志良
东风杭州销售技术服务联合公司	浙江杭州市石祥路193号	310015	0571-88010214	汤爱标
浙江绍兴东风汽车技术服务站	浙江绍兴市昌安环岛公路客运中心旁	312000	0575-8024620	陈祖超
东风汽车合肥宏达技术服务站	安徽合肥市当涂路与南肥交叉口	230051	0551-4653198	胡文平
东风汽车贸易公司铜陵技术服务站	安徽铜陵谢垅经济开发区七坝路2号	244000	0562-2820806	洪光舟
东风汽车公司阜阳技术服务站	安徽阜阳市颖河东路108号	236092	0558-2325387	李俊泉
东风公司安徽滁洲服务站	安徽滁州扬子办事处东风村104国道1056公里	230001	0550-3161747	邱耀庭
东风公司福建龙岩服务站	福建龙岩市新罗区西郊路3号	364000	0597-2291174	施维农
福建省永春东风汽车技术服务站	福建省永春县达埔镇(岩峰村)	362612	0595-3791888	潘新民
东风汽车公司福州技术服务中心	福州市仓山区盖山投资区高旺路3号	350026	0591-3462497	张云萍
南昌东风汽车技术服务站	江西南昌市新建县乡企城	330100	0791-3720850	张斌军
东风汽车公司宜春销售技术服务站	江西宜春市天桥路6-1号	336000	0795-3241504	黄建安
江西东风汽车销售技术服务联合公司	江西南昌市迎宾北大道975号	330002	0791-5276341	喻国荣
东风汽车公司许昌技术服务站	河南许昌市解放路12号	461000	0374-3318373	高跃进
东风汽车公司鹤壁技术服务站	河南鹤壁开发区淇河桥北400米路东	458000	0392-3313632	张思禄
洛阳第一汽车运输集团有限责任公司九龙东风服务站	河南省洛阳市洛龙路110号	471022	0379-5512109	谢国胜
东风汽车公司新乡销售技术服务中心	河南新乡市解放南路300号	453000	0373-2021676	于春永
东风汽车公司三门峡鑫达技术服务站	河南陕县秦汉路五里河东南侧	472100	0398-3818377	吕俊功
东风汽车公司十堰荣华销售技术服务中心	湖北十堰市车城南路16号	442000	0719-8882830	杨成忠
武汉东风汽车销售技术服务联合公司	武汉市汉口建设大道151号	430034	027-83517293	郭润茂
东风汽车恩施技术服务站	湖北省恩旋市清江路16号	445000	0718-8223045	吴广恩
东风汽车十堰技术服务站	湖北十堰市大连路1号	442000	0719-8780126	周福生
东风汽车公司谷城技术服务站	湖北谷城县石花镇镇西	441700	0710-7615128	施振祺
东风汽车公司宜昌技术服务站	湖北宜昌市体育场路26号	443003	0717-6445831	刘安林
东风汽车公司襄樊技术服务中心	湖北襄樊市大庆东路17号	441001	0710-3447404	叶先跃
东风汽车公司孝感技术服务站	湖北孝感市107国道市一中对面	432100	0712-2823237	张炳华
东风汽车公司保康技术服务站	湖北省保康县城关镇清溪路110号	441600	0710-5818748	李明华
东风汽车公司常德技术服务站	湖南常德市长庚路10号	415000	0736-7286343	龚训満
东风公司湖南怀化服务站	湖南怀化市沿河南路5号	418000	0745-2365309	龙定洋
东风攸县技术服务站	湖南攸县城关镇永佳村	412300	0733-4237948	李瑞威
湖南东风汽车销售服务联合公司	长沙市远大路498号	410001	0731-4722838	吕学民
东风汽车公司长沙技术服务中心站	湖南长沙市湘春路212号	410008	0731-4315321	谭卫民
东风汽车郴州创一技术服务站	湖南郴州市107国道1936公里处	423000	0735-2160461	吴学飞
桂林东风汽车技术服务公司	广西桂林市瓦窑路一号	541003	0773-3603342	韩志光
东风汽车公司南宁技术服务中心	广西省南宁市五村岭邕宾路8号	530001	0771-3328576	梁均方

东风汽车贸易公司部分服务站名录

服务站名称	服务站地址	邮编	电话	联系人
东风汽车公司重庆江南技术服务站	重庆南岸区六公里正街1号	400074		袁代清
东风公司重庆服务站	重庆市九龙城区石小路162号	400039	023-68618331	贾大林
成都五桂桥东风汽车技术服务站	四川成都五桂桥汽车交易市场	610066	028-8587017	文彦
东风汽车公司四川绵阳技术服务站	四川省绵阳市剑门路西段180号	621000	0816-2362285	王绍先
东风汽车公司泸州技术服务站	四川泸州市兰田镇肖湾	646001	0830-3990516	陶恕
东风汽车公司达州市技术服务站	四川达川市高家坝路2号	635001	0818-2300111	袁永廷
东风汽车公司雅安技术服务站	四川雅安康藏路68号	625000	0835-2622293	祈文华
四川深保东风汽车技术服务站	四川成都市高新区九兴大道5号	610041	028-85910657	高安林
东风汽车公司拉萨销售技术服务中心	西藏拉萨市扎基东路4号09-009信箱	850003	0891-6325637	幸福山
东风汽车公司凯里技术服务站	贵州凯里市文化北路25号	556000	0855-8508033	孟金
东风公司遵义玉强服务站	贵州遵义市长处镇凉水井107号	563000	0852-8825277	吕玉强
东风公司大方服务站	贵州大方县大方镇南郊242号	551600	0857-5223883	陈道胜
东风汽车公司玉溪技术服务站	云南玉溪市环山路1号	653100	0877-2050909	姚宝德
东风汽车公司昆明技术服务中心	云南昆明市西山区明波大渔村	650031	0871-5324358	王国祥
东风汽车公司曲靖销售技术服务站	曲靖市交通路50号	655000	0874-3381638	高云宝
昆明云康东风汽车技术服务站	昆明市管渡区关上北路219号	650200	0871-7162847	李磊
东风汽车公司格尔木技术服务站	青海格尔木市盐桥路21号	816000	0979-483368	龚旭昌
青海省第一汽车运输公司东风西宁技术服务站	青海西宁市南川东路67号	810000	8971-6250341	李众志
东风汽车公司青海红光技术服务站	青海西宁市南川东路68号	810021	0971-6250942	孔宪达
青海宏林东风汽车销售服务有限公司	青海西宁市德令哈路195号	810007		文彦
东风汽车公司咸阳技术服务中心	陕西咸阳市西兰路14路车站北侧	712000	0910-3116003	李福民
东风汽车西安湖堰技术服务站	陕西省西安市朱宏路北段118号	710021	029-6021999	闫宏斌
东风汽车西安销售技术服务联合公司（综合办公室）	陕西西安市三桥路288号	710086	029-4522180	杨庆明
东风汽车公司渭南技术服务站	陕西渭南市解放路92号	714000	0913-2012371	亢建民
东风汽车公司陕西榆林技术服务站	陕西榆林市三官会下巷	719000	0912-3282209	雷来存
陕西北盛东风汽车销售服务有限公司	西安市北二环中路	710016	029-6525322	刘鸿基
兰州桃园东风汽车技术服务有限公司	甘肃兰州市七里河区西果园乡肖家庄	730059	0931-2750803	孟爱农
兰州益民东风汽车销售技术服务有限公司	兰州市城关区城关村骆驼岘子	730046	0931-2566295	郭新民
东风汽车公司银川销售技术服务中心	宁夏银川市长城西路199号	750011	0951-3067496	杨春勇
宁夏汽车贸易总公司东风服务站	宁夏银川市东环南路汽贸总公司	750004	0951-4082707	陈祖庆
东风汽车公司库尔勒技术服务站	新疆库尔勒市交通东路27号	841000	0996-2076104	刘培旭
东风汽车公司乌鲁木齐技术服务中心	新疆乌鲁木齐市北京北路36号	830011	0991-6630297	李建新
东风汽车公司昌吉技术服务站	新疆昌吉市乌伊西路8号	831100	0994-2347145	杨福成
东风汽车公司吐鲁番技术服务站	新疆吐鲁番市乌哈路18号	838000	0995-8551789	张永恒
东风汽车公司伊犁技术服务站	新疆伊宁市公园街四巷七号	835000	0999-8123430	许宝珠

东风汽车公司风神汽车销售网络

销 售 单 位	地 址	电 话
风神汽车北汽服专营店	北京朝阳区亚运村汽车交易市场十区八号	010-64436876
风神汽车北京华盛昌专营店	北京市海淀区闵庄路2号	010-88460101
风神汽车三合专营店	北京市朝阳区西坝河西里2号楼	010-64223206
风神汽车汇京专营店	北京市海淀区万泉河路巴沟1号中联汽车交易市场2区3号风神汽车展厅	010-62637932
南北专营店	北京市朝阳区亮马河25号	010-64631621
风神汽车长江专营店	天津市南开区长江道92号	022-2703309
风神汽车布心专营店	深圳市罗湖区贝丽北路28号2栋	0755-5615281
风神汽车东神专营店	广州市中山大道北侧棠东988号	020-85532897
风神汽车利泰专营店	佛山市佛山大道南325号	0757-2711298
风神汽车恒达专营店	汕头市高新区科技西路3号	0754-8169093
风神汽车华溢专营店	广州市天河体育东路112号	020-38800687
众杰专营店	珠海市大石花东路九洲花园33栋	0756-3228799
花都专营店	广州市花都区西城开发区	020-86871222
风神汽车顺合专营店	哈尔滨市道里区城乡路365号	0451-4321666
风神汽车汽贸城专营店	长春市普阳街83号	0431-7611540
风神汽车凯绅专营店	长春市深圳街7号	0431-4641888
风神汽车东风专营店	沈阳市东陵区东陵路36号	024-88435571
风神汽车华信专营店	石家庄石正公路127号	0311-6838039
风神汽车大友专营店	山东济南市经十西路88号	0531-7988688
海尔专营店	青岛市南区福州北路9号	0532-5738899
风神汽车汇港专营店	太原市学府街239号	0351-7022625
风神汽车中原专营店	郑州107国道郑汴路立交桥北800米中原汽贸集团	0371-6510349
风神汽车伟业专营店	合肥市合化南路16号	0551-3522222
风神汽车华星专营店	南京市秦淮区红花街道夹岗村下坞营88-1号	025-2458800
风神汽车华成专营店	苏州市东环路501号	0512-7601388
风神汽车名乐专营店	江苏省江阴市滨江东外环路滨江公安分局南首	0510-6402002
风神汽车绅协专营店	上海市威海路870号	021-62891166
风神汽车永达专营店	上海市漕宝路1300号	021-64800599
风神汽车杭城专营店	杭州市德胜路88号	
风神汽车中汽专营店	宁波市百丈东路656号	0574-87843688
风神汽车龙湾专营店	温州市新城大道中天大厦	05778891755
风神汽车三环专营店	武汉市汉阳经济发展区三环工业园特1号	027-84886755
风神汽车襄樊专营店	襄樊市汽车产业开发区316国道东侧	0710-3321321
风神汽车远大专营店	湖南长沙远大一路687号	0731-4767700
风神汽车洪城专营店	南昌市洪城路688号	0791-6527675
风神汽车华驰专营店	福州市长乐北路4号	0591-7331138
风神汽车塞尔福专营店	厦门市湖滨北路101-111号外贸工业大厦1楼	0592-5095489
风神汽车友爱专营店	南宁市友爱南路31号	0771-3134750
风神汽车三佳专营店	昆明市二环西路639号云南汽车交易市场A215,216室	0871-8321972
风神汽车成商专营店	成都市五桂桥迎晖路188号	028-4731557
风神汽车港宏专营店	成都高新区机场路(居火车站南站一公里处)	028-5153385
风神汽车永裕隆专营店	西安市未央路北二环立交南侧	029-6272120
风神汽车捷众专营店	乌鲁木齐阿勒泰路260号	0991-3816952

上汽大众汽车经销商与特约维修站名录

经销商名称	地址	邮编	电话
内蒙古恒茂上海汽车销售有限公司	呼和浩特市如意开发区腾飞大道西侧 3 号	010010	0471-4611897
内蒙古紫维汽车有限公司	内蒙古省呼和浩特市玉泉区石羊桥西路 9 号	010030	0471-5982294
上海汽车工业内蒙古销售有限公司	内蒙古呼和浩特市海拉尔东路 21 号	010050	0471-6506374
上海大众汽车呼和浩特特约维修站	内蒙古呼和浩特市新城北街常委大院	010010	0471-4951050
上海大众汽车包头蒙正销售服务有限公司	包头市青山区富强路九号街坊 1 栋 8 号	014030	0472-3323888
包头西北汽车商城有限公司	内蒙古包头市钢铁大街 38 号	014030	0472-5154388
上海大众汽车包头销售服务有限公司	包头市青山区乌素图 110 国道 727 公里处	014035	0472-3139131
赤峰恒茂上海大众汽车销售服务有限公司	内蒙古赤峰市松山区鸭子河路中段	024005	0476-8442841
上海大众汽车通辽特约维修站	内蒙古通辽市和平路北端	028000	0475-8236197
鄂尔多斯市泰源运输有限责任公司	内蒙古鄂尔多斯市东胜区杭锦南路 8 号	017000	0477-8374109
山西上海汽车工业销售有限公司	山西省太原市小店区小店镇汾东北路 185 号	030032	0351-7091000
山西同兴汽车服务有限公司	山西省太原市滨河西路 269 号	030027	0351-6288888
山西中储物流公司	山西省太原市体育路 361 号	030012	0351-7025922
上海大众汽车太原销售服务有限公司	山西省太原市建设南路 698 号	030006	0351-7072132
山西华佳汽车贸易有限公司	山西省太原市晋祠路 40 号	030024	0351-6091333
上海汽车工业大同销售有限责任公司	山西省大同市操场城街 55 号	037005	0352-6028633
上海大众汽车大同特约维修站	山西省大同市石料厂十字路口南侧	037003	0352-7016934
阳泉市汽车销售有限公司	山西省阳泉市南大街 198 号	045000	0353-2035439
上海大众汽车阳泉销售服务有限公司	山西省阳泉市桃北西路 15 号	045008	0353-7037888
上海大众汽车长治特约维修站	山西省长治市长邯路 13 号	046011	0355-2090301
长治市容海汽车销售服务有限公司	山西省长治市太行西街北寨	046011	0355-6081821
上海大众汽车晋城销售服务有限公司	山西省晋城市城区钟家庄二圣头对面	048000	0356-2122034
上海大众汽车泽州特约维修站	山西省晋城市西环路南段	048000	0356-2090259
朔州市物产汽车销售有限公司	山西省朔州市民福西街 1 号	036002	0349-2164881
山西省忻州汽车工业贸易有限公司	山西省忻州市大运路二十里铺金三角	034000	0350-3120607
中国汽车工业天津销售公司晋中公司	山西省晋中市榆太路北端	030600	0354-3063156
山西中德迈亚飞汽车贸易有限公司	山西省榆次市榆太路乡镇局培训大楼	030600	0354-3070001
上海大众汽车介休特约维修站	山西省介休市北坛东路 228 号	032000	0354-7229162
山西省临汾祥华汽车贸易有限公司	山西省临汾市尧庙公园对面	041000	0357-2591165
上海大众汽车临汾特约维修站	山西省临汾市尧都区刘村镇马务村	041000	0357-3290909
上海大众汽车侯马销售服务有限公司	山西省侯马市大运路口北侧	043000	0357-4162166
山西省运城物产汽车贸易有限公司	山西省运城市禹都大道中段 499 号	044000	0359-2093551
上海大众汽车运城销售服务有限公司	山西省运城市圣惠路北段	044000	0359-2128181
山西省运城禹都汽车销售有限公司	山西省运城市禹都市场立交桥头东	044000	0359-2422218
河北上海汽车联营销售公司	河北省石家庄市北外环路 8 号	050041	0311-6838070
石家庄申联上海大众汽车销售服务有限公司	河北省石家庄市发射东路 28 号	050021	0311-6118288
石家庄市冀中汽车贸易中心	河北省石家庄市西二环南路 25 号	050081	0311-3036223
上海大众汽车石家庄特约维修站	河北省石家庄市长丰路 2 号	050051	0311-7902131
河北省机电设备汽车贸易公司	河北省石家庄市北二环西路 288 号	050061	0311-7794922
上海大众汽车石家庄石汇销售服务有限公司	河北省石家庄市裕华东路 454 号	050031	0311-5663547
邯郸上海大众汽车特约销售服务有限公司	河北省邯郸市高速公路进市北引线中段路西	056004	0310-8126138
唐山市冀东机电设备公司邯郸分公司	河北省邯郸市东环路北头高速环岛南 100 米	056001	0310-7123896
上海大众汽车邯郸特约维修站	河北省邯郸市邯磁路北张庄村北	056001	0310-6091488

上汽大众汽车经销商与特约维修站名录

经销商名称	地址	邮编	电话
上海大众汽车武安特约维修站	河北省邯郸市武安市邯武复线西头	056300	0310-5680610
河北省汽车贸易总公司邢台分公司	河北省邢台市邢州北路398号	054001	0319-3219241
邢台上海大众汽车销售服务有限公司	河北省邢台市梁庄路80号	054001	0319-3053804
保定上海汽车工业销售有限公司	河北省保定市江城路30号	071051	0312-3257686
保定市新世纪汽车贸易有限公司	河北省保定市七一中路17号	071051	0312-3164113
上海大众汽车保定销售服务有限公司	河北省保定市建设南路51号	071051	13703288200
保定市中平工贸有限责任公司	保定市国家高技术产业开发区朝阳北路161号	071051	0312-3180677
上海大众汽车涿州销售服务有限公司	河北省涿州市范阳路7号	072750	0312-3685711
上海大众汽车定州销售服务有限公司	河北省定州市兴定路(市交警大队东侧200米)	073000	13903363788
上海大众汽车张家口销售服务有限公司	河北省张家口市桥东区张宣公路东31号	075000	0313-4065066
上海大众汽车宣化特约维修站	河北省张家口市宣化区胜利北路	075100	0313-3012018
承德腾亚飞汽车连锁有限公司	河北省承德市下二道河子	067000	0314-2158872
上海大众汽车承德特约维修有限责任公司	河北省承德市西大街路北118号	067000	13931419588
唐山市冀东机电设备公司	河北省唐山市路南区吉祥新路168号	063001	0315-2961518
上海大众汽车唐山销售服务有限公司	河北省唐山市高新技术开发区庆南道	063020	0315-3209218
唐山四通汽车贸易有限公司	河北省唐山市路北区唐丰路7号	063000	0315-2835342
中视电视购物有限公司	北京市海淀区西土城路3号蓟门饭店北侧楼	100088	010-82021668
北京汽车贸易中心	北京市海淀区学院南路49号	100081	010-62112945
中国北方设备工程公司	北京市工人体育馆院内西南部	100027	010-65936184
北京广恒信上海大众汽车销售服务有限公司	北京市海淀区闵庄路20号	100089	010-88452015
北京首都旅游汽车集团股份有限公司第三修理厂	北京市海淀区紫竹院南路5号	100044	010-68471156
中国人民解放军总参管理局汽车修理厂	北京市海淀区学院南路甲8号	100088	010-66780115
北京上地四方上海大众汽车维修服务有限公司	北京市海淀区体院西路1号	100084	010-82890956
北京润达汽车维修检测中心	北京市海淀区田村路十号	100039	010-68176493
北京北极寺上海大众汽车特约维修站	北京市海淀区花园东路8号北四环中路健翔桥	100083	010-62044044
北京德昌上海大众汽车维修服务有限公司	北京市海淀区祁家豁子8号	100088	010-82073218
北京燕京汽车厂	北京市宣武区太平街8号	100050	010-63015403
北京上海大众汽车北电销售服务有限公司	北京市宣武区右安门西城根3号	100054	010-63126405
中国华新实业总公司	北京市朝阳区西大望路2号	100025	010-65944672
北京亚飞汽车连锁总店有限责任公司	北京市崇文区广渠门内大街6号	100062	010-64891199
北京陆鼎汽车商行	北京市朝阳区建国门外郎家园	100022	010-65812248
扬州新大洲汽车销售有限公司	江苏扬州市江阳中路391-8号	225009	0514-7882599
北京联拓机电公司	北京市朝阳区广渠东路38号	100022	010-87780973
北京申银汽车销售有限公司	北京市丰台区六里桥南里8号	100073	010-64438320
北京京申宝上海大众汽车销售服务有限公司	北京朝阳区高碑店乡高井工业区大黄庄99号	100024	010-67782589
北京亚辰伟业汽车销售中心	北京朝阳区小关西街2号(亚运村汽车市场)	100101	010-64949295
北京四元京华上海大众特约维修有限公司	北京市朝阳区北四环东路1号	100102	010-64722770
北京首汽集团公司上海大众汽车特约维修站	北京市朝阳区新源里14号	100027	010-84544020
北京京西燕川上海大众汽车特约维修站	北京市石景山区古城西路化肥路	100041	010-68874248
北京市上海大众汽车房山良乡特约维修站	北京市房山区良乡凯旋大街50号	102488	010-69365345
北京上海大众汽车通州销售服务有限公司	北京市通州区梨园地区云景东路	101101	010-60521188
北京上海大众汽车顺义销售服务有限公司	北京市顺义区仁和地区梅沟营村西	101300	010-69468887

上汽大众汽车经销商与特约维修站名录

经销商名称	地址	邮编	电话
中宇汽车服务中心	北京市昌平区东小口	102209	010-84815669
北京永安汽车修理厂	北京市昌平区水库路 50 号	102249	010-69744925
北京上海大众汽车密云销售服务有限公司	北京市密云县气象局西侧	101500	010-69051999
北京延庆上海大众汽车特约维修有限公司	北京市延庆县大榆树东杏园村南	102100	010-81193999
上海大众汽车唐山一运销售服务有限公司	河北省唐山市新华西道甲 47 号	063000	0315-2334955
上海汽车工业秦皇岛销售有限责任公司	河北省秦皇岛市海港区河北大街 289 号	066000	0335-3035384
上海大众汽车秦皇岛特约维修站	河北省秦皇岛市海港区西港路北段西侧	066001	0335-3067055
沧州市河北汽贸汽车销售有限公司	河北省沧州市开发区东管所西 400 米	061000	0317-3090392
沧州市顺达汽车销售有限公司	河北省沧州市北环中路 10 号	061000	0317-3048691
沧州交通运输集团有限公司	河北省沧州市北郊津德路石油北库北 5 号	061000	0317-3055980
河间市天翔机电有限公司	河北省沧州市河间市城苑中路 8 号	062450	0317-3228240
廊坊通轩实业有限公司	河北省廊坊市广阳道 162 号	065000	0316-2193030
河北省汽车贸易总公司廊坊销售处	河北省廊坊市开发区金源道 8 号	065001	0316-6082405
廊坊市东方华明汽车修理有限公司	廊坊市广阳区和平路与北二环路口	065000	0316-2185888
衡水市汽车物资贸易中心有限公司	河北省衡水市人民西路开发区昌明大街	053000	0318-2359555
上海大众汽车衡运特约维修站有限公司	河北省衡水市衡德路 4 号	053000	13903184000
北京众义达物资贸易有限公司	北京市丰台区丽泽路 101 号	100073	010-63338822
中国京安器材公司	北京市东城区正义路 5 号	100741	010-65239061
北京欣欣顺达上海大众汽车销售有限公司	北京市丰台区花乡新房子路北	100070	010-63744653
北京市恒物汽车经营公司	北京市丰台区夏家胡同 128 号	100070	010-63272018
中国汽车工业总公司	北京市丰台区丰北路高楼村甲 66 号	100073	010-63445809
北京上汽首创汽车销售有限责任公司	北京市丰台区丰北路 32 号	100071	010-63809013
北京北龙联合汽车贸易有限公司	北京市朝阳区大屯路 238 号	100100	010-82843010
北京车之杰汽车销售有限公司	北京市丰台区丰管路 81 号	100071	010-63855656
北京市上海汽车联营销售公司	北京市丰台区方庄芳古园二区二号楼	100078	010-67634986
北京万泉寺汽车销售中心	北京市丰台区万泉寺甲 88 号	100054	010-63498552
北京银建汽车销售有限公司	北京市丰台区西洪太庄路 98 号	100070	010-63743023
北京兵工汽车贸易公司	北京市海淀区体院西路 1 号	100084	010-62980552
北京兴京良上海大众汽车销售有限公司	北京市丰台区高立庄村南	100070	010-63745722
北京公交上海大众汽车服务有限公司	北京市丰台区六里桥南里 10 号	100073	010-63465687
北京康达汽车销售有限责任公司	北京市海淀区紫竹院南路 5 号	100044	010-64922988
北京汽车工业供销公司	北京市海淀区万泉河路巴沟一号	100080	010-82611098
中国北方车辆公司	北京市海淀区五棵松路 47 号	100089	010-88451582
北京国服信汽车贸易有限公司	北京市海淀区学清路 11 号	100085	010-62843440
北京车谷上海大众汽车维修销售有限公司	北京市大兴工业开发区金苑路 15 号	102600	010-60214240
北京冀贵汽车贸易有限公司	北京经济技术开发区宏达北路 12 号 2 区 3 层 311B	100176	13601188248
北京怀柔南华上海大众汽车特约维修站	北京市怀柔县怀柔镇南华园三区三号	101400	010-69644019
北京上海大众汽车平谷销售服务有限公司	北京市平谷区平谷镇西环北路 2 号	101200	010-69961608
中国汽车贸易东北公司(沈阳东祥汽车租赁公司)	沈阳市沈和区沈州路 86 甲 2	110003	024-22927705
沈阳沃尔夫汽车销售服务有限公司	沈阳市大东区东陵西路 4 甲	110043	024-88436097
辽宁大众汽车物资销售有限公司	沈阳市和平区哈尔滨路 90 号	110002	024-22500621

上汽大众汽车经销商与特约维修站名录

经销商名称	地址	邮编	电话
辽宁安信汽车销售有限公司	沈阳市沈河区万柳塘路26号2号门	110015	024-24133041
辽宁上海汽车销售有限公司	沈阳市皇姑区北陵大街28号7门	110032	024-86212687
辽宁冶金经贸公司	沈阳市和平区砂阳路89号	110005	024-23321118
沈阳明鑫汽车销售有限公司	沈阳市东陵区万柳塘路109号	110015	024-84823988
沈阳上海汽车工业销售有限公司	沈阳市沈河区惠工街118甲	110013	024-22525588
上海大众汽车辽宁销售服务有限公司	辽宁省沈阳市铁西区路官一街16号	110023	024-25850748
沈阳新华厦凯大汽车销售服务有限公司	沈阳市铁西区兴工北街53号	110025	024-25609446
沈阳新长城汽车检测维修站	沈阳市铁西区肇工北街10号甲	110026	024-25512561
上海大众汽车大连特约维修站	上海大众汽车大连特约维修站	116015	0411-2892598
大连万海汽车销售服务有限公司	大连市甘井子区华北路769号	116031	0411-4329166
大连上海大众汽车销售服务有限公司	大连市甘井子区西南路5号	116033	0411-6641241
大连市汽车工业贸易集团上海汽车销售中心	大连市甘井子区华东路45号	116031	13940907055
上海汽车工业大连销售有限公司	大连市甘井子区椒房街3号楼	116031	0411-6674598
瓦房店市顺发物资商贸有限公司	瓦房店市西长春路西段21号	116300	0411-5570098
上海大众汽车大连金州特约维修站	辽宁省大连市金州区金弯路马家新村	116100	0411-7673555
上海大众汽车鞍山销售服务有限公司	辽宁省鞍山市铁西区兴盛南路24号	114014	0412-8235333
上海大众汽车抚顺销售服务有限公司	抚顺市新抚区浑河南路东段18号	113008	0413-4631150
抚顺市机电设备物产有限公司	抚顺市顺城区高山路46号	113006	0413-2638320
上海大众汽车本溪销售服务有限公司	本溪市明山区大峪村四组	117022	0414-4511588
丹东曙光上海大众汽车特约销售维修有限公司	丹东市振兴区国桢路21号	118000	0415-6180077
上海大众汽车东港销售服务有限公司	辽宁省丹东东港市迎宾大街	118300	0415-7123799
丹东上汽大众汽车销售有限公司	辽宁省丹东市振兴区人民路4号	118002	13904018476
上海汽车工业锦州销售有限责任公司	锦州市中央南大街5号	121000	0416-3780341
上海大众汽车锦州销售服务有限公司	锦州市凌河区锦义街16号	121000	0416-4165243
上海大众汽车葫芦岛销售服务有限公司	葫芦岛市连山区英塔路19号	125001	0429-2650797
葫芦岛市渤海汽车销售服务有限公司	辽宁省葫芦岛市龙港区锦葫路4号	125001	13998978777
辽宁省大石桥市汽车交易中心	大石桥市石桥管理区长征街哈大路10号	115100	0417-5613000
上海大众汽车营口销售服务有限公司	营口市东外环庄林路西侧	115001	0417-3833555
上海大众汽车盘锦销售服务有限公司	辽宁省盘锦市兴隆台区庄林路东	124010	13709874448
上海大众汽车阜新销售服务有限公司	阜新市解放大街北段13号	123000	0418-2901351
上海大众汽车辽阳销售服务有限公司	辽阳市宏伟区南环街二段5号	111003	0419-4151602
上海大众汽车朝阳销售服务公司	朝阳市中山大街一段104号	122000	0421-3820110
朝阳龙腾汽车销售服务有限公司	朝阳市龙城区长江路六段	122005	0421-3820388
长春市金达洲汽车销售有限责任公司	长春市经济技术开发区深圳街20号	130031	0431-4645078
吉林省永通汽车销售有限公司	长春市宽城区凯旋路20号	130052	0431-2998444
长春汽车经济贸易开发区天弈汽车销售服务有限公司	长春市普阳街83号	130011	0431-7636784
吉林市大吉汽车贸易城有限公司	吉林市龙潭区汉阳南街南段	132002	0432-2777713
吉林市瑞孚汽车服务有限公司	吉林市吉丰东路2号	132013	0432-4645001
上海大众汽车吉林特约维修站	吉林市江南泰山路30号	132013	0432-4665602
四平上海大众汽车销售服务有限公司	四平市铁东区南一马路102国道936公里处	136001	0434-3335754
上海大众汽车通化特约维修站	通化市建设大街17号	134000	0435-3617125
吉林省延吉市交通汽车维修检测中心	外环高速公路口(近机场)(在建)	133002	0433-2753217

上汽大众汽车经销商与特约维修站名录

经销商名称	地址	邮编	电话
上海大众汽车哈尔滨销售服务有限公司	哈尔滨市太平区南直路 172 号	150050	0451-2323785
哈尔滨市凯信汽车销售服务有限责任公司	哈尔滨市哈同公路二出口	150059	0451-2043993
哈尔滨顺合汽车工业贸易有限公司	哈尔滨市道里区友谊路 501 号	150010	0451-4625888
哈尔滨中实汽车销售服务有限公司	哈尔滨市机场路 9 号	150070	0451-4316677
上海汽车工业黑龙江销售有限责任公司	哈尔滨市南岗区衡山路 32 号	150036	0451-2317000
黑龙江省政府机关汽车修配厂	哈尔滨市南岗区工电路尤家街 8 号	150080	0451-2660069
齐齐哈尔大众出租汽车有限公司	齐齐哈尔市铁锋区龙南街 8 号楼 12 号	161005	0452-2441802
上海大众汽车齐齐哈尔销售服务有限公司	齐齐哈尔市龙沙区明海公路 6 号	161005	0452-2346670
鹤岗市大众汽车维修服务站	鹤岗市红旗乡新农村(意向未建)	154002	13946714695
上海大众汽车鸡西东辰特约维修站	鸡西市桥北金三角开发区	158100	0467-2658488
大庆上海汽车工业销售有限公司	大庆市让胡路区北方汽配城丰田路	163458	0459-6324402
上海大众汽车大庆特约维修站汽车销售处	大庆市让胡路区中央大街	163453	0459-5973346
上海大众汽车牡丹江销售服务有限公司	牡丹江市海浪路 189 号	157003	0453-6429168
上海大众汽车佳木斯销售服务有限公司	佳木斯市友谊路 6 号	154004	13704544166
大兴安岭交运汽车经销有限公司	大兴安岭加格达奇长虹街	165000	0457-2168200
上海巴士永达汽车销售有限公司	上海市中山南路 505 号	200010	021-63323057
上海大众汽车南外滩长江特约维修站	上海市外马路 601 号	200010	021-63133309
上海九驰实业有限公司	上海市番禺路 1 号	200052	021-52551567
上海大众汽车长宁销售服务有限公司	上海长宁区天山路 318 号	200336	021-52531118
上海怡通汽车销售有限公司	上海市江浦路 1036 号	200436	021-52910910
上海大众汽车同济销售服务有限公司	上海市赤峰路 150 号	200092	021-65048114
上海大众汽车沪东特约维修站	上海市杨浦区宁武路 10 号	200090	021-65702715
上海强生汽车贸易公司	上海市沪太路 800 号	200065	021-56061827
上海众发汽车销售有限公司	上海市中山北路 582 号	200070	021-56702266
上海大众市北汽车销售服务有限公司	上海市闸北区汶水路 92 号	200072	021-56774581
上海鼎兴汽车销售有限公司	上海中山北路 3028 号	200063	021-62437095
上海申银汽车销售有限公司	上海市中山北路 2500 号	200063	021-52909999
上海航凯金刚汽车销售有限公司	上海市真北路 1901-1903 号	200333	021-52761715
上海锦仓汽车贸易有限公司	上海市曹杨路 278 号	200333	021-52781728
上海君成汽车销售有限公司	上海市中山北路 2918 号 1208 室	200063	021-62430303
上海龙贸汽车销售有限公司	上海市新村路 429 号	200065	021-56050505
上海汽车工业沪北销售有限公司	上海市汶水路 92 号	200072	021-56774580
上海汽车贸易公司	上海市曹安路 58 号	200063	021-52795546
上海新长征汽车销售服务有限公司	上海市曹安路 58 号	200333	021-52791256
上海众连机电销售有限公司	上海市曹杨路 540 号 409 室	200063	021-62441108
上海汽车工业物资有限公司	上海市大渡河路 1258 号	200333	021-52818678
上海大众汽车沪西特约维修站	上海市曹杨路 278 号	200063	021-62445359
上海华梁科贸有限公司	上海曹杨路 609 弄 6 号 606 室	200063	021-62229493
上海大众汽车卢湾特约维修站	上海市卢湾区龙华东路 810 号	200023	021-63033338
上海韦灵汽车销售有限公司	上海市康定路 1155 号	200042	021-62552170
上海大众汽车静安特约维修站	上海市康定路 1155 号	200042	021-62301867
上海宝钢商贸有限公司	上海市宝山区友谊支路 16 号	201900	021-56120202
上海市宝山区机电设备供应公司	上海市宝山区同泰北路 201 号	200940	021-56172314

上汽大众汽车经销商与特约维修站名录

经销商名称	地址	邮编	电话
上海大众汽车逸仙销售服务有限公司	上海市高逸路 67 号	200439	021-65602460
上海富华汽车销售公司	上海市长江西路 778 号	200441	021-56822289
上海大众汽车南空特约维修站	上海市场中路 445 号	200434	021-65367476
上海大众宝山特约维修站	上海宝山区月浦月罗路 241 号	200941	021-56930946
上海大众汽车庙行特约维修站有限公司	上海市宝山区长江西路 516 号	200431	021-56997878
上海宝江轿车维修有限公司	上海市宝山区碧水路 498 号	201900	021-56115490
中国城市车辆华东公司	上海市天钥桥路 1121 弄 1 号	200232	021-64289922
上海财通汽车销售有限公司	上海市宜山路 998 号	200233	021-64854032
上海大众汽车徐汇销售服务有限公司	上海市徐虹中路 21 号	200233	021-64874234
上海祥和汽车销售有限公司	上海市中山南二路 555 号	200032	021-34161116
上海大众汽车龙华特约维修站有限公司	上海市徐汇区龙吴路 410 弄 8 号	200232	021-64848688
上海超凡汽车销售有限公司	上海市逸仙路 450 号	200434	021-35050433
上海汽车工业沪东销售有限公司	上海市唐山路 535 号	200082	021-65411790
上海信安汽车销售有限公司	上海市东大名路 437 号	200080	021-65954501
上海大众汽车虹口特约维修站有限公司	上海市虹口区周家嘴路 414 号	200080	021-65359881
上海大众交通汽车服务有限公司	上海市沪青平公路 455 号	201105	021-65113509
上海大众汽车闵行销售服务有限公司	上海市沪闵路 4288 号	201108	021-64896601
上海车家欢汽车销售有限公司	上海市沪闵路 9506 号	200235	021-64828866
上海大众汽车东昌销售服务有限公司	上海市浦建路 1289 号	201204	021-50451100
中进汽贸上海进口汽车贸易有限公司	上海市威海路 511 号绅士大厦二楼	200041	021-62180068
上海和平汽车实业有限公司	上海市浦东新区沪南路 2418 号	201204	021-58951853
上海永达汽车销售公司	上海市浦东新区华夏东路 2089 号	201200	021-58920011
上海大众汽车金桥销售服务有限公司	上海市浦东新区金海路 351 号	201206	021-58549003
上海大众汽车合庆销售服务有限公司	上海市浦东新区龙东大道 5893 号	201201	021-58976244
上海大众汽车浦东特约维修站	上海市浦东新区张江路 1196 号	201203	021-58551894
上海大众汽车长江特约维修站	上海市浦东新区北莲泾毛家宅 1 号	200126	021-58831118
上海久泰工贸有限责任公司	上海市嘉定区曹安路 2525 号	201803	021-32050607
上海大众汽车安亭销售服务有限公司	上海市安亭镇曹安路 5548 号	201805	021-59572487
上海大众汽车联合销售有限责任公司	上海市卢湾区斜士路 112-116 号	200023	021-53521221
上海大众汽车马陆销售服务有限公司	上海嘉定区马陆镇宝安公路 3131 号	201801	021-59159888
上海方利汽车销售有限公司	上海市安亭米泉路昌吉路口(安亭总库对面)	201805	021-59564387
上海汽车工业安亭销售有限公司	上海市嘉定区曹安路 5555 号	201805	021-59578822
上海西上海二手机动车经营有限公司	上海嘉定区安亭镇曹安路 5551 号	201805	021-59578787
上海上物强生二手机动车经营有限公司	上海嘉定区安亭镇 5551 号	201805	021-39571238
上海协通众盛汽车服务有限公司	上海嘉定区曹安路 4188 号	201804	021-69595896
上海大众汽车嘉定销售服务有限公司	上海嘉定区沪宜公路 3658 号(电视台南侧)	201800	021-59525845
上海大众汽车新洛特约维修站	上海市嘉定区安亭镇昌吉路 127 号	201805	021-59579475
上海大众汽车金山销售服务有限公司	上海市金山区新农镇亭枫公路 2468 号	201503	021-57340817
上海大众松江特约维修站	上海市松江区乐都路 248 号	201600	021-57816555
上海大众汽车南汇销售服务有限公司	上海市南汇县祝桥镇南奉公路 5218 号	201323	021-58107002
上海大众汽车青浦销售服务有限公司	上海市青浦区沪青平公路 5528 号	201700	021-59858111
上海大铭汽车销售有限公司	上海青浦区外青松公路 5478 号	201700	021-69211149
上海大众汽车新明销售服务有限公司	上海市奉贤区南桥镇沪杭公路 2090 号	201415	021-57108289

上汽大众汽车经销商与特约维修站名录

经销商名称	地址	邮编	电话
上海瀛海汽车销售有限公司	上海市场中路243号	200434	021-65177799
上海大众汽车崇明特约维修站	上海崇明县城桥镇麟桥路278号	202150	021-69620284
南京中北(集团)股份有限公司汽车销售分公司	南京市汉中门大街79号	210029	025-6531266
上海大众汽车南京黄埔销售服务有限责任	南京市玄武区珠江路659号	210016	025-4812131
上海大众汽车南京蓝盾销售服务有限公司	南京市凤台南路122号	210012	025-2452534
南京贤丰石油化工有限公司汽车销售分公司	南京市六合经济开发区	211500	025-7153888
江苏上海汽车工业销售有限公司	南京龙蟠中路77号	210016	025-3221702
江苏苏贸物资贸易有限公司	南京市花园路17号	210042	025-5474105
上海汽车工业沪宁销售有限公司	南京市常府街31号	210002	025-4417228
上海大众汽车南京苏星销售服务有限公司	南京中央门外东井村48号	210028	025-5628881
上海大众汽车仪征特约维修站	江苏仪征市大庆北路198号	211400	0514-3413670
徐州金属材料集团汽车销售有限责任公司	江苏徐州市中山北路190号	221005	0516-3777789
徐州大众汽车销售有限公司	江苏徐州市黄河北路9号	221005	0516-3771177
徐州市沪彭汽车销售有限公司	徐州市中山北路延长段231号	221007	0516-7830018
上海大众汽车徐州特约维修站	徐州市中山北路231号	221000	0516-7720204
上海大众汽车徐州淮海特约维修站	徐州市翟山三环路南侧	221008	0516-3880529
上海大众汽车丰县特约维修站	江苏丰县丰徐公路2公里路北	221700	0516-4234388
连云港市汽车修理公司	江苏连云港市新浦区幸福路16号	222004	0518-5412492
上海汽车工业连云港销售有限公司	江苏连云港市新浦区解放东路226号	222002	0518-5452808
上海大众汽车淮安特约维修站	江苏淮安市清杨路60号	223005	0517-3712255
上海大众汽车宿迁特约维修站	江苏宿迁市西湖路501号	223800	0527-4365666
上海大众汽车东台销售服务有限公司	江苏东台市东进北路二女广场北侧100米	224200	0515-5214483
上海大众汽车盐城销售服务有限公司	江苏盐城市通榆南路73号	224002	0515-8332446
上海大众汽车滨海特约维修站	江苏滨海县东坎镇幸福路西首	332000	0515-4113222
上海大众汽车大丰特约维修站	江苏大丰市金丰南路79号	224100	0515-3813256
上海大众汽车建湖销售服务有限公司	江苏建湖县盐淮路东付新村598号	224700	0515-6251152
阜宁县大众汽车服务有限公司	江苏阜宁施庄丁桥	224400	0515-7401598
上海大众汽车江都销售服务有限公司	江苏江都市新都路89号	225202	0514-6885178
上海大众汽车扬州销售服务有限公司	江苏扬州市扬州大桥东首328国道北侧	225003	0514-7257662
上海大众汽车扬中特约维修站	扬中市经济开发区大桥路西侧	212200	0511-8224780
上海汽车工业靖江销售有限责任公司	江苏靖江市扬州西路12号	214500	0523-4850488
泰州市长运有限公司亚飞汽车连锁店	江苏泰州市海陵区西汽车站内	225300	0523-6601186
泰兴市华天汽车销售服务有限公司	泰兴市泰兴镇鼓楼南楼南首	225400	05237633893
泰州市德众汽车销售服务有限公司	江苏泰州市海陵泰东镇许郑村	225300	0523-6278880
上海大众汽车靖江特约维修站	江苏靖江市龙江路1号	214500	0523-4810388
上海大众汽车兴化特约维修站	江苏兴化市经济开发区五里西路经一路口	225700	0523-3267228
泰州苏源众泰汽车销售服务有限公司	江苏泰州市泰高东路东,328国道南	225300	0523-6819978
南通长江汽车贸易有限公司	江苏南通市城港路58号	226005	0513-5500212
上海大众汽车海门销售服务有限公司	海门市海门镇人民中路408号	226100	0513-2206391
中汽进出口南通公司	南通市人民中路100号	226001	0513-5588188
上海大众汽车南通销售服务有限公司	南通市城港路23号	226005	0513-5545379
南通安泰汽车销售公司	南通市通州市通掘路28号	226300	0513-2206777
上海大众汽车如东销售服务有限公司	江苏如东县掘港镇通洋南路6号	226400	0513-4195872

上汽大众汽车经销商与特约维修站名录

经销商名称	地址	邮编	电话
上海大众汽车海安特约维修站	江苏海安县通榆路71号	226600	0513-8815611
上海大众汽车启东特约维修站	江苏启东市人民西路1175号	226200	0513-3316240
上海大众汽车如皋特约维修站	江苏如皋市经济开发区太平路1号	226572	0513-7504390
上海大众汽车江宁特约维修站	江苏南京江宁科学园天元东路58号	211001	025-2164799
镇江众联汽车贸易有限公司	江苏镇江市丁卯桥路98号	212009	0511-8880292
上海大众汽车镇江特约维修站	镇江市戴家门312国道收费站东侧	212111	0511-5723453
上海大众汽车丹阳特约维修站	江苏丹阳市北环路练湖农场	212334	0511-6582886
上海大众汽车常州销售服务有限公司	常州常锡路105号	213014	0519-6649888
上海大众汽车溧阳销售服务有限公司	江苏溧阳市平陵西路173号	213300	0519-7100366
上海大众汽车常州新区销售服务有限公司	江苏常州新区通江大道777号	213022	0519-5111918
上海大众汽车武进特约维修站	江苏武进市武宜路长虹路口	213161	0519-6560581
上海大众汽车金坛特约维修站	江苏金坛市晨风路20号	213200	0519-2324018
江阴市广吉汽车经销有限公司	江苏江阴市澄杨路177号	214432	0510-6275207
江阴市全顺汽车有限公司	江苏江阴市通江南路147号	214433	0510-6102525
上海汽车工业无锡销售有限公司	无锡市苏锡路329号金城湾南桥	214123	0510-5406054
无锡商业大厦集团东方汽车有限公司	江苏无锡市中山路343号	214001	0510-2731727
江苏宜兴市名将汽车销售有限公司	宜兴市宜城镇太隔广路8号	214200	0510-7928081
上海大众汽车无锡特约维修站	无锡市梁溪路129号	214063	0510-5518433
上海大众汽车宜兴市陶都特约维修站	江苏宜兴市经济开发区宁杭公里东侧	214222	0510-7495168
上海大众汽车江南(无锡)特约维修站	无锡市锡沪路二号桥	214011	0510-2419540
上海大众汽车昆山销售服务有限公司	江苏昆山市震川西路688号	215300	0512-57532086
上海大众汽车太仓销售服务有限公司	江苏太仓市体育西路南侧	215400	0512-53535095
苏州建国汽车销售服务有限公司	江苏吴县市东吴南路58号	215128	0520-65627200
上海汽车工业常熟销售有限公司	江苏常熟市海虞北路56号	215500	0512-2818800
上海汽车工业苏州销售有限责任公司	苏州市三香路120号	215004	0512-68271973
上海汽车工业吴江销售有限责任公司	吴江市松陵镇交通北路96号	215200	0512-63455266
苏州工业园区中园机电设备有限公司	苏州南园南路34号	215007	0512-65180868
苏州华丰汽车销售服务有限公司	苏州市苏州工业区东兴路38号	215006	0512-67411366
苏州市鸿鑫汽车工贸有限公司	太仓市城北东路40号	215400	0512-53530979
苏州市上海大众汽车金阊销售服务有限公司	苏州市桐泾北路26号	215004	0512-65519567
张家港江南汽车交易市场有限公司	江苏张家港市鹿杨路1号	215600	0512-58689500
上海大众汽车吴江销售服务有限公司	江苏吴江市震泽镇工业大道8号	215231	0512-63781887
苏州市营财汽车服务中心	苏州市南环西路208号	215007	0512-68158528
上海大众汽车常熟销售服务有限公司	常熟市青墩路62号	215500	0520-52730977
安徽物华汽车服务有限公司	合肥市合作化南路32号	230022	0551-3528846
上海大众汽车合肥销售服务有限公司	合肥市长江东路853号	230011	0551-4223619
上海汽车工业供销公司安徽联营公司	合肥市合裕路柳荫塘中段	230011	0551-4533331
安徽徽商时代汽车有限公司	合肥市金寨南路282号北方汽车城	230022	0551-3520827
上海大众汽车安徽销售服务有限公司	合肥市美菱大道机场路14号东侧	230051	0551-3413636
上海大众汽车淮南销售服务有限公司	淮南市泉山金岭南路	232038	0554-6419989
上海大众汽车淮北特约维修站	安徽省淮北市庆相桥295号	235000	0561-3013385
上海大众汽车芜湖销售服务有限公司	芜湖市芜宁路与解放路口	241001	0553-5851739
芜湖市裕安科工贸有限责任公司	芜湖市天门山东路线桥段	241000	0553-5851366

上汽大众汽车经销商与特约维修站名录

经销商名称	地址	邮编	电话
上海大众汽车铜陵销售服务有限公司	铜陵县城东路 88 号	244100	0562-8814682
蚌埠市通利汽车销售有限公司	蚌埠市治淮路 149 号	233000	0552-3030111
安徽省马鞍山市汽车贸易公司	马鞍山市雨山路 1 号	243011	0555-2324371
上海大众汽车马鞍山销售服务有限公司	马鞍山慈湖、市机动车检测站西侧	243051	0555-3501790
上海大众汽车安庆销售服务有限公司	安庆市集贤北路 57 号	246005	0556-5311344
上海大众汽车黄山销售服务有限公司	黄山市屯溪区社屋前路 8 号	245000	0559-2313998
黄山市公安局徽州分局交警大队	安徽省黄山市徽州区中山亭	245061	0559-3511617
上海大众汽车滁州销售服务有限公司	滁州市经济开发区凤阳路 626 号	239000	0550-3211816
上海大众汽车阜阳销售服务有限公司	安徽省阜阳市城南三里桥(阜南路)	236016	0558-2183333
蒙城县红峰汽车销售有限责任公司	蒙城县庄子大道开发区	233500	0558-7663336
上海大众汽车蒙城特约维修站	蒙城县庄子大道开发区	233500	0558-7630599
宿州市宝隆汽车超市有限公司	宿州市汇源大道 151 号	234000	0557-3621388
上海大众汽车宿州特约维修站	安徽省宿州市宿怀路三八桥南一公里	234000	0557-3906666
上海大众汽车巢湖销售服务有限公司	巢湖市长江东路 86 号	238000	0565-2310267
上海大众汽车无为销售服务有限公司	安徽省无为县无城西郊变电所南侧	238300	0565-6311222
安徽亚夏实业股份有限公司	宁国市宁阳工业开发区	242300	0563-4181222
上海大众汽车宣城特约维修站	安徽省宣城市西郊石板桥	242000	0563-2610021
上海大众汽车池州市贵池销售服务有限公司	安徽省贵池市杏西村西路 278 号	247100	0566-2020029
山东上海汽车销售有限责任公司	山东省济南市流兖路 239 号	250117	0531-7527737
上海大众汽车济南销售服务有限公司	山东省济南市历下区花园路 276 号	250013	0531-6952770
济南铁路天龙集团有限责任公司	山东省济南市车站街 16 号	245001	0531-7583523
山东齐鲁汽车贸易有限公司	山东省济南市北园大街 69 号	250100	0531-8666888
山东省影山交通器材服务中心	山东省济南市无影山路 45 号	250031	0531-5910912
山东银座大众汽车有限公司	山东省济南市经十路 65-5 号	250014	0531-8925888
青岛元丰汽车贸易有限公司	山东省青岛市南京路 209 号	266034	0532-5620865
青岛神龙达实业有限公司	山东青岛市宁夏路 268 号	266071	0532-3897733
青岛旧机动车交易中心	山东青岛四方区重庆南路 207 号	266100	0532-5035717
青岛新华宇实业有限公司	山东青岛市南区福州北路 5 号	266071	0532-5766688
青岛众铃汽车贸易有限公司	山东省青岛市重庆南路 288 号	266035	13705321257
上海大众汽车青岛销售服务有限公司	山东青岛市北区邱县路 78 号	266011	0532-2826339
上海大众汽车青岛大学特约维修有限公司	山东省青岛市香港东路 7 号	266071	0532-5880111
上海大众汽车莱西销售服务有限公司	山东省莱西市烟台南路 68 号	266600	0532-8491678
上海大众汽车平度特约维修站	山东省青岛市平度市青岛路西端	266700	0532-8351788
上海大众汽车青岛东转特约维修站	山东省青岛市李沧区太原路 39 号	266041	0532-4632239
上海大众汽车胶州太华销售服务有限公司	山东省青岛市胶州市福州南路庄里头	266300	0532-2216088
上海大众汽车青岛开发区销售服务有限公司	山东省青岛经济技术开发区江山中路 170 号	266510	0532-6815088
淄博大众汽车服务有限公司	山东省淄博市张店区山泉路 66 号	255067	0533-2710629
淄博创世物资贸易有限公司	山东省淄博市山泉路 33 号	255086	0533-2888762
上海大众汽车淄博淄川销售服务有限公司	山东省淄博市淄川区钟楼工业开发区	255130	0533-5416599
上海大众汽车淄博销售服务有限公司	山东省淄博市张店区山泉路 63 号	255067	0533-2713878
上海大众汽车枣庄销售服务有限公司	山东省枣庄市薛城区泰山北路	277019	0632-4421772
滕州兴宇汽修有限责任公司	山东省腾州市洪绪镇西赵沟	277500	0632-5915855
胜利油田汽车贸易中心	山东省东营市黄河路 19 号	257000	0546-8225263

上汽大众汽车经销商与特约维修站名录

经销商名称	地址	邮编	电话
石油大学汽车修理厂(上海大众汽车东营特约维修)	山东省东营市北二路271号	257061	13705462059
上海大众汽车胜利销售服务有限责任公司	山东省东营市东营区西四路1号(钻井六干)	257064	0546-8162269
上海汽车工业青州销售有限公司	山东省青州市玲珑山畯路2号	262500	0536-3290767
诸城市通用汽车贸易有限公司	山东省潍坊市诸城密州路7号	262200	0536-6213179
上海大众汽车寿光特约维修站	山东省潍坊寿光市城西街	262702	0536-5255658
潍坊广潍汽车销售服务有限公司	山东省潍坊市奎文区潍州路369号	261051	0536-8808790
诸城市利众轿车修理有限公司(上海大众汽车销售服务有限公司)	山东省诸城市密州路东首	262200	0536-6065874
昌邑市上海大众汽车服务有限公司(上海大众汽车销售服务有限公司)	山东省昌邑市交通街中段	261300	0536-7211784
上海大众汽车烟台开发区销售服务有限公司	山东省烟台市开发区庐山路1888号	264006	0535-6391158
烟台市牟平区大众汽车销售有限公司	山东烟台市牟平区北观大街16号	264100	0535-4217070
上海大众汽车龙口销售服务有限公司	山东省烟台龙口市经济开发区龙东路137号	265700	0535-8811698
烟台市华鑫大众汽车销售有限责任公司	山东省烟台市芝罘区南大街131号	264000	0535-6241712
烟台金岭上海大众汽车销售服务有限公司	山东省烟台市只楚路44号	264002	0535-6523998
山东省招远市机电设备有限公司	山东省烟台招远市金城路355号	265400	0535-8213593
上海大众汽车烟台销售服务有限公司	山东省烟台市莱山区东方大街148号	264003	0535-6888504
上海大众汽车莱州销售服务有限公司	山东省莱州市西苑路141号	261400	0535-2291201
威海市大众汽车贸易有限公司	山东省威海市珠海路650号	264205	0631-5961966
威海上海大众汽车销售服务有限公司	山东省威海市青岛南路226号	264205	0631-5965191
上海大众汽车文登特约维修站	山东省文登市棋山路82号	264400	0631-8460038
济宁宾雁汽车销售服务有限公司	山东省济宁市琵琶山北路海关斜对面	272000	0537-2399298
上海大众汽车济宁销售服务有限公司	山东省济宁市琵琶山北路北首(海关路东)	272123	0537-2324529
上海大众汽车曲阜特约维修站	山东省曲阜市静轩西路49号	273100	0537-4428689
泰安上海大众汽车销售服务有限公司	山东省泰安市东岳大街东首	271000	0538-6112645
泰安北方车辆有限责任公司	山东省泰安市东岳大街172号(体育中心)	271000	0538-8413314
上海大众汽车新泰特约维修站	山东省新泰市环城南路	271200	0538-7059195
日照凌云汽车城	山东省日照市兴海路109号	276800	0633-8211103
上海大众汽车日照销售服务有限公司	山东省日照市海曲东路1号	276800	0633-3282313
上海大众汽车莒县特约维修站	山东省日照市莒县城西环路	276500	0633-6882517
莱芜市汽车工业贸易总公司	山东省莱芜市凤城西大街252号	271100	0634-6139008
上海大众汽车莱芜销售服务有限公司	山东省莱芜市凤城西大街汽贸大楼	271100	0634-6116335
上海大众汽车德州销售服务有限公司	山东省德州市德城区东风东路129号	253009	0534-2665111
上海大众汽车禹城销售服务有限公司	山东省德州禹城市西城区禹王街248号	251200	0534-7441688
山东临沂汽车工业贸易有限公司	山东省临沂市通达路319号	276001	0539-8165409
临沂市交通实业总公司	山东省临沂市兰山区金雀山路31号	276004	0539-8314111
上海大众汽车临沂销售服务有限公司	山东省临沂市解放路108号	276000	0539-8222111
上海大众汽车临沂东昱特约维修站	山东省临沂市河东区岚兖公路	276034	0539-8222111
聊城市五洲汽车销售有限公司	山东省聊城市建设西路5号	252000	0635-8973138
上海大众汽车聊城销售服务有限公司	山东省聊城市南环中路	252000	0635-8241386
上海大众汽车博兴销售服务有限公司	山东省滨州市博兴县胜利二路大世界北首	256500	0543-2300857
上海汽车工业滨州销售有限责任公司	山东省滨州市黄河二路468号	256600	0543-3260802

上汽大众汽车经销商与特约维修站名录

经销商名称	地址	邮编	电话
上海大众汽车无棣销售服务有限公司	山东省滨州市无棣县环城路东首	251900	0543-6360021
上海大众汽车滨州销售服务有限公司	山东省滨州市渤海五路 819 号	256610	0543-3520277
上海大众汽车荷泽销售服务有限公司	山东省荷泽市人民路北段 19 号	274012	0530-5315607
天津上海大众汽车销售服务有限公司	天津市西青区李七庄乡津淄公路大任庄路口	300381	022-23952656
中国交通物资华北公司	天津市河东区八纬路 129 号	300171	022-24011339
天津开发区众浩汽车销售有限公司	天津市开发区洞庭路 88 号	300457	13612111156
上海大众汽车天津开发区销售服务有限公司	天津开发区睦宁路 32 号	300457	022-66293711
上海汽车工业天津开发区销售有限公司	天津市北辰区新宜白大道北侧	300402	022-26714100
上海汽车工业天津销售有限责任公司	天津市河西区大沽南路南头	300222	022-88180066
上海汽车工业华北农机销售有限公司	天津市河北区金纬路金辰园 8 号楼	300143	022-26358866
天津市天杭汽车工业贸易公司	天津市东丽区程林庄道天山路口南	300162	022-24725089
上海大众汽车天津东丽销售服务有限公司	天津市东丽区华明镇李明庄 9 公里处	300300	022-84780174
中国汽车工业天津销售公司	天津市南开区卫津南路 32 号	300072	13002288191
上海大众汽车天津(南开)销售服务有限公司	天津市南开区长江道 51 号	300113	022-27614777
杭州机电设备公司	浙江杭州市绍兴路 341 号	310004	0751-85369296
浙江康达汽车工贸有限公司	浙江省杭州市大关路 301 号	310015	0571-88014774
浙江元通汽车有限公司	浙江杭州市萧山区萧杭路 37 号	311203	0571-88283678
上海大众汽车浙江销售服务有限公司	浙江省杭州市艮山路西路 3 号	310017	0571-86490222
浙江联通物产租赁有限公司	浙江杭州市开元路 23 号	310001	0571-87917717
浙江申浙汽车股份有限公司	浙江杭州市石祥路 168 号	310015	0571-88012114
上海大众汽车萧山销售服务有限公司	浙江省杭州市萧山区萧绍东路 120 号	311200	0571-82723168
上海大众汽车临安销售服务有限公司	浙江省临安市环城西路小山弄	311300	0571-63758556
杭州里程汽车有限公司	浙江杭州市石详路 589 号	310019	0571-88173911
上海大众汽车余杭销售服务有限公司	浙江杭州市余杭区临平镇东湖北路 42 号	311100	0571-86136111
上海大众汽车浙江省直销售服务有限公司	浙江杭州市体育场路 583 号	310007	0571-87053736
上海大众汽车富阳特约维修站	浙江省富阳市富阳镇迎宾北路 88 号	311401	0571-63371901
上海大众汽车建德特约维修站	浙江省建德市新安江镇桥南麒麟坞	311600	0571-64753591
宁波经济技术开发区宏发汽车贸易公司	浙江省宁波市江东兴宁路 40 号	315040	0574-87836712
余姚申浙汽车有限责任公司	浙江省余姚市余姚镇于陵路 318 号	315400	0574-62645288
上海大众汽车宁波开发区销售服务有限公司	浙江省宁波市北仑大港一路 58 号	315800	0574-86874008
慈溪市一得工贸有限公司	浙江省慈溪市浒山镇南二环中路 197 号	315300	0574-63111111
宁波市上海汽车销售有限公司	浙江省宁波市正大路 4-2 号	315020	0574-87381169
上海大众汽车宁波销售服务有限公司	浙江宁波市江东兴宁路 178 号	315040	0574-87875380
宁波联通汽车租赁有限公司	浙江省宁波市环城西路南段 911 号	315011	0574-87463297
上海大众汽车慈溪特约维修站	浙江省慈溪市 329 国道匡堰段南侧	315333	0574-63535777
上海大众汽车宁波甬江销售服务有限公司	浙江宁波市环城北路西段 520 号	315016	0574-87223415
温州申浙汽车有限公司	浙江省温州市牛山北路 1 号对面	325027	0577-86367195
上海大众汽车乐清销售服务有限公司	浙江省乐清市乐城镇宁康西路 158 号	325600	0577-62551888
温州市机电设备总公司	浙江温州市黎明中路 283 号	325000	0577-88844448
温州市物资贸易总公司	浙江温州市葡萄棚村 104 国道边车管所北首	325000	0577-88629470
上海大众汽车瑞安销售服务有限公司	浙江瑞安市塘下镇上金 104 国道边	325204	0577-4535078
上海大众汽车浙南销售服务有限公司	浙江平阳市敖江镇新河路口	325401	0577-63621132
上海大众汽车嘉兴销售服务有限公司	浙江嘉兴市二环西路 2518 号	314001	0573-2712137

上汽大众汽车经销商与特约维修站名录

经销商名称	地址	邮编	电话
上海大众汽车嘉善销售服务有限公司	浙江省嘉善县魏塘镇建材市场南区西侧	314100	0573-4162332
上海大众汽车上市特约维修站	浙江省桐乡市崇福镇南门320国道国道边	314511	0573-8418888
湖州上海大众汽车销售服务有限公司	浙江湖州市陈板桥104国道边	313000	0572-2119019
上海大众汽车德清特约维修站	浙江省德清县武康镇104国道	313202	0572-8281936
浙江新中义商贸股份有限公司	浙江省诸暨市诸三西路19号	311800	0575-7383000
上海大众汽车绍兴销售服务有限公司	浙江绍兴市越城区霞西路226号	312000	0575-5151693
绍兴申浙汽车有限公司	浙江绍兴市云东路425号	312000	0575-8022937
上海大众汽车嵊州销售服务有限公司	浙江省嵊州市嵊州大道578号	312400	0575-3101766
上海大众汽车上虞销售服务有限公司	浙江省上虞市经济开发区329国道边	312300	0575-2021700
上海大众汽车绍兴第一特约维修站	浙江省绍兴市会稽路449号	312000	0575-8363623
上海大众汽车义乌销售服务有限公司	浙江省义乌市稠州西路义金路交叉路口	322000	0579-5318505
上海大众汽车金华销售服务有限公司	浙江省金华市环城北路丰亭小区	321000	0579-2343073
金华申浙汽车有限公司	浙江省金华市宾虹路380号	321017	0579-2397997
上海大众汽车东阳特约维修站	浙江省东阳市白云大道35号	322100	0579-6362099
上海大众汽车永康销售服务有限公司	浙江省永康市城北西路389号	321300	0579-7141577
上海大众汽车衢州销售服务有限公司	浙江省衢州市三衢路400号	324000	0570-3854240
台州申浙实业有限公司	浙江台州市路桥区山珊路1号	318050	0576-2415540
台州海港汽车销售有限公司	浙江省温岭市太平镇振兴大厦	317500	0576-6130818
台州市万通汽车销售有限公司	浙江省台州市椒江区东环大道294号	318000	0876-8222599
上海大众汽车台州销售服务有限公司	浙江省临海市江南大道68号	317000	0576-5178953
上海大众汽车丽水销售服务有限公司	浙江省丽水市丽青路181号	323000	0578-2141387
上海大众汽车江西销售服务有限公司	江西省南昌市洪都南大道313号	330046	0791-8232562
江西大众汽车销售维修服务有限公司	江西省南昌市北京东路10号	330029	0791-8329698
江西省机械物资成套总公司	江西省南昌市洪都北大道181号	330066	0791-8329688
江西省汽车销售技术服务总公司	江西省南昌市省政府大院北二路102号	330046	0791-6228366
江西省汽车贸易有限公司	江西省南昌市南京西路555号永溪大厦	330006	0791-6823654
上海大众汽车南昌特约维修站	江西南昌市青南莲路329号	330001	0791-5293314
上海大众汽车景德镇销售服务有限公司	江西省景德镇市瓷都大道486号	333000	0798-8526850
上海大众汽车萍乡特约维修站	江西省萍乡市安源开发区白源真横板320国道	337000	0799-6651013
萍乡市万顺汽车销售有限公司	江西省萍乡市开发区金山角320国道旁	337000	0799-6782777
上海大众汽车新余销售服务有限公司	江西省新余市仙来东大道53号	338000	0790-6440828
上海大众汽车九江特约维修站	江西省九江市长虹大道中段(新火车站对面)	332000	0792-8233799
上海大众汽车鹰潭销售服务有限公司	江西省鹰潭市320国道689公里处南侧	335000	0701-6460160
上海汽车工业赣州销售有限责任公司	江西省赣州市红旗大道47号	341000	0797-8222991
上海大众汽车赣州销售服务有限公司	江西省赣州市黄金开发区(105国道旁)	341000	0797-8770015
宜春市新亿汽车销售服务有限公司	江西省宜春市袁州区袁山大道西362号	336000	0795-3552428
上海大众汽车上饶销售服务有限公司	江西省上饶市信州区带湖路90号	334000	0793-8259445
上海汽车工业抚州销售有限公司	江西省抚州市临川大道中段西侧	344000	0794-8265209
上海大众汽车抚州特约维修站	江西省抚州市临川大道中段	344000	0794-8265209
上海大众汽车吉安特约维修站	江西省吉安市井冈山大道27号	343000	0796-8331073
福建福申汽车销售服务有限公司	福建省福州市仓山区黄山高速路口华夏汽车城	350019	0591-3402945
上海大众汽车福州特约维修站	福建省福州市鼓楼区铜盘路388号	350003	0591-7834776
上海大众汽车福州联胜特约维修站	福建省福州市福飞北路175号	350012	0591-7912094

上汽大众汽车经销商与特约维修站名录

经销商名称	地址	邮编	电话
厦门市阳隆汽车贸易有限公司	福建省厦门枋湖工业区8号地	361009	0592-5783019
厦门中机申泰经贸发展有限公司	厦门湖滨北路中段外贸工业大厦西南7-9号	361012	0592-5082777
福建厦门中闽汽车有限公司	福建省厦门嘉禾路807-809号申闽商厦	361006	0592-5624777
三明市亚飞汽车(逐日)连锁有限公司	福建省三明市碧湖开发区(上海大众维修站)	365000	0598-8246857
上海大众汽车三明特约维修站	福建三明市梅列区碧湖经济开发区	365000	0598-8224949
福建省莆田市大众汽车服务有限公司	福建省莆田市荔城区西天尾镇龙山村	351131	0594-2898688
上海大众汽车泉州销售服务有限公司	福建省泉州市鲤城区南环路江南工业区	362000	0595-2183029
上海大众汽车漳州销售服务有限公司	福建省漳州市蓝田开发区横一东路	363005	0596-2107066
上海大众汽车建瓯销售服务有限公司	福建省建瓯市七里街新区	353100	0599-3730908
龙岩市全新机电汽车有限公司	福建省龙岩市罗龙路恒生花园楼下10号	364000	0597-2291231
福建省宁德市东南物资贸易有限公司	福建省宁德市焦城南路105号	352100	0593-2960333
上海大众汽车重庆渝北销售服务有限公司	重庆市渝北区龙溪镇黄泥磅五黄路	401147	023-67521195
上海大众汽车重庆中汽销售服务有限公司	重庆市沙坪坝区联芳经济园三产业区	400039	023-68621108
上海大众汽车重庆销售服务有限公司	重庆市高新区石桥铺石新路176号	400039	023-68612473
上海大众汽车重庆南方销售服务有限公司	重庆市巴南区土岔路18号	400054	023-62591777
上海汽车工业重庆销售有限责任公司	重庆市渝中区大坪正街116号	400042	023-68811998
重庆百事达华众汽车销售服务有限公司	重庆渝中区长江一路67号	400014	023-69081515
上海大众汽车万州三峡库区特约维修站	重庆市万州区龙宝镇徐家坝	404001	023-58801148
上海大众汽车重庆市涪陵销售服务有限公司	重庆市涪陵桥南经济开发区南引道1公里	408000	023-69709999
上海大众汽车黔江特约维修站	重庆市黔江区新华东路	409000	023-79234678
重庆长途汽车运输(集团)有限公司汽车销售	重庆市永川市渝西汽车城	402160	023-49832485
上海大众汽车湖南申湘销售服务有限公司	长沙市远大一路358号	410001	0731-4728888
湖南汽车城上海汽车有限公司	长沙市东风路226号	410008	0731-4516161
长沙鸿业机电设备有限公司	长沙市芙蓉北路喜鹊桥9号(湘春路口)	410008	0731-4322188
湖南星沙汽车有限公司	长沙市星沙开发区大众汽车城	410100	0731-4019999
长沙市汽车工业总公司	长沙市劳动西路212号	410007	0731-5537187
株洲申湘汽车有限责任公司	株州市红旗中路铁道口	412011	13807330776
株洲蓝马实业有限责任公司	株州市新华东路4号	412000	0733-8428080
上海大众汽车湘潭销售服务有限公司	湘潭市易俗沙凤凰路口	411228	0732-7883677
上海大众汽车衡阳特约维修站	衡阳市107国道1781公里望城路叉路口	421005	0734-85111346
上海大众汽车衡阳销售服务有限公司	衡阳市107国道1781公里望城路叉路口	421005	0734-8511346
邵阳上海大众汽车销售服务有限公司	邵阳市宝庆西路资江二桥南	422000	0739-5410983
岳阳申湘汽车有限责任公司	岳阳市经济技术开发区巴陵东路中段	414000	13907306199
湖南常德申湘汽车有限公司	常德市洞庭大道中段132号	415000	0736-7719393
张家界申湘汽车有限公司	张家界市永定区大庸桥	427000	13907441089
郴州申湘汽车有限公司	郴州市城前岭开发区107国道旁	423000	0735-2184482
上海大众汽车益阳特约维修站	湖南省益阳市赫山区龙光桥	413046	0737-6500313
湖南永州申湘汽车有限公司	永州市冷水滩区零陵大道岚角山段	425000	0746-8713877
上海大众汽车怀化特约维修站	湖南省怀化市迎丰中路98号	418000	0745-2239924
上海大众汽车娄底销售服务有限公司	娄底市湘阳路	417000	0738-8760688
湖北新时代汽车贸易有限公司	武汉市汉阳大道582号A栋	430051	13339987987
上海大众汽车武汉长江销售服务有限公司	湖北省武汉市洪山和平大道余家头台子村特一号	430063	027-86558808
上海大众汽车武汉销售服务有限公司	湖北省武汉市汉口青年路76号	430015	027-85763162
上海汽车工业武汉联营公司	武汉市汉阳区十升路特一号	430051	027-84882274

上汽大众汽车经销商与特约维修站名录

经销商名称	地址	邮编	电话
武汉信业汽车置换销售有限公司	湖北省武汉市江岸区解放大道1859号	430010	027-82918840
武汉兴业汽车贸易有限公司	湖北省武汉市汉阳王家湾582号	430050	027-84880991
武汉中盛实业有限公司	湖北省武汉市武昌中北路118号	430077	027-87120542
武汉宇航汽车贸易有限责任公司	湖北省武汉市竹叶山汽车市场B43号	430010	027-87873807
武汉华星楚雄汽车销售服务有限公司	湖北省武汉市江岸竹叶山汽车市场内1-11号	430010	027-82651909
武汉市建中物资有限责任公司	武汉市竹叶山汽车市场B42号	430010	027-82638100
上海大众汽车汉口特约维修站	武汉市江岸区黄埔北路408号	430010	027-82910087
上海大众汽车黄石销售服务有限公司	湖北省黄石市宜黄路10号	435002	0714-6520898
上海大众汽车襄樊销售服务有限公司	湖北省襄樊市襄城区檀溪路95号	441021	0710-3523378
上海大众汽车十堰特约维修站	河北省十堰市丹江路16号	442012	0719-8784662
上海大众汽车十堰销售服务有限公司	湖北省十堰市白浪中路13号	442013	0719-8311488
湖北省荆州市汽车贸易中心	湖北省荆州市江津西路5号	434100	0716-8265882
上海大众汽车荆州特约维修站	湖北省荆州市小北门外1公里处	434202	0716-8403122
上海大众汽车宜昌特约维修站	湖北省宜昌市东山大道377号	443001	0717-6354405
宜昌宜顺物资有限公司	湖北省宜昌市港窑路5号	443003	0717-6466203
上海大众汽车荆门销售服务有限公司	荆门市月亮湖路35号	448000	0724-2215123
荆门市中辰工贸有限公司	湖北省荆门市白云大道8号	448000	0724-2333020
湖北鄂州市机电设备总公司	鄂州市武昌大道237号	436000	0711-3212973
上海大众汽车孝感销售服务有限公司	湖北省孝感市汉孟路东段特1号	432100	0712-2864242
上海大众汽车咸宁销售服务有限公司	咸宁市咸安区宝塔镇107国道1299公里处	437000	0715-8338868
上海大众汽车黄岗销售服务有限公司	湖北省黄冈市东门路136号	438000	0713-8812947
上海大众汽车随州销售服务有限公司	湖北省随州市交通六道1号	441300	0722-3584948
上海汽车工业潜江销售有限公司	湖北省潜江市章华南路	433100	0728-6492999
上海汽车工业河南销售服务有限公司	河南省郑州市城东南路116号	450009	0371-6819406
上海大众汽车河南豫港销售服务有限公司	河南省郑州市郑花路25号	450008	0371-5716041
郑州兴飞实业有限公司	河南省郑州市淮河路29号	450007	0371-8628958
河南光明汽车销售服务有限公司	河南省郑州市郑平路6号	450005	0371-8718039
上海大众汽车郑州销售服务有限公司	河南省郑州市西环路中段	450007	0371-7657111
郑州聚龙实业发展有限公司	河南省郑州市未来大道66号	450003	0371-5583555
郑州新兴汽车销售有限公司	河南省郑州市卫生路9号	450053	1390383322
上海大众汽车新密销售服务有限公司	河南省新密市嵩山大道东段	452370	0371-9810980
上海大众汽车开封特约维修站	河南省开封市金明大道南段	475004	0378-3876964
上海大众汽车洛阳销售服务有限公司	河南省洛阳市唐宫东道3号	471000	0379-3984760
洛阳市德众汽车贸易有限公司	河南省洛阳市唐宫西路32号	471000	0379-3312776
洛阳大众汽车维修有限公司	河南省洛阳市龙门路149号	471023	0379-5510741
平顶山亚飞汽车连锁有限公司	河南省平顶山市建设路20号物资大厦一楼	467021	0375-3970889
上海大众汽车平顶山特约维修站	河南省平顶山市光明路中段23号	467000	0375-4962371
上海大众汽车鹤壁销售服务有限公司	河南省鹤壁市淇滨开发区107国道东侧	458030	0392-3313955
上海大众汽车新乡销售服务有限公司	河南省新乡市解放路310号	453000	0373-2819281
安阳市大众交通有限责任公司	河南省安阳市高新区南中外环路中段	455000	0372-3962586
上海大众汽车安阳特约维修站	河南省安阳市人民大道东段汪家店	455000	13503722525
河南省濮阳市汽车销售服务中心	河南省濮阳市胜利路118号	457000	13703471888
濮阳大众汽车销售服务有限公司	河南省濮阳市京开大道418号	457000	0393-8111957
许昌连通汽车销售服务有限公司	许昌市南环路63号	461000	0374-5135999
上海大众汽车漯河销售服务有限公司	河南省漯河市107国道与漯舞路交界处	462000	0395-2137333

上汽大众汽车经销商与特约维修站名录

经销商名称	地址	邮编	电话
上海大众汽车三门峡销售服务有限公司	河南省三门峡市陕州风景区黄河二桥南 200 米	472000	0398-2896806
南阳市第一机电设备有限公司	河南省南阳市八一路 206 号	473052	0377-3139368
上海大众汽车南阳销售服务有限公司	河南省南阳市工农北路 12 号	473009	0377-3203987
上海大众汽车商丘特约维修站	河南省商丘市苏州路 11 号	476000	0370-2525676
上海大众汽车永城销售服务有限公司	河南省永城市光明路铁路桥西侧	476600	0370-5113896
上海大众汽车信阳销售服务有限公司	河南省信阳市湖东开发区 107 国道 999 公里处	464000	0376-6604589
上海大众汽车周口销售服务有限公司	河南省周口开发区周西路口	466000	0394-8268116
上海大众汽车驻马店销售服务有限公司	河南省驻马店市高新区(南区)	463000	0396-2955018
广州合富大众汽车销售服务有限公司	广州番禺市桥迎宾路 680-686 号	511400	020-84664430
广东三九汽车有限公司	广州市天河区体育东路 138 号金利来大厦 12 楼	510620	020-38780399
上海汽车工业供销广东联营公司	广州市机场路 406 号广东汽车市场内	510410	020-86329163
上海大众汽车广州销售服务有限公司	广州市黄埔大道西 662 号广东国际汽车城 C5 栋	510630	020-87796907
广州市南建汽车交易有限公司	广州市建中路 5 号广海大厦首层	510630	020-85533201
广州帕萨特汽车销售有限公司(广州汽车博览)	广东省广州市天河北路 163 号	510620	020-87556292
广州市上海大众汽车销售服务有限公司	广州市广州大道 1627 号	510290	020-84215250
广东百思得实业有限公司	广州大道南 1601-1603 号	510290	020-84268088
广州市南菱汽车销售有限公司	广州市白云区新市镇萧岗明珠路 11 号	510420	020-86303030
深圳市新大兴工贸发展有限公司	深圳市罗湖区笋岗东路 2121 号华凯大厦首层	518023	0755-82449000
深圳市汽车贸易有限公司	深圳市新洲南路东方明珠科技大厦	518048	0755-83717218
深圳市机电汽车贸易有限公司	广东深圳市红岭北路梅园仓库 9 号楼 1 楼	518023	0755-25846323
深圳市蛇口中建实业有限公司	深圳南山区麒麟路口桑塔纳中心大厦	518052	0755-26734220
深圳市南方上海汽车销售有限公司	深圳市福田区滨河路 9333 号标远汽车城西侧	518048	0755-83573688
深圳市东通汽车贸易有限公司	深圳福田北环大道银湖路口深圳汽车博览中心	518034	0755-3719778
深圳市奔宝汽车贸易有限公司	深圳福田区振华西路田面工业大厦 A 座首层	518026	0755-3209000
深圳市和昌利贸易有限公司	深圳罗湖区宝安北路华南汽车展示中心 A16 号	518048	0755-82056702
上海大众汽车深圳特约维修站	深圳红桂路松园南街 9 号	518001	0755-25584986
深圳市南众汽车服务有限公司	深圳市罗湖区东益华鹏汽车交易广场 F1 号	518000	13503081504
珠海南方汽车公司	广东珠海市广珠西路界冲	519070	0756-8638241
汕头市通路汽车贸易有限公司	广东汕头市长江路 19 号泰业大厦 B2-B4 单元	515041	0754-8361818
惠州市卓明汽车贸易有限公司	广东省惠州市河南岸演达 1 路(冠通公司)	516001	0752-2507789
东莞市鸿燕易有限公司	广东东莞市篁村周溪 107 国道旁	523111	0769-2252898
上海大众汽车东莞销售服务有限公司	广东东莞市东纵大道 58 号	523129	0769-2503790
中山市集德创建有限公司	广东中山市西区沙朗第二工业区	528411	0760-8554356
江门市美昌汽车贸易有限公司	广东省江门市建设三路网山	529000	0750-3285310
佛山市红彤汽车贸易有限公司	佛山市城南 325 国道汽车交易市场主展厅	528000	0757-3821911
顺德市汽车销售有限公司	广东顺德市大良镇广珠公路新松公路段	528308	0765-2268088
佛山上海大众汽车销售服务有限公司	广东佛山南海市大沥谢边村委会梁边村口	528231	0757-5530199
湛江市金富汽车销售有限公司	湛江人民大道中 57 号	524043	0759-3197029
茂名亚飞汽车连锁有限公司	茂名市茂南开发区茂南大道 28 号	525000	0668-2811398
肇庆市裕商汽车贸易有限公司	广东省肇庆市端洲三路六号之一	526040	0758-2700281
揭阳市群源达贸易有限公司	揭阳市东山区环市北路群记汽车城	522000	0663-8237999
潮州市亿发物资汽车贸易有限公司	潮州市潮枫路维多利亚大厦 1 层	521031	0768-2283951
上海汽车工业广西销售公司	广西南宁市江南路 232 号	530031	0771-4516513

上汽大众汽车经销商与特约维修站名录

经销商名称	地址	邮编	电话
上海大众汽车广西销售服务有限公司	广西南宁市望州路 306-1 号	530001	0771-5643900
南宁市广缘亚飞汽车连锁有限公司	南宁市东葛路 32 号	530022	0771-5844610
柳州亚飞汽车连锁店	广西柳州市潭中东路中段	545005	0772-2626908
柳州市桂鹏汽车贸易有限责任公司	柳州市西环路 16 号 1-24 号	545007	0772-3712936
上海大众汽车柳州特约维修站	广西柳州市西江路 26 号	545006	0772-3145279
桂林市东明汽车销售服务有限责任公司	广西区桂林市穿山东路 39 号	541004	0773-5850022
桂林东城机电有限公司	桂林市辅星路 12 号	541004	0773-5862629
广西壮族自治区机电设备北海公司	广西北海市北部湾西路	536000	0771-4516506
广西玉林玉柴机电有限公司	广西玉林市外环北路玉柴汽车城	537000	0755-2380600
上海汽车工业贵州销售有限责任公司	贵阳市枣山路 126 号	550001	0851-6513053
贵州省机电设备总公司汽车销售公司	贵阳市中曹司贵州汽车城	550003	0851-5960692
上海大众汽车贵州销售服务有限公司	贵阳市沙冲南路 78 号	550002	0851-3800126
贵州乾通汽车进出口销售有限责任公司	贵阳市花溪大道中段 532 号	550006	0851-3812999
贵州通源亚飞汽车连锁有限公司	贵州省贵阳市新添大道南段 259 号	550004	0851-6770999
六盘水钟祥亚飞汽车连锁有限公司	六盘水市人民中路 135 号	553000	0858-8233361
遵义市新世纪机电设备有限责任公司	遵义市万里路 206 号	563000	0852-8227793
遵义上海大众汽车销售服务有限责任公司	遵义市经济技术开发区高九路检测站对面	563003	0852-8653135
贵州省汽车工业贸易总公司遵义公司	遵义市北京路 45 号	563003	0852-8623064
贵州省铜仁地区机电设备公司	铜仁市新华路 81 号	554300	0856-5223496
上海大众汽车铜仁销售服务有限公司	铜仁市梵净山大道 21 号	554300	13908560023
安顺市机电设备公司	安顺市外环西南路 4 号	561000	0853-3224392
上海大众汽车安顺特约维修站	安顺市贵黄公路 89 公里处	561000	0853-3320251
黔西南州机电设备公司	兴义市坪东大道 57 号	562400	0859-3222646
贵州省汽车工业贸易总公司凯里公司	凯里市文化北路 11 号	556000	0855-8223042
黔南州机电设备公司	都匀市剑江南路 149 号	558000	0854-8366078
海口丰吉汽车销售有限公司	海南省海口市疏港大道 30 号	570311	0898-8641399
海南三九汽车发展有限公司	海南省海口市世贸北路 9 号	570105	0898-6867067
上海大众汽车海南销售服务有限公司	海南省海口市昆南凤翔路	570206	0898-6698990
三亚安骅汽车销售服务有限公司	三亚市榆亚大道水亚大厦对面	572021	0898-68642473
成都西部汽车城股份有限公司	成都市外南红牌楼中国西部汽车商城	610041	028-85085497
上海大众汽车成都申蓉销售服务有限公司	成都市外西新成温公路三环路立交桥头	610091	028-87318716
四川汽车工业集团公司上海大众汽车特约	成都市外北洪山路 6 号	610081	028-83518301
上海汽车工业成都销售公司	四川省成都市一环路东 2 段 8 号	610051	028-84373995
四川长征汽车贸易有限公司	成都市二环路西二段光华村口青华路 46 号	610072	028-87310005
四川上海汽车工业供销联营公司	成都市五桂路 37 号	610021	028-84713398
四川通华利金汽车销售有限责任公司	成都市将军碑村 6 组汽车展场内	610016	028-86116747
上海大众汽车川蓉销售服务有限公司	成都市外南机场路航空港开发区	610225	028-85881140
上海大众汽车自贡销售服务有限公司	自贡市高新技术开发区南北干道南段	643000	0813-8102908
上海大众汽车攀枝花销售服务有限公司	四川省攀枝花市渡口桥南纳拉河采石场	617067	0812-2247250
泸州兴泰实业有限公司	泸州市江阳南路 4 号楼	646000	0830-3107675
上海大众汽车泸州销售服务有限公司	四川省泸州市蜀南大道枫林街	646000	0830-2589723
上海大众汽车德阳销售服务有限公司	四川省德阳市八角工业园区高速公路口	618000	0838-2593153
德阳市川西汽车城	德阳市八角工业园区	618000	0838-2600915
上海大众汽车绵阳销售服务有限公司	绵阳市高新开发区火炬东街 14 号	621000	0816-2531760
广元市中意汽车贸易有限公司	广元市市中区利州东路(市农发行楼下)	628017	0839-3300619

上汽大众汽车经销商与特约维修站名录

经销商名称	地址	邮编	电话
上海大众汽车内江销售服务有限公司	内江市经济开发区(高速路口)	641000	0832-2200138
上海大众汽车乐山销售服务有限公司	乐山市市中区通江镇王河村三组	614008	0833-2601697
上海汽车乐山销售有限公司	四川省乐山市市中区白燕路106号	614000	0833-2437807
南充大进车业有限公司	南充市果州大道马市铺路68号	637000	0817-2601888
上海大众汽车宜宾销售服务有限公司	宜宾市天池居委会25号	644003	0831-8270962
雅安市新区汽车技术有限责任公司	雅安市沙湾路(新区汽车修配厂内)	625000	0835-2822024
上海大众汽车眉山销售服务有限公司	四川省科技工业园区106线旁	620020	0833-8169919
西昌电工车业有限公司	四川省西昌市三岔口东路83号	615000	0834-2161638
上海汽车工业昆明销售有限公司	昆明市西华园西侧300米处	650000	0871-4620504
云南官房汽车经贸有限公司	昆明市东二环路89号	650233	0871-5619405
云南华兴经贸有限责任公司	昆明市云南世博交易中心B座一楼	650031	0871-5341158
云南上海汽车工业销售有限公司	昆明市人民西路368号	650118	0871-8336745
云南英茂商务有限公司	昆明市龙泉路66号	650021	0871-4639389
云南云汽实业有限公司	昆明市黑林铺直街12号	650106	0871-8196010
云南中机金鼎汽车贸易有限公司	昆明市西二环路黄土坡立交桥旁	650101	0871-8329017
上海大众汽车曲靖销售服务有限公司	曲靖市麒麟北路大坡寺	655000	0874-9261388
云南玉溪金恒经贸有限公司	玉溪市高新技术开发区明珠路中段	653100	0877-2612098
上海大众汽车个旧特约维修站	个旧市建设东路47号	661000	0873-2223807
云南省交通集团有限公司	云南省大理市下关建设路78号	671000	0872-2125016
大理阿鹏有限责任公司	大理市经济开发区息龙路	671000	0872-2311810
陕西华秦汽车贸易有限责任公司	西安市友谊西路348号	710068	029-6516980
陕西省汽车贸易公司	陕西省西安市沣镐路9号	710077	029-4283625
陕西富源汽车销售服务有限公司	西安市南郊丈八东路2号	710061	029-5220606
陕西中联汽车销售有限公司	陕西省西安市莲湖区沣镐东路4号	710082	029-4251212
上海大众汽车陕西唐都销售服务有限公司	陕西省西安市东郊幸福中路41号	710043	029-3235862
上海大众汽车西安销售服务有限公司	陕西省西安市大庆路12号	710082	13909218489
上海汽车西安联营销售公司	陕西省西安市北郊未央中路A1区5号	710016	029-6510752
上海汽车工业陕西销售有限公司	陕西省西安市莲湖路137号	710003	029-7339230
宝鸡市广慧商贸有限责任公司	陕西省宝鸡市东风路副15号	721000	0917-3230005
上海大众汽车宝鸡特约维修站	陕西省宝鸡市宝平路39号	721001	0917-3555932
咸阳市机电设备总公司上海汽车销售中心	陕西省咸阳市沣东渭河二号桥南三岔路口	712000	0910-381188
上海大众汽车咸阳销售服务有限公司	陕西省咸阳市渭河二号桥南西侧	712046	0910-3813149
上海大众汽车陕西渭南销售服务有限公司	陕西省渭南市开发区渭清路南段	714000	0913-2082142
西北燕兴渭南公司	陕西省渭南市环北路东段	714000	0913-2195878
延安市机电设备公司	陕西省延安市七里铺街64号	716000	0911-2494916
上海大众汽车延安特约维修站	陕西省延安市尹家沟	716000	0911-2313086
北京亚飞汽车汉中有限责任公司	陕西省汉中市兴汉路牛家桥	723000	0916-2110747
上海大众汽车汉中特约维修站	陕西省汉中市西关飞机场	723000	0916-2214888
榆林地区正大汽车工业贸易有限责任公司	陕西省榆林市上郡中路138号	719000	0912-3363980
榆林市东洲大地集团有限公司	陕西省榆林市榆阳区长乐路5号	719000	0912-3832695
上海大众汽车甘肃销售服务有限公司	兰州市七里河七滨河西路198号	730050	0931-8485495
兰州小汽车销售修配有限责任公司	甘肃省兰州市天水路215号	730000	0931-8886804
甘肃长青汽车销售有限公司	兰州市城关区武都路51号	730030	0931-8460894
甘肃远东汽车贸易商行	兰州市北滨河路18号(市结核病医院东侧)	730046	0931-8321881
甘肃金岛汽车超市有限公司	甘肃省兰州市临夏路189号	730030	0931-8454997

上汽大众汽车经销商与特约维修站名录

经销商名称	地址	邮编	电话
兰州汽车自选市场	兰州市七里河区西津西路 518 号	730050	0931-2581322
天水亚飞汽车连锁有限公司	天水市秦城区环城中路天河大厦一楼	741000	0938-8210639
天水汇力汽车销售有限责任公司	甘肃省天水市秦城区新华路 51 号物资招待所	741000	0938-8211868
嘉峪关市天龙机动车贸易有限责任公司	嘉峪关市新国道货运中心对面	735100	0937-6287941
甘肃省西峰市三力汽车修配有限责任公司	西峰市西环路中段西侧	745000	0934-8614753
西峰市大众汽车服务有限责任公司	西峰市新西环路北段	745000	0934-8615556
中国机电酒泉经销处	甘肃省酒泉市东环南路 35 号	735000	0937-2651168
上海大众汽车酒泉销售服务有限公司	甘肃省酒泉市西关路 100 号	735000	0937-2615189
兰州亚飞汽车红山连锁店临夏州分店	甘肃省临夏市团结路新华书店五楼	731100	0930-6215000
上海大众汽车银川销售服务中心	宁夏银川市中山北街 202 号	750004	0951-6711581
宁夏外商投资企业物资有限公司	银川市解放东街 66 号	750004	0951-5072992
宁夏祥达集团汽车服务有限公司	宁夏石嘴山市大武口东方广场对面	753000	0952-2030990
西宁市小汽车修理公司小轿车销售分公司	西宁市长江路 40 号	810000	0971-6101113
上海汽车工业青海销售有限公司	西宁市大众街 1 号	810007	0971-8175845
上海大众汽车青海销售服务有限公司	青海省西宁市城北区北杏园村	810003	0971-5318888
第一汽车集团新疆专用汽车厂	乌鲁木齐市西北路 230 号	830002	0991-2636854
新疆亚鑫汽车贸易有限责任公司	乌鲁木齐市阿勒泰路 7 号附 26 号	830002	0991-2663769
上海汽车工业新疆销售公司	新疆乌鲁木齐市北京北路 52 号	830011	0991-6613628
乌鲁木齐市新东实业有限公司	新疆乌鲁木齐市西北路 114 号附 12 号	830091	0991-4595851
新疆亚飞汽车联锁店	新疆乌鲁木齐市克拉玛依东路 78 号	830002	0991-4632116
新疆新兵机电设备有限责任公司	新疆乌鲁木齐市西北路 85 号	830000	0991-4538054
新疆机电设备有限责任公司	新疆乌鲁木齐市苏州路 9 号	830011	0991-3830043
乌鲁木齐市政辉贸易有限公司	乌鲁木齐中环路 200 号附 1 号	830002	0991-2690457
新疆石油管理局机械制造总公司汽车销售公司	新疆克拉玛依市长征路附 6 号	834000	0990-6885556
新疆奎屯大华商贸有限公司	新疆奎屯市南环东路 17 号	833200	0992-3291999
石河子机动车交易市场	石河子市 29 小区 312 国道南	832000	0993-2018472
上海大众石河子申石汽车销售有限公司	石河子老街(五小区汽车厂院内)	832000	0993-2523415
上海大众汽车吐鲁番销售服务有限责任公司	新疆吐鲁番市新站 312 国道	838000	0995-8552555
新疆哈密市机电设备有限公司	新疆哈密市天山北路 35 号	839001	0902-2314426
阿克苏安捷有限责任公司	新疆阿克苏市乌喀中路 50 号	843000	0997-2626288
喀什地区机电设备有限责任公司	新疆喾什市色满路 425 号	844000	0998-2552694
新疆大众汽车销售有限公司	新疆库尔勒市天山西路 31 号	841000	0996-2696088
新疆巴州万方机电设备有限公司	天山西路汽车城	841023	0996-2805999
新疆亚中(集团)有限公司	新疆昌吉市乌伊西路 24 号,亚中集团	831100	0994-2523555
新疆正太实业有限公司	新疆昌吉乌伊东路 14 号	831100	13909945316
伊犁州机电设备有限责任公司	新疆伊犁市解放路 301 号	835000	0999-8125062
上海大众汽车伊犁销售服务有限公司	新疆伊梨市环城东路	835000	0999-8223805
阿勒泰机电设备有限责任公司	阿勒泰市团结二路 14 号	836500	0906-2122006
乌鲁木齐市安捷汽车销售有限公司	展厅在建,目前联络地址:乌鲁木齐市阿勒泰	830000	0991-3836757
西藏自治区(西农)亚飞汽车连锁店	拉萨市鲁定南路	850030	0891-6820217
上海汽车工业西藏销售公司	拉萨市罗布林卡路 16 号	850000	0891-6833943
西藏天路交通股份有限公司汽车机械修理中心	西藏拉萨市金珠西路 77 号	850003	0891-6828333

广州本田汽车特约销售服务店名录

经销商名称	地址	邮编	电话
广州本田汽车永达特约销售服务店	上海市闵行区漕宝路 1200 号	201102	021-64806789 转 238
广州本田汽车万兴特约销售服务店	上海市翔殷路 875 号	200433	021-65570439
广州本田汽车广汽锦仓特约销售服务店	上海市浦东博文路 1438 号	200125	021-58394242
广州本田汽车美顺特约销售服务店	上海市普陀区金沙江路 2069 号	200333	021-52703666
广州本田汽车华田特约销售服务店	上海市闸北区沪太路 901 号	200072	021-56610046
广州本田汽车本亭特约销售服务店	上海市沪青平公路 980 号	201105	021-54476398
广州本田汽车华达特约销售服务店	济南市工业南路 60－2 号	250100	0531-8938118
广州本田汽车山和特约销售服务店	济南市济兖路 92 号	250022	0531-7500666
广州本田汽车福日特约销售服务店	青岛市 308 国道(海尔工业园对面)	266100	0532-7635665
广州本田汽车通宝特约销售服务店	青岛市银川西路 29 号	266071	0532-5781155
广州本田汽车恒吉特约销售服务店	淄博张店区张北路南营路口	255000	0533-3586655
广州本田汽车永利特约销售服务店	烟台市芝罘区机场路 18 号	264000	0535-6013333
广州本田汽车冠宇特约销售服务店	潍坊市北海路北首东侧	261031	0536-8863333
广州本田汽车威海特约销售服务店	威海市文化西路 168 号	264209	0631-5690888
广州本田汽车济宁特约销售服务店	济宁高新区济大东路(327 国道)149 号	272023	0537-2345888
广州本田汽车翔宇特约销售服务店	临沂市沂州路南段 116 号	276000	0539-8312118
广州本田汽车顺吉特约销售服务店	东营市东营区西四路五干桥南	257000	0546-8183288
广州本田汽车雨田特约销售服务店	南京市雨花台区卡子门宁溧路 268 号	210012	025-2430243 转 31
广州本田汽车新港特约销售服务店	南京市玄武区东方城 48 号	210042	025-5476782
广州本田汽车东鑫特约销售服务店	无锡市太湖大道广南立交	214026	0510-2111198
广州本田汽车无锡特约销售服务店	无锡市湖滨路 38 号	214071	0510-5116666
广州本田汽车苏州特约销售服务店	苏州新区长江路 408 号	215011	0512-68093388
广州本田汽车本旺特约销售服务店	苏州市东环南路 288 号	215124	0512-65970009
广州本田汽车常州特约销售服务店	常州新区通江大道 699 号	213022	0519-5119199 转 810
广州本田汽车镇江特约销售服务店	镇江市丁卯桥路 228 号	212009	0511-8899666
广州本田汽车金山桥特约销售服务店	徐州市金山桥开发区	221004	0516-7776666
广州本田汽车江阴特约销售服务店	江阴市长江路 988 号	214400	0510-6409988
广州本田汽车海盟特约销售服务店	南通市崇川开发区啬园路 2 号	226004	0513-3581111
广州本田汽车扬州特约销售服务店	江苏省扬州市扬子江中路 281 号	225009	0514-7873111
广州本田汽车连云港特约销售服务店	江苏省连云港市海连东路 119 号	222000	0518-5819975
广州本田汽车康桥特约销售服务店	杭州市石祥路 191 号	310015	0571-88026030
广州本田汽车之田特约销售服务店	杭州市艮山西路章家坝西区 228 号	310021	0571-86492666
广州本田汽车萧山特约销售服务店	杭州市萧山区通惠南路 1388 号	311201	0571-82363668
广州本田汽车中兴特约销售服务店	宁波市江东中兴南路 78 号	315040	0574-87889822
广州本田汽车宁波特约销售服务店	宁波市环城北路东段 542 号	315021	0574-87623656
广州本田汽车金华特约销售服务店	金华市环城北路 1000 号	321000	0579－2411082
广州本田汽车华能特约销售服务店	温州市汤家桥南路 1 号	325011	0577-86511287
广州本田汽车红旭特约销售服务店	瑞安市安阳镇瑞祥大道杨家桥段 8－10 号	325200	0577-65883333
广州本田汽车黄岩特约销售服务店	台州市黄岩城关北华东汽摩交易中心	318020	0576-4060391
广州本田汽车嘉兴特约销售服务店	嘉兴经济开发区塘汇工业区(平一路东侧)	314003	0573-2222266
广州本田汽车绍兴特约销售服务店	绍兴市 104 国道北复线狮子口(东方家园旁)	312000	0575-5171288
广州本田汽车新站特约销售服务店	合肥市站前路 6 号	230011	0551-4237666
广州本田汽车安田特约销售服务店	合肥市金寨南路 505 号	230022	0551-3516999
广州本田汽车芜湖特约销售服务店	芜湖市弋江北路(原二环北路)	241000	0553-2878777
广州本田汽车广州汽车集团特约销售服务店	广州市黄石东路 448 号	510420	020-36312608
广州本田汽车天河特约销售服务店	广州市沙河元岗广汕路边	510650	020-37085183
广州本田汽车东圃特约销售服务店	广州市天河区黄埔大道东(东圃二马路东)	510665	020-82320888

广州本田汽车特约销售服务店名录

经销商名称	地址	邮编	电话
广州本田汽车番禺特约销售服务店	广州番禺市桥东环路西侧 25 号	511400	020-84637122
广州本田汽车骏延特约销售服务店	广州市花都区农新路 22 号	510800	020-86870118
广州本田汽车骏鸣特约销售服务店	增城市荔城镇广汕公路三联路段	511300	020-82620173
广州本田汽车合骏特约销售服务店	广州市广州大道南 188 号	510288	020-84287771
广州本田汽车芳村特约销售服务店	广州市芳村区芳村大道 205 号	510360	020-81558333
广州本田汽车易达特约销售服务店	深圳市福田区梅林路 46 号	518049	0755-83113273
广州本田汽车深业特约销售服务店	深圳市罗湖区宝安北路梅园仓库 10 号	518000	0755-25878608
广州本田汽车鹏峰特约销售服务店	深圳市深南中路福田汽车站东侧	518040	0755-83420333
广州本田汽车南山特约销售服务店	深圳市南山区后海大道	518054	0755-26497222
广州本田汽车龙岗特约销售服务店	深圳市龙岗区中心城爱联如意路	518172	0755-28986298
广州本田汽车金田特约销售服务店	汕头市汕汾公路与衡山路交界	515041	0754-8859663
广州本田汽车合群特约销售服务店	汕头市金砂东路 36 街区丰泽庄	515041	0754-8836168
广州本田汽车宝兴特约销售服务店	佛山大道 325 国道南路段东侧佛山车城	528000	0757-3986688
广州本田汽车顺德特约销售服务店	顺德市大良区广珠公路新松路段	528300	0765-2383238
广州本田汽车南海特约销售服务店	南海市桂城海八路叠北路段	528200	0757-6316561
广州本田汽车聚成特约销售服务店	东莞市篁村区周溪环溪中心	523077	0769-2409666
广州本田汽车金美特约销售服务店	东莞市常平镇常朗大道与环城路交汇处	523579	0769-3821222
广州本田汽车昊安特约销售服务店	东莞市长安镇振安路锦厦河东路段 28 号	523850	0769-5337878
广州本田汽车江门特约销售服务店	江门市建设三路	529000	0750-3231101 转 8000
广州本田汽车珠海特约销售服务店	珠海市梅华西路 885 号(市公安局对面)	519070	0756-8630099
广州本田汽车惠州特约销售服务店	惠州市龙丰螺山鳄湖路 22 号	516001	0752-2382833
广州本田汽车中山特约销售服务店	中山市孙文东路土瓜岭 112 号	528403	0760-8333555
广州本田汽车湛江特约销售服务店	湛江市赤坎区海田路 68 号	524099	0759-3353808 转 8108
广州本田汽车肇庆特约销售服务店	肇庆市迎宾大道(肇庆学院西侧)	526060	0758-2716888
广州本田汽车揭阳特约销售服务店	揭阳市东山区沙港村龙石路(206 国道旁)	522000	0663-8231232
广州本田汽车锦伦特约销售服务店	茂名市站前一路 88 号	525000	0668-2523888
广州本田汽车梅州特约销售服务店	梅州市三角镇梅塘东路(206 国道旁)	514071	0753-2331881 转 212
广州本田汽车菊城特约销售服务店	中山市小榄菊城大道西	528415	0760-2288628
广州本田汽车远达特约销售服务店	韶关市韶南大道二公里半	512023	0751-8282888
广州本田汽车华昌特约销售服务店	南宁市江南区白沙大道 58 号	530031	0771-4517880
广州本田汽车桂林特约销售服务店	桂林市北辰路火车始发站对面	541213	0773-2626888
广州本田汽车海口特约销售服务店	海口市南海大道(原工业大道)东路 69 号	570216	0898-66822100
广州本田汽车方庄特约销售服务店	北京市丰台区蒲黄榆路 48 号	100078	010-67697476
广州本田汽车中汽特约销售服务店	北京市丰台区西四环南路 39 号	100071	010-63862888
广州本田汽车日银特约销售服务店	北京市朝阳区德外花虎沟 26 号	100085	010-62843333
广州本田汽车广汽航天特约销售服务店	北京市朝阳区北四环东路 9 号	100102	010-64734246 转 201
广州本田汽车文华特约销售服务店	北京市朝阳区朝阳路高井工业区甲 68 号	100025	010-85780946
广州本田汽车华通特约销售服务店	北京市海淀区杏石口路 15 号	100089	010-88471919
广州本田汽车路安特约销售服务店	沈阳市大东区东陵西路 6 号甲	110043	024-88433888
广州本田汽车宏大特约销售服务店	沈阳市铁西区沈辽中路 5 甲 2 号	110023	024-25937968
广州本田汽车恒盛特约销售服务店	大连市甘井子区华北路北市商贸街 158 号	116031	0411-6515790
广州本田汽车新盛荣特约销售服务店	大连市甘井子区山东路 84 号	116031	0411-6604972
广州本田汽车天合特约销售服务店	鞍山市铁西区兴盛路 130 号	114014	0412-8243115
广州本田汽车辽西特约销售服务店	锦州市太和区南广路 1 号(光彩市场东行 500 米)	121013	0416-3789999
广州本田汽车齐阳特约销售服务店	保定市高开区化纤路 39 号	071051	0312-3117701
广州本田汽车恒达特约销售服务店	石家庄市北二环西路 193 号	050061	0311-7790618
广州本田汽车邯郸特约销售服务店	邯郸市滏东大街北段	056002	0310-8125555

广州本田汽车特约销售服务店名录

经销商名称	地址	邮编	电话
广州本田汽车冀东特约销售服务店	唐山市路南区唐柏路 8 号	063000	0315-2962068
广州本田汽车黄河特约销售服务店	太原市平阳路 399 号	030006	0351-7020099
广州本田汽车银隆特约销售服务店	大同市南三环路 98 号	037008	0352-5040238
广州本田汽车万康特约销售服务店	哈尔滨市太平区先锋路付 239 号	150056	0451-2403022
广州本田汽车龙达特约销售服务店	哈尔滨市南岗区学府路 241 号	150086	0451-6699338
广州本田汽车鹤达特约销售服务店	齐齐哈尔市铁锋区联通大道 99 号	161002	0452-2523399
广州本田汽车和顺达特约销售服务店	大庆市让胡路区东环路	163543	0459-6136777
广州本田汽车凯通特约销售服务店	天津市东丽区外环线三号桥东	300300	022-84780878
广州本田汽车中乒特约销售服务店	天津市河西区解放南路(油毡厂旁)	300221	022-88233308
广州本田汽车嘉辉特约销售服务店	长春市经济技术开发区仙台大街 6 号	130031	0431-4652883
广州本田汽车创嘉特约销售服务店	吉林市越山路 345 号	132011	0432-2739377
广州本田汽车益友特约销售服务店	包头市青山区友谊大街五一小区	014030	0472-5157189 转 8008
广州本田汽车新田特约销售服务店	呼和浩特市机场路南 1.5 公里处	010010	0471-4611188
广州本田汽车港源特约销售服务店	郑州市经水区经三路 5 号	450003	0371-5970325
广州本田汽车万通特约销售服务店	郑州市中原西路 112 号	450007	0371-7641111
广州本田汽车键通特约销售服务店	洛阳市九都东路 286 号	471002	0379-3996911
广州本田汽车三和特约销售服务店	成都市高新区机场路新加坡工业园新园南一路 2 号	610041	028-85157691
广州本田汽车港宏特约销售服务店	成都市金牛区交大路 207 号	610031	028-87618833
广州本田汽车锦泰特约销售服务店	成都市二环路东四段 38 号	610066	028-84451122
广州本田汽车乐山特约销售服务店	乐山市市中区柏杨西路 112 号	614000	0833-2450438
广州本田汽车佳信特约销售服务店	绵阳市长虹大道北段 135 号	621000	0816-2691122
广州本田汽车互邦特约销售服务店	重庆市渝北区新牌坊松牌路	401147	023-67525111
广州本田汽车新亚特约销售服务店	重庆九龙坡区谢陈路(汽研所旁)	400039	023-68672888
广州本田汽车龙阳特约销售服务店	武汉市汉阳区龙阳大道特八号	430051	027-84629375
广州本田汽车景田特约销售服务店	武汉市洪山区雄楚大街 248 号	430070	027-87751010
广州本田汽车友芝友特约销售服务店	武汉市江汉区常青路 358 号	430024	027-85628117
广州本田汽车宜昌特约销售服务店	宜昌市开发区西陵一路 107 号	443000	0717-6342261
广州本田汽车襄樊特约销售服务店	襄樊市春园东路 41 号	441104	0710-2833118
广州本田汽车俊田特约销售服务店	昆明市新迎小区白龙路 224 号	650233	0871-3321463
广州本田汽车梁源特约销售服务店	昆明市人民西路 681 号	650118	0871-8213182
广州本田汽车冠群特约销售服务店	西安市沣惠南路 30 号	710065	029-2305888
广州本田汽车银光特约销售服务店	西安市未央区未央路中段 85 号	710016	029-6281006
广州本田汽车泰意特约销售服务店	新疆乌鲁木齐克拉玛依西路 20 号附 9 号	830091	0991-8777301
广州本田汽车今世纪特约销售服务店	新疆乌鲁木齐南湖北路 50 号	830063	0991-4698000
广州本田汽车润田特约销售服务店	贵阳市沙冲南路 200 号	550002	0851-3802666
广州本田汽车安大特约销售服务店	长沙市远大一路 687 号	410001	0731-4723818
广州本田汽车雨花特约销售服务店	长沙市雨花区雨花亭乡中意一路 127 号	410004	0731-5684266
广州本田汽车岳阳特约销售服务店	岳阳巴陵东路 168 号	414000	0730-8718888 转 888
广州本田汽车长风特约销售服务店	衡阳市蒸水桥北头	421001	0734-8589000
广州本田汽车智诚特约销售服务店	厦门市国际机场原 1 号候机楼	361006	0592-5731777
广州本田汽车闽都特约销售服务店	福州市晋安区福新东路 360 号	350014	0591-3617310 转 09
广州本田汽车信田特约销售服务店	福州市仓山区则徐大道 631 号	350026	0591-3530775
广州本田汽车顺源特约销售服务店	泉州市泉秀街东段高速公路桥边	362000	0595-2555668
广州本田汽车康达特约销售服务店	漳州市金锋工业区金锋路	363000	0596-2568232
广州本田汽车国力特约销售服务店	南昌市洪都北大道 360 号	330039	0791-8637611
广州本田汽车金穗康特约销售服务店	兰州市北滨河路中段(安宁黄河大桥东 100 米)	730070	0931-7752999

广州本田汽车特约销售服务店名录

经销商名称	地址	邮编	电话
广州本田汽车宁波特约销售服务店	宁波市环城北路东段542号	315021	0574-87623656
广州本田汽车中兴特约销售服务店	宁波市江东中兴南路78号	315040	0574-87889822
广州本田汽车金华特约销售服务店	金华市环城北路1000号	321000	0579-2411082
广州本田汽车华能特约销售服务店	温州市汤家桥南路1号	325011	0577-86511287
广州本田汽车红旭特约销售服务店	瑞安市安阳镇瑞祥大道杨家桥段8－10号	325200	0577-65883333
广州本田汽车黄岩特约销售服务店	台州市黄岩城关北华东汽摩交易中心	318020	0576-4060391
广州本田汽车嘉兴特约销售服务店	嘉兴经济开发区塘汇工业区(平一路东侧)	314003	0573-2222266
广州本田汽车绍兴特约销售服务店	绍兴市104国道北复线狮子口(东方家园旁)	312000	0575-5171288
广州本田汽车今世纪特约销售服务店	新疆乌鲁木齐南湖北路50号	830063	0991-4698000
广州本田汽车泰意特约销售服务店	新疆乌鲁木齐克拉玛依西路20号附9号	830091	0991-8777301
广州本田汽车金穗康特约销售服务店	兰州市北滨河路中段(安宁黄河大桥东100米)	730070	0931-7752999
广州本田汽车银光特约销售服务店	西安市未央区未央路中段85号	710016	029-6281006
广州本田汽车冠群特约销售服务店	西安市沣惠南路30号	710065	029-2305888
广州本田汽车佳信特约销售服务店	绵阳市长虹大道北段135号	621000	0816-2691122
广州本田汽车乐山特约销售服务店	乐山市市中区柏杨西路112号	614000	0833-2450438
广州本田汽车新亚特约销售服务店	重庆九龙坡区谢陈路(汽研所旁)	400039	023-68672888
广州本田汽车互邦特约销售服务店	重庆市渝北区新牌坊松牌路	401147	023-67525111
广州本田汽车润田特约销售服务店	贵阳市沙冲南路200号	550002	0851-3802666
广州本田汽车俊田特约销售服务店	昆明市新迎小区白龙路224号	650233	0871-3321463
广州本田汽车梁源特约销售服务店	昆明市人民西路681号	650118	0871-8213182
广州本田汽车广州汽车集团特约销售服务店	广州市黄石东路448号	510420	020-36312608
广州本田汽车天河特约销售服务店	广州市沙河元岗广汕路边	510650	020-37085183
广州本田汽车东圃特约销售服务店	广州市天河区黄埔大道东(东圃二马路东)	510665	020-82320888
广州本田汽车番禺特约销售服务店	广州番禺市桥东环路西侧25号	511400	020-84637122
广州本田汽车芳村特约销售服务店	广州市芳村区芳村大道205号	510360	020-81558333
广州本田汽车合骏特约销售服务店	广州市广州大道南188号	510288	020-84287771
广州本田汽车骏鸣特约销售服务店	增城市荔城镇广汕公路三联路段	511300	020-82620173
广州本田汽车骏延特约销售服务店	广州市花都区农新路22号	510800	020-86870118
广州本田汽车易达特约销售服务店	深圳市福田区梅林路46号	518049	0755-83113273
广州本田汽车深业特约销售服务店	深圳市罗湖区宝安北路梅园仓库10号	518000	0755-25878608
广州本田汽车鹏峰特约销售服务店	深圳市深南中路福田汽车站东侧	518040	0755-83420333
广州本田汽车南山特约销售服务店	深圳市南山区后海大道	518054	0755-26497222
广州本田汽车龙岗特约销售服务店	深圳市龙岗区中心城爱联如意路	518172	0755-28986298
广州本田汽车聚成特约销售服务店	东莞市篁村区周溪环溪中心	523077	0769-2409666
广州本田汽车昊安特约销售服务店	东莞市长安镇振安路锦厦河东路段28号	523850	0769-5337878
广州本田汽车金美特约销售服务店	东莞市常平镇常朗大道与环城路交汇处	523579	0769-3821222
广州本田汽车宝兴特约销售服务店	佛山大道325国道南路段东侧佛山车城	528000	0757-3986688
广州本田汽车顺德特约销售服务店	顺德市大良区广珠公路新松路段	528300	0765-2383238
广州本田汽车南海特约销售服务店	南海市桂城海八路叠北路段	528200	0757-6316561
广州本田汽车江门特约销售服务店	江门市建设三路	529000	0750-3231101转8000
广州本田汽车珠海特约销售服务店	珠海市梅华西路885号(市公安局对面)	519070	0756-8630099
广州本田汽车中山特约销售服务店	中山市孙文东路土瓜岭112号	528403	0760-8333555
广州本田汽车菊城特约销售服务店	中山市小榄菊城大道西	528415	0760-2288628
广州本田汽车肇庆特约销售服务店	肇庆市迎宾大道(肇庆学院西侧)	526060	0758-2716888

跃进汽车集团公司销售公司经销商名录

单　位　名　称	地　　址	邮　编	电　话
北京通华亿汽车销售有限公司	西城区月坛南街32号营岛商务楼538室	100860	(010)68581777
北京市汽车修理公司一厂	北京市朝阳德胜门外双泉堡	100085	010-62916752
北京中机恒达汽车销售有限公司	北京市丰台区西三环南路131号	100071	010-63825822
天津市机电设备总公司	天津市和平区解放路129号	300012	022-28242588
天津市亚柯汽车销售服务有限公司	河东区程林庄道110号	300161	022-24564627
跃进汽车集团河北销售有限公司	石家庄市中华北大街3号	050000	0311-7794905
河北跃进汽车集团经销有限公司	石家庄市北外环8号	050031	0311-6839051
河北纪元汽车贸易有限公司	石家庄市南二环东路5号	050021	0311-6125612
唐山市冀东机电设备公司	唐山市吉祥新路228号	063700	0315-2960158
山西物产跃进汽车销售有限公司	山西省太原市并州东路35号	030012	0351-4032234
太原威廉实业集团有限公司	太原市恒山路8号	030012	0351-7024111
内蒙汽车贸易中心汽车经营部	呼和浩特市新城西街47号	010010	0471-6260431
辽宁跃进汽车销售中心	沈阳市青年大街300号	110003	024-24215683
辽宁银河汽车销售服务有限公司	沈阳市铁西区路官一街16号	110023	024-25925065
辽宁省汽车工业物资总公司	沈河区万柳塘路36号	110015	024-24129880
大连市汽车工业贸易集团南京汽车销售中心	甘井子区华东路45号	116031	0411-6563858
跃进汽车集团吉林销售有限公司	长春市普阳街82号2－9室	130011	0431-7694878
跃进汽车集团黑龙江销售有限责任公司	哈尔滨市道里区通达街403号	150076	0451-4601314
跃进汽车集团哈尔滨销售有限公司	哈尔滨市市道里区城乡路445号	150070	0451-4333745
黑龙江博远汽车维修有限公司	哈尔滨市香坊区公宾路47号	150038	0451-2052874
海拉尔地区汽车维修有限公司跃进汽车集团特约服务站	东头道街2号	021000	0470-8332126
南京朗驰集团跃进汽车销售有限公司	南京市宁溧路香叶树66号	210000	025-2440811
跃进汽车集团江苏有限公司	南京市花园路17号	210042	025-5475876
跃进汽车集团江苏机电销售有限公司	南京市建宁路63号	210003	025-5417310
南京依维柯苏州销售维修服务有限公司	苏州新区塔园路18号	215004	0512-68251230
无锡市新纪元汽车贸易有限公司	无锡市金城弯南桥	214123	0510-5428832
江苏南汽依维柯特种车联营公司	长江路9号	210028	025-3354913
跃进汽车集团南京大全机电有限公司	中央路401号	210037	025-3422582
安徽省微商集团汽车股份有限公司	合肥市金寨路43号	230022	0551-3811973
芜湖市新世纪机电设备有限公司	九华山路168号	241000	0553-3834008
润华集团股份有限公司	济南市济兖路239号	250117	0531-7527736
济南市汽车销售有限责任公司	济南市济兖路56号	250021	0531-7989978
青岛交运行通汽车服务有限公司	青岛市四方区南宁路2号	266033	0532-3760837
青岛华青汽车有限公司	重庆南路111号	266100	0532-5628574
淄博市中南物资有限公司	张店中心路265号	255067	0533-2985818
威海市宁沪汽车销售有限公司	威海市青岛南路华客隆北	264200	0631-5927476
山东临沂汽车工业贸易有限公司	临西一路190号	276001	0539-8163951
南昌市海峰汽车实业有限公司	南昌市迎宾大道232号	330001	0791-5226993
上海汽车销售服务有限公司	上海茂名南路1号、龙漕路66号	200020	021-64367136
上海华申汽车销售公司	上海市场中路605号	200434	021-65440464
上海强机机械设备有限公司	中山北一路1250号	200437	021-65424670
上海富华汽车销售公司	上海市长江西路778号	200441	021-66150218
上海华星物资(集团)有限公司	上海真南路589号(华星汽车广场内)	200331	021-63636119
浙江元通汽车有限公司	杭州市沈半路245号	310015	0571-88283305

跃进汽车集团公司销售公司经销商名录

单 位 名 称	地 址	邮 编	电 话
杭州康桥汽车销售有限公司	杭州市拱墅区大关路 297 号	310015	0571-88029800
宁波金桥汽车销售服务公司	环城北路 286 号	315021	0574-87632611
跃进汽车集团福建销售有限公司	福州市三叉街湖畔路 2 号	350007	0591-3429360
十堰市汽车贸易总公司维可达汽车维修服务分公司	大连路 1 号	442000	0719-8780126
跃进汽车集团湖北联合销售有限公司	武昌武珞路 421 号	430070	027-87332539
跃进汽车集团湖北汽车销售有限公司	汉阳龙阳大道特 6 号	430051	027-84627866
跃进汽车集团湖南销售有限公司	长沙市东风路 226 号	410008	0731-4516306
长沙汽车销售公司	长沙市芙蓉中路 256 号	410011	0731-5015849
长沙南方汽车贸易公司	韶山南路 131 号	410004	0731-5576919
郑州宁通跃进汽车销售有限公司	建设西路 106 号	450007	0371-7614170
跃进汽车集团豫北(新乡)销售有限公司	新乡建设路 20 号	453049	0373-3358759
河南天马汽车销售有限公司	金水区农业路与 107 国道交叉口 200 米路东	450008	0371-5646898
广东省农业机械总公司	广州市新港中艺苑路东庆街 3 号	510220	020-34302008
深圳市振路达实业有限公司	深圳市南山区南新路 1118A 号	518000	0755-6409441
广西跃进汽车销售有限责任公司	南宁市友爱路 31 号	530001	0771-3124174
三九企业集团重庆汽车有限公司	市大坪正街 116 号	400042	023-68807564
重庆市都灵汽车销售服务有限公司	九龙坡区石新路二郎路口中汽西南汽车超市	400039	023-68610762
成都南联汽车贸易有限责任公司	成都红牌楼北街 2 号(汽贸中心展场内)	610041	028-5060874
成都神舟汽车有限责任公司	成都红牌楼西部汽车城	610041	028-5068210
贵州南京汽车联营公司	贵阳市花溪大道北段 13 号	550003	0851-5962795
昆明国际贸易中心	昆明春城路 289 号	650200	0871-3513436
云南曲靖交通运输集团公司	曲靖市麒麟区交通路 50 号	655000	0874-3380100
云南农业机械经营部	昆明市北京路南段和平新村 3 号	650011	0871-4625550
云南云汽实业有限公司	昆明市黑林铺直街 12 号	650106	0871-8184381
云南大理交通运输集团公司汽车销售分公司	下关建设路 10 号		0872-2198900
西藏天路交通股份有限公司汽车贸易分公司	拉萨市罗布林卡路 16 号	850001	0891-6833264
陕西省汽车贸易公司	西安市莲湖路 101 号	710003	029-7314549
陕西北辰汽车贸易有限公司	西安市北二环立交桥西北侧	710016	029-7338064
西安南京汽车联营销售公司	莲湖路 57 号	710003	029-7315861
兰州汽车自选市场	兰州市七里河区西津西路 520 号	730050	0931-2565858
青海省鸿泰汽车贸易有限公司	西宁市互助中路 5 号	810006	0971-8084926
宁夏跃进汽车销售服务有限公司	银川开发区中央大道	750002	0951-5013870
新疆机电设备有限责任公司	乌鲁木齐市苏州路 9 号	830011	0991-3857725
新疆一汽南京汽车维修厂	乌鲁木齐市阿勒泰路 2 号	830054	0991-4844705
巴州奥隆工贸储运有限公司	库尔勒市文化路 5 号	841000	0996-2026741

南京菲亚特 4S 经销商名录

单 位 名 称	地 址	电 话	联系人
北京市汽车修理公司一厂	东城区东单北大街道 25 号	010-65251868	马剑禹
北京都灵沙龙汽车销售有限责任公司	北京海淀金庄村 2 号院	010-68428648	刘宝庆
北京运通博雅汽车销售服务有限公司	北京亦庄经济开发区东环北路 2 号	010-67883666	王立伟
重庆市都灵汽车销售服务有限公司	重庆市高新区巴山二郎路口中汽西南汽车超市	023-68880808	袁 港
河北派力汽车贸易有限公司	河北省石家庄市裕华东路 456 号	0311-5075434	王建勇
山西大昌汽车集团有限公司	太原市太榆路 88 号北营火车站对面	13934151569	侯光瑞
西安明威汽车销售服务有限公司	西安市经济技术开发区 B1 区	029-6519300	土安运
四川新奥通汽车销售服务有限公司	成都市三环路成温路立交桥外侧	028-7369292	廖 毅
哈尔滨市中汽贸汽车贸易有限公司	南岗区先锋路 455 号	0451-2409202	李 岩
大连机动车置换中心有限公司	大连市甘井子区大连湾镇后盐商贸区 666 号	0411-6888899	胡 松
沈阳鹏特汽车销售服务有限公司	沈阳市于洪区沈新路 128 号	024-25674078	刘 冬
昆明农力机械销售有限公司	昆明市西二环路北段 668 号	0871-8323662	尹 磊
浙江元通汽车有限公司	杭州市沈半路 245 号	0571-88015528	朱 冰
江苏雨田都灵汽车销售服务有限公司	卡子门外香叶树 49 号大明路和宁溧路路口	025-2430666	袁亦伟
江苏华意天源汽车销售服务有限公司	展厅:南京市龙蟠中路 93 号	025-7719482	李旭焘
江苏力天国际进出口有限公司	展厅:南京市鼓楼区清凉区大街管子桥 1 号	025-6668936	殷 洁
山东润菲汽车销售服务有限公司	济南市济兖路 239 号	0531-7527738	王伟宏
上海永达汽车徐汇销售服务有限公司	上海市虹梅路 1599 号	021-64656789 – 202	李 俊
广州市华意汽车销售服务有限公司	4S 店:广州市白云区黄石东路 97 号	020-38806898	潘宝康
顺特汽车销售有限公司	东莞市寮步镇莞樟公路横坑路段汽车城	0769-3300299	李中波
汕头市大众汽车贸易有限公司	汕头龙湖区 31 街区东北角	0754-8855641	陈燕玲
深圳市新大兴工贸发展有限公司	深圳市罗湖区宝安北路 829 栋大兴汽车中心	0755-2448000	何 英
顺德市协力机电设备有限公司	顺德市大良镇广珠公路新松路段 21 号	0765-2233936	龙飞耀

报废汽车回收拆解认证单位名录

单位名称	地址	邮编	电话
四平市物资再生利用公司	吉林省四平市平东大路194号	136001	0434-3387388
辽源市金属回收总站	吉林省辽源市友谊大路78号	136200	0437-3222182
吉林市兴晟报废汽车回收有限责任公司	吉林市北京路63－4号	132001	0432-2021376
松原市物资再生利用有限责任公司	松原市石化街	138000	2124534
中国物资再生利用总公司	北京西城区百万庄北街6号	100037	010-68334099
北京中物博汽车解体中心	北京市丰台区花乡郑王坟157号	100071	010-68344101
上海华东拆旧中心	上海市福州路272弄3号	200001	021-65561790
中国物资再生利用华北公司	天津市和平区南京路305号7楼	300052	022-27311442
中国物资再生利用东北公司	辽宁省沈阳市沈河区热闹路26号	110014	024-2914936
陕西西北再生物产实业公司	陕西省西安市碑林区乐居场六巷	710048	029-2226594
中国物资再生利用西南公司	四川省成都市人民南路三段南虹村外8号	610041	028-5582319
武汉中南物资再生利用综合加工厂	湖北省武汉市江岸区谌家矶大道48号	430014	027-2720314
北京大地物资再生联合总厂	北京市丰台区十屯路甲113号	100071	010-63842673
中国物资再生利用北方公司	辽宁省大连市经济技术开发区西山小区	116600	0411-7623035
中国物资再生利用华东公司	上海市福州路272弄3号	200001	021-63226182
中国物资再生利用天津加工厂	天津市东丽区东扬场村北	300302	022-24991219
东北物资再生利用沈阳公司	辽宁省沈阳市东陵区文官街三委	110045	024-6670594
西安华星金属回收有限公司	陕西省西安市东郊十里铺	110043	029-3518474
中国物资再生利用西南新资源有限责任公司	四川省成都市人民南路三段林荫街	610041	028-5582319
中机北京汽车世界有限公司	北京市石景山区阜石路69号	100041	010-6883895
首钢总公司汽车解体厂	北京石景山水屯	100043	010-68291051
天津冶金供销运输总公司	天津市河东区津塘路23号	300171	24313470
唐山钢铁股份有限公司	河北省唐山市滨河路9号	063000	0315-2702546
包头钢铁公司废钢管理处	内蒙古包头市包头钢铁公司废钢处院内	014010	2185265
鞍钢废钢铁处理厂	鞍山市鞍钢废钢铁处理厂一车间厂房东侧11道	114021	6751867
上海冶金拆车厂	上海市政立路511号	200433	65117588
宝山钢铁(集团)公司拆车站	上海宝山钢铁(集团)公司运输有限公司拆车站	201900	56648648转6799
马钢总公司机运公司机械车辆拆修厂	马鞍山市马钢总公司机运公司大修厂内	243011	2888989
舞钢废钢厂	河南省舞钢市	462500	8111777
大冶特殊钢股份公司炉料厂	湖北省黄石市石灰窑区黄石大道一门	435001	6292942
攀钢报废汽车回收办公室	四川省攀枝花市东区马坎	617063	6662401
长城特钢公司物资供应公司	四川省江油市江东路	621701	0816-3651040
酒泉钢铁公司报废汽车回收站	甘肃省嘉峪关市嘉兴东路6号	735100	6712417
中国第十三冶金建设公司	山西省太原市大同路488号	030008	0351-3059915
山西太原钢铁(集团)有限公司废钢经营处	山西省太原市尖草坪2号	030003	3041452
成都无缝钢管有限责任公司	成都市锦江区东风南路一号	610063	4443412-4448
贵阳钢厂	贵阳市油榨街	550005	5505675
陕西特殊钢有限责任公司炉料分公司	陕西省西安市幸福南路5号	710043	029-3235136
水钢汽车修理公司	贵州省六盘水市水城钢铁(集团)有限责任公司	553028	0858-8227100转22421
西宁特殊钢股份有限公司废钢供应部	青海省西宁市柴达木路52号	810005	0971-6134901转3533
中国第九冶金建设公司汽修厂	陕西省勉县城南九冶	724207	0916-3315507

报废汽车回收拆解认证单位名录

单位名称	地址	邮编	电话
中国第二十冶金建设公司报废汽车回收拆解厂	河北省沙河市健康街19号	054100	0319-8801701转852
中国第一冶金建设公司机械处	武汉市青山区八大家倒口湖旁边	430081	6354965
重庆钢铁股份有限公司原材料处	重庆市大渡口区葛老溪	400080	68846240
湘钢渣钢回收公司	湖南省湘潭市岳塘区	411101	8653773
本钢报废汽车拆解站	本溪市平山区兴安	117000	0414-7827153
大连钢铁集团炉料公司	大连市甘井子区工兴路4号	116031	6672114-2813
武钢废钢管理处	武汉市青山区厂前	430083	027-6893244
马钢股份公司汽车修配厂	安徽省马鞍山市马向路汽运处院内	243011	0555-2882544
武汉铁路分局物资公司	武汉市武昌区八一路26号	430071	7825984
郑州铁路局郑州物资供应总段	郑州市京广南路材料厂街334号	450005	8713710
西安铁路分局物资供销储运总公司	西安市友谊东路7号	710054	2224753
蚌埠铁路分局物资公司	安徽省蚌埠市解放路515号	233040	3018582
大同铁路万通集团公司	山西省大同市站北街14号	037005	2891811
南昌铁路配件物资公司	南昌市铁路五村	330002	8200374
上海铁路昌兴拆车有限公司	上海市纪念路489号	200434	65422042
广州铁路物资总公司	广州市共和西路8号	510600	020-87121758
陕西省物资再生加工经营公司	西安市西郊丰收路2号	710077	425813
陕西省物资供应回收总公司	西安市大兴东路29号	710016	6247964
西安市再生利用第四公司	西安市汉城东路8号	710077	7313305
宝鸡市物资再生利用总公司	宝鸡市东风路31号	721004	0917-3221764
渭南市物资再生利用公司	陕西省渭南市站北路东段3号	714000	0913-2013629
陕西省咸阳市物资再生利用公司	陕西省咸阳市朝阳路2号	712000	3765362
安康地区金属回收公司	安康市巴山西路甲196号	725000	3213763
陕西省商洛地区物资利用股份合作公司	陕西省商州市北新街135号	726000	029-2312554
榆林地区再生利用金属回收分公司	榆林市上郡路130号	719000	3287414
西安市物资回收利用总公司	西安市环城东路21号	710048	2485480
汉中市报废汽车回收厂	汉中市石马坡韩家湾	723000	2218704
延安市物资再生利用有限责任公司	延安市物资再生利用公司七星铺街64号	716000	2112979
铜川市物资再生利用公司	铜川市黄堡镇河东沟	727001	7189314
甘肃金回物资再生利用有限公司	兰州市城关区旧大路232号	73000	0931-8498435
甘肃省天水市物资再生利用公司	天水市秦城区解放路84号	741000	0938-8215616
甘肃省兰州市再生资源回收公司综合利用业务部	兰州市城关区排洪南路316号	730000	0931-8498269
甘肃省武威市再生资源回收公司	武威市南关中路	733000	0935-2212201
甘肃报废汽车回收有限责任公司	兰州市大砂坪410号	730030	0931-8461946
武威地区物资再生利用公司	武威市西关街新建路84号	733000	0935-2214643
定西地区物兴金属回收有限公司	定西县中华路72号	743000	0932-8213437
庆阳地区物资再生利用公司	西峰市康寿路107路	745000	0934-8212056
平凉地区物资再生利用公司	平凉市崆峒东路332号	744000	0933-8213343
酒泉地区物资贸易再生利用有限责任公司	酒泉市北大街164号	735000	0937-2652944
兰州鑫源物资再生利用有限公司	兰州市闵家桥146号	730000	0931-8125943
青海省物资再生利用总公司	青海省西宁市西关大街22号	810001	0971-6143219
西宁区再生物资开发总公司	西宁市城西区五四大街苏家河湾5号	810008	0971-6155531

报废汽车回收拆解认证单位名录

单　位　名　称	地　　址	邮编	电　话
宁夏区物资产业集团物资配送回收总公司	银川市新华西街13号	750000	0951-6025342
新疆物资再生利用总公司	乌鲁木齐市北京南路标19号	830011	38355821
新疆巴州万方物资再生利用有限公司	巴音郭楞蒙古自治州库尔勒新城区	841001	2151337
新疆阿克苏地区物资利用总公司	阿克苏市天山北路8号	843000	2512073
哈密地区物资集团再生利用有限公司	哈密市天山北路16号	839001	2312728
新疆阿勒泰地区物资再生利用公司	新疆北屯镇阿勒泰地区物资再生利用公司	836000	0906-3375987
新疆和田地区再生利用公司	和田市古勒巴格路35号	848000	2022753
新疆石河子物资再生利用公司	新疆石河子市东三路北端	832000	0993-2010419
新疆生产建设兵团物资再生利用总公司	新疆乌鲁木齐市北站路25号	830015	0991-3872165
新疆生产建设兵团农七师物资再生利用总公司	新疆奎屯市团结北路5号	833200	0992-3228992
新疆生产建设兵团农一师茶畜日杂公司	新疆阿克苏东大街55-7号	843000	0997-2122649
新疆生产建设兵团农九师物资再生利用公司			
四川省物资再生利用有限公司	成都市忠烈祠东街68号	610016	6618155
成都市金属回收总公司	成都市一心桥街99号	610016	4479976
自贡市金属回收公司	自贡市大安区马吃水(盐都大道南侧)	643020	2603181
攀枝花市金属回收公司	攀枝花市东区大和北路34号	617067	2222911
泸州市物资集团总公司报废汽车回收分公司	泸州市三道桥	646000	3102076
德阳市万达物资再生利用有限公司	德阳市岷江西路1号	618000	2202676
广元市金属回收有限责任公司	广元市蜀门南路288号	628000	3222744
遂宁市金属回收公司	遂州中路87号	629000	2225223
绵阳市金属回收总公司	绵阳市涪城区会仙路四号	621000	2336901
乐山市金属回收公司	乐山市中区柏杨路37号	614000	2447013
内江金属再生利用有限公司	内江市中区环城路宴家巷82号	641000	2025833
宜宾市金属回收公司	宜宾市苗圃路22号	644000	0831-8227402
南充市金属回收总公司	南充市仪凤街170号	637000	2223269
广安地区金属回收公司	广安城南新区中环路口	638550	2331581
达川地区金属回收总公司	达川地区达县南外镇达万路15号	635000	2652744
巴中地区金属回收公司	巴中市江北新区柳津桥头	635500	5260844
雅安地区金属回收公司	雅安市张家山路34号	625000	2222686
甘孜戕族自治州金属回收公司	甘孜州康定县西大街141号	626000	2823508
凉山彝族自治州金属回收公司	西昌市龙眼井街2号	615000	3223537
阿坝州金属回收公司	郫县红江镇八里村汶川县威州镇桑平路	611730	028-7862952
四川省再生资源回收利用公司	成都市锣锅巷122号	610017	6622586
成都市物资回收公司	成都市锦江区芷泉街31号	610061	4458014
自贡市再生资源回收利用总公司	自贡市自井区解放路275号	643000	2203958
绵阳市再生资源回收利用总公司	绵阳市涪城路121号	621000	2225733
巴中地区废旧物资回收经营站	巴中市后河路	63500	0827-5220478
重庆市金属回收总公司	重庆市渝中区华福巷51号	400013	63850722
贵州省金属回收公司	贵阳市延安东路37号	550001	5822349
贵阳物资集团有限公司金属回收公司	贵阳市遵义路196号(加工厂:贵阳市富源北路3号)	550002	5867051
贵州省遵地区金属回收公司	遵义市万里路204号	563000	0852-8224157
毕节地区金属回收公司	毕节市环城路(娃娃圹)	551700	0857-8223701
六盘水市金属回收公司	六盘水市钟山区德坞镇	553003	0858-8223750

报废汽车回收拆解认证单位名录

单位名称	地址	邮编	电话
贵州省黔西南州金属回收公司	兴义市盘江路5号	562400	0859-3223589
铜仁地区物资再生利用公司	铜仁市城关新华北路1号	554300	0856-5223930
云南省物资再生利用总公司	昆明市环城西路78号	650031	0871-5322255
昆明市再生资源总公司	昆明市南屏街80号	650021	0871-3130578
保山地区物资再生利用公司	保山市永昌镇环城北路19号	687000	0875-2121420
昭通地区金属回收公司	昭通市龙泉路164号	657000	0870-2124887
红河州物资再生利用公司	开远市化建路八号	661000	0873-7123641
楚雄州物资再生利用公司	楚雄市北浦路17号	675000	0878-3122441
大理州物资再生利用公司	大理市建设西路60号	671000	0872-2171688
曲靖地区金属回收公司	曲靖市麒麟北路323号	655000	0874-3142821
文山州金属回收公司	文山县开化镇南桥156号	663000	0876-2122748
西双版纳金属回收公司	景洪市西路25号	666100	0691-2122226
昆明市物资利用总公司	昆明市环城南路296号	650011	0871-3133604
云南玉溪市物资(集团)物资再生利用有限公司	玉溪市玉江路33号	653100	0877-2025738
云南省临沧地区生产资料物资再生利用公司	临沧县凤翔镇圈掌街8号	677000	0883-2122985
云南省丽江地区物资总公司金属回收公司	丽江县大研镇新大街	674000	0888-5121913
云南省德宏州生产资料服务公司	德宏州潞西市为民路7号	678400	0692-2121497
云南省思茅地区金属回收公司	思茅市振兴南路	665000	0879-2123010
西藏自治区物资再生利用公司	西藏自治区拉萨市林廓北路6号	850000	0891-6335183
河南省金属回收公司	郑州市政七街四号	450003	0371-5930673
河南省开源物资回收有限公司	郑州市金水区纬五路12号	450003	5951992
郑州市金属回收总公司	郑州市二七区金海大道86号	450052	8983137
开封市金属回收总公司	开封市苹果园南路	475003	3931187
洛阳市金属回收总公司	洛阳市老城区环城西路16号	471000	3953469
安阳市金属回收总公司	安阳市铁西中州路中段	455000	3932360
新乡市金属回收管理总公司	新乡市建设路中段下河线1号	453002	3381145
焦作市金属回收总公司	焦作市新园路7号	454152	2629216
鹤壁市金属回收总公司	鹤壁市石旗街63号	458000	2626008
濮阳市金属回收总公司	濮阳市胜利东路116号	457000	0393-4416482
许昌市金回物资集团有限公司	许昌市新兴路24号	461000	3314058
南阳市再生资源有限公司	南阳市新华西路40号	473054	3157728
平顶山市金属回收总公司	平顶山市五条路九号	467021	3934936
河南省三门峡市金属回收公司	三门峡市大岭路北段7号	472000	2891392
济源市金属回收公司	济源市生产资料市场2号楼	454650	0391-6692183
商丘市金属回收公司	商丘市长征南路27号	476000	2211411
信阳地区金属回收总公司	信阳市工区路304号	464000	0376-6222815
周口地区金属回收公司	周口市人民路62号	466001	0394-8224892
驻马店地区金属回收总公司	驻马店市乐山路北段	463000	2913876
漯河市金属回收公司	漯河市南郊大荆庄	462000	0395-2123719
湖北省三利金属回收中心	武汉市武昌区徐东路117号	430077	6782054
武汉市物资再生利用总公司	武汉市江汉北路渣家村1号	430022	5795505
黄石市物资再生利用总公司	黄石市沿湖路568号	435000	0714-6354517
鄂州市金属回收总公司	鄂州市武昌大道285号	436000	0711-3864332
荆门市金属回收管理公司	荆门市月亮湖北路	449000	0724-2332550

报废汽车回收拆解认证单位名录

单　位　名　称	地　　址	邮编	电　话
十堰市第一金属回收公司	十堰市车站路九号	442000	8891796
宜昌物产报废车辆回收拆解有限公司	宜昌市中南路 7 号	443000	0717-6440328
襄樊市金属回收管理公司	襄樊市红光路 1 号	441001	0710-3442280
孝感市物资再生利用总公司	孝感市城站路 58 号	432100	2823523
荆州市物资再生利用管理总公司	荆州市沙市区北湖路	434007	8253782
黄冈市安发拆车厂	黄冈市黄州区余家垸村	436100	0713-8386256
咸宁地区物资再生利用公司	咸宁市温泉镇马桥路 9 号		0715-8255790
恩施州金属回收总公司	恩施市东风大道 38 号	445000	8223273
湖北省再生资源物资总公司报废汽车解体厂	武汉市江岸区湛家矶一街 319 号	430033	3760515
仙桃市金属回收公司	仙桃市仙源大道	433000	0728-3221690
天门市物资再生利用有限责任公司	天门市竟陵镇接官路 18 号	431700	5224540
潜江市金属回收公司	潜江市环城路 102 号	433100	0728-6240207
十堰市再生资源开发有限公司	十堰市人民南路 35 号	442000	8882534
随州市金属回收管理公司	随州市汉东路 43 号	441300	3224296
湖南省金属回收有限责任公司	长沙市五一中路 7 号	410011	2226660
湘潭市金属再生利用有限公司	湘潭市建设南路葩金路 4 号	411101	8528773
衡阳市金汇物资股份有限公司	衡阳市解放西路 62 号	421001	8852341
邵阳市物资再生利用总公司	邵阳市红旗路 92 号	422000	0739-5326495
岳阳市金属回收公司	岳阳市青年中路	414000	0730-8211836
株州市金属回收再生利用总公司	株州市荷塘区桂花路 38 号	412008	8413282
永州市金属回收总公司	永州市冷水滩区零陵中路 986 号	425000	0746-8412436
郴州市物资再生利用有限责任公司	郴州市解放路 84 号	423000	2223476
怀化地区金属回收总公司	怀化市人民北路 85 号	418000	2234786
常德市金属回收总公司	常德市洞庭大道东段	415000	7715595
湘西自治州金属回收总公司	吉首市光明东路 7 号	416000	0743-8222460
益阳市金属回收公司	益阳市化工南路 17 号	413000	4224198
娄底地区金属回收总公司	娄底市关家脑扶青路	417000	8315279
株洲市再生资源经贸中心	株洲市公园路 33 号	412000	8223918
湖南省再生资源总公司	长沙市南大路 92 号	410007	5555362
张家界市物资产业集团总公司报废汽车回收公司	张家界市大桥路 9 号	427000	0744-8223021
长沙市物资集团金属回收公司	长沙市车站南路 15 号	410014	5564980
广东省金属回收公司吉山分公司	广州市东圃吉山	510050	020-82278176
广东省金属回收公司加禾公司	广州市北郊加禾	510440	020-86093209
广州市金属回收公司购销部	广州市三元里沙冲北站	510400	020-86624047
广州市金属回收公司海珠分公司	广州市工业大道南 66 号	510288	020-84358537
珠海市物资再生利用公司	珠海市前山造贝村鹅槽山	519070	0756-8624311
汕头市物资再生利用总公司	汕头市光华路 85 号	515021	0754-8229283
韶关市金属回收公司	韶关市工业东路 28 号	512026	0751-8760127
河源市报废车辆金属回收公司	河源市新市区文明路 3 号	517000	0762-3333909
梅州市物资总公司老旧汽车回收站	梅州市东山大道贤母桥侧	514011	0753-2354281
惠州市金属回收公司	惠州市南坛北横街 4 号	516001	0752-2208454
广东报废汽车回收(拆解)加工中心	广州市新市 201 仓内	510410	020-86625521
东莞市物资再生利用公司	东莞市莞城镇运河西一路 16 号	511700	0769-2231443

报废汽车回收拆解认证单位名录

单位名称	地址	邮编	电话
中山市物资总公司物资再生利用公司	中山市石岐西区岐港公路大滘口	528401	0760-8612671
江门市物资股份有限公司	江门市江海路92号	529040	0750-3813023
佛山市金属回收公司	佛山市佛罗公路41号	528000	0757-2812533
顺德市金属回收有限公司	顺德市大良镇环市北路宝祥大厦地下3号	528300	0765-2281002
阳江市物资再生利用公司	阳江市二环路4号	529500	0662-3319599
湛江市物资再生利用公司	湛江市椹川大道西三路四号	524018	0759-2280278
茂名市金属回收公司	茂名市高山茂水路30号	525000	0668-2523418
肇庆市金属回收公司	肇庆市古塔北路10号二楼	526060	0758-2231208
云浮市金属回收公司	云浮市云城镇星岩二路61号	527300	0766-8828252
清远市金属回收公司	清远市清城区学宫街七号	511500	0763-3332488
潮州市金属回收公司	潮州市西河路21号	521011	0768-2293691
揭阳市金属回收公司	揭阳市东山区市公安局西侧	522000	0663-8737738
南海市物资再生利用公司	南海市佛平路2号	528200	0757-6220241
南海市物资回收公司	佛山市南堤路45号之二首层	528000	0757-2285895
新会市物资回收公司	新会市会城镇南隅路六巷六号	529100	6663901
英德市废旧物资回收公司	英德市浈煤北路	513000	2222164
广东省广仁旧机动车报废更新有限公司	广州市中山一路64号	510080	87757429
深圳市金属回收公司	深圳市人民北126号物资大厦13楼	518025	2287493
深圳市宝安区废旧物资回收公司	深圳市宝安区三区龙井路物资大楼	518101	0755-7788750
广西金属回收有限责任公司	广西南宁市思贤路三十七号	530022	0771-5864174
柳州市金属回收管理公司	广西柳州市湾塘路60号	545001	0722-2825084
桂林市金属回收管理总公司	广西桂林市沙河路七号	541002	0773-3838244
柳州市物资回收公司	柳州市解放南路170号	545001	2824469
柳州地区金属回收管理总公司	广西柳州市三中路155号	545001	0772-28122313
桂林地区金属回收总公司	广西桂林市中山北路金惠大厦	541001	0773-2836846
柳州地区物资回收公司	广西柳州市柳邕路132号4－1	545005	0772-3827746
南宁市金属回收有限公司	广西南宁市朝阳路19号	530012	0771-2804981
梧州市物资再生利用总公司	广西梧州市新兴一路4号	543002	0774-3827137
百色地区金属回收管理总公司	广西百色市玉屏巷9号	533000	0776-2824547
桂林市物资回收总公司	桂林市四会路34号	541001	2603403
梧州市物资回收公司	梧州市五坊路六号	543000	0774-2823119
广西玉林地区金属回收总公司	广西玉林市城站路77号	537001	0775-3832494
广西钦州市金属回收管理总公司	广西钦州市钦州湾大道	535000	0777-2825244
海南省物资再生利用公司	海口市龙华路18号	570102	
上海拆车厂	宝山区友谊路322号	201900	56692318
上海市物资回收利用公司汽车拆旧站	上海市虹口区韶嘉路3号	200434	65427425
上海莘庄拆车厂	沪闵路5782号	201100	64881344
上海公交实业公司拆车厂	上海市何家湾路1号甲	200434	65425164
上海金山拆车厂	上海市金山区松隐镇松后路1号	201504	57381296
上海东方汽车销售公司拆车厂	浦东新区孙桥镇十村川北公路4988弄8号	201203	58570844
上海华金拆车站	上海市石化北区板桥路口	201512	57262927
上海浦东拆车厂	上海市南汇县康桥镇秀龙村壹组	201315	58121101
上海华建拆车厂	沪闵路余阳东路16栋	201109	64902727
上海曹王拆车厂	加定区曹王镇北首	201800	

报废汽车回收拆解认证单位名录

单位名称	地址	邮编	电话
上海市堡镇拆车厂	上海崇明县堡镇大通路223号	202157	59421472
上海梅山冶金公司工业总厂	南京中华门外新建	210039	6710834
江苏省拆船再生总公司	南京市中山北路382号	210003	3426445
南京市物资回收公司报废汽车回收业务部	南京中央门外窑上村189号	210028	5501388
南京报废汽车联合回收站	南京市水关桥头42号	210015	8801889
江苏省物资回收利用总公司	南京市马台街137号	210009	3210572
常州市金属回收总公司	常州市元丰桥6号	213003	8106982
徐州市物资再生利用总公司	徐州市中山北路170号	221005	3574541
镇江市华东物资再生利用有限责任公司	江苏省镇江市环城路38号	212033	4422642
扬州市拆船再生总公司	扬州市通扬东路2－1号	225001	7813266
盐城市物资供应总公司	江苏省盐城市建军桥南河边15号	224001	0515-8248893
南通物资再生拆船公司	南通市任港路透67号	226006	3512728
苏州市物资再生总公司	苏州市南环西路25号	215007	8220299
淮阴市金属回收有限公司	淮阴市淮海西路123号	223001	3661378
宿迁市振宿金属回收有限公司	宿迁市运河路27号	223800	4213118
连云港市物资再生利用拆船总公司	连云港市新浦区解放东路178号	222002	5452679
无锡市金属回收公司	无锡市中山路69号	214001	2703077
江苏省常塾市物资再生利用总公司	常塾市海虞南路87号	215500	0520-2797772
宁波市金属回收总公司	浙江省宁波市环城北路453号	315020	7356221
慈溪市金属回收公司	浒山镇慈百路331号	315300	3813585
安徽省物资集团再生资源开发利用公司	合肥市芜湖路258号	230061	0551-3632558
六安地区物资再生利用公司	六安市磨子潭路35号	327008	3213700
铜陵市物资再生利用有限责任公司	铜陵市铜芜路近城村	244000	2837546
安徽省庐江县物资再生利用公司	安徽省庐江县城军二西路	231500	0565-7322650
蚌埠市物资再生利用总公司	蚌埠市大庆路107号	233010	0552-4926187
滁州市物资再生利用有限公司	滁州市交通路22号	239000	0550-3026737
黄山市物资再生利用公司	黄山市屯溪长干东路139号	245000	0559-2313926
马鞍山市物资集团再生资源利用有限责任公司	马鞍山湖北路30号	243000	0550-2474150
马鞍山市物资回收公司	马鞍山市幸福路129号	243021	28158663
芜湖市金鑫再生资源采购供应站	芜湖市芜宁路化鱼山	241000	2815863
芜湖县物资回收公司	芜湖市芜屯路开发处	241100	8811997
厦门市金属回收有限公司(原物资再生利用公司)	厦门市厦乐路819号中座四楼	361004	2200157
江西省物资再生利用总公司	南昌市八一大道436号14楼	330006	6821629
南昌市金属回收总公司	南昌市广场南路12号(物资大厦六楼)	330003	6214319
宜春地区物资再生利用总公司	宜春市宜万路18号	336000	3226734
江西省赣州地区物资再生利用公司	赣州市红旗大道31号	341000	0797-8221009
九江市物资再生利用总公司(报废汽车回收公司)	九江市长虹北路62号(战略路)	332000	0792-8585535
上饶地区金属回收公司	上饶市解放路198号	334000	8220378
吉安地区物资再生利用总公司	吉安市井冈山大道60号	343000	0796-8326447
南昌市再生资源总公司	南昌市李家巷2号(沿江南路601弄4号)	330008	5215207
抚州地区老旧汽车更新改造公司	临川市大公路104号	344000	8282127
新余市物资再生利用公司	新余市赣新东路53号	336525	6430064

报废汽车回收拆解认证单位名录

单　位　名　称	地　　　址	邮编	电　话
萍乡市金属回收总公司	萍乡市西环路透社 98 号	337000	6333152
景德镇市金属回收公司	景德镇市珠山中路 14 号	333000	8222050
江西省鹰潭市物资再生利用公司	鹰潭市三二〇国道上桂段(顺安加油站隔壁)	335000	6462165
江西省再生资源总公司	南昌市省政府大院南一路	330046	6224944
九江共茂报废汽车回收利用公司	九江市八里坡	332000	0792-8564396
吉安地区再生资源经营中心	吉安市跃进路 26 号	343000	8322085
萍乡市再生资源公司	萍乡市跃进路 35 号	337000	6334202
抚州地区再生资源总公司	临川市牛角路 42 号	344000	0794-8218713
山东省报废汽车回收拆解加工中心	济南市南大槐树北街 196 号	250022	0531-7956141
山东嘉豪机动车报废拆解有限公司	济南市北园路 69 号	250014	0531-8541839
济南市物资再生利用总公司	济南市外平街 8 号	250001	0531-6057030
烟台市万联报废车辆拆解有限责任公司		264000	0535-6256907
日照市物资再生综合利用公司	日照市日照南路 48 号	276800	0633-8224813
威海市再生拆船有限公司	威海市纪念路 19 号	264200	0631-5225118
临沂市茂泉资源综合利用有限公司	临沂市临西一路 159 号	276004	0539-8163028
潍坊市物资利用总公司	潍坊市胜利西街 341 号	261011	0536-8324302
淄博市社会福利综合厂	淄博市张店潘南西路四号	255020	0533-3170385
山东省东市物资再生利用总公司	东营市东区淄博路西首	257088	0546-8224333
滨州鲁物废车拆解金属回收有限公司	滨州市黄河六路 510 号	256600	0543-3360952
泰安市物资再生利用总公司	泰安市荣院东路 1 号	271000	0538-8412125
枣庄市汽车拆解中心	枣庄市中区龙山路	277131	0632-3392135
聊城市物产金属回收有限公司	聊城市建设东路 13 号	252600	0635-8321173
莱芜市物资再生综合利用总公司	莱芜市鹏泉东大街 73 号	271100	0634-6214670
德州市汽车设备更新回收拆解中心	德州市德城区健康路 9 号	253000	0534-2623268
济宁市鲁南金属回收有限责任公司	济宁市火车站南路	272127	0537-2390409
荷泽物资集团总公司物资再生综合利用公司	山东荷泽市人民路中段	274012	0530-5334857
青岛市物资综合开发利用公司	青岛市四方区 308 国道 241 号	266100	0532-7616195
青岛市属回收加工厂	青岛市城阳区流亭镇仙家寨村北	266108	4816071
青岛金属集团有限公司金属回收加工厂	青岛市顺昌路 8 号	266032	4855551
青岛市报废汽车回收(拆解)中心	青岛市小白干路 579 号	266001	3819317
辽宁物资再生利用大连有限责任公司	大连市甘井子区中沟街 388 号	116034	6587204
沈阳市报废汽车回收公司	沈阳市东陵区文储西路 8 号	110045	6670751
沈阳市机电设备总公司废旧汽车回收分公司	沈阳市铁西区北一西路十九巷八号	110026	5821127
鞍山市汽车回收厂	鞍山市千山区大孤山镇高官岭村	114005	5830295
抚顺市金属回收总公司	抚顺市新抚区中央大街 15－2 号	113008	2624722
本溪市报废汽车接收站	本溪市明山区明山路孤山街	117000	4834038
丹东市金属回收总公司	丹东市振兴区人民路桃南小区 2 号	118002	3132445
锦州市金属回收联营公司	锦州市凌河区兰花里 103 号	121003	2811229
营口市物资再生利用总公司	营口市站前区南窑街南窑里 4 号	115000	2832672
阜新市金属回收公司	阜新市海州区振兴路 40 号	123002	2855615
辽阳市金属回收总公司	辽阳市文圣区草苍街 4 号	111000	4121382
铁岭市物资再生利用有限责任公司	铁岭市银州区城南	112000	2653525
朝阳市金属再生利用中心	朝阳市友谊大街 2 段 42 号	122000	2813748
盘锦市金属回收总公司	盘锦市双台子区六里河北	124000	3584653

报废汽车回收拆解认证单位名录

单　位　名　称	地　　址	邮编	电　话
葫芦岛市金属回收总公司	葫芦岛连山区兴工街30号	125001	2125870
辽宁报废汽车回收公司	沈阳市和平区三好街54号	110003	23892836
沈阳物资再生利用公司	沈阳市皇姑区黑龙江街22号	110032	86854174
大连市物资再生利用总公司	大连市甘井子区华北路429号	116033	0411-6583108
大连开发区物资再生利用公司	大连开发区新开路34号	116600	7635442
大连市金州区物资再生利用中心	金州区国防路1号	116100	7806535
瓦房店市物资再生利用公司	瓦房店市西长春路西段18号	116300	5662698
庄河市机电物资再生有限公司	庄河市向阳路文化286号	116400	8616718
普兰店市再生利用中心	普兰店市丰荣办事处南山路328号	116200	9612419
吉林省金属回收有限责任公司	长春市人民大街112号	130021	8952367
长春市报废汽车回收中心	长春市青岗路65号	130052	7912144
吉林市金属回收总公司第三经营公司	吉林市江南大长屯荣光路95号	132013	4622994
白山市金属回收有限责任公司	白山市八道江区红旗街20号	134300	3326027
白城市东利物资再生利用有限责任公司	白城市白平公路35号	137000	3325390
延边物资再生利用有限责任公司	延吉市延南街延南路65号	133001	2815736
通化市金属回收公司	通化市建设大街89号	134000	0435-3617355
大庆市物资再生利用总公司	大庆市萨尔图区勤奋村	163211	0459-6324003
大庆石油管理局闲置设备调剂中心	大庆市让胡路区西宾路7号	163453	5591101
双鸭山市物资再生利用有限责任公司	双鸭山市尖山区长安路	155100	4223780
鹤岗市物资再生利用公司	鹤岗市工农区西解放路84号	154101	3346195
绥化地区金属回收公司	绥化市中宜北路159号	152000	0455-8224878
鸡西市物资再生利用公司	鸡西市鸡冠区腾飞二段	158100	2670792
佳木斯市物产再生利用总公司	佳木斯市永红区解放路16号	154004	8443666
牡丹江市物资再生利用总公司	牡丹江市爱民区东新荣街半厂路45－3号	157009	6823133
齐齐哈尔市物资再生利用公司	齐齐哈尔市龙沙区平阳街2号	161005	2425328
哈尔滨市物资再生利用总公司	哈尔滨市道里区西五道街42号	150010	0451-4615605
黑龙江省物资再生利用总公司	哈尔滨市南岗区民益街39号	150001	3635063
天津市物华机动车回收经营有限公司	天津市北辰区刘房子村	300400	26647416
天津市津煤达物资综合利用有限公司	天津市河西区浦口道22号	300023	23304938
河北省报废汽车拆解中心	石家庄市北二环西路20号	050041	7026807
石家庄废旧汽车专营公司	石家庄市长安区丰收路39号	050041	6825020
承德市物资再生利用总公司	承德市翠桥南2号	067000	2065468
唐山市物资再生利用总公司	唐山市南陈庄	063000	2823720
张家口市物资再生利用总公司	张家口市桥东区胜利路叉道桥南	075000	4052404
秦皇岛市废旧机动车拆解市场	秦皇岛市海港区东王岭韩庄南	066001	0335-3016273
保定市报废汽车专营公司	保定市东风东路57号	071000	0312-5069746
衡水市物资再生利用公司	衡水市和平中路27号	053000	0318-2023139
衡水市物资回收公司	衡水市和平东路11号	053000	0318-2022438
邯郸市第一物资再生利用总公司	邯郸市海河路47号	056001	6026198
邯郸市物资回收利用总公司	邯郸市陵西北大街224号	056002	0310-3037005
沧州市物资再生利用总公司	沧州市十三化建东侧	061000	3061186
邢台市金属回收总公司	邢台市新兴东路11号	054001	31810743
内蒙古物集金属回收有限责任公司	内蒙古呼和浩特市呼伦南路118号	010020	6923559
包头市金属回收总公司	包头市钢铁大街38号	014030	5153826

报废汽车回收拆解认证单位名录

单位名称	地址	邮编	电话
乌海市金属回收总公司	乌海市海勃湾区新华大街	016000	2024683
赤峰市金正报废汽车回收有限责任公司	赤峰市红山区建材路南段	024000	8356759
内蒙古包头物资回收集团股份有限公司	包头市东河区南门外大街 23 号	014040	4143336
内蒙古呼伦贝尔盟中金物资再生有限公司	海拉尔市胜利街明国路	021008	8221643
哲里木盟金属回收公司	通辽市霍林河大街新工二路东侧	028000	8232193
内蒙古伊盟物资再生开发公司	东胜市乌审东街六号	017000	8324118
内蒙古乌盟荣盛物资再生利用有限责任公司	集宁市福利区福利街 5 号	012000	8285579
内蒙古兴安盟振兴物资再生利用公司	乌兰浩特市工农路 31 号	137400	8310862
呼和浩特市金属材料再生利用公司	呼和浩特市东站东街 179 号	010050	6968904
内蒙古巴盟物资再生利用公司	临河市滨河街建材路 6 号	015000	8212448
内蒙古长江物资再生资源开发中心	锡林浩特市楚古兰区物资大楼	026000	8223781
满洲里市金属回收公司	满洲里市道北四道街 58 号	021400	6223700
巴盟再生资源综合开发公司	内蒙古巴盟临河市铁路立交桥南	015000	8215953
山西省物资再生利用总公司	太原市胜利西街 236 号	030009	0351-3045785
太原物产集团物资再生利用有限公司	太原市大同路 27 号	030009	3048503
大同市物资再生利用总公司	大同市大庆路前进街 3 号	037006	0352-2105697
大同市第二物资再生利用总公司	大同市雁同东路 3 号	037044	6028253
阳泉市物资再生利用总公司	阳泉市洪城路 79 号	045008	0353-4042095
长治市物资再生利用集团公司	长治市长邯路 5 号	046001	0355-2025897
晋城市物资再生利用总公司	晋城市泽州路物资大楼三楼	048000	0356-2023648
朔州市物资再生利用有限责任公司	朔州市市府东街东端	038500	0349-2023985
忻州地区物资再生利用总公司	原平市京原南路 8 号	034100	0350-8220958
吕梁地区物资再生利用公司	吕梁地区离石市新华街 70 号	033000	0358-8223560
晋中地区金利华物资再生利用有限公司	榆次市柳南街 16 号	030600	0354-2425992
临汾地区物资再生利用总公司	临汾市鼓楼北大街 586 号	041000	0357-2013030
运城地区物资再生利用总公司	运城市红旗西街 664 号	044000	0359-2022643
四平市老旧汽车报废中心	四平是铁东南五纬路 48 号	136001	3389149
厦门市物资回收总公司	厦门市开元路 252 号	361001	2025350
廊坊市物产企业集团废旧汽车经营有限公司	廊坊市建设路 4 号	065000	2622665
廊坊市废旧物资回收公司	廊坊市光明东道 59－1 号	065000	0316-2028400
伊梨州物资回收公司	伊宁市解放路 14 巷 1 号	835000	8125752
喀什地区物资再生利用公司	喀什市机场路 3 港 2 号	844001	2821817
贵州省安顺地区金属回收公司	安顺市外环西南路 4 号	561000	0853-3222347
贵州省黔南州金属回收公司	都匀市剑儿南路 147 号	558000	0854-8223621
贵州省黔东南州金属回收公司	凯里市北京西路 65 号	556000	0855-8223055

11

第十一部类：汽车零部件

汽车零部件

QI CHE LIN BU JIAN

一汽大连柴油机厂

【概况】 大连柴油机厂是我国最早研制柴油机和车用柴油机的国有大型企业之一，创建于 1951 年，迄今已半个世纪。正因为有了 50 年的发展和历史积淀，奠定了 50 万台的基础，才有了今天的发展局面和良好态势；也正是在 1986 年加入一汽集团以后，大柴得到了飞速发展，主导产品 CA6110 也是在这期间生产出来的；而第 1 台 CA6DE1 是在总结 50 万台 CA6110 生产经验的基础上开发出来的。从这四个数字就可以初步领略到一汽大柴的发展历史和辉煌业绩。大柴是在计划经济体制下诞生、发展、壮大的。伴随着改革开放以及市场经济体制的建立，经过自我不断的调整、变革，才有了今天这种良好的发展局面，并呈现出勃勃生机。特别是近十几年来，大柴进入了快速发展的辉煌历史时期。1999年，产销突破 5 万台，销售收入突破 10 亿元，实现利润 1.3 亿元；2000 年，产销突破 7 万台，销售收入近 15 亿元，实现利润 1.68 亿元；2001 年产销突破 8 万台，销售收入突破 20 亿元，实现利润 2.5 亿元；目前，大柴产品社会保有量达到了 50 多万台。大柴之所以能够发展到今天的局面，主要得益于改革开放，根本在于改革与创新、改革与调整，始终贯穿着一汽大柴 50 年发展的主线。

自改革开放以来，我国的生产力得到了极大的解放，社会发展和国民经济建设进入了前所未有的繁荣时期。也正是改革开放的大潮，让一汽大柴这个老国有企业重新焕发出生机。

1986 年，大柴正式加入一汽集团，当年就减亏 200 多万元，从 1988 年开始至今，以年均 30% 的幅度高速增长。不仅实现了产能的大幅度提高，更关键在技术创新与产品开发的能力上实现了质的飞跃。已下线的全新产品 CA6DE1 是当前国内真正能够满足欧Ⅰ标准的产品，并且具备了达到欧Ⅱ的基础和条件；在满足排放标准的同时，燃油经济性有了很大的提高，百公里油耗比老产品下降了 3 升，下降幅度达 12% 以上；产品的各项性能均达到了国际同类产品先进水平。CA6DE1 型柴油机的成功开发，标志着一汽大柴的技术水平和产品水平实现了从量变到质变的飞跃，标志着大柴的管理水平达到了一个新的高度。

大柴加入一汽，不仅仅实现了资产有效重组，也实现了人力资源与技术资源的有效重组；不仅仅为产品找到了可靠的稳定的市场，更重要的是实现了与整车的同步发展，促进了整车品质的提升和竞争力的提高。

【改革创新添活力】 一汽大柴具有年过半百的沧桑和成熟，但同时由于刚刚步入市场经济，又具有年轻人的活力和幼稚；50 年的历史，沉积了雄厚的技术基础、文化底蕴与创新精神，但在某些方面由于受陈旧的思想观念和传统习惯的制约与束缚，需要更加全面、彻底的改革与创新。

1999 年大柴正处于鼎盛时期，从 1999 年开始，大柴走上了全面彻底的改革之路。"生命在于运动"，企业生命力在于变革，要随着外部环境的变化而不断调整自身的结构，以适应外部环境的变化。

经过几年的大胆探索与实践，在借鉴国内外先进管理模式和经验的基础上，一汽大柴目前建立起了激励机制、成长机制、自我约束机制三大机制。在思想观念上得到了彻底的转变，在经营理念和服务理念上发生了深刻的变化。

流程再造，是一汽大柴管理创新的又一创举。流程再造就是“对企业的业务流程做根本性的思考和彻底重建”，其目的是“在成本、质量、服务和速度等方面取得显著的改善”，以适应市场经济要求和入世的挑战以及企业的长远发展需要。流程再造关键是改变老的国有企业几十年来形成的思维方式、行为习惯和管理模式。

通过流程再造的成功实施，一汽大柴目前已建立起核心业务流程，已完成了对物流流程、采购流程、标准成本核算流程的再造，正在实施设备维修流程再造。仅通过物流中心的建立，2000 年库存资金就比上年下降了 1023 万元。

【迎接挑战推进合作】 2001 年，中国加入世贸组织，入世后，中国的市场经济机制将更加完善，政府管理模式、有关政策法规也将逐步与国际接轨，市场秩序和竞争规则将得到彻底的改善；企业对外合作的机会更多了，领域更开阔了，市场领域包括采购范围也将扩大到全球，这就是我们所说的机遇所在，关键是企业要充分加以利用这些有利条件。

当然，现实也是非常严峻的，企业不能恐慌，不能乱了阵脚。在任何情况下，都要按照企业自身发展规律，完善经营机制，提高管理水平，提高核心竞争力。一汽大柴的应对策略是“沉着迎接挑战，稳步推进合作”，发展策略是“产品做精，企业做强”。

“沉着应战”，首先是思想观念、管理模式与运行机制的根本性转变，通过运用信息化手段，全方位实现管理上的创新和突破，全面提升管理水平，在很大程度上跟国际管理模式接轨。

其次，在企业规模与生产能力上处于一定的优势。8 万台的生产规模和能力，在国际上生产商用车发动机企业当中也是少有的，这是一汽大柴生产和制造能力的集中体现。另外，50 万台的社会保有量以及遍及全国的营销和服务网络，足以证明大柴在用户当中的信誉度和信任度。

第三，具备技术创新与产品开发的技术与人才的储备。一汽大柴按照“预见性地满足顾客需求和期望”的目标，建立了以技术社会化为依托的技术创新体系，构建一个技术创新网络。CAD、CAM、数控技术、柔性制造等先进技术的应用，使产品设计、试验、试制的速度和水平实现了质的转变，核心竞争力大大增强。

与此同时，一汽大柴已经确定了发展、创新、开放的共有价值观，构筑了人力资源开发平台，建立起一支富有创新意识的科技人才队伍。近两年一汽大柴从社会引进了 4 个博士和 1 个博士后，并且建立了博士后工作站。

国内柴油机企业就目前的实力来说，还不具备抵御来自外界的迅猛冲击，因此要做好对外合作的各项准备，特别是在观念转变和制度创新方面，要提前做好准备。通过合资合作，不仅可以大大提高企业制造加工能力与水平，更重要的是可以带给企业先进的经营理念，使其能够在最短的时间内在观念和机制上得到根本性的转变和提高。

（王立佳）

广西玉柴机器股份有限公司

【概况】 广西玉柴机器股份有限公司（以下简称玉柴）创建于 1951 年，最早从事手工业品生产，在 20 世纪 50 年代末进入柴油机行业。到 80 年代初，玉柴设备还很落后，厂房破旧，缺乏应有的发展后劲，企业亏损。在这种背景下，玉柴更换了新领导班子，审时度势，紧紧抓住车用柴油机供不应求的机遇，及时扩大车用柴油机生产规模。到 1989 年，玉柴在全国内燃机行业的排序，已跃至榜首。

20 世纪 90 年代初，玉柴面临着二次发展问题，关键是缺资金。和许多企业不同的是，玉柴没有等、靠、要，而是积极探索吸纳境内外资金的途径，成功地把国有企业改造成为股份制企业，定向募集企业法人股 8000 万股，募集股金 2.4 亿元。此后，美国、新加坡、澳门等国家和地区的投资者纷至沓来，玉柴引进 5220 万美元外资，改造为中外股份制企业。1994 年 12 月，中国玉柴国际股份有限公司的股票在美国纽约正式上市，募集资金 7500 万美元。到 1995 年，玉柴完成了 23 亿元的投资，建成国内最大的内燃机生产基地。公司的重中型车用柴油机生产能力在世界上居第二位，仅次于日本五十铃公司。

【科技创新造就市场优势】 在产品设计中，玉柴破除定格化的观念，遵循“超前构思、主动更新、循环完善”原则，力争实现“生产一代、试制一代、研究一代、构思一代”，保持玉柴产品在市场上的竞争优势。

对名牌产品 YC6105 柴油机，玉柴进行了数百次的改进和完善，其型号从 YC6105Q 发展到 YC6105QA、YC6105QC，这一过程玉柴自豪地称为“Q、A、C”进行曲。同时，YC6105 年产量从 1000 台发展到 70000 台，曾占据了全国车用柴油机市场份额的 49%。随后，玉柴又与国内外科研院所合作，继续开发出 YC6108Q、YQC6108ZQ、YC6108ZQB、YC6112ZQ、YC6112ZLQ、YC4110Q、YC4108Q 等产品。如今，玉柴已经形成了轻、中、重型柴油机并举和柴油、电控、双燃料发动机并存的多品种宽系列的格局，所有产品达到欧Ⅰ排放标准，部分产品达到欧Ⅱ标准。新老产品争奇夺艳，成为玉柴发展的“王牌动力”。

【以品牌实现跨行业跨区域发展】 随着经济全球化和新经济时代来临，市场竞争的终极将是品牌间的较量。1996年，玉柴和一家公司合作生产“玉柴牌”高级润滑油，产品一度供不应求。这一“意外”的收获让玉柴领导感受到了品牌的力量。

随后，一批被注入“玉柴”品牌资源、符合现代企业制度要求、适应市场需要的公司迅速崛起，并成为拓展企业发展空间的重要力量。中国环保产业有限公司就是玉柴与华星集团公司共同组建的企业，该公司在成立后不久，一举承揽了中国最大的海水淡化工程和中国最大的苦咸水淡化工程。两项工程的成功实施，显示了玉柴环保产业的前景。

为了对付“三角债”问题，玉柴主动接纳汽车厂以车抵柴油机货款的业务，利用玉柴的品牌资源，开发汽车租赁、销售、上牌等新业务。玉柴机电公司发展迅速，2001年已实现销售收入4亿多元，创利税1700多万元，成为玉柴的龙头企业之一。

按品牌扩张“低成本，高起点”的思路，玉柴先后兼并、控股了海南大金轮实业有限公司和辽宁葫芦岛市8271厂。作为玉柴机器股份有限公司的配套企业，海南玉柴公司生产发动机零配件。作为中国惟一有能力批量生产高科技过滤膜的企业——葫芦岛玉柴北方膜工业有限公司为中国环保产业公司提供膜元件。产业结构互补交叉，形成了一个多元的完整体系，成为玉柴的有力支撑。

今日玉柴已由一个手工业社发展为中国最大的内燃机生产基地、中国最大的小型工程机械出口基地、惟一的中国环保产业基地和西南最大的汽车销售基地。

【“王牌”服务】 早在80年代中期，玉柴便制订了具有前瞻性的服务宗旨，即现在式服务宗旨：“倾我所有、尽我所能、竭诚用户、诚信天下”和未来式服务宗旨“最大限度地集合最优，最大限度地集合最佳，把我国国情有可能造就的最优和最佳集合起来，通过玉柴送至用户，献给社会”。玉柴服务宗旨现在式和未来式并存，反映的是服务质量不断提高的动态过程。玉柴人认为，“用户在购买产品的同时，便购买了该产品的服务，服务不是企业对用户的恩惠，服务不是对产品质量的弥补。”为此，玉柴在实践中树立了“无遗漏服务”，“量化承诺服务”、“个性化服务”等新型观念。

经过十多年的努力，玉柴在国内外已建有28个销售服务办事处、460家外驻（委托）技术服务站，并和汽车厂、经销商联合，形成了一个国内服务半径小、网点多、功能齐全的立体式服务网络。同时，玉柴还向用户庄严承诺：长江以南12小时、长江以北24小时内，服务准时到位，如在规定的时间内用户得不到服务，每迟到1小时赔偿30元。在此基础上，玉柴成功探索出了各种形式并存的服务模式，以适应用户不同的个性化需要。

未来全球化的竞争就是企业服务品牌的竞争，服务工作的战略地位将由此上升为企业的核心竞争力，这种变革的方向就是建立体现用户个性需要的差异化服务体系。它不仅是对用户负责的集中体现，也是对“用户就是上帝”认识的深化。

（李伟）

东风汽车股份有限公司
柴油发动机公司

【为消费者服务的企业理念】 东风汽车股份有限公司柴油发动机公司（以下简称东风柴发）主要生产东风康明斯柴油机，为东风汽车及其他货车、客车、工程机械配套。2001年，“东风康明斯”产销达82000台。随着企业深化改革，东风柴发适应现代企业制度，建设出一整套新的理念也就是东风柴发企业文化建设的基本框架——为股东创造利润；为用户创造效益；为员工创造机会；为社会创造财富；依法经营；对环境负责；实践可持续发展战略；与合作伙伴共同发展；全球战略。

东风柴发就是靠这种无形资产使其有形资产价值得到了升值，使“东风康明斯”的精品名牌形象迅速风靡市场。新的企业理念改变了传统的经营模式，同时促成了一个世界级品牌的产销量的迅速裂变。

【让消费者赚钱的好产品】 柴发人认为：“市场竞争实际上比的是企业实力，如果企业不赚钱，谈何竞争力。”一个成熟的消费者看重的是产品的性价比，而不仅仅是价格。以“东风康明斯”大B系列柴油机为例，它在市场上比同档产品贵许多，但仍然供不应求。有很多人认为这么贵的发动机肯定只有东南沿海发达地区的消费者才会买，而事实恰恰相反，30多万台累计销量中最大的用户群在云贵高原、川藏线和青藏线，仅云贵高原就有近10万台。为什么相对贫困、环境恶劣的地区更钟情贵机器呢？是因为资金越紧张就越看重发动机的性价比。B系列机有几大特点：一是节油，用户普遍反映“东风康明斯”比同类机型百公里节约用油2升以上，使用一年，就可节约上万元油费；其二，机器动力性、起动性、可靠性好，使用时故障少，维修费少，用的也舒心。而环境越恶劣，机子的优越性能发挥。性价比好，既给了消费者实惠，企业也赚了钱。

在产品开发同步工程上，东风柴发积极与配套厂家合作，请消费者“设计”产品，使“东风康明斯”B系列发动机扩展到300多个品种，可广泛应用于载货车、客车、工程机械、发电机组和船舶动力，功率覆盖范围从55马力到230马力，实现了“东风康明斯”为不同需求消费者赚钱的目的。

【消费者放心的服务网络】 “东风康明斯”是从美国康明斯公司引进的技术，经过10年严格的国产化过程，已成为国内替代进口的优选机型。柴发人认为：“成功的企业不仅要生产世界一流的产品，而且要创造世界一流的服务。”在这种新的理念指导下，东风柴发首先选择以“精品名牌服务工程”为突破口，来弘扬品牌形象和企业形象，激活潜在市场。

首先是建立全国销售服务网络，在这里也体现了新的理念，“培养销售服务的忠实代表，培养‘东风康明斯’的终身用户。”“把实惠给服务才能把满意送给用户。”“销售柴油机结束正是服务的开始。”各地服务站是企业的“一线”，是企业社会责任的延伸机构，是东风柴发的利益共同体。

观念创新使建站制度落实不到半年，前来竞争特约服务站的维修企业趋之若鹜，东风柴发不用一分钱投资，却在短短半年内吸引了数百家车界维修业精华加盟“东风康明斯”服务网络；又用不到一年时间完成了企业产品面向国内市场的全面渗透，此时直接面向用户销售服务的“东风康明斯”特约服务站达到450家，协约站达到1200家；只用了不到两年时间就把十几万潜在用户变成了现实用户，从而拉动了产量连续翻番，也催动了扩大再生产投资提前到位。

东风柴发质量承诺：90%的柴油机30万公里无大修；50%的柴油机50万公里不大修；70万公里不大修者，免费更换同类型新机；1万公里内严重制造质量问题更换新机；2万公里内严重制造质量问题更换基础机。东风柴发服务承诺：维修、服务实行24小时值班，全天候服务；用户来人、来电、来函24小时内及时给予接待处理；用户质量保修和紧急调件24小时内落实；用户故障求援，在接到信息起24小时内出发；未能在规定的时间内完成对用户的售后服务，每超过1小时，赔偿用户30元（人民币）；车用柴油机保修一年半以内的12万公里（以先达到者为准）；工程机械、发电机组用柴油机保修两年以内的2400小时（以先达到者为准）。

万向集团公司

【概况】 万向集团公司始创于1969年，在公司创始人鲁冠球的带领下，经过30多年的艰苦创业，现已发展成为国务院120家试点企业集团和国家520户重点企业之一。2001年实现营收86.3亿元，利税9.25亿元，出口创汇1.78亿美元，同比分别增长27.47%、38.18%、33.23%，超额完成了“奋斗十年添个零”的年度增长目标，公司“十五”战略实施取得开门红。30多年来，万向致力于汽车零部件的制造与销售，产品从零件到部件，到系统总成，已发展成为拥有自主开发能力、核心制造技术、完备检测手段的汽车零部件专业生产基地。万向制造的系列汽车零部件产品有：轿车等速驱动轴系列、轿车减震器系列、汽车制动器系列、汽车传动轴系列、汽车轴承系列、特种轴承系列、汽车万向节十字轴总成系列、汽车橡胶密封件系列、滚动体系列及汽车底盘系统、悬架系统、转向系统等系统总成产品。公司产品在1998年通过QS9000质量体系认证注册，是美国通用、福特汽车公司的定点配套分供方之一。公司目标是建设成为全球汽车零部件的制造中心和系统供应商。

【国内市场的拓展】 2001年度，万向集团积聚核心战略能力，以“万向制造”为核心，推进汽车零部件市场建设，经营业绩稳步攀升。围绕企业的“1+2+2+1”市场战略目标，加快系统零部件主机配套生产的步伐。2001年万向集团在国内十大主要汽车主机厂的业务增长80%以上，万向钱潮获评2001年度神龙公司优秀供应商，实现了“万向制造”的系列产品为神龙配套；为哈飞实现从零件、部件到系统部件的模块化配套；变速箱轴承、圆锥轴承为上海汽车配套；等速万向节、制动器为一汽海南配套，被认定为A级供应商等。围绕主业市场规模的扩大和市场占有率的提高，充分发挥万向的资本、技术、管理等综合实力，寻求机会实施兼并、收购与重组，加快实现与国内主机厂家的同步发展。2001年2月7日，由万向钱潮股份有限公司和南京跃进汽车集团共同出资组建的南京万向传动轴有限公司正式成立。2001年12月21日，整体收购安徽淮南轴承厂，成立了淮南万向特种轴承有限公司。

【国际市场的拓展】 2001年，万向集团国际市场拓展成效显著。8月28日，万向集团成功收购美国UAI上市公司（全称Universal Automotive Industries INC.）21%的股份，成为第一大股东。此次收购开创了中国乡镇企业收购海外上市公司之先河，实现了跨国界的市场融通、技术共享和优势互补。与此同时，万向集团与铁姆肯等多家国际知名零部件公司达成在全球制造一体化合作意向，万向节、传动轴等专业产品分别成为福特等国外大公司的配套供应产品，国际市场份额与档次有了明显提升。2001年12月26日，万向美国公司正式迁入位于美国伊利诺伊州爱琴市的万向海外营运总部。新大楼占地面积9.9万平方米，建筑面积5.03万平方米，其建成启用再次提升了万向的海外形象。

【技术创新、产品开发】 继国家级技术中心、国家级实验室、博士后科研工作站通过认证后，2001年，万向集团被授予国家863计划CIMS应用示范企业、全国CAD应用工程示范企业，全年技术创新项目共立项三批344项，全年完成247项，完成新产品、新品种设计1395个（其中新产品486个），投产新产品、新品种902个，其中第三代轮毂单元被列入国家重点新产品计划，高性能轿车减震器总成被列入国家级火炬项目。万向汽轴和万向特轴被评为国家级高新技术企业。在知识产权保护方面，2001年万向集团获国家专利局授权34项，受理65项，其中包括液力变矩器的设计方法、感应涂覆尼龙方法以及涂覆机等8项发明类专利。技术中心在286家国家级企业技术中心评估中进入前十位，并被列为优秀，在机械行业中排名第一。

河北华北柴油机有限责任公司

【概况】 河北华北柴油机有限责任公司是中国兵器工业集团公司直属的柴油机专业生产企业，国家大型一类企业，国家二级企业，国家二级计量单位，承担军工、民用柴油机的设计、开发、生产、安装和服务。公司已于1999年8月通过ISO9001质量体系认证。

公司具有多年研制、生产柴油机的丰富经验。现有职工近2000人，具有中高级职称的各类人员500多人，100多人被选送国外接受过产品设计、工艺制造和企业管理方面的培训。拥有各种生产、装试、检验、计量、理化分析的关键设备692台，其中有具有国际先进水平的曲轴箱加工中心、连杆加工中心、激光加工中心、三坐标测量仪、直读光谱仪。为用户提供一流产品和一流服务是华柴人不懈的追求。

【发展思路】 公司将在“十五”期间和加入世贸的初期，抓住机遇、诚信勤勉、与时俱进。

强化服务意识，真正树立“让客户满意”的营销服务理念；建立团结互助、积极向上的团队文化。

加强现代信息技术在企业中的应用，提高信息化程度。密切跟踪信息技术的发展，在产品开发、设计、制造及物资采购、市场营销过程中，运用现代信息技术手段，通过企业资源计划（ERP）等计算机管理系统，实现管理的信息化，提高企业在物流供应、服务顾客、成本控制方面的组织管理水平。利用网络技术实现商务信息的传输与共享，探索电子商务等新的贸易方式，缩短时空距离，以满足顾客的个性化需求。

【产品及特性】

B/FL413F系列风冷柴油机　公司于1979年12月引进德国道依茨公司生产许可证生产B/FL413F系列产品。功率范围77—386kW。该系列产品体积小、重量轻、功率大、油耗低、噪声小、适应性强，特别适于高温、寒冷、干旱缺水地区使用。该系列产品为我国的军用特种车辆、重型载重汽车、高档大客车、工程机械、石油设备、建筑机械、发电设备等产品提供了理想动力。国产化率达85%，机型有110余种，已累计生产了一万余台，为我国的国防工业、汽车工业和工业设备的发展作出了贡献。

B/FL513C系列风冷柴油机　公司于1988年12月和1992年6月独家引进了德国道依茨公司B/FL513和B/FL513L系列风冷柴油机生产许可证。

公司在B/FL513 L/C基础上，通过提高燃油喷射压力，对燃烧系统和配气系统进行优化设计，使其在保证经济性和动力性的基础上，排放达到了欧洲Ⅱ号标准；并提高了柴油机的可靠性，达到60万公里无大修。

B/FL513 C系列可提供6、8、10和12缸Ⅴ型增压发动机（功率范围137kW～386kW）及8缸和12缸增压中冷柴油机（功率最大可达441kW）。B/FL513 C系列采用机械或电子节温器控制的液力偶合器的风扇，可根据发动机负荷及温度参数进行调节。

该系列柴油机具有可靠性高、适应性好、功率范围宽、扭矩大、油耗低等优势，已成为军用装备、高档大客车、载重汽车、工程机械、发电设备、水泵机组、空压泵机组等的优质配套动力，尤其在高原寒冷、缺水地区表现出色，更胜一筹。

B/FM1015 C水冷柴油机　B/FM1015 C水冷柴油机是公司与德国道依茨公司合作的产品。该系列发动机是当今世界上先进的水冷发动机，功率范围190kW～440kW，排放最高可达欧洲Ⅲ号标准。该系列发动机采用了增压/增压中冷技术、低噪音优化设计的灰铸铁曲轴箱、垂直布置在中央的8孔喷油器、低旋流燃烧系统、直列高压喷油泵（可选用DEUTZMV—SYSTEM全电控喷油系统）、四气门等先进技术，具有低排放、超低噪音、超低油耗等优点，首次大修里程超过100万公里。

柴油发电机组　自行设计、批量生产的柴油发电机组，选用先进的风、水冷柴油机作为动力，配以西门子、斯坦福、马拉松、兰电等国内外先进的发电机和控制系统，功率覆盖20kW～350kW。可按照用户要求，设计匹配固定电站、挂车电站、汽车电站、火车电站、自动化电站、三遥全自动智能电站、自动化泵站、消记泵站等产品。产品通过新时代质量认证和邮电系统入网许可，技术性能先进，质量可靠，使用维护方便。

8PP—100、8YP—100型喷灌设备　2001年公司与河北省农科院农机研究所对平移式喷灌机进行封闭式设计开发，至2001年12月已完成样机装配，2002年2月完成试车行走、整机定型，具有了批量生产能力。其机械化、自动化程度达到了国内同类产品技术水平，可替代同类进口产品。这是公司和科研院所合作的成果，是公司开发的大型民品项目，也是公司一个新的经济增长点。

【产品售后服务】　公司坚持用户第一，先服务、后分析的原则。严格按公司规定的产品保修条例进行保修，有始有终做好售后服务工作。公司为此建立了30余人的专业售后服务队伍，保证为用户提供全方位、及时、优质的售后服务，把使用方的忧虑减少到最低程度。

为更好地为客户服务，公司特制定了产品保修及服务的相关规定：

1. 公司产品自出厂之日起，保修期作如下规定：a. 一年；b. 5万公里；c. 1000摩托小时。

2. 保修期内，用户发现属产品本身质量故障，可速将产品编号、故障特征、通信地点用电函或电话通知公司售后服务站，并保护现场，公司将及时为用户保修。

3. 保修期内非本公司产品质量或超出保修期的产品故障，公司也将积极派员给以解决。

服务部接到排故信息后，如属于使用方使用问题的信息，在24小时内售后服务部用电脑、电传或信函向用户说明，并将对问题的解决提供支持；如属于产品质量问题的，售后服务人员48小时内赶到现场服务。服务人员返厂后，售后服务部主管不定期地用电话调查跟踪服务质量。

对第一次匹配、使用本企业产品的用户，实行跟踪，对用户的操作使用进行维护、保养、操作及注意事项的培训指导。

北京统一石油化工有限公司

【概况】　北京统一石油化工有限公司位于北京大兴芦城开发区，是生产、销售润滑油产品的民营高科技企业。她的前身是“北京帝王高级润滑油有限公司”，始建于1993年，经过8年多的开创奋斗，现已是国内规模最大的民营润滑油企业，拥有较大规模和影响的润滑油及辅料综合生产基地，产品覆盖汽车用油、摩托车用油、工程机械用油及润滑脂、刹车油、不冻液、汽车护理品等众多石油化工领域。“统一”商标被国家工商总局认定为“中国驰名商标”及“全国重点保护商标”。公司占地面积18万多平方米，员工近700人。2001年销售收入4.3亿元，上缴税收超千万元，企业自有资产达2亿元；产品销售排名全国同行业第二，仅次于历史悠久的“长城”品牌。

【引外来技术，创自己品牌】　创业初期，我国刚刚放开润滑油市场一年多，国有垄断的局面刚打破，新一轮的经济增长热潮带动市场需求激增，汽车用的小包装润滑油供不应求。一大批仓促上马的调和厂满足于在产品包装上模仿名牌来赢得市场，对于质量问题还不十分重视。在那个大家一窝蜂地重复投资生产灌装低级别产品的年头，“统一”没有沉醉在“短平快”的潮流中，他们盯住了国际上广泛采用的复合添加剂技术，与著名的壳牌设于新加坡的远东添加剂公司建立了技术合作关系，率先将其复合添加剂与调和技术配方引进国内，用于调和高质量级别的车用润滑油。添加剂技术是润滑油调和的核心技术，与当时国内企业广泛采用的单剂调和技术相比，进口复合添加剂对基础油适应性强、产品质量稳定性好、调和级别高，但成本也显著提高很多。

由于润滑油产品的质量差异在短时间内不易辨别，行业内以次充好的短期行为十分盛行，最初面市时，“统一”遇到了成堆的问号，经销商、消费者怀疑国内的品牌是否真能达到高级别标准，因而，前期市场推展工作相当艰苦。但随着时间的推移，特别是润滑油市场逐渐由卖方市场向买方市场转变，竞争日益加剧，“统一”的质量后劲开始显现，在市场中如异军突起，市场占有份额不断扩大。

尝到甜头的“统一”加速了国际合作的进程，逐渐与埃克森、美孚、路博润、罗门哈斯等一大批国际知名品牌建立了技术合作关系，快速吸收消化世界最新的添加剂技术。近年，该公司还斥巨资整船进口精炼的基础油，进口最先进的调和与检测设备，生产更高级别的产品。

优异的质量使“统一”逐渐导入国际化标准，在国内润滑油品牌中率先通过了世界权威的美国石油协会（API）最新最高 SL 级别以及 SJ、CF－4、CE 级别的质量认证；通过了德国大众原厂 VW50200/VW50500 适用粘度质量认证；通过了沃尔沃原厂 VDS、康明斯原厂 CES20075 等著名车厂的装车油标准认证；通过了日本汽车润滑油标准组织（JASO）对于无烟环保级别摩托车油 FC 级别的质量认证等相关高级别产品质量认证，使产品质量保证体系与国际接轨。

今天，复合添加剂的技术已经被国内许多企业广泛采用，成为主流的调和生产方式，没有人再怀疑其先进性了。但在国内最先施行“拿来主义”，尝试国际合作的“统一”可能是最大的受益者——由于质量的优异稳定性，品牌市场认同率逐年提高，仅用 3 年时间年销售额就超过了 1 亿元，成为民营润滑油品牌中的佼佼者。

“统一”最初进入市场时，通过市场调查发现，以往的润滑油产品包装上，关于润滑油质量级别通用的英文标识，我们中国的司机大部分看不懂，包括许多经销商，都是含含混混的，因而用错级别的情况普遍存在。与其花大精力做技术的普及工作，还不如在产品包装上进行引导。于是，“统一”针对国内市场上有代表性的车型，尝试着推出了一系列的车型用油——把适合某一级别的车型照片清晰地印在包装桶上，为司机提供了“对号入座”式的方便。

几个月以后，市场的反馈出乎意料热烈——车型系列产品订单直线上升，一下子成了“统一”的标志型主导产品。

连续几年，“统一”陆续根据市场需求，推出了专门为中国不同车况特征研制的“超载车况用油”、“磨合车况用油”、“大修车况用油”、“的士耐劳王”等车况系列产品，推出了达到国际最新环保要求的“双燃料发动机专用机油”、可生物降解的摩托车油等环保系列产品……同时，他们还把对司机的关爱渗透到产品包装方便化的开发中，开创性地推出了旋盖即开的“精品系列”、附带延长嘴的“增压系列”以及加装弹簧软管的“磁性系列”，每一款产品的上市几乎都赢得了消费者的认同，极大地促进了品牌的市场影响。

短短几年，“统一”的产品达到 1000 多个品种、3000 多个级别，确实做到了能够“为各种车型加油，为车辆的各个部位加油”。

【规模化发展】 1997 年，随着产品市场影响的进一步扩大，销售部门提出，要向长江以南地区要市场，要向西北、西南要市场。于是，一批又一批销售代表开赴远程市场调查，开辟新市场。

几个月后，新的订单寥寥无几，派出的人员一个个回到公司，说明远程市场运距长，经销商占压资金周期长，加之统一在那里是新品牌，接受速度慢，与近距离老市场相比，投入产出比不合理，发展困难大。

为解决远距离运距长带来的困难，公司决定，挤出大量资金在南昌、兰州、南宁等地设立中转库，派出销售小组以库为基地进行市场推展。几年过去，南方和西北、西南市场已经结出了丰硕果实——销售额与北方省份已基本持平，许多省市场影响力大于北方市场！最重要的是，由于在全国大部分地区“统一”的占有率普遍较高，极大地拉动了品牌的整体发展速度，形成了广泛而深刻的市场认同和影响力，大大提高了市场竞争能力。

为促进规模发展，2000 年“统一”分离了摩托车油项目独立发展，提出了争创摩油第一品牌的目标。

为促进规模发展，2001 年“统一”全面进军工业油项目，提出了 5 年内工业油超过车用油销售总量的目标……

到 2001 年底，“统一”石化公司新建占地 210 多亩的生产办公基地竣工投入使用；实现年产汽车、摩托车用油、机械用油 20 万吨，工业用油 10 万吨、润滑脂 1 万吨、不冻液 1 万吨的产能；公司销售直供网点覆盖全国各省市，直供网点 1300 多家。

【插上新经济的翅膀】 “统一”的管理层在深抓现代管理体制的同时，高度重视现代管理手段的运用，早在 1997 年就建立了完整的电脑局域网络系统，把每一个岗位连接起来，实现了统计数据共享。近年，随着电子信息产业的飞速发展，他们迅速意识到，作为传统产业，要想在知识经济时代获得新的腾飞，就一定要自觉插上新经济的翅膀！为此，他们投资数百万元，请来一家国内著名的软件公司，量体裁衣地为“统一”定制国际一流企业正在普及的 ERP 电脑管理系统。“统一”人自如地运用它分析任意产品、市场的变化曲线，考核各环节工作的质量，准确地指导产品研究与市场开发工作！

由于互联网技术的普及，为“统一”的电子信息化手段运用开辟了更广阔的天地——“统一”迅速建立起一座数据库丰富、互动性强、更新速度快、面向经销商和消费者技术服务的中型企业网站，为市场与企业之间搭建起一座新的桥梁！在这个网站中，产品形象与技术指标齐全，处理常见疑难问题的方法齐全……点击 monarch. com. cn 成了“统一”销售网络的新时尚！

在“统一”润滑油的销售部，所有销售代表都夹着笔记本电脑出差办公，用电子邮件发回市场信息、图片，用液晶屏幕介绍企业新产品、新政策、新形象。在销售处长们召开年度发展规划会的桌面上，看不到一页纸——大家全部实现了无纸化办公，习惯于用电子文件交流展示一幅幅表格、图片……

当中国加入 WTO 的锤声震撼了许多民族工业企业久已习惯的宁静、引发了对新挑战的普遍担忧时，“统一”正在以年销售增长 40%～50%的速度和 8.6 万吨的年销售规模迎击来自外国品牌的凶猛挑战！

12

第十二部类：附录

附 录

FU LU

刊物·网址

《中国汽车报》 是原机械工业部主办的产业报，是面向汽车（含摩托车）及相关行业和广大用户的综合性报纸，是全国最大、最具权威性的汽车报纸，国内外公开发行。

该报为对开四版，激光照排，胶版印刷。每周一至周五出版。除周三为《车迷周刊》外，其余四期第一版是要闻版，第二版是流通版，第三版是企业版，第四版是国际版。

《车迷周刊》侧重知识性、趣味性，刊登社会纪实、车界人物、车史钩沉、铁马竞技等方面的内容，周三出版，每周四版，彩色印刷。

国内发行代号：1－29，海外发行总代理：中国国际图书贸易总公司，海外发行代号：D4467。

报社地址：北京西城区百万庄路22号，邮编：100037，电话：010－68329914，传真：68327513。

《中国交通报》 是中华人民共和国交通部主办的惟一的机关报，直接受交通部领导。宣传党和国家有关交通的方针政策、全国交通系统深化改革中的新成果和新经验，最具权威性和指导性。对交通热点和难点问题，能够进行深刻剖析和引导；对交通职工、货主和旅客的呼声、困难和要求，能够及时反映。

该报每周二、三、五、六出版，邮发代号1－72。全国各地邮局均可订阅。

《上海汽车报》 坚持"立足华东、面向全国、服务行业、走向市场"的办报方针，集中报道国内外汽车、摩托车、拖拉机以及相关行业的产业经济信息、新品开发、科技成果、生产销售、车市商情等，融新闻性、真实性、知识性、可读性、实用性于一体，订户遍及全国32个省、市、自治区。

该报4开16版，激光照排、胶版印刷，每周星期日出版，其中月初、月末副刊《汽车世界》为彩色特刊。版面主要有：行业新闻、国际汽车、车市商情、专稿特稿、广告专版等。

邮发代号：3－52，统一刊号：CN31－0035，全国公开发行，各地邮局均售。

《中国汽车市场》杂志 是由原国家机械工业局主管、中国汽车工业销售总公司主办的以反映我国汽车市场的月刊，主要栏目有：市场透视、热点聚焦、市场展望、地方车市、车股点评、汽车营销、市场调查、汽车与金融、汽车配件市场、汽车（摩托车）维修市场、汽车救援市场、汽车美容市场、域外车业、汽车（摩托车）导购、车市万象、赛车天地、试车报告、二手车市场、运输工程车辆、各类商情广告以及供求信息等。

该杂志为大16开本，64页，全彩色铜版纸印刷，每月1日出版，公开发行。国内统一刊号：CN11－2834/F，国际标准刊号：ISSN 1019－9314，全国各地邮局订阅，邮发代号：82－265。

杂志社地址：北京市东城区国子监街28号，邮编：100007，电话：64033917，传真：84033349。

《汽车之友》月刊 是由中国汽车工程学会主办，1986年创刊的大众性汽车杂志。在大陆众多的汽车杂志中，被造车、卖车、买车、开车者誉为首选杂志。

该刊创刊以来，一直追随国内外汽车行业的最新动态、世界汽车的最新发展，同时为读者提供国内外汽车市场的产销信息。这期间，它被许多汽车爱好者视为汽车知识的源泉。

栏目有：国内新车、国外新车、技术精华、对比试验、国外见闻、汽车竞赛、爱好者之窗、驾驶与安全、维修妙诀等，读者可以从中获知汽车世界的奥秘。

年年出新是《汽车之友》的追求之一，每月7日出版，国内外公开发行。邮发代号：2－875。

编辑部地址：北京市西城区三里河三区32号，邮编：100045。

《车王》月刊　是由中国汽联、中国摩协、中国自协和中国体育杂志社联合主办的汽车类综合性月刊，邮发代号：82—689。

该刊广泛报导中外车类生产、流通和各种运动赛事，并有名车欣赏、名人与车、测试报告、竞技场、车车车俱乐部等诸多栏目。

编辑部地址：北京市崇文区体育馆路11号，邮编：100061，电话：(010)67131770。

《交通世界》月刊　是由中华人民共和国交通部科学技术信息研究所主办，以介绍新款汽车、报导车坛动态、交流维修经验和提供出行信息的综合性刊物。订刊代号18－237。

主要栏目：车界漫游、专题走访、车主驿站、试车工作室、交通史话、海外见闻、购车指南、汽车商情等。

杂志社地址：北京市朝阳区惠新里240号，邮编：100029，电话：010－64970311，传真：010－64972152

《世界汽车》杂志　创刊于1970年，由原国家机械工业局主管、中国汽车技术研究中心主办的国家级综合性技术类月刊，主要栏目：专题分析、发展趋势、研究与开发、新车透视、管理与营销、企业之窗、汽车文化、知识窗、汽车信息等。采用大16开版本，向国内外公开发行，每月25日出版。

地址：天津市河东区程林庄道天山路口(天津市59号信箱)，邮编：300162，电话：(022)84771231、84771232，传真：(022)24375346，统一刊号：CN12－1234/U、ISSN 1005－9008。

《汽车与驾驶维修》月刊　由中国科协主管的综合类汽车科普期刊，国内外公开发行。主要读者对象是广大汽车驾驶员、汽车爱好者、汽车修理单位、汽车维修人员、汽配专卖店和交通管理部门等。

杂志追求高质量、高档次和高品位，以服务读者、服务企业、服务社会为目标，以普及汽车知识、传播汽车文化为宗旨，融实用性、知识性和趣味性于一体，深受广大读者的喜爱。1997年3月获“第二届全国优秀科技期刊评比一等奖”，是全国4000多种科技期刊中惟一获一等奖的汽车期刊。

邮发代号：82－445，全国各地均可订阅。

地址：北京德外北沙滩1号16信箱汽车与驾驶维修杂志社，邮编：100083，电话：(010)64882627、64882387(编辑部)、(010)64882622(发行部)，传真：(010)64882329。

《商用汽车》杂志　创刊于1981年，是全面报道商用汽车的中央级综合性汽车期刊，主要报道国内外客车、卡车、专用车和挂车等整车及相关零部件新产品、新技术、行业动态及市场分析预测的综合性汽车杂志。

杂志面向商用汽车生产、流通、使用和服务领域企业的经营、管理、专业技术人员，商用汽车车主，驾驶员和爱好者。

国内外公开发行，邮发代号：82—641；国外代号：4885M。

地址：北京德胜门外北沙滩一号16信箱；邮编：100083；电话：(010)64883609，64882612；传真：(010)64882329。

《汽车与安全》杂志(月刊)　由中华人民共和国公安部主管、中国机动车辆安全鉴定检测中心主办，是全国惟一一本与安全有关的、图文并茂的汽车杂志。杂志以强化读者珍惜自己和他人生命的意识，加强信息交流，促进交通管理事业和民族汽车工业的共同发展为宗旨。交通管理和汽车安全新产品、新技术，行驶安全措施，汽车领域的新动向，新车介绍，汽车的检测、保养、维修是报导的重点内容。

国内统一刊号：CN11－3680/U，国际标准刊号：ISSN 1006－6713，邮发代号：82－890。

编辑部地址：北京市宣武区核桃园西街36号丹通大厦6层，邮编：100053，电话：(010)63151228，63036589，传真：(010)63036507。

《汽车与社会》杂志(月刊)　由时代集团公司和北京汽车工业集团总公司主办，是反映汽车与社会的综合性刊物，内容涵盖车市、车展、车赛、新款、新材料、新技术以及驾车、安全、养护知识等各个方面。主要栏目有：汽车论坛、海外掠影、车市展望、赛场点兵、汽车美韵、驾驶园地、行业动态、经营之道、法治安全、科技之窗、市场风云、私家车专页等。

杂志为大16开本，国内统一刊号：CN11－3714/U，国际标准刊号：ISSN 1008－8903。

杂志社地址：北京市海淀区北土城西路165号，邮编：100083，电话：(010)62041872，传真：(010)62027090。

《大众汽车》月刊 以科学性、实用性、娱乐性、趣味性为自己的特色，以传播汽车文化、普及汽车知识为办刊宗旨，不仅仅是汽车行业人士的知己，更是社会生活中个人的挚友。走进现代生活的每一角落，走进每一个家庭的温馨空间是《大众汽车》的崇高目标。

主要栏目：热点追踪、新车介绍、汽车夜话、汽车与商标、汽车与名人、汽车史话、汽车畅想曲、车迷园地、出租车世界、汽车服务台、车与案、赛车世界、汽车与集邮、车迷信箱。

每月5日出版，长春市报刊发行局发行。邮发代号：12－135。

地址：长春市人民大街124号8层，邮编：130021，电话：(0431)5635181，传真：(0431)5635181。

《轿车情报》月刊、《汽车与配件》 两刊均由上海东方汽车杂志社有限公司主办。是轿车工作者及爱车族自己的刊物。

《轿车情报》为全彩色月刊，主要读者对象为轿车及零部件产销、维修行业的工作人员及广大汽车爱好者、轿车用户等。主要栏目：轿车论坛、车坛纵横、产品荟萃、新车鉴赏、环境保护、轿车零配件、技术导向、维修集锦、汽车规格与行情、汽车史话等等。国内统一刊号：CN31－1713/U，邮发代号：4－563。

《汽车与配件》为中国汽车行业第一本周刊，其主要读者对象为汽车及配件生产、销售、使用及维修行业的工作人员等。国内统一刊号：CN31－1219，邮发代号：4－429。同时，公司凭借两刊的优势，开展咨询、公关代理、产品代理以及车模、汽车类图书、汽车博览珍藏卡销售等业务。

地址：上海市万航渡路623弄1号2楼，邮编：200042，电话：021－62488110转227，传真：021－62488967。

《摩托车》月刊 由国家科委批准、人民邮电出版社编辑出版的全国发行量最大的摩托车类科普刊物。创办于1985年。读者对象：摩托车行业各级主管部门，摩托车科研、生产人员，摩托车销售单位，摩托车驾驶员、运动员及修理人员，公安交通管理人员以及广大摩托车爱好者。

内容：新产品介绍、摩托车发展史、摩托车维修保养实用知识、摩托车基础知识讲座、摩托车信息和市场行情等。具有知识性、趣味性、实用性，是厂家与用户的桥梁，是摩托车爱好者的良师益友。

国内外公开发行，邮发代号：2－342。

编辑部地址：北京市崇文区夕照寺街14号，邮编：100061，电话：(010)67129932。

《摩托车信息》月刊 是全国摩托车行业经济技术信息网网刊，中国摩托车行业惟一的国内外公开发行的综合信息刊物。1997年创刊。主要栏目：摩托论坛、行业之声、发展与研讨、新品展示、摩托车商情、国外信息、用车指南、消费风景、骑士沙龙、运动看台、摩托茶座、摩托聚焦、市场风云、摩托漫话等，集指导性、实用性、知识性、趣味性于一体。此刊在手，尽知摩托车世界的态势与展望。

国内统一刊号：CN51－1479/TH；国际标准刊号：ISSN1007－2810，邮发代号：78－51。全国各地邮局订阅。

地址：重庆市大坪长江二路77号，邮编：630042，电话：(023)68811227。

《汽车时尚周刊》 是对开八版彩色汽车报。立足西部，面向全国。图文并茂，赏心悦目，集知识性、可读性、指导性、实用性、收藏性、趣味性于一体，是众多造车、售车、修车、管车、爱车人的忠实朋友。随着汽车工业的发展和汽车进入千家万户，她更是生活中不可缺少的挚友。

主要栏目：汽车与社会、车市资讯、二手车信息、维修养护、国际车坛、香车美女、试车手记、超级品位、经典名车等。

全国统一刊号：CN51－0025，邮发代号61－125，刊物地址：四川省成都市乡农市街59号金港商城B座2单元6楼，邮编：610031，电话：(028)7651450，传真：(028)7699341。

《汽车、摩托车市场快讯》周刊 是江苏省机电产品总公司、机电设备总公司和省物资集团汽车贸易总公司主办，江苏省物资集团汽车贸易总公司协办，江苏省物资集团商务贸易中心、中国物资报江苏记者站和江苏太平洋信息传播有限公司承办的地方信息刊物，以反映汽车、摩托车供求信息为主，同时辟有政策指南、厂商动态、合作交流、市场透视等栏目。其特点是周刊，信息传递快捷。

编辑部地址：南京市中山北路283号4号楼103室，邮编：210003，电话：(025)3400244。

《城市车辆》季刊 是由建设部中国城市车辆总公司主办的业务、技术综合性刊物。公开发行。主要报导国内外城市客车、城建专用车辆的业务管理及技术发展新动向。

辟有综合评论、设计研究、工艺技术、讲座探讨、企业管理、使用维修资料、简讯等栏目。集实用性、可读性、资料性于一体，向从事城市车辆行业的广大科技人员、管理干部、技术工人以及大专院校有关专业的师生提供实用的科技、管理信息。

编辑部地址：江苏省常州市西郊常新路 138 号(常州客车制造厂内)，邮政编码：213002，电话：(0519)6750860－3041。

国内汽车行业相关网址

第一汽车制造集团(FAW)
http://www.faw.com.cn
长春客车厂
http://www.cccar.com
北京吉普汽车制造有限公司(北京 Jeep)
http://www.beijing－jeep.com
北京市交通客车制造厂
http://www.jtbus.com
中国通用汽车制造公司
http://www.gmchina.com
中国北方车辆公司(Norveco)
http://www.norveco.com.cn
上海通用汽车制造公司(Shanghai GM)
http://www.shanghaigm.com
上海大众汽车有限公司
http://www.csvw.com
上海汽车工业(集团)总公司
http://www.china－saic.com
上海客车制造有限公司
http://www.shanghaicoach.com
柳州五菱汽车工业公司(WULING)
http://www.wuling.com.cn
河北长安胜利汽车有限公司
http://www.changanshengli.com.cn
保定长城汽车集团有限公司
http://www.gwpickup.com
重庆长安汽车有限责任公司
http://www.changan.com.cn
广州羊城汽车有限公司
http://www.ycaco.com
合肥江淮汽车有限公司
http://www.jac.com.cn
东风汽车集团(AEOLUS)
http://www.dfme.com.cn
湖南省三湘客车集团有限公司
http://www.hunan－bus.com
神龙汽车有限公司
http://www.dcac.com.cn
四川公路机械厂
http://www.chuanlu.com
四川汽车制造厂
http://www.hongyantruck.yeah.net
宇通客车股份有限公司
http://www.yutong.com
中威客车有限公司
http://www.ling－cn.comg/zw
天津华利汽车有限公司
http://www.huali.com
南京跃进汽车集团公司
http://www.yuejin.com
昌河飞机工业公司
http://www.Changhe.com
陕西汉江汽车有限公司
http://www.shac.com.cn
哈尔滨汽车制造有限公司
http://www.Songhua jiang.com.cn
北汽福田车辆股份公司
http://www.futian.com.cn
浙江吉利汽车制造有限公司
http://www.geely.com
中国汽车商务网
http://www.c－c.com.cn
中国汽车网城
http://www.autocity.net.cn
中国汽车动态信息网
http://www.au－tonesw.net.cn
中国汽车工业国际经贸网
http://www.cacauto.com/cacauto2/index.html
网上汽车联合交易所
http://www.cormarket.com.cn
中国汽车市场网站
http://www.automarket.com.cn
环球汽车网
http://www.motorworld.com.cn/world/index.htm
中经网汽车世界
http://www.serve.cei.gov.cn/sd/sd6/car/b/bindex.htm
新浪汽车俱乐部
http://www.auto.sina.com.cn
中国汽车工业信息网

http://www.autoinfo.gov.cn
中国汽车配件网
http://www.china-autoparts.com
中国汽车与配件网
http://www.cnauto.com
中国汽车工业配件信息网
http://www.cnautoparts.com
中国汽车与摩托车网
http://www.chinamotorinst.com
中国摩托车网
http://www.chinamotorcycle.net
中国汽车维修信息网
http://www.chinaauto.com.cn
中国摩托车
http://www.chinamotorcycle.com
福特汽车中文网站
http://www.ford.com.cn
丰田汽车中文网站
http://www.toyota.com.cn
本田汽车中文网站
http://www.Honda.com.cn
德国大众汽车中文网站
http://www.vw.com.cn
山地车资讯网
http://www.bike.cn-com.net
北京老车迷俱乐部
http://www.laochemi.com
北京峰鸟越野车迷俱乐部
http://www.humming-bird.offroad.com.cn

科研机构·大专院校

中国汽车技术研究中心
主要职能:汽车产品、测试方法与测试设备的研究开发;国内外汽车及零部件质量检测评定;行业信息管理工作;汽车标准化及ISO/TC22的归口管理;承担汽车行业基本建设和技术改造的前期工作,可行性研究等。
电话:022-24373100
邮编:300162
地址:天津市河东区万新村程林庄道南侧天山路口

汽车工业规划设计研究院
主要职能:国家汽车、摩托车及零部件企业的基建、技改项目和民用建筑项目的工程设计、工程监理等。
电话:022-24370598
邮编:300162
地址:天津市河东区万新村程林庄道南侧天山路口

汽车工业发展研究所
主要职能:信息统计、收集、分析与发布、咨询服务等。
电话:010-68595764
邮编:100823
地址:北京市西城区三里河路46号

上海汽车工业技术中心
主要职能:整车整机开发、汽车产品及零部件的试验研究,汽车测试和产品质量的评定检测等。
电话:021-65315097
邮编:200437
地址:上海市逸仙路50号

泛亚汽车技术中心有限公司
主要职能:汽车设计与开发,包括汽车造型、总布置、模型制作、样车试制、车身工程、内饰工程、底盘工程、空调电器工程、动力总成工程及计算工程等。
电话:021-58991333
邮编:201206
地址:上海浦东金桥开发区宁桥路669号

建设部城市车辆研究所
主要职能:城市客车研制、开发。
电话:0731-8882371
邮编:410013
地址:长沙市河西银盆岭9号信箱

清华大学汽车研究所
主要职能:电动车、沙漠车,陶瓷材料的应用及汽车电子控制技术。
电话:010-62594655
邮编:100084
地址:北京市海淀区清华园

上海交通大学内燃机研究所
主要职能:从事内燃机基础理论与应用开发的研究。
电话:021-64645359
邮编:200030
地址:上海华山路1954号

清华大学
设置汽车类专业:汽车、车身、内燃机
电话:010-62784665

邮编:100084
地址:北京市海淀区清华园

北京理工大学车辆工程学院
设置汽车类专业:汽车、拖拉机制造,内燃机等
电话:010-68913639
邮编:100081
地址:北京市海淀区白石桥路7号

吉林工业大学汽车工程学院
设置汽车类专业:汽车、车身、汽车运用工程、内燃机
电话:0431-5682351
邮编:130025
地址:长春市人民大街114号

哈工大汽车工程学院
设置汽车类专业:汽车工程
电话:0451-6415799
邮编:130011
地址:哈尔滨市西大直街

同济大学汽车工程系
设置汽车类专业:汽车设计、制造
电话:021-56025080
邮编:200092
地址:上海市四平路

江苏理工大学
设置汽车类专业:汽车、内燃机
电话:0511-8781071
邮编:212013
地址:江苏省镇江市

武汉汽车工业大学
设置汽车类专业:汽车运用工程、专用车辆、内燃机、摩托车及发动机
电话:027-87875509
邮编:430070
地址:武汉市武昌马房山

湖北汽车工程学院
设置汽车类专业:汽车
电话:0719-8238177
邮编:442002
地址:湖北省十堰市教育口

车展·车赛

2001年北京国际汽车、零部件及相关产品展览会

由中国机械联合会、中国汽车工业总公司、中国国际贸易促进委员会和中国汽车工业协会主办,中汽对外经济技术合作公司、中国贸促会汽车行业分会、中国汽车工程学会和中国国际展览公司承办的2001年北京国际汽车、零部件及相关产品展览会(AMS 2001)于2001年9月14日~18日在北京中国国际展览中心隆重举行。本届展会共有来自美国、韩国、俄罗斯、匈牙利、波兰、台湾等6个国家和地区的20余家厂商和国内12个部、总公司、汽车集团、汽车公司及近300多家零部件厂商参展。展出面积20000多平方米,使用中国国际展览中心1号馆一层和二层及馆外部分场地。共展出各种车辆100余辆和各种汽车零部件、新产品、新技术、新材料、新工艺、加工制造设备、维修检测设备、汽车用品等,涵盖了汽车零部件及相关产品的各个方面。该展览会为两年一届,逢单年定期举办,和每逢双年举办的北京国际汽车工业展览会(AUTO CHINA)隔年交替举办。

本届展览会的主题为:科技创新与发展。面对中国加入世界贸易组织及汽车工业全球化重组、全球化采购所面临的挑战,中国汽车工业将以科技提升汽车制造业的内涵,以发展解决汽车工业面临的问题;展览会的举办为加强中外汽车行业的交流,推动中国汽车行业的经济、技术、贸易合作提供良好时机。

国外有20多家汽车零部件及相关产品厂商参展,主要展示一些科技含量高的新产品、新技术。国内参展阵容强大,有东风汽车集团公司、上海汽车集团公司、重型汽车集团公司、交通部、中国航天工业总公司、北京汽车工业集团总公司、天津汽车工业集团有限公司、跃进汽车集团公司、中国汽车零部件工业联营公司、中汽协会相关工业分会、车用电机电器委员会等12个部、总公司、汽车集团及零散参展企业300余家参展。

其中,上海大众展示其在北京市场占相当份额的帕萨特、桑塔纳2000和普通桑塔纳改进型;神龙公司瞄准北京的家用车和出租车市场,展出神龙汽车系列;天津汽车集团公司推出新款夏利2000和华利汽车;中国重型汽车集团为2008奥运会施工带来

了斯太尔系列产品,包括军用卡车、城际运输专用车、建筑工地用自卸车、环保用车;北汽集团带来了福田汽车公司新推出的阳光轿卡、风景海狮轻型客车。

国内著名的客车公司分别展示其最新产品,如西沃的 BIOMVIP 和 B7R,其中 BIOMVIP 可以设置成会议用车、贵宾接待车及娱乐专用车,车内设施不受任何限制。金龙公司携厦门分公司和苏州分公司的大中型系列豪华客车来京参展,其中有销量不俗的世纪星的全国升级产品,该车装有 ABS、自动间隙调整臂、大油箱,并采用气制动;金龙(苏州)公司的小型改造型产品 XMQ721A 也在车展亮相。天津伊利萨尔的 EVERST 豪华客车、黄海新型公交车、桂宇系列旅游客车也给观众留下深刻印象。

第九届上海国际汽车工业展览会

由上海市国际展览有限公司和雅式展览服务有限公司主办、上海汽车工业集团总公司协办的第九届上海国际汽车工业展览会(Auto Shanghai 2001)于 2001 年 6 月 18 日至 25 日举行。

上海车展自 1985 年首次举办以来,每两年定期举办一次,至今已成功举办过八届,与北京车展遥相呼应。

本届上海车展在上海国际展览中心、上海世贸商城和上海光大会展中心同时举行,历时一周,规模达到 50000 平方米,为历届之最。来自澳大利亚、美国、法国、德国、瑞士、瑞典、西班牙、意大利、波兰、捷克、巴西、日本、韩国、新加坡、马来西亚、土耳其、印度、泰国、中国以及香港特别行政区和台湾省等 21 个国家和地区的 700 多家厂商参加了展出。

本届车展还得到海外不少政府及贸易团体的积极响应,如法国里昂工商总会、德国 IMAG 等。

家用车和经济型车是本届车展的亮点。除了有戴姆勒－克莱斯勒、标致、道奇、林肯、斯柯达、现代起亚等国外公司推出各款顶级之作外,国内的汽车制造厂商,如上海大众、上海通用、广州本田、东风风神、万通、北京吉普、海南马自达、东南汽车、吉利美日、跃进南亚等更是占据半壁江山,纷纷展出各自的最新车型。

展览会上,各种商用车、越野车、客车、微型车、卡车、多用途车也是品种繁多,如北方奔驰、北方客车、MAN、西沃、中威、华泰、万丰、长安、柳州五菱、哈飞、伊利萨尔等。

本届车展还首次专设了汽车视听设备专区,众多世界著名汽车零部件生产商、测试及维修设备和汽车用品、汽车美容商亦参与此会,包括博世、ZF、德纳、米其林等。

6 月 20 日、21 日,在车展举办的同期,还举行了第四届汽车环保专题研讨会,多家著名厂商就汽车排放控制、汽车环保科技等热点问题进行中外交流。

通用、福特、大众、丰田等跨国“大腕”以及国内一汽－大众、神龙等汽车公司没有参加展览会,成为本届车展的最大遗憾。

上海国际车展

由世界展览业巨头德国汉诺威公司举办的上海国际车展于 2001 年 12 月 9 日在上海浦东举行,这是继今年 6 月第九届上海国际汽车工业展览会之后又一国际性车展。展出面积 2.2 万平方米,吸引了海内外 125 家厂商参展,其中 30% 为整车厂商,70% 为零部件厂商。

参展的整车有 60 余辆,国外展品大多为各大汽车厂商在全球范围内同步亮相的车型,而国内厂商则侧重于打造家庭轿车新概念,让百姓购车有了更多的选择。

本次车展尽管美国通用、福特等巨头缺席,让人略感遗憾,但其他车界大腕——世界高档车三大品牌的奔驰、宝马和奥迪联袂来沪,又让人感到国际车坛盛会仿佛就在眼前:宝马在阔别上海车展 10 年之后卷土重来,以 700 平方米的展位尽展豪华顶级车之风采;奥迪公司带来了动力强劲的奥迪 A8 6.0,全能四驱旅行车以及堪称设计典范的奥迪 TT 跑车;奔驰公司带来了在中国首次亮相的 SL 级顶级车以及系列代表车型,与此同时,菲亚特、丰田、本田、雪铁龙等公司也带来了多款代表公司形象的展品。

国外汽车巨头垂青上海车展,除了国际展览业巨子汉诺威的魅力外,入世后的中国市场更让他们垂涎。2002 年将是我国入世后汽车关税下调幅度最大的一年。在整车进口方面,3 升以上轿车的税率由过去的 80% 下降至 50.7%,而这一块恰恰是中国汽车制造业的空白点。因此,对车展会上宝马公司所言的宝马 7 系列不日将正式进入中国市场以及奥迪公司也放言奥迪 TT 跑车和全能四驱旅行车明年将在中国市场投放之事,也就不足为奇了。

本次展会上,与国外巨头同台竞技的国内车商也不甘示弱,竞相推出新品,欲在家用轿车市场占据主导地位。上海大众的家用型轿车 POLO、江苏南亚的派力奥、广州本田的多功能车奥德赛以及中国市场上惟一的单厢车——神龙毕加索,均在本次车展出尽了风头。

入世后的中国汽车业将何去何从,一直是困扰人们的问题,此番国内汽车厂商的全新亮相,表现了国内车商已找准了自己的立足点。

中国(长沙)首届国际汽车文化节

中国(长沙)首届国际汽车文化节9月30日至10月7日在长沙世界之窗公园举行。湖南省副省长贺同新、中国机械工业联合会副会长张小虞等领导出席开幕式并致辞、剪彩。

本届汽车文化节由中国机械工业联合会和中国汽车工业协会主办,湖南省机械工业协会和亚星投资有限公司具体承办。其重戏之一的车展,打破了过去国内车展以室内展示为主的思维定势,近200家国内外汽车、摩托车企业的参展品牌全部在室外大自然展出。长丰猎豹、三湘客车等湖南本土十几个品牌的汽车、专用车连同自己的形象大使在公园左右前坪一字排开,像东道主守候在大门两旁迎接着海内外“佳宾”。进门后的主大坪展示着奔驰、宝马、沃尔沃、富豪、奥迪、捷达、夏利等20来个国内外品牌的轿车。丰田、大宇、红旗、神龙富康、上海大众、上汽奇瑞、吉利集团、韩国现代等品牌也纷纷“抢滩”世界之窗公园的著名景点,在湘江谷、欢乐谷、爱情谷、和平鸽广场、仰光大金塔等处展示着自己的风采。仅神秘谷印尼船形屋的屋檐和前坪,就有30多个品牌的摩托车摆开了擂台。许多款名车都是首次在三湘大地亮相。人们对首届汽车文化节产生了浓厚的兴趣。

文化节有别于国内历届举办的车展,它突出了汽车文化和品牌个性的张扬。围绕汽车文化,节会期间举办了汽车发展史展览、汽车发展世纪论坛、大型激光焰火晚会等系列活动。厂商在展出地点的选择和布展形式上都力求使自己的企业文化和品牌个性得以充分表现。红旗,这个我国惟一具有独立知识产权的民族轿车品牌,“世纪星”及“明仕”和“18”的展台设在“唯楚有才”大型群雕前,展车既有现代造型风格又蕴藏着中华民族传统文化的高雅气质。韩国现代在仰光大金塔周围的一块宝地展出的4款名车个性分明,大金塔前的双门轿车Coupe更是散发出一种令人窒息的美,据说节会期间与Coupe合影的游客不下2万人次。现代的另一款新型轿车则斜倚在塔侧一片广袤的绿坡上,下面是波光潋滟的文明河,上面是巍峨的德国新天鹅城堡,更显本届文化节“车·人与自然”的主题。

9月30日下午,汽车文化节举办了“预测2002——汽车高峰论坛”,论坛设在湖南卫视演播厅。中国机械工业联合会副会长张小虞、中国汽车工业协会副理事长张书林、北京亚运村汽车市场总经理苏晖、香港“任浮行”总经理姜昆泰等佳宾,与数百名现场观众共同探讨入世后中国汽车消费市场的走势。

为办好这届文化节,湖南省和长沙市政府出台了一些政策措施,对拉动消费起到了明显的效果。湖南省政府采购办在全省组织了70多个市县政府采购团到文化节现场购车,其中株洲市采购团的阵营近100人,仅9月30日,政府采购就签约购车70多辆。长沙市政府在节前举行的文化节专题会上,决定对文化节期间现场购买摩托车的消费者开禁上牌,有关部门还到现场办理上牌手续。这一政策不仅引来众多摩托车厂商参展,同时也将禁牌已达半年多的长沙摩托车消费激活。文化节的举办对传播汽车文化、促进我国汽车业发展无疑具有积极的作用,但因为是首届,没有经验,再加上组委会和参展厂商准备仓促,本届文化节难免有遗憾和不足。如部分生产企业对汽车文化的重视程度没到位,舍不得投入更多的财力和精力以生产企业的身份参加文化节,只是派经销商参与;相当多的参展单位对汽车文化的理解不到位,将文化节视同一般的产品展销会,一味的希望多卖产品;另外活动的组织安排也有一些不尽人意的地方,特别是在摩托车上牌问题上,因长沙摩托车限牌已半年,展会期间放开,一时需求爆发。市府考虑交通压力又不得不作出限量挂牌,最后干脆撤走办照人员,长沙市政府政策临时改变使摩托车参展厂商和消费者意见很大。

(冯济武)

北京国际摩托车展览会

2001年11月30日至12月4日为期5天的2001年北京国际摩托车展览会在北京国际展览中心举行,此次展览会是中国加入WTO后,摩托车行业的第一次盛会。此次展会有两个特点发人深思,耐人寻味:一是参展的企业少;二是无假可打。

无论是参展商还是观众,都明显感到了本届展会规模比较小,参展商不多,尤其是没有外国企业参展。

虽然展会的规模不大,但是令业内人士兴奋的是,展馆里展示的整车都是各参展企业拥有独立知识产权的车型,几乎没有仿冒车。这一点,从来展会打假的本田、铃木的工作人员那里也得到了证实。在展会现场,本田技研株式会社北京办事处的别所弘和先生,在展场里转了一圈以后脸上露出了笑容,他说:“这次展会与以往不同,99%是有自己知识产权的,我们只发现了1例仿冒品,正在解决之中。”铃木北京事务所的所长田中郁三也来到了展会,参观以后表示没有发现仿冒产品。

此次展会的主办者在谈到"展会打假"的话题时显得一脸轻松,以往国内摩托车展上打假是最让主办者头疼的问题,今年,这个问题不存在了。

此次展览会,众多拥有独立知识产权产品的出现表明,摩托车企业的竞争重点已经发生变化,在价格竞争继续持续下去的同时,开发能力、产品质量、售后服务等企业综合实力的竞争已经开始扮演越来越重要的角色。参展的企业也已经意识到,只有提升企业核心技术竞争力,实施技术创新和产品结构调整战略,不断促进产品升级换代,才可以求得更大的发展。

在本次摩托车展会上,嘉陵率先推出了具有国际领先水平的新型概念车,以及技术前卫的第六代125系列发动机,该发动机比一般发动机的使用寿命延长了40%,噪声降低了10%。同时,嘉陵展示的具有国际领先水平并享有"节油王"美誉的环保变速踏板车,也填补了中国摩托车行业在这一技术领域的空白。吸引更多参观者注意力的,还是一款名为"新锋锐"的Z03嘉陵概念车,这款车以雷达跟踪系统取代了传统的后视镜,材料也是新研制的安全材料,还装配了GPS,可以让驾驶者随时知道身处何地。为了降低排放污染,"新锋锐"采用了双燃料设计,时速40公里以下时为电动,超过40公里自动改为燃油。可以说,这款概念车利用新技术让摩托车的面貌焕然一新。

打出"环境与摩托车"主题的力帆展台,集中向消费者展示了企业的环保技术实力,所有展示的车型都是有一定技术含量的环保摩托车。电子化油器、数码点火器、双燃料摩托车、三元催化技术等也都在参展车上得到了展示,其中拥有独立知识产权的力帆电喷摩托车成为此次展会的一大亮点。"假如世界没有绿色,废掉力帆摩托"的宣言,让此次展会成了力帆的环保宣传周。

整个展馆里,除了热闹的整车展台外,几家展示摩托车相关用品的展位前人头攒动,显得非常火爆,看的人多,买的人也多。这说明摩托车的市场还是有的,众多爱好者中还蕴藏着巨大的商机,这是值得展览会的组织者可以进一步挖掘和利用的丰富资源。本次展览会,虽参展企业少,但参展产品都具有独力知识产权又都有一定技术含量,展览会不在规模大小而在有无内涵。

展览会组织者就是为买卖双方提供交际平台,创造一个良好的交流空间,让展会的内涵真正体现,需要组织者和参与者共同努力。

(戴彦)

首届上海国际摩托车展览

8月8日~12日,首届上海国际摩托车展览会在上海国际展览中心举行。本届展览会有70多家企业参展,展出面积7000多平方米,参展企业大多以绿色环保为主题。

来自日本的本田公司与我国的合资企业联合出展,他们带来了最新的运动款环保型大排量跑车,同时还展示了嘉陵本田发动机有限公司、新大洲本田摩托车有限公司、天津本田摩托车有限公司等合资企业生产的新车型。

大长江集团除传统车型外,还推出了几款新车型:如单缸、风冷四冲程六挡发动机的EN125,以及HJ125T-3豪爵丽星等。隆鑫摩托车集团带来了2000年单骑成功穿越塔克拉玛干沙漠的隆鑫150系列摩托车,新型的LX100T-2以及自主开发的镁合金摩托车。

本届展览会上,参展企业都在绿色环保上大做文章,突出企业的新产品新技术,宣传展示全新的企业形象。

上海及其周边地区是我国摩托车及零部件的重要生产和出口地区,本届国际摩托车展览会选择在上海举行,主办者希望借助上海国际摩托车展览会,积极推动摩托车工业在国际间的交流与合作,借助华东地区摩托车市场的消费先导作用推动环保摩托车的消费,努力把上海摩托车展办成一个有相当影响力的名牌展览。

我国摩托车生产企业包括国有、中外合资、民营等各种经济成分。2000年全国摩托车产量再创历史新高,产量达到1153.4万辆,总销量1149.6万辆,产销率为99.68%。销售额约538亿元,工业增加值106亿元,产品销售收入503亿元,实现利润总额5.8亿元。

2000年,我国摩托车产品出口迅猛增长,出口产量约198.7万辆,占总产量的17%,是去年的7.69倍;出口创汇7.47亿美元,平均单价375.9美元。这些价廉物美的摩托车产品分别出口到世界121个国家和地区,其中,出口到东南亚的摩托车占出口总量的29.3%。

摩托车工业的发展,对国民经济的发展起到了一定的推动作用。随着国民经济的发展和国家对中、西部地区开发战略的实施,我国摩托车市场还将有一个较大的发展空间。到目前为止,我国摩托车已具备了年产1200万辆整车、1000万台发动机的生产能力,形成了一批初步具有国际竞争力的企业集团,部分产品已达到国外同类产品先进水平,而且具有相对的价格优势。摩托车整车的发展，带动了我国摩托车零部件企业的发展，同时也带动了原材料工业和相关工业的发展。

报废汽车拆解零部件的再利用

随着我国汽车工业的快速发展，全国目前汽车保有量已达1600万辆。特别是进入20世纪90年代以来，每年净增100多万辆。汽车工业目前的年生产能力已超过250万辆，汽车工业的科技水平正在不断提高。与此同时，汽车的报废更新量也随着汽车保有量的增多和技术更新的加快而逐年增多，目前年报废更新量已超过50万辆，这是一项很大的财富资源，它将逐步引起汽车制造商的极大关注。

众所周知，中国汽车的销售价格尤其是轿车价格与国际差价太大。如美国的普通轿车售价每辆在2~3万美元，相当于美国企业一个普通职员的年收入，而我国目前的车价即便是便宜车也要耗用一个普通职员4年左右的年收入。我国轿车价格居高不下并不是汽车市场车源供不应求，主要问题在于汽车制造生产成本过高、产能低、企业负担过重等因素造成。随着我国加入WTO，轿车车价下调已是必然的趋势，但车辆价格大幅下调，最重要的是生产企业要千方百计降低生产成本，而另一有效途径就是：汽车制造企业要与报废汽车回收企业“联姻”，在保证新车生产质量的前提下，充分利用报废汽车拆解下来的零部件进行重复利用，是节约原材料、降低配件生产成本、最终达到车辆生产成本大幅下降的有效方法。以美国为例，美国的汽车工业十分发达，然而，美国的汽车回收拆解业也非常兴旺，他们的处理程序是：首先由回收商以购进的方式收回报废汽车，然后在回收场区内分出三六九等后，在规定的期限内以旧车销售的方式优先出售旧车，到期出售不了的开始拆解零部件，经维护保养后出售零部件，对淘汰的金属车架则经机械压块后由破碎机碾成碎片分选后将金属碎片运往钢厂。

美国是目前全球最高效的废旧汽车回收国，几乎每辆车重量的75%的零部件都已被重新利用起来。全美大约有12000家汽车零部件回收商，能够将有重新利用价值的零部件如发动机、电机和其他零件拆卸下来翻新，重新出售。

最近，世界第二汽车集团——福特公司，在佛罗里达州买进了它的第一家汽车回收公司。福特的动作透露出一个信息：汽车回收业正在成为大有希望的产业。

在汽车工业发达的西方国家，汽车制造商及环保部门已日益重视废旧汽车的回收，并正在形成一个颇为诱人的新兴产业。

德国在废旧汽车回收方面也取得了很大成就，可回收利用的汽车零配件达到75%。巴伐利亚汽车厂一马当先，与蒂森公司、普罗伊萨格公司及克勒克纳公司的环保分公司一道，建立了类似销售连锁的全国回收网，对废旧汽车的发动机、电池、玻璃、安全带、保险杠、门兜以及汽油、润滑油、冷却剂等进行分门别类的处理。德国奔驰也建立了自己的回收场。目前德国已建立了年回收近260万辆废旧汽车的经销网络。德国汽车制造商联合会的一项计划称，到2000年德国所有汽车的85%零件可回收利用，到2015年，每辆汽车中当垃圾扔掉的部分仅占汽车重量的5%。

法国在为其每年产生的近200万辆废旧汽车寻找出路。几年前，标致、雪铁龙集团、法国废钢铁公司和维卡水泥公司在里昂附近建立一个汽车分解试验工厂，随后，雷诺汽车公司同法国废钢铁公司在阿蒂斯蒙斯建立了一个报废汽车回收中心。目前，法国废旧汽车回收业可利用的零配件已接近75%。法国政府、汽车制造商和回收公司已达成一项协议，即到2002年将汽车拆解的零部件回收利用率提高到85%，以后则争取达到95%。汽车回收利用率的提高，不仅取决于技术，也取决于生产。

当然，西方发达国家的汽车制造商对报废汽车回收业产生“青睐”，除了利用可利用的零部件外，更大程度上是利于环保，随着各国“生产者负责法”的制定与实施，要求制造商不仅对汽车的“生”负责，也要对汽车的“死”负责，并且从生产汽车开始就要考虑到其回收利用，以保证1万余个零部件都易于再生和循环使用。

我国汽车制造企业在采取降低生产成本措施的同时，也应扩大自己的业务覆盖范围。采取与回收企业合作，参与和指导汽车的拆解、零部件的维护保养工作，回收自己需用的零部件。这样既省时、省力，又能降低生产费用，对报废汽车回收企业提高经济效益和管理水平也是一种有效途径。

ISO9000质量体系认证

ISO是“国际标准化组织”的英文缩写，其成员由来自世界上100多个国家的国家标准化团体组成，总部设在瑞士日内瓦。代表中国参加ISO的国家机构是中国国家技术监督局。

ISO的主要功能是为人们制订国际标准达成一致意见提供一种机制。1980年，ISO成立第176技术委员会，即质量管理和质量保证委员会。该委员会在英国标准 BS5750 基础上，吸收了美国军标 ANSI/ASOZ1.15 和加拿大 CASZ299 等一些国家标准的精华，组织了 15 个国家质量管理和质量保证专家，历时 5 年，于 1987 年正式颁布了国际质量管理和质量保证标准 ISO9000 系列标准。

ISO9000 标准实际上规范的是企业的质量管理体系。ISO9000 标准对于产品生产过程中的企业质量方针、组织、过程和程序均要求用质量文件、质量手册等文件化的材料进行描述；对人、设备、方法等一系列工作都提出了明确的要求，通过工作质量来保证产品质量执行这一标准，不仅能最大限度地降低产品隐含的缺陷，同时也能有效地提高企业的管理水平。

企业通过 ISO9000 质量体系认证是一个复杂的过程。首先，企业需要按照自身的情况，根据 ISO9000 标准编写质量手册等文件；然后进行 ISO9000 标准的运行。运行一段时间后，企业进行内审；内审合格后实施模拟审核，最后才是认证机构的审核人员进行认证。这个过程大约需要 3～6 个月的时间。所有的审核员必须经过中国认证人员国家注册委员会的培训和考试才能获得审核资格。

ISO9000 标准也在不断改进和完善，目前在全球执行的是 1994 年版。ISO9000 标准中有关质量体系保证的标准有 3 个：ISO9001、ISO9002、ISO9003。

ISO9001 质量体系标准是设计、开发、生产、安装和服务的质量保证模式；

ISO9002 质量体系标准是生产、安装和服务的质量保证模式；

ISO9003 质量体系标准是最终检验和试验的质量保证模式，目前我国企业申请的多为 ISO9001 和 ISO9002 标准。

2000 年底，ISO 对 ISO9000 标准进行再次改版。改版后，ISO9001 和 ISO9002 合并为 ISO9001，也就是说，企业必须自行说明产品是否包含设计内容。新版运行 3 年后，所有 1994 版的标准认证证书都将失效。

现在，一些欧洲共同体国家已经把通过 ISO9000 认证作为某些行业的法规，要求企业必须执行。但在我国，ISO9000 的认证仍然是企业的自愿行为。随着我国对外贸易的规模逐年扩大，特别是加入 WTO 以后许多企业为加快与国际接轨，普遍采用了质量认证这种做法来提高企业的管理水平和产品质量，以适应国内外的用户对这一认证拥有的需求，“ISO 认证热”也由此而产生。

中国进口汽车贸易中心

单位名称：中国进口汽车贸易中心　　**地　址：**北京市东城区千福巷 12 号
法人代表：潘祖顺　　**邮　编：**100009
电　话：（010）64002377　　**传　真：**（010）84012387

中国进口汽车贸易中心于 1993 年 3 月经国务院批准成立，现由中央企业工作委员会直接管理，在国家财政部实行计划单列。

中心是自主经营、自负盈亏、自我发展、自我约束的企业法人和经济实体。拥有独立的进出口经营权。按照国务院批复精神，中心主要任务是调剂市场、抑制和稳定汽车价格，同时通过技贸结合引进国外的先进技术，推进国内汽车工业的技术进步。

中心成立以来，主要承担着进口汽车销售和国家大贸政府任务，依法经营、规范运作。成立至今，累计组织销售进口汽车 4 万余辆，上缴税金 28 亿元。中心业务不断开拓发展，建立了办公兼营销大楼，开展了零售业务，在天津和上海各建了一个进口汽车展销中心，并且以代理制为主要形式建立了覆盖全国的进口汽车销售网络，与国内最有实力的汽车贸易公司保持着密切的合作，与国外著名的汽车厂商保持着良好地合作伙伴关系，仅销售美国通用公司品牌车就已近万辆，逐步成为进口汽车销售的主渠道之一，在进口汽车行业具有较大影响力。

面向二十一世纪，中国进口汽车贸易中心将进一步加快改革和发展，坚持建立现代企业制度的改革方向，面对加入 WTO 的新形势，进一步加大与国内外汽车厂商合作的力度，力争继续成为进口汽车领域的排头兵，在进口汽车领域发挥积极作用。

南京朗驰集团有限公司

单位名称：南京朗驰集团有限公司　　**地　址：**南京市娃娃桥 6 号
法人代表：江建涛　　**邮　编：**210002
电　话：（025）4401312　　**传　真：**（025）4404347

南京朗驰集团是按现代企业模式组建的大型汽车、机电商贸流通集团。企业主营汽车综合贸易服务、物流服务，计算机系统集成等。旗下拥有控股、参股有限公司 26 个。

朗驰集团年销售规模 40 亿元，其中汽车经营 37 亿元，销售各类汽车 25000 辆，占中国汽车年产量的 1%，居全国同行业第三、省内第一。销售规模连续 6 年平均增幅在 18% 以上。集团在南京有汽车展场 11000 平方米，机电产品销售场所 3000 平方米，仓库 20000 平方米，旧汽车交易中心 10000 平方米。为进一步提高分销和辐射能力，集团正在南京建设占地面积 240000 平方米、年吞吐量超 15000 辆，华东地区最大的汽车销售、物流中心。

在全省各主要城市和汽车集散地，集团均建有控股公司和以自有土地建设的营销基地，省内营销基地面积达 7 万多平方米，集团公司年销量的 80% 由销售基地实现。

集团与众多国内汽车产业集团和国外汽品牌代理建有良好的合作关系。代理的国内外汽车品牌有 23 个，每个品牌的销售规模都在 1 亿元以上。

为适应新的大市场、大流通的营销格局，集团致力于发展以汽车物流为核心的现代营销。同时积极摄取国内外先进经营管理经验、努力提升经营理念、服务意识、管理运作水平。